藤原与一方言学論集

下巻　方言相分析

ゆまに書房

序説

私にとって、方言学への道は、無限の階段を昇っていくようなものである。

　ここですぐに思う。有限であっては学にならない。

私にとって、方言学への（↓方言学の）道は、長遠の道程である。

学を求めて立ち〈発ち〉、今なお求めつづけている。発意は已に昭和十年前後にさかのぼる。

求めることは快い哉。

たとえばなし

子どものころ、私どもは、友だちと遊びながら、よく木登りをした。柿の木によく登った。その初のころは、じつにこわ（恐）ごわであった。だんだんになれて、はしごなどは使わなくなり、木登りらしい木登りができるようになった。やがては、木登りにいどむようにも（友だちといっしょに）なった。

一番高い所を目ざす気もちに燃えたようである。が、木の枝がひどくゆれたりすると、落ちはせぬかとひやひやした。てっぺんを仰いでは、大きい息を吐いた。

気づいてみると、方言学の（への）道の歩みも、まったく木登りみたいなものである。急いでもあせっても――努力してもしても――、なかなか前には進めない。（その「前」も、なかなかわからないのである。）が、木登りが一面ははなはだ愉快なものであるのと同様、方言学を求めてのしごとも、はなはだ愉快である。理念がだんだんはっきりとしてくる。進歩が実感されてくる。

これあって、学への思慕が成長する。

その悦びをたいせつにしながら、学する者、前へ歩み出ることに力めてやまない。

論集を編むこと

これは、明らかに、年月の推移をふまえてのしごとである。「著書」とされるものの述作は、明らかに、理念の展開そのことを旨としている。〃年月順に〃などということは、先行するよしもない。作品そのものは共時的である。通時的になった時も、著書の結体では――その次元では、通時態が高次共時態になっている。

いずれにもせよ、「著書」という創作物と、論文集の編集物とは、存立の世界を異にする。

私は、既発表論文を集めて「著書」の形にすることは、採らないできた。

「著書」は、そうした創作物たらしめたい。論文を集めたものは「論集」としたい。

今日、私は、自己の研究史を反省するにつけ、「論集」も編んでみたくなった。世の斯学（方言研究にかかわる世界の一切の学事）にあっての、自己の学的営為を、とりまとめて、世の、学の公海に浮かべてみたかったからである。

こうすることも、学にたずさわる者の一公的営為とされるであろう。

このような論集の続編を出してみたくも思う。

『方言の学と　国語の教育（国語教育の論）』

『西洋言語学と私の「言語の学」』

etc.

方言相分析・目次

序説

A 地方相

方言の深層（『言語生活』No. 118 昭和36年7月）……3
後記 8
津軽方言の研究—（「方言研究」考）—（広島大学文学部『紀要』24-3 昭和40年3月）……45
〃山形弁〃と〃宮城弁〃（『国語学』第70輯 昭和42年9月）……46
東北方言「文末詞」の一研究—〃山形弁〃〃宮城弁〃について—（『方言研究年報』通巻第10巻 昭和42年9月）……73
佐渡「外海府村大倉」のことばについて（『佐渡』第1集 昭和29年8月）……74
越前の一小方言について（『国文学攷』第50号 昭和44年6月）……80
京都市下『中川郷《なかがわごう》』の敬語（『近畿方言』10 昭和26年4月）……102
大阪府下南河内郡河内村の「方言音声」生活（『近畿方言双書』第6冊 昭和31年2月）……124
和歌山県下の一小方言「栗栖川の方言」の諸特色（『国語研究』23 昭和42年1月）……158
南紀（三重県）南牟婁郡下の文アクセント（『近畿方言双書』第1冊 昭和30年4月）……159
瀬戸内海域方言についての方言地理学的研究（広島大学文学部『紀要』28-1 昭和43年12月）……191
瀬戸内海域の文末詞「ナー」「ノー」（『方言研究年報』通巻第8巻 昭和41年3月）……198

中国・四国の方言風土（『日本文化風土記』第6巻　河出書房　昭和30年12月）……199
山口県錦川流域方言状態の方言地理学的研究（『広島女学院大学国語国文学誌』第6号　昭和51年12月）……211
愛媛の方言（『愛媛県史　学問・宗教』昭和60年3月）……217
西部方言の語彙〈中国・四国〉（『方言学講座』第3巻　昭和36年4月）……290
九州弁の表現法（梅光女学院大学『日本人の表現』　笠間書院　昭和53年10月）……327
筑後柳河ことばの「メス」と「ノモ」（『近畿方言』15　昭和27年9月）……359
九州肥前「五島列島」の方言——「山下」部落のことば——（『香椎潟』第8号　昭和57年12月）……366
南島諸方言私考——方言学のために——（『方言研究年報』通巻第18巻　昭和50年12月）……382

B　分布・分派

日本語方言の分派とその系脈（広島大学文学部『紀要』第3号　昭和27年12月）……405
(The Branches of the Dialect of Japan and its Genealogy)
日本語方言状態の東北と西南——「日本語方言の分派とその系脈」——（復刊『国文学攷』第2号　昭和27年8月）……406
方言風土——日本の周辺地帯——（『方言研究年報』続1　昭和51年12月）……425
日本語方言上の「裏日本系統線」（『方言研究年報』通巻第5巻　昭和37年12月）……444
裏日本地方のことばの発音（『音声の研究』第7輯　昭和26年2月）……459

関西地方でのことばの広まりかた（『言語生活』No. 284 昭和50年5月）……460
瀬戸内海域に推定される言語上の東西南北交流（『内海文化研究紀要』第18・19合併号 平成2年3月）……471
「隠岐〜足摺岬」の線で見た中国四国方言（『方言研究年報』通巻第2巻 昭和34年3月）……472
九州方言状態の史的三段層分派について（『文芸と思想』第7号 昭和28年7月）……496

C 問題事項

方言語法の研究に就いて（『文学』9-5 昭和16年3月）……509
方言に観る日本語表現の特質（『方言研究』4 昭和16年10月）……529
日本語表現法の文末助詞―その存立と生成―（『国語学』第11輯 昭和28年1月）……555
昔話の表現法にふれて（『口承文芸研究』第4号 昭和56年3月）……566
国語諸方言上の「ダ」・「ジャ」・「ヤ」（広島大学文学部『紀要』第15号 昭和34年3月）……601
国語の尊敬表現（『方言研究』9 昭和19年2月）……602
「行カレル」「来ラレル」などの「レル・ラレル」敬語について（『文学』20-12 昭和27年12月）……619
「入らっシャル」などの「〜シャル」（「〜サッシャル」）敬語法について（『国文学攷』第14号 昭和29年7月）……630
民間の敬語生活とその改善―「ていねい」の意識について―（『言語生活』第52号 昭和31年1月）……646
国語方音に於ける〔ai〕連母音の諸相（『国文学攷』3-2 昭和13年1月）……653

国語方言上の一長音現象（「子」を「コー」と言うのなど）（『国文学攷』第30号 昭和38年3月）……696
方言「文アクセント」の研究—愛媛縣喜多郡櫛生村の方言生活のアクセントについて—（『国語アクセント論叢』昭和26年12月）……707
方言「文アクセント」の一特質傾向『後上がり調』について（『国語国文』24-10 昭和30年10月）……730
日本語方言「文アクセント」の研究—特異な下降調を持つものについて—（『音声の研究』第8輯 昭和32年1月）……761
方言「語アクセント」調査の問題と方法（『方言研究年報』通巻第11・12巻 昭和45年1月）……768
方言副詞語彙の研究（—今回の「瀬戸内海域島嶼の副詞語彙の調査」に寄せて—）（『内海文化研究紀要』第4号 昭和51年3月）……776

凡例

一．本集成は、六十余年に及ぶ「藤原方言学」の「論」の集大成ともいうべきもので、各地の生きた方言資料を、当時の趣そのままに、復刻版で集成した。構成は下記の通りである。
上巻：方言学建設
下巻：方言相分析

一．各論文末に、その論文の出典及び今回の論集刊行に際して著者が付け加えた「正誤」を記した。

一．編集の都合上、版は適宜縮小した。また、著者の思想的展開が正確に跡付けられるように、内容に基づいて編集したため、縦組み論文と横組み論文とが混在する形式となった。

一．元の論文の目次を生かす場合のみ、元の論文の頁付けを残し、その他は削除した。

（編集部・記）

A　地方相

方言の深層

藤《ふじ》原《わら》与《よ》一《いち》

久しぶりに家族づれで帰省した。私の郷里は瀬戸内海の大三島（その北のはし）である。のんびりと、三日ほどすごすうちに、ふるさとのことばをじゅうぶん聞くことができた。じつは、久しぶりに、じっくりと郷土弁を聞こうと思って、調査のつもりで、遊ぶことにしたのだった。

私は、昭和の初年以来、郷土のことばを記録してき、この方言に注意してきた。が、今また、こしをおちつけて観察してみると、これまでに見おとしていたものや思いおよばなかったものが、つぎつぎにとらえられて、際限もなかったのである。

▽

こんどとらえた単語の例を、すこしあげてみよう。

まず働き人《はたらきど》のことを「クイリギ」と言っているなる。ほど、食うての力である。「カラ」というのも、

○コンナノ　カラジャ（あいつのせいだ）。

などと、子どもたちも言っているのを聞いた。自分らもかつて言ったことばである。

かまを持たないほうの手はあそばしたままで、チャッチャッと、草を刈りたおすのを、「草をチャギル」と言う。久しぶりにこれを聞いて、チャギッた少年時代を思いおこした。

はじめて聞いておどろいたことばに、「ウガウ」がある。船を洗うことだという。私の郷里は純農村なので、船といっては、渡海船・藻刈り舟などがあるにすぎない。が、これらのせわをする生活は、むかしからあったはずで、ウガウのもその一つである。「ウガヨーッタ」は過去の進行態である。「ネバ」（ねば土）などを洗いおとすのである。

船のせわに「タデル」というしごともある。「タデフネスル」とも言う。一カ月に一回くらい、船底を、外から焼くのである。枯れ松葉を用意して燃やす。タデないと、船が「ミズボテル」（水をすいこんで船あしが重くなる）という。「タデル」などは、私などの耳には普通語であったが、今、思いかえしてみると、やっぱり世にめずらしい動詞の一例である。

子どものころから、なにげなくつかってきたことばに、「ダブソヌク」というのがある。船にたまった海水・雨水（どちらでも、一口に「アモズ」と言う）を排出することである。栓が船底に設けてある。干潮時、船がスワッタ（坐った）時、行って、その栓を抜いて水を放出するのである。「ダブソ」という名詞はおこなわれていない。私どもは、わけなしに、「ダブソヌク」と言ってきた（船のある家の某君について行っては、「ダブソヌク」のを見たりやったりしたのである）。「全国方言辞典」を見ると、「だぶす」というのが出ており、

酒醸造用の大桶。筑後久留米（はまおき）。

とある。「ダブソ」は「だぶす」と関係がありそうである。
人々は、「アモズ」とか、「ダブソヌク」とかと、いろいろ巧者なもの言いをしてきたものである。
「ショータイガワリー」、これは、おもに子どもなどの意地わるなのに言う。「ゴムシンナ」は、凶事に言う。

○コレニャー　ゴムシンナ　コトニ　ナリマシテ、……。

と言ったら、「お宅には、まことにお気のどくなことになりまして、……」というあいさつである。（「ゴムシン　イーニ　キマシタ」などと言えば、これは、「御無理なお願い」をしにきましたの意である。）「ボッコナ」は、大きなことを言う。これを、男女ともさかんにつかっている。

○ヨイヨ　ボッコナ　ゾヨー。

と言えば、「ほんとに大きいといったら、とても大きいのよ」（女性の言）の意である。「ボッコナ」とならんで「オッコナ」もある。これをほとんどおとなの男子だけがつかっていたが、今ごろはどうなっているか。たしかめることはできなかった。「セショーナ」といえば、「変な」「わるい」の意である。このことばは、となり部落の人もわからない。

副詞の方面にも、おもしろいものが少なくない。「ズンド」は「あまり……（打ち消し）」である。

○ズンド　スキナ　ウチニャ　ハイラン（あんまり、好きなうちにははいらない）。

これは一老男が、うどんは好きかと聞かれて、答えたことばである。――じつは、この人は、うどんが大好物なのである。さてそのうどんを、たべよたべよとすすめられた婦人が、

○ショーダテショーダテ　ヨバリョールンデー（精出して精出してご馳走になってるんですのよ）。

と答えた。「ショーダテ」は副詞になっている。それが畳語になってもよい。こんな副詞の味わいも、私はほとんど忘れていた。「オンマク」（うんと）という副詞を聞いてなつかしかった。私どもが少年時代によくつかったものである。これをとなりの大見部落では「オモワク」と言う。大見では、「オモワク」と同義のものとして、「ホドナク」をつかいもする。郷里に「ホドナク」はない。

単語をたどって、語彙の世界をさぐってみると、私の郷里の方言には、東京語などとはまったくちがった語彙の世界のあることがわかる。おそらく、今日の東京的な都会の人たちは、このような方言の語彙の世界を、思い見ることはできないであろう。どのように察してみても、察しがつかぬことかと思われる。それほどにかけはなれているのが、方言色のつよい、この方言の世界なのである。ときどき思う。東京的な都会の人々は、いわゆるいなかの、たくましいまでの方言の生活を、どのようにどこまでとらえているであろうか、と。そのとらえかた、味わいかたが、方言研究の一課題でなくてはならない。

方言が、ほんとにはわからないで、方言を研究しえていると思っている場合があるかと思う。

方言の単語としては、「全国方言辞典」「同補遺篇」に、多くの単語が載っている。そこには、それのおこなわれる地名も記してある。が、しばしば、東西の地名が、とびとびに記されているのを見うるであろう。これは、私どもの調査意欲をそそる。地名の出ていない地方をさぐってみたらどんなだろうと、思わないではいられないのである。

言いたいことは、方言上の個々の単語、ことに〝めずらしい〟と思われがちの単語も、

じつは、さがせばほかの土地にもありがちだ、ということである。「全国方言辞典」「同補遺篇」を調査台帳にして、ほうぼうの個々の土地で、方言の語彙の世界をしらべてみたらよかろうと思う。

▽

ふたたび、郷里方言について、文法上のことを見よう。

すでに六十四歳になるとなりのコギクネーヤン（こぎくねえさん）が私に言った。

〇このごろは、百姓仕事もすっかり変わってしまった。機械をドノコナー（さかんに、やたらに）つかって、楽をしている。が、機械をつかうのもいいかげんなもので、ヨイヨー、メゲタジャ　コスッタジャ　イーナガシ　ヨー（ほんとに、こわれただの、どうしただのって、言いつづけなんですよ）。

むすこさんらのことを言ったのである。これを聞いていて、私は、そうだそうだ、「言いナガシ」などという言いかたがあったのだと、いまさらのように興味を深くした。名詞の「着ナガシ」という造語もうまくできている。「どうどうしドオシ（通し）」に対して、「しナガシ」も、あったほうがおもしろい。

「ナンボヤ　あった」ということばづかい、「ヤ」という助詞のこのような用法は、まったく忘れてしまっていた。が、人々は、今もよくこのような言いかたをしている。ことに女の人が。「ナンボヤ」は「いくつも」の意である。そのような言いあらわしかたにつかわれる「ヤ」の用法は、注目すべきものであろう。

方言上の文法現象など、一人の人の、その場での機械的な誤用であるものも、少なくなかろう。個人の偶然の所産としての文法現象が、しばしばおこる。調査研究者はこれを、方言社会の言語習慣と誤認してはならない。この点のあやまちを防ぐためには〈文法でも発音でも〉、調査記述にあたっては、相手二人以上から聞いて確認するようにしなくてはならない。人々の自然会話の場席での調査であれば、同一事象を二場席以上でつかむことを本体にしたい。やむを得ず、一場席で一人の人を相手にする時は、問題の現象が、その人から、二回以上得られることをねらいとしなくてはならない。

ところで、人が自己の郷土について反省的に調査する場合は、一人の人からたった一回だけ聞いても、その現象について、郷土方言上の事実を理会することができる。このさい、単一の相手の一回の表現についても、確実に方言調査を遂行することができるといえる。

「ナンボヤ」というのをひとたび老女から聞くと、私のむねには、「ナンボヤ」をつかう人々の世界や、「ナンボヤ」の方言感情——女らしい、やわらかい気分——が、なつかしく思いおこされた。

▽

発音のことにふれよう。方言では、これを二つの方面に分けて見るとよい。一つは一般的な音韻変化と説明しうるものである。「漏る」→「ブル」のようなのは、当方言の音韻変化の一種を示す例としてあげることができる。私事をちょっと書かせていただきたい。村の若い人から聞いた。その人たちの小学校卒業式の時、臨席していた亡父が、

〇世の中へ出たら、「ラシク」ぞうりをはいて、オセ（おとな）ぶらん、エラソーぶらん（えらそうにしない）、ブラン（漏らぬ）傘をさしてあるいてください。

と話したそうである。「ブル」はまずこの調

子のことばである。

一般的な音韻変化の場合も、結果されたものの語感なり心理的効果なりの、特に大きいものが注目される。「ボッカケ」（うどんを、湯だめにしないで、すぐにだしをかけて食べる、その、直接にだしをかけること）は「ぶっかけ」かと思うが、「ブ」[bu]が「ボ」[bo]となったひょうしに、「ボッカケ」はいちじるしく別語感を呈するものになっている。（この別語感は、私の郷里方言での方言感情として言うのである。ただ、よそのかたがたには、この私の説明が、「わずかな変化でしかないのに」と、あやしまれもしよう。まったく、音韻変化としては、自然の、わずかの変化でしかない。が、当方言内では、この変化は、効果的には別語感をひきおこすほどの、心理的大変化なのである。これをよく説明することは、今の私にはできない。）「しゅろ」の「シューロ」なども大変化と見られる。

もう一つ、語の形の中で注意される、個別特定的な、音の変化がある。このほうも、方言音の変化事情として、注目されるものである。郷里方言では[üi]↓[iː]の一般的音韻変化はないが、ただ、さきの「ショータイガワリー」などのところで、[ui]↓[iː]の変化ができている。特定的である。郷里方言の人々は、一般にラ行音をきれいに発音するのであるが、「もどりシナ」（もどりがけ）は「モドイシナ」と発言している。「包丁」を「ホイチョ」と言う。これらも特定的である。

この種の語例を追跡していくと、おもしろい単語がだんだんとりあげられて、有力な、深度の大きい方言調査ができあがる。

いわゆる訛語というもののできかたの、予想外に大きいはばも、ここでつかむことができる。

文表現の生活に目をそそぐと、つぎからつぎへと、方言表現のユニークなものを見つけていくことができる。

これを、たとえば「短文形式」というような形から追っかけることもおもしろく、表現意図、発想の特殊化したもの（たとえばあいさつことば）からおっかけるのもおもしろい。

▽

方言は案外変わっていない。一方から言えば、今日、方言はどんどん変わりつつあるともいえる。それでいて、他方、存外変わっていないともいえる（これは、国内全般についてもいえることである）。

三十歳台の若ものが、戦時中の長い外地生活などを経験し、かつ世の激変に会ってきて、なおかつ、

○ホンジャケン　ニー（だからねえ）。

と、文末の「ニー」ことばをやっぱりつかっている。「ニー」は、私どもの少年時代でも、大三島内で私どもの部落にしかおこなわれなかった、めずらしいことばである。それをかれらが、今も平然と、さかんにつかっている。右の若ものたちは、また、敬意を持って、ていねいに、

○マインチ　アツイ　ノーシ（毎日お暑うございますね）。

と、古典的な「ノーシ」を生かしてつかってもいる。

○エット　タベルケン、カズエナイ　ナ（御飯をたくさんたべるから、おかわりのかずを、かぞえなさんなね）。

のような「ナイ」尊敬助動詞も、むかしのままである。

方言の生命はじつに強靱である。そのしぶとさは、おどろくばかりである。方言の方言性ということが、やっぱりいえると思う。

（『言語生活』No. 118　昭和三十六年七月）

頁	行	誤	正
3	中2	いるなる。ほど、	いる。なるほど、
3	中17	ウガウのも	ウガウのも
4	上21	「オッコナ」	「オッコナ」
5	中6	「ナンボヤ」	「ナンボヤ」
5	下8	「ナンボヤ」	「ナンボヤ」

後記

「方言の深層」という発想は、いかにも大切と思われる。

何げなく「方言」と言ってみる。手近で、すぐに捉えられそうだ。わけなく「方言々々」でことかすむあんばいである。

が、これが、なんと深層を持ったものであることか。おそろしいほどである。

「方言」は、掘り下げてその深みを見つめるべきである。生きた方言は、研究者が探究の手を深くさしこむことを待っている。

そうしたところに方言の学が成り立つ。

「方言」という、ことばの生きものは、私どものフォルシュング〈探求・探究〉を俟っている。

※　※　※

どういう方向に掘り下げていくか。

その直前に、「方言」が、現存在として、よく生きていることを認識しなくてはならない。過去から今日に生きてきており、今日から明日以後へと生き伸びていこうとしている。方言は人間社会に根づいたものだからである。方言は歴史的現実である。これは発展の生命力を持つ。

※　※　※

いわゆる方言調査は、実地にあって、無限の深層掘り下げ作業になる。

〝もうすんだ！〟との段階は、なかなか来ない。〝これくらいかな？〟の段階もなかなか来なければ、〝これくらいだろう。〟の段階もなかなか来ない。

〝ひとまずこのくらいに〟との判断は、仮設としておこなわれる。

ただし、そこでは、言語事象としての「方言」の総合的把握の、ひとまずは円満な完結がなくてはならない。

※　※　※

その円満な完結の中心柱となるのは、

当の「一体系的事実である方言」の

表現法の世界

である。「文法・音声音韻・語詞語彙」などと言われてきたものの文法中心に考えられる方言表現法の把握、これが、方言調査の中核になる。方言表現法とされるものが、もっとも的確に、方言生活者たちの言語生活のすじあいを示しているからである。

ここで、調査は、方言事象全般についての、文表現本位の方言把握作業になる。

これで、調査者は、深く相手とむすびあうであろう。この文表現本位の調査作業で、語詞・語彙の把握も音声音韻の把握も完遂される。文表現本位の方言調査は、方言の現実の、分析的で総合的な把握作業になる。

こういう仕事は、当然、対象に対する人間論的な作業になる。人間とその生活とをつねに見通してこそ、方言研究も、言語の学になりうるのではないか。

※　※　※

文表現本位の調査作業は、いつの時代、どの時期にあっても、迷いなく進めていくことができるものである。日本語の歴史的発展における、明日以降のいつの時期にあっても、私どもは、その時限での共時倫的な作業を実践していくことができる。

これが調査の合理性というものであろう。

一国語主体のもとに、国の地域々々があり、地方生活がある。一言語は、一国のもとにあって、地方状態を示す。交通が至便となり、地域が包括的になろうとも、一国語が一地域状態を示すことはありにくいであろう。何らかの地域性が成立しているかぎり、一国語の地方状態――方言――がある。そこにはつねに文表現本位の調査作業が成り立つ。かくして方言研究、したがってまた方言研究の学がそこに成立する。

私は、このように、一国語の存立にともなって各時限ごとに成立する方言研究――→方言の学を、

現在学トシテノ方言学

と規定する。

※　※　※

方言学理念のもと、私どもは、地所位に応じて、つねに、方言のしかるべき深層に対面する。

対応の態度に欠思慮があってはならない。

より新しい時代に、より古い時代のものがなくなっていても、方の言の研究は、すこしも衰えないはずとされる。方言状態は諸変相に富んだものでなくてはならぬ道理は存在しない。方の言の、その時その時に在る状態・状況が、すなわち方言の学の対象である。

こうして樹立されるはずの「現在学トシテノ方言学」が、能く、時代の言語学の良き一態たりうるであろう。

※　※　※

最後に、くりかえして謂う。

平成の現代にあっても、
眼前の諸方言が、
今もなお、これまで以上の、
深層掘り下げを　俟っている。

と。

「深層」、これの語義にしても、その静思・深究が、なお〱あってよいものではないか。

了

でに一つ一つの総合体をとらえたうえは、それらをどのように分析してもよい。とはいうものの、方言の地域性をつねに顧慮した、有効な分析こそが必要である。

方言は、たがいに他とはりあって存在する、地域特性を持った言語団体である。こういう方言を、現実の地域々々の方言として認知し、把握し、また比較もするのが方言研究である。地域性はあくまで尊重すべく、その結果を、まさに「方言」論にのぼすべきである。もしも、解明が分析過度にわたり、地域性をこえて分析が機械的に実施されて、その結果、船舶をその構成分子、鉄片で説明するのにも似た説明がなされるようになれば、これはもはや方言研究ではない。

研究法の将来とともに、研究開拓の将来のことが考えられる。

方言に対する、音声言語としての、徹底的な見かた、――上来述べたような見かたを問題にする段になれば、津軽方言の研究も、いよいよこれからと言わなくてはならないであろう。東北方言の中の津軽方言について、討究すべき課題は、じつに多い。(項目的にも地点的にも)私は、津軽、木造町方言の調査につとめてみて、今、ようやく、津軽方言の深淵のふちに立ち得た思いである。これからなさねばならぬことのいかに多いことか。

津軽方言の認識をささえとしては、さらに、全東北方言に、理のとおった精査の手をのばさなくてはならないことである。ひいては、このような純粋音声言語研究の作業が、全国諸方言についてなされることが望ましい。

津軽方言は、私どもに、そのような全国作業――全国をおおうての新しい音声言語探究――の重要性を教えてくれる。

―了―

本研究は、39年度文部省科学研究費の恩恵によるものである。

(広島大学文学部『紀要』**24**－3　昭和**40**年**3**月)

さて、未開民族語などの、研究者にとってはじめての言語の場合であれば、さいしょから極端な微視作業にしたがうよりも、音声相のほどほどのまとまりを、それとしてまずうけとることがたいせつであろう。資料として、総合体をとりあげなければ、生きのよいしごとは、しはたすことができない。これと同様に、方言研究でも、対象把捉にあたっては、まず、音声相のそこそこの完結体、総合体をとらえることが肝要である。未開民族語などのことに徴して、方言研究の場合にも、総合体をとりあげなくてはならないことを知るべきである。

音声言語としての方言を見つめ、純粋音声言語の観点のもとで方言をとらえるということは、けっきょく、方言の現象を、一つ一つの総合体としてとりあげるということになる。一々の総合体は、「文表現」とも見ることができる。私は従来、方言研究は文表現本位観を骨子とすべきことを述べた。このことは、今、改めて言えば、音声言語の純粋なまとまりを追求すべしということになる。文表現本位観の主張と、方言を純粋音声言語として研究すべきことを言う主張とは、一致する。

六　方言研究の将来

将来の方言研究のためには、方言を純粋の音声言語としてとらえる研究法が、確立されなくてはならないであろう。

方言を文表現本位にとらえていくという、私のこれまでの説明は、音声言語としての方言を、音声言語としてとらえていくという思想を、表現し得てはいない。「文表現本位」とは、総合的把捉をのみ言うのに急なことばであった。

今や、方言を徹底的に音声言語として見ることにすれば、そこで、おのずから、方言事実の総合的把捉は実現しうることになる。――文表現本位観は、そこにしぜんに生かされる。私にとっては、今、文表現本位観からの脱化が、新しい研究法の確立のため、有意義である。

「純粋音声言語としての方言」の分析作業を、どのように秩序づけるか。す

一体としてうけとったのがよいと考えている。音声言語上の現象として見て、「カイ」や「カン」は、一体の要素と見るのである。(「イ」や「ン」は、「カ」発音の自然音尾と見る。)

「ア$\overline{\text{ノ}}$　シ〔ï〕ァー。」(あのねえ。)などの「ァ」のようなものをも——ものをこそ——とらえて活写しなくては、方言研究ではない。「ァ」音添加の習慣のつよさを見るがよい。方言上の習慣として、ぜひともこれはとらえなくてはならないのである。

方言の世界は、どのような文字言語にも拘束されない、こだわりなしの、純粋口頭語、純粋音声言語の世界である。文字化を想定して方言研究にあたったりしたのではいけない。

津軽方言であろうと、どの方言であろうと、方言研究には、すべて、音声言語研究としての純粋な出発がいる。

未開民族などの未知の言語、その、文字を持たない言語の研究にあたっては、研究にしたがうものは、だれしも、その言語の現象——音声化の現象——の純粋享受につとめて、もっぱら音声転写的にことばを受容するであろう。——わかるわからないにかかわりなくである。この時は、しごとが、まったく、純粋音声言語の研究になっている。方言という、まとまりの存在も、たとえば共通語の見地からするならば、まさに未知の言語である。しかもそれは、「書くことを予定しないことば」の世界である。それゆえ、私どもが、もっとも忠実に方言研究にむかうかぎりは、まさに、文字のない未開民族語の初発研究にしたがうのと同様の態度で、ことにあたる必要があると思う。方言研究の場合にも、まったく、音声転写の記録、純粋音声言語相の徹底的なとりあげについて、逐次、法則的事実を求めていくべきである。

津軽方言のような対象に直面しては、ことに、形態素的整理に気をうばわれることなく、つとめて音声相そのものに追随していくようにしたい。津軽方言は、日本語方言上、重要視すべき一局限状態であると言った。その局限状態の研究のためには、津軽方言を、純粋音声言語の世界として見つめることが、根本的に重要である。

のテンポ）私は、津軽方言の発言について、おもしろい等時的拍節的リズムを感じている。

○ハッテ　マッテ　ヘァ。　＜p.53＞

などの例で、すぐに察知していただけようか。じつにきれいな等時的拍節的リズムをうけとることができるのである。私のとった録音を聞いた一知人は、すぐに、「フランス語の発音を聞くようだ。」と言った。フランス語のことは、私にはほとんどわからない。しかし、この感想には共鳴をおぼえたのである。

さてそのきわめて等時的な拍節リズムに乗って、難「語句」・難「発音」・難「語法」が、総合的に出現してくる。

五　「音声言語としての方言」の研究

津軽方言のような、聞くだに難解と感じる方言に接してみて、今さらのように、方言研究が「音声言語としての方言」の研究でなくてはならないことを思う。音声言語としての方言を把捉する態度が、徹底的に純化されていなくては、方言究明のしごとは一歩も進まない。

かんたんな例によって、ここの主張を確実にしよう。文末訴え音とした「ァ」にしても、これは、方言表現を、もっとも忠実に、音声言語の見地で追求するのでなかったら、捕捉解明することができない。「文末訴え音」の考えは、方言を純粋音声言語として追求すべきことを主張する態度につながるものであった。

従来は、方言の研究ではあっても、それがやはり、書きことば研究に引かれがちになった。話しことばを見ると言っても、それはしばしば、書きことばを裏に見た、話しことばの見かたになったのである。方言文法の研究にしても、その多くは、音声言語としての見かたの徹底しないものであった。たとえば「ソーカイ。」「ソーカン。」などの言いかたがあると、研究者は、「カ」と「イ」「ン」とを分別してとりあげ、そのおのおのを別個にあつかって、それぞれを、終助詞などと呼んだのである。私は、「カイ」や「カン」は、これらのままで、

○キ〔kçï〕ーダキャー、

聞いたら、

このような「キャー」の言いかたもある。

特殊語法と言いたいようなものが、会話中、とかく耳によくつく。(わからないから、そうなのでもあろう。)「エダハンデ」(あるから)などの「ハンデ」(もともと「ほどに」)のような言いかたも、会話中、たびたび耳朶を打つように思える。——「ハンデ」の出てくる頻度は高いな、などと感じる。こういったふんいきの中では、方言そのものは、まったくむずかしいものに思えてくる。

(四) 方言表現の全一的な聞こえ

以上、津軽方言のむずかしさ・わかりにくさを解明しようとして、三方面からの分析を試みた。分析して観察してみれば、以上のようなことが言える。

しかし、現実には、言うまでもなく、方言の表現は、一々、全一的なものとして聞こえてくる。各現象面別に見られたようなことは、あいともなって、一元的に聞こえてくる。

しかもその一元性を有力にささえるものは、文アクセントである。私どもは、上述の、むずかしさを感ぜしめる条項、すなわち方言特色について、なお、最後的な文アクセント特色をうけとらざるを得ない。

その文アクセントの「特質傾向」(社会習慣)と言えるものは、個々の文表現の分析単位ごとにとらえられる「あと上がり」傾向である。たとえば、

○ナンモ　スッタ　ゴド　シ〔ï〕ナクテモ　ヨン。 <p.63>

○イ〔ï〕ー　テンキ〔kçï〕ン　ナッタ　ネシ〔ï〕ー。<p.38>

の二例を見ていただきたい。表現の分析単位ごとに「あと上がり」の文アクセント傾向がみとめられる。この「あと上がり」が、特質的な傾向をなしていると見られるのである。

私どもは、部外者として、上のような津軽方言にたちむかう時、また、その文アクセント傾向の拍子・波動に乗りかねて、しばしば文意をとりそこねる。

文アクセントとともに考慮すべきものに、「文」発言の速度がある。(表現

○マイ〔ï〕ヘン。

だめですよ。

この言いかたも、「マイ〔ï〕ネ。」(だめだ。)と見あわせる時、まさに特殊と見られる。

○ソンダデバ　シ〔ï〕ッツァー。

これを木造町のものがよそで言って、よく笑われるという。——木造ことばの一徴表らしい。これが、「それそのとおりだべ。そのとおりでしょう?」の意になるという。特殊語法であることが、わかりやすかろう。

○テンポデ　ネー　ガー。

これは、「あまりとっぴなことをした時に、それにたまげて言うことば」であるという。上の言いかたとつれをなすものに、

○バカンデ(ばかで)　ネー　ガー。

がある。

○テンポダ　コト　ヤル。

“とてつもないことをやる。”

「テンポな」を「テンポダ」とする。これも一特殊語法にちがいない。(津軽だけにおこなわれるものではないけれども。)

○ソーンデ　ネーンタ。

は、「そうでないようだ。」ということであるという。

○オンボコ　モッター。

は「あかんぼうをうんだ。」である。

○タイ〔ï〕シ〔ï〕タ　マメシ〔ï〕　シ〔ï〕テラ。

“たいへん丈夫でいる、まめにしている、元気だ。”

ここに「マメシ〔ï〕」の言いかたが注意される。

○イ〔ï〕ッタキャー、

行ったら、

○ヤメダキャー、

やめたら、

これでは、「ベ」の用法は、前例のとはちがう。――「でしょう」などとは言いかえられないものである。父さんは北海道に行っている。母さんはすでに死んでいる。ともに、いないことがはっきりとわかっている。だのに「ベ」と言っている。用法は微妙である。

○オヤズァ　カヘグ゜ニ〔ï〕イ〔ï〕テ　イ〔ï〕ネベシ〔ï〕、ハハオヤシ〔ï〕ンダベシ〔ï〕。

おやじはかせぎに行って、いないし、母おやは死んだし。

いないことがはっきりとわかっているのに、「イ〔ï〕ネベシ〔ï〕」と言う。

方言では、じつは、どのことばづかいがどんなに微妙であるかもしれない。かんたんな推断はゆるされないことである。津軽の「ベ」にしても、こういうぐあいだと、「ベ」ことばが出てきたからといって、かんたんにはうけとれないのである。

用法微妙の現象があればあるほど、私どもは、方言理解に、ほねをおらなくてはならないことになる。

6. 特殊語法

津軽方言のむずかしさ・わかりにくさについて、文法面から考えうることは、すこぶる多い。が、もはやこの方面の叙述を切りあげることにし、さいごに、いくらかの特殊語法――と、かりに言ってみたいもの――を列挙してみる。この種のもの、一般的に言って、理解困難な語法が多ければ多いほど、私どもは、その方言の表現の聞きとりに苦しむわけである。

○ヨンヨンヨン。ナンモ　スッタ　ゴド　シ〔ï〕ナクテモ　ヨン。

これは、「そういう必要はありません。何も、そんなこと、しなくてもけっこうです。」ということであるという。

○ナンモ　サネー。

何もしない。

○デルモ　サナェー、オンヂ〔ï〕ルモ　サナェー。

出もしない、落ちもしない。

このような、「サネー」「サナェー」の言いかたも、特殊語法の一つと見られる。

「〜は」程度につかわれているのである。

5. 用法微妙

すでに広く知られているようなことばでも、そのことばづかいが微妙で、おおざっぱな推断はゆるさないというものがある。今は一つ、ベーベーことばの、その「べ」の用法について、しらべてみよう。

○イ〔ï〕ダ　ガー。

○イ〔ï〕ダベ　ガー。

の二つの言いかたがある。「いたか。」「いたべか。」である。さて、第二例の方は、何かテンスに関係のある言いかたであろうか。事実は、そうではないらしいのである。土地の人びとは、「べ」のはいっている言いかたの方が、より上の言いかたであると言う。前二例、ともに同僚に言うことばでありながら、第二例の方が、よりよい言いかたであるという。「べ」がはいって、よさ・やさしみの待遇表現効果が出るらしい。

○イ〔ï〕ーシ〔ï〕タ　ガー。

○イ〔ï〕ーシ〔ï〕タベ　ガー。

でも、やはりあとの方が、よりよい言いかたであるという。「べ」の効果である。もともと、「べ」はテンスに関係がある。その、「べ」によるテンス観念が、婉曲表現意識に転化せしめられているのか。

ここに、もう一つ、注意すべき「べ」の用法がある。

○オメダノ　トッチャ　キョー　エ〔ẹ〕ネ〔ẹ〕　イ〔ï〕ネ〔ẹ〕ベ〔ẹ〕シ〔ï〕。

これは、「おまえさんのうちの父さんは、きょうは、家にいないでしょう？」で、「べ」の、わかりやすい用法がここに見られる。ところが、つぎの言いかたになるとどうであろう。

○トッチャ　マヅメサ　イ〔ï〕タベシ〔ï〕、カチャ　シ〔ï〕ンダベシ〔ï〕、オメ　ヒ〔ï〕トリ〔ï〕ダ　オンナ。

父さんは北海道へ行って、いないし、母さんは死んで、いないし、おまえさんはひとりだもんね。

よりも、

〇……… タベヘン カ。

の方がよい言いかただとも言っている。いかにも、「ヘ」は、「食う」にではなくて、「たべる」というのにつづいている。（「クシ〔ï〕ナ ガー」の方は「食う」の言いかたになっている。）

〇コッツァ キ〔kçï〕ヘ デァ。

こちらへ来なさいな。

のように、「来ヘ」の言いかたを、さいごに「デァ」で包むと、文表現全体は、いっそうやわらかなものになるとされている。

「……… クシ〔ï〕ナ ガー。」のような言いかたも、考えてみれば、妙な言いかたである。だいいち、聞いた時、意味がわかりにくい。ましてや、敬語法の言いかたであることなど、気づきにくい。他の類例を出そう。

〇ヤリ〔ï〕シ〔ï〕ナ ガー。

これは、「やりませんか。“やりなさい。”」ということになる。

4. 用法特異

ものは共通語のと似たものでありながら、用法は、共通語のとはちがっているものがある。そのような、用法特異のものは、聞いて、わかりにくい。

〇ナンボ 味ましい。

などの「ナンボ」が、「とても」の意の副詞になっている。（すでにいくらかの例が出た。）やはりいちおうは、これにとまどうであろう。

〇キョーダバ マネ。

きょうはだめだ。

この「〜ダバ」にしても、「だらば」であることを思えば、共通語流に言うと、「きょうならば」ととってよいが、じっさいは、「きょうは」というくらいにとってもよさそうなのである。

〇「バー」ダバ ツカネー。

<格助詞の>「バ」はつかわない。

にしても、「〜ダバ」は、文字どおりの「〜だらば」ことばとしてではなくて、

などの言いかたがいちじるしい。「シャー」は「シァ」(「し《もし》」＋ァ) からきたものであろう。ただし、こちらでは、もっぱら「シャー」がおこなわれている。津軽方言の場合のような、訴え音/a/利用の広さはない。そういう点で、津軽方言の場合は、東北方言中でも、特別視される。

「ァ」音添加の文末「訴え法」は、なお他地方にもあることを、付言しておきたい。

津軽方言には、「ァ」音利用の文末法をはじめとして、いろいろの文末法がある。上来のものだけを通観してみても、この世界の広さと複雑さとがわかる。さて、わかりにくい「つけそえことば」の、複雑にとり用いられる方言表現は、すぐには理解しにくいものにちがいない。

3. 敬語法

私どもは、津軽方言の文末詞・文末法に圧倒され、また、敬語法に圧倒される。

敬意表現法あるいは待遇法の世界は、これまた広い。いろいろのことばづかいが、——たとえば文末詞法でも——、敬意の表現法として役だてられている。ここでは、その中の一部のこと、いわゆる敬語法をとりあげる。今は、その敬語法の一斑を見ることにしよう。——やはりこれが、難解なのである。

一つに、

○コレッバ　ケヘ。<中学生のことば>

　　これを下さい。

のような言いかたがある。「ケヘ」と言われると、聞いた感じでは、そんなによくはないことばかと思われる。しかし、事実はちがう。「ケヘ」は「くれなさい」である。

○コレ〔ẹ〕　ケ〔ẹ〕ヘ〔ẹ〕ン　ガー。

は「これを下さいませんか。」である。土地人も、「ケヘ」がいちばんウエダ(上な)ヨーデスネと言う。人びとは、

○オメモ　クシ〔ï〕ナ　ガー。

　　あんたもたべませんか。

表記すべき場合もおこっている。）

以上のような「ァ」「ア」音は、何と解したらよいものか。私は、文末訴え音と見るべきものと思う。つまりこれも、一種の文末詞なのである。「～ベアー。」となった「アー」は、もはや形態素あつかいをすることができる。しかし、「～ベァー。」の「ァ」のようなのは、形態素あつかいにはしかねる。まず、この方を本位に見て、今は、文末訴え音という、もののみとめかたをする。純音声上の文末詞である。

なぜこのようなものがおこったか。文表現の訴えの効果をよくしようとして、こういうものを工作したのであろう。「じつは　シ〔ï〕ー。」と人に話しかけても、その「もし！」という訴えの「シ〔ï〕ー」の、狭母音の、相手への訴えの効果は、まことに小さい。こういうのは、効果を増大・増幅する必要がある。そこに、人間自然の対話心理が、おのずからはたらいたであろう。「シ〔ï〕ー」に「ァ」音が増加されることになった。――と、私は見る。（「て」どめのことばづかいにも、「ネ」どめのことばづかいにも、何どめのことばづかいにも、「ァ」の特別音がつけそえられたのである。）ともかく結果として、ここに聞こえの効果の増大増幅・明瞭化・強化があることはあらそえない。「ァ」は、文末にそわって、その文末の聞こえ、訴えの効果を顕著にすることに役だっているのである。その自然の成りゆきで行けば、「シ〔ï〕ァ」は、「サ」に近く聞こえるように発音されることにもなるのが当然であろう。「～ベァー。」が「ベアー」となっているのも当然であろう。（「ベァー」のような「ァ」の長呼も当然である。）

つけそえ音として、ほかならぬ／a／音が選ばれたことも、これまたもっともと思われる。文末訴え音なら、聞こえの大きいものがよかろう。しぜんに／a／がとられたものと思われる。

こういう自然心理的事実は、まことに、どの方言におこってもよいはずである。まさにそのとおりで、仙台方言、あるいは宮城県地方のことばにも、

〇ナニッ　シャー。

何ですか。

“なるほどそうだなあ。”

などとも言っている。——「ダッケ」となっている。この「ソンダッケァナー（ノー）。」も「ソンダイ　ナー。」も同じで、「なるほどそうだ。」の意だなどと言っている。こうなって、「ケ」は、つけそえことば（文末詞）的なものにもなっていくのであろうか。

つぎに、前まえから出てきた、文末の「ァ」音を見る。前出例（p.56）、

○ンダ　オン　シ〔ï〕ァー。

のようなのを見ても、人は、さいごの「ァ」は何だろうと思うだろう。妙なものがついていると思う。ここで、意味はどうなんだろうと、だれしも疑問をおこす。こうして、文末の「ァ」音も、津軽弁のうえの、一つのわずらわしいものになる。（じつは、津軽弁だけにこれが出るというのではないようであるけれども。）津軽弁では、

○モシ〔ï〕モシ〔ï〕ァー。

もしもし。＜電話＞

○ホレァー。

ほれ！

○ユキ〔ï〕　ツモッテァー。＜小学六年男子の発言＞

雪が積もってね。

○マイ〔ï〕ネァ。＜つよく叱る時、「マイ〔ï〕ニャ。」＞

だめだよ。

などと、「ァ」がひじょうによく出る。文末「ァ」音のおこなわれかたは、まったく、広くて多くてさかんである。（この文末「ァ」音は、津軽弁の一大特色をなしている。）

「ァ」の小文字符号は、その音が前音節にからまって出てくることを意味する。その「ァ」が「ァー」と長呼されることも多い。「ァ」が、

○ンデスベアー。

そうでしょうよ。

のように、遊離的に、大きく発音されることもある。（——「ア」と大文字で

○ヤマサ　イ〔ï〕グベォン。

〔たぶんいいだろう〕

「べォン」は、たぶんよかろうと、自分の思いを言うのである。

○ダビョン。

ここでは、「ビョン」が見られる。

○ソシ〔ï〕タビョーン。

たしかにそうであったろう。

これでは、「べ＋オン」が「ビョーン」となっている。

○オーキ〔kçï〕ー　ケッコンシ〔ï〕キ〔kçï〕　アッタズォーン。

大きい結婚式であったという話しだ。

これでは、「ズォーン」が聞こえてくる。このようになって、「オン」文末詞のうけとりかたも、いよいよむずかしくなってくる。

つぎには、「ケァ」という文末詞——と見られるもの——をつける言いかたをあげる。

○マイ〔ï〕ネ　ケァ。

という言いかたがあり、これは「だめだよ。」ということであるという。「ケァ」が「よ」にあたる。

○スッタ　ゴド　ヘバ　マイ〔ï〕ネ　ケァ。

そんなことをすればだめだよ。

などと言う。いきなりこの文を聞かされれば、「ケァ」は何だということになろう。

○ネ〔ε〕ーンダ　ケァ。

これがまた、「ないんだよ。」であった。

「ケァ」の「ァ」は、つけそえ音で、さきの「ノァ」の「ァ」などと同じものであろうか。「ァ」を除くと「ケ」が残る。「ソンダケァ。」（“そうです。”“なるほどそうだ。”）などというのを見ていると、この「ケ」は、もともと、「有ったッケ。」などの「ケ」と同似のものかもしれないと思う。

○ソンダッケァ　ナー。

　　　　だもんねえ。＜大いに肯定する。＞

のような言いかたをする。「ッダ」は「そうだ」である。はじめの例では、さいごの「ノー」を除いて考えると、「オン」もつけそえことばということがわかる。（――「オン」は「もの」からきたものであろう。）（さいごの「ノー」が、一方の例では「ノァ」となっている。このような「ァ」については、のちに述べる。）

○ッダ　オン　シ〔ï〕ァー。

これも「だもんねえ。」と、大いに肯定する言いかただが、おわりは「シ〔ï〕ァー」になっている。「シ〔ï〕」はさきに出た「シ〔ï〕」であり、そこにまた「ァ」がそわっている。

○ソッダ　オン　ネシ〔ï〕ァー。

　　　　そうですものねえ。

これは、「オン」「ネ」「シ〔ï〕ァー」と、いろいろの文末詞がうちかさねられたものである。そうわかれば、むずかしくはないようなものの、いきなり、上のように一つづきのことばが聞こえてくると、いささか面くらう。

文末詞「オン」は、他の音・ことばと、もつれあった形ででも、出てくる。たとえば、ベーベーことばの「ベ」ともつれあって、「ベォン」「ビョン」と聞こえてくる。

○モー　チ〔ï〕ギ〔gçï〕　シ〔ï〕マル〔ü〕ベ〔ẹ〕ォン。

　　　　もうじきしまう（おわる）だろうよ。

○タブン　イ〔ï〕グニ〔ï〕　イ〔ï〕ガベォン。

　　　　たぶん行くことができるだろうよ。

では、「ベォン」が聞かれる。土地の一有識者は、つぎのような説明をしてくれた。

○オマェ〔maɛ〕　イ〔ï〕グベー。

　　　　〔たしかめ〕

○ヤマサ（山に）　イ〔ï〕グベア。

　　　　〔さそい〕

などと、呼びかけ・訴えかけのため、「シ〔ï〕ー」をしきりにつかっている。「シ〔ï〕ー」の元は「もし」か。「もし」のようなものなので、「シ〔ï〕ー」はよく、呼びかけの用にあてられるのであろう。

つぎに、「バ」という文末詞をつける言いかたがある。

○ナンボ　メー　バ。

　　とてもうまいよ。

○タイ〔ï〕シ〔ï〕ダ　ゴド　ネーデ　バ。

　　たいしたことはないよ。

○ドゴ　イ〔ï〕デ　バ。

　　どこが痛いか。

○ドゴ　イ〔ï〕グネ　バ。

　　どこがよくないか。

○ナンニ〔ï〕チ〔ï〕デ　デキ〔kçï〕シ〔ï〕　バー。

　　なん日でできますかね。

老若男女が、「バ」をよくつかう。同等以下によくつかう。（かといって、目上にも、言わなくはない。）土地人の一人二人は、「ひとりごとの時、バーを言う。」とか、「＜バーをつかって＞自分の気もちを言う。」とか、教示してくれた。なるほど、上のはじめの二例などは、まさにその説明どおりのものである。（「バ」の起原としては、「私」系の「ワイ」＞「ワ」が考えられようか。その「ワ」の転訛で「バ」ができたかと思う。）が、上記の下三例は、問いになっている。（――用法の拡張だと思う。）こうなって、その話しのことばを聞く者は、「バ」の意味をとらえるのに難儀するのである。

○ンデ　バー。

というようなのが出てくると、こちらは、何のことかと思う。たずねてみると「そうです。」という意味だとのこと。したしい仲で言うという。

つぎに、「オン」という文末詞をつける言いかたがある。たとえば、

○ンダ　オン　ノー。

○ンダ　オン　ノァ。

このように、縮約の形・音、あるいは短縮文法が、つぎつぎにいろいろとせまってきたのでは、こちらはとまどってしまう。けっきょく、津軽弁はわかりにくいということになる。

2. 文末法

もの言いのことばじりに、とかく、いろいろの「つけそえことば」がくる。このために、また、そのもの言いが、何のことか、わかりにくいものにもなる。文末のつけそえことばは、文表現の、訴えかけのはたらきを、特につかさどるもので、一文の重要因子である。これを私は文末詞と呼ぶ。話しあいの時には、文表現に応じて、それこれ、とりどりの文末詞が、さまざまに出現するので、聞き手は、その変相にもとじこめられて、文意の一々の把握が、困難になる。

○イ〔ï〕マ　シ〔ï〕ー。

○イ〔ï〕マ　ゲンザイ〔ï〕　シ〔ï〕ー。

などと言う。――「今　シ〔ï〕ー。」と、「シ〔ï〕ー」がつく。「今、現在　シ〔ï〕ー。」と、「シ〔ï〕ー」がつく。「シ〔ï〕ー」は何だということになる。――わからないものがついているので、たとえば「今　シ〔ï〕ー。」の全体が、何のことかわからなくなる。

「シ〔ï〕ー」のつかわれかたはいちじるしい。

○タンダ　シ〔ï〕ー。

　　ただね。

○ヨッカダト　シ〔ï〕ー。

　　四日だとね。

○オトトイノ　バンダ　シ〔ï〕ー。

　　おとといの晩だね。

○…………　ネ　シ〔ï〕ァー。

　　…………ねえ。

○クシ〔ï〕ナガ　シ〔ï〕ー。

　　たべて下さいませんか。

著である。ちなみに、南部方言下の三戸郡島守《しまもり》方言では、長音の特色がみとめられた。「よい」の「ヨー」、「小さい」の「チャッコー」、「おもしろい」の「オモシ〔ï〕ロー」、「こっちへ来い。」の「コッチャ　コー。」、「大豆」の「ダーズ〔ü〕」、「咲いた」の「サーダ」、「まけないように」の「マケナーヨーニ」などがある。老女に比較的よく、こんなのがみとめられるか。人は、「みんな、イは伸ばすのが島守ことばの特色」と言っていた。このような長音現象は、津軽では見られないようである。津軽はむしろ短呼の国である。)

津軽の短縮文法の、端的な例に、

○ヘバ、

がある。これが、「そうすれば」にあたる。ずいぶん縮めたものではある。

○ソンデネバ

は、「そうでなければ」である。

○ヒャク　サンジューエンテヘバ、

百三十円と言えば、

では、「と言えば」の「テヘバ」が見られる。

○コレ　タベヘン　カ。

これをたべませんか。

この「ヘン　カ」のところにも、短縮のあることが明らかであろう。

○ケ〔ẹ〕シ〔ï〕テ　ガー。

は何か。「シ〔ï〕」は敬意をそえる。——「ます」助動詞などの一部分か。「ケ〔ẹ〕」が「くれ」である。全体は、「やりませんか。」「やりなさい。」の意になる。やはりこの例も、一つの短縮文法事実を示す。

○ハッテ　マッテ　ヘァ。

"はいって待って下さい。"

早口にこれを言われたのでは、何のことか、わからないだろう。

○ヨミ〔ï〕ニ〔ï〕グェバ　コマルハンデ。

読みにくければ困るから。

の「グェバ」もわかりにくい。——「〜くければ」である。

通語にない語詞を、多く持っている。これは、外部の者には、どうにもとりあつかいにくい、困ったことである。

（三） 文法面から

三つには、文法面から、津軽方言のむずかしさを、いろいろに考えてみることができる。以下にかかげる範囲の事実をおさえてみても、私どもは、津軽方言のわかりにくさ・うけとりにくさを、じゅうぶんに知ることができる。（ー以下の諸項のような文法にとりまかれては、私ども、とっさには、立ち往生するほかはない。）

1. 短縮文法

まず、こういうものがある。（「短縮文法」という言いかたをしてみる。）津軽弁では、とかく、言いかたが、短縮されているのである。こんなのに出あうと、何のことかわかりにくくて、しばしば困る。

○ダ　ナンテモ　イガナェ。

だれが何と言っても行かない。

「ダ　ナンテモ」とは、ずいぶん短縮した言いかたではないか。

○ワ　ヤル。

が「私がやろう。」である。

○ナ　ヤル　ガー。

は「君がやるか？」。

○アカンボ　マイ〔ï〕ダ。

あかんぼうがうまれた。

も、一短縮例とされよう。

短縮文法のことは、土地人も気づいていて、

短くしゃべる。略して、字の数がなんぼもない。

と言う。字の数のない、切りつめた言いかたは、短縮文法であって、これはまた、音省略でもある。文法問題が、発音問題にもなる。どちらから見るにせよ、要するに、短縮・縮約が目だつ。

（南部地方にも、短縮はある。しかし、津軽地方の短縮状況は、いっそう顕

ジャンボ　カッテ

は「髪」を刈ってということであるという。

カラッポネ〔ẹ〕ヤミ〔ï〕

は「なまけもの」のことであるという。

○＜あの人は＞　ナンボ　カラッポネ〔ẹ〕　ヤミ〔ï〕ダ　オン　ノー。

とてもなまけものだものね。

などと言う。「カラッポネ〔ẹ〕ヤミ〔ï〕」という言いかたは、東北的な色彩の濃い言いかた、東北気分のよく出た言いかたではないか。

東北では、何にでも「コ」をよくつけることが、すでに広く知られている。津軽もむろん、その東北調のうちである。たとえば「電話」も「デンワコ」と言う。私ども、よそ者から言うと、思わぬ所にも「コ」がつくので、「コ」のついた名詞に、時どきとまどう。このために、話しの聞きとりが変になることは、すくなくない。「デンワコ」に関する一例をとりあげてみる。私が、木造町のあるそば屋さんで、調査させてもらっていると、そこの主婦が、電話でこう言った。

○モスコスンナッテカラ、デンワコス〔ü〕ッジャノー。

私はこのことばに耳を傾けていて、「もうすこししてから、電話をよこすジャノー。」というように聞きとった。――こちらのさかしらである。「もうすこしして」を、「～　ナッテカラ」と言うことのおもしろさは理解できて、つぎに、その場の話しあいの様子から、「デンワコス〔ü〕」を「電話をよこす」ととってしまったのである。「コス〔ü〕」の「コ」の所に、一段と高いアクセント音があることも、私に、早くその判断をさせることになった。しかしである。やがて気づいてみれば、「デンワコス〔ü〕」は「電話コをする」以外の何ものでもなかった。「ス〔ü〕」のつぎの促音、つまりは「ス〔ü〕ッ」という発音も、注意すべきだったのである。

思わぬことばにまどわされる。かってがちがう方言となると、とかく、つまらぬことにも迷わされる。難解と言えるような方言の場合は、語詞的にも、とかく、それによってこちらが迷わされる語詞が多い。津軽方言も、たとえば共

は、餅などの、のどにつかえて、はいりも出もしないこと。

キ〔kçï〕マゲル

キ〔kçï〕マヤゲル

は「怒る」である。

ドッテンシ〔ï〕タ

は「びっくりした」である。

ヤーヂャゲデマッタ

「ひどく困ってしまった」というのもある。

トロケ〔ẹ〕タリ〔ï〕　カタヅケタリ〔ï〕

ここに重ねかけた言いかたがあるが、二つの言いかたは「フトツコト」(一つこと)——同じこと——で、片づけることだ、という。

4. 名詞例

名詞例ともなると、引くべき例は多い。そのはずであろう。

無数の奇語・難語の類が、そうしたものの多出・頻出が、話しの聞こえをむずかしくする。

変わった名詞のいくらかを出してみよう。

ケリ〔ï〕

これはじつに靴のことである。そう言われてみればなるほど、という語ではなかろうか。鼻緒を足ゆびではさむことから、蹴ってあるくことへ、時代とはきものとは新化した。なるほど、はじめて靴をはいた時は、「ケリ」(蹴リ)を大いに実感したことだろう。「ケリ〔ï〕　ハイ〔ï〕テ　イ〔ï〕グ」は「靴をはいて行く」である。

ナカ゜ケリ〔ï〕

は「長ぐつ」ということになる。

アグド

は「かかと」のことである。

ゴッジャラシ〔ï〕　シ〔ï〕タ

は「はじさらし」したということ。

○ナンボ　ウダデ　バ　ナー。

とても困ったことったら。

ここに「うたてい」という、古語の形容詞がある。

アッヂ〔ï〕マシ〔ï〕ー

は、「味ましい」と見てよいものか。この形容詞は、津軽弁の一つの目じるしのようなものである。（これと、「だめだ。」などという時の「マイ〔ï〕ネ。」と、二つは、津軽弁のマークのようなものである。）津軽で、「うたてい」のような古語をよく遺存せしめていれば、「味ましい」などの新製作もよくしている。新・旧、入りまじって、津軽弁形容語彙は特異なものになっている。

さて、上の「アッヂ〔ï〕マシ〔ï〕ー」でも、その意味作用が一とおりではないから、この語のつかわれているのを聞くにつけても、人はしばしばうけとりかたに迷う。

○クサ　トッタケァー、ナンボ　アッヂ〔ï〕マシ〔ï〕ク　ナッター。

草をとったから、庭（「ツッボ」と言う）がとてもきれいに（気もちよく）なった。

この例では、「きれいな」ことに、「味ましい」と言っている。きれいなので、気もちがよいため、こう言うようである。総体に、「心もちがよい」ことを「アッヂ〔ï〕マシ〔ï〕ー」と言う。家庭の裕福な、平和なことなどにも言うことがある。

つぎに、こういうのがある。

イッパダダ　ゴド

変なこと

「イッパダダ」は「変な」である。

3.　動詞例

ウルダグ

は「急ぐ」である。「ウルダイ〔ï〕デ　イ〔ï〕ゲヘ。」（急いで行きなさい。）などと言う。

ハバゲル

イ〔ẹ〕ッドイ〔ẹ〕ッド

これは「ぞろぞろと」の意になるものである。

ジャッグト

これは「はりきって」である。

ベローット

これは「偶然」の意の副詞である。

ジョーデ〔ẹ〕ー

これは「全然」の意の副詞である。

トッドゴマンドゴ

これは「ところどころ」というのである。

木造方言調査のある夜、一民家で、老媼が、「まあ、あんたはゆっくりと。」と、私にあいさつしてくれて、立って行った。その「ゆっくりと」は「ユッタド」だったのである。ここで私は、古風な副詞が当方言に聞かれる可能性を思った。そのごにとらえたものが、

ムタト、ムッタド

何回も、何回も何回も

マデニ〔ï〕、マデーニ〔ï〕

ていねいに

などである。

イ〔ï〕チ〔ï〕ニ〔ï〕チ〔ï〕フダッメニ〔ï〕

一日おきに<一日「日だめ」に>

というのもある。

2. 形容語例

「ノコロイ〔ï〕」(残念だ)というのがある。「残り多い」からきたものであろう。

○ノコロイ〔ï〕↗ノ。

残念だね。

のように言う。

文法事情の中で出てくると、その文法事情と/s/>/h/とが、あいよって、私どもを困らせる。

○コレ〔ẹ〕 ケ〔ẹ〕ヘ〔ẹ〕。

これ下さい。

この「ケ〔ẹ〕ヘ〔ẹ〕」が「くれなさい」なのである。「なさい」の「セ〔s〕」と訛ったものが「ヘ〔h〕」となっているのである。「ゴメン ケヘ。」は「ごめん下さい。」である。

○ゴヘン ナー。

とは、「ございませんなあ。」である。

3. アクセント

特殊発音そのものからも、それらと特殊でないものとのつながりかたそのことからも、聞きとりのむずかしさはおこってくる。そのような発音の、アクセントそのものによってもまた、私どもは、大いにまどわされる。たとえば、

○メーデ ヘン ガ。

と言い、

○メーデ ヘン ガ。

と言う。前者は「見えていませんか。」の意であり、後者は「姪ではありませんか。」の意である。

（二） 語詞の面から

二つには、語詞の面でも、津軽方言のむずかしさを、いかにもと理解することができる。

津軽弁に、——ここ木造方言でであるが、さまざまの難語・奇語がある。中には古態の、由緒正しい語詞もある。こんなのが、会話の中に、それこれと出てくるとなれば、聞く方は、文意の把捉にとまどわざるを得ない。

以下、いくらかの実例をかかげてみよう。

1. 副詞例

副詞語彙ひとつを見ても、津軽弁の異色がよくわかる。たとえばこんなのがある。

ある。

○アド　カル　モノ　ナェ〔naɛ〕　カ。

このあと、買うものはないか。

ここの「カル」は「買う」である。「ウ〔ü〕タル〔ü〕」は「歌う」であり、「ワラル〔ü〕」は「笑う」である。

○モー　シ〔ï〕マル〔ü〕ベァ。

これは「もうしまいましょう。」である。「食う」は「クル」にはならなくて、「ク〔ü〕―」である。

つぎに、「オーフテ」（多くて）の類がある。共通語の〔ku〕が〔Fu〕と発音されている。この傾向が、つぎのように見られる。

○コレワ　ドフトクダ　ナー。

これは独特だなあ。

○オモテ〔ẹ〕フテ　マイ〔ï〕ネ。

重たくてだめだ。<小学一年生の男子、学校から帰る。せなかの荷物の重いことを言う。>

○コンダ　コネフテモ　エ〔ẹ〕ガベー。

こんどは来なくてもいいでしょう？

○オメァ　クツヅシ〔ï〕ター　トロケネーフテモ　イ〔ï〕ーンダ　ガー。

あんたは、くつしたをとりかえなくてもいいの？

○オメダノ　エ〔ẹ〕デ〔ẹ〕、シマェッコ　エ〔ẹ〕ーフテラ　ナー。

おまえさんたちの家で、「しまいっこ」（田畑のしごとのしまい）、よくいったな。

実例がこのようにおしよせてくると、私どもは、「ク」＞「フ」の転訛になやまされることになる。それも、「Fu〕が単純に出てくるのならよいが、文法と組み合って、「エ〔ẹ〕ーフテラ」のような形にもなって、「ク」の「フ」が出てくると、聞き手は、まどわされてしまう。

/s/＞/h/は単純な変化である。たとえば、「かぶせて」が「カブヘテ」となっていても、判断には困らない。ところでこの転訛も、また、津軽方言の独特の

○シ〔ï〕タハンデ　ヤー。

だからよ。

かような、文法的にも異様なものの一つづりの言いかたの場合だと、はねる音一つも、いよいよ何だかわからぬやっかいなものに思われてくる。(このさい、「ハ」は聞こえぬくらいになるので、「ン」の効果はいっそう大きくなるのである。)はねる音も、たしかに、聞こえのむずかしさをかもし出す一因になる。

2. 特殊発音

一口に言って、特殊発音と言える類のものがある。これらがあい寄って、津軽方言の聞こえをむずかしくしていると思われる。

「キ」は〔kçï〕と発音され、時に「チ〔ï〕」に近く発音される。(「天気」「テンチ〔ï〕」など)その「キ」の音を持った「ユキ」(雪)は、〔jügçï〕と発音される。——もっとも、〔g〕は、つよくない。

「何なにと言うのは」などと言う時、「ズーノワ」(言うのは)と言うことがある。「言う」が「ズー」に聞こえたのでは、何のことか、すぐにはわかりかねるわけである。

〔F〕子音がかなりよく出る。たとえば、「奥の歯」を「オクノファ〔Fa〕」と言い、「百」を「フィェク」と言う。「フィァク〔Fïakü〕ショーヤ」は「百姓屋」である。「ハヤフト」は「早い人」である。こうして、思いのほかに〔F〕音が出てくると、聞き手はとまどい、ために、聞きとりがむずかしくなる。

「在郷」は「ジャイ〔ï〕ゴ」と発音される。ここに〔za〕・〔ʒa〕の別がある。「ジェンコ」、これはおかねのことである。(ぜにこ)

○サマンジャマン　ナッテ

これは「さまざまになって」である。発音だけ聞くと、やはり迷おう。「ワンジャネ〔ẹ〕」と言われると、何のことか、ちょっととまどうのではないか。「わざと」の意の副詞である。

共通語の「ウ」が「ル」と発音される場合がある。こういうのが、特殊発音中の特殊発音であって、聞き手は、まどわされるばかりである。「フラル〔ü〕」、これは「ひろう」である。「ファラル〔ü〕」、何のことか。これも「ひろう」で

（一） 発音の面から

一つには、発音の面から、津軽方言のむずかしさを考えてみることができる。

1. 濁る音 はねる音

○ンダ ガー。

そうか。（そうですか。）

これは、「そうか。」の「か」というのが、「ガ」と濁っている。

○ドンダベー。

どうでしょうか。

これは、「どう」のところが「ドン」となっている。濁る音やはねる音が出るのは、聞きわけるのにむずかしいほどのことではない。が、こんな場合にも、上の二例のような言いかたが、娘さんの電話のことばであったりすると、敬語法ぬきのことばづかいでの、濁音やはねる音が、大うつしに聞こえて、これらの言いかた全体が、妙な、わかりにくいことば、あるいは異様なことばにも聞こえる。

濁る音の、

○チサェ〔saɛ〕 エッコ タデダ。

小さい家を建てた。

の「建てた」――「タデダ」のような出かたになると、これが「エッコ」の言いかたとももつれあうので、全体としては、わかりにくいことばが聞こえることになる。（上例を、分かちがきにしないで、「エッコタデダ」としてみるとよい。アクセント高音符に注意して読んでも、何のことか？と、首をかしげたくもなろう。ここにたしかに、濁音のわずらいがある。）

はねる音の場合、

○ヤマンデモ アッテ、

というのでも、これを聞いた瞬間、私どもは、つい、はじめに、「止まんでも」などと、うけとりそこねをする。アクセントの指向もあってである。じつはこのことばは、「山でも有って、」なのだ。やはり、まとまった表現の中では、一つのはねる音も、私どもを困らせるのである。

それは当然のことであろう。人は地域ごとに地域社会をつくる。地域社会が生活圏になる。生活圏に応じて、生活集団の用語世界——方言のまとまり——が形成される。木造方言では、「あれまあ！」というような意味で「アッツァー。」と言う。これを土地っ子は、木造独特のことばと強調する。なぜ、この広い平野の中で、一地区だけが、感嘆詞のようなもの（自然詞）においてさえも、独自性を示すのか。生活圏の独自性ということをほかにしては、この事実は理解し得ないであろう。木造町とその周辺の在郷とでも、ことばのちがいを見せている。やはり生活圏のちがいである。町かたは、その生活圏にふさわしく、方言の推移が総体に早い。そこで、在かたには、木造町で言わなくなった過去のことばを保有しているのである。

こうして、地方差は、みとめられる。が、その上に、津軽方言の全体色がおおいかぶさってもいる。高い観点では、津軽方言のまとまりをみとめることができるのである。

四　津軽方言はなぜわかりにくいか

——津軽方言の特色——

さて、この津軽方言は、どのように難解であるか。私どもは、なぜこれがわかりにくいのだろう。以下には、今夏の木造方言調査の結果によって、私なりの考えを、いくらか述べてみたい。

木造町は、青森県西津軽郡に属し、五所川原市の西にある。平野の中の、孤立の町である。土地の人も、「いかにもとり残された旧式の町」と言う。藩制中期、湿地に木を埋めて村造りに努力したので、木造村と言ったとのことである。「ここを津軽弁の調査地に選んだことは、じつに正しかった。」と言ってくれる人もあった。私は、木造方言を、津軽弁——津軽方言の一純粋見本と見て、これに即して、津軽弁のむずかしさを解釈してみたい。

津軽方言のむずかしさに目をむけることは、けっきょく、津軽方言の特色を考究することになろうか。

三　津軽方言

すでにしばしば「津軽方言」という呼びかたをしてきた。土地の人びとや多くの研究家の通念にしたがえば、このまとまりをうけとることは容易である。地理上の津軽地域をおおうものとして、津軽方言のまとまりを、みとめることができるようである。

私のこれまでの調査経験からしても、――もとよりいたらないものであるけれども、津軽方言のこのようなうけとめかたに、異論はない。

南部の人は、たとえば、

　ツンカ゚ルのことばは、ワタシンダチデモ、わかりません。

と言う。同じ日本海がわでも、秋田県北地域になると、たとえば大館市の一主婦は、

　この辺と津軽とでは、すっかりちがいます。津軽のことばは、私どもが聞いても、さっぱりわかりません。

と強調するのである。じつは、私どもには、秋田県北のことばも、総体的には、かなり津軽にかようように思われる。が、土地っ子の総体印象によれば、津軽は方言の異域なのである。

ところで、その津軽方言も、単純一色の大まとまりのものではない。やはり内部の地域方言差がある。たとえば青森ことばと弘前ことばとには相違がある。津軽も西海岸方面に行くと、事情が複雑になって、方言差がだんだんに見え、津軽半島を北上しても、内部差に行きあたる。今夏は、津軽半島頸部（その西の部分）にあり、津軽平野の中にある一小町、木造《きづくり》町で方言を調査して、ここの人びとが、「木造のことばは弘前ともちがう。」と言うのを聞いた。（弘前の「ネハ」という「文末のつけそえことば」は、木造では言わない。）木造町から青森市までのバス道路の途中でも、たとえば原子《はらこ》という部落で、木造町の方言とは様子を異にする方言に接することができた。（おどろいた時、木造では「アッツァー。」。原子の人は「アター。」と言った。）津軽平野の中ででもこうである。津軽地方のことばを、かんたんに一くくりにすることはできない。

いわゆる北限に、津軽方言・南部方言の東西差が見られるのにあい応じて、いわゆる南限にも、薩摩方言・大隅方言の東西差が見られるのはおもしろいことである。内部事情として、南北両限のおのおのは、ともに東西差をはらんでいる。

内部の分立・分派がこのように相似的であって、しかも、南限で、西の薩摩方言が東の大隅方言よりもより多く問題を蔵するようであるのに等しく、北限でも、西の津軽方言が、東の南部方言よりも、いっそう多く問題を蔵しているようである。そうして、はじめにも述べたように、津軽方言の方が、私どもには、いちだんと難解のように思われる。

私は、北限方言のこの東西別を重要視する。奥羽地方の、太平洋斜面方言状態と日本海斜面方言状態との差異対立の大勢に、この東西別は、おのずからよく属していると解されるからである。一・二例をあげてみれば、「こちらへ来なさい。」などと言う時の「来なさい」は、津軽で「来へ」(←「来セー」←「来さい」)であって、南部に「来へ」がなく、日本海がわには、なお南の秋田県下にも、「来へ」と同類の「来シャー」(来さい)がある。さきの「バッテ」「バテ」も、津軽にあって秋田県北にもある。(太平洋がわにはない。)〔F〕子音の分布も、北限地域ではおもに津軽にみとめられて、なお、日本海がわにそれがみとめられる。「オデアッセ」(おいでなさい)のような言いかたは、南部や岩手県下にあって、津軽・秋田県のがわにはない。

津軽と南部との方言差は、当地方での方言分派生成過程の反照にちがいなく、したがって、両方言の成立は、史的成果と見られる。太平洋斜面方言状態と日本海斜面方言状態との相違の生成が、国語「地方史」上の大きな成りゆきによるものであったことは、想像に難くなかろう。方言分派の系統脈絡――系脈――の相違は、国語の地方的な流れ・広まりの史実を示すものにちがいない。この国語「地方史」の見地で、津軽と南部との方言差が、重要視される。

一方から言えば、津軽方言と南部方言との対立がみとめられ、質の相違がみとめられるがゆえに、東北方言の表裏別も重視されるのである。この意味において、津軽方言の、東北方言上での地位は、重大とされる。

○マニ　アッテル　ワ。

などという「マニ　アッテル」の言いかたと一連のものである。それが津軽では、肯定の言いかたではなくて、否定の「まに合わない」の言いかたで固定しているとすれば、これは、「まに合ってる、合っていない」の言いかたが、北の局限で異色を示したものとされる。このような事実によって、北限方言は、いよいよ特殊性を濃厚にすることになったかと思われる。

二　北限の「南部」と「津軽」
――太平洋がわと日本海がわ――

一口に言えば北限方言であるが、その青森県地域の方言が、大きく、東・西の二方言に分かれる。太平洋がわの「南部方言」と、日本海がわの「津軽方言」とがそれである。

参照　此島正年氏「方言の実態と共通語化の問題点　青森」(方言学講座第二巻　昭和36年3月　東京堂)

この対立は、歴史的風土的に、かなり根の深いものと見られる。土地の人びとの区別意識もまた一般に強烈である。中には、両方の気質の相違を説く人もある。南部は鈍重、のんびり、津軽はせっかち、荒っぽいなどと言う。「氷炭あい容れぬ。」とまで言う人もある。なるほど、私どもが、文末の「ナ」という言いかた一つを聞いてみても、南部弁と津軽弁とに、調子の差異がみとめられるようである。南部弁では、

○オドコ°デ　ヨカ°ッタ　ナー。

男でよかったなあ。

など、「ナー」と言う傾向が耳につき、津軽弁では、

○…………　ナ。

と、「ナ」をつよくおさえつけるように、しかも簡潔に、上げ調子で言う傾向が耳につく。津軽の「ナ」はきびきびしている。女性が発言してもである。気性・方言の相違を、津軽と南部とにみとめてよかろう。

いい天気になりましたね。

のように言う。＜津軽方言例＞南北双方で、諸種の表現にわたって、こうした「あと上がり調」がよく出る。しかも、この両限の地域を除いては、他に、この両限地域ほどに一定的によく「あと上がり傾向」を見せる所はない。まさに南北両傍での一致の文アクセント傾向である。文法上の事実、「何なにだけれども、」の「バッテン」「バッテ」ことばは、九州肥筑にいちじるしい。ところで、鹿児島県下の南部にも、「バッテ」類が見いだされる。さて、北限方言でも、また、「バッテ」「バテ」の、逆接の接続助詞がおこなわれているのである。（秋田県北部にも見られるけれども。）

○ンダバッテ、

そうだけれども、

○ソンダバテ　ソンデ　ナェ〔naɛ〕—。

いちおう、りくつとしてはそうだけれども、じつはそうでない。

などと言う。

いわゆる北限方言と南限方言とは、たがいに隔絶していながら、一致の現象も示しうる両限である。(——それゆえ、これらを両限と見ることも妥当とされる。）おのおのの、方言としての自己形成と自己改新とが、中央勢力の直接影響の外で、かなり自由であったがなかに、双方、このような自然偶然の一致も見せるようになっているのは、まことに注目すべきことである。こういう、自然一致の契機をも包蔵しつつ、両極地方のおのおのは、それぞれ、局限方言としての渾一的相貌を呈していった。

概して言えば、北限方言は、国の東国方言中では、異色の文法を呈することによって、その北限性を濃厚にするにいたったか。たとえば、これは北限地域でも津軽のことばになるが、

○ソッタ　ゴト　スレバ　マイ〔i〕ネ。

そんなことしちゃだめだ。

などと、「マイ〔i〕ネ」の言いかたをする。これが「まに合わない」からきたものとすれば、この言いかたは、東京などの、ご用ぎきなどに答えることば、

地域的に北限であることはもちろん、方言状態としても、まさに北限である。

この事実は、奇しくも、鹿児島県地方の方言が、日本語方言の南限であるのと、きれいに対応している。南方には、奄美群島以南の「南島方言」がある。これは日本語方言の特別南限であって、いちおう、特立させることができる。それを除いて、日本語の統一的な方言状態を大観する時、この次元では、奥羽北部と九州南部との、南北二地域の方言状態が、日本語方言上の、あい対立する南限・北限と考えられる。上記二地域方言の対応を見てこそ、南限・北限の考えかたが、一定の意義を有すると考えられるのである。

南限、鹿児島県地方の方言は、その古風な文法の多くと、語彙上の特色とによって、異風である。発音上でも異風ではあるが、それは北限の場合ほどではない。北限方言は、発音上のヅーヅー弁その他の特色と、文法上の特色と、語彙上の特色とによって、はなはだしく異風である。

国の南北の両極に異風の状態の見られるのは、方言分化の自然の理の支配するところとして、もっともとうけとることができよう。国の政治・文化の中心部からあいさること遠い地域には、異風の方言の形成されるのが当然である。そういう遠い地域には、中央からの影響の、より古い状況も温存されていれば、また、中央からの影響の外での、自由な変異現象もおこっているからである。

北限方言と南限方言とに、一致の現象の見られることは、また、ことに注目にあたいする。南限方言内に、ヅーヅー弁的発音の聞かれるのは、それが、関西以西では、山陰の特別地域を除き、この南限方言内だけでのことだけに、北限方言との対応上、注目される。文アクセントの、一つのつよい型として、「あと上がり調」とも言うべきものが、北限方言と南限方言とに特にいちじるしいのは、かれこれ合わせて、もっとも注目すべきものであろう。たとえば、南限方言で、

○ゴヤッケサー　ナイヤゲモシタ。

御厄介さまになりました。

のように言い（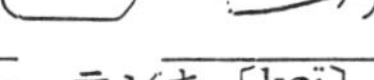）、北限方言で、

○イ〔ẹ〕ー　テンキ〔kçï〕ン　ナッタ　ネシ〔ï〕ー。

方言の局限状態を示す津軽方言――の深部究明によって、解明しうるところが多かろう。津軽方言研究は、「東北方言」深部研究の、高次の序段としての意味を持つと思われる。

すでに、東北方言は、日本語諸方言中で、北部の局所に立つ方言である。（北海道方言は特別視してよい。）その特色の、種々に顕著であることは、よく知られている。局所方言、東北方言の研究が、日本語方言の本格的研究の、高次の序段になりうることは明らかであろう。であれば、東北方言研究の高次の序段としうる津軽方言研究は、日本語諸方言総合の本格的研究のためにも、高次の序段となるものと見られるのである。

私は、日本語方言の研究という大きな見地で、津軽方言を観察してみたい。

かんたんに考えてみても、そうせざるを得ないことである。津軽方言は、これだけ異風異様の方言である。同じ日本語方言の中で、ものがこんなに異様であることは、それ自体、日本語方言全体の見地で、重視すべきことにちがいない。

こんな方言もあるゆえ、私どもは、国語研究のために方言を研究しなくてはならないとも言える。

一方から言えば、これだけに特色を持った方言、よそ者には難解な方言――（と言っても、先方の人に解説してもらえば難解でない。また、まとまった表現を要素に分析してもらえば、その要素の一々は難解でない。）――は、現地の人びとが手づから研究するのが理想的でもあろう。が、大きく考えれば、よそ者の私なども、日本語の現地に住む現地人として、日本語の見地から、日本語現地のうちの一地域としての津軽の、その異様の方言を、積極的に観察する必要がある。私どもがこうすることが、日本語研究のために必要であることは明らかであろう。

一　日本語方言の北限

奥羽北部の方言、青森県地方の方言は、日本語方言の北限である。それは、

津軽方言の研究

──（「方言研究」考）──

藤　原　与　一

本稿は、津軽方言の研究に従って、かつは、方言研究のありかたを問題にしようとするものである。

目　次

前おき

青森県下の津軽方言は、東北地方の諸方言の中で、もっとも注目にあたいする方言であると思う。「東北方言」中では、津軽方言がいちばん難解ではないか。（他地方人にとっては。）私どもが、東北地方に行って、方言に接する時、北上すればするほど、土地のことばが、聞きとりにくくなる。青森県下まで行くと、その聞きとりにくさが、極点に達する。県下でも、東部の、いわゆる「南部《なんぶ》方言」よりは、その東部を除く、広い西がわ地域の「津軽方言」の方が、いっそうわかりにくいように思われる。

東北方言の本格的な研究のためには、この津軽方言を深く討究することが必要であろう。東北方言の様相・性格も、本質も成立も、この津軽方言──東北

“山形弁”と“宮城弁”

藤原与一

はじめに

東北方言下で，ひとくちに南奥方言と言われがちのもののうち，特に，表裏の地位にある「“山形弁”と“宮城弁”」につき，その実質をくらべてみる。

山形県地方のことばを見るためには，一小言語体系，「もとやしき弁」をとりあげる。（これは，山形市から西南にバスで50分くらい行った所の，元屋敷部落の方言である。）宮城県地方のことばを見るためには，一小言語体系，「いそざき弁」をとりあげる。（これは，仙台市から東北に，汽車で一時間ほど行った所の，磯崎部落の方言である。）

「もとやしき弁」の調査　41.10.7～13
「いそざき弁」の調査　38.10.13～20

両者，ほぼ同時期の1週間調査である。結果は，おのおの土地人の検閲を得ている。

I　発音上のことについての比較

さいしょにおこなうべきこの比較の，体系的作業のうち，今は，ヤ行音と呼んでまとめることのできる一類のものについて，双方の発音のしかたを見る。

「いそざき弁」では，特にユについて，これを［żü］と発音する。「祝い」は［żüwae̜］。「言わない」は，若い人が「ユワネー」で老人は「ズワネー」。

「いそざき弁」の表記にも，「もとやしき弁」の表記にも，カタカナを，音声記号としてつかう。

イ・キ・シ・……，ウ・ク・ス・……の母音は，主として中舌音。キは多く［kçï］。

エでは［e̜］が多い。

山形の「もとやしき弁」では，「言《ゆ》う」は［ʒüː］で，［ʃüː］とも言う。「夕飯」は「シューハン」。「雪」は［ʃüʒï］と言う人があったという。［ʃïkçï］［ʒïkçï］が聞かれる。エに関しては，「シェーノパ　シェラベ。」（ええのをえらべ。）「シェンナカ」（家の中）のような発音がある。ヨに関しては，たとえば「ショネザワ」（米沢）という。「ショレヤイ」と聞こえるのは「寄りやい」のこと。「ショメス」［ショルメス］は「夜めし」。ヤは［ʃa］と発音する。「シャーロー」が「野郎」，「シャマンガタ」が「山形」。「やった」（「した」の意）の「ジャッタ」というのもある。小学校の国語教室では，「金《きん》の　ひしゃく」が，「キンノ　ヒヤク」と読まれていた。

以上，いわゆるヤ行音に属するものについて，両方言の実情を見た。この見地において，双方間の顕著なひらきを見ることができる。ここに，両方の，発音基底の相違を，なにほどか，みとめることができようか。

II　いわゆる敬語法上のことについての比較

二つの方言を共時面で比較しようとする時，体系的事態と体系的事態とをくらべる。（くらべる操作では，単一事実を扱ってもよく，同時に複数の事実を扱ってもよい。）体系として，大規模な——方言の全存在にわたるような——ことがらがみとめられるならば，そういう事態をとって，両方言の比較をすることが望ましい。さて，方言という，口頭語の世界のまとまりの中で，大規模な体系的事態とみとめられるのは，いわゆる敬語法であろう。方言は，口ことばのうえのものなので，まことにはっきりと，対話の世界とみとめられる。対話の世界なので，個々のセンテンスは，対話文として発現する。対話文は，「待遇表現」文とも言えよう。待遇表現文に，いわゆる敬語法に属することがつきまとう。そこで，方言の表現の世界では，いわゆる敬語法が，重要な現象を呈すると見られ，ここに，文法上の，大きな体系的事態をみとめることができるのである。

今，いわゆる敬語法に注目して，両方言それぞれの敬語法の事態を，対照的に表示する。

〈もとやしき弁〉	〈いそざき弁〉
ゴザル	ゴザル
ゴザイマス	ゴザイマス，ゴザリヤス
ゴザンス	ゴザリス
——	ゴザス
——	ガス・ゴス
クダサイ	——
アガル	——
シンゼル	——
——	マイル
——	モース
イタダク	——
チョー	チョーダイ
＊　＊	＊　＊
——	〜ラレル
〜シャル	〜シャル
——	〜ンス
〜ナサイ	〜ナサル
——	〜サイ
——	〜イ
——	〜ナイ
〜マス	〜マス
〜デス	〜デス
〜ヤス	〜ヤス
＊　＊	＊　＊

ゴ・オ(接頭辞)	ゴ・オ(接頭辞)
サン・サマ・ツァマ(接尾辞)	サン・サマ(接尾辞)
人間 サマ・アン・ツァン・ツァ・チャン・チャー	人間 サマ・サン・ツァマ・ツァン・ツァ・チャマ・チャン

要素比較表とも見られる上掲のものの，事項の内部に立ち入ってみる。

第一に，両方言がともに有する「ゴザル」類を見る。山形の「もとやしき弁」では，動詞「ゴザル」が，つぎのようにつかわれている。

○シェンシェ，オボエテ　ゴザッ　カ。
　　先生，おぼえていなさる？

これは，「ゴザル」終止形の出ているもの。

○マイニチ　ゴザッテ　ケ[e]テモ　エ[e]ー。
　　毎日いらして下すってもいいわ。

「ゴザル」の連用形がここにみとめられる。

○アー　イッテ　ゴザッシャエー。
　　ああ，行ってらっしゃい。

これでは，「ゴザル」の未然形「ゴザら」がみとめられる。「ゴザッシェ」などとも言う。「ゴザッ」のおこなわれる頻度は高い。「ゴザル」の命令形はおこなわれない。

「ゴザイマス」「ゴザンス」については，言うべきことがすくない。

一方，宮城の「いそざき弁」では，「ゴザイマス」系のものとしては，「ゴザ《イ》エマス」があって「ゴザリス」があり，「ゴザス」があって「ガス」「ゴス」がある。打消の言いかたにも，「ゴザリエ[e]ン」のようなのがあり，「ゴザェン」「ガ《イ》エン」がある。変相に富む。

「ガス」の例，

○オバンデ　ガスー。
　　今晩は。

「ゴザリヤス」の，また，かなりおこなわれるのが注意される。

○オドンゲデ　ナインデ　ゴザリヤスッペ。
　　おどけではないんでございましょうよ。

「ゴザル」動詞そのものは，山形「もとやしき弁」でと同様，未然・連用・終止の三活用形がおこなわれている。

○イツ　ゴザッタ　ノッシャ。
　　いついらしったの？

は連用形例。（おとなの男女によく用いられる。）

○マダ　ゴザシャーイ [e]。
　　またいらしてね。

は，未然形「ゴザら」例。（使用頻度は低い。）

○マダ　ゴザイ，ゴザイン。
　　またおいでよ，おいでね。

これも「ゴザら＋イ（イン）」かと思う。

以上，「ゴザル」類を比較した。内面の相違は明らかであろう。同じくして，而も異なる。そのちがいの，一々が重要である。

第二には，尊敬表現用の「～シャル」を見よう。これの場合もまた，双方間の相違が顕著である。（――ともに「～シャル」を保有するのであるけれども。）

山形，「もとやしき」の方に，言うべきことが多い。まず，通常の四段活用動詞に，助動詞「シャル」の命令形「シャイ」をつけた言いかたが，おとなに，かなりさかんにおこなわれている。

〇カーサネデ　モテガッシャイ。

重ねて持ってお行きよ。〈食器を〉

これは,「行く」という四段活用動詞が,うずもれかけている。「シャイ エ」は「サイ」となることもある。ラ行四段の動詞に「シャイ」がつく時は，

〇ハヤク　オワッシェ　ハー。

早くおわりなさいよお。

のように，「オワラ」などの「ラ」が脱落する。

〇イップク　アガッシャイ。

一服，おあがりなさい。

と，「アガラ」も「アガ」となる。(——だから，「行ッテ　ゴザッシャイ。」などの場合も，「ゴザ」は「ゴザら」だろうと考えられる。)

つぎに，四段活用動詞化したものへ「シャイ」をつける言いかたがとらえられる。

〇アレ　見ラッシャエ。

「見サッシャイ」は言わないという。「出ラッシャイ」は？　と聞くと，これは言わないと言い，かつ,「出ハレ　ハー。」と言うという。ここで，いくらか，「〜シャイ」ことばの用語気分がわかる。「出ハラッシャエ」は言う。一老女が私にダリヤをくれた時は，

〇サシテ　ナガメラッシャイ。

さして眺めなさい。

と言った。要するに，当方言には，「シャイ」があって，「サッシャイ」はない。「サッシャイ」のないことどともに，一段活用動詞の四段化がある。

「くれる」に「シャル」のつく場合も，「ケ［ẹ］ラッシャ［æ］エ［ɛ］」となる。このことばづかいの慣用は，この方言に，いちじるしいものがあって，これと，「ゴザッシャエ」とで，当方言に，「シャル」ことばが，よく聞かれることになっている。

〇ミンナ　スワッテ　ケラッシャイ。

みんなすわって下さいよ。

これは，男子の青年団長が，会同で，男女の団員諸君に言ったことばである。「ケラッシャエ（シェー)」は，だいたい，おとなのさかんにつかうことばで，品位は上のようである。「ケラッシャイ」が「ケヤッシャイ」にもなっている。

〇サー，ゴハン　アガッテ　ケヤッシャェ。

さあ，ごはんをあがって下さい。

「ケヤッシェ」とも言う。

以上，山形「もとやしき」の「シャル」ことばの，じっさいの様子を見てきた。「〜シャル」は，そうとうに勢よく生きている。それにしても，活用形は,いわゆる命令形があるばかりである。「シャル」ことばは，この一形でもって存立している。その点,ここでも,「シャル」ことばがしだいに衰退してきたこと，かつ，今後これが衰滅するであろうことが，考えられる。が，それにもかかわらず，今日なお，この命令形のはたらきが，この程度にまで活発で，これが，待遇表現法のだいじな一翼をになっているのは，注目にあたいする。「もとやしき弁」の「シャル」ことばのこの勢に対して，宮城，「いそざき弁」のは，どのようであろうか。

山形のに比して，宮城のでは，言うべきことがすくない。

命令形一形のみということは，前者同様であるが，その一形のおこなわれるのは，一般に稀とも言えるほどになっている。そこで，「シャル」ことばは，当方では，いよいよもって，消失のいく歩か手まえのものとされる。私は，主として，老人たちの自然会話の中で，「～シャエ」を聞くことができた。（老人には限らないもののようではあるけれど。）

○ヤラシェー。

これは，老男が老女に，ひとつお歌いよ，と，すすめることば。「ノマシャエ。」は「お飲みよ。」である。「ノマッシャエ。」ともなるが，動詞と助動詞との間に，促音の出ない方が，むしろふつうのようである。さて，

○オチャ　ノマシャエー。

は，「オチャ　ノマェ［e̤］ン。」と同じ，とのことであった。これで，当方言の「シャル」ことばの使用気分，敬意度がわかる。

「いそざき」にも，「サッシャイ」はなくて，「起キラシャエ」がある。「ウケラシャエ」がある。動詞を四段活用動詞化して，それに「シャエ」をつけている。――（「シャイ」に対して「ラッシャイ」をとり立ててもよいようなことである。）

○ヂンツァマ　オキラシャエ。
　　じいさん，お起きよ。
○ヤッカラ　ウケラシャエ。
　　やるからおうけなさいよ。

これらの例については，「むかしのことばだ。」とか，「老人同士で」とか，人は言っていた。「～ラシャイ」の言いかたをする傾向のつよさといえば，「もとやしき」での方が，いっそうつよかろう。

「～シャル」に関して，総体的な見かたをした場合，たしかに，山形「もとやしき」の方が，一倍も二倍も，「シャル」ことばのさかんなものを見せていると言うことができる。

第三には，尊敬表現法助動詞，「～サイ」「～イ」「～ナイ」をとりあげる。これらを用いる言いかたとなると，おもしろいことに，存立は，まったく，宮城「いそざき」がわに限られているのである。山形がわと宮城がわとの，大きな差異がここにみとめられる。

はじめに「～サイ」を見よう。

○オキサイン　ヨー。
　　起きなさいよ。
○オキサイン　ワー。
　　起きなさいってば。
○オキライン　ワー。
　　起きなさいってば。
○ゴハン　タベサイ。
　　ごはんをたべなさい。
○タベサイン。
　　おたべなさいな。

「サイ」は「サイン」「サイン」となることが多い。「ン」「ン」がつけば，それだけ，このことばづかいの待遇効果，相手へのものあたりが，やわらかくやさしくなる。何かを，きっとなって言う時は，たとえば「ヤメサイ！」と，鼻音なしに言いきるという。上の例は，一段活用動詞に「サイ」のついたものである。――「サイ」または「サイン」の，命令形と言いうる形のものだけがおこなわれている。「サイ」の慣用の，わけてもいちじるしいのは，「ケ［e̤］

サイン」の言いかたにおいてである。（これは，「くれサイッ」なのであろう。）

〇タベテ　ケサイン。

たべて下さい。

〇タベテ　ケサイ　ヨ。

「ケサイン」が，「アガッテ　サイン。」など，「サイン」ともなっている。

「サイ」は「なさい」の「サイ」だろうか。

〇トーッテ　ケーッカラ，マーッテ　サイ。

とってあげるから，まってなさい。

こういう「サイ」も，「なさい」を考えさせやすかろう。

「なさい」系のものであることの，はっきりとしている「ナイ」「ナイッ」が，ここに，並びおこなわれている。

〇オアガンナイン。

おあがりなさい。

〇タベナイッ。

といったぐあいである。「ナイ」命令形があるばかりである。

〇シェンシェ，ゴランナイン。

のような言いかたもする。

〇ワタシノ　ウッツァ　オンナイッ。

わたしのうちにおいでなさい。

など，「オンナイッ」の言いかたが，よくおこなわれている。もう一つ，よくおこなわれるのは，「クナイッ」（くれナイン）である。

さて，「ナイ」「サイ」とともに一類をなし，同種の作用を示すものに（——つまり，相手に軽く敬意をあらわす時につかわれるものに），「イ」がある。これまた，命令形とも言うべきもの一本で立っているものである。これは，もはや，こういう，無活用の助動詞と言ったのがよいかもしれない。J. ロドリゲスは，大文典で，「サイ」と「イ」とを，並べて扱っている。ともかくも，「イ」「イッ」の実例をあげてみよう。

〇シェンシェ　アガイッ。

先生，おあがり。〈芋を〉

これは，「シェンシェ　タベサイッ。」と，すぐに言いかえられた。（用法上，「イッ」と「サイッ」とが，まったく，つれあい関係におかれている。）

〇タベテ　イガイッ。

たべてお行きなさい。

〇フロサ　ハイライン。

風呂におはいりなさい。

「イッ」は，いろいろの四段動詞に，自由につけられている。「イッ」の出てくる例は多い。「イッ」が「エ [ẹ] ン」と聞こえることも多い。

〇マタ　ゴザイッ。

など，「ゴザイッ」のおこなわれることが多い。これも「ゴザらイッ」だろうか。「ゴザイッ」が「ガイッ」にもなっている。

「イッ」が「サイッ」とつれあうことを，さきに見た。土地の人びとが，この二つを，似よりのものとして把持しているらしいことは，前の例，「オキサイン」「オキライン」でも見ることができた。ここにもう一つ例を出す。

〇アメッコ　ナメサイッ。

アメッコ　ナメラインッ。

　　飴をおあがりなさい。

二つの言いかたが，「同じ言いかた」とされた。それから，「ナメサインッ」の方がていねいだとか，ちょっと東京に近いとかの説明があった。「ナメラインッ」は「在郷のことば」だという。（さきの「オキラインッ」は，子どもなどに言うものとのことであった。）「ナメサインッ」と「ナメラインッ」とが，一そろいのものとわきまえられていることは明らかである。こういうことからして，私どもは，用法上，「〜サイ」の言いかたと，「〜イ」の言いかたとを，関係深いものとうけとらざるを得ない。「ナメサインッ」と「ナメラインッ」との対比のさせかたからは，私どもは，両語法の同律であることを，みとめざるを得ないのである。

「ナメラインッ」などは，一段活用動詞の四段化を見せているものである。ここで，「ハイラインッ」などの，通常の四段活用動詞に「イ」「インッ」のつく場合も，それに合わせて見ることができる。かくして，すべての「イ」「インッ」は，「サイ」「サインッ」との対応事情のもとにあるものと解することができる。

「イ」の起原は不詳と言いたいのであるが，現状での，はたらきからすれば，「イ」も，「サイ」に類して，「なさい」系のものであるように思われる。

となると，上来の「〜サイ」「〜ナイ」「〜イ」三者は，けっきょく，「ナサイ」類としてくくってもよいことになる。

このような，命令形だけではたらくのにきまった，「なさる」ことばの特殊な一類は，山形がわの「もとやしき」には，ついぞ見られない。

以上のように，いわゆる敬語法に関して，両方言を見くらべると，共通性とともに，非共通性をも見いだすことができる。助動詞の「マス」「デス」の使用についてみても，双方ともにこれらを有するとはいえ，実相には差異がある。「もとやしき」では，「マス」「デス」の使用が目だたない。これに対して，「いそざき」では，「マス」の「ス」，「デス」の「ス」をよくつかう。

○タメン　ナルス　カ。

　　ためになりますか。

○ゴエ［e］ンス　カー。

　　五円ですか。

III　文末の訴えことばについての比較

論点を移して，今度は，対話文の文末を問題にする。対話文は，待遇表現文として，文末で，特定の訴えの効果をおこす。この効果をになうのが，特定の「文末の訴えことば」——文末詞——である。人びとは，方言での表現生活において，この文末のことばを適宜に運用し，訴えの生活を満足させている。

それゆえ，文末のことばに目をむける見かたは，対話の世界としての方言の，その生活相を見るうえに，重要な見かたとなる。今はこの考えかたによって，「もとやしき弁」「いそざき弁」それぞれの，「文末の訴えことば」の体系的事態をとりあげ，両方を比較してみる。

はじめに比較表をかかげる。

ものをかかげる順序は，私の分類案による。（分類区分を，＊印で明らかにする。）

〈もとやしき弁〉	〈いそざき弁〉
ナ・ナェ，モンナ	ナ，チャナ・モンナ以下略
ネ	ネ，チャネ・モンネ以下略
ノ	——
ヤ，ネヤ・カヤ以下略	ヤ，ナヤ・ネヤ以下略
エ	——
ヨ，カヨ	ヨ
——	イ
サ	サ，トサ
ジェ	——
ゾ	ゾ・ド・ゾン
ジョ	——
＊　＊	＊　＊
カ・カイ	カ・カイ，ノカ
＊　＊	＊　＊
ノ	ノ
ト	ト
テ	テ
タイ	——
＊　＊	＊　＊
ダ	——
ジャ	——
＊　＊	＊　＊
——	デバ
ツ（ズ・ヅ）	——
チャ	チャ・チャイ
タラ	——
＊　＊	＊　＊
——	コト
モノ	モノ・モン・オン
＊　＊	＊　＊
——	ワ，カワ・ノワ以下略
レァ，ナレ・カレァ・マレ	ナレ・ネレ・カレ
＊　＊	＊　＊
ホラ	——
ホレ，モノホレ以下略	ホレ
ハー，ナハ・ネハ以下略	——
マ	——
マズ(ヅ)，ハマズ	——
ス，ナッス・ネッス以下略	——
シタ・シターン以下略	——
——	シャ，ノッシャ・トッシャ
文末訴え音	——

この対照の表覧が，ひとまず，双方の「文末詞」体系事態の，比較表と言いたいものである。一見ただちに，両方言での差異を見てとることができよう。以下に，この中のいくらかの項目をとりあげ，そのおのおのに立ち入ってみる。

第一に，山形「もとやしき」の方で，「文末訴え音」としたものを見る。一例，

〇オッケーベァー。

大きいだろう？　〈芋が〉

では，文末のァ音が，特定の訴え効果のものとうけとられる。このァ音を，「文末訴え音」と言う。訴えかけようとするので，発言のむすびで，「ベ」の［e］音が，［a］音に開くのだろう。これは，訴えかけの心理からの，当然の帰結と思われる。この「ァ」が，「ヤ」に聞こえることにもなる。そこに，文アクセントの高音部がくることにもなる。と，そこの部分の訴えかけ性は，いよいよ顕著になる。

宮城「いそざき弁」では，この「文末訴え音」に関して，特殊な現象が見いだされる。それは，

○ナンボッ　シャー。

いくらですか。

などに見られる「シャ」である。「いそざき弁」では，これが，男女老若にしきりに用いられ，「もとやしき弁」には，これがない。「シャ」は，東北弁にいちじるしい文末詞「シ(ス)」(起原は「もし」と考えられる）に，「文末訴え音」の「ァ」が添わってできたもの（「シァ」＞「シャ」）と思われるのである。

○ソーユー　カンケイッ　シャ。

そういう関係なんですよ。

体言を承けて，むすびに，「シャ」の来ているのでは，文表現がまず「シ」とむすばれた様子が明らかであろう。そのむすびことばが［ァ］音に開いて，「シァ」ができ，やがてそれが「シャ」となったと思われる。「シャ」は「シャイ」ともなっている。ともあれ，できた「シャ」は，よくおこなわれ，

○ズーナナサイカラッ　シャー。

十七歳からですよ。

などと，助詞も承ければ，

○ヌゴラセッペッ　シャー。

ぬぐわせましょう。

などと，助動詞も承けるありさまである。

要するに，「文末訴え音」と考えられるものは，「もとやしき弁」「いそざき弁」の双方で，そのはたらきを示しているが，結果として現出しているものでは，双方の大差がみとめられるしだいである。

ところで，山形「もとやしき」がわには，さきに東北弁の「シ(ス)」と言った，その「ス」が，さらに言えば「シ(ス)」の類が，それとして，よくおこなわれており，この点では，こちらが大いに異色を呈することになっている。――「いそざき」がわには，「シャ」の固定形の用いられることはあっても，「シ(ス)」の類の，それとしておこなわれることはないのである。

「もとやしき」の，「ス」その他を見よう。

○コンニチワーッ　ス。

今日は。

○コンバンワッ　スー。

○オハヨーッ　ス。

○ドーモッ　スー。

どうも。　〈買いものをして店を出る。〉

じつに自在に「ス」をつかう。「ス」がつけば，よいことばになるのだ，などと古老は言う。

○ンダ　ナース。

そうですねえ。

○ンダ　ナッス。

などと，「ス」が他のものと結合したものもできている。こうしたものが，「シャ」をさかんに言う「いそざき」には，見いだされないのである。

第二に，「ワレ」という語に因由すると思われる文末詞，「レ」の類，「ワ」の類を見る。

山形「もとやしき」では，「レ」が，つぎのようにおこなわれている。

○ンダ　リャー。

そうだな。

「リャー」は「レァ」，すなわちもともと「レ」だと思う。「レ」が「ナ」にむすびついた「ナレ」もある。

○アノ　ナレ。

あのねえ。

○サムイ　ナレー。

「レ」が「まあ」にむすびついた「マレ」もある。

○オドーノ　ナイ　カミサマモ　アル　マレ。

社殿のない神さまもありますよ。

さて，宮城「いそざき」はというのに，今度は「レ」がある。ただし，単独のではなくて，「ナレ」「ネレ」「カレ」が見られるのである。

○ンダガラ　ネレ。

だからねえ。

は「ネレ」の例。「ネーレ」ともなる。

「レ」は「ワレ」から来たものと考えてよかろう。文末のことばとして，「レ」のはたらくのを見ていると，訴えことばとしての「ワレ」というのを，想像したくなる。その，「ワレ」の「レ」については，以上のように，両方言に，いちおうの共通性がみとめられ，かつ，両方言間に，若干の相違がみとめられる。「マレ」の有無というようなことになると，差異は歴然としてくる。

「ワレ」系の「ワ」の類は，どうであろうか。宮城「いそざき弁」では，「ワ」文末詞がさかんにおこなわれており，用法にも，注目すべきさまざまのものがある。が，これに対する山形がわには，「もとやしき弁」に，「ワ」がない。

「いそざき」の「ワ」を見よう。「タベテ　ケライ。」（たべておくれ。）と言えばヤリッパナシで，

○タベテ　ケライ　ワ。

と言えば，ちょっと上品になるという。

○オツカイニ　イガイン　ヨー。

○オツカイニ　イガイン　ワー。

「お使いに行きなさい。」と言う場合の，上の二つでは，「ヨー」とむすんだ方が，「十分五分ぐらいはおくれてもよい」方で，「ワー」とむすんだ方が，「すぐに行かねばならぬ」方だという。

○ナンジン　ナッタ　ワー。

これは，「何時になった？」と問う場合の「ワ」。

○オチャモ　アゲナイデ　ワ。

これは，もてなさなかったことをことわる「ワ」。

○ムイテ　タベロ　ワー。

これは露骨に命令する時の「ワ」。むろん，「ネー　ワ。」（ないワ。）など，東京語流の「ワ」もある。

「いそざき」の，このような大勢に対して，片や，「もとやしき」

に，「ワ」がおこなわれないのは，大きなちがいである。

上来のことを考慮しつつ，「もとやしき弁」の文末詞存立状態と，「いそざき弁」の文末詞存立状態とを，さきの比較表覧によって対比検討してみる。と，双方間の質的相違が確認されてくるのである。

むすび

一つ。「もとやしき弁」と「いそざき弁」とは，そうとうに顕著な対立状態を示す，あるいは示しもすると言える。“山形弁”と“宮城弁”とは，つねには一括しにくいものであろう。

東北方言の区わけで，南奥方言という切りとりかたがある。それも有意義であろう。が，一口に南奥方言と限っただけではすましにくいものもあることが，みとめられなくてはならないと思う。

二つ。今後は，奥羽地方のことばを，太平洋がわと日本海がわとに見わけた見地で，くわしく見ていくしごとを，重んじるべきだと思う。そういう研究展開が，あってしかるべきだと思う。

三つ。——一般論になるけれども——，方言を『方言』としてとらえ，その統一体を，微視的にも巨視的にも精査するしごとを，もっとさかんにしなくてはならないと思う。そうしなくては，はっきりとしたことは，言えない。くわしいことも言えない。

やるとすれば，どの方言についても，精密な作業をおこなうことができよう。各地の方言は，今日の変転はげしい時勢のもとでも，なお，多面的多角的に，多くの重要な事実を教えてくれる。私どもは，現実の方言を，現実態として，国語現実として，正しくとらえ，深くしらべたいものである。

ほんとうの概説をなしうるのは，それからのことであろう。

小方言についての深い研究作業が，かず多くできたとするか。それらを根底とする時，本格的な地理学的研究も可能となる。

（『国語学』第七十輯　昭和四十二年九月）

○イソガシンダ　オン。

いそがしいんだもの。

「オンヤ」などとも言う。「オン」は、山形弁の方にはない。

山形弁・宮城弁、双方の対立の顕著さが、種々にみとめられよう。もとより大きい共通性もある。両者はそれこそ、東北方言の中の分身同士だからである。その共通地盤の上に、以上のような対立性も根を張っているのを、私どもは、東北方言の生態に属することとして注視する。(――東北方言が、かならずしも、つねに南・北にだけ分けられてよいものではないことも、ここに明らかなのである。)

文末詞の一角からではあるけれども、私どもは、こうして、東北方言の深奥にはいっていくことができる。

(『方言研究年報』通巻第10巻　昭和42年9月)

むすび

以上、文末詞の、両方言にかかわる、さきの対照表にもとづき、注目すべき対比要素をとりあげて、比較の各説をこころみた。双方の事象を比較することにより、東北方言の、文末詞使用の方言生活の、内奥に迫ろうとしたのである。文末詞研究の一角からではあったけれども、比較法をとることにより、ここに、東北方言の生活を、多少とも、こまかく見得たと思う。

ここまできて、文末詞使用の生活の、方言社会における重要性を、よくみとめることができる。双方の方言で、よくもこのように、多くの文末詞を成立せしめたものである。それは、じつに、方言生活上の必然的要求の結果であろう。

それにしても、山形弁と宮城弁とでは、こうも多くの対比的特徴を示しあうものなのか。以上の各説で省略した事項を、なおとりあげていけば、私どもは、いよいよ多く、双方の対立関係を見ていくことができる。二・三にふれよう。助詞系文末詞の「ノ」については、その用法の盛大・多彩を、宮城弁の方でみとめることができる。（問いの「ノ」、報知の「ノ」、すすめの「ノ」など）「ト」の用法に関しても、「よ」に相当するもの、伝達の意のものなど、宮城弁の方がおもしろい。

○ソイ　トコデス　ト。

　　（この村は）──→そういう所ですよ。

○ゴザリエン　ト。

　　ございませんよ。

動詞系の文末詞にはいろいろのものがあるが、この部面では、山形弁の異色がつよい。「ツ」（ズ・ヅ）であれば、

○ホレ　ハケ　ツー。

　　それ、はけってば。　〈ずぼんを〉

などと言う。宮城弁では「チャ」（「と言やあ」？）が断然さかんである。

○イガネーッ　チャ。

　　行かないよ！

「チャ」が「ベ」について「ベッチャ」の聞こえをうち出しているのは、まったく宮城弁である。

○ナンダベッ　チャ。

　　何でしょう？

名詞系の文末詞「モノ」について見ると、双方にこれがあって、しかも、宮城弁の方では、「モン」に近い「オン」のおこなわれることがさかんである。

は「ノッシャ」の一例である。

○アッタッタ　トッシャ。

　　あったそうですよ。

は、「トッシャ」をとらえしめる。

山形弁には、「シャ」の形の文末詞はまったくないが、「シ」のみとめられるものとして、一つ、「シタ」がある。これはまた、別に注目されるものである。「シタ」の「シ」は、「もし。」の「シ」ではないか。「タ」は、「アナタ」系のものかもしれないと思うのである。実例はこうである。

○オッボエルカモ　シャネー　シタ。

　　（わしも、けいこをしたら、）→おぼえるかもしれないよ。

○シェンシェ、ソノ　トキャ　マダ　ワカイカッタベ　シタ。

　　先生、その時はまだ若かったでしょうね。

「シタ」が「シターン」ともなる。「カシタ」など、複合形もできている。

文末訴之音について

さきには、宮城弁の「シャ」に関して、「シ」の末尾に［a］音が付加したのを見た。すでに山形弁についても、前の「リャー」のところで、「文末訴之音」を云々した。私どもは、一般に、訴えの効果をつよめるものとして、［a］音をとりあげることができる。

この［a］音が、これという文末詞の末尾にではなく、たとえば、文後尾の助動詞「ベ」のもとに付生した場合などでも、私は、その［a］音効果のところを、「文末訴え音」としてとりたてたいのである。ものは、通常の文末詞とはちがうけれども、機能上、これも、文末詞相当のものとしてうけとることができるのである。

○ネブタグ　ナッタンダベ ァ。

　　ねむたくなったんだろうね。〈子に対して言う〉

最後の「ァ」が、まったく、文末詞に相当する。「……ベ　アー。」ともなると、そのことがいっそう顕著である。「……ベ　アー。」が、「……ベヤー。」と聞こえることにもなる。こうなると、「文末詞」の特殊なものをとりたてることもできようか。

この種の「文末訴え音」は、ひとり山形弁の方で見いだされるようである。

○ツンヅケテ　ケヤッシェ　ス。

（どうぞそのしごとを）──→つづけて下さいね。

○ミテ　タメン　ナッタと　言って、ヨロコンデ　イタッケ　ス。

みんな、ためになったと言って、喜んでいましたよ。

どこへでも、──（「オバンデスー。」「お晩です。」などの場合をのぞいて）──、きわめて自由に「ス」をつける。東北方言中に、「ス」文末詞が、いろいろな形で広く存在する中で、この地方に、「ス」単独形が、こんなにのびのびと自由につかわれているのは、特筆に価する。老人たちによれば、“「ス」のつくのは、よほどよいことばなのだ。”とのことである。ともかく、老若男女に、これがよくつかわれている。

山形弁の方では、この「ス」をむすびとした「ナッス」「ネッス」以下のものも、またよくおこなわれる。

○ドーモ　ナニゴトモ　デイ　ナッス。

どうも何のおかまいもできませんでね。

これは「ナッス」の一例。謙遜の送辞である。

転じて宮城弁の方を見れば、こちらには、「シャ」文末詞、および「ノッシャ」「トッシャ」がある。この点、山形弁のに類するものを、こちらも示す。というのは、「シャ」の「シ」も、やはり「もし。」の「シ」と解されるからである。宮城弁で、たとえば、

○ナンボッ　シャー。

いくらですの？

と言う。こんな「シャ」は、もともと「シ」（「もし！」）と言いかけたもので、その「シ」の音の訴えを、相手にもっとわかりやすいものとするために、つまり訴えの効果をつよめるために、「シ」のあとへ、[a]音を自然的に生ぜしめたものと思われる。そこでできた[ʃïa]を、さらに融化せしめて、[ʃa]「シャ」をおこしたのではないか。こう考えられるので、宮城弁の「シャ」は、山形弁の「ス」と同類のものとして扱えるのである。それにしても、「ス」などの形であるのと、熟音「シャ」であるのとでは、大きな差異がある。宮城弁は、ものを「シ」のままにはとめないで、「シャ」にしてしまい、ここに一つの大切な安定形式を見いだしたのである。老若男女、ひじょうによく「シャ」をつかう。「ノッシャ」の複合形をつかうこともさかんである。

○ドゴサ　イグ　ノッシャー。

どこへ行くんですの？

一つに、「ハー」関係の一群が注目される。

○オキロ　ハ。

これは、宿の小学生男子が、朝、二階に来て、ねている私に言ったことばである。たしかに、「ハ」は文末詞であろう。きわめて単純に、「ハ」と、文末にこれがつけそえられている。しかもこの場合、文アクセントは、文末の「ハ」で、上げ調子にはなっていない。このことが、今は、いかにもよく、「ハ」の、文末詞としての安定相を示している。単純形の「ハ」は、命令文に出てその役わりをはたすのが主かのようである。

○ママ　ケ　ハー。

　　ごはんをたべろよ。

このさいは、最後でくっきりと、高音調子の「ハー」が出ている。これはまたこれで、「ハ」文末詞の面目をよく見せているものであろう。

「ハ」文末詞が、他の要素と結托し、「ナハ」「ネハ」「ヨハ」以下のものをおこしている。一方の宮城弁には、このようなことがさらにないのである。

つぎに、山形弁の方で、「マ」(「まあ。」)が注目される。それは、

○サンリ　アル　マ。

　　三里あるよ。〈～まで〉

など、広く自由につかわれる「マ」である。便利な文末詞である。こういうものを創作して活用していくところに、民間人の言語生活の知恵があるのだと思う。

つぎに、山形弁の方の、「ス」関係のものが注目される。「ス」は「もし。」の「シ」に当たるものであろう。したがって、「シ」「ス」は、文系の文末詞と言える。山形弁の方では、単独の「ス」のおこなわれることがいちじるしく、この点、宮城弁とは、大いに趣を異にしている。「ス」の例を見る。

○コンニチワー　ス。

○コンバンワッ　スー。

○ハイッ　スー。

　　はい。

○ドーモッ　スー。

　　どうも。〈店で買い物をして帰っていく人のことば〉

○ゴクロサマッ　スー。

○イルッ　ス。

　　います。

　　　　おい。(ちょっと。)　〈夫 ─→ 妻〉

こういうことでもあるので、その「タイ」が、文末詞としてもはたらくことになったものと思われる。呼びかけの「タイ」は、老年層に存するようである。老年者の説くところによれば、“「タイ」を、若いころ、しきりにつかった。”という。そうして、“ここのことばではない。置賜郡から来たもの。”という。しかし、今日、ここの小学生たちにも、「タイ」が文末詞としてつかわれること、つぎのごとくである。

　○シェンシェバリ　エーダ　タイ。

　　　　先生ばかりいいなあ。

ただし、その使用頻度は、高くないらしい。

　○ダメダッ　ターイ。

これは、おとなの男子のことばである。“「だめだね。」という、相談みたいな意味のものだ。”という。「タイ」一つの、存立のしざまが、じつは簡単でない。「タイ」にも、土地っ子の、表現生活上の、さまざまな要求がかけられるのである。

文系文末詞について

文(センテンス)系の文末詞とみとめるべきものが、世に多い。

センテンスといっても、これは、特殊な短形文である。「ホラ。」「ホレ。」など。まったく、呼びかけ用の特殊文である。これらが、文末にまわって文末詞となる。(呼びかけことばなら、文頭にも立ちうるし、また、文末にもおちつきうるはずである。おちついて、安定したものが、文末詞となる。)

さて、この文系の文末詞と見るべきものが、山形弁の方に、断然多くできている。単純形のものもあれば、他の要素と複合したものもある。複合は、ありがちのことで、宮城弁の方にも、複合形がみとめられる。けれども、全「文系文末詞」の存立大勢となると、双方には大差があるのを、すぐにみとめることができるのである。(さきの表覧を参照されたい。)種別の多い方は、それだけ、文系文末詞による表現生活を、多岐に栄えさせているということであろう。宮城弁の方は、限られた、特定のものを、しきりに活用しているのだとされよう。どんな場合にも、方言生活に、方言ごとの、ふしぎともいうべき(成因をにわかには解きがたい)、顕著な個性をみとめることができる。

山形弁の方の、多くの文系文末詞の中から、いくらかをとりあげてみよう。

宮城弁には、「ナレ」に類する「ネレ」がある。

○ンダガラ　ネレ。

だからねえ。

「ネレ」は念をおす気もちのもの、訴える心のものだという。「ネレ」がまた「ネーレ」ともなる。「ナレ」「ナーレ」が男・女のことばで、しかも男子がよく使うのに対して、「ネレ」「ネーレ」は女に多いものと言えるようである。さてこの「ネレ」が、山形弁の方にはない。なくて、別に、山形弁の方には、「マレ」がある。(「まあワレ」の熟合形かと思う。)これは、宮城弁の方にはない。

○……　イッタンダッタ　マレ。

(……へ)→行ったんだったのですよ。

○オドーノ　ナイ　カミサマモ　アル　マレ。

お堂のない神さまもありますよ。〈「鎮守さま」のこと〉

「マレ」とは、珍奇な文末詞である。この「マレ」の転か、「モレ」というのもある。——「マレ」「モレ」、ともに、老男に聞かれた。

○いろりには、年中、火をたいて　オッタ　モレ。

○テンコー　ミテ、ツイヒスル　ノモレ。

天候を見て、追肥するねえまあ。

あとの例は、「ノ」に「モレ」が接着している。

代名詞系文末詞の条で、いま一項目、ふれておきたいものがある。それは、山形弁の方の「タイ」という文末詞である。(——これがまた、宮城弁にはない。)「タイ」は、

○ドサ　ング　タイ。

どこへ行くの?

○ドサ　イッテ　キタ　タイ。

どこへ行ってきたね?

のようにつかう。「タイ」はあとへつけるものという。しかるに、こういう言いかたもある。

○タイ、ドサ　イッテ　キター。

この「タイ」を、土地人で、「対称」と説明する人があった。この説明にしたがえば、文末詞としての「タイ」は、対称代名詞系のものとされよう。

「タイ」を「対称」と言うのは、もっともか。つぎのような用法もあるからである。

○タイ。

何時になった？

「ノワ」「カワ」とも言って問う。
○ムイテ　タベロ　ワー。
むいてたべろよ。

これは命令の「ワ」である。

このように、「ワ」が、男女において、さまざまに用いられる宮城弁に対して、山形弁の方は、いっさいこれを見せないのは、言語習慣の大きいちがいと言わなくてはならない。しかるところ、「ワレ」の「レ」になると、これは、宮城弁・山形弁の双方におこなわれている。といっても、両方の間に、多少の差はあるが。山形弁では、
○ンダ　リャー。
“そうだな。”

のような言いかたをする。「リャー」の文末詞が見え、発音はこうも聞こえるが、これは、「レァ」ではないか。その「レ」は、「ワレ」の「レ」かと思われるのである。（「レァ」の「ァ」は、「レ」の呼びかけをつよめるためにおこした、文末訴え音だと思う。）こうだとすると、山形弁の方には、「レ」の単独で用いられる例があることになる。宮城弁の方には、「レ」を単独に用いることはないようである。さて、複合形となると、山形弁の方に「ナレ」「マレ」「カレ」があり、宮城弁の方に「ナレ」「ネレ」「カレ」がある。双方にある「ナレ」は、双方ともに、さかんにこれをつかっている。
○ココノ　ナレ。コトバヅカイノ　ナレ。
ここのねえ。ことばづかいのねえ。

は、宮城弁での一例である。
○オレ　ナレ。
わし、ねえ。〈老女→同〉
は、山形弁での一例である。「ナーレ」とも言うのは宮城弁の方である。山形弁の一例、
○サムイ　ナレー。
寒いねえ。

では、土地人が、“相手に「寒いね。」ということを言おうとしている。”と解説してくれた。（“「寒いからね。」と、子どもになんか、教えようとしている。”、とも言った。）こういうことからも、「ナレ」が、つよく相手に呼びかけることばであることは、察知されよう。そうした性質の「ナレ」の、「レ」は、「ワレ」系の「レ」だろうと思われるのである。

形弁の方におこなわれている。

○シェンシェ　キョー　スモ　フッタンダ　ジェ。〈学童のことば〉

先生、きょう、霜が降ったんだよ。

伝える意志の「ジェ」である。

「ゾ」は双方にある。が、「ヅー」の言いかたもするのは山形弁の方である。「ヅン」の発音にもなるのは宮城弁の方である。

○シェッカク　ホーソー　スルンダ　ヅン。

たびたび放送をするんだよ。

ただしこの「ヅン」は、老人にありがちのものかもしれない。

「ジョ」も、かりに、サ行文末詞の中に入れておこう。これを、ひとり山形弁が、よくつかう。

○ローニモ　オトコシュが　シー　タクノ　ジョ。

いろりにも、男衆が火をたくんだ。〈老男→小生〉

「ジョ」の出自をいまだ明らかにし得ていないが、だいたい「よ」に当たることも、多いものかと思われる。つぎのは一老女のことばである。

○シェンシェ　ジョー。コンド　ナレ。

先生よ。こんどね。→（来る時は電話を下さいよ。）

○アスッビニ　キテ　ゴザッシャエ。ホシテ　ジョー。

あそびに来て下さい。そしてよ。→（来る時は電話を下さいね。）

代名詞系文末詞について

論点をここに移して、双方（山形弁・宮城弁）を比べてみよう。

「ワレ」という代名詞の「ワ」をとって、これを文末詞としているのは、宮城弁の方である。山形弁の方にはそれがない。宮城弁では、

○オツカイニ　イガイン　ワー。

おつかいに行きなさいよ。

のように、相手にものを言いかける時に、よく「ワ」をつかう。（東京語流に、自分の思いを述べる「ワ」をつかうほかに。）この種の「ワ」の言いかたをすると、相手にかなりきつく当たる言いかたになる。――「……　イガイン　ヨー。」なら、行くのが“十分五分ぐらいおくれてもよい。”という。「ワー」とあると、“すぐに行かねばならぬ。”とのことである。宮城弁に、問う「ワ」もある。

○ナンジン　ナッタ　ワー。

出るので、この例を出してみた。>

つぎに、ヤ行文末詞の「ヨ」について、双方を比較する。どちらも、かなりよく「ヨ」をつかっている。が、

○アノ　ヨー。

あのねえ。

○アノ　ヨー。

という慣用文をしきりに用いることにおいては、山形弁が一特色を示す。

○ホシテ　ヨー。

そしてねえ。

○アトカラ　ヨー。

あとからねえ。

などとあるのも、同じ部類のものである。山形弁では、子どもも、

○キョート　ヨー。ドヨービト　ヨー。

きょうとねえ。土曜日とねえ。

のように言って話す。こういう「ヨ」は、生活に深くくいこんでいると見られるのである。

サ行文末詞について

山形弁の方では、文末詞の「サ」を、あまりつかわない。と言うのが言いすぎなら、「サ」を、有力な生活語要素とはしていない。それに対して、宮城弁の方では、「サ」を、男女老若がつかう。

○ンダ　サー。

そうだよ。

○アー　ソー　サ　ソー　サ。

ああそうさそうさ。

などと、よく「サ」を用いている。

○ナニ　サー。

何さ？

これは反問の「サ」である。山形弁にも、つぎのような、特色のある、問いの「サ」が見られはする。

○キョーワ　ドサモ　デカケネーベッ　サ。

きょうはどこへも出かけないでしょう？

サ行文末詞の一つとしてよい「ゼ」、これは、「ジェ」の形で、ひとり山

これいくら？〈子どもが、店で〉

○ドゴサ　イッテタベ　ヤ。

どこに行ってたろうか。

命令の「ヤ」の例、

○マエニ　カシェーダ　ヒト　タノメ　ヤー。

前に働いた人をたのめよ。

「よ」に当たるような「ヤ」の例、

○アシタ　ヤー。------を　見せて　ヤー。

○アー　シドイ　トコ　ゴアンナイスル　ヤー。

ああ、ひどい所をご案内することだよ。〈自分のしていることについての謙遜〉

「ナヤ」「ネヤ」などの複合形で、「ヤ」をしめくくりとするものが、宮城弁では、大いに栄えており、これは、山形弁との比較をほとんど絶している。それにしても、山形弁にも、「ホレヤー」というようなのがあり、これは宮城弁にはない。

○ンダ　ト　ホレヤー。

“そうだ！”

○ホンナェイ　ト　ホレヤー。

“そうじゃないよ！”

山形弁では、女の人が、よくこの言いかたをしている。「ホレヤー」は、いかにも女の人のことばらしい、「念入れ」のことばである。宮城弁がわの独特の複合形を、いくらか見よう。「サヤ」の例、

○オレ　ダスンデ　ネー　サヤー。

わしが出すのじゃないよお。

「チャヤ」の例、

○キョーワ　イソガシクッテ　ワガンネッ　チャヤ。

きょうはいそがしくてだめだよ。

「オンヤ」「オヤ」の例、

○ソレマデ、シェンシェ、ケンキュースルンダ　オヤー。タイシタ　モンダ　オンヤー。

そこまでに、先生、研究するんだもんね。たいしたもんだよねえ。〈老男の言　私が“こうしてくわしく書いておかないと、あとでわからなくなりますから。”と言ったのに対する、感嘆のことば——私に関したことなので、おもはゆいけれども、「オヤー」と「オンヤー」とが、前後して

1. カタカナを、音声記号としてつかう。

2. 表記のカナのイ・キ・シ……、ウ・ク・ス……の母音は、多く中舌母音である。

3. 表記のカナのキは、多く〔kçï〕の音。

4. 表記のカナのエは、多く〔ẹ〕の音。

5. 傍線は、文アクセント上の高音部を示す。

宮城弁には「ナェ」がない。山形弁の、

○ンダ　ズ　マ　ホラ　ナェー。

は、"そういうことであったでしょう。"の意という。今では、これが、ごくめずらしい言いかたになっているらしい。このような言いかたが、土地人に、特色ある慣用文として、つよく把持されているのは、注目すべきことである。(──そうしたところに、方言の鋭い特色があるものとしなくてはなるまい。方言生活は、そのような特殊なものによって、つよく支えられている。)

さて、「ノ」を言う点では、山形弁は異色を放つ。

○ンダ　ノー。

　　そうだね。〈─と、返事　外来の私などにも〉

の言いかたは、一つの慣用になっている。おとなの、女も言う。

○ンネ　ノー。

　　"そうでない。"

の言いかたもある。山形弁の「ノ」の用法は、だいたい、この種のものの方向に限られているかのようである。

ヤ行文末詞について

ヤ行音をとる文末詞を、ヤ行文末詞と言う。

「ヤ」文末詞関係では、宮城弁が、一段と、はなばなしい展開を見せている。単純に「ヤ」をつかう場合でも、宮城弁では、問いの「ヤ」、命令の「ヤ」、「よ」に当たるような「ヤ」などと、種々相がみとめられる。山形弁の方には、それほどのものがない。──「ヤ」を用いることはすくないとも言えよう。

○ソメン　ナンバグライ　ヤー。

　　そうめんは、いく把ぐらいゆでる?

これは、山形弁での、問いの「ヤ」である。宮城弁を見る。問いの「ヤ」の例、

○コレ　ナンボ　ヤー。

ホラ	
ホレ、モノホレ・モンホレ	ホレ
ハー、ナハ・ネハ・ヨハ・ノカハ・ヅハ・マハ・スハ	
マ	
マズ(ッ)、ハマズ	
ス、ナッス・ネッス・ノヨッス・カッス・カス	シャ、ノッシャ・トッシャ
シタ・シターン、カシタ・カシターン・ノカシタ	
文末訴え音	

双方を見あわせてみると、ただちに、差異の大きいのをみとめることができる。第一に、山形弁の方では、いわゆる文末詞が多種であり、宮城弁の方では、それがそうでない。なぜこうなるのか。一つには、いわゆる敬語の使用とも関係があるのではないか。対人表現上、敬語法と文末詞法とは、深い関係にある。方言上では、通常、いわゆる敬語法のすくない場合でも、それに代わるがごとくに、文末詞による待遇敬卑表現法がさかんである。宮城弁には、敬語法のいちじるしいものがある。それに即応して、文末詞は、その存在が、比較的簡素でもよいのか。もとより、これは、一つの結果論である。山形弁が多種の文末詞を運用しているところには、山形弁の独自の方言性があるのだとしなくてはならない。

対照表の委細を一部々々見ていっても、双方たがいに特色を示すさまが、よく見てとられよう。「ヤ」について見ても、双方の差が明らかである。代名詞系の文末詞に、双方の差がまた明らかである。文系の文末詞において、相違が断然明らかである。

以下、実例をあげながら、順次、双方を見くらべていこう。

ナ行文末詞について

ナ行音をとる文末詞を、ナ行文末詞と呼ぶ。

「ナ」をおこなうことは、双方同じと言えようか。「ンダ　ナー。」など。

しかし、山形弁には「ナェ」がある。

○ダガラ　ナェ。

注　　実例表記に関して：

〈ヤ行文末詞〉	
ヤ、ネヤ・カヤ・ノヤ・ホレヤ	ヤ、ナヤ・ネヤ・サヤ・ゾヤ・カヤ・ノヤ・トヤ・デバヤ・チャヤ・オンヤ・オヤ・シャヤ
エ	
ヨ、カヨ	ヨ
	イ
〈サ行文末詞〉	
サ	サ、トサ
ジェ	
ゾ	ゾ・ド・ゾン
ジョ	
〈「カ」文末詞〉	
カ・カイ	カ・カイ、ノカ
〈助詞系文末詞〉	
ノ	ノ
ト	ト
テ	テ
〈助動詞系文末詞〉	
ダ	
ジャ	
〈動詞系文末詞〉	
ツ（ズ・ヅ）	
タラ、ヅハーッタラ	
	デバ
チャ	チャ・チャイ
〈名詞系文末詞〉	
	コト
モノ、（モンナ・モンホレ）	モノ・モン・オン
〈代名詞系文末詞〉	
	ワ、カワ・ノワ・ノッシャワ
《レ》・レァ、カレァ、ナレ・マレ	《レ》、ナレ・ネレ・カレ
タイ、ナタイ	

〈文　系文末詞〉

もできない。無限とも言うべき複雑さ、――すなわち深さである。ではあるが、今は、山形県下一地点に小方言をえらび、宮城県下一地点に小方言をえらんで、おのおのの文末詞状態をとりあげ、両方を対比し、この比較法によりながら、――この一角から、東北方言の生活を微視してみようと思う。

私は、文表現の末尾にありうるすべての訴え法を考慮し、その中で、いわゆる文末詞を用いる訴え法の、「文末詞法」とでも言うべきものをとり立てる。文末詞法を、文末待遇表現法として理解し、個々の文末詞による文末待遇表現法の、待遇心理を問題にする。その心理にあくまで追随していって、民間人の待遇情調を、できるだけ精細にうけとめようとするのが、私の体験的「文末詞調査」であり、文末詞研究である。このような調査を、山形県下では、

□　上の山市狸森字元屋敷

でおこなった。宮城県下では、

□　松島町字磯崎

でおこなった。

両方言について、はじめに、その文末詞の群落存在を比較する。すなわち、文末詞の体系的存在と体系的存在とを比較する。以下、体系的存在の中から事象をとりあげて、事象と事象とを比較する。（事象は、体系の中の一定部位の事象として、彼我、対比的にとり立てられる。）比較が、一定条件下でおこなわれるべきことは、言うまでもない。

私の両方言調査は、私なりの、下記のような条件統一によっている。

□　元屋敷調査　41年10月7日～13日
　　　　　　　土地人、全カード検
□　磯崎　調査　38年10月13日～20日
　　　　　　　土地人、全カード検

両方言の文末詞

はじめに、両方言おのおのでの文末詞群落――文末詞存立体系を、彼我の対照表にしてみよう。

山形弁	宮城弁
〈ナ行文末詞〉	
ナ・ナェ、モンナ	ナ、チャナ・モンナ・オンナ・ワナ
ネ	ネ、チャネ・モンネ・オンネ・ワネ
ノ	

東北方言「文末詞」の一研究
──“山形弁”“宮城弁”について──

藤原　与一

はしがき

東北方言の、無限とも言うべき深みをひらく東北方言研究を、私もゆめみてやまない。東北地方の人びとの、毎日の生活のいとなみの事実の総体としての東北方言を、私どもは、どのようにして、体験的に追求していくことができるか。一つには、その文表現の生活を、文のむすびことばの文末詞でとらえるという態度の、文末詞研究をしていくことが、方法として有意義であると思う。

方言の生活は対話の生活である。そこでは、すべての対話表現文が、現場現場の、待遇表現文になる。待遇表現文（たとえば“きょうは暑いです　ネー。”）の、文末の局所に、特定の訴えことば──文末詞がある。文末詞が、文表現の待遇効果を最後的・収約的にきめる。それゆえ、方言の生活にせまって文をとりあげる時も、文末の文末詞に着目することが、簡にして要を得た方法になると考えるのである。

今までの、一般の研究では、文表現本位に方言をとらえることがすくなかった。このため、文末詞の重要性も、深くはみとめられないできた。文末詞を、単語論的には、終助詞などと言ってとらえることはあるけれども、文末詞と言うべき実体・実質をとらえて、そこから文表現の機能を見ることは、あまりなされていない。

私は以下に、文末詞の認識につとめて、かつ、山形弁の一地例と宮城弁の一地例とを比較することにより、東北方言の生活にせまっていくことにつとめたいと思う。

文末詞は、文表現の局所である。文表現の生命点としての文末詞は、どの方言にとっても、かけがえのない、重要なものである。この個性的な文末詞が、そこそこの方言ごとに、特色ある群落存在を示すのは当然であろう。まったく、文末詞の存立は、そこそこの方言ごとに、様相を異にする。東北地方全域では、その内部で、小方言ごとの文末詞の存立が、なんと複雑であることか。東北方言をおしなべての、文末詞に関する単純な発言などは、とて

佐渡「外海府村大倉」のことばについて

藤原與一

一

大倉の人、四十才の女性が、昭和十七年八月十日晩と十一日朝とに話してくれた「大倉ことば」をこゝにとりあげる。私は三十項目あまりの話題を用意していた。それを中心に、自然な話しあいをおこなつた。この女性は、純粋の土地つ子であり、ふだんの土地辯でその自然な言語生活を見せてくれたのである。所はその人の自宅、周圍には老人も子供もいた。

大倉部落には大倉ことばの言語体系があるはずである。この女性は、その体系の中で、一個の言語生活者として立つている。この人にもまたこの人の言語体系があるはずである。私はその個人言語体系を、生活の現實において觀察し、おもな要點をのがさないようにと、その全体的構造をとらえることにつとめた。しかし、今、手もとの記錄を見ると、甚しく不完全である。けつきよくは、いくらかの要點をとらえたにすぎないであろう。

外海府村は、佐渡北端の西がわにある。大倉という部落は、南の相川町から北上して外海府村にはいつて、まもなくの部落である。

二

この人の發音生活では、やはり第一には、ダ行音のラ行音化が注目された。「佐《サ》渡《ド》なまり」としていちじるしいものである。

○ラッレモ　オランカッタラロー。

「だれも居らんかつただろう。」

と、ことばの初でも「ダ∨ラ」をおこす。

○ドーシタンラ。

は「どうしたんだ。」である。

○コリャ　オレガンダヨラ　ノー。

を聞いた時は、この文アクセントからして、「ヨラ」は何なのだろうというような注意のしかたを、思わずした。「ヨラ」が「ようだ」だと知るまでには、時間がかつたのである。

一方では「ダッキョ」（らっきょ）「ドーカ」（廊下）などともいう。

この地には、すでに表記したように、變的母音はない。越後路では、東北部にこれがいちじるしく、中部にやゝあつて、西南部にはこれがあまりおこなわれぬ、と言えようか。

ガ行の鼻濁音もおこなわれていない。

連母音〔ai〕を〔æ:〕・〔ɛ:〕などにしている。

○ハヤエ　イ　ノー。

　お早う。

○ネムト　ネーンデス　チャ。

　ねむたくないんですよ、この子は。

のようにである。

かわつたものでは、

○ムコーデモ　イコサンシ、……。

　むこうでも、よこさんし云々。

のようなのがある。また、「屋根からぶどうをとる」という時に、「ヤネカラ」でなくて「ヤンカラ　ブドール」と言つていた。「月山」は「グワッサン」と言う。「食わんか」も「クヮンカ」とも言う。

三

對話の表現法をみるのに、待遇表現の段階差を形にあらわすことが少い。寒い時のあいさつは

○キョーワ　ギョーサン　サムイ　ノー。

であり、たいていの場合に、この程度のことを言うらしい。「そうデスか。」は、つかわなくて

○ソーカ。

を言うのがつねのようである。

○センセガ　キタ。

でも、「キタ」以外の言いかたはしないなどともあつた。このような簡素な形が多くおこなわれれば、よその者は、女が男に對することばとか、子どもが大人に對することばとかの差別をすぐにうけとることは困難であろう。

では人々の心もちはというのに、これはまた、それぞれの場合に、こまやかであり得る。

人がたずねて來た時

○アガッテ　ヤスメー。

と言うが、「休め」とは單純な命令ことばのようであつても、この「ヤスメー」の最後のアクセント昂揚（上げ調子）に、土地っ子間にのみすぐに通うあたたかい氣もちが表現されている。

○アガレー。

〔アガレ　エー。〕について、"この氣もちは？"とたずねたところ、"身内や、如才なくしている人がきた時のことば"とのことであつた。ほんとに、「お上がりよ。」といつたよなものなのだろう。内面的な敬語法と言つてもよい。

○チョット　スマンガ、コノテガミ　ヨンデクレエー。

など、女性においては「エー」がきわ立つのか。いずれにしも、こゝの土地ことばが、簡素な表現法のうちにも、文末によくその表現心理を托しているのを見ることが出來る。

「佐渡のチャ（茶）は飲めんチャ」などと言われている文末助詞「チャ」は、この地でもまたおこなわれることがさかんである。すでに例が出た。

○コドモガ　ミテキタモンダッ　チャ。

子どもがそれを見てきたものですよ。

○ナントリデモ　アリマスッ　チャ。

何通りでもあります。

などのように「チャ」の上に促音のあることも多い。「チャ」に特殊の郷土性があり、「チャ」を言うと、土地っ子はしつくりとする。その念押しことばの、念を押す氣持などの輕くなつたところに、音感ほどにはない品のよさが感じられる。

「チャ」とならんでよくおこなわれるのが「ノー」である

○この邊も、コトバワ　ヨクナツタンダ　ノー。

は述懐のことばである。

○海岸も、一部落ゴトニ、コトバガ　チガイマス　ノー。

という。

ほかに「ヤ」などもある。

○ヂャンニ　ヤマイ　イッテモラエー　ヤ。

爺さんに山へ行つてもらえよ。

○マワシテ　ノムンヂャ　ヤ。

〔砂糖水を箸で〕かきまわして飲むんだよ。〈母↓子〉

などと言う。

待遇表現法に、助動詞「マシ」をつかう次のような言い方がある。

○ニカイエ　アガッテクダサイマシ。

○オヤスミナサイマシ。

これらは、よその者へのあらたまつた言いかたであろう。が、この「まシ」は、土地ことばの習慣として、普通にこう言つているらしい。注意すべきは

○マー　アガリマシ。

まあおあがりなさい。

の一例である。食事どきの辭去のあいさつなどにこう言う。さてこの時も、「ませ」ではなくて「まシ」である。これにつ

いてきくと、
○コノヘンノ　チコトバデ　「アガリマシ」チャ　ノー。
とあつた。

四

言いきりの言い方では、
○コリャ　オレガンダ。
　これはおれのだ。
のように、「ダ」ことばをつかう。それが、
○ドーシタンラ。
　どうしたんだ。
○ナンラー。
　何だ？　〔幼児のたいんか〕
のように、「ラ」になる。
打消完了には「おらンカッタ」などと言い、「そうです。」は
○ソインデス。　（（そう言うんです））
と言う。
○ソンナコト　センナ　ヨー。
　そんなことをするなよ。
○ソンナコト　シルモンダ　ネー。
　そんなことをするものぢやない。

と、「シル」「センナ」を言う。
○自動車が三臺　アルク。
とか、
○相川の方から一臺しか　アルカンケレバとかの「アルク」
の用法もある。
あいさつことばに、「オセッカク。」「オ道ヨク。」など
の、送辞としてきまつたものがある。
右のようなのを見てくると、こゝのことばは、越後路のこ
とばに、あるいは北陸路のことばによく通うと思われる。
一方で、先掲の「ギョーサン」という副詞のつかいかたを
見たり、接續助詞「さかいに」の、
○マラ　コンスケニ（スケン）（スケー）、……。
　まだ來ないから。
なをど見たり、また「休ま《ヤスマ》ないで《ント》」を見たりしていると、こ
こから、關西ことばを連想しやすい。
さて
○オッカノ　ネー。
　こわくない。
だと、關東風に「おつかない」ということばはつかい、かつ關
西風に「オツカノ」と言つている。この混態が、まさに、こ
の土地ことばの、東西兩方言にかかわる地位を暗示していよ
う。〔〃ほんとうは、「オツゴ　ネー。」がここのことばだ。〃

ともあつた。」

アクセントについて、文アクセントを見ても、こゝが特殊な地位にあることがわかる。語アクセント研究の結果では、佐渡は近畿系とされている。それでいて、右の「オッカノネー。」などは、近畿的な抑揚というよりも、東方系の抑揚である。

○イマ　ネツワ　ノーナッタ。

　もう熱はなくなつた。

○ママ　クワン　カ。

　ごはんをたべないか。

というようなのは、まぎれもなく近畿的な文アクセントとされよう。かとおもうと、先掲の

○ムコーデモ　イコサンシ、……。

○ネムト　ネーンデス　チャ。

のような、反近畿的なものがある。

○コンヤ　ユキガ　フルラロ　ナー。

　今夜、雪が降るだろうなあ。

となると、前半は近畿的、後半は關東的である。

○ソンナニ　ヨケー　キテ、アツイラロー。

　そんなにたくさん着て、あついだろう。

も、「ヨケーキテ」と「テ」で低音となるところは近畿的、「アツイラロー」は關東的アクセント、と言えようか。混態の狀況は、佐渡方言の現實の地位をよく示しているように思う。

五

さいごに、こゝの注意すべき表現法を二、三ひろおう。

○デントー　ホシケレバ　イツデモ　ツカル。

というのがある。「電燈が欲しければ、いつでも點かる。」──「つかる」というような言い方は、國語表現法の中で、一つ、注意してよい言いかたである。

○月山を　カケマシタ。

　月山に上りました。

とか、「ハグロサン　カケタ」とか言う。この「カケル」ということばは、民俗をよく反映するゆかしいことばだと言えよう。

○とまとは　食イエン。

　（たべることができない。）

「クイエル」「クイエン」の言い方がある。九州の「クイユル」が思いあわされる。

感謝の「ありがとうございました。」に、

（デカシマシタ。）

がある。これについては、別に、五十才近くの男性に、いろいろと説明を聞いた。その人は〃物を人から借りて、自分の便利に合した場合につかう〃などと、説明にほねをおつてくれられたのである。今、山本修之助氏の「佐渡の島」を見ると、四八頁に、

デカシマシタ（ありがとうございました）

と出ている。ほほえましくなるとともに、はるかに、大倉部落の人たちへの感謝の情を強くするしだいである。

（『佐渡』第一集　昭和二十九年八月）

頁	行	誤	正
75	上1	時間がかつた	時間がかかつた
75	上10	ハヤェ イ ハー。	ハヤェイ ハー。
76	上1	○アガレー。	○アガレー。
76	上22	ヨクナツタンダ	ヨクナッタンダ
77	下4	アルカンケレバとかの	アルカンケレバ とかの
77	下14	なをど見たり、	などを見たり、
77	下16	さて	さて、
78	上4－5	「オッカノネー。」	「オッカノ ネー。」
78	上12	先掲の	先掲の、
78	上21	「ヨケーキテ」	「ヨケー キテ」

越前の一小方言について

藤原与一

0 はじめに

越前のことばは、山地方面（東部）と平地方面（右以外）とに分けて見てよいかと思われる。平地方面で、福井市の西南、電車でおよそ一時間ほどの所に、織田《おた》町がある。織田町の中心集落、織田町織田に、私は、四十三年十月中旬、一週間の方言調査をおこなった。この集落（戸数約三百）に、一まとまりの方言社会を認めることができるようである。ここの方言について、一つの記述を試みる。

土地の生活の中にはいって、その方言生活を側写するというような自然傍受法の調査につとめて、諸階層のさまざまな生活場面から得た調査カードは、一二一四枚である。調査結果は、土地の人、荒木弘子氏に検閲してもらい、使用者階層・使用頻度・使用品位に関する注記を入れてもらった。

1 音声面

共通語生活上の音声面と比較して、また、他地方諸方言の音声相と比較する態度で、当「織田」方言の音声相を見ると、おもに以下のような事実がとりあげられる。

1・1 〔ŋ〕 ガ゚行音は、まずこの方言に通有のものとされよう。年長者にも、〔ŋ〕とともに〔g〕の聞かれることもあるが、一般には、「ガ゚」はよく聞かれる。学童たちには〔ŋ〕が顕著である。（例「アナガ゚ アイテ」穴があいて）おとなに「シガ゚ マエニ」（死ぬ前に）のような言いかたがある。ガ゚行音の〔ŋ〕のやわらかくよわいことを証するものであろう。

1・2 〔ʃe〕 これは普遍的でない。〔ʒe〕も。老人でもだいたい〔ʃe〕を言わない人もある。かといって、〔ʃe〕を言う子どももある。

1・3 〔~〕 すこしく鼻母音が聞かれる。「イマン゚ゴロ」（今ごろ）など。「コンベヤ」（″子を産むへや″）のような発音になったものもある。

1・4 〔ei〕 「精米機」を一老男は「シェイマェイキ」と言った。「シェー」ではなかった。一個人にとどまらぬことのようである。

1・5 一音節名詞長呼 「ターオ」（田を）など。「古《コ》米」も「コーマイ」と言う。

1・6 連母音相互同化 〔ai〕＞〔ɛː〕、これは男女につよい傾向である。〔oi〕＞〔ɛː〕もある。「オテーテ」（落し《イ》て）など。

1・7　イ音便　「出して」＞「ダイテ」、「おろして」＞「オロイテ」のようなのが一定的な傾向になっている。

1・8　縮音　「気をつけにゃ」が「キー　ツケナ」となっている。（〔ɲa〕＞〔na〕）これは、聞こえのうえでの「にゃ」拗音が「ナ」と直音化したもので、聞こえの印象では縮音の感がある。近畿地方では、「……せにゃ」が「セナ」とあるか。それに似る。ところで、他方には、「オマイ　ドコイクンニャー。」（……　どこへ行くノヤ。）の言いかたがあり、この方は「ニャ」がひびく、ここには文字どおりの縮音現象がある。「ヨメニ　クルンニャデ。」（嫁に来るのだから。）などとも言う。

「イッシャ　ナー。」（いっしょヤ　ナー。）、ここにも母音脱落の縮音がある。「モエ　モエー。」（もういいもういい。）このような縮音もある。「チョコシノ　ユニ」（ちょっぴりの湯に）、このような縮音もある。「ヨガッテ」（用があって）、このような縮音もある。「テナワン」（手にあわん）このような縮音もある。「活動写真」はおとなが「カットーシャシン」と言う。「ひるから」は「ヘッカラ」となる。「そうですジャ。」は「ソーデッシャ。」となる。「お呉れ」は「オッケ」になる。

1・9　略音　縮音には音脱落がある。脱落の大きいものを略音と呼んで別にしてみる。「タームネー」（たわいもない）には略音を認めてよかろう。「わすれて」は「ワシェテ」となる。「カッテコイチマウ」（刈ってこいでしまう）のような言いかたもある。これなど、脱落はそう大きくはないけれども、聞こえのうえでは、略音の感がかなり大きい。「オアンナシテ」（おあがんなして）や、「ヨインナシタ。」（ようおいでナシタ。）では略音が大きい。「ンナ　キツイジャ　ワネ。」（みんな達者だわね。）「ンナヤルンデス。」（みんな……。）も略音の大きいものであるが、これではことに、略されたあとの「ン」にはじまる語音の聞こえが、私どもの注意を引く。「ウランテナ」（ウラみたいな）というのもある。

1・10　「ン」化　文表現の音声の中で、「ン」はしば〳〵特異にひびく。その点で、特定の「ン」化が注意される。「シン（死に）トモネー」はその一つである。「杉葉」は「スンバ」と言う。「味無うて」は「アンノテ」である。さらに注目に価するのは、「になう」の「ンナウ」である。「ニノーテ」は「ンノーテ」と言う。「ン」音がきわ立ってひびく。

1・11　音転　「……とはオマワン（おもわん）。」の言いかたが全般におこなわれている。

1・12　異化　「オシェッカコ。」というあいさつことばがある。人の働いているのをねぎらって言う。この「コ」には、「お折角」をあいさつことばとして安定させたおりの異化が認められはしないか。「竹の棒」は「タケノバエ」と言う。

1・14　まとめ　以上の中では、縮音・略音の大きい勢が、注目すべきものだと思う。「ン」の聞こえのことも、大きくとりあげられる。「ニ」が「ン」になるさまざまの事実は、特に注意される。

以上は、発音の生活を動的に見ようとして、音素論をも包摂するつもりで、一つの整理を試みたものである。音韻論と音声学との有機的関係を重んじようとすれば、音声の聞こえの効果を重んじることになるのではなかろうか。

1′ 文アクセント

当方言の音声面について特筆すべきは文アクセントである。私は、この地方の文アクセント傾向の特色こいものを、中止的抑揚と呼んできた。文表現中の話部（スピーチのパート）の末尾で、特異な抑揚をおこすからである。このことは文末にあっても同様である。——しかも、中止的表現法でしばしば文が終り、そこに特異な抑揚がくる。こうした事情からは、中止的抑揚の呼び名を用いてよいと思う。が、今回は、その抑揚の実質に着目して、これを「ゆすりアクセント」と呼んでみる。

織田方言文アクセントの傾向を探索吟味して、類型的なものを求めていくと、私どもは、代表的・中核的なものとして、——この方言を代弁するようなものとして、「ゆすりアクセント」傾向をとりあげることができる。一歩、当地方にはいればただちに耳にすることができるもの、あの異色あるふしまわしが、ここに言う「ゆすりアクセント」である。たとえば、つぎのように言う。

〇アルケドー、　あるけど、
〇……ケドー、　……けど、
〇イロイロ　アリマスケドー。

文中の話部末ででも文末尾ででも、同じ「ゆすりアクセント」がおきる。

〇……サケー、　……から、
〇ダレモ　インサケエー、

これは話部末での例である。「サケー」と、長呼母音上に上げ調子をもうけたものが「ゆすりアクセント」であることは明らかであろう。同時に、「サケエー」と、きょくたんに母音長呼にしたものに「エー」と高音をおいた抑揚も、明らかな「ゆすりアクセント」である。（「……ケドー」というのも同様のものである。）こうしてみると、「ゆすり」の実態には二種のもののあることが知られる。二種のものをつぎのように図式化することができる。

Ⅰ　…………〇ぐ。
　　…………〇ー ぐ。
　　…………〇ー＼ ぐ。

注　右の〇印は音節を示す。ぐ。は、「話部末または文末」の意。
〇の場合、その音節の母音はいくらか伸びる。
〇ーの場合、「……サケー、」のように、長音部の後半で＼のおこることもある。

Ⅱ　……⌒ ぐ。

注　これは、文末または話部末でこのような高音隆起のおこることを示す。——一種の「あとあがり」調にほかならない。ただ、注意すべきは、当方言での場合、文末または話部末に長呼母音のあるところに、——その延伸母音上に、または延伸音を含む一まとまりのもののうえに、⌒ の形式のおこることである。いかにも「ゆすり」の名にふさわしいことである。

この二つの小類型があい寄って、聞こえの効果の顕著な「ゆすりアクセント」の流行をなしていると見られる。

右のⅠの場合、「…………」の部分には、音の高低関係が、いろいろに出てきてもよい。

「…………○ぐく゚」の場合、
○コレ　ドコノ　コヤロ。
これはどこの子だろ？

のように、高音が連続してもよい。
○ヨンヒャクエン　オカエシシマスデ。
四百円お返ししますから。

のように、低音が連続してもよい。
○カーチャンガ、
母ちゃんが、
のように、高音が低音に落ちたところへ○がくるのでもよい。（低音部が二音節あってもよい。）どんな場合にも、話部末・文末の○が、相手へのつよい訴えの効果を発揮する。
「…………○ーぐく゚」の場合も、
○イッカイ　スルトー、
一回すると、
のように、高音が連続してもよい。
○……　ユーンジャサケー。
何々と言うんだから。

のように、低音のつづくところへ○ーがくるのでもよい。

「…………○ーぐく゚」の場合も、
○ノクトテ　エー　ケドー。
ぬくくっていいけど。

のように、高音がいくつもあってその下に○ーがくるのでもよい。
○インノジャー。
いないんだ。


のようでもよい。

前段に高低音がどのようにこようとも、つまるところ末尾で、○ーや○ーがその抑揚機能を発揮する時、そこまでの文アクセントの流れは、その末尾部のけざやかなものによって大いに特徴づけられる。

図式のⅡの場合にあっても、末尾にくる　の前の部分は、どのようであっても、とどのつまり、末尾部の右の形式が、文アクセントの流れを決定的に支持し特色づける。末尾部の前にくる部分のいろ〳〵なありさまを見よう。
○オキャクサンモ、ヨバレテ　カエンナル　トキ　ニー。
お客さんも、ごちそうになってお帰りになる時に。

これでは、最後の一話部で、　の形式が見られることになっている。
○ホンノ　オタコトバヤデー。
ほんとの織田のことばだから。
○バンナラトアー。
晩ならね。

これでは、最後の一話部で、　の形式が見られることになっている。この形式と前者形式とは、類同の関係にある。
○ホンデーエー。
それでね。
○アノーオー。

あのね。

これらは、みな一話部から成っているセンテンスであり、おのおの、その末尾のはなはだしい長母音のうえに、の高音隆起を見せている。その前の高音の出かたはまち〳〵である。しかし、右の三例は、みなそれぞれに、代表的な「ゆすりアクセント」例と言えるものになっているのである。前段はどうあろうともさしつかえない。しめくくりの形式が、大きくものを言う。

以上の二つの小類型では、じっさいに、図式のものの方が、活動力が大きいようである。この方が主となり、いま一方の小類型の方がそれに随伴するおもむきのようである。ともに長呼母音に関係するものなので、二小類型の相関性は明らかである。このまとまりのうえに、「ゆすりアクセント」の面目が認められるわけである。

「ゆすりアクセント」は、女性のがわに、よりさかんにおこなわれていようか。老男の階層には、「ゆすりアクセント」が比較的すくなかろうか。さてそのさかんにこれをおこなう女性たちが、ぞんがい、このゆすりに気づいていない。このような人に出あう時、なるほどそうだからこそ、こんなにもゆするのだなとも思わせられる。「ゆすりアクセント」は、現代にさかんな文アクセントなのである。

小学校の低中高の各学年を参観した時も、児童の教室ことばに、はなはだしい「ゆすりアクセント」を聞くことができた。しかも男女の多くの児童に、まんべんなくこれがおこなわれているのを見た。教室のことばは方言のままではなくて、むしろ学校ことば∧共通語的なもの∨と言えるものである。それが、まず例外なしに、「ゆすりアクセント」に載せられているのである。たとえばつぎのようである。

○アノオー、コレオー、ここへ持ってきて、コノオー、……
ココン　トコイ　クッツケテー。　∧六年生女子発表∨

○アノオー、チガ゚ウ　カタチニ　ナットー（なると）、
∧六年生男子発表∨

○ダカラー、……　ヨン　カケル　ロクト　ユーノワ、フタツ
アルカラー、……コレワ、……ワカリマスガー、ワタシワ、
コノ　テンカイズオー、　∧六年女子∨

○ハチ　カケル　ロク　カケル　ニト　ユーノワ、……　フタツ
アルカラー、　∧六年男子∨

「ゆすりアクセント」はしば〳〵特殊簡潔なセンテンスを成立させる。右の小学校児童の言表例の「アノオー、コレオー、」を見ても、じっさいに、「アノオー」などの下部の休止は長い。それは、一文の断止を思わせるにじゅうぶんである。長呼母音のうえの特定の抑揚は、文の造成を左右しがちである。こうして、「ゆすりアクセント」による短いセンテンスができる。このようなセンテンスのさかんな造成は、方言の文表現の生活を特色づけないではおかない。どんな形式のものの場合でもであるが、文アクセントは、けっしてただの音声面の事象にはとどまらないで、表現の生活に深くかかわっていく。

「ゆすりアクセント」傾向についで、もう一つ、やはり当方言の文アクセント傾向と見られる「高音連続」調を指摘しておこう。

○オタジュー　アルイタカテ、

織田じゅうあるいたところで、

○デケン　トキニャ　ヤッパー、

できない時にはやはり、

のように、助詞まで被って高音をつづかせるのが、たしかに一特色と認められる。この「高音連続」と、文末・話部末の「ゆすり」とは、相互に映発しあって、けっきょくは、「高音連続」が「ゆすり」の聞こえの効果を高めているか。

2　表現法

2・1　文末詞　センテンスのしめくくりに用いることばに、「ノ・ナ・ネ、ヤ・ヨ・エ・イ、サ・ゾ、カ・カイ・ケー・ガイ・ゲー、テ・デ、ニャ・シャ・ジャ、チャ、モン、トコト、ワ・ワェイ、モ・マ」などがある。多種多彩である。

「ノ」と「ナ」とでは、「ノ」の方が"よいことば"になっている。"「ナ」は最低。友だちには「ナ」。"などという。

○サブイ　ノー。

と言うと「上」の言いかたになり、「サブイ　ナー。」は"わるい"という。

「ジャ」を、つぎのようにつかう。

○ナンデモ　トイテ〔?〕ー　コトガ　あったら、ユーテ　アゲル　ジャ。

何でも問いたいことがあったら、言ってあげるよ。＜七十六才女＞

○ナカン　ジャー。

泣きはしないよ！　＜小五女＞

○アブナイ　ジャ。

あぶないよ。＜老男＞

越前、当方言に、「ジャ」がこのように老若につかわれている。

「サ」を、つぎのようにつかう。

○カエロ　サー。

帰ろうよ。

○モー　シマオー　サー。

もうおしまいなさいよ。

したしい仲で「サ」を言う。老若ともに、ふつうにこれをつかっている。

ちなみに、西どなりの四ケ浦町では、"「ナンジャ　シー。」"などと、ことばの終りに「シー」をつける。"という。

「マ」を、つぎのようにつかう。

○ハヨ　イケ　マー。

早く行けよ。

石川県下に頻用されている文末詞「マ」に近いものが、こうしてこの地方にも聞かれる。ごく稀にまた、石川県下のものなみの「トコト」が聞かれる。「イヤ　トコトー。」（いやですよ。）など。

○イヤ　ワェイノー。

いやだよ。

の「ワェイノー」も石川県下のと同じものである。

2・2　敬卑表現法　表現上、待遇敬卑の意識を直接に表示する要素をひろってみれば、つぎのようなものがある。（活用のことは略）

ナシ（なさいまし）てた　ナーレンセ　ナレンス
ナハル　ナル　ナサイ・ナセー
マス・ンス　ゴザンス・ゴゼンス　デス
クサレ　サラセ

だいたい、こういうものが主要素になっている。

当方言で、尊敬の表現法にもっともよく用いるのは、「ナル」（なさる）助動詞である。さてこの「ナル」に「ます」のむすびついたものか、「ナレンス」というのがあり、つぎのようにつかわれている。

○ネマッテ　イナレンセ。

すわっていなさいませ。

○オシメーナレンシタ　ケ。

おしまいなさいましたか。

「ナレンス」ことばは、おもに老人層に聞かれる。「ナレンス」同様、「〜ンス」の言いかたになるものに、

○タノメンス　ワネ。

たのみますわね。

○モー　イケンショ　カ。

もう行きましょうか。

のようなのがある。これらは、「タノム」「イク」を「エ」段に活用させて、それに「ンス」をつけた、と言いうる形になっている。この二例は、相手に自分の気もちを表白するものである。その「たのめ/e/ンス」などの「ンス」は、「ます」相当のものであろう。「たのめンス」などと同じ形式の「〜ナレ/e/ンセ」などにある「ンス」もまた、「ます」に相当するものと解される。その「ます」が「ナル」に複合しきって、一体の尊敬動詞「ナレンス」ができているのだと思う。

「ナシてた」の「ナシ」も、「ます」の合体しきったものである。「ナス」の言いかたはない。「ナシ」の例をあげよう。

○ドッカラ　オインナシテ　オクンナシタンデス。

どこからおいでになって下さいましたのです？

「ます」相当の「ンス」であることの認められる、丁寧の表現法の例を、つぎに掲げる。

○アニキラワー、ヨー　ユーテ　クレンスケドー。

長男夫《ら》婦は、よく言ってくれますわ。

○モー　イキンス　ワハ。

もう帰りますわね。

「ナハル」尊敬助動詞を、「ていねい」の言いかたに転用したのに等しいものが見られた。

○ニホン　アンナハル。

二本お持ちだ。　＜雨がさ＞

卑罵の表現法の一例をあげる。

○アッチー　イキサラセー。

あっちへ行きやがれ！

2・3　特殊な表現法　さまざまの注目すべきもののあるうちから、すこしのものをあげてみよう。

「ちがう！」ということを、

○ナーモ。

と表現する習慣は、石川県下の「ナモ。」を連想させる。しかしここでは、「ナモ。」とはならない。

他家を訪問して、〝戸をあけモッテ〟こう言う。
○オイデナザェイ。
「いらっしゃいますか。」というようなものであろうから、しごくもっともな言いかたとも言える。「ゴメンナサイ。」の次に位する言いかたであるという。

「そんなことまで言わなくてもいいのに。」の意の時、
○アマンナ　コッチャ　モ。
と言う。

命令の言いかたに、
○アッチデ　シテ　コー。
あっちでしておいで。
○オンチャンニ　アギョー。
おじさんにおあげ。

のような言いかたがある。

「何々には勝てない。」ということを、たとえばつぎのように言う。
○シカウラノ　サカナナ　ナラン。
四ヶ浦の魚には勝てない。（四ヶ浦のが一等だ。）

「おいそがしいのに、どうもお手をとりました。」と私が謝したところ、相手は、
○ホンナ　ソバジャ　ゴザンセン。
それどころじゃございません。かまわないんです。

と答えた。

人がよく「エチゼンノ　マガイコトバ」と言って説明してくれた表現法がある。
○アカルイクライ　ヨ。
明かるいとも！

というのがそれである。「アカルイ」→「クライ」とつづくので、人は「まがいことば」と言っている。「何々クライ」の言いかたは、じつは、
○イーマスクレー　ネ。
言いますとも。
○今でも　言うクレー　ノ。
○ホージャクレー。
そうだとも。

などと、広くつかわれている。ただし、今日では、これが老年層寄りのことばになっているかのようである。時に「グレー」も聞く。

よそを訪ねてのぞんざいなあいさつに、
○インノ　カー。
いるのか。

とも言えば、
○ダレカ　イタン　カー。
とも言う。「いたんか」は完了法の言いかたになっている。

「理解がいかぬ」ことを、たとえばつぎのように言う。
○ウラー　そんなことでは　ハラー　フクレン。
わしはそんなことでは〝じゅうぶんでない、腹へはまらん〟。

「ハラーフクレン」は「腹が　ふくれん」である。
○ウララ　ハレハマラン。
わしら、なっとくがいかない。

では、「腹へ　はまらん」が、「ハレハマラン」と熟している。ついでに出せば、”うらやましがる“の意の「ガマンヤク」がある。これが時おり「ガマヤク」に近く聞こえる。

「ガテラニ」の一用途に、つぎのようなのがある。

○タンボガテラニ　ヤッテタ。

百姓をしながらやっていました。

接辞「ラ」の用法にも注意すべきものがある。「ハンミチラホド」(半道ほど)のような言いかたをする。

私の方言調査の生活を見ていて、老男の人、

○シャバシャバジャ　ノー。

人それぞれの世わたりがあるものだね。

2・4　助詞の使用　これに関して興味ぶかいことの多いのは言うまでもない。そのうちの二つをとりあげる。

一つは、主部助詞の「は」「が」の使用に関してである。他の一つは、接続助詞の「サカイ」「ケー」に関してである。

主部助詞「は」は、はっきりとした「ワ」の形では出ないのがふつうである。

○コンノチノ　オッツァー　イル　カー。

このうちのおやじさんはいるか。

○キサン　ドコイ　イクンジャ。

おまえはどこへ行くんだい。

主部助詞「が」がまた、はっきりとした「ガ」「ガ゚」の形には出ないのがふつうである。

○ゾーヤ　イル。

雑用がいる。

○トシャ　イクト　ムゴイ　モンジャ　ノー。オババ。〈若いものが何とも言ってくれないから。〉

年がいくと”いとしい“もんだね。ばあちゃん。

○イシー　ジャマン　ナルサケー、

石がじゃまになるから、

○オナカ　ニヤニヤト　イテー。

おなかが”じり〱と“いたい。

「が」の言いかたの、「ガ゚」とはっきり出ることもある。

○ギョイガ゚　ツイテ　キタ。

行儀がおこなわれるようになってきた。

「ガ゚」のなごりを見せるのが、「ハカ゚ン　イク」(はかがいく)などではなかろうか。

○アメァ　フッテ　キター。

雨が降ってきた。

○アメア　フリマスデ。

雨が降りますから。

などというのは、「アメガ゚」からこう転訛したことをよく見せているものかもしれない。(「アメァ」がやがて「アミャー」になるのだと思う。)「晩」のことを「バンエ〔ŋɛ〕」と言う。「晩げ〔ŋɛ〕」が「晩エ〔ɛ〕」になったか。同じようにして、「がの」〔ŋa〕が「ア」になったのかと思う。北陸地方にも近畿地方にも東北地方にも、主部助詞の「が」をはっきりと形に出さない所がある。いずれも〔ŋ〕音のおこなわれる地方のことのようである。

つぎには接続助詞を見る。

○スキナ　モンジャサケー、

○スキナ　モンジャケー、
　すきなものだから、

右の両者は〝オンナシ　イミデ　ゴザンス。〟という。接続助詞「サカイ」は、「サカェ」「サケー」ともなっており、「サカイニ」と言う人も稀にある。「サケン」もある。それらと同じ用法のものに、「ケー」がある。「ケー」はどういう「ケー」か。「……ジャ（ヤ）」の言いかたの時に限って、「ケー」も存しうるのが注意点である。

○オボエトル　モンジャケネ、
　おぼえてるもんだから、

の言いかたもあった。

3　語詞・語彙

3・1　生活語彙の中核的地位にあるものの一つとして、副詞語彙を見ることができる。織田方言の副詞語彙中にも、注目すべき副詞が多い。「カスナ」（とても、たいへん）、「カステンコニ」（おおげさに）、「ムタート」（ムネガ　ムタート　シル。〝気分がわるいということ。〟）、「シナーット」（やわらかにゆっくりと）、「ハッショークショー」（何もかも）、「アマンナ」（たくさん）など。

3・2　形容詞・形容動詞　この生成・群落と、語義とが注目される。形容詞の「キツイ」は達者なことを言う。（〝前ころのことば〟ともされる「カタェイ」もある。）「アシェグラシー」は「せわしい」である。「コッペクサイ」はなまいきなことを言う。

3・3　名詞　これらの性向語彙を見るとおもしろい。「ワザェイモン」は〝人にわるいことがあったら喜ぶ方の男〟。「ヤダモン」は〝大悪人〟。「アヤ」はばか・阿呆のこと。

3・4　造語法　「搔く」に当たる「カクサク」がある。「出しごとはする」というような「出しごと」を、「ダシシゴト」と言うのを一度聞いた。「ソラクチ」（空口）は、わらで編んだ大ふごのこと。「ドンドン」はおちゃんちゃんのことを言う童詞である。

4　おわりに

織田方言は、越前平野部方言状態の中で、その平野地方のことばの通有性を多分に担って成立しているものだと思う。この織田方言をとおして、越前平野地方の方言状態を推察することができ、かつ、越前東部山地方面の方言状態の大すじをも推察することができるように思う。

文アクセント上の織田方言特色は、だいたい、越前地方のことばの特色と見てもよさそうである。「ゆすりアクセント」は、石川県に行くと、聞きにくくなる。

ところで、若狭辺々には、「ゆすりアクセント」が聞かれる。（丹後半島にも。）求めれば京都ことばまで、その系脈がたどられる。

織田方言を含めて、越前地方のことばの地位を問題にするなら、つぎのように言うことができようか。

　当地方方言状態は、「近畿地方主体のことば」の状態と、「中部地方北側（北陸がわ）大部分のことば」の状態との接衝状態を呈示しているようである。

と。「ゆすりアクセント」傾向も、この接衝地域に成立した特異な文アクセント傾向ではないかと察せられる。

（『国文学攷』第五十号　昭和四十四年六月）

本稿のあらすじは、去年十二月十五日、岡山大学での「国語学会中四国支部年会」で発表いたしました。

頁	行	誤	正
81	下19	1・14	1・13
87	下20	フクレン。	フクレン。
87	下23	「ハラーフクレン」	「ハラー　フクレン」
88	下20	「がの」	「が」の

ミライ。」というのがあった。

表現法の衰退過程では、よく、最後的に、命令の云いかただけを残存せしめている。

彦根ことばでは、「こうして　クダシカレ。」（下しおかれー）の云いかたで、「れる」命令形をとゞめている。ここでは「クダシカレテ」などとも云う。

（『近畿方言』10　昭和26年4月）

頁	行	誤	正
97	21	「出やハッタ」	「出やハッた」
94	23	ふさわしい條件下に	ふさわしい条件下に
93	2	鮮明していられる。	解明していられる。
93	4	山狭の	山峡の
92	9	一特殊と鮮しない	一特殊と解しない

に、ずっと分布し得たろうということにならないだろうか。もとは、しぜんに、広く分布し得たのが、今は、周山町などに痕跡を見せたりしつつ、この中川郷には比較的はっきりしたものを見せているしまつではないか。中川郷の地理的事情からすれば、そのようなことは、当然のなりゆきであったように思われる。周山方面が、京都に直結して、そのえいきょうをよくうけ、言語上の新しい変化をおこせばおこすほど、中川郷はよけいにとりのこされたであろう。言語通路と、その言語交通の頻度の問題が、こゝで切実に考えられる。

中川郷の現状を、単純に一特殊と解しないことがたいせつであると思う。このようなことは、方言分布の異状異分子一般について云うことができる。（了）

小稿の成ったのは、一に楳垣氏の御教導によるものである。あつく御礼を申しあげる。あわせて、現地の山段氏・瀧井氏そのほかのかたがたの御援助を感謝する。（25，12，20．）

○ 追記　以上の小稿をお送りすると、楳垣氏から、和歌山県北部の那賀郡・伊都郡でも、

カカイ（書かれ）　　デヤ《ラ》イ（出られ）

のように云うよしの御教示をいただいた。昭和17年9月、伊都郡笠田町中心の方言報告を得た時、「行かイ」「受けヤイ」「サイ（為い）」などとあるのを、ふしぎにも興ふかくも思ったが、今、楳垣氏のくわしい御垂教によって、事をたしかにすることができたわけである。ちなみに、中川郷についても、まだ葛野郡中川村であったころ、女子師範生徒氏をわずらわした調査で、「よんで

4

中川ことばの孤立には、どのような事情が考えられようか。すでに楳垣氏が、「中川北山町方言」の「はしがき」の中に、解明していられる。筆者のきゝ得たところも、その範囲を出ない。要するに、この里は、山狭の袋小路で、今日の、周山町に通ずる道路の開通までは、まったく行きづまりの孤立した村であった。その土地人の、他とまじわることといえば、七粁ほど京都によった千束（せんぞく）という所の人とだけで、一日二回の物々交換がおもなことであったという。その他の事情もあって、ここは、ながらく、他地方との交流がおこなわれず、言語も、もとからのものがのこり、他とはかわったものがとどまることになったらしい。

5

かわったことばの残存していることからすれば、こゝはいかにも特殊な地域である。しかし、その残存に、特定の事情と理由が考えられるとすれば、こゝにこうのこっているのは、いかにも当然の結果であって、かならずしも特殊とは云えない。言語の分布は公平である。

こゝで思いあわされるのは、さきの周山町の、むかし云ったということば、「オライセヘン」である。「居ライセヘン」の「居ライ」には、敬語の「レ」が感得されはせぬか。「セ」がこゝにはいっていることは、この形態の単純でないことを思わせるが、「どうどうしはしない」の「セーヘン」などを考えてみると、「居ライセヘン」は、何かの混合の云いかたになったものかと思われる。そこに疑問がのこるとしても、「居ライ」に「居らレ」を想像することは、ゆるされるだろう。してみると、敬語助動詞「れる・られる」（るる・らるる）ことばは、もともと、京都の北方

風な二段式活用がこゝにあるとはきめかねる。むしろ、「レル・ラレル」式の、一段活用系列のものがおこなわれていると見るべきではないのだろうか。

それにしても、この地にめずらしく、地言葉としての「れる・られる」敬語がおこなわれているのは、注目にあたいする。ことに、その命令形がよくおこなわれているのは、岡山県地方や富山県地方の「レー・ラレー」のおこなわれかたとその存立のふしぎとを説明するうえに、一つのよりどころになってくれるものとして、重要視される。この地の言語上の特殊性は、他にも見え、「タモイ」(この一形だけがおこなわれる)もあれば、特にめずらしく「チン」という文末助詞もある。

ちなみに、この「チン」は、「ココニ　オンニ　チン。」(こゝにおるのに。……おるじゃないか。)のように用いられ、「というに」>「チューニ」「チニ」に関係した「チン」かと思われる。"反語的強意"の表現になる。

〔鼻音化現象には、この地に、また、かれこれと、注目すべきものがある。〕

「チン」と共に注目すべき文末助詞に、

○シヨナイ　ウォ〔wo〕。(しかたがないわな。)

○イッスンモ　アカン　ウォ。(さっぱりあかんがな。)

のような、なげやり的な強意の「ウォ」がある。

○マットライ　イェイ〔jei〕。(まっとってちょうだいよ。)

のような「イェイ」もある。「レル・ラレル」敬語も、このような現象の見られる特殊地にふさわしい條件下に、残存し得たものだろう。

のように云うという。この対照のさせかたからすると、「行かン」「出ラン」に、「行かレル」「出ラレル」の語気が感ぜられる。たゞ、「行かレル」が「行かン」まで形をかえたとすると、大きな変化ではあるが、ラ行音変化のはなはだしい当地のことゆえ、［r］子音の脱落も、母韻の変化も、その相互の縮約も、ともにおこって、「行かンネヤッタラ」と、なり得たかと思う。

こゝには、「ル」「ラル」からではなくて、「レル・ラレル」からの変化を想定した。この線で考えれば、

行かッとき　　出ラッとき

も、「行かレル時」「出ラレル時」となる。また、楳垣氏の「終止」としてかゝげられた「いかッけど」「でラッけど」も

行かレルけど　　出ラレルけど

となる。しかし、氏は、「国語学」第四輯の中でも、「行かル」「出ラル」の終止形をみとめていられる。

終止形「ル・ラル」の純粋に出てくる単純な用法に行きあたらなかったので、こゝでは何ともいうことができないが、以上のようなものでは、「ル・ラル」形式とだけ、きめることはできないだろう。「行かッた」が「行かレた」であるならば、「行かッ時」も「行かレル時」であってもよさそうである。ただちに「行かルル時」とはしにくい。同様にして、「行かッけど」にも、よし「行かル」がおしあてられるにしても、「行かレル」も、おしあてられないことはない。とすると、いま、「行かル」「出ラル」の、形に明らかな終止形の用法が見あたらねば、「ル・ラル」（終止形）「ルル・ラルル」（連体形）の古

考えられよう。おそらくは、「ハル・ヤハル」の言いかたの方が、多少とも、よそいきのことばにしてよい味わいのものとして、つかわれていよう。

否定の言いかたになる場合の「れる・られる」ことばは、つぎのようになっている。

行かイイン一　〔ikaiin:〕
出ライイン一
見ライイン一
きライイン一
しライイン一

末尾の「イン一」というのは否定辞で、「せん」＞「ヘン」「ヒン」のさらに「イン」となったものである。すると、「行かイ」「出ライ」は「行かれ」「出られ」と見られる。「れ」の〔イ〕化としては、「これ」「それ」なども、「コイ」「ソイ」のように言っている。（前引「中川北山町方言」参照）

上のようにして、しだいに、「れる・られる」敬語がみとめられるとすれば、

行かンネヤッタラ
出ランネヤッタラ

のような言いかたも、"敬語"だと言われるかぎり、「行かれるのやったら」「出られるのやったら」と、「れる・られる」敬語のみとめられるものとしてよかろうか。"ふつう"の言いかたとしては、

行くンヤッタラ　見ンハヤッタラ

「ライ」ことばとしてあつかっている。もっとも、そのじっさいは、

○ソトイ　デラーイ。　（そとへ出なさい。）

○コッチー　キラーイ。（こっちへきなさい。）

のように、「ラ」が、多少ずつ長呼されてもいる。

「イ・ライ」ことばの敬意の度あいをたしかめるために、かつは、まさに「れる・られる」敬語であるかどうかをかさねてたしかめるために、ほかの活用形の用法の調査にはいった。

○センセー。キョーイ　イカッダラ　アメ　コーテ　キテ　タモイ。

（先生。京都へ行かれたら、飴を買ってきてください。）

とある。この時、筆者の問いに答えて、「イカッダラ」は『行かハッダラ』と同義とのことであった。「行かハッた」、すなわち「行かハル」の「なさる」（＞「ナハル」＞「ハル」）ことばと同義であるというのであるから、「行かった」が敬意の表現になることはまちがいない。「行かった」が敬語とすれば、「…かッ…」の「ッ」の所には、「れ」敬語の内在を想像することができよう。当地では、「行かハッたら」よりも「行かったら」の方をよくつかうとのことである。さすがに、「れる」敬語の土地であると思われる。

「行く」の四段活用動詞に対する一段活用動詞その他の「出る」「見る」「くる」「する」などの場合に、「行かハッた」流の云いかたをすれば、

出ヤハッた　見ヤハッた　きヤハッた　しヤハッた

となる。「行かった」「出ラッた」系と、「行かハッた」「出ヤハッタ」系と〝同義〟であるにしても、その敬意表現の上に、表現心理のこまかな差別、したがって、待遇意識・尊敬感情のちがいがあることは、

も「ダイ」である。「どこへ行かれたか。」は「ドゲ イガイダ ガ。」というかたちでみとめられる。(「行かれ」＝「行かイ」)「行きやれ。」などという「やれ」(「やる」の命令形)は、「行ッきャイ。」のように、「ヤイ」になっている。「られい」命令形にあたる「ライ」も、わずかながら、みとめられる。むかしの「れる・られる」敬語が、南九州でこのような形をとっているのからすると、この中川郷の「きライ」「行かイ」というのも、敬語であるのなら、まさに、「られい・れい」の系統のものであろうと解釈される。敬語であることは、つぎのようにも説明されている。

敬語の中でも、最上級の敬語ではない。最上級には「タモイ」がある。「……して タモイ。」

「ライ」は、じぶんでは、ていねいに云ったつもりのことば。

こうなると、さきの、女・子どもに多い用法などともあわせ考えて、たしかに、敬語助動詞「れる・られる」であろう。近古末での、敬語としての「るゝ・らるゝ」のおこなわれかたと、品位のよく似たものがある。要するに、この地に、近古流の「れる・られる」敬語があると、みとめてよいようである。上の「タモイ」はまた命令形であるが、これも、「タモレ」とは云わない。「たもれ」が「タモイ」になっている。このような類例もあることを考えにいれるのに、当地でも、南九州と同じように、あるいは同種条件下で、近古の「るる・らるる」敬語を、こんな形で伝承保存することになったのであろう。

命令形は「イ・ライ」の形でのこっているが、土地の人たちは、「ライ」に気づいていて、「イ」との対応は自覚していないらしい。すべてりであった。たまたまきくことのできた例によると、黒田村では、「居ランシたか。」（居られましたか。）のような云いかたはしても、「れる・られる」敬語の云いかたはしないらしい。

中川ことばはかわっていると言った周山町の人の説明に、

中川では、「アッチー　イカイ。」（あっちへお行き。）と云う。

周山は「アッチー　イキ（イキ　ナー）。」である。

とあった。期せずして、待望の「行カイ」、すなわち「行かれい」かと思われる云いかたに接した。すぐにこのような例示がなされたのからすると、この云い方は、なるほど、中川ことばのかわったものとして、他地方人の耳にも、そうとうによくとゞめられているのか。

そこで、筆者の中川調査も、「行カイ」のような云いかた、――たぶん「れる・られる」敬語の命令形の言いかた――から、しらべはじめた。たしかに、「見ライ。」など、云うという。目したの者から目うえの者に、子どもから先生に、主婦からその主人に云うそうである。「敬語に属す。」という。子ども・女性がよく云うという。「行カイ」「出ライ」「見ライ」「きライ」「しライ」、みな、まん中に、アクセントの高音がある。終はいずれも〔イ〕音になっている。「○ライ」は、「○られ」く（「られー」く「られい」）が、こういうアクセントとともに、「ライ」になりやすくはなかったか。「れ」の〔イ〕化がみとめられゝば、「行カイ」も「行かれ」であろう。

南九州のことばを見ると、「どんなに　せられた　か。」が、「ドニュン　セライタ　カ。」となっており、「られ」がまさに「ライ」、「だれ」

心とする、北桑田郡いったいのことばは、京都市一般のことばに近い。もし、京都ことばの えいきょう と いうことが言えるなら、まさにその直系下にある。もとより、「北桑ことば」などとも言われて、「アノアー。」（あのね。）などの言いかたがあり、地方色は おのずから出ているが、その〝座敷ことば〟と言えば、京都式のことばである。ていねいな言いかた、あらたまった言いかたの場合は、京都式のことばがつかわれるようになっている。このような状態の中で、人は みずからこのことをみとめつつ、他方、中川郷のことばを、「かわっている。」と言い、「ナカガワトージン」などのよびかたをしている。「特別なことばがある。女のことばが特にちがう。」とも言っていた。この概評からすれば、まことに、中川郷は特殊言語地域なのであろう。こうして、つぎには、中川郷のたしかめに かかることになった。

さて、周山町をたつ朝、宿の主人の四十歳あまりの人の述懐には、こうあった。

周山 アタシも、子供の時分から見ると、ことばが すっかり かわった。文化が はいってきたというわけか。子供の時分には、〝お父さんは？〟ときかれると、

○オトッツァンワ オライセヘン。

と言っていたものである。今はこれを、きゝたいと思っても、ないくらいである。

3

周山町は北桑田郡の主邑で、早くから、京都と交渉の多い所である。だから、こゝは中川的でないとしても、郡内の奥地はどうか、気がか

それが、このように、東西に、あい対して存在している。「れる・られる」（るる・らるる）敬語は、近古に、京都中心の中央語として、ふつうにおこなわれた。それが、今日、近畿のはずれのこういう地方に他ではみられないおこなわれかたをしており、近畿には、おこなわれるものがほとんど見られないということは、言語波及の周圏的事実とはいえ、ふしぎなことである。室町から、さほど長い時代をへてもいないことである。いわゆる畿内に、この種のことばのおこなわれることが、あってもよさそうである。このようなうたがいのかけられる時、楳垣氏は、精密な調査で、京都の近くにこれを発見された。やはりそうだったのかとの感じを深くしたことである。

註　九州南部と東北地方との分布については、今、ふれない。

あらためて、氏のお口からいろいろおきゝしたく思った筆者は、一度、氏を京都市役所におたずねした。あいにくと、御不在だったので、御教示を仰ぐことができなかったが、そののち、二十五年二月、雪の中川郷を調査することになったのである。

楳垣氏の御発表は、かさねて、「国語学」第四輯の「京都方言」中にみえている。

2

筆者の調査は、順序として、中川郷の北方からはじめた。京都市内一般のうちにないものが中川郷にあるとすれば、その北がわはどうだろうというのであった。中川郷を通過して、北方の、北桑田郡周山町に行った。はたして、周山方面には、中川郷におこなわれているような「れる・られる」敬語がなかった。周山町のことばは、周山町を中

京都市下『中川《なかがわ》郷《ごう》』の敬語　藤原與一

1

昭和二十四年三月、「中川・小野郷文化調査報告」第四冊として「中川北山町方言」が発行された。（京都市観光局計画課）　これは、新しく「京都市に編入された旧葛野郡中川村・小野郷村について行った文化調査の一部をなすものである。」　当時の京都市文化課長楳垣実氏のお手になっている。これを楳垣氏からいたゞいた時、第一に、敬語の助動詞「れる・られる」関係の記述が注目をひいた。

今日、共通語として流通している「れる・られる」敬語は別として、前々からの地言葉の口頭敬語「れる・られる」は、全国に、多くおこなわれていない。そちこちに、片よっておこなわれているだけである。四国地方では、口ことばとして、「れる・られる」敬語を常用することがない。中国地方では、広島県地方その他に、これがかなりたくさんおこなわれている。くだけた敬語として、人まえでも、じぶんの身うちのものについて、「お父さんがどうどう サレた。」などと云っているのは特色である。岡山県下になると、「どうどう セラレー。」「行かレー。」「見ラレー。」のような、命令形の言いかたを、さかんにしている。たいていの人が、多くの場合に、むぞうさにこれをつかう。それが、東どなりの兵庫県下にはいると、もうきかれない。近畿全般に、これはきかれない。かと思うと、近畿を北陸にはずれて富山県地方に行くと、またよくこれがきかれる。くだけた気分の「レー・ラレー」敬語は、全国の敬語中での異色としてよかろう。

思う。

分析して見れば、以上のような諸傾向が注意される。じっさいには、これらの型がからみあって出てくる文表現音声も少くない。たとえば、

○ウチダサン　タイショーヤ。

　内田さんが大将だ。

というようなのでは、「ウチダサン」のところに初頭高音連続が見られ、「タイショー」のところに ─╱╲─ 型の曲揚が見られる。

結　　語

上来指摘したような諸特色が、当方言の音声生活を、つよくささえていると解される。方言人の音声表現者としての気分・感情は、このような諸特色の上に、よく乗っていよう。

本稿は、一河内村方言についての記述である。しかし、この観察考究の記録は、大阪府中心の、近畿内部地方の方言状態についての観察に、どれほどかは役だつことかと思う。

もしも本稿が、近畿方言の他地方方言に対する対比的特性の記述に、多少とも役だつならば幸である。

(『近畿方言双書』第6冊　昭和31年2月)

○キノドクナ　ヨー。

まあ、お気のどくなこと

○ウソナキ　シマシタ。

うそなきをしました。

六、曲揚型

── 全体として、上がり下がりのいちじるしく感ぜられる文アクセント傾向を言う。

○ココニ　カイテ　アル。

ここに書いてある。

○ウシ　コータ　アル。

牛を飼ってある。

このようなのが一派であり、

○アシデ　フンデ　ナー。

足でふんでねえ。

○ナガシ　アワン　ナー。

長らくあわないねえ。

このようなのが一派である。

○オバーミタイニ　ユーテリャ　ツミ　ナイ　ワ。

おばあさんみたいに言ってりゃ、罪はないさ。

のようなのは、上の二派の混合型で、オ三のタイプである。

もとより、上の三者は、もっとも簡明な例によって、その典型的なかたちを示したものであって、三者おのおのには、変形もいろいろに見いだされることはもちろんである。

○モー　センド　タベタ。

もう　たくさん　たべた。

このような一派もある。（センド　タベタ）

× × × ×

当方言の文アクセント傾向については、高音連続の事象からはじめて、いわゆる曲揚の事象に及んでいくのが、適切な注意のしかたかと

文がおわる文アクセント傾向である。

○カミノ　トコロエ　ツッコンドキマス。

紙の所へつっこんでおきます。

○ソーデゴザリマス。

そうでございます。

○アラ　ソーデス　カ。

あら、そうですか。

三、全高型

○ソーダッ　カ。

そうですか。

○チガイマス。サキ　モライマシタ。

ちがいます。さっきもらいました。

四、途中に高音が連続する型

○ドコイ　タノミニ　イコー　シラン。

どこへたのみに行こうかしら。

は一つの明らかな例である。

○イマヤッタラ　モシ、デケマヘン　ワ。

今だったらねえ、できません。

○ムリ　ゴワヘン　ワイ。

むりはございませんわ。

○ジューニンホド　イテハリマス　ナー。

十人ほどいらっしゃいますねえ。

のように、文末の直前に高音連続の出てくるタイプがある。

○アケヤントイテ　クレー。

あけないでおいてくれ。

○アノヒトガ　イタハル　ガッコー。

あの人がいらっしゃる学校。

のように、文の初ちかくに高音連続の出てくるタイプがある。

五、後方で高音が隆起する型

う文アクセント傾向である。

○アイソナシダス。

あいそなしです。

○テイデンノ　トキニ　ナー。

停電の時にねえ。

は明白な二例である。

○エライ　コヤ　ナー。

えらい子だねえ。

このように、はじめに高音が二音節以上つづいて、つぎの部分に、また高音が出る、というタイプがある。その二度目の高音が、右のように一音節にとどまることもあれば、つぎのように、二音節以上に及ぶこともある。

○ウシワ　ドーヤロー　カ。

牛はどうだろうか。

○モミナリデ　ジューネングライニ　ナル。

もみのままで、十年ぐらいになる。

上とはちがつて、

○メイジ　ニネン　ウマレダス。

明治二年生まれです。

のように、はじめに高音が二音節以上つづくことは前と同様で、つぎに、いつたん低音が来、やがてまた高音が来るというものがある。このタイプの、低音の音節数、そのつぎの高音の音節数には、さまざまの場合がある。

○ケイオー　グワンネンニ　ウマレマシテ　ナ。

慶応元年に生まれましてね。

○アイサニャ　アリマス。

時にはあります。

二、高音が連続して文が完了する型

——初・中はどうあろうとも、終になって、高音が連続し、これで

○ユーベ　イカハレ　シマヘン。

ゆうべはお行きになりはしません。

○ケーヘン　カー。

きはしないか。

の「イカハレ」、「ケーヘン」は、「行かハリャ」「きャーヘン」に対比しては直音化と見られるが、「リャ」に対する「レ」、「キヤ」に対する「ケ」には、〔e〕母音へのおちつきがみとめられる。「ニャ」に対する「ナ」のようなのは、〔a〕母音におちついている。そこには差別がみとめられ、しかもその母音の実質差は小さくはないのであるが、さて、出来たものの聞こえの効果からすると、両者はともに直音として、わりに共通的同似的に聞こえる。すなわち、聞こえの特色上の性質としては、両者はひとしなみに見られるのである。

特色の相関

当方言の音声生活を全一的に眺めて得られる体系上の特色は、以上のようなものかと思う。

これらの特色は、体系上の特色と言われるとおり、たがいに他と関連しあい、調和しあって存在するもので、その相関の全体が、すなわち、聞こえの事実の体系である。聞こえの事実の体系が、方言の音声生活を、全体的に特色づける。

さいごに、なお、そのような聞こえの事実の体系をおおうものとして、抑揚（文アクセント）の存在が指摘される。その抑揚にまた、特質的な傾向がある。

抑揚

抑揚（文アクセント）上では、つぎのような傾向が、中でも、つよい、特色のある傾向としてとりあげられる。

一、文の初頭に高音が連続する型

これは、文の初から、いく音節か、高音がつづくもの、そうい

が、「ハン」となる、いわゆる鼻音化が、土地弁の自然のこのみであるとするならば、このさい、一方からすれば、これを、〔r〕音排除と言うことができる。

「もろうた」は「モロタ」「モータ」となる。こうなれば〔r〕音排除とされよう。「何々しトル」の「シトオ」、「字ー書キヨオ」などの言いかた、これらもまた、ここにとりあげるべきものである。

これらの〔r〕音排除の聞こえは、短呼の聞こえなどによくつらなる。

直　音　化

音省略であつて、なお、直音化ということに、聞こえの特色があるものをここに見る。

○アラー　シマヘン　ガナ。

　ありはしませんわよ。

○ソンチョサン　ヨー　ハタライテ　クラハリマス。

　村長さんはよく仂いて下さいます。

右の「アラー」は「アリャー」、「クラハリ‐‐‐」は「クリャハリ」に当たるものとすると、ここには、直音化と言つてよい事実がある。じっさいは、〔rja〕＞〔ra〕で、〔j〕のわたり音が落ちるというかんたんな事実であるが、音感上では、拗音の直音化という、聞こえのうえの、かなり顕著な事実になつている。

客体の現象としてはわずかな変動でしかない事実も、音声生活上では、大きな機能的価値をになうことがある。音声生活の特色を見る立場では、現象の機械論的な処置を越えて、現実の機能・作用・効果を見ていきとらえていく方法が必要とされる。

○ホトコロ　ヌクナケナ　アカン。

　ふところぐあいがよくなくてはいけない。

の「ナケナ」も、「ナケニャ」に対して直音化である。

つぎに、

〔i〕音のこのみ

このみという解釈をさらにひろげてみる。打消の言いかたの「イカラ　ヒン」などの、「ヘン」に対する「ヒ〔i〕ン」には、〔i〕音のこのみが見られはしないだろうか。「ホットキー〔iː〕。シー〔iː〕ナ。」（ほつておき。しないでよ。）などの、連用形をつかう命令。禁止の表現は、一面、〔i〕音のこのみという傾向を蔵しているかと思う。

○ナンシ　ヒタ　カッテ　ナ。

なにせ、下を刈ってね。

などの「ナンシ」も、

○シメテ　オヂーチャンノ-----。

せめておじいさんの云々。

などの「シメテ」も、その、「ナンセ」「セメテ」でないところが注目される。

○コメ　チットハチ　ヨー　タベヘンノヤガ、------。

米を、すこししかようたべないんだけど云々。

の「---ハチ」も、ここにあわせ注目される。

他地方で〔i〕音でないものが、しかも〔i〕音でないことが史的には自然とされるものが、当方言で〔i〕音に発音されるのが注目されるのである。「はよ行キー。」のような命令表現も、こう持つていくことに、方言人の生活感情の特定の満足があるならば、これは、音声生活としてみれば、〔i〕音のこのみと説明されるかと思うのである。

〔ɾ〕音排除

さきにあげた「ハル・ヤハル」の「ハン・ヤハン」化には、〔haɾu〕>〔han〕のように、〔ɾ〕の脱落がある。（〔haɾu〕>〔haũ〕>〔han〕のような変転であろうか。）つまり音省略である。

○ドッチカテ　ケッコーヤ。

どっちだってけっこうだ。

などの例をとってみれば、土地弁のやわらかさを、この「ヤ〔ja〕」のむすびに感じとることができる。「オマイトコ　ナンヤ。」（おまえのところは、いったい何だ。）にしても、「ナンヤ」は「ナンダ」「ナンヂャ」とは大いに音感がちがおう。「ソヤケド　オモロイ　ドー。」（そうだけれど、おもしろいぞ。）にしても、「ソヤケド」は「ソーダケレドモ」とは大いにちがう。

「ヤ」音におちつくことが、この土地弁の安定方向だつたかと思う。もとより、この種のことは、諸事実との関連のもとで言えることであって、今は一つの想像をしてみるだけである。

その関連諸事実の一つとして、「言います」を「ユイマス」と言うのをあげてみよう。

この地の方言生活では、「言います」「言いません」は、「ユイマス」「ユイマセン」と言うのをつねとする。命令・禁止の言いかたも、

○ユイ　ナ。

言いなさい。

○ユイ　ナ。

言いなさんな。

である。その他、「ユイ」を自由につかうことは、

○ヨー　ユイナハツタ。

よく言いなさつた。

○コナイダ　チョット　ユイカケトッタ　ガ　ナー。

このあいだちょっと、言いかけてたじゃないの。

のとおりである。「ユイ」の音声とテンポとには、この土地弁らしいていねいさが感じられる。

「ユイマス」「ユイナハツタ」につけそえて、「ユワハツタ」（言わハッた）「ユワヘン」（言いはしない）というようなのをもうけとると、これらのすべては一連の性質のものであることが、よくわかる。

や、「ヘン」「ヒン」の場合は、土地人も、〔ha〕・〔he〕・〔çi〕の音を聞いていると言えよう。ところで、「ダス」の音転化「ダヒ〔çi〕。」「ダフ〔ɸu〕。」「ダヘ〔he〕。」の類になると、土地の人は、ほとんど、「ヒ」「フ」「ヘ」の音声を聞いていないと思う。このような点で、この「ダフ」の類については、発音上の自然のこのみなどということは、言えないであろう。「ダフ」とともに、

○サブアフ　ノ　ナー。

　　寒うございますのねえ。

などの、「アフ」というのもある。

「オッサン、ナガイキ　ヒトクレ　ヤ。」（おじさん、長生きをして下さいよ。）などの、「し」の「ヒ」、「そうして」の「ヘテ」、「そやさかい」の「---ハカイ」、「だれそれさん」の「ハン」のようなものも、みな、〔s〕>〔h〕の線にかかわる変化としてとりあげられる。

音声生活上の特色としての本項の事実は、前項の事実とよくつながりあっているように思う。本項の事実もまた、土地弁の軽快感を出すものであろうか。方言の歴史的性格は、こういうところから、明らかにされていくはずである。

「ヤ」と「ユイマス」

もしも、この土地の音声生活のこのみということを、さらに言うことができるならばであるが、「ソヤ。」（そうだ。）などの、断定の助動詞の「ヤ」にしても、「ヂャ」が「ヤ」に変わっていったのは、やはり、「ヂャ」音に対する「ヤ」音の音感がこのまれたのではないか。「ヂャ」音と「ヤ」音とでは、前者が重くつよくて、後者が軽かろう。

○アノヒトラ　ムコイ　イタラ　エー　カオヤ。

　　あの人なんかは、先方へ行ったら、いい顔だ。

なければならない。「ヤハル」には、

○オイサン　キテクリャハッタラ、----。

おじさんが来てくれなさつたら云々。

のように、「ヤ」が上の音とからみあつた場合が多い。

「ハル・ヤハル」ことばは、もとの「なさる」から言えば、このような変化形となつて、よく独自の音感を成就し、土地人の生活感情にぴつたりと適合したものとなつているようである。このかたちに、〔sa〕＞〔ha〕の音転化のあつたことを重視したい。

つぎに、「----せん」の「ヘン」「ヒン」がある。この〔se〕＞〔he〕、〔he〕＞〔çi〕も、つよい習慣になっている。

○タシクソニ　ナラヘン。

なんのたしにもならない。

○ソンデモ　カマヒン。

損でもかまいは「せん」。

このような言いかたに関しては、土地人も、一般に、「ヘン」「ヒン」のまとまりを意識している。土地人はまた、「オマヘン」のようなもの、「シマヘン」のようなものについても、「ヘン」のまとまりをとりあげようとする。このようにして、「ヘン」や「ヒン」のまとまりを、語法的にはどうあろうとも、一個の音声形態としてうけとろうとするかたむきがつよい。こう思いよるところには、〔he〕・〔çi〕の音の作用があることがみとめられよう。

つぎに、

○アト　アンタ　ネーバカリダヒ　ガナ。

あとはあなた、根ばかり「です」がな。

○サヨダフ　カイ　ナー。

そうですかね。

○フツーワ　ナンボダヘ　ナー。

ふつうはいくらですかねえ。

のようなのがある。いままでにとりあげた「ナハル」「ハル・ヤハル」

せ注意される。

○ハタラク　ショーニ　ウマレテハンノヤ。

　　働く性に生まれていらつしやるのだ。

○ナキャハンノヤ。

　　泣きなさるのだ。

単純な例に、「ひるね」の「ヒンネ」、「おんなじこと」の「オンナンコト」、「そやさかいに」の「ソヤサカンニ」のようなのもある。

以上のような鼻音化の傾向、あるいは鼻音の盛行とあわせて、慣用句「アカン」（例。アケタラアカン。あけてはいけない。）をうけとつてみる時、「アカン」が当方言にぴつたりとはまつたものであることが理解されるように思う。

鼻音化は、当方言生活の一つのこのみになつていると解されよう。音声表現の一種の軽快さが、これから出ているかと思う。

〔s〕＞〔h〕

このみという点で、もう一つ指摘できるのは、この音転化である。といつても、〔s〕＞〔h〕の変化をたゞに機械的にとりあげて、これをみな「このみ」と言つたのでは不穏当とされるのであつて、つぎのようなものについて、土地の自然のこのみが言えるかと思う。

ひとつには、「なさる」の「ナハル」となつていることについてである。「行きナハレ。」「来ナハレ。」「おいときナハレ。」「何々しとくナハレ。」「ゴメンナスト（なして）オクンナハレ。」と、「ナハレ」の言いかたは、常時さかんである。「ナハレ」に、〔sa〕＞〔ha〕の音転化の、方言的な、風土的な安定がうかゞわれるように思う。

「ナハル」の活用形のおのおのも注意しなければならない。また、「ナハル」とともに、「ワラハル」（笑いなさる）「行かハル」などの「ハル」ことば、「ヨー　シヤハラ　シマヘン。」（よう「しなさりは」しません。）などの「ヤハル」ことばも、とりならべて注意し

してありはせんのよ。

のような、「ネン」の場合がある。意味上、この「ネン」には、「のや」を当ててみることがゆるされるとすれば、「ネン」となったところには、鼻音化がみとめられる。

○ボヤキマヒタ　ン。

ぶつぶつ言いましたの！

○ソノコロワ　ソンナンダシタ　ン。

そのころはそんなんでしたのよ。

のような「ン」も、なにかの鼻音化であろう。

○ホンマニ　ホラハッテ　ン。

ほんとに放りすてなさつたんです。

のような「ン」もある。

○ヤイ。ナニ　スンダェイ。

これさ。何を「する」んだね。

○ホテテンゴ　スン　ナ。

いたずらを「する」な。

○オボエテンヤ　ナー。

「おぼえている」んだな。

○アガットクンナハレ。

上がつて「おくれなさい。」

など、動詞に関する明らかな鼻音化がある。

「オマス」が「オマン」になる事実は、特に注意される。

○サム　オマン　ナー。

寒うございますね。

これとともに、「ます」の「マン」（例。イッパイ　飲ンドリマンガ　ナー。）、「です」の「デン」（例。オンナン　コトデン　ナー。おんなじことですなあ。）、「だす」の「ダン」（例。ソーダン　カイ　ナ。）が注意される。

尊敬の助動詞「ハル・ヤハル」の「ハン・ヤハン」も、ここにあわ

「イッタイ」（痛い）「アッツイ」（暑い）「サップイ」（さぶい）「セッセコマシー」（せせこましい）「ヅッルイ」（ずるい）「ウッルサイ」（うるさい）、「ケッタイナ」（変な）「ケッチナ」（変な）「カッシナ」（変な）、「ヘッタラ」（ヘタラ＝そうしたら）。これらは、一語形内に、きわめて単純に、促音を生成せしめている。

促音化とともに、いわゆる拗音が聞こえてくる場合は、別に注意される。

○モッチョ
　　持尾

これは部落名の場合である。普通名詞では、「アッキャ」（空き家）「ニッチョービ」（日曜日）など、例は多い。

○セバカッショル　（いじめている）

は、「セバカシ十オル」の　いわゆる連語上での促音化→拗音生成であり、例は他にも、「ツッキャラ」（着くやら）「ヤッチャ」（奴や）「トッキャ」（得や）「ウンドーガ　エーンダッシャロ　カ。」（運動がいいんダスヤロか。）「ニモツ　イノテ　キマッシャロ。」（荷物をになつてきマスヤロ。）などと、多い。

以上を総括するのに、当方言に、促音化または促音生成の習慣はつよく、したがつて、この事項は、当方言音声生活上の大きな特色とされる。

これを、当方言の音声生活の、格調を決するものと言うのは、言いすぎであろうか。

鼻　音　化

右の特色について重要視されるのは、鼻音化の特色である。これもまたなんらかの音省略にはちがいないが、今は鼻音の聞こえの耳だつ点がとりあげられる。

まず、

○シタラヒン　ネン。

をとりあげた。「マ」「ダ」に聞こえる場合をも考慮して、ひとまずそれらを「音省略」の列で見たが、わずかにつまつても聞こえることは、表記したとおりである。音省略には、促音化の場合もある。

終局において、つまった音がつよく聞こえてくれば、これはこれなりに、別趣特定の効果を感ぜしめる。そこでつぎには、つまる音の感じできわだつようになったものを、「促音化」としてとりあげよう。

○ソーデッ　カ。

　　そうですか。

○ソーダッ　カ。

　　そうですか。

このような「デッカ」「ダッカ」を、「ですか」「だすか」に関係づけて、促音化とよぶ。「ダッカ」とともに「ダヒカ」「ダフカ」もよくおこなわれるが、いずれも、「ダッカ」の促音化と類縁のものとされる。

○ナイトコモ　オマッケド。

　　ないところもありますけど。

の「オマッケド」も、前条のと類似の現象である。

「キッカイ」（気づかい）「オヤッサン」（おやじさん）「オッキナ」（大きな）の類は、一語形の内部で、単純に、いわゆる促音化をおこしたものである。

「テッタイ」（てつだい）などは、その促音化とともに、後の音を変化せしめている。

○ドダイモク　ワヤダッ　サー。

　　まつたくむちゃですよ。

などの「ダッサー」の場合は、「ダス」と、文末助詞の「ワ」との関連上で促音化をおこしており、そこでまた、「サー」の音を生ぜしめている。「マッサ」（ますワ）、「イエ　ミエテヤッ　サ。」（家が見えてヤスワ。）、「ドーラクナ　コトバダッ　セー。」（ぞんざいなことばダスデー。）などの場合もある。

と思う。

長　　　音

さきの短呼に対して、長音（母音長呼）の特色がある。

一音節語は、

○ヒーモ　イッタラヘンシスルサカイニ。

「火」もはいつていはせんしするから。

○ヒー　ナガイト　アイソ　ゴアヘン。

「日」が長いと、あいそがございません。たいくつです。

のように、ほとんど例外なく長呼される。「三《み》夫婦」のことも、「ミー　ミヨト」と言う。

二音節語では、「アメー」（雨）、「シロー」（白）と言い、

○コンナ　アメーノ　フル　トキワ----。

こんな、雨の降る時は云々。

と言う。

「五十」は「ゴージュー」とも発音され、「所帯人」は「ショータイニン」とも発音された。「初手に」は「ショーテニ」であつた。

短呼とともに長呼があるところが注目される。両者は対比関係のもとに、それぞれ、当方言の音声生活を特色づけているとも見られよう。当方言の音声生活に、緩・急の呼吸があるとすれば、右の二者は、それをになつているとも言えよう。

「そうかい。」などの「かい」〔ai〕が「ケー」となつたもの（例。ソー　ケー。＜すなおに答える場合＞）も、つかわれることが多く、したがつて、「ケー」の〔eː〕母音は、長呼として耳だちやすい。このようなものや、「そろいはしません。」の「ソレー　シマヘン。」に、当方言の長呼の生活を、ある広さのものとしていよう。

促　音　化

さきには「音省略」のところで、「マッ」（ます）「ダッ」（だす）

こる音声効果と、類縁のものであることが知られよう。急ピッチの拍節的リズムをおこすところが類似している。

一語形上のかんたんな場合を見れば、

○アホナ　コ　デキタラ　ナーニモ　ナラヘン。

「あほうな」子ができたら、なんにもなりはしない。

などという「アホナ」は、短呼のわかりやすい例である。「ねえさん」「にいさん」は「ネヤン」「ニヤン」と言う。

文末助詞の、

○----ノコッタル　ワ。　〔前掲〕

のような「ワ」にしても、これを、ひとしく当方言内におこなわれている「ワイ」とならべてうけとつてみるのに、この、文の抑揚の末端の下がり調子のむすびに立つ「ワ」には、明らかに短呼の気味がみとめられる。

「何々カッテ」（例。キョーカッテ　ナー。今日だつてねえ。）に対して「カテ」とあるのはまた、一種の短呼としてうけとられる。

「音省略」と「短呼」とは、あわせてうけとることができる。たとえば「何なりと」の「何ナト」と、「めっそうもない」の「メッソモナイ」とをならべて見ればよい。「短呼」は音省略であるし、「音省略」の結果は当然短呼になる。したがつて、二つは、聞こえのうえの価値をひとしくするとも言える。

私どもが、外からの観察者として、こういう事実をうけとる時、いきおい、当地方言の音声生活について、なんらかの性格を感じはじめる。右のような特色の奥には、方言人の、深い方言生活があるのだろう。その生活の特質をすぐに云々することはできないが、たゞ、

この音省略や短呼が、河内村方言の拍節的リズムを、本質的に規定しているらしい。

とは、今、言うことができる。このリズムの中に、地方人の地方生活の心的傾向の特質があろう。それは、方言生活の歴史的な特質である

短　　　　呼

つぎに短呼の特色がある。短呼もまた省略の一種にはちがいないけれれども、今は、短呼の直接的な聞こえにしたがつて、これを別にとり立てる。

○テオ　アロテ　キタ。

　　手を「洗うて」きた。

動詞の連用形の場合には、このようによく短呼になる。「ニノテ」（担うて）、「ツコテ」（使うて）、みな同例である。

○キカヒテ　モロタカテ

　　聞かせて「もろうた」ところで云々。

とも言う。

形容詞の場合も、「やわらこうなります」が「ヤラコナリマス」であり、「いたくない」は「イタナイ」である。

未来形では、「何々だろう。」が「何々ヤロ。」となるのが耳だつ。「もうおこうかい。」（もうやめることにしようかね。）も「モーオコ　カイ。」である。

「そうだ。」の断定は、みじかく「ソヤ。」と言うことが多い。「惜しいなあ。」は「オシ　ナー。」、「いいわ。」は「エ　ワイ。」である。

「て〔te〕・ある〔aru〕」は「タル」となり、「と〔to〕やら〔jara〕」は「タラ」となる。

○マダ　イッパイ　ノコッタル　ワ。

　　まだたくさん残ってる！

○ユーベタラ　オトツイノバンタラ----。

　　ゆうべとかおとついの晩とか云々。

これらには、〔e〕や〔o〕の母音省略が、結果について、みとめられる。が、このような母音省略からおこる音声効果は、さきほどからのいわゆる短呼（すなわち、母音の長音の、後半部分の省略）からお

というような、「ダス」上の音省略「ダッ」「ダ」である。

つぎに、あらわな音省略の例を、列挙してみよう。

○ダイン

「だいぶん」

○ダイ

「だいぶん」

○ダー

「だいぶん」

○チョー　キテン　カ。

「ちょっと」来てくれませんか。

○シェザイ　オカワリ　シトキナハレ　ヤ。

「精出して」おかわりをしておきなさいよ。

など、副詞上の音省略は、これが特定品詞上のことであるだけに、耳によくこたえる。接続詞の場合も、

○ヘテ

「そして」

○ヘタラ

「そしたら」

など、同様である。

○ドーモ　シヤナイ。

どうも「しようがない」。

は形容詞の場合である。

○チチウシナト　コーテ ----。

乳牛「なりと」飼って云々。

○イマヨカ　コメ　ズット　ヨケ　トレマヒタ。

今「よりか」米はずっとたくさんとれました。

のような、助詞のさまざまの場合も、音省略の結果が、耳だちやすいものとなっている。

ならば、はなはだしい音省略であることが明らかであろう。立ち入って見れば、「ゴザ」>「ゴア」の「ザ」>「ア」の変化には、〔za〕>〔a〕のとおり、頭子音〔z〕の省略もみとめられる。が、今は、そういうこととからみあつた音節省略が、特異な聞こえの効果をひきおこしている。「ゴアヘン」に似たものに、「オアヘン」がある。

○ゴハン　オイシアス。

ごはんはおいしゆうございます。

の「アス」も、「ゴアス」関係のものとして、ここにならべられよう。

○フロ　モラカヒテ　ヤ。

ふろを「もらわかして」よ。

○オマイミタイナモノ　モテウセ　ナ。

おまえのようなものは「もどつて」くるな。

○ハヨ　モットイデ　ヤー。

早く「もどつて」おいでよ。

○ミーナ　ヌイデマウ　ナー。

みんな「ぬいでしまう」なあ。

○ナカグラニ　オバハン　イタハッテ------。

中倉におばさんが「いていやハッて」云々。

のような省略もある。

○ヨロシオマ（マッ）。

よろしゆうございます。

○ユータハリマ（マッ）。

言つてらつしやいます。

の、「マ」または、ほとんど「マ」に聞こえる「マッ」は、「マス」上の音省略として注意される。これとあい並ぶのは、

○ソーダッ（ダ）。

そうです。

○ロクジューハチダ。

六十八才です。

ここには大阪府下、金剛山脈西がわの谷あいの一村河内村《カウチムラ》の言語＝河内村方言をとりあげ、その音声生活について、ひととおりの記述をこころみてみる。

河内村は、その青崩《アオケ》部落に多少の問題はあるとしても、ほゞ全村が、一団の方言生活をなしていると見ることができる。これを「河内村方言」とする。私はこの地に、一九五五年（昭和三十年）二月、六日間の調査をおこなつた。

調査にあたつては、弘川寺高志浄観師、小中学校のかたゞた、城戸純司氏その他のかたの、おせわ・おみちびきにあづかつた。ここに、厚くお礼を申し上げる。

私は、大阪府下の一地をとつて方言を精査しようとして、河内村をえらび、もつぱらこの地の方言事態を記述することにつとめたが、観察と考察の背後には、自然、他地方の状況をこれに比照する心がうごいていた。このようなことから、しだいに、当方言の音声生活上の特色ともいうべきものを感得することができた。それをよりどころとして、今あらためて、調査全カードを整理してみるのに、観察の立場からは、おおよそ、次下に述べるような特色を帰納することができる。

音声生活の特色――言語生活の発音上の特色――を見るという立場では、どのような事象も、たとへ文法的と言われるような事象でも、広汎に見あつめられるべきであろう。

こうしてとらえられる発音上の特色には、当地方言社会の、日常的で歴史的な生活感情の投影がみとめられるはずである。それはまさに地方的な感情にほかならない。

音　省　略

オ一にとり立てられる特色は、音省略である。

○ビョーキ　シタ　コト　ゴアヘン。

病気をしたことはございません。

の「ゴアヘン」は、「ございません」の言いかたを基準にして考える

大阪府下南河内郡河内村の

「方言音声」生活

藤 原 与 一

頁	行	誤	正
156	15	「アガランセ」	「アガランセ」
156	15	老女もあった。「行カ	老女もあった。「行カ
152	24	れる)。訴え	れる)。 訴え
148	19	[dzo]	[dzo:]
148	21	「ドー[dzo]チューノワ	“ドー[dzo:]チューノワ
148	21	タズネル。”	タズネル”
148	22	[dzo]	[dzo:]
148	26	ヒッツイトン　ドガヨー	ヒッツイトン ドガヨー
147	2	[dze]	[dze:]
146	20	2.⑫.	2.12.
146	29	2.⑬.	2.13.
145	13	2.⑭.	2.14.
144	7	2.⑮.	2.15.
144	21	2.⑯.	2.16.
143	8	2.⑰.	2.17
142	20	2.⑱.	2.18.
140	2	りよったか?」	りよったか?)
140	17	「イヤル」は　言いつつある」	「イヤル」は「言いつつある」
138	1	て+イル」〉	て+イル」 〉
133	13	兵吉さんとは	兵吉さんとは
127	2	のように。　また,	のように。 また,

がら，今は，この小方言にも，西のかた，四国の西部南部などの方言にもよく通じるものがあるのを重視したい。〔$t^{s}u$〕や〔$d^{z}u$〕の音は，四国本土や内海島嶼に，いろいろ，その存在系脈のたどられるものである。文法上の二段活用や，「有ルロー（だろう）。」のような言いかた，「……デスラー（ですよ）。」のような言いかたなどは，四国西南部で，同じようなものが見られる。紀州の方言の，南海道系脈性を，私どもは，この栗栖川の方言についても，確認することができる。

そのような事情に相応することか，この方面は，阪神方面と，方言相をしばしば異にしている。栗栖川にももとは，「ソヤソヤ。」（そうだそうだ。）の意味の「ヂャーヂャー。」があったそうである。南部紀州内と同様，ここにもこんなものもあったというなら，それや，文末詞「ノー」の盛行によっても，当地方はまさに，阪神地方とは区別されるべきなのである。

そのような当地方の方言状態は，近畿方言の中でも，一つの古層を示すものなのだろうか。――概括して言えば，近畿の南北周辺地帯に，近畿方言の古層がみとめられがちである。南部近畿での，栗栖川の方言のごときは，「新しく開さくされていく土地が，その断面に，古層の遺存を示す」のにも似て，そっと，南部近畿古層の末端を，私どもに示してくれているのかもしれない。

（『国語研究』23　昭和42年1月）

稲架が倒れた。

のように。 また，

○ソノ ホーガ，シタシミガ モテル ワケヤ ノー。

その方が親しみが持てるわけだね。

の中の「シタシミガ モテル」のように。しらべてみると，この種のものが，多く見いだされ，これが一つの傾向をなしているとみとめられる。ʃの，上がり波の方では，高音部が，一音節のこともあれば，二音節以上のこともある。二音節以上というのは，

○アルキモーテ タビョー カ。

歩きながら食べようか。

のように。＼の，下がり波の方は，高音部がたいてい一音節である。(――そのことがたいせつである。)こういう上がり波・下がり波が並ぶと，そこの所での音調が，文アクセント全体を特色づけることになる。そこで，今は，ʃ ＼ のような，抑揚波の並びを持つ文アクセント傾向を，一つの文アクセント型としてみとめようとするのである。――近畿方言アクセントの，文アクセントの説明の，有力な一方法を，ここに見いだすことができるかと思うのである。

語彙・語詞上の特色

今，私の手もとには，当方言，方言表現生活についての，表現法を主軸にした観察記録，――つまり，記録カード群がある。これがすなわち，日常生活の語彙の大様を，私どもに示してくれる。短期間の調査ではあっても，生活語彙のおもしろい日常面が，ここに浮き出てきているのである。おそらくこれが，全語彙の中核部分になるであろう。――この語彙から，また，おもな造語法を，整理してうけとることができる。

今は，すべて，記述を省くほかはない。

おわりに

近畿の紀州内に要地を求めて集中調査をして，さいごに，私どもは，この小方言の占める地位を考察することができる。

この栗栖川の方言も，けっして孤立するものではない。それは自明のことな

4. 語アクセント

調査の時は，一語一語の調査語例を，一語一語という観念のもとで発言してもらった。語の観念アクセントが得られたつもりである。

多くの調査例のうち，教示者，60歳男と，37歳男と，12歳男とで，アクセントのちがうものを，いくらかあげてみる。——三音節名詞だけについて。

	〔12歳〕	〔37歳〕	〔60歳〕
つるべ	$\bigcirc\overline{\bigcirc\bigcirc}$	$\bigcirc\overline{\bigcirc}\bigcirc$	$\bigcirc\overline{\bigcirc}\bigcirc$
ふたつ	$\bigcirc\overline{\bigcirc}\bigcirc$	$\bigcirc\overline{\bigcirc}\bigcirc$	$\overline{\bigcirc\bigcirc}\bigcirc$
ふたり	$\bigcirc\overline{\bigcirc}\bigcirc$	$\bigcirc\overline{\bigcirc}\circ\bigcirc$	$\overline{\bigcirc}\bigcirc\bigcirc$
あたま	$\overline{\bigcirc\bigcirc}\bigcirc$	$\bigcirc\overline{\bigcirc}\bigcirc$	$\overline{\bigcirc\bigcirc}\bigcirc$
うらみ	$\bigcirc\overline{\bigcirc}\bigcirc$	$\bigcirc\overline{\bigcirc}\bigcirc$	$\overline{\bigcirc\bigcirc}\bigcirc$
つるぎ	$\overline{\bigcirc\bigcirc}\bigcirc$	$\overline{\bigcirc\bigcirc}\bigcirc$	$\overline{\bigcirc\bigcirc}\bigcirc$
ひがし	$\overline{\bigcirc\bigcirc}\bigcirc$	$\bigcirc\overline{\bigcirc}\bigcirc$	$\overline{\bigcirc\bigcirc}\bigcirc$
ひかり	$\bigcirc\overline{\bigcirc}\bigcirc$	$\bigcirc\overline{\bigcirc}\bigcirc$	$\overline{\bigcirc\bigcirc}\bigcirc$
ほとけ	$\overline{\bigcirc\bigcirc\bigcirc}$	$\bigcirc\overline{\bigcirc\bigcirc}$	$\overline{\bigcirc\bigcirc}\bigcirc$
むしろ	$\overline{\bigcirc\bigcirc}\bigcirc$	$\bigcirc\overline{\bigcirc}\bigcirc$	$\overline{\bigcirc\bigcirc}\bigcirc$
こがね	$\bigcirc\overline{\bigcirc\bigcirc}$	$\overline{\bigcirc}\bigcirc\bigcirc$	$\overline{\bigcirc}\bigcirc\bigcirc$
さざえ	$\bigcirc\overline{\bigcirc}\bigcirc$	$\bigcirc\overline{\bigcirc\bigcirc}$	$\overline{\bigcirc}\bigcirc\bigcirc$
こころ	$\overline{\bigcirc\bigcirc}\bigcirc$	$\overline{\bigcirc}\bigcirc\bigcirc$	$\overline{\bigcirc}\bigcirc\bigcirc$
ひばし	$\bigcirc\overline{\bigcirc\bigcirc}$	$\bigcirc\overline{\bigcirc\bigcirc}$	$\overline{\bigcirc\bigcirc\bigcirc}$
うさぎ	$\bigcirc\overline{\bigcirc\bigcirc}$	$\bigcirc\bigcirc\overline{\bigcirc}$	$\bigcirc\overline{\bigcirc\bigcirc}$
うなぎ	$\bigcirc\overline{\bigcirc\bigcirc}$	$\bigcirc\bigcirc\overline{\bigcirc}$	$\bigcirc\overline{\bigcirc\bigcirc}$
からす	$\bigcirc\overline{\bigcirc\bigcirc}$	$\bigcirc\overline{\bigcirc\bigcirc}$	$\bigcirc\overline{\bigcirc}\,\overline{\bigcirc}$
きつね	$\bigcirc\overline{\bigcirc\bigcirc}$	$\bigcirc\overline{\bigcirc\bigcirc}$	$\bigcirc\bigcirc\overline{\bigcirc}$

（あと，24語　略）

5. 文アクセント

注目すべき，一つの型をあげてみる。一文の，スピーチのパーツの，あい並ぶ二つに，╭ ╲のような，抑揚波の並びの見られることがある。たとえば，

○サ$\overline{\text{ガリガ}}$　$\overline{\text{タ}}$オレタ。

〔$t^{s}u$〕とともに〔$d^{z}u$〕がある。稲架（サガリ）の，三脚様の柱のことを「ツヅ」〔$t^{s}ud^{z}u$〕と言っている。「ぐずぐず」も〔$gud^{z}ugud^{z}u$〕 だった。「恥ずかしくて」を，「ハヅカシテ」〔hadzu…〕と言っていた。（〔zu〕に近く発音する人たちもあった。）

2. 単語発音での長呼事実

「場」＝「バー」とか，「区」＝「クー」とか，「見あきて」＝「ミーアキテ」とか，一音節語を長呼する。

「竈」＝「クドー」とか「婿が」＝「ムコーガ」「雨で」＝「アメーデ」とか，二音節語を長呼する。「コーノ　コーノ」は「この子の」である。「ヒートニ　ヨッテ」（人によって）というのもある。

「ムークミ」，これは「六組」のことである。

3. 「イ」音便のこと

サ行四段の動詞の場合，「落とした」は「オトイタ」，「かくして」は「カクイテ」，「さして」は「サイテ」，「出した」は「ダイタ」になる。

○ヒエダイタ　ノー。

　　冷えだしたね。

○イテ　ダイトイデ。

　　行って出しておいで。

などと言う。

使役の言いかたにも「イ」音便がある。

○ワタシラ　ノカイテ，

　　わたしらをのかせて，

○モー　ワカイ　モンニ　ハナ　モタイタロ　カイ。

　　もう，若い者に，花を持たせてやろうか。

特別の言いかた，「……カシテ」（何なにか）にも「イ」音便がある。例，

○ヤッパリ　ソンダケ　ワカルカイテ　ノー。

　　やっぱり，それだけ，「わかるかして」ねえ（わかるのか，ねえ）。

「そしてから」の「ホイテカラ」，「わし」（私）の「ワイ」にも「イ」音便がある。

と表記すべきものもある。

時に，〔ゼ〕＞〔de〕も聞かれる。

○デンブ　ヒラワレル　アラ。

全部ひろわれるねえ。〈ことばを，調査者に〉

つぎに，「ゾ」もまた多く〔dᶻo〕，〔dzo〕と発音される。（これには，〔ゾ〕＞〔do〕のことがあまりない。）「多いぞ。」という場合でも，〔o·i:dᶻo:〕となる。「どうぞ。」は〔do:dzo〕である。（中年女性）。この中年女性の母さんは，同じくお茶を私にすすめて，〔dzo:dzo〕（どうぞ。）と言った。一老女はまた，「異動の時にナー。」というのを，「イゾーノ」に近く発音した。

さてまた，「ザ」の〔dᶻa〕，〔dza〕が聞かれる。（多く〔dᶻa〕である。）「ざっくばらんに」は，「ダックバランニ」に聞こえ，その発音は〔dᶻa……〕である。

各階層の人びとに，上記の音節がおこなわれており，頻度は，総体に高い。少年の頃に村を出て，長くよそにいたという，現公民館 主事さんも，〔dᶻe〕〔dᶻo〕，〔tˢu〕（「ツ」）の発音をしていた。

1'．〔tˢu〕，〔dᶻu〕

「ツ」の〔tˢu〕がまた，老少男女にある。例をあげる。

○ツ〔tˢu〕カイモノニ　スルンデ　スカ。

○ソンナ　トコイ　イタラ　オツ〔tˢu〕ルデー。

そんな所へ行ったら落ちるよ。

○フツ〔tˢu〕ーヤ　ノー。

まあ普通だね。

○フタツ〔tˢu〕　グライ。

二つぐらい。〈年齢のこと〉

○ウツ〔tˢu〕クシー　ワ。

○マタノ　ツイタ　クツ〔tˢu〕シタ　ヨ。

股のついた靴下よ。〈若母──→女児〉

保育園児たちも「ツ〔tˢu〕ル・カメ」と言っていた。

○オカチャンニ　オコラルル　ヨ。

おかあちゃんに叱られるよ。

などと言う。

5. 2. 当地方特有のものかと思われるものに，返事の「ナカナカ。」がある。「どうも，おせわさまになりますね。」と感謝すると，相手は答えて，

○イヤイヤ。ナカナカ。

と言う。「ナカナカ。」は，“どういたしまして。”とか，“いいえいいえ。”とかの意，“けんそん”のことばという。

○ナカナカー。

○ナカナカ　ヨー。

○ナーカナカ。

○ナーカナカ　ヨー。

○ナッカナカ。

○ナッカナカ　ノー。

などともなる。その場しだいのことである。“どういたしまして。”よりも，意味の広がることもある。

5. 3. 「トーン　タタラン。」(戸がしまらない。)「イヌン　キタ。」(犬が来た。)などの「～ン」主格法は，古態のものなのか，どうなのか。

発音上の諸特色

これを，「表現法上の諸特色」を上に述べた程度に述べることが，あるいは，上述のことを，いっそうよく安定せしめることにもなろう。しかし，今は，発音上のことに関しては，三・四のことを例説するのにとどめなくてはならない。

1. 特異な〔dza〕〔dzo〕〔dze〕音節

人が自然に，「当然，何なに。」と話した時，「トーゼン」とも「トーデン」ともつかぬ音が聞こえてくる。「オーゼイノ」と言ったのが「オーデイノ」にも近く聞こえる。「絶対！」と，力を入れて小学生の女子が言ったのが，やはり，〔det:ai〕には聞こえず，さりとて，〔zet:ai〕にも聞こえなくて，〔d^zet:ai〕に聞こえた。〔d^ze〕音がある。「カナ」でなら「ゼ」と書くところで，〔d^ze〕を発音することが，人びとに多い。〔kumadzemi〕(くま蟬)などなど，〔dze〕

○アイツ　エラソーブッテ。

あいつ，えらそうにして。

○イヌモ　ノー　イレトイテ　ナイ。

犬も「能を入れといて」ね。　〈訓練〉

○フチー　シオヤ。

淵へ塩だ。(矢も鉄砲もおいつかない。)

○ヒトノ　コジリ　ヒロテ　カナワナ　ヨ。

あいつ，人の「欠陥をひろって」まったく，こまるよ。

などなど。

このような表現法には，古来のものもあろう。発想のおもむくまま，当意即妙に，新しく製作したものもあろう。ほんの偶然，「ニ」助詞を余分につけそえたのが，のち，しだいに，社会の習慣になって，

○オーキーノガ　アリマスケドモニ。

大きいのがありますけれど。

などというようになった，ということもあろう。それにしても，はじめ，「ニ」をそんなに自在につけそえたのは，「ニ」の機能をすくい上げての，自由な発想法だったのである。

私どもは，民間方言人の自由な発想法（——表現法）に，人びとの，歴史的な思考様式の諸相を見てとることができる。

5. 0. 日常のさまざまの表現法の中にみとめられる，古態の表現法

5. 1. 活用では，二段活用の言いかたがみとめられる。

下二段活用の出てくる例が得やすく，

○ユーテ　クルルケド　ノー。

言ってくれるけどねえ。

などのように言う。(「開クル　ナ」，「開クン　ナ」は，ないと答えられた。)

上二段例に，つぎのがある。

○アサ　オクル　トキ，サムイサカ　カナワン　ナー。

朝，起きる時，寒いから，まったくこまるねえ。

助動詞の二段活用もあって，

○モヒトツノ　カオリガ　ナイ。

いま一きわの香気がない。

未だしいことの批評での，自由な発想法である。

などなど。

4． 3．栗栖川にとどまらないで，紀州的なのが，「アル」の自由な用法である。前述のような「アル」用法も，また，「アル」を駆使する，一つの自由な発想法をみとめしめるものである。

無助詞法とでも言うべき一連の表現法もまた，助詞機能を自由に隠在せしめる，自在な発想法と言える。これまた，一栗栖川にとどまらないことである。

○アノ　ヒトワ　アレデ，ニンキ　アルンヤロ　ナー。

あの人は，あれで，人気があるんだろうなあ。

○ヒョーキッツァン　チガウ　カ。

兵吉さんとはちがうか？

「来る」という動詞に関しても，これの自在な用法がみとめられる。ここにも，今日の共通語生活では見られない，自在な発想法の生活が生きているのである。

○モー　キトル　カ。

もう，帰ってるか？　〈他家を訪問して，その家の人が帰宅しているか否かをたずねる。〉

○オトーサン，キタ　ンカー。

“おとうさん，お帰り。”　〈娘→父〉

4． 4．一々みとめられる，自由な発想法の成果は，つぎのように多い。

○シンボノ　アリタケ　シタ。

辛抱のありったけをしました。

○ナナジュー　マワッタルヤロ　ナイ。

七十歳を越えてるだろうなあ。

○ハチジュー　サンニ　アケタ。

明けて八十三歳になった。

それじゃあ，行こうか。

これは，意志発動表明の場合での表現法並存である。

4．0．日常のさまざまな表現法の中で，特に，方言人の自由な発想法（——表現法）のみとめられるもの

打消の表現法ででも，近畿人は，「それ，したら　アカン。」と言う。このように，方言に，方言人の独特の発想法（——表現法）がある。今は特にそういう方面に注意してみる。

これまた，土地の方言の特色を見るだいじな見かたになろう。

4．1． 栗栖川の方言には限らないことがすぐわかる，近畿的なものを，いくらか列挙していこう。（むろん，今は，栗栖川の方言の記述である。）

○テキラ　ホンマニ　シゴトガ　ダスイサカ　カナワン。

おまえらは，ほんとに，しごとがゆるいからこまるよ。

「……　カナワン。」の言いかた。

○メンキョショー　オトイテ　ヨワッタ。

免許証を落として，まったくこまった。

「……　ヨワッタ。」の言いかた。

○ココエ　スワッテ　スルント　チガウン。

ここへすわってするんじゃないの？

「……ト　チガウン。」の言いかた。（——「チガウカ」「チャーウンカ」などとも）

○ユートイテ　ホシー。

言っておいて下さいな。

「……テ　ホシー。」の言いかた。

などなど。

4．2． どれほどに近畿的と見られるかは不詳だけれども，やはり近畿的なものがいろいろにある。

○ドッチコッチ　ナイ　ナー。

あまり大きなちがいはないなあ。

比較を言うための，自在な発想法がみとめられる。

○オイシーヤロケド。

おいしいだろうけど。

○オンナシ　コトヤケンド　ナー。

同じことだけれどねえ。

○イテンケドモ，

いたのだけれども，

これは，逆説表明の場合でのことである。

○サムイヨッテ，

寒いから，

○ソヤサカイ，

そうだから，

○ここにも　アルサケ，

ここにもあるから，

○ハンイガ　ヒロイサカ　ノー。

範囲が広いからね。

○………サカイニ，

○コンバン，ナニヤハカイニ，

今晩，あれですから，

○ミルハカニ。

見るから。

○………ハカイ，

○トーイハカ　ノー。

遠いからね。

これは，理由表明の場合でのことである。

○ソンナラ　ヤメトクワ。

それじゃあ，やめとくよ。

○ホンナラ　イコ　カー。

それじゃあ，行こうか。

○ホンナ，………。

○ホンヤ　イコ　カー。

君，言っただろう？

これは，推量表現法での，近似表現法並存である。

○見ー　ヘン。
○見リャー　ヘン。

これは，打消表明の表現法での表現法並存である。

○出ー　ヘン。
○出リャー　ヘン。
○出ヤ　セン。

もある。

○せー　ヘン。（イッツモ　セー　ヘンケド　ノー。）
○しー　ヘン。（イッツモ　シー　ヘンケド　ノー。）

もある。

○行ケ　ヘン　ネ。
○行カン　ノヤ。

もある。（この二者については，こんな説明があった。前者は“何か理由のあるとき。すなおな返事。”後者は“何かわだかまりのある時の返事。”）

○シヤナイ。（シヤナイ　ヤツヤ　ナー。）
○ショーナイ。
○ションナイ。

しようがない。

これは，不如意表明の表現法での並存事実である。

○見ン　ナ。
○見タラ　アカン。

これは，禁止表明での表現法並存である。

○着ン　ナ。
○着ラント　オイトケ。

もある。

○キランナランサカ，
○キランナンサカ，

これは，必務を表明する場合でのことである。

よそへ行ってたから。

最後例は過去表現である。

○泣イタ　アッタ。

これは，「〜テアッタ」が「〜ターッタ」になろうとするきわのものであろう。（これについて，“これはよそからはいってきたことば。”と言う人もあった。）

「〜トル」類と「〜タル」類との対立よりも，ここでは，むしろ，「〜タル」類と「〜テル」類との対立がみとめられる。対立とは言っても，「〜タル」類がはるかに優勢である。さきの「動詞＋アル」の場合と併せ見て，要するに，この土地では，「アル」利用の言いかたがさかんなのだと言える。——当方のだいじな特色にちがいない。

さかんな「〜タル」「〜タール」のおこなわれかたで，どんな時に「タール」になるのか，私には，まだよくわからない。ややゆっくりめにものを言ったりする時（——そういうことを余儀なくされるような音の並びの時も），あるいはややていねいにものを言う時，——あるいは，もとの「〜テ・アル」の言いかたの気分を底に持ってものを言うような時，自然に「タール」となるのではないか。

「動詞＋オル」の場合には，「オル」もよくおこなわれたのに，「動詞＋て＋オル」形式での「オル」は，この方言で，ほとんどおこなわれていない。注目される。

3. 6. 表現法の並存事実

すでに明らかなように，動作進行態叙法と状態継続態叙法とで，類似表現法の並存対立が顕著である。さぐってみると，このような並存事実は，さらに広汎に求めることができる。

{○行キョッタ。
{○行キヨッタ。

も，すでに同似表現法の並存事実とされる。

{○オマエ　ユータロ　ガー。
{○オマエ　ユータヤロ　ガー。

の対立がある。さらにこのさいは，「動詞＋て＋イル」＞「〜テル（デル）」もある。現在，雨が降りつつある状態の継続に，

○アメガ　フットル。

○アメガ　フッタール。

○アメガ　フッテル。

の言いかたをする。三様のものが同意であるという。雪について，

｛フッタール
　フリョール

と言う。前者は，雪の降って積もって今は止んでいること──状態──を言うものであり，また，雪の降りつつある状態の継続を言うものでもありうる。後者は，降りつつある動作進行を言う。

「〜テル」の文例をあげる。

○オバーサン　ウチニ　イテル。

おばあさんはうちにいる。

○雪が　ツンデル。

〔$t^{s}u$〕

〈積もっている〉

○ウメノ　ナエ　タテテル。

梅の苗を“しつけている”。

「〜テアル」「〜タール」「〜タル」の文例をあげる。

○ヘンナ　ジー　カイテ　アル。

○小さいのは　キレタール　ナー。

〈売り切れている〉

○スミガ　オキタル。

炭がおこっている。

○知ッタル　ヨ。

○知ッタール　ヨ。

〈両者に相違はないらしい。〉

○ヨソイ　イタータッタサカイ。

○今，竹中君が　見ンニ　キヨッタ。

の例について，土地人は，「見に来た」だと説明し，“進行態じゃない。”と言った。

○アイツ　タナベ　イキョッタ。

あいつ，田辺へ行った。

これでわかるとおり，こういう「〜ヨッタ」表現法は，上品なことばづかいにはならない。

なお，ひとつ，「動詞＋オル」の進行態叙法に，「ツラ」の出てくる言いかたがある。

○ウメ　トリョーッツラ　ヨー。

梅をとってたじゃないのねえ。

このとき，“「ツラ」は進行形”などという説明があった。土地人の言い分である。

○イネ　カリョーッツラー。

〈“を刈りつつあった”〉

○アソコ　イキョッツラ　ヨー。

最後例でも，「ツラ」の意を“行きつつあった”と，人は説明した。

田圃で稲を刈りつつあったことを言うことば，

○刈リョーッツラ。
○刈リョーッ〔t^su〕タ。

の二つについて，“たいして変わりはないように思う。”とか，“同じこと”とか，“「ツラ」だけ余分についている。”とか，人は言うのである。ちなみに，

○ホイテ，ナンツラ。

そして，なんですよ。　〈発文〉

というような「ツラ」もあった。

3. 5. つぎには，状態継続態を表明する文表現の表現法をとりあげる。

この言いかたにまた，

動詞＋て＋オル〉〜トル（ドル）
動詞＋て＋アル〉〜タル，タール（ダル）

男は多くAをつかい，女はよくBをつかうという。「ヤリョーッタ　カ。」(やりよったか？」と「ヤリヤッタ　カ。」とでは，後者の方が上品・ていねいであるという。

「〜ヨル」の例文を出す。

○モー　イニヨッタ　カ。

“もう帰りつつあったか？”

○ヤリヤイ　ショッテカラ。

やりあいをしてて。

○ナキョッタ　ヨ。

泣いてたよ。

○イキョーッテンケド，ヤメテン。

行ってたんだけど，やめたんです。

「〜ヤル」の例文を出す。

○ココイバッカリ　アスビニ　キヤル。

〈来つつある〉

○男の人ラは，自分のことを，「ウラ」テ　イヤル。

〈「ヤル」は尊敬助動詞ではない。「イヤル」は　言いつつある」の意〉

○ユノムネニ　ユー　プンプン　ワキヤル　トコガ　アル　ノー。

湯の峯に，湯がぷんぷん「湧きよる」所があるね。

○ハナシ　シヤッタ　トコヤ　ノー。

話を「しよった」とこだね。

「学校へ　行キャール　子」などのように，「〜ヤル」が「〜ヤール」のことも，時にある。(「〜ヨール」はないらしい。)

どんな時，「動詞＋アル」となり，どんな時「動詞＋オル」となるのか。男女間での用法差などのほかに，考えられることがあるか。私には，そこがまだ不明である。

「〜ヨル」「〜ヨッタ」が男性につかわれがちのこととも関係があるのか，よく男性が，「来た」などという，“決定語”の意味で，「〜ヨッタ」と言っている。——上品なことばづかいにはならないようである。

3. 1. 推量表明の文表現の表現法

○ヒッツイテ　アルロー。

ひっついてあるだろう？

○カイタールロー。

書いてあるだろう？

○………チューロー。

………というだろう？

○ナンセ　カナイ　スクナイロ。

なにせ，家族がすくないだろう？

○ユータロー。

言っただろう？

○モリサン　ヨ。　ニマイ　モットンロー。

森さん。二枚持ってるんでしょう？

○オルカ　オランカ　ワカランロー。

いるかいないか，わからないだろう？

以上のように，「ロー」を用いる方法が顕著である。このさい，文表現に敬語形は出ないのが特色のようである。

3. 2. 相手の同意を求める文表現法

○セーラ(ライ)。

“やめときましょう。” 〈誘う〉

こういう，注目すべき表現法がある。もし「ショー　ラ。」と言えば，これは“しましょう。”と，相手に同意を求めることになる。「セーラ。」に等しいのは「ヤミョ　ラ。」(やめようラ。) であるという。

3. 3. 断定表明の文表現法や，禁止表明・打消過去表明のもの などなど，すべて，ここでは記述を省略していく。

3. 4. 動作進行態を表明する文表現の表現法を，ここにとりあげてみたい。「動詞十オル」の言いかたと，「動詞十アル」の言いかたとがある。

泣キヨル	しヨッタ	(A)
泣キヤル	しヤッタ	(B)

○アッチ　イケ　ダヨー。

「ダヨー」が，命令の言いかた以外をも受けている。

○ソーヤ　ダヨー。

“そうだそうだ。”

○チガワ　ダヨー。

ちがうわよう。（“ちごうています。”）

○ツカワイ　ダヨー。

そりゃつかうさ。

○シンドイ　ワダヨー。

注目すべき「ダヨー」がある。

○バナナ　チョット　キレテン　ダヨー。

これは，店の主婦が来客に，「バナナは，ちょっと，きれていますのよね。」と言っているところである。「キレテンダ」（きれてるんだ）の，東京語流の言いかたがここにあるのではない。まぎらわしい「ダヨー」である。私はこの店に来て，主婦の言語生活を長く観察したが，この人は，けっして,「何なにダヨ。」の東京語的なものをつかう人ではなかった。きっすいの方言っ子であった。

○オバー　ツカンデン　ダヨ。

おばあをつかんでるのよ。

これは，青年女子間での，トランプ遊びの中でのことばだった。

2. ⑱. 以上で，文末詞の存立と体系とを記述したことにする。一つ一つの文末詞の存立の様態を，これこれの場合これこれの場合と，叙述しつくす体裁がとれなかったのは遺憾である。それをするためには，一語の文末詞の実用に関しても，その全容のために，多くの紙数をさかなくてはならない。

3. 0. 日常のさまざまな表現意図に基づく表現法のおもなもの

敬卑の表現法と，文末での訴え法とは，およそどんな表現意図の文表現の場合にも，それに即応して，出てくる。この二項の事実に支持されつつ，日常のさまざまの表現意図に基づく文表現は，態を成す。

今，その文表現のさまざまを観察して，表現類型をとらえることにつとめ，そこで，表現法を整理把握するようにしたい。

○シャント　スワリョシ。

“しゃんとすわりなさい。”

のように，「ヨシ」が上に熟合したものもある。

「行き　ヨシ。」はあっても，「行き　シ。」はないようである。

「ヨシヨ」がある。

○オキ　ヨシヨ（ヨシヨー）。

起きなさいよ。

2． ⑰．さいごに，「ダー」という，特異な文末詞がある。

○アッチー　イケ　ダー。

あっちへ行けよ。

○オマエ　チョット　ハイッテ　コイ　ダー。

君，ちょっとはいってこいよ。

○ユエ　ダー。ユーテ　ミー　ダー。

言えよ。言ってみろよ。

命令の言いかたを受けて，「ダ」文末詞が立つ。さきの「ヨシ」にもつづく。

○カワゴシ　タベ　ヨシダ。

皮のままたべなさいよ。

「……　タベ　ヨシ。」でも，命令の言いかたである。それに「ダ」がつく。

「………　タベ　ヨシダ。」は，「……　タベ　ダ。」のていねいなものである。

人によっては，「ダ」をつけるのを，“タイテイ　アトイ「ザー」ガ　ツク。”と言う。ここに，「ダ」の発音に，〔dza〕に近いものもあるらしいことが，想察される。

通常，「ダ」〔da〕である。命令の言いかたを受けるのがつねかと思われるくらいであるが，時に，

○シンドイ　ワダー。

つらいわよ。

のような言いかたも聞く。「ワダー」で，他人に訴える気分である。

「ダヨー」ともなっている。

○コッチ　コイ　ダヨー。

「ライ」は，どちらかというと，男性に出てきがちか。

「ラヨー」とも熟している。

○コッチ　コイ　ラヨー。

こっちへ来いよ。

これは男女とも言う。

「ラ」は「ノー」と一体化して「ノーラ」「ノラ」となってもいる。

2. ⑮.「ノラ」の用いられることがさかんである。そして，人びとは，“旅さきでヂキニワラワルルノワ，「…… 行コラ」と「ノラ」と”などと言っている。

「ノー」は「ナー」よりもよいことばであった。（前述）そこでか，「ノラ」に関して，“「ラ」がつくとわるくなる。”と言う人がある。が，

○ノラテ　ユワレン　ノラ。

「ノラ」って，言ってはいけないわね。

というぐあいに，ともかく，「ノラ」がよくつかわれる。これによって，したしみが表わせるのでもある。

「ノーラ」も言う。

○シロトワ　イカンサカ　ノーラ。

しろうとはできないからねえ。

老男などに出がちか。おおかたは，「ノラ」が聞かれる。（幼児たちも「ノラ」を言っている。）「ノラ」と「ノーラ」に，表現上のちがいはないようである。

2. ⑯.「もし」の「シ」と見られる文末詞がある。「シ」が，文末詞「ヨ」に接合した，「ヨシ」文末詞もできている。

○コー　ミテン　シー。

“これを見て下さい。”

○チャント　タベ　ヨシ。

“きちんとたべなさい。”

○オイデ　ヨシ。　　来　ヨシ。

〈母が子になど〉

「キ　ヨシ」など，“めったにつかわん。”という人もあった。

○コノ　ゴエン　ワタス　ワ。

この五円を渡すわ。

このように，「ワ」で下がり調子になるのが，近畿の「ワ」である。

「ワイ」があって，つぎのようにつかう。

○タカイ　ワイ。

高いわ。　〈卵を買う身〉

（このことばには，「ホンマニ　ノー。」との応答があった。）

「ワイ」が内在するものがある。

○トッショリャ　デキナイ。エー　セナイ。

年よりはできぬワイ。ようせぬワイ。

○あんまり方言が多くて，ハズカシナッテ　クラー（くるワイ）。

などである。

2. ⑭.「われ」系の「ラ」文末詞がある。

○イノ　ラー。

帰ろうよ。

こう言って“呼びかける”という。

○イッショニ　イコ　ラ。

いっしょに行きましょう。

こう言って誘うという。「ラ」は，「われ」の「レ」の転か。「われ」は，対称のものであろう。

○チョット　マチョーッテ　ラ。

ちょっと待っててね。

というような例では，「ラ」の，遊離独立の，文末詞としての趣が明白である。

上の「ラ」の代わりに，「ホシー　↗ヨ」を置いてもよいという。

「ラ」があって「レ」はない。「ラ」とともに「ライ」がある。

○オマイラ　イコ　ライ。

君ら，じゃあ，行こうよ。

○モー　ホンナラ　ヤミョー　ライ。

もう，だったら，やめようね。

○ホンマ　カヨー。

ほんとうですか。

のように，はっきりとした言いかけにも，「カヨー」を言う。

2. 9.「ト」がある。

○キョーワ　ミチツクリヤ　ト。

きょうは道つくりだってよ。

報告・告知の訴えのためのものである。

2. 10.「テ」がある。

○ナン　テー。

何だって？

問い返しの訴えのものである。

2. 11．助詞系の「ノ」文末詞がある。

○オン　ノ。

いるの？

○ナンテ　カイトル　ノ。

何て書いてるの？

「ノ」が「ン」にもなっている。

○オバヤンニ　モロタ　ン。

おばさんにもらったの？

2. ⑫.「モン」（もの）という，名詞系の文末詞がある。

○オマイ　コナンダ　モン。

あんたが来なかったからよ。

これは理由を訴えている。

○アッチー　イカン　モン。

これは“行ってほしい時”の言いかただという。

「モンヨー」ともなる。

○コン　モンヨー。

来ないからよ。

2. ⑬.「ワ」（←—わたし）という，代名詞系の文末詞がある。

2. 7. 「ド」〔dzo〕と並んで「デ」〔dze〕がある。これは，

○イヤセン　デー。

〔dze〕

言やしないよ。

のように用いられて，まず，助詞「デ」の文末詞化したもののように思われる。〔de〕音の「デ」が多い。

○ホイタラ　ワイカラ　イク　デー。

そしたら，わたしからはじめるよ。

○タキモン　ヒライニ　イテモヤ　デ。

焚きもの（薪）を拾いに行ってもだよ。

みな，自分の意向を相手に告げる訴えかたの「デ」である。

同趣の「ゼ」がある。

○ドーセ　キツイデス　ゼ。

○カワイラシーノ　アル　ゼ。

2. 8. つぎに，「カ」がとりあげられる。近畿の「カ」には，注意すべき用法がある。それが，この方言にも見られる。

○マッチ　ナイ　カ。

これは，青年の男子が，老男に，マッチを借りた時のことばであった。東京語でなら，「無いか？」はぞんざいなことばづかいになろう。しかし，当方あるいは近畿では，それが，かならずしも，ぞんざいなことばにはならない。大阪市内外などで聞かれる娘さんのことば（⟶男青年に），「きょうは，巨人と阪神か？」というようなのも，「………なの？」に似たものかと思われる。

「カイ」もある。店屋の主婦が，来店の老男に言った，

○アガル　カイ。　ノム　ノ。

飲みますか？　飲むの？　〈その店で，酒を〉

の「カイ」も，わるいことばではない。(「アガル」をうけている。)もっとも，さしてよくない場合もあろう。「カ」にしても同様である。

「カヨ」と熟したものが，当方言の一特色になっている。

○コレ　ドコマデ　カヨ。クリスガワマデ　カヨ。

このバスはどこまで行くのかね。栗栖川までかね。

こう言って，中年女性が若い女性に言いかける。

○オー　ユイヤイ　スル　ヨー。

おお，言いあいするなあ。〈姉妹ふたりの子どもの言いあいを見て〉

○キノドクヤ　ヨー。

○エライ　コッチャ　ヨ。

なども言う。

つぎに，応じることばとしての「ヨ」がある。「サブイ　ナー。」の返事が，

○サブイ　ヨー。

である。

○ホンマニ　ソヤ　ヨー。

これは，ほんとにそうだと受け引くものである。

○オル　ヨー。

は単純な応答。

2. 6. 単純な「ゾ」〔zo〕は見つからなかった。「ゾイ」があった。

○デヒョー　ゾイナー。

でしょうよねえ。

「ドー」がある。——と言っても，その発音は，たいてい〔dzo:〕のようなものである。「ゾ」の変転なのか，どうなのか。

○オマイ　ソガナ　コト　イヤセン　ドー〔dzo〕。

は，「あんたはそんなことを“言わなかったでしょう？”」の意になるという。「ドー〔dzo〕チューノワ，ダメオ　オシナガラ　タズネル。”ことばだともあった。

○オマイモ　イカンノヤ　ドー〔dzo〕。

これで，“相手の意志をたしかめる場合”だという。

○ソー　ナッテン　ドー。

は，「そのようになったんだろう（でしょう）。」で，“ある程度，不安”だという。「ドー」が「だろう」かとも思われてくる。

○ソガナン　コト　ユーテモ，ヒッツイトン　ドガヨー。

この「………　ドガヨー」となったものが，「そんなことを言っても，ひっついているじゃないか。」〈反撥〉だという。

つぎは「ナヤ」である。これが出てこないので，一度，質問してみたところ，「ナヤ」はないとあった。しかし，一中年男子の自然の発言に，「矢がとんできてもナヤ。」というのがあった。私はその記録をした。が，土地の倉尾氏は，私の記録カード全体を検閲してくれた作業の中で，その記録カードに，「ヤナ」の注記を施された。

2. 3. “「ネ」はちっと上品な人でないと言わん。大阪に行てきたような人が言う。”とは，老男の談話である。

○ケサ　サムイ　ナー（ノラ）。

に対して「ネー」とも言う。これは，“世が開けてきてのことば。ていねい。”ともあった。“最近は「ネー」を言うようになった。”とも言われている。そうして，

○「ネー」テ　ユー　ヒトワ　スクナイワ。

と，一老人は言う。

○イクラ　ユーテモ　アカンネ。

いくら言ってもだめなんだ。

の「ネ」は，「〜のヤ」のひびきのこもった「ネ」であり，単純文末詞の「ネ」とは似而非なるものである。

2. 4. 「ヤ」単独の使用は，ほとんど聞かれなかった。（調査不十分かとも思う。）あるいは，断定の助動詞の，やはり文末ではたらくことの多い「ヤ」があるので，それとの関係から，自然，文末詞「ヤ」の使用が控えられることにもなったか。

○アライデ　ヤ。

あるとも！

これは一つの，「ヤ」の用法である。

2. 5. 注目すべきものは「ヨ」である。まず，言いかける「ヨ」がある。

○ジュンイチクン　ヨー。

これは単純な呼びかけ。（「小人」間）

○オソイ　ヨ。キョーワ。

おそいのね。きょうは。〈帰りが〉

「ノー」とともに「ノイ」「ノエ」がある。どちらかというと，老人層に偏して見いだされがちか。一老男が，私に，しきりに「ノイ」をつかった。

○ソーデス　ノイ。

　　そうですね。

○ソーデス　カノイ。

など。しかし，この人に「ノイ」をただすと，“「ノイ」ワー　ユワンデス。「ノー」です。”と答えた。「ノエ」形も，人びとに，自覚的ではないらしい。そのような「ノイ」「ノエ」は，「ノ」の長音化した「ノー」からの派生形とうけとられる。(「ナー」に対する「ナイ」とも比照してみると，「イ」などが，単純な音尾にほかならないことが理解される。)「ノエ」の例をあげよう。

○ジブンデ　ツチ　ネッテ　ノエ。

　　自分で土をねってねえ。

「ノー」類をこのように保有する当方言の，近畿方言内における地位を重視したい。阪神などに比べて言えば，「ノー」地域は，非近畿的とも言える。ともかく，よそ者の私は，相手から，くりかえし「ノー」を言われるしまつだった。

「ノー」「ノイ」のさかんなのにつれあって，「ノヤ」もおこなわれている。(「ノーヤ」となったものはない。)“女が「ノヤ」を言う。”ともあった。“女の人で，ちょっと上品に言うと「ノヤ」と言う。”ともいう。(男は「ノラ」というわけなのである。)ただし，老男からも，私は，つぎのような例その他を聞いた。

○スル　コトガ　ハヤイ　ノヤ。

○ミノ　カルイ　ヒトバッカリ　ノヤ。

　　身の軽い人ばかりね。〈家を建てるのに〉

2. 2.「ナー」とともに，「ナイ」もさかんである。「ナイヨ」というのもできている。

○アノ　ナイヨ。

　　あのねえ。

○ホン　ナイヨ。

　　ほんとにねえ。

○オキヌケ　イテ　キテン。

朝，おきがけに，行ってきたんだ。

でも，これはこういう体裁での，相手への訴えである。なんらかの訴え法は，すべての文表出につきまとう。

今は文末詞を問題にしよう。文末訴え法のための文末詞が，この方言に，どれだけ用意されているか。——ありうる文末詞の体系を見る。

敬意表現法体系の，以上のように簡素であったのに比べて，文末詞の体系は，相当に複雑である。私どもは，実際表現生活で，つねに，なんらかの待遇敬卑感情を表現しないではおかない。表現が対人表現だからである。待遇敬卑の心理を表現しようとして，いわゆる敬語法に，利用しうるものが多くなければ，私どもは，他に道を求めなくてはならない。文末訴え法のための文末詞が豊富にできているのは，その求めに応じるもの（——簡素な敬語法を被うもの）とも解される。

2. 1. まず，「ナー」と「ノー」とがある。

○ソヤケド　ナー。

ソヤケド　ノー。

そうだけれどねえ。

両文末詞では，

○「ノー」ホガ　エー　コトバヤ　ノー。

「ノー」の方が，いいことばだね。

という。

○目上には，「サブイ　ノー。」ヤ　ノー。ヤッパシ。

目上には，「サブイ　ノー。」だね，やっぱり。

といい，また，

○ココロヤスイ　ヒトヤッタラ，「サブイ　ナー。」と言う。

という。「ノー」と「ナー」とを区別すること，「ノー」を，待遇表現要素として，上位のものとすることは，多くの人びとに一般的である。その区別意識の，人びとにはっきりとしているのにおどろかされる。（ここのところは，無自覚浮動ではなくて，自覚固定である。）

○ソレ　ホイタラ　モッテテ　モラオ　カ。

それを，そしたら，持っていってくれる？

「モラオ　カ」となると，一段，よい言いかたになろう。

○イカン　ノ。

行かない？

と，女の，誘う言いかたでは，文末詞の「ノ」がはたらいて，この言いかたが，一種の敬意表現法になっている。それとほぼ同意の表現として，男が，

○イコ　ラ。

と言う。「ラ」文末詞がある。

○チョット　アガラン　モンヨ。

で，「まあお上がりよ。」になる。文末詞をつかった，無敬語の敬意表現法がみとめられる。

たしかに，無敬語の敬意表現法もまた，注意すべき表現法なのである。

1. 13. 敬意表現法の体系的事実が，以上のようにみとめられる。

一つに，近畿内のこの一小方言が，近畿一般的でありつつも，また，そうでなく，京阪神方面の今日の状態に離反するものをも現示するのが注目をひく。

その，「ソス・サンス」ことばや「〜ナンセ」が，方言人の無自覚の中に，浮動しているさまが，ものの衰退過程として注目される。

人びとは，そのような浮動事実をも含み持ちつつ，他方，敬語形にとらわれない言いかたも自由にしていて，要するに，その敬意表現の心理活動が，きわめて自在である。

2. 0. 文末での訴え法

すべての文表現は，訴えの形式として，相手に投げかけられる（訴えかけられる)。訴えでない文表現はない。各文表現の文末に，訴え法がある。

その一つは，文末詞を用いるものである。これが，もっとも有力な文末訴え法になる。――訴えようとする意図は，この文末詞で，はっきりと，相手に伝えられる。（――したがって，これが敬意表現法の一つとしても，有力な作用を示すのである。）

文末詞を用いないで，文表現の訴えを示すことも，すくなくない。たとえば，

のような形のあるのが注目される。むかし，庄屋に来ての，人の訪問辞は，

○タノミマショー。タノミマショー。

であったという。（庄屋さんは，これに「ドーレ。」と答えて出て来たのだそうである。）

1． 11．挨拶一般の文表現に，敬意表現法の関与すること，また，言うまでもなかろう。この挨拶ことばの場合，敬語形は用いることなくして，敬意の表現をはかることがある。そのさいは，表現法の形式に，それなりの，注目すべき特色がある。

たとえば，小さい子たちの，店に物を買いに来ての常の文句，

○ウッテー。

には，「売って。」という，連用形表現法の特色がみとめられる。感謝の，

○オーキニ　ヨー。

などというのにも，「大きに」という修飾法だけを採った特色がみとめられる。

1． 12．無敬語での敬意表現法を，広くさぐってみよう。以下のようなものが指摘される。

○マー　ヒトツ　ムイテ。

まあ一つおむきなさい。〈みかんを〉

○アケント　オイテ　ダー。

開けないでよ。

などは，さきの「ウッテー。」と同じ方式のものである。

○来テ　クレン　カ。

これで“ていねい”であるという。

○オサケ　イッポン　ヤッテ　クレン　カ。

「くれませんか」の意である。

○コレ　カエテ　ホシー　ヨ。

これを換えておくれな。〈お金を〉

「て欲しい」の言いかたが，方言表現法になっている。

○スマンケド　ソガニ　ユーテ　モラオ。

この言いかたで，「言っておくれ」のような気分の言いかたになる。

1. 6.「〜ヤンス」「〜ヤス」に関する言いかたはない。

1. 7. 接頭辞「オ」の用法に，つぎのようなものがある。

○オハイ　ヨー。

これは「はい。」という同意のことばであるという。（その実用を聴録することはできなかった。）

「オキオ　ツケテ」（お気をつけて）とか，「オアイ　ソ　ナシデ」（おあいそなしで）とか，近畿に通用しているものが，ここでもふつうにおこなわれている。

○エライ　オヒヤコ　ゴザイマス。

これでは，「ヒヤコイ」（ひやい）に「オ」のついた例が見られる。

1. 8. 接尾辞「サン」「ハン」，「ヤン」がある。妻君が夫君に「オトーハン。」などと言っている。調査者，小生に，「アンタハン」とあった。「ヤン」をよくつかう。青年間では，「アサヤン」(浅田君) などと。老女がよめさんに，

○シヅヤン。オチャ　ヨ。

　　静さん，お茶をちょうだいな。

と言っていた。「ヤン」は一般に親愛の表現に役だてられる。「繁治」を「シーロー」，「治《おさむ》」を「サーロー」と言う，親愛感の称呼法もある。ごく親しい男の間でのことらしい。

1. 9. 謙譲の「申す」を，助動詞風につかった一例，

○ドーゾ　オタノモーシマス。

がある。しかもこれは，慣用丁寧とも言うべき表現法になっている。

1. 10. 丁寧の助動詞「デス」「マス」の用法については，さして言うべきことがない。

○……と　ユーダケノ　モンデスラ　ヨー。

　　……と言うだけのものですよ。

などの「デスラ」(デスル・ワイ) の形になっているのが，一つ，注目される。

「マス」では，

○イキマッセ。

　　行きますよ。　〈人に物をくばる時のことばだった。〉

○センセ　マー　ヒトツ　オハ　ギヨ。

先生，まあ，一つおむきなさいよ。

があった。「マー　オカケ。」については，一老男が，“この方が，ちいと上品な人に言う。”とも“「カケサンセ」よりもよい。”とも語った。

○オバーサン　ナガイキ　シ　ヨシ。

おばあさん，長いきをおしなさいね。

のような言いかたをする。

○アガリョーシ。

お上がりなさい。

という例もあった。文末詞の「ヨシ」という特定成分を除いて，あとを見れば，「シ」「アガリ」の，動詞連用形がみとめられる。このものは，「おしなさい」の略体と考えられるのではないか。そういう，動詞連用形尊敬法である。

近畿にいちじるしい「ハル・ヤハル」の言いかたは，ここにない。これのないことが，ここの一つの特色とされる。

「来ヤル」などがある。これは「来・アル」起原のもので，「来つつある」ことを意味する。「〜ヤハル」が「〜ヤル」になったものが，ここに存することなどは，ないようである。

○マー　オカケナンセ。

まあ，お掛けなさいませ。

が，老人の中にあった。老女の語ってくれたことばにも，

○オクノイン（奥の院）へ　参って　去ナンセ　と言ってくれた。

というのがあった。「〜ナンセ」，すなわち「なさいます」ことばの一形式「ナンス」の命令形用法が孤存している。一中年男はすでにこれを知らず，私の質問“「オカケナンセ。」を言いますか。”に対して，“「スワランカ。」と言う。”と答えた。（——敬語形式を用いないのが注目される。）

1． 5.「オイデテ　クレテ」（いらしてくれて）というような「オイデル」ことばがある。中年以上におこなわれるらしい。頻度は，高くないのではないか。「オ行キル」「オ行キテ」などと，諸動詞にこの言いかたがおこなわれるようではないのである。

1．2．尊敬助動詞「レル・ラレル」をつかわない。「シャル・サッシャル」もつかわない。「シャル・サッシャル」のことばづかいを近隣で聞いた経験を確実に語る人もほとんどなかった。「シャンス・サッシャンス」を言うこともない。

1．3．「ンス・サンス」尊敬法をいくらか見うる。自然会話で経験し得たのは，つぎの一例である。

○マー　カケサンセ。

　　まあ，おかけなさい。

これは70歳の老男の，私へのことばだった。「サンセ」のことを，人に聞いて得た返事の一つには，

○マー　カケサンセテ，コガニ　ユー　ノラ。

　　「マー　カケサンセ。」って，こう言うね。

がある。「ンス」ことばの自然に出るのは聞かれなくて，「ヨッテ　アソバンセヨ。」（寄ってお遊びよ。）などが教示された。

「アガランセ」を知っている中年男女もあれば，知らぬ老女もあった。「行カンセ」は，実例を求めても得られなかった。けっきょく，こう言える。「ンス・サンス」ことばは，命令の言いかたでだけおこなわれ，稀に用いられている，と。老人層の表現法として，わずかにこれが遺存しているもののようである。

「シャル・サッシャル」の言いかたは遺存していなくて，この「ンス・サンス」の言いかたの方だけが遺存しているのが注目される。

1．4．「ナサル」ことばの全般をおこなうことは，さかんでない。改まれば，「ナサイ」も言うことが，老人中にもある。が，ふつう「ナサル」そのものの常用されるのは聞かない。

「ナサル」ことばとしては，

○オチャ　イレテ　オイデ　ヨ。

　　お茶を入れておいでよ。

など，「オ……ナサイ」の「ナサイ」略かと思われる言いかたが，よくおこなわれている。ただし，「オ出デ」のおこなわれることがとりわけさかんで，あと，「オ呉レ」などがあり，自然に聞いた一例に，

0. 注目すべき――（近畿方言を考え，近畿近隣諸方言をも考える，広い視圏のもとでの）――諸事象をとりあげて，一つの分類を試ると，つぎのようになる。

1 すべての文表現に関与する敬意表現法

2 すべての文表現の文末での訴え法

3 日常のさまざまな表現意図に基づく表現法のおもなもの

4 ――→特に方言人の自由な発想法のみとめられるもの

5 ――→特に古態の表現法とみとめられるもの

1. 0. **敬意表現法**

対話の文表現を広く見とおす時，敬卑の表現法こそは，すべての文表現に遍満する，基底的なものと思われる。敬卑の，なんらかの表現方向をとるのは，表現者の表現心理の，自然のなりゆきであろう。

主に，敬意の表現のしかたを見る。

敬意の表現の意図の実現のため，この方言は，どのような表現法をとろうとしているか。以下にその体系を見る。

1. 1. いわゆる敬語動詞として，方言上，注目されるものを，この方言は，あまり有していない。言いかえれば，敬語動詞による表現法は，さして注目されないのである。「下さい」の言いかたに当たる「ツカー」もなければ，「ツカーサイ」もない。

○コッチー　ゴンセ　ヨ。

　　こっちへおいでよ。

というのを，一度教示された。

特殊な敬語動詞に「タバル」がある。「いただく」の意の語としている。「オミクジ　タバル（タバッタラ)」の言いかたを，一老女がしていた。

他の一人の老女からは，

○こんなもの，いただくことは，ゴワヘンデス。

というのを聞いた。謙退する挨拶ことばだったが，これには，「ございません」の「ゴワヘン」（丁寧表現法）　が見える。

和歌山県下の一小方言「栗栖川の方言」の諸特色

藤　原　与　一

はしがき

0. 昭和41年１月，私は，和歌山県下の，田辺市の奥，バスで１時間あまりの所，栗栖川——ワカヤマケン　ニシムロダン　ナカヘチチョー　クリスガワ——という所で，一週間の集中調査をおこなった。この結果に基づいて，与えられた紙数内での小報告を試みる。

以下には，主として，近畿方言全般を考慮する立場で，事実を報告することにつとめよう。もとより，近畿方言を，両隣の諸方言と比較する見地も，上の立場には含まれることである。このような作業報告によって，読者各位が,「近畿方言の諸特色」を推想して下さるなら幸である。

1. さいしょに,表現法について報告する。表現法とは，文法のことを言う。方言の生活は，人と人との交話の生活である。交話のために，人はものを言って表現し，また，その表現をうけとめて理解する。すべては言語の表現の生活，表現に関する生活である。表現に即して，生きた文法を見ることができる。表現の法としての文法を，今は表現法と呼ぶ。

2. 方言の発音に関する諸事項も，上の表現を見るしごとの中で，縦横にとらえることができる。

3. 語彙，語詞形成についてもまた，上の表現の生活の観察の中で，重要な整頓をすることができる。

4. 実地調査のさいは，倉尾弘大氏ほか，現地の多くのかたがたの御教導御協力に預かった。記して深く謝意を表し，かつ発表に誤りのないことを期したい。

表現法上の諸特色

南紀（三重県）南牟婁郡下の文アクセント

藤原與一

一

一口に近畿地方と言っても、その方言状態は、けっして単純でない。総括して言えば、その周辺の地域に、注目すべき状況が見いだされる。

その周辺中でも、南辺、主として紀州南部（南紀）は、ことに特異な地位を占めると言える。南大和地方も、これに関連する地域と見られるものであろう。南紀の状況中、今は特に、三重県下に属する南牟婁（みなみむろ）郡下の方言状態に注目したい。地勢上から見ても、ここは、かなり隔絶されていて、特殊な地位にある。なんらかの範囲について、〃南紀地方〃という方言領域を考えることができるのではないか。その中にあって、また、南牟婁郡地方は、一つの特殊な方言領域と見ることができるかと思うのである。

つぎには、その実証の一つとして、文アクセントの一事実をとりあげてみる。

二、

南牟婁郡下、西南部の、和歌山県新宮市にさほど遠くない、相野谷（おのだに）村の文アクセントでは、その日常普通の文アクセント生活の中に、

○メカケノ　アネチャ　ユータ　ネヤ。

（老女↓老女）〈この種の言いかたは、土地人全般におこなわれ、その頻度は普通度。品位は中等度〉

―あれは、妾の姉だって言ったねえ。

のような型がある。「メカケノ」では、一まとまりのことばの両端に、アクセントの高音部があり、

「アネヂャ」においても同様のことが見られ、右の文アクセントでは、こうして、同じような抑揚波が二回くりかえされている。この種（〜〜〜）の抑揚波は、文アクセントをいちじるしく特色づけるものと見られるのである。

当地では、その文アクセントの表現の中に、この種の抑揚波が頻発する。頻発して、一文アクセント中でもそれが反復されるありさまであり、また、この抑揚波一波だけが一文のアクセントをおおうたりする。この抑揚波に類似類縁のものもある。したがって今は、この一類の抑揚波を産む文アクセント傾向を、当地文アクセント中の一つの大きな特質傾向とすることができる。――「特質傾向」を「文アクセント類型」と言ってもよい。当相野谷村に一週間ばかり滞在しての文アクセント採録の結果からすると、右の事実がみとめられる。以下実例をあげよう。

○ジドーシャ　ナカッタサカー。

〈以下、すべての実例は、年長の婦人たちのことばから引くことにし、おのおのについての注釈は、省略する。〉

―自動車はなかったからね。

これでは、二くぎりのことばが、一つの抑揚波、〜〜〜形式でおおわれている。一文は、同趣の抑揚波一つでおおわれているのである。

この場合、二くぎりのことばとは言っても、そのくぎり目の所に、声の休止はなかった。つまり、全体は一つづきに発音されたのである。ここに、抑揚の単位ということを考慮したい。意味的には二くぎりとされるものでも、あるいは、スピーチのパーツすなわち話部としては二つになるものでも、文アクセント上では、その二話部が一個の抑揚単位になることがある。抑揚の分析的単位には、話部をこえるものがあることが注意される。

○コトシノ　ボンニャ　マタ　オドル　カ　ノ。

　ことしの盆にはまた、おどるかね。

この「ボンニャ　マタ」の場合は、二話部が抑揚上の一単位になっていることが、ことに明らかであろう。ともあれここにも、問題の抑揚波〜が、三回くりかえされている。文アクセントの特色・特異性はここに明白であろう。

○アンマリ　エー　ヒトワ　ネヤ。

　あんまりいい人はねえ。

○ミヤモト　ミヤモト　ユーテ。

　宮本々々と言って。

こうして、類例は多い。

○イマノ　オドリラ　シロ　カ　ヨー。

　今ごろのおどりなんか、知ろうかよ。知ってやしないよ。

この場合、「シロ　カ」と、例の抑揚波が文の中途に出ていても、右の文アクセントは、これを近畿地方一般の文アクセント状態の中で容観視するのに、問題の抑揚波によって特色づけられていると見られるのである。やはり、この種の波形を、恒常的に、どこへなり産み出すのが、当方文アクセント生活の一つの特質傾向だと思われるのである。

○ワシラ　イキャッタ　ジブン　ナー。

　わしらが行ってた時分はね。

この「ワシラ　イキャッ」の場合も、ここに例の抑揚波をみとめてよいと思うのである。そう見て、この文アクセントの特色がはっきりとする。

○キノドクナ　ヨー。マー　ヨー

　気のどくなねえ。まあねえ。

の場合も、「キノドクナ」とはなっていないけれども、この文アクセントは、やはり、「キノドク」上の　形式を以て、特色のはっきりとしたものになっていると思う。

○イチネンシェイト　ヨネンシェイト。

　一年生と四年生と。

これを見ると、「ヨネン」の方はきれいな　形式になっているが、「イチネン」の方は、　となっている。しかし、この前後の二話部を比較してみるのに、「イチネン」もまた　的なものであることが、すぐに感知されるのである。

○コトシャー　ミヤゲモノ　クレンノ　カー。

　ことしは、みやげものをくれないのか。

の「コトシャ」にしても、次下の「　」「　」のくりかえしと同一呼吸のものであることが領解される。「コトシャ」は「　」形式に類似のものとされる。多少の異形はおこるとしても、要するに、上来言う抑揚波の生まれようとする基本的傾向は、そうとうに強いと言える。

三

南牟婁郡下の東寄り、飛鳥村の文アクセントにも、同じような傾向がつよい。

以下は、土地出身の人で、目下神戸市垂水区に住んでいられる人、中田光雄氏から自然のうちに受け得た実例である。氏は広島に学生生活をおくられ、その後もずっと他郷にいられるが、その人にして、自然の会話にうちとければ、なお、左のとおりである。

○ワリアイニ　コーツーモ　……。
　わりあいに交通も云々。

○キモノガ　ヌレテ　……
　着物がぬれて云々。

○カンタンナ　チョーサを　クンドーニ　発表させた。
　かんたんな調査を、訓導に発表させた。

○センセモ　オシエヨーガ　ナイヂャナイ　カ。
　先生も教えようがないじゃないか。

○ソンナ　コトー　ヨー　セン　ノ　カ。
そんなことを、ようしないのか。
○ダイカンガ　シハイシトッタデス。
代官が支配しておったです。
○コートーデ　モッテ　ビョージョー　ウッタエテ　……。
口頭で以て、病状をうったえて云々。

郷土をはなれたことばづかいにも、なお　形式の出がちであることは、ここに明らかであろう。いかにも、これが根づよいものであることが理解される。右のどの一例を見ても、　の抑揚波がよく文アクセントを特色づけているさまは、明らかであろう。「ワリアイニ」とか「コートーデ」とかの、あとの方の、高音符を二つつけてある所は、実際に発音してみていただけば、こうもなりがちであることが、くんでいただけると思う。この種のことは、　の類型のうちの、一つの事態と解される。

○アイツァ　チョット　「イテコイ」ヂャ　ネヤ。
あいつはちょっと「行て来い」（へあほう）だね。
○ドダイモク　サムイ　ノー。
ひどく寒いね。

この二例は、中田氏がみずから郷土弁として教示して下さったものである。「ドダイモク」とあってもやはりここに、はっきりした　の抑揚波から感じ得るものと同種のものを、感じとり得る。――単語アクセントの場合でも、「シンノカマ」（尻の穴）と「ハナノカマ」（鼻の穴）とは、同一類型のものと見られる。

四

飛島村の南方の海岸にある木ノ本町のことばには、

○ゴチャゴチャデス　ワイ。

ごちゃごちゃですよ。

○ナンスルン　ゾ。プロマイド。

プロマイドをなににするのか。

○シングーデ　コーテキテ　ココデ　ウルンデス　ヨ。

新宮で買ってきて、ここで売るんですよ。

のようなのがある。

さきの相野谷村の東にあたる、海岸の阿田和町のことばには、

○オカズ　ヨケー　イランノヂャ。

おかずはそうたくさんはいらないんだ。

のようなのがある。

新宮市内でも、この種の傾向の文アクセントを聞かぬではないが、他地方人の入来も日々あることだし、南牟婁郡下の人々もよく新宮市には出ることなので、今は右を保留しておくほかはない。南紀も、和歌山県下では、一般に、その文アクセントに、南牟婁地方の右のきわ立った傾向に通うものは、さほど見られないようである。もっとも、新宮市の西方の大地町の文アクセントで、

○ソイデモ　アンタ　ガッコイケヤ　ワイ。

それでもあなたは、学校だけのことですよ。これは、

（中年女子→夫）

の「ソイデモ」というようなのが、たまにあったのを聞き得てもいる。時にはこんなのもあらわれるのか。それにしても、右の南牟婁郡地方が、別して右の傾向を強くしていることは、およそみとめられると思う。こうしたところから、南牟婁郡地方の特異性を、だんだんと言うことができるように思う。

五、

次に、転じて他地方に当たってみると、四国の阿波の南部の内（これはわずかの現象において）、伊予の南部の喜多郡（拙稿「方言『文アクセント』の研究」参照——国語アクセント論叢所收）、九州の西辺その他、などの抑揚が、やはりいちじるしい⌒形式を示す。

中国地方の内においても、広島市東方の安芸郡坂町、広島市南方海上の江田島の東岸に位する秋

月部落のおのおの抑揚が、だいたい孤立的に、の形式をきわ立たせてもいることが注目される。秋月の例を引けば、

○イソガシー　モンヂャケン。

のような調子である。

諸地方の同種の事情をあわせ考えるのに、南紀南牟婁郡下の顕著な、文アクセントの右の特質傾向も、ただに当地方だけの一片の単純な現象というようなものではないことが推察される。一方、当地方では、

○アメ　フル　ユーテ　デヤン。

　雨が降ると言って出ない。

のように、東京語式のアクセント「アメ」「フル」などもおこなわれている。まことに、この地方のアクセント相の内面は単純でないことが想察されるのである。

以上は多分、国語の史的事情によるものであろう。それゆえまた、これは、南大和方面のあの反近畿的アクセント事情とも、一つながりのものと考察することができる。

しだいに見ひろげていけば、近畿南辺一帯に、一連の特殊な言語状態があることが理解される。さらに言えば、北紀日高郡中心の二段活用地帯などの異域も、異域として、いずれ近畿南辺に通うものとされるのではなかろうか。

（『近畿方言双書』第一冊　昭和三十年四月）

頁	行	誤	正
166	5	飛島村	飛島村

symbols we also tried to get the ideal system, corresponding to the classified one of the phenomena. Moreover, we showed the local tendencies of the distributions of the phenomena by using special symbols on the maps. For instance, we give the X series of symbol to the distributions of the phenomena of each item in the eastern part of the Seto Inland Sea. When anyone looks at this X series of symbol on the maps, he will immediately understand this represents the eastern locality of those phenomena in the Seto Inland Sea.

Under the tables of the symbols and the classified phenomena, we add the detaild footnotes, in which are shown all memoranda made by each investigator and all the explanations given by each informant.

We have described above some details of making the linguistic maps. In a word, we wish to show on the maps every information collected in the fieldwork and the subsequent mapping.

The present research has been conducted by an excellent team of cooperators such as Mr. Okada, Miss Okano, Mr. Sato, Mr. Setoguchi and Mr. Muroyama. Their help has enabled me to carry out my ideal of dialect-geographical researches. I also express my deep thanks to my former students, who are all able dialectologists. I think it is difficult to have a more cooperative and unified team. I make no doubt they will soon begin to make the dialectal maps of the Seto Inland Sea for themselves.

頁	行	誤	正
171	21	treatinthe	treat in the

(1)

A Dialect-geographical Study on the Seto Inland Sea Dialects of Japanese

Yoichi FUJIWARA

Our project is to make thorough researches into the Seto Inland Sea Dialects. You will find the special state of "inland sea" in this area which has many islands. It is expected that there must be a number of facts and problems worthy of particular notice. We hope to contribute to general linguistics by investigating and researching the Seto Inland Sea with many islands that have their own dialects.

Among a number of possible ways to approach these dialects is the dialect-geographical method. We accomplished several years of the field-work at more than 850 places in that area 5 years ago. (The linguistic items thus examined consisted of 240 words and sentences, which were the first-phase items in a larger scale of our investigation.) Two kinds of the results were obtained from women in their sixties and girls in their teens.

In the spring of 1968, we completed the linguistic maps, consisting of more than 240 sheets, of dialects spoken by the older group. Now we are endeavoring to improve them: that is, we are moving to the higher dimension in making the linguistic maps. When we can compare the original maps with those now in hand, both treatinthe same items, we must much more easily get a better knowledge of the geographical distribution of the Seto Inland Sea Dialects.

Before setting on the linguistic maps, we did our best to arrange all the phenomena (variants) of each linguistic item asked of the women in their sixties. We classified them most objectively without the least extra-linguistic prejudice. We were constantly on our guard against missing even the slightest phenomenon, so that each phenomenon is shown in a systematic table prepared for the purpose.

Then, we gave a symbol to each phenomenon classified. On the

ただここに、解釈の方向について、付言する必要をおぼえる。言語地図解釈の道は、いろいろにありうるのではないか。一義的にこれを考えることは、言語の地理学を浅薄なものにする。私は、解釈の方向を、大きく二つに分けて、方言事象地理学と、方言分派地理学とにしているのである。そのおのおのの中がまた、こまかく考え分けられる。いずれにしても、帰するところ、方言による言語の地理学は、人間の方言生活を深くえぐり、人間の地域的言語生活の原理と機能とを生き生きと描くようなものになることが理想的であろう。私は、方言分派地理学の方向を重んじている。

（広島大学文学部『紀要』28－1　昭和43年12月）

の図を作る。このため、上の第二次作業のおこなわれつつある現在も、少年層の部の調査カードの、一部処理をはじめている。これには、補助員の製図当務者にも参与してもらう。この人々をただのアルバイターとしてではなく、研究者としても遇することは、たえず考えていなくてはならない。

※　※　※　※　※

以上4・5は、客観図としての言語地図の製作のため、どのように厳密な努力をしなくてはならないかを、簡略に述べたものである。上述の内容が、言語地図製作法の忠実・新鮮を意味するものであることは、私どもの信じたいところである。

なお、言語地図の理想に関しては、考えるべきことが多い。事象分布の言語地図は、いきおい即物的なものになるが、それにしても、ここへいかに人間の言語生活の「生」の事実を色こくうち出していくかは、これからの課題である。私どもは、たとえば「あいさつことば」というような文辞を調査項目にとる方向からも、この課題にとりくもうとしている。

思えば、言語地図も、長い間、同じような形式のもとにあった。新しい形式の言語地図、出でよと、私どもはとなえたい。技法的に新しいのみではなくて、内容からして新しいものがつよく望まれる。——方言地理学の思想の発展が望まれるしだいである。

6　言語地図解釈

言語地図は、言語事実の公正な処理の、的確な表明として、意義がある。(—— この表明のために、私どもは、言語地図製作の、あらゆる厳密と発展とを期している。)

この、公正な処理の表明を、さらに、研究者が解釈するのが、方言地理学上、「言語の地質学」として約束されている領域である。ここで、私どもの製図数例をあげて、いくらか、その解釈に立ち入ってみることが、私の本稿での予定であった。が、今はそのための余白を失っている。やむを得ず、ただに図例を二つほどあげる。

第四版と改めていきたい。私は、一項目ごとに、十通の原図を用意している。（老・少の二層のため）

ちなみに、私どもの言語地図は、新聞紙大の全紙を、よこに三枚つないだものである。瀬戸内海の広さと、調査地点数の多さとが、最少限、これだけの大きさを要求した。

が、ひとまずは第二版を以てうち切る覚悟をせざるを得なくなった。このため、第二版は、第一版の「正」に対する「反」とすることなく、「正」に対する「正」ダッシュとしている。つまり、第一版のもののよさを生かし、欠点を補正して、第一次作業結果の上昇発展につとめているのである。（しかし、第二版となって、私どもは、符号の体系を全面的に検討し、多くのゴム印を作りかえて、新符号体系を作った。）

第二次作業において、凡例・脚注の改訂にたずさわる各人を、原案作成者とする。原則として、これに他の二名が意見を加える。原案作成者がそこで再度考究する。最後にそれを、私が責任をもって補修する。四名の研究員（岡田・岡野・佐藤・瀬戸口の四君）は、調査カードの処理から凡例・脚注の製作の末にいたるまで、すべて明細な一定の方式のもとで、協同の活動をしている。（改訂符号表による、ゴム印符号の用法一つにも、厳格細密なとりきめがあるが、整然と、それが四人に守られている。）私はこれらの四者を得て、まったく思いどおりに、「一線進行」のしごとをなし得ている。

できた凡例にもとづく製図押印には、当務者たちとの合議でねりあげた「製図工程明細書」があり、当務者たちは、みずからこれを守ることきわめて厳格である。

このような組織のもとで、言語地図を精撰し、“第一版”・“第二版”の作業を継続してしはたすことは、内外の斯界において、稀有のことであろう。できることなら、後日、両種の作業結果を並列して世に問いたくも思う。——こうした比較資料（二種の図）が、ものの解釈にいかに有効なものであるかは、すでに、当方大学院での多少の演習で、人々も経験している。

老年者の部の第二次作業が終わったら、この成果に引き当てて、少年層の部

(1) 完了形で示された事象（例えばオチタ）には、その基本形（この場合はオチル）と同じ符号を与えてある。

Ⅳ 符号化していない事象

○オチクッゼル《こどもが二階からマロビオチル。》3′4

○アダレル《昔、聞いたことがある。》5187

《昔、言っていた。》2′10

《めったに用いない。》212 361

《田のあぜ土をぬった場合に、土が下に落ちる。》3110

《人が落ちる。》352

○アッダレル《年寄りが言っていた。》0186

○アダレクエル《人が木から落ちる。》349

○アダケル《人・動物が落ちる。》057

《人が落ちる。》1′6 1′7 1′8 1′9 1′12 1′13

○ホロケル《昔の者が言った。》5120

○ボロケル《昔の者が言った。》756′

《ほとんど用いない。》0138

○ナダレオチル 3′5

Ⅴ 回答の得られなかった地点

317_1

5 言語地図製作の第一次・第二次作業

私どもは、昭和四十二年度に老年層の部二百四十項目全部の製図を完成して、つづく今年度、改めて、その二百四十項目の言語地図の作り直しをおこなっている。過去のものを第一版と仮称し、今回のを第二版と仮称している。

第一版、すなわち第一次作業の成果も、図として、見るにたるものである。しかし、私どもはここにとどまらない。二百四十項目を成しおえた経験を活用して、さらに第二次的に作業をし直すことが有効と考えたのである。これが適切な実践であったことは、現在、私どもが痛感している。できれば、第三版・

○アエル《昔からのことば》 3'6

○アダレル《稀》 366

(2) 意義に関するもの

○アエル《ごま・麦・粟などが落ちる。》 323

○アダレル

《風などでしぜんに落ちる。》 213 218 547 551 558 562 63 64 66 67 611 5'5 5'6

《木をゆすぶると実が落ちる。》217

《山桃・栗などの小さい実が落ちる。》667 680 2'15

《稲・麦・粟・豆・ごまなどが熟れてこぼれ落ちる。》323 366 379 3104 3105 3106 626 634 681 687

《米・麦などの籾が落ちる。》 375

《無花果・桃などが腐って落ちる。》3'5

《熟して、いたんで落ちる。》585 696 6112

《花の実が熟れて朽ちて落ちる。》5123

《花が腐って落ちる。》3113 5116

《へたがぬけて落ちる。》219

《小さいものが落ちる。》376 585

《小さい時に落ちる。》3110

《花が落ちる前について言う。》697

○アザレル《梅の実などがしぜんにぼろぼろ落ちる。》2'14

○アラレル《風でしぜんに落ちる。》221

《棒で落とす時落ちるのを言う。》228

○アワレル《籾が落ちるような場合を言う。》727

II 符号化された事象に関する調査者の説明（《 》でかこむ）

○オチル《チは〔t^si〕。》5'15

○オツル《ツは〔tu〕に近い。》8'4

III 事象の符号化に関する諸注

アダケル　（アダケクイル 319）
〔adakeɾu〕

ホロケル
〔hoɾokeɾu〕

ボロケル
〔boɾokeɾu〕

モ ゲ ル　（モゲテオチル　6135
〔mogeɾu〕　784 784_1 797）

コ ゲ ル 74
〔kogeɾu〕

ド ヤ ル 622
〔dojaɾu〕

以上が凡例である。

◎数字番号は調査地点をあらわす。当の事象が寡少の地点にしか存しない場合に、地点番号を記す。

◎符号および「ことば」を列記するのに、三段階式の出はいり（この場合は二段にとどまっている。）をこしらえていることはもちろん、ものの前後に、ほどほどの間隔を設けたりもしている。これは、事象のへだたりに対応させたものである。（——間隔法は、たいていの場合、採用している。）

上の凡例に属する脚注は、下記のとおりである。主として佐藤君の作ったものである。（のちに言う第二次作業のもの。P.230）

Ⅰ　符号化された事象に関する被調査者の説明（《　》でかこむ）

(1)　新古・盛稀に関するもの

3.　凡例・脚注の一例

ここに、項目番号〔220〕の、「落ちる」という動詞についての調査結果＜老年層の部＞をとりあげる。

これの凡例原案は、佐藤虎男君が作成した。他の二君がそれに意見を加え、原作者はそれらを勘案して、第二次の凡例案をうち立てた。藤原がそれを修訂した。（これは、のちに言う、第二次作業のもの。P.230）

今、これを、本誌での発表にかなうように、体裁をやや改めて、つぎのようにかかげる。

○　オチル〔otʃiɾu〕

オッチル	2’11	
オッタ	686	
オチョッタ	712_1	
オチトル	534_1	
オチコム	3116	3’14
オチクレル	319	416

　オツル〔otsuɾu〕

　アエル〔aɛɾu〕

　アユル〔ajuɾu〕

　アダレル〔adaɾeɾu〕

アダレトル	534_1
アダレオチル	212_1 6112 6128
アンダリクエル	343
アザレル	2’14

　アラレル〔aɾaɾeɾu〕

　アワレル 76　（アワレチョッタ 769）〔awaɾeɾu〕

手段として、私どもは三段階法をとっている。すなわち基本的事実と思われるものは第一段の線に出す。それの単純な付属形と思われるものなどは第三段の線に下げて処置する。基本的事実に類縁のものは第二段の線に位置させる。このような準則を立てている。項目の性質——たとえば文法上のこととか、音韻上の問題とか——によって、多少、弾力のあるとりあつかいをするが、三段に立て分ける精神はつねに通している。必要がなければ、第一・二段にとどまってもよいのである。

「ことば」(方言事象) の配置が三段階式であるのに相応させて、代理符号(「ことば」の前におく。)もまた当然に、三段階式としている。凡例上で、符号だけをたてに見とおせば、だれしも、諸符号がたてに三段の出はいりを示して並ぶのを見うるであろう。(ものによっては二段・一段のこともある。) このような凡例は、早くも、見る人に、いろいろの解釈を促すはずである。読図上のいろいろなかぎ・目やすが、わかりやすい形で、ここに提供されている。私どもは、このような立体的な、むしろ動的な凡例を創製することに努力してきた。

私どもは、各方面から、凡例製作の徹底を目ざす。これまでの内外の研究に、配符法の一つにおいても、不徹底・不合理が、はたしてなかったか。厳密に追求すれば、非科学的と認められる場合が、あった。

2. 凡例についての脚注 (P.228参照)

凡例を支えるものは脚注である。人が、凡例からはじめて、私どもの脚注を末端まで読み通して下さるなら、そこで、その項目に関する私どもの全域調査の全報告は尽きる。資料はすべてここに公開されているのである。

脚注の製作は、七つの項目によっている。(P.228参照 Ⅰ、Ⅱ、Ⅲ、Ⅳ、Ⅴ、Ⅵ、Ⅶ) 七項目それぞれの記事があってもなくても、各脚注には、順序にこの一定の項目番号を出す。

私どもは、凡例に完全を期するとともに、脚注に完璧を期している。私どもの調査と製図法とを、この所に余さず表明して、私どもの作る言語地図の信憑性をここで確認していただきたいのが、私の意図である。

事象の分布の地域性を考えることにした。じっさいには、事象の地域分布を、例の調査カードで、明確に数量化する。たとえばAの事象が広島県下島嶼に偏在してその地点数三十、Bの事象がそれの南の愛媛県下島嶼に分布してその地点数十五というようなことがわかると、Aの事象に、かねて中国系分布の符号と定めてある○系の符号を与えることにつとめ、Bの事象に、かねて四国系分布の符号と定めてある□系の符号を与えることにつとめる。人がどの図を見ても、そこに○系の符号があれば、それはおよそ中国系のものの分布かと、判読してよいしくみである。事象は、たとえばAのつぎにもA′・A″とあるから、事象のための符号設定に私どもは追われる。それでいて、地方・地域のためにも考慮しようとするのである。こういう意図を実現した分布図は、私ども以前に、そうなかったであろう。しかし、方言地理学は、このようなものを要求しているのだと、私は考える。

一地点に事象が二つ以上併存することも多いことは、先にもふれた。事象の併存を図にするのには、調査地点の密集する、狭い紙上でのことゆえ、技術的な困難がある。けれども、私どもは、報告された事実と報告の様態とに忠実に代理符号押印位置の約束に随って、事象併存を図上に活写しようとするのである。精密な手法によってこれに成功しているが、このためには、基礎として、符号そのものの選択にも多くの配慮がいる。

以上、符号の設定、とりきめを、縦横に、多角的に考えるべきことを述べた。「調査結果の『ことば』の処理」と「符号の設定」とは、ともに重要である。が、配符法は、ことに、言語地図製作上の生命線であると言えるかもしれない。初心の者も、このしごとにたずさわる時、配符法（符号配分）の重大さをすぐに痛感する。「符号」の図を作るのであり、言語地図は符号によって決定されるからである。

〔凡例での、「ことば」の分類掲出とそれへの符号配分と。——そのおのおのの三段階法〕

調査項目によってもちがうことであるけれども、通常は、「ことば」（方言事象）の分類の体系が、相当に複雑なものとなる。これを凡例で正確に表示するような開きのものでなくて、もっと開きの大きいものにする必要がある。一項目、たとえば「めだか」とか「馬鈴薯」とかの、瀬戸内海域での異称の数は多い。(分布は複雑である。)こういう場合、各名称を観察して、全称呼の分類を組織することは、相当の大しごとである。さらに、この分類表に対応させて、関係よろしく符号をまくばることが、また大きいしごとになる。じつに多くの努力がそこにいる。

このような用途の符号としては、諸種のものが多数考察されていなくてはならない。類型・群落を考慮した符号創作がいる。多色図とせず、黒色一色の符号でいこうとする私どもには、符号制定にも苦心があった。

多色を避けたのは、一つに、後日、言語地図を版にする場合の経費をおそれたからであり、二つに、色をも多く使って符号の体系を成就することは二次元に対する三次元の操作のむずかしさを伴うことになって、協同作業の場合、むしろ整一活動に不適当かと思われたからである。

複雑になる図相においては、符号の使いかたは、大様、つぎのようなものであってよいと考えている。すなわち、ひとまずは、図相が大局的にわかりやすい図となるようにすること、――そのように、巨視にたえる符号を使うこと。つぎに、図相をさらに精視したさいには、こまかな地域的相違がよくわかるようにすること、――そのように、微視にたえる符号を使うこと。つまり、第一段に巨視用符号(巨視的効果の符号)を、第二段に微視用符号(微視的効果の符号)を使って、彼我を組み合わすのである。

私どもは、三百種近い符号を用意している。大部分がゴム印である。

符号を、また、地域別にも使おうとする。もともと事象別に使うものであるけれども、かねて、地域別にも使って、それを、事象別用法と矛盾させないようにしようとしているのである。元来、言語地図は、事項ごとに作られるゆえ、できた言語地図を利用する研究では、二枚以上のものがいろいろに見くらべられるのが、むしろたてまえとなっている。この比較のための言語地図集では、そのおのおのを通じて、地域分布を直覚させる施符法があることは、ひじょうに望ましいことであろう。これを考え、私どもは、代理符号決定に、その

そこに出す。時には、調査者のあやまりと思われるものも、出てきた事実として、その形のままに出す。

むろん、あやまりの形を図に符号で載せることはしない。凡例に対する脚注の欄で、このようなものは処理する。のちに改めて述べるように、私どもには、凡例につぐだいじなもの、脚注がある。脚注と、それをふまえる凡例と、この全体が、当該項目に関する所定の調査結果のすべてをものがたるのである。しかも、図上の一隅の然るべき場所で、これが、ことを明細精確にものがたるので、人は、凡例（ついで脚注）に聞きながら、図上でその項目に関する全域調査の実際を、全部理解することができる。

調査地点数が多い場合、上のようにはからうことは、大変な作業となる。答えの二事実以上併存する所も多い。それらをよくとりあげて、全部を符号にして言語地図を作ることは、容易でない。けれども、実態がそれを要求しているのであれば、私どもは、その実態に随うほかはない。むしろ、どのような困難もこえて、実態に忠実に、ことをはこんでいくようにつとめなくてはならないのである。（——地点数を多くすることも、一つの基本的要請であった。）

全調査事実を率直厳密に報道し得ている言語地図であるならば、後日、人がどのような場合にこれを解読する時も、凡例・脚注の製作者は安心である。解釈のしすぎがそこにおこったとしても、責任は解釈者にあるからである。——もしも、凡例の製作上、採取事象のとりまとめなどに私意が大きかったら、のちの分布図解釈者のため、そこを明らかにするノートをつけておかなくてはならない。（凡例で、読者と正当に語りあうことが必要である。）

〔代理符号の設定〕

凡例では、分類された事実、たとえば、「井戸」の「イド」「カワ」「イガワ」「ツルイ」などに対して、図に押印するための代理符号を設定しなくてはならない。この符号の設定にも多くの考究すべきことがある。一つには、事象と事象との対応関係に応じて、その代理符号と代理符号とも、同似の対応関係を持つように、配意しなくてはならない。「イド」と「カワ」との、事象としての開きはかなり大きかろう。これらの代理符号も、たとえば、「○と⊙」という

を主としている。私どももまた符号法によっている。

このためには、まず全域調査事実（一定項目に関する）を適宜に分類して、分類の体系を得、これに適宜、符号を当てなくてはならない。ことばの分類の体系と、代理符号の体系とがあい応じる。このように対応させたものの一覧表が、すなわち言語地図の凡例である。言語地図は、この凡例にしたがって製作していく。

凡例の問題は、ことばそのものの問題と、符号の問題とに分かれる。

〔調査結果の「ことば」の処理〕

凡例製作は、私どものもっとも力をそそぐところである。最初に重く考えるのは、調査で挙がってきた全域資料を、一々正確に待遇して、どこまでも、一個々々の事実を忠実にとり守るということである。その一つ一つをそれとしてみとめ、それとこれとをみだりに統合するようなことはしない。（万一、統合した場合は、括弧づけをして、何と何とをどういう趣旨で統合したかを明らかにする。）複雑な事象群が出ているのに、製図の便宜上、それらをとりまとめて、単純化した図を作る、というようなことはしない。図はものに随って作るのである。製図の便不便を先だてて考えるようなことは厳につつしみ、事象群にただ応じて図を作るように努力する。凡例には、どんな場合にも、調査地点ごとの報告が、なんらかのかたちで（脚注によってでも）、みな整理されているようにしなくてはならないのである。

一地点から、二つ三つの答えが出ているとするか。たとえば「井戸」のことを「カワ」とも「イド」とも言うというのなど。このさいは、そこにそのような二事実の併存することを併存の実情に即してとりあげなくてはならない。その隣の地点が「カワ」としか言わないのであっても、それはそれでよい。双方、実情のままがとりあげられているのがたっとい。

方言地理学の理念にもとづけば、言語地図を客観図として醇乎たるものにすることが第一義とされる。図上に製作者の独断があってはならない。このため、調査がまず厳格でなくてはならないし、ついで、採取資料のとりあつかい、すなわち記述の厳密が要求される。報告されたものは、左右することなくすることが肝要であると思う。

4 言語地図製作

方言に対する方言地理学的研究においては、その研究の重要方途として、方言事象の地理的分布を総攬する言語地図を作る。言語地図は、問題の事項に関する事象分布図である。この言語地図作成については、考究すべきことが多く、言語地図作成そのことが、方言地理学の重要部分を成す。(早くから、言語地理学は言語製図学と言語地質学とより成る、と言われてきた。)

私どもは、第一次調査の結果を、去年度、その老年層の二百四十項目だけ、言語地図に製することができた。一項目につき二枚三枚の言語地図を作ったものもあるので、製作枚数は、二百五十枚にのぼる。

以下に、私どもの言語地図製作について、手順・方法を述べてみたい。(——「方言地理学においての言語地図製作の方法」という一般論を目ざす。)

今は老年層に関するものができているところであるけれども、老・少の二層のものを、対照比較的に製図することが目標である。すでに今日も、一方で少年層のものを処理しはじめている。一定地域に関する言語地図として、老若二層対照のものができること、とりあえずはその二百四十通ができあがることは、注目されてよいことであろう。私はこの成果を、内外の学界にうったえてみることを念としている。

今の製図の段階において、製図と、新しい調査とのために、昭和四十二年度科学研究補助金(総合研究)、昭和四十三年度科学研究費補助金(総合研究(A))が与えられた。この大きな恩恵に、私どもは深く感謝しないではいられない。

1. 言語地図の凡例(P.227参照)

一定項目たとえば「井戸」の呼称に関する全域調査事実を、言語地図化するのには、調査地点ごとに、調査結果を、ことばのまま記入する方法と、ことばを符号に替えて、その符号を押印していく方法とがある。近代の方法は、後者

3．調査者と研究者

私は、要するに、瀬戸内海域に対する第一次の方言地理学的調査において、ほぼ理想的な調査態度を貫き得たと考えている。従来の内外の研究作業にかえりみて、進歩せしめるべきを進歩させ、よく、科学的方法を実現し得たと考えている。渾然とした調査要員団を動かして、一糸乱れない統一調査を無事にやり了えたことは、特筆したいところである。反省して、多少の欠陥は認めるに吝でないけれども、今日、集団運営の言語地理学的調査として、これだけの整一調査をしとげ、一連の安全資料をあげ得たのは稀な好例とされてよいと思う。

このような全員一致の活動を、積極的に推進し得たのには、つぎのようなことも、あずかって力があろうと考えられる。私どもは、調査者が、のちにその調査結果の集成されたところで、調査結果に関する研究者になる。

一調査者は、ある日、ある地点を調査しながらも、また、やがて自分が研究者として、全瀬戸内海域の全調査地点にわたる全体資料を処理研究する日を思わないではいられないのである。将来の責任を思えば、当の一地点の単純調査にも、おのずから熱がはいる。諸君は、調査の「研究」への発展を自覚して、前むきの努力をする。いわば、のちの研究のよろこびをたがいに想起しながら手をつなぐ調査集団がここにあり得た。このような「調査者」即「研究者」という、考えてみればきわめて当然なルールが、集団の中に設定されたことがよかったのだと思う。私は、諸君を、調査の座において激励することに何の躊躇もなかった。むしろ各自の発展的な責任を強調して、全員の調査活動の統一に身を入れることができたのである。

統一調査あるいは集団活動には、一般に、中心となる徹底的な指導者がいろう。その人の、全体を掌握しての、積極的な活動が、つねに所定の全員を引き立たせるのでなくてはならない。単なる集合体は、多くの場合、協同研究活動体であり得ない。その集団員の運用としては、ともかくも、その人々に地道な調査活動を促して、やがて、その人々を着実な研究活動者に仕立てること（そこで自在の研究の天地を得させること）——この一系の指導を有機的なものに

かつはそれらが群りあっているため、言語地図化のきわめて困難であることが見こされたので、まびき調査とした。このことについては、特に大事をとって、土地っ子の服部敬之君に、入念な検討をしてもらったのである。)

調査対象者としては、各地点ごとに、六十才台の老年者(女性一人)と、中学一・二年の少年者(女性二人)とをとった。一地点一日の、老・少のこのような二層を対比した統一調査も、内外を通じて、私どもの実践が、早い方だったと思う。上の老・少のとりかた、その性別・人数のことなど、ことわるべきことが多い。

調査期間は、ほぼ五カ年計画という短期をねらった。なにぶん、採取資料は、のちに相互に比較すべきものである。比較されるものは、均質的であることが最重要である。であったら、時のへだたりの最少限の資料をあげるにしくはない。こういう、年限のきびしい限りかたにおいても、私どもの作業は、内外を通じて、たしかに異色あるものだったと思う。

年限はできるだけ短くしなくてはならないし、調査地点の網の目はこまかくして、地点数をできるだけ多くしなくてはならない。となって、切り盛りすべきなのが調査項目数である。私は、調査項目数をおさえて、期間を短くすることにした。項目数のことは、第二次調査で、改めて解決することができる。(また、そのように、広域に関する統一調査は、整序すべきものと思う。)

上述の企図によって得た私どもの資料は、斉一的・均質的と認めうるものと、私は信じている。西洋例で、調査期間の長いのに無感覚的なものがある。また、調査員いく人かの実力差を意に介しないものがある。そうであって、方言地理学的調査の厳密が期せられるであろうか。私どもは、採取資料の斉一性均質性の保持のために、調査上のすべての条件を整定しようとしたのである。残念ながら、結果に、いくらかの未熟なところがありはする。聞く力のことはひとまず措くとしても、聞きとったものを書きとめる方式を諸君がふむことに、不測の変差をおこしもしたのである。しかし、一同が、採取資料の正確と均質とを目ざして、つねに良心的に努力したことは、出色のことだと思っている。

1. 調査要員について

その人は、愛宕八郎康隆・神部宏泰の二君をはじめとする二十余名である。多数であるほどよいことは言うまでもない。短期間に多くの地点を調査しうるからである。しかし、調査能力の均質性を考えると、ある程度に力の揃った調査者を多数得ることは容易でない。十年計画による二十余人、これが私の得ることのできた最善のスタッフであった。

それにしても、私の特筆しうることがある。諸外国と日本とを通じて、多人数の調査要員を継続的に養成して、一定目的の調査のためにスタッフを揃えたということは、あまりないのではないか。私どもの人的設備は、まず理想的だったと思う。これによって正確にして均質的な資料採取がおおよそ保証されることになった。

2. 調査項目・調査地点・調査対象者、調査期間

調査項目は二百四十項目である。これは、昭和三十八年に『方言学概説』(国語学会編)の「方言地理学の方法」(拙稿)の中で発表した。圧縮の結果として二百四十項目をとった経過と、二百四十項目の成す体系の意義とについては、言うべきことが多いが、省略する。限られたこれだけの項目の中に、文表現を観察する見地をはば広くとり入れたことは、新機軸と言ってよかろう。

この二百四十項目の問いは、質問簿にしくむことなく、二百四十枚の調査カードにした。これのおのおのに、問いのことばの諸種を順序にかかげたり、答えの記録法を指示したりして、人が作業に私意を加えることのないようにしたのである。内外の大多数の地理学的調査が、質問簿方式であるのに対して、私どものものは変わっている。これが、のちの言語地図化作業に有効であることは明らかであろう。

調査地点は八百数十である。概数千内外が目あてであった。瀬戸内海域、この程度の広さにわたって、全部落を残さず対象地としたことは、内外の方言地理学的調査を通じて、稀有のことではなかったか。私どもは、はじめ、実情に即して三十戸以上の集落を目あてとしたけれども、のちに補って、部落と認められる形のものはみな調査した。(ただし、淡路島は、あまりにも部落が多く、

この前むきの研究姿勢のつねに入用なことは、言うまでもない。私どもは、すでに１の第一次作業の中でも、老年層に対する調査と少年層に対する調査とを、並行させている。

３の総括研究が発展すればするほど、４の研究態度が、より強くうち出されることにもなろう。

3　瀬戸内海域方言についての方言地理学的研究

本稿にややくわしくとりあげようとするのは、上記「研究作業」の１のうちの、第一次作業に関することである。

さて、この方言地理学的研究のため、私はできるだけ合理的な手順をふむことにつとめた。

私としては、瀬戸内海は、自己の本来の生活圏の拡大として、実感を以てうけとることのできるものである。また、これに、数次の研究もおこなってきた。が、ひとまずそれらのいっさいを措いて、まったく単純に、私も瀬戸内海方言の一研究者となることにした。この態度設定が、本研究への私の出発点である。

昭和二十五年ごろ、いよいよ第一次の方言地理学的研究を大規模におこなうことを決意し、これに備えて、協同調査要員の基本的な訓練をはじめた。昭和三十一年度からは、見本島嶼に関する小規模の方言地理学的研究を試み、この中で、調査要員の基幹を養成し、調査項目を練成した。こののち、所定の調査項目による予行調査、実習調査をかさね、調査の具体的方法の修成につとめ、かつはしきりに協同調査の気運を盛りあげた。準備に時をかけること約十年、昭和三十五年になって、正規のしごとが本格的にはじめられた。

第一次調査の大勢を決したのは、昭和三十六、七年の二ヵ年である。これを中心とする五ヵ年が、私どもの主な調査期間であった。

三十六年度・三十七年度には、文部省科学研究費（総合研究）が下付された。この恩恵は深謝にたえないところである。

としている。

1. 内海全域（沿岸地帯を含めて）に対する方言地理学的研究

これに第一次・第二次を考える。

目下、第一次の調査作業を完了しており、この結果を言語地図に製しつつある。

2 内海全域から、重要視すべき島々を選び、それらの島に一地点ずつ重要地点を選んで、それらの諸地点につき、もっぱら重点的におこなう深部研究

これに、第一次・第二次・第三次を考える。

目下、第一次の研究作業の二年めにはいっている。第一次の作業では小著『日本語方言文法の研究』をテキストとしての、表現法中心の一週間調査を完行しつつある。第二次作業では、語彙面を見ていくであろう。第三次作業では、第一次作業以来つねに見てきた音声面の整理、語彙面の深究、表現法に関する検討をこととするであろう。

3. 瀬戸内海域文化事象の総合的研究を見こし、その基礎的役わりを自覚しておこなう、種々の総括研究

この段階では、1の方向と2の方向とをかみ合わせることにつとめる。1の方向からは、瀬戸内海言語図巻ができるが、2の作業結果を1に組み合わせれば、言語文化史的に深みのある言語地図ができて、瀬戸内海言語図巻は、瀬戸内海文化図帖の性格を具備するものとなりうるであろう。

2の作業結果からは、——たとえば語彙の面について言えば、重点調査結果を1の作業内容の上で処理することによって、内海特性語彙のひきしまった体系を得ることができる。

3の段階においては、総括研究の趣旨により、種々の補充調査がなされるであろう。また、3の研究が完成に近づけば、さらに発展的に、高次の研究目標が設定されるであろう。

4. 生きている瀬戸内海域の動きゆく将来に関連する研究

くれている藤田晏子・佐々木頴子・近藤和子・中村博枝のみなさんの努力も、ここに特記しなくてはならない。以下に私が「私ども」との言いかたをする場合は、これらの人々のことを合わせ思って言うものである。

私はさきに、『方言研究年報』第四巻（1961年）で、「瀬戸内海全島嶼および沿岸地方言調査の課題と方法」について述べた。本稿は、それにつぐものである。

1　瀬戸内海域方言研究の目的

この研究は、瀬戸内海全島嶼にわたる全部落、および、全沿岸の相当数重要諸地点（第一段周辺と、その背後の第二段周辺と、二重の周辺をとる。）について、その方言を精査し、一大特殊地域と言うべきこの瀬戸内海域の全言語状態をとらえて、これに存する諸理法を、総合的に究明しようとするものである。瀬戸内海域の特殊性は、地中海域のそれに比照しても見ることができよう。かれに比較言語学的調査があるのに対して、これに方言地理学的討究その他の研究作業があって然るべきである。瀬戸内海域の場合は、地中海域が諸言語を存せしめているのに対して、一国語下の方言状態である。一国語下の多島内海方言状態としては、瀬戸内海域が、世界に独自のものであろう。この、世界の方言研究上での独特の対象地域が、方言上、私どもに、どのような言語理論の帰納を許すか、討究の興味は津々たるものがある。

私どもは、緊密な協力研究態勢をくんで、調査作業の深化拡充につとめてきた。確実な資料の採択と、精確な資料整理とに徹することを旨として、事理究明の着実な道をあゆんできた。これまでのことと、今の方向づけとに、あやまりはないと思う。今後いよいよ、日本のこの特殊地域の、みずから語る研究誘導の声に聴従して、研究の開拓に邁進したいと思う。実態に即応する忠実な態度と、そこで産み出しうる方法とを以て、独創的な研究に励み、このフィールドから、世界の言語学に貢献したいと思う。

2　目的に応じる研究作業＜計画＞

所期の目的に向かって、私どもは、つぎのように、研究作業を展開させよう

瀬戸内海域方言についての方言地理学的研究

藤　原　与　一

〔目　次〕

はしがき

瀬戸内海の大三島北部（愛媛県下）に生をうけ、ここのことばにはぐくまれて、比較的早く、言語の地域による相違に気づいた私は、いつしか、瀬戸内海域の方言状態を総括的に研究することをテーマにしていた。今となっては、これが私の終生のテーマの一つである。

これまでの四十余年、関心は、種々に発揮されて、いく種類かの研究活動となったが、今日かかわっている研究作業は、瀬戸内海島嶼全部落と全沿岸重要諸地点とに対する方言地理学的研究、ならびに、それにつづく、島嶼重要諸地点の深部調査である。この段階にいたって、私は、多くの同学者の、あつい援助を受けている。じつに、これらの諸君との一致協力の活動によって、私は、目下の研究を推進し得ている。とりあえずは、岡田統夫・岡野信子・佐藤虎男瀬戸口俊治の諸君の労を謝したい。調査活動に従事してきてくれた二十余名の諸君にも、くりかえし謝意を表したい。昨年度以来、言語地図製作に献身して

布と成因とを考察し，語史的研究をしようとする場合，その操作の背後に，文法的事実の分布様相を置いてみることは，有意義であると思われる。

（『方言研究年報』通巻第8巻　昭和41年3月）

頁	行	誤	正
196	10	それに並行する	それに平行する

ばを避けようとする。ことに少年は，これを言わなくなりつつある。＜ノモシ＞＜ナモシ＞の類は，多くの人に，ていねいなことばとは思われつつも，若い世代の人たちからは，もはや縁遠いものと見られている。＜ノンタ＞類だけは，＜アンタ＞（あなた）との関係もあってか，かなりよく，若い世代にも生きている。それでも，私どもの少年層調査の結果からすると，かれらは，だんだんこれをつかわなくなってきている。要するに，共通語の＜ネー＞文末詞が，だんだん規範視されてきているのである。学校教育や放送などによって，人は「よそことば」の＜ネー＞の弘通性を知り，これになれようとしている。地方のもの，古めかしいもの，田舎くさいものは，廃退の途をたどっているのである。それにしても，＜ネー，アンタ＞など，自由な複合のおこるのは，ごく自然のことと考えられる。

7

私どもの瀬戸内海域調査では,＜ナー＞＜ノー＞などの文末詞とともに，他の諸種の，対話の文末詞も調査した。たとえば＜ヤ＞を調査した。＜ドコイ　イクン　デー。＞（どこへ行くの？）のような＜デー＞を調査した。（四国系のものである。）＜ワイ＞を問題にした。そこで，将来，かなりの数の関連項目を，集合してみることができる。こうして，内海域の，方言文末詞の生活をうきぼりにすることができれば，また，小地域に分かれる地方差状況の成因についても，なにほどかの，積極的な発言をすることができよう。地方差そのものは，すでに，当内海方面の地方文化の生態を，よくものがたってくれるはずである。

物に関する名称の分布，たとえば，さつまいもの方言名の分布というようなことになると，人は，諸種の異称の諸分布状況を分析追求することによって，ある方言事象の入来や伝播経路や消失方向その他を，かなり明細確実に立論することができる。語史的考察をおしつめていくことが，この場合は，比較的容易であろうか。ところで，有形の物に関係のない，文法的事実，たとえば文末詞の＜ナー＞＜ノー＞というようなものになると，史的考察が容易でない。分布の状況は明らかにし得ても，それをどう見，どう説くかとなって，行きづまる。だいいち，こういう類のものでは，分布が大ぐくりである。こまかな伝播経路がそこにすぐ見いだされるというようなものではない。

それにしても，方言地理学上の研究において，物名などに関する事象の分

＜ノーヤ＞,＜ノンタ＞類の，中国系分布に対応するかのような四国系分布が，つぎにはみとめられる。それは，＜ノモシ＞などの分布である。第三図を見ていただきたい。

＜ノモシ＞は＜ノー＞に＜モシ＞のついたもの，＜ノーシ＞＜ノンシ＞は，その変形である。＜ナモシ＞もある。

＜モシ＞と言いかける気もちは，また，＜アンタ＞などと言いかける気もちと同じであったはずである。発想法としては，中国系の島嶼にも四国系の島嶼にも，同じものがおこった。ただ，どんなことばをえらぶかとなって，南北の差（──好みの差）がおこったのである。

その南は，四国系で，＜ナー＞文末詞をおこなう土地である。＜モシ＞の言いかたをとるとなって，こちらに，＜ナモシ＞ができたのは当然である。＜ノモシ＞などのあるのが興味ぶかい。私どもは，これによっても，この地方が，＜ノー＞文末詞をもともと持ち得たことを知る。今日，伊予沿岸地点でも，＜ノー＞を言う所もあるのは，偶然でなかろう。

伊予大三島は，＜ノーヤ＞を存し，＜ノモシ＞類を存している。このことは，この島の方言的地位をよくあらわす。一般には，ここが,中国系方言下にあるので，＜ナー＞でなく＜ノー＞を存し，＜ノーヤ＞がかなりさかんである。かつは，旧松山藩下にあった土地がららしく，四国系の他の島同様に，＜〜モシ＞ことばを保有しているのである。

さて,四国系の土地では,なぜ,＜ノンタ＞などをおこさないで,＜ノモシ＞＜ナモシ＞などの＜〜モシ＞形式を造成したのであろう。人の気ままな好みのような好みが，地域に存在するのを，ふしぎにさえも思う。まるで，地域が，生きた人間のようである。地方的気質，とでも言いたいものがある。＜アンタ＞に＜モシ＞。わずかな振れで，一方は＜アンタ＞におもむき，他方は＜モシ＞におもむいた。微妙なところで，南北がたもとを分かった。その微妙が，なかなか説けない。

6

＜ノー＞＜ナー＞に関して，すでに見てきたように，種々の発展形式がとらえられる。これは，内海域において，文末詞＜ノー＞＜ナー＞をつかう生活が，種々に展開したということである。

しかし，今日の時限では，これらのものが，しだいに衰退しようとしている。＜ノーヤ＞は，日常会話の気らくな言いかたの中に登場し，その生命はまだ弱まってはいないものの，人があらたまってものを言う時は，このこと

のは，この地域が，それだけ古脈的であることを，私どもに想像させる。もしも，ここに，古い地域の性質がみとめられるとすれば，関西での多くの言語流動は，ここをこのように特定させる傾向のものであったとされることになる。私どもは，中国地方については，多くの場合，東からの言語伝播の強さをみとめることができるが，その言語伝播・言語流動が，内海西部を，＜ノー＞の強い領域にしたと考えられる。

4

その＜ノー＞の領域の中に，＜ノーヤ＞の領域がある。＜ノー＞の分布のさかんなのに平行して，＜ノーヤ＞のいちじるしく分布しているのが注目される。第二図を見られたい。＜ノーヤ＞は主として広島県下にいちじるしい。（“暑いノーヤ。”“寒いノーヤ。”のように言う。）山口県下では，＜ノンタ＞＜ノータ＞＜ノエタ＞の分布がいちじるしい。（“暑いノンタ。”など）＜ノンタ＞類は，＜ノー＞に＜アンタ＞（対称代名詞）の複合したものである。＜ヤ＞は，「ナ行文末詞」についで感声的な単純文末詞であるが，＜ノー＞にかさねて＜ヤ＞と呼びかける気もちは，＜ノー＞に＜アンタ＞をかさねかける気もちと等しい。しかし，結果としての＜ノーヤ＞と＜ノンタ＞類とには，待遇敬卑効果上の差別があるのは明らかである。＜ノーヤ＞は，かなり下卑たことばにもなっている。

分布図では，＜ノーヤ＞と＜ノンタ＞類とが，ともに中国系のものでありながらも，東西に分立しているのがみとめられよう。このような分布差は，まったく興味ぶかい事実である。＜ノーヤ＞をあまり見せていない山口県下は，

　＜ノンタ＞類を成立せしめて，他の複合形は生ぜしめなかった。

としなくてはならない。それは，表現法要素を生む方向の，みずからの好みというものであった。そういう好みの，東西差がここにある。その成因は，容易には解きがたい謎である。せめても，多くの地方事象を集合累積していってみたら，しだいに，傾向差の説明のいとぐちをつかむことができよう。現実におこっている分布の地域差の事実の総合のうえで，地方性・地方的基質の動因は，さぐっていかなくてはならない。

5

東から西への流布となれば，やはり，国の文化の中心地が，古来，京都方面であったことを，思わないではいられない。

さて，＜ナー＞＜ノー＞の存立の状況を，つぎには少年層（女子）について見る。だいたい，老年層の場合に似た全体状況が見られる。が，少年層の場合，＜ノー＞の分布量が，いくらか減っている。小豆島のような，近畿系方言の島と言えるような所をとってみると，全体で，＜ナー＞の分布が，強くなっている。少年たちは，老年層にある＜ノー＞を捨てている。

少年層調査では，＜ナー＞も＜ノー＞も言わずに，新来の＜ネー＞だけを言っている所も，そうとうに，みとめられたのである。

こうして，＜ノー＞は後退しつつある。それに平行することであろう，老年層でも，＜ナー＞を＜ノー＞よりもよいことばとする所が，だんだん多くなっている。

しかし，一方には，＜ノー＞をよいことばとする所もある。これは，＜ノー＞の古い用法を，そのまま伝承してもいることを示すか。のちにあげる複合形文末詞＜ノンタ＞＜ノモシ＞なども，ていねいなことば，よいことばである。――複合形の中に，＜ノー＞は本来の性格を残しとどめているかと思われる。

そのような＜ノー＞ではあるが，単独の＜ノー＞は，＜ナー＞の流布に押されて，内海一般に，品位の一段低いものになったと考えられる。（私なども，内海の大三島＜芸予叢島の中の一島＞に育って，みずから＜ノー＞をつかいつつ，よその＜ナー＞を，よいことばと感じた。少年のころからである。）＜ノー＞と＜ナー＞との音感の相違も無視できない。

＜ノー＞の土地でも，女性のがわから，＜ナー＞が採用されはじめることが，多かったろう。男性は＜ノー＞もよいことばだと思っているのに，女性が，＜ノー＞は下品だとか，男のことばだとか思っている所が，すくなくない。こうなって，＜ノー＞はしだいに凋落する。

3

それにしても，今日，広島県下や山口県下では，＜ノー＞がなおさかんである。内海域のこの方面には，どうしてこんな現象がみとめられるのか。

全国的に＜ナー＞＜ノー＞の分布を見て，＜ノー＞の分布に，＜ナー＞よりはあとから広まったことが，強く考えられる場合は，あまりないようである。その古い＜ノー＞が，瀬戸内海域で，特に西部に，一色の分布を見せている

かっていない。今では，共通語の＜ネー＞の弘布（あるいは，その＜ネー＞を知ること）に関係があってか，＜ネヤ＞をほとんど失おうとしている所もある。が，ともかくも，一般の＜ネー＞とは関係なしに，島では明らかに共通語の＜ネー＞の弘布以前に，＜ネヤ＞を存したのは，私どもの深い興味をよぶ。（ここには，解明すべきいろいろの問題が蔵せられているように思う。）

内海芸予叢峰の一部には，“暑いニー。”“寒いニー。”のように言う＜ニー＞の分布もある。この存立も，ただの伝来や入来によるものではなかったらしくて，注目に価する。が，その稀少の分布も，今や消滅に近い。＜ナー＞＜ノー＞に並べて問題にすべくもないのである。

＜ヌー＞はそもそも，存し得なかったらしい。そのこと自体が，意味のあることだと思われる。

以上のようであるから，つぎには，瀬戸内海域について，＜ナー＞＜ノー＞文末詞の分布概況をかかげよう。

2

第一図は，老年層（60才台女性）を被調査者にとっておこなった調査の結果である。（別に調製してある詳細図では，＜ナー＞を言うという所に●の符号を打った。＜ノー＞を言うという所に／の符号を打った。＜ナー＞と＜ノー＞と，両方をつかうという所には，øの符号を打った。三つの符号による，＜ナー＞＜ノー＞全事実の同時指示は，＜ナー＞＜ノー＞の存在の，体系的表示というつもりである。）

もともと，＜ナー＞＜ノー＞＜ネー＞＜ニー＞諸文末詞は，いずれも「ナ行音」で，その子音は，柳田国男先生の説かれたN音効果を担うものである。その〔n〕子音に即応して，〔a〕〔o〕〔e〕〔i〕の諸母音が働いている。これらの文末詞は，「ナ行文末詞」と言うことができる。中で，広母音のものが，働きが大きい。その＜ナー＞〔a〕＜ノー＞〔o〕の，瀬戸内海域での存立と流動とが，今の私どもの関心事である。

史的には，当地方では，＜ノー＞の分布が優先したであろうか。＜ナー＞は，あとから，この地方に広まってきた（おこなわれるようになった）かと察せられる。その広まりかたを云々するとすれば，東から西へという方向が，ここにみとめられるかと思う。内海東部では，＜ナー＞＜ノー＞の混在するうち＜ナー＞の方が，いっそう強いようである。

瀬戸内海域の文末詞「ナー」「ノー」

藤原与一

1

“暑いナー。”“寒いナー。”の<ナー>,“暑いノー。”“寒いノー。”の<ノー>,このような<ナー> <ノー>の分布を見る。

ひとくちに言って,瀬戸内海全域(沿岸も含めて)には,<ナー> <ノー>の分布がいちじるしい。

<ナー> <ノー>の長音は,短いこともある。しかし,音声学的に言って,〔na〕〔no〕となることは,まずない。<ナ><ノ>は,文末の止めことばで,かつ,訴えかける調子のことばなので,発音では,その音が,多少とも伸びる。〔na:〕〔no:〕であるか,〔na·〕〔no·〕であるかが,ふつうである。

<ネー>も,今日では,かなりいちじるしい分布を見せている。ことに,若い世代の人たちについて見れば,そのことが,いっそう言いやすい。しかし,老年層などについて見ると,<ネー>にはしたしみを感じない向きが,多い。<ネー>はよそことばだとの意識を持っている所が,かなりある。今日の,瀬戸内海方面の<ネー>は,大勢としたら,いわゆる標準語のことばづかいの普及の結果と察することができる。<ノー>の分布勢力の,わけても強い地域,広島県下・山口県下では,<ネー>ことばは,まったく異質的なものである。<ナー>のさかんな岡山県下にあっても,そうである。同じく<ナー>のさかんな四国においても,やはりそうである。内海域では,明らかに,<ネー>分布と,<ナー><ノー>分布とは,区別することができる。

<ネー>は内海に固有的ではないけれども,一つ,内海内部に,固有的な<ネヤ>があるのは,別に注意しなくてはならない。芸予叢島などと言われる群島の中には,(また伊予本土の内海沿岸にも),<ネー>は言うことなくして,<ネヤ>を言う所がある。“…………　ネヤ。”と言う。<ネヤ>のアクセントになることは,きわめてすくない。しかも,これらの土地では,文末詞<ニー>などは,存していない。こういう<ネヤ>が,どうして存在するようになったか。私にはまだ,その理由がわ

中国・四国の方言風土

瀬戸内海をはさんでむかいあう中国と四国は、近畿と九州とにはさまれて、どんな方言風土を形成しているだろうか。

日本列島とよばれる国土の中で、四国のしめる地位は特異である。本州と九州とのむすびあう国土幹線に対して、四国は一種のはなれた地位にあるからである。しかもこの四国は、瀬戸内海の島嶼群を介して、中国に関連している。この関連が、そうとうの意味を持っていることは、とかく「中国・四国地方」のくくりかたがおこなわれてきたことからも知られよう。このような地相の中国・四国のうえに、特異の方言風土が形成されている。（本州内において、中国という一地域が区切られることは、方言風土からいっても、正当なのである。）

広く見れば、中国・四国は、国語の関西方言という方言風土の中にある。中国・四国方言、あるいは、中国方言・四国方言は、関西方言のわくのうちにある。それでいて、中国・四国地方は、また、それとしての方言風土的特性を示すのである。さらにはまた、中国と四国とが、対立の状態を示す。

このような、重層的な性質をもって存立しているのが、中国・四国の方言風土であるといえよう。

地方言語史は地方文化史と二つでない。方言風土は、地方文化一般の基盤でもあると思う。地方々々の人々は、集団ごとに、生活の民俗を同じくして、生活圏を形づくり、そこで、生活文化を創造する。地方生活文化は、地方的な言語生活にささえられている。

中国・四国の方言風土を分析することができれば、地方文化圏ともいうべきものを、くわしく見ていくことができよう。

中国は近畿に直続している。それゆえ、方言事象の分布に、中国・四国のみならず、近畿をも含めて、その全般をおおう分布があることは、当然とされよう。奈良・京都を中心とする長い歴史のあゆみがあったことを考えると、その間、京都方面中心のことばの四方への流布は、そうとうさかんなものがあったことが想察されるから、その中央語の影響ということからも、近畿・中国・四国にわたる全般的分布が肯定されやすい。事実、「コータ」(買った)「カッタ」(借りた)とか、「シラン」(知らない)「ハヨー　セー」(早くしろ)とかのことばづかいを見ても、これらは、関西に広くおこなわれている。

中国・四国の一体性

いちおうみとめられるこのような地盤状態の中にあって、また、近畿を含まない、中国・四国本位の分布が見いだされるのである。名詞の分布に例をとれば、家屋内の「上がり口」を意味する「アガリハナ」は、完全な中国・四国分布になっている。動詞の例では、「ぶんなぐる」にあたる「ドーヅク」など、そうとうにはっきりと、中国・四国の分布を示している。近畿を除いての、中国・四国の一体性は、方言事象の分布例のうえに、みとめることができる。

しかし、多くの例が、つねに、中国・四国の全部をつつんで、一体の分布を示すかというと、そうではない。たとえば、「かわいそうだ」を意味する「ムゴイ」になると、中国・四国分布といえるがなかにも、中国北がわ、すなわち山陰に、分布の欠けを見せる。つまり、中国・四国分布にも、内部の異常が生ずるのである。総じて、中国では山陰が第一に異常を示しやすく、四国では、南がわが異常を示しやすい。

内部の異常はいろいろに見られるとしても、中国と四国とのなんらかのかかわりあいを示す分布は、かず多い。中でもおもしろいのは、瀬戸内海諸島が中心となって、中国・四国両方の沿岸部がこれにつらなる分布である。「夕立」

を意味する「ソバエ」一類の語の分布は、これの代表的な好例である。「雷」を意味する「ドンドロ」の分布も、ここにあわせとりあげられる。「夕立」や「雷」についてのことばが、内海本位に、このような分布を呈するのは、注目すべきだろう。中国・四国は、内海という焦点でむすびついているともいえる。かつて、東條操先生は、「国語の方言区画」で、中国・四国地方の方言状態を一括して、「瀬戸内海方言」というのを立てられた（これを「大日本方言地図」に示された。昭和二年）。すぐれた命名であったと思う。その際、「雲伯方言」と「土佐方言」とをしばらく別にされたのも、要を得た処理であったと思う。

以上によれば、中国・四国の一体性がまず把握され、この生活圏のうちに、中国北がわ・四国南がわの特殊地帯が見いだされる。この事情のもとでは、山陽、四国北半も、消極的にまた積極的に、地域的特性・地方性を持つようになるのが当然であろう。そうした分派傾向とともに、また、瀬戸内海島嶼中心の、中国・四国相関相が見られるのである。

中国方言と四国方言との分立

中国・四国の一体性ということでは、中国が近畿とたがいに分立するのが注目される。地つづきのところであって、このように、方言風土の差異をおこしているのは、注目にあたいする。

アクセント

アクセントから見ると、中国と近畿とは、顕著な対立を示しているのである。すでによく知られているように、中国では、「橋」「箸」をそれぞれ「ハシ」（上げ調子）「ハシ」（下げ調子）というが、近畿では、このおのおのを、「ハシ」「ハシ」と、ま反対に発音する。両地域は、今日の一般状態では、おおよそ、語アクセントの体系的特質を異にし、文アクセントの特質的傾向を異にする。

さて、アクセントに注目すると、四国は、中国に対立して、近畿地方に同調することが見いだされるのである。もとより、四国のアクセント状態と近畿のアクセント状態とは、全同ではない。けれども、全国のアクセント状態の中で、近畿・四国を見た場合は、両者のあざやかな関連が、明白に見てとられる。

こうして、ことばのふしまわしを聞いたところでは、中国と四国との大きなへだたりが、だれにもすぐに感ぜられることになっている。方言といえば、世上では、すぐに「なまり」がとりあげられる。方言こそは口ことばなるものであるから、とかく、すぐに「こえ」が問題にされるのは当然であろう。そのような「なまり」意識は、しばしばアクセントの事実をふくむ。人はよく、地方々の方言の相違を、アクセントをも含めて、「なまり」がちがうといっている。中国と四国との方言の相違は、まさに国なまりの大きな相違として、かなり多くの人々に意識されているのである。地方民性・地方的気質の相違というようなことも、このような点から、人々にとりあげられたりする。まったく、中国の「ハ|ヨ　イケ|ー　ヤー。」(早く行けよ。)というような文アクセントと、四国の「ハヨ|ー　イ|カン|　カ　ナー。」(早く行かないか！V早くお行きよ。)というような文アクセントとの差異に気づいたものは、その抑揚の調子から、土地人の気質をも想像したくなるであろう。中国と四国とは、わけ入って見るのに、方言風土を異にし、地方性を異にすることが知られる。

一体として見られた中国・四国が、このように対立の状態をも示すのは、まことに興味ぶかいことである。しかも、中国一般のアクセントが、大体、関東系のアクセントにかよう事実を知るにおよんでは、探究の興味はいよいよわく。まとめてみれば、次のような関係がとらえれる。{中部以東／中国}・・{近畿／四国}　中国は地つづきの近畿をさておいて中部以東につらなり、四国は海をへだてながらも近畿によくつながっているところに、諸分派存立の、淵源の深さが想像されよう。西の九州は、内部が複雑であるが、九州東北部には、わりに明らかな、中国系の色あいが見られる。

関東的アクセントと、近畿的アクセントとは、国語アクセント上の一大対立として、早くから注目されている。この時、中国と四国とのアクセント対立は、国語アクセント上の一大対立を、地方的区域において、小写しに写し出しているものとも見られるのである。中国・四国という対象領域は、まことに興味ある対象である。

しかし、この概括的な見かたをこえて、しだいにこまかく見ていく時は、一方でまた、この中国・四国の対立は、さほど単純な対立ではないことがわかってくる。

第一に四国地方を見るのに、その西南突端部は、近畿的色彩ではなくして、中国的（したがって中部以東的）色彩を呈している。たとえば「肩」のアクセントを見るのに、四国は大体において「カタ」をつねとしているが、四国西南部には、「カタ」を存し、これは中国一般の傾向に通じている。この場合、四国に西隣する九州は、その東北部地方に、あざやかな「カタ」の分布を見せている。

第二に中国地方を見るのに、山陰の出雲隠岐地方は、しばしば近畿アクセント的色彩を示す。たとえば右の「肩」のアクセントでも、出雲地方の大部分と、隠岐島前三島・島後東半は、「カタ」なのである。この際、島後西半は「カタ」となっている。出雲地方の近畿的色彩は、事例によって変動があり、「橋」の場合などは、特異性を示さず、中国一般なみに「ハシ」となっている。この時、隠岐は全体「ハシ」なのである。出雲以上に、隠岐は複雑であろうか。その特色の出かたは単純でない。三音節語の「鏡」であると、中国全般に「カガミ」「カガミ」である時、隠岐は、出雲の一部とともに「カガミ」を示し、かつ、島後西半は「カガミ」を示す。四国はこの際、「カガミ」「カガミ」「カガミ」を主調とする。「刀」のアクセントでは、四国は「カタナ」「カタナ」「カタナ」を主調とするのに対し、中国は全般に「カタナ」「カタナ」であり、これが隠岐で「カタナ」となる。そうして、島前の一島と島後の西部は、「カタナ」なのである。ここでは、「昔」も「ムカシ」となり、「手あて」も「テアテ」、「あける」も「アケル」となる。（そこではまた、「忘れる」も「ワスレル」、「並べる」も「ナラベル」、「生れるも」「ウマレル」なのである。）

隠岐の「○○○」型式は、中国の広島県下・鳥取県下に多い「○○○」型式と相近いものであろう。「○○○」のさかんな広島県下においても、広島湾東岸の坂町あたりでは、周囲の「○○○」に対して、さかんに「○○○」を見せている。これを見ても、隠岐内部の複雑さが、中国的要素を含んだものであることはわかる。それでいて、一方、「○○○」というようなものも存しているのである。「カガミ」「カガミ」は、ともに明白な上昇型アクセント（△）と見られる。これに対して、四国（ならびに近畿）（九州にも）がわの、「カガミ」「カガミ」は、明白な下降型アクセント（▽）、「カガミ」も下降調子を主調とするものと見られる。すると、中国と四国とは、全般的には、△・▽のようなアクセント対立を示しているといえる。この時、隠岐内あるいは出雲内の「○○○」型式は、何か異質的なものとして注目されるのである。

異質は山陰方面内に見いだされるばかりではない。文アクセントを見るのに、山口県下では、「行きましょう。」「よう降ります」といったような傾向、――早く一音節だけを高くして、あとをずっと落していく調子がさかんである。中国地域としては、西域が、この調子できわ立っている。中国一般の「フリマス」「フリマス」式の傾向からすれば、「フリマス」は、たしかに特異といえる。さてこれを、四国的なものなどとはすぐにいえないとしても、近畿的アクセントのもとにあることの顕著な伊予東部において、「アリガトー　ゴザイマシタ。」のようなのが、よくおなこわれている。全国的に見ると、あちらこちらに、これ式のものが見られるかのようなので、はっきりとしたことは、今、何もいうことができないけれども、中国と四国との間でだけいうならば、山口県下の右の文アクセントは四国のものにもかようとはいうことができる。ところで、伊予南部喜多郡地方にも、山口式のものが聞かれることは、かつて報告した（「国語アクセント論叢」所収拙稿「方言『文アクセント』の研究」）。さて、山口式の文アクセントは、石見地方内をへて、広島県西部の奥地にまでたどられるかのようである。広島県内で、「タッタ　アリガトー　ガンス。」（いつもいつもありがとうございます。）のような言い方をしているのを聞くと、山口式のものが、存外に広く、中国内にわだかまっていることを思わせられるのである。

中国東部に行っても、岡山県奥地で、「奥」のアクセントが「オク」である所がある。鳥取県因幡のうちでも、「マーオクダケー　ナー。」（まあ奥だからねえ。）というようなのを聞く。中国地方で、ふつうには、二音節語を、関東流に、「奥」は「オク」と発音している時、近畿流の「オク」をつねとしているのを聞くと、耳をうばわれる。それやこれやをあわせ考えるのに、中国地方のアクセント地盤も、整一単純なものではないことが知られる。史的には、長い間に、いろいろな要素があいまじわり、いろいろな傾向がさまざまにあいかさなったらしいことが想像されるのである。

このような中国と、さきに見た四国とは、現状の主傾向はともかく、史的には、ただ単純に対立してきたものではなかったことが知られる。しかも、現状に顕著な対立がみとめられるだけに、双方の対立は、ゆえ深いもの、長い時間のかかった根ぶかい事態と考えざるを得ないのである。中国・四国のアクセント相ひとつがじつは大問題である。これが解けたら、近畿から九州までの諸方言分派の大様の、成立のしかたが解けるのでもあろう。——この成立のしかたは、国の地方生活史、地方文化史の、だいじな流れに関係があるものと思われる。

音声事実

中国と四国との、現在の対立状況は、なおつぎのような音声事実によっても見ることができる。

中国がわでは、「赤い」〔akai〕など、一語の中に、〔ai〕の連母音がきた時、あいならぶ〔a〕〔i〕双方間に、音のよりあい・融合がおこる。それは、所によっては、「アキャー」〔akæ:〕などとなり（相互同化）、また、所によっては、「アカー〔aka:〕となる（順行同化）。いずれにしても、二音の融合のおこることは、中国に一般的である。これに対して、四国はほぼ全般に、そのような融合をおこさない。これは大きなちがいである。「ナギャー」あるいは「ナガー」といわれるのを聞いたのと、「ナガイ」といわれるのを聞いたのとでは、感じがずいぶんちがう。何か、発音生活の態度の相違といったものを、ここに感じとることもできるのである。

さて、四国西辺には、「ナギャー」「ナゲー」式の発音も、いくらか聞かれる。四国西南部に関しては、すでにアクセントのことで、その異質性を指摘した。

近畿アクセント一般の領域では、〔ai〕連母音の同化音は聞かれないのが大体の傾向である。四国も、その近畿的アクセントの状況下では、〔ai〕連母音の同化は聞かれない。

ところで、中国では、アクセント上で近畿的色彩もみとめられるとか、四国にかようものがあるとかいった地域にも、同化は見えている。それらの地は、アクセントの体系的特質としては、なお近畿的とは言いきれぬ状況にあることが理解される。

中国の同化で、山陽がわも、主として安芸・周防地方が、〔ai〕V〔a:〕の順行同化をよくおこしているのは、その両傍地方の〔ai〕V〔æ:〕の相互同化に対して、注目される。中国も、立ち入って見れば、音韻的地盤はけっして整一でないことが知られる。

ここに一つ、四国と中国との顕著な対照を示す事実がある。それは、「蚊」とか「葉」とかの一音節語を、長く引きのばして発音するかしないかの別である。四国は「カー」「ハー」と、引きのばす。中国はそうしない。四国の長呼は近畿のそれによく通ずる。

一音節語の長呼は、近畿においても、古くからある事実のようである。その古いものが、近畿とともに、海をへだてて、四国にもあるのは、注目にあたいする。近畿と地つづきの中国にこれがないのは、アクセント体系において、両地域がたがいに背反しているのと同じである。

一音節語長呼有無の事実は、また、これなりに、中国と四国との地盤の相違——風土性のちがいを、よく示していよう。

語法上のこと

地方語のきこえを、「ことばづかい」という考えかたでとらえてみると、また、いろいろなことばづかいにおいて、四国と中国との分立を見ることができる。

敬語の言いかたで、人の動作を尊敬していう言いかたに、「オ出でル」というのがある。「どこへオイデますか。」とか、「オイデた」とかいう。これは、中国・四国（とかぎらず）に見いだし得よう。

ところが、同じ形式のことばづかい「オ行きル」「オしル」などになると、これはもっぱら四国がわに見いだされる。（中国・四国以外のことは、今はふれない。）中国がわの人々にとっては、「オ行きル」などは、耳どおい言いかたなのである。もし、「どこへオイキたんぞね。」などとでもいわれれば、中国地方の人は、なにか、生活の波長とでもいうべきものが、自分と相手とでちがうのではないかといったような感じにとざされる。四国人は、こういう言いかたをして、表現心理の安定をおぼえる。

「お行きなさい。」を簡略にした言いかたの「お行き。」に、ほぼ近い言いかた、「行きー。」は、やはり四国がわのものである。

中国には、「行けー。」はあっても「行きー。」はない。「お行き。」もまずない。

四国は、「行けー。」とまでは下らない、しかも「お行き。」と、共通語的にいうのではない、したがって、よそよそしくいうのではない、したしい敬語法、遠慮のない敬語法「行きー。」を発達させているのである。この表現法開拓は、さきの「オ行きル」の場合と同じく、四国がわのしごとだったのである。四国は、その独自の生活態度で、表現法の領域をたがやして、みとめられるべきこの種の表現法を開拓した。

独自の開拓をなし得たところに、独自の方言風土性をみとめることができる。

同じような意味で、中国がわについても、特記すべきことがある。中国がわは、「誰さんがどこへ行かレた。」というような、尊敬表現法の「レル・ラレル」語法を、よく発達させている。岡山県下は、対者に「行かレー。」「来ラレー。」などと、「レル・ラレル」の命令表現法を用いるので、いっそうぬきん出た特色を見せている。四国では、ふしぎと、「レル・ラレル」尊敬の言いかたをしない。(今日、共通語意識のもとにこれをおこなうのは別である。)そこで、山陰の人も、四国に行って、〃四国は敬語をつかわぬなあ。〃などという。中国のつねづねよくおこなうものを、四国はおこなわないのである。

中国・四国の双方は、敬語法の体系を異にする。中国は、四国とは別趣の方向に、その敬意表現法の展開をはかっているのである。その方向をみちびいたものは、中国自身の、平常の言語生活の精神傾向にほかならない。中国には中国なりの、敬語生活の傾向があったのである。これはけっきょく、中国の方言風土を考えしめるものである。ところで、おもしろいことに、「行かレた」などの、尊敬の言いかたの略形「行ケた」の類が、四国の、例の西南、南予にはあるという。これは、中国だと、安芸などにある。この点では、中国・四国の双方は、かならずしも対立しないことになる。

しかし、四国の中でも、それがとくに南予方面に見いだされるのは、注意すべきことである。

中国方言

中国と四国との一体性がみとめられるとともに、双方のたがいに分立する傾向もみとめられることは、以上のとおりである。しかも、分立のけっして偶然でないことは、上のいろいろの場合に見たとおりである。中国・四国は、一団の方言風土でありつつも、また、根の深いところで、たがいに異なった性格の風土となっている。

このことは、地理的にいえば、中国と四国との、立地条件の相違によるところが大であろう。

中国地方は、その西部において、九州方言との深い関連を示し、たとえば文末に、九州にいちじるしい「ノンタ」(のー、あんた)をよく示す。山陰は、総じて、山陽よりも時代性が古く、これは結果的に見て、九州の古さにつらなっている。中国東部では、その山陰の状況が、そのまま但馬につづき、この流れは、丹後与謝半島にまでたどられる。今日の近畿弁の勢力は、山陰のこの流れと対応しているのである。山陰道という名と地域措定とは、味わいが深い。

四国方言

同じように、南海道という名もおもしろい。この名の地域が紀伊を含むとおりに、四国方言中の重要事実も、西は九州へのつながりを見せつつ、東は紀州へのつながりを見せている。例の、九州にいちじるしい、「ウクル」（受ける）などの二段活用方式は、わずかながら、四国西南、伊予南部に残存し、かつ、東方、紀州にも、こちらはもっといちじるしいありさまで、かつは残存衰退のさまを明らかにして、存在しているのである。

四国の南がわは、あるいはザ行のジ・ズとダ行のヂ・ヅとの区別を示して南部九州とおもむきを等しくし、あるいは「行ってきて」を、「イッチキチ」というふうに発音して九州の広域とおもむきを同じくして、四国北がわとはまた傾向を異にする点を示し、それだけに、九州との根ぶかい関係を想察せしめている。九州との関係といっても、すぐに、直接の行きかいなどを論ずることは穏当でない。もっと大局的に、広い範囲の国土を見わたすのに、国語の分布は、自然のうちに、こういう関連分布を結果せしめたであろうと思われるのである。それにしても、地理的条件・歴史的条件による、土地ごとの反応とか、分布勢力の形成とかいうことは、別に考えられる。

おわりに

中国・四国の方言風土は、いくえにもこまかく分析される。中国・四国の交渉する内海島嶼にわけ入ってみても、ここには、島ごとに特色ある言語生活が見られ、時にはまた一島内でも、部落ごとに、その特色ある言語生活が見られる。本稿は、中国・四国の方言風土を見つめることにつとめつつも、序説と概観とにおわった。適当なこまかさに分析された方言風土、つまり方言領域について、その風土性を叙述し、そこの方言生活をうきぼりにすることは、別の機会にゆずるほかはない。ただ一点、方言風土の見かたが、地方生活圏・地方文化圏の解明に、基礎的に重要であることは、くりかえし強調しておきたい。

（『日本文化風土記』第六巻　河出書房　昭和三十年十二月）

頁	行	誤	正
200	7	「ハヨー　セー、」	「ハヨー　セー。」
200	7	（早くしろ）	（早くしろ。）
200	7	これらは、関西	これらは関西
205	15	「アカー	「アカー」

山口県錦川流域方言状態の方言地理学的研究

藤原与一

はじめに

○本研究は、山口県周防東部の、岩国市に流れ出る錦川の流域の方言状態を観察して、言語の伝播方式、ないしは言語伝播の理を追究しようとするものである。

○錦川流域方言状態の調査は、昭和四十二年十二月二十四日二十五日と、昭和四十四年三月一日二日三日とで完遂することができた。当時、私は、広島大学大学院修士課程の演習にもたずさわっており、四十二年には、言語地理学を課題としていた。そのため、十二名の学生諸君とともに[注1]、四十六地点を調査することができ、ついでは、四十四年、七名の有志諸君に[注2]、四十二地点を補足調査してもらうことができた。以上によって、錦川流域の、三十戸以上の集落は、全部、調査し得た。

調査結果を取りあげての、分布図製作では、四十二年度には、十二名の諸君がその作業を分担した。四十四年のものについては、江端義夫、来田隆、早川勝広、沼本克明の四君が整理にあたってくれられ、四十二年度の製図に、適宜、補充調査分の記入を完了してくれられた。[注3]

製図に関して、おことわりすべきことがある。分担製図・分担補記、ともに当該分担者単独の作業である。そこに、合議の制度は設けられなかった。この点に難がある。

○なぜ、私は、この錦川流域を問題にしたか。瀬戸内海域方言状態の解明にしたがうにつれ、私は、より狭小の地域について、そこでなりの言語伝播方式を追跡してみたくなった。

瀬戸内海域は、多島の群がりあう、興味ぶかい対象地域である。そこには、言語伝播上の、注目すべき事実・事情が、さまざまに見いだされるありさまである。そのことを、ほぐしきるがために、私は、一・二の見本地域で、はっきりとしたケース・スタディーを試みてみたかった。早くも錦川地域を問題としたのは、そのためである。

ともに問題としたかった、いま一つのだいじな地域がある。それは、徳島県下の吉野川流域である。この流域がまた、吉野川中心に観察しうる、興味ぶかい対象地域である。下流から上流に、またその中流以上の各所での左右の地域に、言語伝播の、追跡しやすいありさまがたどられそうである。

私は、これらの特定地域を問題にして、言語伝播の様式的なものをとらえ、これにかえりみることをもしつつ、瀬戸内海域での言語伝播の理の解明にしたがうことにしたのだった。

錦川流域についての作業と、吉野川流域についての作業との比較研究も、所願とする作業であった。今は、それにおよび得ていないのを残念とする。

その一　錦川流域方言状態の分析

当地域方言状態の調査結果は、百項目百枚の分布図に製せられた。（この百項目は、『瀬戸内海言語図巻』二百四十項目の中から選出されたものである。）

いまこの百枚の図を分類整理してみるのに、およそ、以下のような分別が可能である。――ひとまずこれを、静態処理とする。

A　全域分布

まず、調査地域全域に、すこしのまぎれもなく、一事象の遍満するものが、いくらか見いだされる。たとえば「地震」を言うことば「ジシン」は、単純に全域に分布している。また、「驚く」ことを言う「タマゲル」「タマゲタ」は、単純に全域に分布している。「落雷する」ことを言う「オチル」もまた、全域分布の相を呈している。

全域分布の当然とされることなどに関しては、いまは述べない。

（→その二）

B　全域に諸事象の混在の認められるもの

大地域ではない当地域にも、集落の比較的多いこととも関連して、一項目についても、とかく諸方に諸事象が見られがちでもある。それらがまた、小区域をとって分立するというようではなくて、それこれ混在の相を呈しがちである。

文末のよびかけことば、「ネー」と「ノー」とは、まさに全域に混在し、分布を見わけることができない。「井戸」の図にあっても、「イド」と「ツルイ」とが、全域にわたって混在の様相を呈している。「親戚」の図、「内証金」の図、「松かさ」の図、「おてんば娘」の図もまた、渾態分布の様相を示す。

C　流域下方にまとまりの見られる分布相

「つくし」の図では、「ホーシ」が、流域下方にのみ見られる。「怠け者」の図にあっても、「ナエット」というのが、流域下方に見られ、流域上方の「ノークレ」と対応している。「にわか雨」の図にあっても、「スバエ」や「シグレ」が流域下方にのみあり、これに対して、流域上方の広くに「ユーダチ」が見わたされる。「山頂」を言う「テッペン」もまた、流域下方域本位の分布を示すものである。「ソラ」や「ソネ」が、奥地に見いだされる。

「よく働く人」の「シゴトシ」というのは、流域下方本位に分布し、かつ錦川本流筋の上部にも、これが見られる。「やっぱり」の図では、「ヤッパシ」が流域下方に分布し、これからやや離れて上流域にも分布している。

D　錦川本流ぞい分布

「財産家」の図では、「ダイサンカ」が、錦川本流ぞいの、きれいな分布を見せている。「飲みながら」の図では、動作修飾の表現法の一特異形式、動詞連用形重複の「ノミノミ」が、錦川本流ぞい中心の分布を見せている。「平らな」の図のばあいでは、「ヒラタイ」というのが、まさに錦川本流ぞいの分布を見せていて、奥地ならびに両傍の「ロクイ」との、きれいな対応を見せている。「布、綿などの焼けるにおい」について言う「コゲクサイ」もまた、本流すじの分布を見せて、奥地ならびに両傍の「ボロクサイ」と対応している。「〜サンセ」の図では、「オイデ」が、きれいな本流すじの分布を見せている。「無賃労働奉仕」の図では、「テツダイ」が、本流すじの分布を見せている。

E　上流域での両傍の分布

上述の「平らな」の図と、「布、綿などの焼けるにおい」の図とのばあい、私はすでに、「奥地ならびに両傍」の分布を指摘した。当錦川流域にあって、本流両傍の溪谷域が、相互対蹠の分布域として注目される。「くすぐる」の図では、本流すじを中心として「クスグル」が分布するのに対して、上流域の左右に、「コソグル」の分布域が認められる。「梅雨」の図では、上流域の左右両辺に、「ウルー」と「セツ」との分布が見られる。（上流に向かって左辺には、「ウルー」。）「めだか」の図では、上流域の両辺に、「ネンバ」と「ケンバイ」とが見られる。（上流に向かって右辺には、「ネンバ」。）「あげるから」の図では、接続助詞「カラ」系が、左右両辺ならびに奥地に、散布の状況を呈している。「行っつろう」の図では、「イッタロー」の広い分布に対して、「イッツロー」が、はしばしの分布を見せている。「言わずに」の図では、「イワント」の広い分布に対して、「イワズニ」が、両辺の分布を見せている。「一つずつ」などという「ずつ」の図では、「ヒトツワッテ」が、本流すじ中心のかなり広い分布を見せていて、奥地と両傍のいくらかには、「ズツ」が見られる。

F　奥地分布相

「左利き」を言う「ゴンニョ」は、ただに奥地に分布するばかりである。「かたつむり」を言う「ナメクジ」も、わずかに極奥の一地に存在している。ちなみに、「オヒメサマ」というのも、奥地左辺隅に見いだされる。「日照り雨」の「ヒナタアメ」もまた、奥地のものである。動詞例では、「落ちる」ことを言う「ホロケル」が、奥地にだけいくらか見いだされる。「いびきをかく」の「ユウチオカク」も、奥地左辺隅のものである。「からかう」ことを言う「セガウ」がまた、奥地分布を見せており、これはかなりの広さにわたっている。「雪が降っている（存在態）」ことを言う「タマッチョル」がまた、奥地だけに見いだされて、興味がふかい。「〜サンセ」での「キーサンセ（来なさい）」も、奥地周辺に存在している。「来たのに」での「のに」接続助詞に該当する「ガ」の言いかたは、また奥地にだけ存在するものである。

その二　分布諸形態に関する動態論的解釈

上述の分布諸形態を総合的に解釈すれば、ほぼ、以下のように、当地域での、方言分布傾向を帰納することができようかと思う。すなわち、そのように、「伝播の理」がとらえられるかと思う。

A　まず、錦川流域下方地域の分布傾向が把握される。その範囲に、事象による多少の変動があるのは、当然のことである。

このような下方流域本位の分布は、おそらく、新来の新分布を示しがちのものであろう。その新分布が、しだいに勢をかみ（上）にひろげる。「血統」の図では、「イエガラ」の進入のすがたが明らかである。「嗅ぐ」の図にあっても、下流域分布の「ニオウ」が、まさに進入の姿、勢を見せている。(「カム」の上流域分布は、もののより古いことを、みずから語ってはいないか。)

「正座する」の図では、下流域に「ヒザマズク」や「エーヒザニスワル」が分布しているが、これは、まさに新来のものであろう。先にふれた「やっぱり」の図で、「ヤッパシ」の下流域に分布するものと、「ヤッパリ」での上流域に分布するものとの間に切れめがあるのは、下流域のものが上流域に広まろうとして、何かの衝突めいたものを起した結果によることなのではないか。

狭い幅をもって、ものが下方から上方に存在していようと、それが広いはばのものになっていようと、事象が、下方本位とされるものであるかぎり、事態は要するに新入進入と解される。

B 下流域から上流域への事象進入は、やはり、錦川本流ぞいの進入が主勢力であったろう。

然の地理状態を見て明瞭な、この錦川本流本位の地域である。いっさいの交通は、古来、錦川本流ぞいを主道とするものであったろう。主道からその左右両傍・両山地に、支道が分岐している。方言事象もまた、通例、以上の本道・支道を通路として伝播しきたったことと想察される。

今日、「平らな」の図での「ヒラタイ」の分布をはじめとして、諸図に、かれこれの錦川本流ぞい分布が見いだされるのは、まさに、方言事象が、本流ぞいを早くも主道として分布し得たことを示すものであろう。「末っ子」を言う「オトンボ」が奥地にあり、本流ぞいの広い範囲には、「オトゴ」が見いだされる。このばあいも、おそらくは、本流ぞいに「オトゴ」が溯及していって、「オトンボ」の分布を、漸次、浸蝕したのであろう。「聞かなかった」の図では、「キカザッタ」に対して、「キカンカッタ」が、まさに錦川本流ぞいの進攻相を見せている。「見せびらかす」の図では、「ヨロコンデミセル」というのが、本流ぞいの比較的下方に見いだされるが、これまた、「ヨロコンデミセル」という、ごくわかりやすい今日の言いかたが、本流ぞいに、進入の勢を見せたものかと思われる。「なくなる」の図での、「ナイヨーニナル」「ナイヨンナル」の分布もまた、単純に、本流ぞいの分布進攻のすがたを見せるものである。

C 本流主道をおおった事象は、やがてしぜんに、分岐の諸支道をたどったであろう。

錦川本流の水かさが、しだいに高まっていけば、その水は、しだいに両谷をひたしていく。これと同じように、本流すじの言語事象は、当然に、左右へと分岐の支道支脈をたどったであろう。一個の木の葉の葉脈をまた見られたい。主脈から諸支脈が、左右にひろがっている。方言事象分布もまた、主脈から支脈へである。(葉での葉脈のだいじさ、それは、今のばあい、当地域での錦川本支流のだいじさである。)

本流すじから、しだいに両谷・両傍に伝播していくものが、伝播の途中でとどまった時、その段階で両辺に認められるものが、先存の古者である。「イッタロー」に対して、「イッツロー」が、はしばしに認められるとするならば、これはまさに、しかるべき古態の残存であった。「一つずつ」などの「ずつ」を、「ヒトツワッテ」と言い、それが先述のように、広域を占めるに至っているのは、後進の「ワッテ」が新勢力を張ったと見るべきだろう。「ズッ」はより古い形として、奥地・両傍に偏在する。「言わずに」の図にあっての、「イワント」と「イワズニ」とについても、「イワント」の後進性が認められ、奥地に、古態残存の「イワズニ」が見られるしだいである。

D　主道支道分布の隆盛から全域分布へ。

主道支道を通じて、事象分布が隆盛になる時、全地域は、そのもの一色におおわれることになる。全域分布は、当流域での伝播隆盛の帰結とされる。さほどの広域ではない当地域に、全域分布の傾向が見え、また、事象渾態分布の傾向が見えるのは、もっとも自然のこととされる。

E　全域分布傾向と奥地分布傾向。

本来ならば、錦川の本支流ぞいを経路とした全域分布が可能であるのが、現実には、そうもなっていないのが、この錦川域である。

全域分布への発展傾向、あるいは全域分布の勢が、押しとどめられるとすれば、それは、えてして奥地においてであった。つまり、交通のより不便になっていく奥地まで来ると、進攻の新事象も、停滞しがちとなる。このため、「消極的成立の奥地分布」の傾向が生じる。「日照り雨」での「ヒナタアメ」が、奥地に存在するのは、古い言いかたの、奥地での消極的残存というものであろう。「左利き」を意味する「ゴンニョ」にしても、奥地での古態残存と思われる。「落ちる」を言う「ホロケル」が、奥地に存在するのも、古風な一語の、新語には侵されないでとどまった残立と考えられる。「からかう」ことを言う「セガウ」がまた、奥地のかなり広い範囲で、奥地分布の傾向をよく表示している。

○　積極的傾向と言えるものにもせよ、消極的傾向と言えるものにもせよ、上述のような分布傾向がとらえられる。

文法に関する方言事象分布と、事物名称に関する方言事象分布とは、様相を異にする点もあるけれども、双方の分布諸事実は、音声に関する事象の分布諸事実とともに、相補的にはたらいて、私どもの分布傾向帰納（言語伝播の理の探究）をさそう。

限られた一小流域のことではあるが、このようにはっきりとした好対象流域であるだけに、分布傾向の追跡は、道を得やすいところがある。関東地方の大平原で、利根川流域を問題にするとすれば、それは、かりに困難なしごととなろう。山境地帯での流域観察には、作業の容易なところがある。

む　す　び

錦川流域方言状態についての方言地理学的調査の結果からは、大約、上述のように、伝播の理を帰結することができた。

ことは、一言でおおえば、「むりのないもの」と見られる。地理地形の自然に合致した、当然すぎるほど当然の「言語伝播のしかた」がたどられる。ことはまったく平凡でもある。が、ここに私どもは、確実に、「伝播の理」の合自然性を認めることができる。――合自然性は、おそらく、言語伝播での、原本的なものであろう。

（注1）　真砂茂美、来田隆、徳田満穂、岩崎文人、菅原敬三、

田辺健二、山崎宏暉、斉木泰孝、江端義夫、早川勝広、木村東吉、沼本克明の諸君。

（注２） 山崎宏暉、来田隆、木村東吉、菅原敬三、早川勝広、沼本克明、江端義夫の諸君。

（注３） 図例を下にかかげる。（『シンポジウム日本語』５『日本語の方言』〈学生社昭50〉の p. 205 に載せたものをここに引く。）

（『広島女学院大学国語国文学誌』第六号　昭和五十一年十二月）

頁	行	誤	正
214	上16	然の地理状態	自然の地理状態

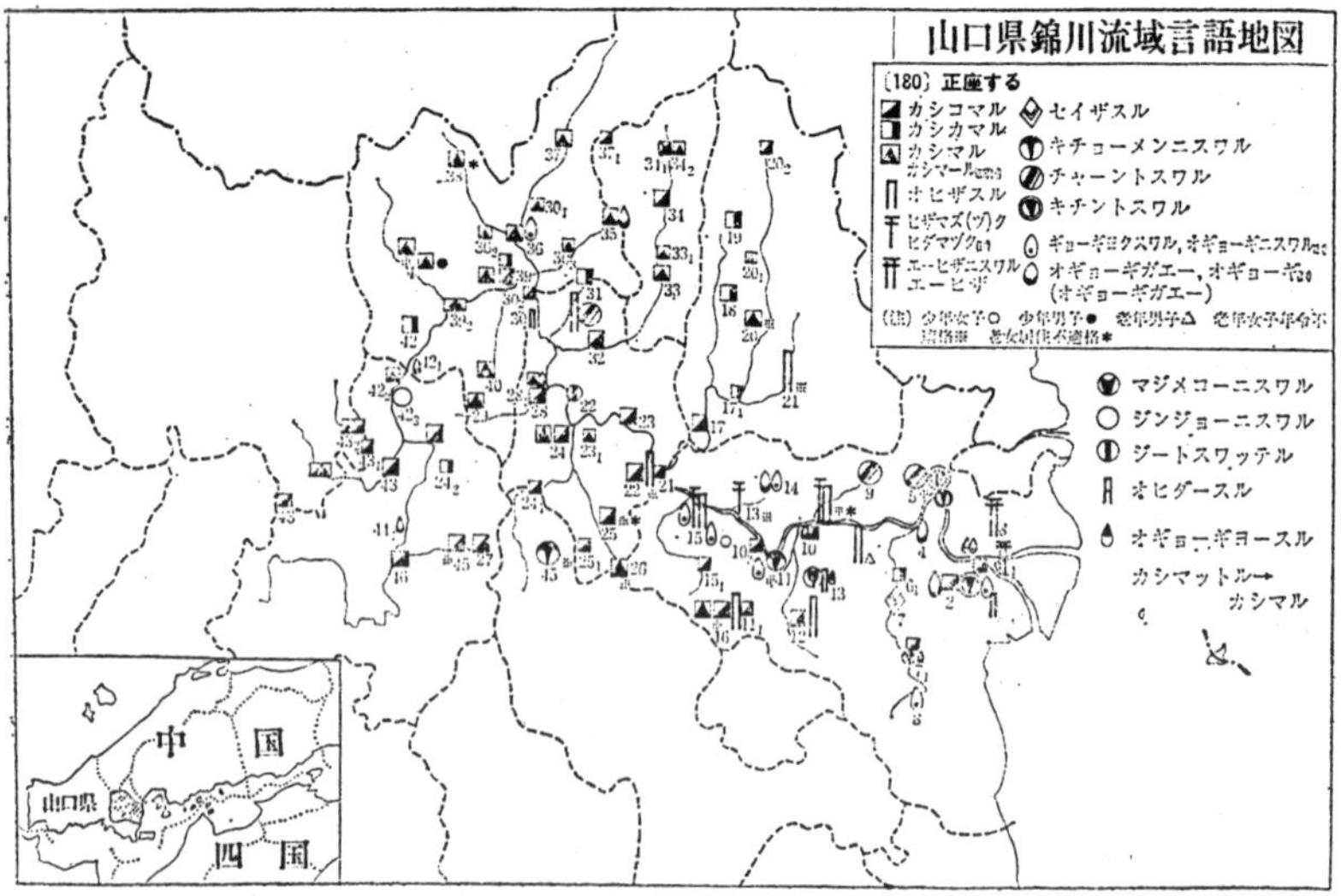

愛媛の方言

藤原与一

方言

天山と伊予の高嶺（『愛媛面影』より）

○はじめに

つぎのことを申し述べておきたい。

その一　私は、この原稿を、みなさんとごいっしょに書きあげていきたいここちです。みなさんのどなたもが、愛媛の方言に生きていらっしゃるかただからです。

その二　すでに多くの研究家が、愛媛の方言について、その研究を発表していられます。柳田征司氏は、昭和五七年一一月に、『愛媛県方言関係文献目録稿』（B5　二〇ページ）をまとめられました。今までの研究結果を仰ぎつつ、しごとをしていくことが、だいじだと考えます。

その三　以下の本文中での書きかたについて、一つ、おことわりをしておきます。

イヨコトバ

などと、片かなのそばに棒線を引きましたら、そこは、高い音であります。（アクセントの高・低をあらわすのに、「高い所へ傍線」という方法をとります。）

⤴の符号は、音が上昇することをあらわします。

その四　「方言」ということばについても、おことわりをしておきます。人が、「愛媛の方言」と言ったばあいは、愛媛のことばの全体をとって、方言と言っています。ところで、人がまた、「かたつむりの方言」などと言ったばあいは、「デンデンムシ」とか、なんとかの、一つの名まえを言っています。方言ということばには、二とおりのつかいかたができています。

「伊予ことば」とか「伊予弁」とか言ったばあいにも、同様なことがあります。

第一節　愛媛の方言

伊予ことば・伊予弁

イヨコトバまたはイヨベンと言われてきたものが、「愛媛の方言」である。これはまったく、愛媛県下（伊予のくに）に生きている。伊予の人々は、古来、伊予弁にやしなわれてきた。人々の毎日のことばの生活が、伊予弁の生活であった。今日も、多くの人たちの生活が、大部分、伊予弁の生活である。

愛媛県の長い歴史のあいだ、伊予弁は、つねに人々をささえてきた。これからも、伊予弁が、伊予の人々の生活を力づよくささえていくことであろう。ことばが、伊予弁が、歴史とともに生きていく。

全国から見た「愛媛の方言」

この伊予弁は、日本の全国から見ると、どういう地位にあるか。国の西半分の大方言、西半方言の中にあることは言うまでもない。（琉球列島などの南島方言は別とする。）西半方言の中の九州方言は、まず分かれる。残りが関西方言である。

関西方言の中に、近畿方言があり、中国方言があり、わが四国方言がある。四国方言は、近畿方言にそうとうよく似ている。アクセントなどは双方が兄弟姉妹のようである。「あの子が」を「アノ　コーガ」と言うのなども、双方がよく似ていよう。中国方言と四国方言とは、似ていそうで似ていない。中国山陽地方では「行きンサル」「行きンサッた」とよく言っているが、四国地方にはこんなのがない。中国地方には「イカレタ」（お行きになっ

た）「来ラ|レタ」のような敬語の言いかたがあるけれども、四国にはこれがない。海をへだてているのだから、四国が、ことばのうえでも独立的になるのは、当然でもあろう。近畿に広く「イカ|　ヘン」「イ|ケ　ヘン」（行きはしない）などの言いかたがおこなわれていても、四国にはこの種のものがない。

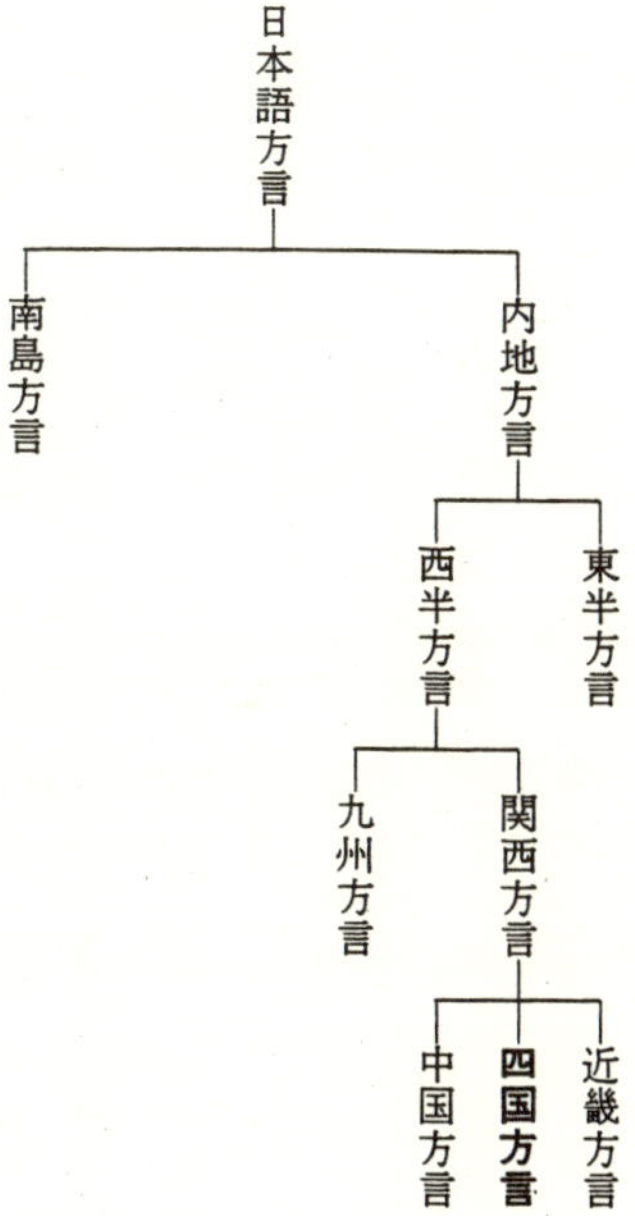

表1　日本語方言分派表

さてこの四国方言の中に、「愛媛の方言」――伊予方言――がある。

地図を見ていただきたい。香川県・愛媛県・高知県・徳島県の四県が、地勢上、きれいに、四分区をなしている。この地勢どおりに、四国方言も、四つの小分かれになっている。「愛媛の方言」〈伊予方言〉は、ごく自然に讃岐方言・土佐方言・阿波方言と向きあっている。

第二節　「愛媛の方言」今昔

伊予弁をさかのぼる

伊予に、歴史上の大変化はなかったらしい。伊予弁も、伊予の土地で、ほぼ順調に推移してきたのではないか。

ことばのアクセントが、「山」は「ヤ|マ」、「雨」は「アメ|」とある。こういう伊予弁の調子は、おお昔から、こ

のとおりだったらしい。四国・近畿がつれあって、古くから、こういうことば調子を保ってきたようである。こんな調子は、今の東京弁（あるいは共通語）の調子の「ヤマ」「アメ」などというのとはまったくちがうけれども、過去の長い京都中心の時代には、伊予弁ふうのが、国の標準的な調子であった。

「子」の「コー」、「蚊」の「カー」など、一音語を長める言いかたも、ずいぶん古くからの発音習慣らしい。やはり近畿内にもこれがおこなわれてきた。伊予弁の、一つのこの発音習慣も、変わらぬ伊予弁の長い歴史をものがたっている。今日、少年層の人たちにもなお、「テー」（手）などの発音が聞かれるありさまである。（『瀬戸内海言語図巻』[注一]の上巻に、「手」の発音の図がある。老年層の図と少年層の図とが、上下に並べられている。）

上浮穴郡の土佐寄りの地域では、たとえば「子ども」も、「コンドモ」と発音されている。北宇和郡内でも、かつて、「コンドモ」が聞かれ、「ソレマンデ」（それまで）などが聞かれた。南宇和郡で聞いたことばには、ひどくなぐることを言う「ドンヅク」がある。「ドヅク」がこう発音されているのは、「コンドモ」式の発音を見せたものである。喜多郡長浜町櫛生では、「ただ、その」などという「ただ」の「タンダ」が聞かれた。東予の旧新居郡下で聞かれるものには、「ヒナンドリ」（ひなどり）「ソレンデ」（それで）などがある。こうして県下たどられる、「ン」「ン」のはいる発音は、さかのぼって、室町時代の京都などにもおこなわれていた。伊予路にも、古い発音が残ったものである。南宇和郡の西奥、土佐ざかいに近いあたりでは、「水」を言う「ミドゥ」が聞かれるという。これも、室町時代の中央語に聞かれたものである。「ド」や「デ」などの、いわゆるダ行音の前ばかりではなく、ガ行音の前にも、「ン」の音がはいっている。宇摩郡の古老は、駅名の「中萩」を、「ナカンハギ」と発音していた。県下に、「かご」を「カンゴ」と言ってもいる所があろう。（「せど」の「センド」などとともに。）「マンゴマッダイまで」（孫末代まで）とか「ヤンガテ」（やがて）とか言われてもいよう。こうしたガ行音のものも、やはりさかのぼって、室町時代におこなわれていたようである。「つみ」「とが」の「とが」も、都びとが、「トンガ」と発音してもいたらしい。バ行音の前に「ン」音を入れる習慣も、やはり室町時代にあった。そのながれにさおさすものであろう。今日の伊予ことばの中にも、鳥の「とび」を言う「トンビ」が聞かれる。「蛇」を「ヘンビ」と言う地点は、下図のとおりである。これは、昭和七年秋に、私が県下五十三地点を調査[注二]した結果によるものである。

私どもがなにげなくつかっていることばの発音にも、ずいぶん来歴がある。変な発音だなどと思っているものが、かえって、いわれ深い古音であったりする。

では、ことばづかいのほうに目を移してみよう。南予には「ダス」ことばがある。東宇和郡内の北部での一例は、「ソーダス　ナー。」（そうですねえ。）である。「ソーダス」は、「ソーデヤス」のつづまったものではないか。「ヤス」は、「おいでヤス。」（おいでなさい。）などの「ヤス」で、近世に国内広くおこなわれたことばである。南予地方は、徳川時代にすぐさかのぼって来歴をしらべることのできることばづかいを持っている。愛媛師範学校での私の先輩、北宇和出身の松末通信氏は、先生に、「何々ダス。」と答えたそうである。先生は、〃君は南予か。〃と言われた。松末氏は、〃ハイ、ソーダス。〃と答えた。氏はこの時、〃はじめて方言を自覚した。〃という。「方言」自覚とはいうが、これは、「ダス」ことばの歴史にはっきりと生きたということでもあった。

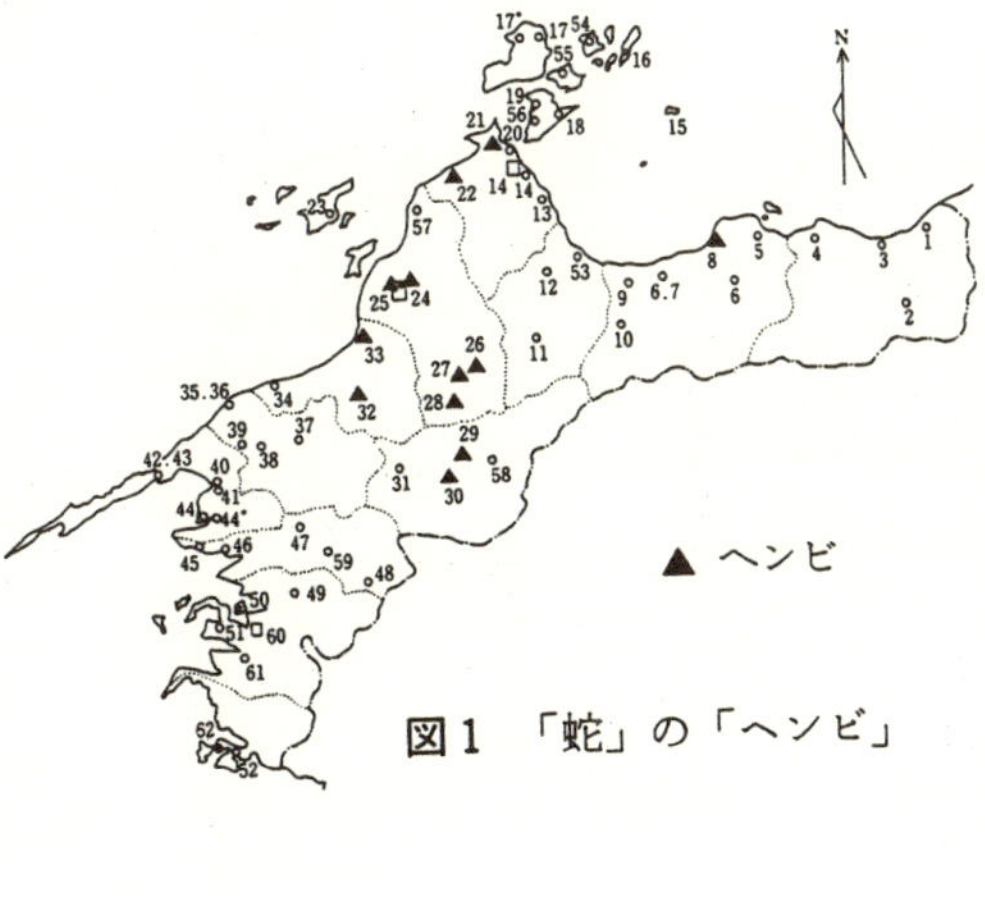

図１　「蛇」の「ヘンビ」

その南予に、東宇和郡内でなど、「こける」（倒れる）を言う「コクル」がある。人はこのことをとらえて、〃まちがったことをよく言う。〃と言ったりしている。まちがったことどころか、この言いかたは、由緒正しい動詞活用を見せたものである。今の人は、「受ケル」「起キル」などの言いかたをしているが、日本語の歴史の古いところでは、国の中心、京都方面も、「受クル」「起クル」であった。その、室町時代ごろまで優勢であったものが、南予のうちに、れっきとしたなごりを見せているわけである。じつは近畿地方のうちにも、和歌山県下の日高郡などに、おなじ「コクル」がある。

○ヒダカノ　ウマワ、コクルホド　カクル。（日高の馬は、倒《こけ》るほど駆ける。）

との言いぐさがある。九州地方に広く「コクル」式の言いかたがおこなわれていて、東に、和歌山県下のかなり広い「コクル」地域があり、南予内に同種のものがある。南予は、地理的な事情もあってか、さいわいにして、このめずらしい言いかたを残し伝えることができた。（今やそれが、消えようとしているか。）他の語例をあげるなら、「たいらげる」の「タイラグル」、「叱られる」の「ヒカラルル」などがある。

気づいてみると、南予のほかでも、「明日」のことが「アクルヒ」と言われたりもしている。古い人が、あらたまった場席などで、「ござりマスル」と言っていたのを聞きおぼえていられるかたもおありだろう。（「マスル」は、形が、「アクル」や「コクル」に似ている。）

「息づむ」ということばは、多くの人がつかっていよう。言うまでもなく、息をつめることである。「いきヅメル」とは言わないで、「息ヅム」と言っている。この「ツム」は、古い形である。むかしながらの文語の言いかたである。

北宇和郡内などには、「お早う。」のあいさつことば、「オヒナリマシタカ。」がある。（もう、なくなっているか?）老女たちにこれが聞かれたようである。この古風な言いかたは、じつに「お昼なりましたか。」との言いかたをし

たものである。『新潮国語辞典』を見ると、「おひなる」があがっていて、

〔【御【昼成る〕（動）（文ラ四）（「御昼（ヒ）になる」の転か）「起きる」の敬語。おめざめになる。↕およんなる「―る

より先にと急ぎ参りたれば〔中務内侍日記〕」

とある。『中務内侍日記』といえば鎌倉時代のもの、伊予弁の一つのあいさつことばの系脈が、ずいぶんお昔までたどられる。殿さま時代の吉田藩などでも、こうした優雅なあいさつことばがおこなわれていたのではないか。いわゆる御殿奉公の女性たちは、家に帰住しても、こういうよいあいさつことばを子孫に伝えたであろう。（全国の諸県内で、すこしずつ、「オヒンナリ。」その他の民間語を聞くことができる。「お昼になる」「お昼なる」の言いかたが、近世末ごろには、全国にかなりよく存在したのではないか。）

南予のうちに、また、一種の尊敬の言いかた、「死ネた」などがある。武智正人氏は、『愛媛の方言―語法と語彙』（愛媛大学地域社会総合研究所　昭和三二年五月）で、「寝レた」「死ネた」「オレマス」の南予分布を表示していられる。「死なレた」というように、「レ」敬語をつかった言いかたをして、やがて人々は、「死なレた」↓「死ネた」というように、ことばをなまらせた。（「読まレル」を「読メル」としているようにである。）この敬語法が、また、古くさかのぼられる。慶長九～一三年刊の『日本大文典』（日本耶蘇会士通事《つうず》伴天連ジョアン・ロドリゲス著　土井忠生先生訳　三省堂　昭和三〇年三月）に、「死ねた」が見えている。さほど高くはない敬意を示すものであったらしい。今日、中国路のうちなどにも、「死ネた」や「行ケた」を見いだすことができる。

室町時代、都びとたちが、尊敬の「オ……アル」式の言いかた、「オ行きャル」のようなのを、よく口にしていたようである。中予・東予にいちじるしい「オ行キル」といったようなものは、なにほどか、「オ行きャル」の類に近いことはないか。松山弁の「オイタンデス　ナー。」（お言いになったんですねえ。）の「オ言た」、「タルト　オ

「カイルンダッタラ」（タルトをお買いになるんだったら）の「お買いル」、「オコリャ　オシンシ」（おこりはおしにならないし）の「オ為ん」のようなのが、むかしからのことばである。「キーテ　オミナサイ　ヤ。」（聞いてごらんなさいよ。）の「オ見ナサイ」の言いかたともなると、これは、「お……なさるる」という、室町時代ごろの高い敬意の表現法を引くものである。

長浜の沖あいの青島の人々からは、昭和三四年五月、その土地ことばの「ハヨ　コンセ　ヤー。」（早くおいでなさいよ。）、「コレ　タベンセ　ヤー。」（これをたべなさいよ。）、「クレンセー。」（下さい。）などというのが聞かれた。「ンセ」ことばがめずらしい。県下にあまり聞かれないものではないか。私の郷里、越智郡大三島北端[注三]には、これがあった。私の祖父も、「ハヨ　コサンセ。」（早くおいでよ。）、「アッチー　イカンセ。」（あっちへお行きよ。）などと言っていて、近世語法の「ンス・サンス」ことばが明白であった。青島の「コンセ」は「来サンセ」に相当するもの、「タベンセ」は「食べサンセ」に相当するものである。形が、「行かンセ」などに類するものになっている。多少の変形であるが、ものがこうなりながら、古いものが、よく、沖の孤島、青島にも伝承された。

大三島には、「めだか」を言う「イサザ」というのが見いだされる。これもまた、ややへんぴな所にしぜんにとり残された、たいへんな古語である。「細小」の意の「いささ」というのが万葉の昔からあって、これが今日も、小さなめだかを言うことばになっている。そういえば、「いささか」などということばも、今日、通用している。

宇摩郡の古いことばには、「ク」というのがある。「宗《むね》太郎さんのうち」というのが、「ムーンク」と言われている。「千恵子さんのうち」は「チーンク」である。「だれそれちゃんのうち」は「だれそれチャンク」である。（「ク」は「キ」ともなっている。）今日は、「〜ガタ」とか「〜タ」とかがよくおこなわれていようか。宇摩郡の「ク」とおなじものが、広く高知県下にもおこなわれている。「そこのところ」が、「ソコナク」と言われている。香川県下にも「ク」「キ」がある。さて、古く万葉集に、「こもりくの」というまくらことばがあり、「こもりく」は「こもった（籠った）所」の意である。伊予宇摩郡などの「ク」が、日本語のおお昔までたどられる。

松山方面から今治方面にかけての地方によく聞かれる「アニ」（あそこに）などというのも、古くさかのぼられるものである。道後で聞きとめた「アニ」の例には、

○アニ　センセ、クルマガ　ハシリヨルデショー。（あそこに、先生、車が走ってるでしょう?）

というのがある。この話し手の女性は、「〜でしょう」などと共通語をつかいながらも、「あそこに」は、依然として、古語調で、「アニ」と言いあらわしている。

「ク」とか「ア」とかは一音語である。日本語のはじめのころには、一音語が多くおこなわれた。「ワが思うとおりにする」などと今も言っている「ワ」もまた、古い一音語にほかならない。もちろん、「ナ」（名）も「テ」（手）も「コ」（子）も、同類のものである。「ナ」からは「ナマエ」という語ができた。「テ」からは「テブシ」などというのができた。「コ」からは「コドモ」ができた。

ナモシ今昔

伊予ことばの代表格の一語、「ナモシ」というのは、「ナ」に「モシ」がついたものである。「ナ」が、やはり古く日本語にうまれた感動詞である。その「ナ」をつかっているうちに、人は、よびかけの気もちをつよめて、「申します」の「モシ（申し）」をつけそえた。「ナー、モシ」と言ってみると、これは、相手の注意をよく引きつけることばである。「ナーモシ」が「ナモシ」につづまった。

「ナ」のとなりの「ノ」にも「モシ」がついて、「ノモシ」ができた。

「ネ」は、伊予にはあまりおこなわれなかったから、「ネモシ」はできなかった。

全国を見ると、「ナモシ」類と「ノモシ類」と「ネモシ類」とが、あい寄って広くおこなわれてきたことがわか

図2　小説『坊っちゃん』

る。かなり前ころには、全国に（と言っても、中国地方は別として）（また北海道ものけて）、この種のことばが、よくおこなわれたらしい。今日では、「ナモシ」ことばが、愛媛県下と愛知県下とにいちじるしい。

以下には、「ナモシ」ことばと「ノモシ」ことばとをまとめて、その、伊予での今昔をたどってみよう。

有名なのは、漱石の『坊っちゃん』に出てくる話しである。

「バッタたこれだ、大きなずう体をして、バッタを知らないた、なんのことだ」と言うと、いちばん左のほうにいた顔の丸いやつが「そりゃ、イナゴぞな、もし」と生意気《なまいき》におれをやり込めた。「べらぼうめ、イナゴもバッタも同じもんだ。第一先生をつらまえてなもしたなんだ。菜飯《なめし》は田《でん》楽《がく》の時よりほかに食うもんじゃない」とあべこべにやり込めてやったら「なもしと菜飯とは違うぞな、もし」と言った。いつまで行ってもなもしを使うやつだ。

とある。漱石も、東京から松山に来て、「ナモシ」ことばにはおどろいたらしい。そのはずであろう。東京方面には、かなりむかしから、「ナモシ」ことばはなかったらしいからである。（それでも、埼玉県の秩父地方ともなると、今日でも、「ナモシ」「ノモシ」の「モシ」に近い「ムシ」が聞かれる。）

松山地方の「ナモシ」は、郡中（伊豫市）方面にもさかんだったのか。道後の人から聞いた言いぐさに、「郡中ナモシ」（グンチューナモシ）というのがある。「オサム　ゴザイマス　ナモシ。」（お寒うございますね。）は、その一例である。

さきの世代の人たちは、松山地方で、「ナモシ」もはいった「イヨコトバ」（伊予ことば）を、「イヨエドッコ」（伊予江戸っ子＝〝伊予の東京弁〟）と言って自負したりもしていたか。

中予を出はなれると、南予の東宇和郡以南は「ナーシ」または「ナシ」である。（喜多郡方面や西宇和郡方面は、なぜ「ナーシ」などを見せないのか。ほかのことばづかいのおこなわれる関係で、「ナーシ」などはつかわれないできたのか。）「ナーシ」が「ナモシ」に近いことは、明らかであろう。「ナーシ」がつづまれば「ナシ」である。

ところで、東予となると、これは大部分が「ノモシ」や「ノーシ」の地域である。地かたには「ノンシ」もいくらかある。「ナ」というよびかけことばよりも「ノ」というよびかけことばをつかう所は、しぜん、「ノモシ」などと言うわけである。

もし、「モシ」ことばという考えかたに立てば、県下が広く一体視されることになる。

「モシ」ことばの今日はどうか。吉田裕久氏主宰の『愛媛県言語地図集』（愛媛大学方言ゼミナール　昭和五六年四月）に見える「ナモシ・ノモシ」の県下分布状況は、つぎの図3のとおりである。これが、

昭和五五年の七月から八月にかけて。一部分は昭和五六年一月。

に調査されたものであるから、まずはこれが最新の情報とされる。

図4は、武智正人氏の『愛媛の方言』に見えるものである。これは、昭和三一年春から三二年夏にかけておこなった調査によるものである。

私の調査結果[注二]の図表、図5は、昭和七年秋に作業のおこなわれたものによっている。（これは、二〇・二一歳ころの男教員氏を煩わしたものなので、女ことば的なものでもある「ナモシ・ノモシ」の採取には、いくらか手の及びかねたところもあったことを示すものになってもいるか。しかしながら、同一のたちばの、同似年輩の人々の一斉作業であった点で

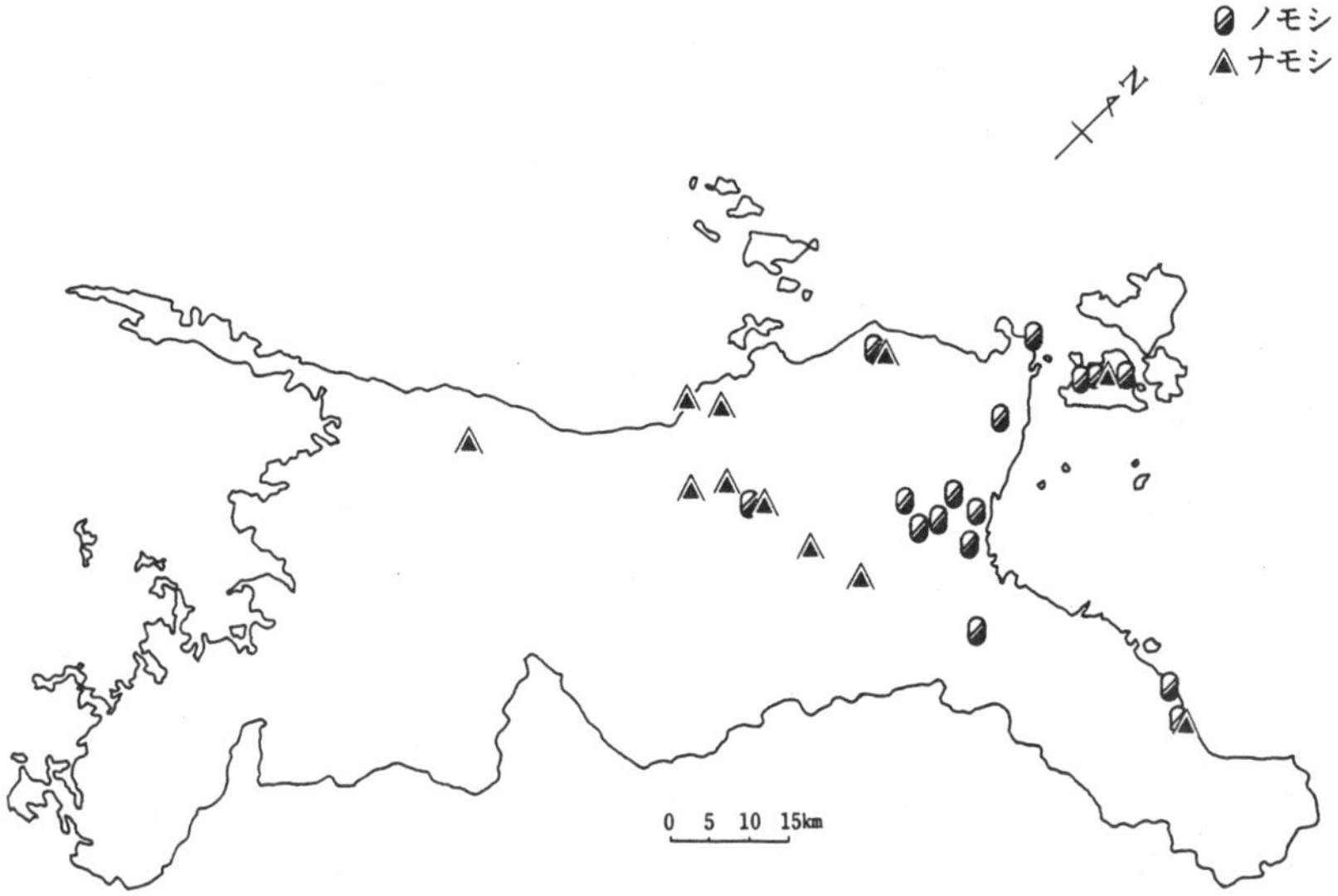

図 3　ナモシ・ノモシ 分布図

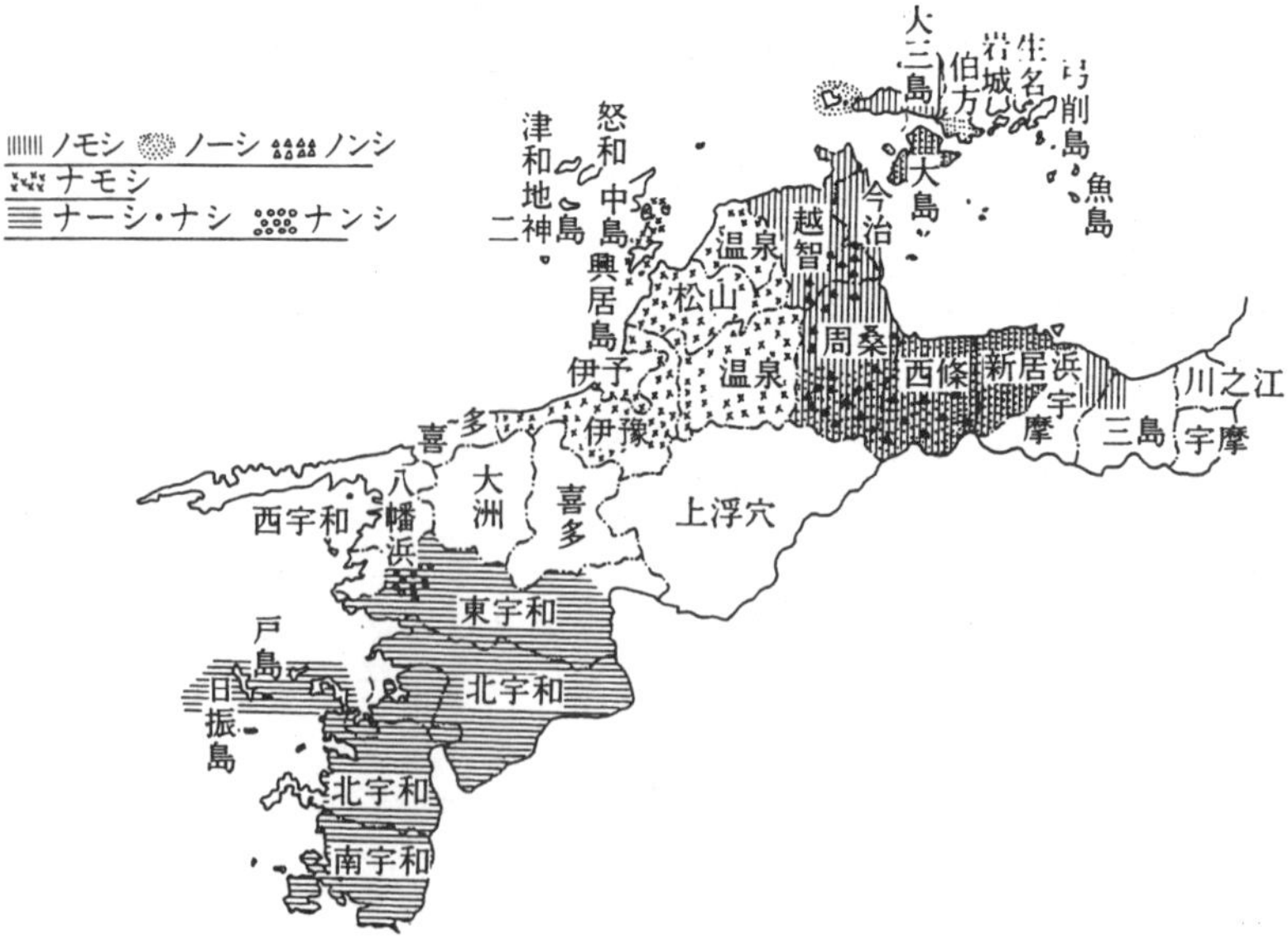

図 4　ノモシ、ノーシ、ノンシ、ナモシ、ナーシ、ナシ、ナンシ分布図

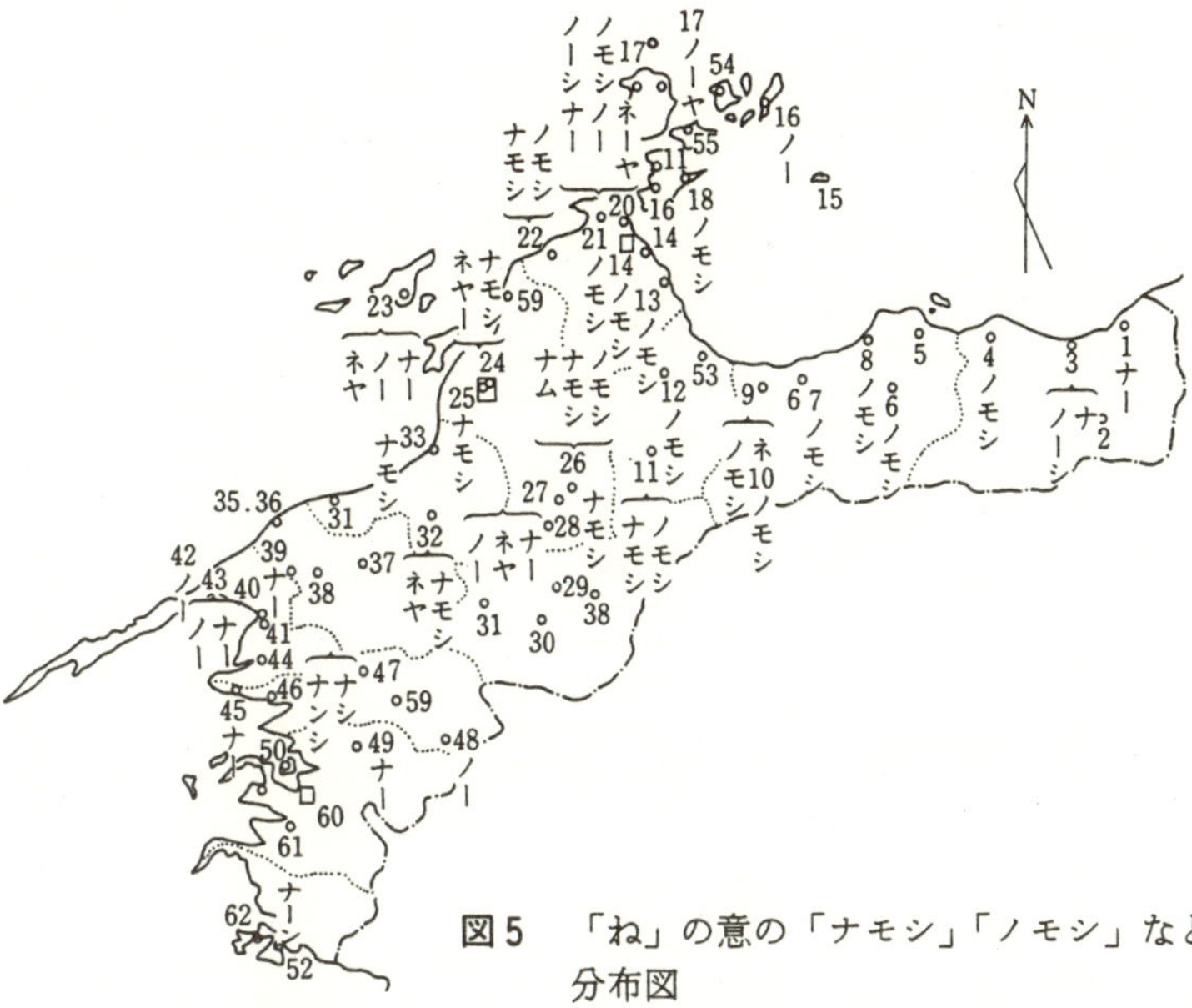

図5　「ね」の意の「ナモシ」「ノモシ」などの分布図

は、調査結果の均質性が、ここによく出ているであろうと考えられる。）

今、図3・4・5の三図をくらべてみる。元来は、三図に条件差があり性質差があるので、これらをさっそくに比較することはできないわけであるけれども、かりにくらべてみることとする。やはり、だいたいのところ、ここに、「ナモシ」ことば・「ノモシ」ことばの類の歴史的推移は、想察することができるのではないか。ことがらは、しだいにおこなわれなくなってきているようである。かんたんな見かたをしても、図5の、県東隅の「ノーシ」は、図4には見えない。図4にいちじるしい「ノモシ」の分布は、図3では、劣勢化が認められるようである。大三島のことなら、私もその劣勢化→衰退→消滅の証人になることができる。

「ナモシ」ことば・「ノモシ」ことばの類の衰退傾向は、県人各位、あるいは読者各位が、すでに感知していられるのではないか。衰退・消滅の事実を、身辺に見ていられるでもあろう。

ことは自然のなりゆきか。

○ドコイ　オイキル　ンゾナモシ。(どこへお行きるんぞナモシ。)

などと言うと(「ノモシ」にしても)、「ナモシ」(ノモシ)が、もはや場にそぐわなくなった。あたりへのうつりがわるくなった。せっかくのよいことばであるけれども、道具だてがもう古風になった。右の例だと、「ドコイ　オイキル　ンゾナ。」と言った程度のところがちょうどよくなっている。

昭和三四年の一会話

三四年一一月のことである。私は道後で、当時四五歳の竹林夫人と六一歳の紀伊国屋夫人との会話を聞いた。このごろにして、この人たちの所感はつぎのとおりである。

〔竹林夫人〕ナモシワ　ナー。トーラナイ。コノゴロ　ナー。(「ナモシ」はねえ。通らないわ。このごろねえ。)ナモシノ　カワリガ　「ナー」　ヨ。(「ナモシ」の代わりが「ナー」よ。)

〔紀伊国屋夫人〕ニジューネン　サンジューネン　シタラ、モー　イヨコトバジャノ　ユーノワ　キケンヨーン　ナロゾイ。(二〇年三〇年したら、もう、伊予ことばなんていうのは、聞かれないようになるだろうよ。)

〔竹林夫人〕ユー　ヒトガ　オラマイ　ゾイナー。(言う人がいまいよねえ。)

この人たちは、「ナモシ」ことばの衰退を話題にして、やがて「伊予ことば」を問題にしている。「ナモシ」が伊予ことばを象徴するものとも見られていよう。ともあれ、人々も言うとおり、伊予ことばも変わっていく。

世代推移

伊予ことばの移りゆきを、親の代→子の代→孫の代というように、世代をたどって見ていこう。松山弁の一部についてみる。老年層の女性、たとえばさきの竹林夫人の、今日の言語生活では、およそつぎのことが見られる。

①「ナモシ」もときにはつかう。

②「あ、そう。」の意で「ホー　ケー。」を言う。
③話しのおわりに「ゾナ」をよくつける。「ナン　ゾナ。」（なあに?・）など。
④「どうどうシテ　ヤ。」とよく言う。「アレ　シテ　ヤー。」（あれしてちょうだい。）など。
⑤「ミトーミ。」（見てお見。）などの言いかたをよくする。
⑥「オイキン　カ。」（お行きんか。）などの言いかたをよくする。
⑦「しちゃだめよ。」の意で「セラレン。」と言う。
⑧「おなじだ。」の意で「ツイジャ　ガナー。」と言う。「ツイヤ　ガナー。」とは言わない。〃「ヤ」は言いません。〃という。

さて、中年層の、おなじく道後に住む人（竹林夫人の息女さん）には、前条の八項目についての、つぎのありさまが見られる。

①「ナモシ」は全然つかわない。たまにしか聞かない。（「オイデル」はつかう。）
②「ホー　ケー。」はつかわない。「アー、ソー。」と言う。ときに、子どもに対して、ちょっとおどけて、「ア、ホー　ケー。」などと言わなくはない。
③「ゾナ」は、怒る時に、あるいは子に言って聞かせる時につかう。「ホー　ゾナ。ワカッタ　カナ。」など。目下に、つよく「ゾナ」と言う。
④「て　ヤ」はしょっちゅう言う。したしい人に、なれた人に。（夫君へは「て　ヤ」ではなくて、「コレ　シテー。」）「アレ　シテ　ヤー。」、「シテ　ヤー。」（してちょうだい。）。「シテー　ヤー。」のように「テ」をのばすことはない。「ヤー」とあってやわらか。

⑤「ミトーミ。」はふつうにつかっている。（「イットイデナサイ　ヤ。」なども言う。）

⑥「オイキン　カ。」は言わない。「オシメン　カ。」も言わない。「オイキタンデス　カ。」は言う。「オシメヤ。」「オシメナサイ。」は言う。

⑦「しちゃだめよ。」の意で「シラレン。」と言う。夫君の母御は「セラレン　ガネー。」などと言っていられるという。

⑧「おなじだ。」の意で「ツイジャ　ガネー。」とも「ツイヤ　ガネー。」とも言う。「ヤ」を言うよりも「ジャ」を言うほうが多い。別に「オンナジヤー　ネー。」との言いかたもしている。

松山市西部に育った一女子大学生（一八歳）――若年層――の言うところは、つぎのとおりである。

①「ナモシ」はつかわない。聞いたこともない。

②「ホー　ケー。」は言わない。友人に「ホー。」と言う。「ホー　ケー。」を聞いたことはある。

③「ゾナ」はめったにつかわない。ほとんどつかわない。

④「て　ヤ」はよくつかう。「シテ　ヤ。」などと言って、「シテー　ヤ。」などとは言わない。

⑤「シトーミー。」（してごらん。）など、よくつかう。

⑥「オイキン　カ。」は言わない。「オシメン　カ。」も言わない。友人をさそうのには「イカン。」と言う。「オシメ　ヤ。」は言う。

⑦「ソンナ　コト　シラレン　ヨ。」などと言う。

⑧「ツイジャ（ヤ）　ガネー。」と言う。最近、どっちかというと、「ヤ」をつかいだした。「ソーヤ　ガネー。」などと言う。

以上の比照で、世代を追っての推移が明らかであろう。時代の移りゆきとともに、生活百般も種々に移り変わっていく。生活のことばも推移していくのが当然であろう。が、その推移変貌は、急速のようでもあるし、緩慢のようでもある。「ナモシ」ことばにしても、さきの一四ページの会話もあったが、昭和三四年から二〇年以上たった今日、なお、古い人たちが、「ナモシ」を言ってもいる。ことばは、ことに生活の中心部にあるものともなると、変わりそうで変わらないものでもある。

不変の相

このあいだは南予をたずねた。四泊五日の伊予路の旅のしめくくりがこちらであった。久しぶりに聞く南予ことば、その中に「ナーシ」があった。宇和島の一老男は言う。

○ソレカラ　ドー　ユー　カナーシ。（それからどう言いますかねえ。）

この人は頻繁に「ナーシ」をつかっていた。しかしご自身は、〝私もときどき「ナーシ」を言う。〟と語られた。その時に言ってくださった例は「サムイ　ナーシ。」である。前掲の図6にも見られるとおり、今も南予の広くに、「ナーシ」がどの程度にか聞かれるか。「ナーシ」が「ナシ」ともなっている。

宇和島での方言勉強のあと、御荘で車に乗せてもらった時のことである。その若い男性運転手さん（二〇歳代？）が、しきりに「ナーシ」を言った。

○カイガンバタデ　ナーシ。（海岸ばたでナーシ。）

○ソーヤ　ナシ。（そうですねえ。）

○コーベノ　ホーデ　ナシ。（神戸のほうでねえ。）

「ナーシ」とともに「ナシ」も出た。しぜんに、二つがまじりあって出た。おなじものであることはよくわかる。

「ナシ」をこのように「ねえ」と言いかえると、「ナシ」の気分がよく伝わらない。「ナーシ」は「なもし（申し）」

である。「ナシ」も、「ねえあなた」とでも言いかえないと、うつりがわるい。この若い運転手さんは、私どもをやさしくあつかってくれて、しぜんに「ナーシ」「ナシ」ことばを出したのだった。「ナーシ」よりは「ナシ」のほうが多かったか。運転手さんに、〃土地のおかたですか?〃と妻がたずねると、そうだとのことだった。「ナシ」について、〃ナーヨノ　コトバ　ヨナシ。〃（南予のことばですよねえ。）と妻に語った。

ここで注意されるのは、この男性に、土地ことばの、ひとり「ナシ」「ナーシ」だけが、頻出したことである。御荘あたりの土地弁として、方言色の濃いものが、他にもあるだろうに、この人には、そんなものが出なかった。職業がらからもか、若いせいもあってか、この人は共通語にもなれている。「そうジャ。」は言わなくて、「そうヤ。」を言うようにもなっている。そんなふうであるのに、「ナシ」「ナーシ」は、そびえ立つように、この人にのこりとどまっているのである。のこりとは言うが、この人は、「ナシ」「ナーシ」を、現在ぜひつかわないではいられないものとして持っているのである。「ナモシ」ことばの生存力は、ここにまことにつよいさまがうかがわれる。「ナモシ」が「ナーシ」になったのは、一つの変化であったけれども、「ナーシ」「ナシ」は、安定形として、よくその生命を保っている。ことばは、なかなか根づよいものである。

南予の「ナーシ」にくらべれば、東予の「ノーシ」は、その勢力のよわまりがややいちじるしいか。これは、あたまのことば、「ナ」と「ノ」の実質差にもよることであろう。今日では、「ナ」よりも「ノ」が、いくらか卑語めいたものになっている。

「ナモシ」ことばではないけれども、このたび、八幡浜で、私は、その方言生活の全体相をしばらく聞いて、方言はなかなか変わらないものだと痛感した。板坂政雄氏の恩恵によることである。氏の教え子さん、井上藤雄氏（七六歳）・井上秀雄氏（六五歳）のご両名が、板坂氏のお宅で歓談してくださった。そこに現出された言語状況は、じつに、私の過去経験――大正一三年から昭和三年の間に、愛媛県師範学校生徒として、松山の学校内で、多くの南予出身学友から南予ことばを聞いた経験――の思い出そのままのものであった。こんなにも、あの当時のままが聞かれるのかと、おどろきつつ書きとめたのが（一部分をあげると）、つぎのものである。

ナンチャ（なんにも　ちっとも）

コーエイデスライ。（光栄ですよ。）

シットンナスケン（知ってらっしゃるから）

ナンボデスロ　ナー。（いくらでしょうねえ。）

イケナンダガデ（いけなかったので）

センセ　ナオシテ　ヤンナハイ　ヤ。（先生、直してくださいよね。）

ソガイナ　コト　シタチ　イケンガジャガ（そんなことをしたっていけないんだが）

ユタチ　イケル　カイ。オマイ。（言ったっていけないよ。あんた。）

マコト　ソーユ　コト　キータ　コト　アライ。（ほんとに、そういうことを聞いたことがあるよ。）

大正一三年の寄宿舎で、一年生の私が、西宇和郡や喜多郡の同僚諸君から聞いたのも、まったくこういう「マコト」などであった。私の郷里、瀬戸内海の大三島北端でなら、「マコトニ　ホニホニ」（ほんとにまあまあ）というのがあって、これは老人の嘆きのことばに出るものであった。これしか知らない私が、若い人の「マコト」というのを聞いて、どんなに異様に思ったことか。が、若い人が言うので、これがかえって美しくも思えた。副詞「マコト」が、ちっとも変わらないで、南予に息づいている。

私が出あったのは六〇歳代のかたがたである。学童たちはどうであるか。右の二人のかたは、ご自分たちのことばを話題にして、"イマノ　コドモニワ　トーラナイ。"（今の子どもには通らないよ。）と言われることがあった。が、それも、多くは、「蛙」の「オンビキ」、「蛇」の「ナガイ」「ナガ」のようなもののことであったか。

今治駅から普通列車に乗って川之江に行く。乗り降りする人の東予弁を車中に聞く。今日も、旧に変わらないものがいくらでも聞かれる。女性が、「ソリャ　ドー　ナライ。」（それはこまったことね。）と言う。宇摩郡の男性が「コタ　ナイ。」（ことはない。だいじょうぶだ。）と言う。むかしのままである。方言の地盤は固い。

伊予弁の将来

伊予弁健在。なかなか変わらない。といっても、世代ごとの推移もあることは、すでに述べた。

この推移が、今後はだんだんはげしくもなろう。テレビ・ラジオなどでの共通語の影響もつよいからである。子どもたちは、日に日に新しいことばをおぼえていく。（おとなの世界にも、たとえば西洋語が、なんともさかんに流れこんでくる。）毎日の学校教育も、子どもたちの言語生活を、話すことと書くことの両面にわたって、順次、変えていくであろう。

かとおもうと、若い先生が、ずぶの郷土弁でやっていたりもするから、ことは単純一様にも進むまい。児童・生徒も、伊予弁を聞く耳はじゅうぶんに持っている。家庭に帰れば伊予弁も多い。周囲にそれが多く、自分にもかなり多い。

方言の生活というものは、まこと強靭なものである。そのはずである。方言は生活語だからである。血のことば、母のことばだからである。人の心の基礎的にやしなわれたことばだからである。

将来、伊予の人々に、共通語的な生活が広まってくること、深まってくることはたしかであろう。時勢のながれがそうさせよう。しかし、同時に、伊予ことばの根、方言の根もまた、その生命を長く保ちつづけるであろう。愛媛県下に伊予的な地方性があり、県下に、各地域の地域性があるかぎり、伊予のことばは、将来ともに、その時々の伊予ことば色を見せ、また、県下の地域に、伊予ことばの、なんらかの地域色を見せるであろう。
それはともあれ、私どもは、今、現在、愛媛県下に住するものである。私どもには、今よく現在の伊予ことばの生活を認識する責務がある。この趣旨にしたがって、私は、以下の諸節の記述にしたがう。

注一　『瀬戸内海言語図巻』上下二巻　藤原与一著　昭和四九年三月上巻刊　同一一月下巻刊　東京大学出版会　これのための現地調査は、昭和三五年から四〇年にかけての五ヵ年でおこなわれた。

注二　昭和七年秋の愛媛県下調査　藤原与一実施　調査項目一〇六（語詞・発音・文法にわたる。）調査地点五三　各地ごとに、当時二〇・二一歳ころの男性小学校教育氏を煩わした。知友の諸兄の、うちそろっての好意あるご教示に、今、あらためて、深い謝意を表してやまない。

注三　私の郷里、越智郡大三島北端は、当時、鏡村大字肥海《ひがい》である。今日は大三島町肥海である。

第三節　愛媛方言　この内部の分かれ（内部分派）

一　愛媛方言

伊予ことばの歴史的存在

愛媛県に伊予ことばが存在し、これは、長い年月をこの地に生きてきた。変動も見せながら、伊予ことばは、比較的純粋な伊予ことばとして（大動揺もなしに）、この伊予路に生きてきた。

四国の地勢と伊予ことばと

伊予ことばの生存の自然さは、四国の地理がよく証明している。四国地方の地理の中で、伊予ことばは、四国方言の中の伊予方言分派として、よくその独自性を保持してきた。

写真１　愛媛・香川の県境地

伊予と土佐とは、四国山脈が境している。いったい土佐は、四国方言という大まとまりから、早くもその内部の分かれを見せた土地である。山のあなたの、特立した地域が土佐である。

土佐からしぜんにとりのこされた地域に、阿波・讃岐・伊予がある。このうち阿波は、瀬戸内海斜面の地ではないので（その点、阿波の南西部山地域のことばには土佐ことばとの通いを見せるものもあるが）、まずとり分けられる。内海斜面の讃岐と伊予とが、右の写真のとおりの、県ざかいの山塊で、左右に分かたれる。

伊予路は、しぜんに、伊予ことばの自然の領域になった。伊予が、山陽地方や九州地方とも言語交渉を持ったし、持ってもいるけれども、本体の伊予ことばの定在は、伊予路に明らかである。

四国では、旧国名の土佐・阿波・讃岐・伊予の名が、四国四県おのおのの情勢の分立を、しっくりと言いあらわしている。伊予の名は、伊予路への伊予ことばの静まりをよくあらわす。この、伊予路に静まるくっきりとした伊予ことばを、今、あらためて、「愛媛方言」とも言いあらわしてみよう。

二　愛媛方言分画の諸説

県下に諸地域がある。これにともなって、県下（伊予）内部の地域性が生じている。まとまった存在と見られる大きな「愛媛方言」も、地方的な諸地域にしたがって、地方性・地域性を見せている。このことは、すでに上来、南予に、東予にと称して、私がものを申し述べたのによっても知られるとおりである。

方言上、大きなまとまりのもとで、地方色・地域色が見られる時、方言分派がとらえられる。愛媛方言の地方的分派は、どのように理解されるものであろうか。

その、分派の受けとりかた、区画づけ、分画には、すでに諸研究・諸説がある。

杉山正世先生は、それらをつぎのように整理せられた。

この愛媛県方言は東条教授、奥里将建氏によって東予・中予・南予（奥里氏は越智郡を中予区に入れることによって東条教授と見解を異にする。）の三方言区に区分して概観されたのであるが、その細部については、昭和7年藤原与一氏によって越智郡の島嶼部（生名・弓削・岩城・大三島）が中国の広島方言圏に属することが究明された後、昭和28年にいたって愛媛大学の武智正人氏は方言アクセントの分布を参照し、東中予陸地部・東中予島嶼部・肱川流域部・伊予西南部と4区分されたが、29年11月には語法現象を主とする時は、I東中予方言区（a東予区〈宇摩・新居・周桑と越智〉b中予区〈温泉・伊予・上浮穴〉）II南予方言区（a宇和区〈宇和四郡〉、b大洲区〈喜多を中心に伊予・上浮穴の各西部・東宇和の中部以東〉）と2大区分する見解を表明された。杉山は、28年に、宇和島以南は高知県幡多郡の南西部とあわせて渭南方言区とし、阿讃予方言・土佐方言の地域と対位させ得ると指摘した。（高知大学の土居重俊氏はジ・ヂ・ズ・ヅの区別などから必ずしも独立させ得ないとする。）

これより先、昭和15年、平山輝男氏は県下方言のアクセントの分布は主流アクセント地帯（東・中予）、一型アクセント地帯（喜多郡が中心）、特殊アクセント(1)地帯（西・東宇和郡の大部分）、特殊アクセント(2)地帯（北宇和郡の北東部）、標準アクセント地帯（宇和島以南）と区分できるとされた。昭和27年、大西久枝氏は音韻の観察にもとづき、東予地方・

越智郡温泉郡島嶼部地方・中予地方・喜多郡と上浮穴郡南部地方・南予地方の五区分を試みられた。杉山も昭和29年、県下の方言アクセントが次のように10区分できることを明らかにした。甲種アクセント地帯（温泉郡と伊予郡の東部）、甲種系アクセント(1)地帯（上浮穴郡の大部分）、甲種系アクセント(2)地帯（周桑郡越智郡の陸地部）、甲種系アクセント(3)地帯（西・東宇和郡の大部分）、甲種系アクセント(4)地帯（宇摩郡新居郡）、大島式アクセント地帯（越智郡大島）、中国系乙種アクセント地帯（宇和島の北東部）、一型類似アクセント地帯（喜多郡を中心に）。

これは、国立国語研究所報告16の『日本方言の記述的研究』（明治書院　昭和三四年一一月）に寄せられた、杉山先生の「愛媛県宇和島市」に見えるものである。

江端義夫氏は、「愛媛県の方言」（講座方言学『中国四国地方の方言』　国書刊行会　昭和五七年一二月）で、「県内の地域差（区画）」の諸説を紹介していられる。

提説はいずれも根拠のあるもの、それぞれが傾聴にあたいする。

三　地方分け小考

今日の小考をここにつけ加えてみる。

諸説の多くが、どの段階でか、「東予」・「中予」・「南予」との考えかたをとろうとしている。これが至当なのではないか。県人の多くのかたも、常識上、伊予のことばを、「東予方言」・「中予方言」・「南予方言」に大別していられると思われる。おのおののくわしい範域などはぬきにしてである。私は、一般のこうした通念に賛成する。

ことは、目にも見えないことば——方言——の、長大な伊予路、複雑な地形の上でのひろがり、および地方的区分にかかわる。きっぱりとした地方分けなどができるものではなかろう。大体の分派が穏当に考え定められるならば、まずよしとしなくてはなるまい。
穏当なところを求めて、以下には、しばらく地方分派（愛媛方言内部分派）の考察を進めてみよう。

四　南予について

ここで南予というのは、市域をふくめて、喜多郡方面（大洲市をふくむ）以南の地域である。

南予という受けとりかた　人もすぐに考えがちの区分、南予という受けとりかた、これは、愛媛方言の内部分派を考えるばあいにも、すぐに採用されてよいものではないか。

私は、大正一三年に松山に出て、当時の愛媛県師範学校の生徒になった。まずこまりいったのは、ことばの生活である。寄宿舎の自分のへやでは、私以外のものが、みんな私とはちがったものの言いかたをする。上浮穴郡から来た西田君は、「コゲ　シテ」（こんなにして）「ドゲ　シテ」（どのようにして）などと言う。一年上の原田さんは、南宇和郡から来た人で、「アル　ゾカ。」（あるだろうか。）などと言われる。教室へ出ると、そのへんの話しあいで、人が、〝どうどうシテ　ヤ。〟とか、〝何々しテー　ナ。〟とか言っている。私の全然知らないことばづかいである。こまった。

私の生地、越智郡の大三島は、方言上、広島県の安芸・備後の系統に属する。安芸弁と備後弁とのまざりあったようなものが、わが生活語、大三島方言である。（だいたいはそう言える。）四国方言系の伊予弁は、大三島方言から言うと、ひと山むこうの異風の方言である。

師範学校には県下の各地から生徒が集まっていた。そこには、私に無縁だったことばの一大展覧場があった。その中に身をおいて、私がしだいに伊予ことばになじむようになって、だんだんわかってきたのは、伊予ことばの地方的相違である。私は、学問的な言いかたをすれば、客観的なたちばで、伊予ことばの観察者になり得ていたのであった。

南予のことばが、まずとり分けられる異色のものに思われた。県下で、喜多郡以南の人々のことばが、第一に特別視された。

爾来、今日まで、度多く愛媛県下を旅行してきて、やはり思う。愛媛方言はまず、南予方言と中東予方言とに大別される、と。

色分けするならば、南予方言が紫色である。中東予方言はピンク色である。そのうち、中東予方言を、中予方言と東予方言とに分けるとなれば、中予方言がピンク色で、東予方言は赤色である。

南予方言

「そうですか。」を「ソーダス　カ。」と言うのは南予だけである。城辺の人はかつて私に、「そうでしょう。」のつもりで「ソーダショー。」と言った。つぎに、「ごめんください。」と、はいっていく時に、「ハーイ。」と言ってもきたのは、南予だけである。「着物を着て」の「着て」に「キーテ」の言いかたを見せてきたのも南予である。「何々してくれませんか。」「何々してくださいませんか。」の意の「何々シテ　ヤンナハラン　カ。」を言うのも南予だけである。「〜テ　ヤンナハイ。」「〜テ　ヤンナハイ　ヤ。」もよく言われている。「あるだろうか。」を「アルロ　カ。」「アル　ゾカ。」などと言うのも南予である。「だろう」の「ロー」「ロ」は、「ド」音を介して「ゾ」になったか。宇和四郡方面がよくこれを見せてきた。つぎに、「やってみて」を「ヤッチ　ミチ」とも言ってきたのが南予内である。かつて私は、南宇和郡一本松村でも、「行チ　来チ　モンチ　キチ」と言うと教えられたことがある。つぎに、「どうどうシテ　オル」を「どうどうシチョル」と言うのも南予である。「難儀な」の意の「ヅッナイ」は、わずかだけれども、やはり南予内にだけ見いだされるようである。「じゃんけん」を言う「シーヤン」は、中予にもとさかんで、南予の宇和四郡方面には見いだされない。「かたつむり」を言う「カタタン」「カタタ」や「ガタタン」、「カタトー」「カタド」は、喜多郡以南の南予内のものである。「かまきり」を言う「オガメ」「オガマ」の類がまた、同南予内のものである。（伊予郡内にもあるか。）

以上はすべて、私自身の調査によっている。昭和七年次のものが根本で、そのご今日までの屢次の調査結果も加味されている。

申すまでもないことながら、以下の記述にあっても、ことわりがなければ、資料はすべて私自身のものである。また、言説の根拠は、私自身の調査結果である。

南予域の特定性を明示する事象分布はかず多い。私どもは、上掲のものの二・三によっても、ただちに、南予方面の伊予に特立するのを理解することができる。

やはり、地理的事情によることが大きいのではないか。松山市中心に新風がおこったとしても、あるいは国の東方から文化文物が伊予に入来したとしても、受け手の南予は、山々を越えての南方の地である。ここへは、ものごとのとどくのがおそかったろう。

やっとここへものごと（たとえば一つのことば「ダス」）がとどいたころには、松山のほうは、つぎの新しいものごとの波に洗われている。「そうダス。」などの「ダス」ことばはおこなわれなくなっている。となって、「ダス」は南予にだけ見られることになった。

行きどまりの地域、南予、ここは、この自然地理状態の中で、受け手としてものごとを受け入れると、他からのさまたげもすくないから、そのものごとをよく温存する。かっこうの温存場所、南予は、それゆえ、いろいろのより古いことば、より古い言語習慣を温存して、方言上の特色域になった。

地理上、他からの影響のとどきにくい所、また、影響のとどくのがおくれる所は、自然温存を見せる反面、おもしろいことに、独自の改変も見せる。さきの「ダス」ことばのばあいも、ことによると、南予だけが、その方言生活上の内部事情で、「そうデ　ヤス。」といったような言いかたを、なまらせて、「〜ダス」の言いかたにしたかもしれない。が、こんなばあいも、ことは、要するに、南予という地域の地域性を示すものである。

喜多郡地方のこと

南予のうちで、ときに喜多郡方面（喜多郡・大洲市）が、ややはなれた地位に立つことは、さきの「やって《チ》みて《チ》」の「チ」事象の分布にも見られた。中予と南予も、つねに一線できっぱりと境されるものではない。喜多郡方面が、南予のうちの、すこしくゆれている部分、宇和四郡方面（宇和島市をふくむ）は安定している部分である。ゆれている部分を、宇和四郡方面と中予との接衝地域とも見ることができようか。「じゃんけん」の「シーヤン」の分布では、喜多郡方面も「シーヤン」あるいは「チーヤン」「ヂーヤン」である。

ことば調子、喜多郡方面のイントネーションが、南予の中でもきわだって異色であることは、よく知られていよう。もちろん、それは中予的ではない。

○ドコデ　カイナハッタンジャロー。（どこで買いなさったんだろう？）

といったような、一本調子に高い音のつづく抑揚は、中予以東のものではない。さればといって、宇和島などなどのものでもない。ものは、南予的とも言え、しかも異風ものである。語アクセントも、大洲市のと宇和島市のとに相違がある。（三七四ページ以下の表覧を見つめていただきたい。）喜多郡方面は、やはりだいじな緩衝地帯になっていようか。この地方はもと大洲藩領で、宇和島藩領ではなかったということなどは、どれほど影響しているであろうか。

喜多郡方面の問題はあるが、それにしても、喜多郡以南の南予は、方言上、よく特定性・特定地域性を見せているものではある。

南予と土佐がわと

南予の裏がわは土佐の西南部である。山地が境してはいるが、両方につづきあいもある。このため、南予内の方言を、土佐西南部のいくらかの地方の方言と合わせて一つに見る考えかたもなされてきた。

私も、昭和九年一〇年のアクセント調査で考えさせられたことがある。当時は各県に女子師範学校があった。私は、お願いして、中国四国の（のちに近畿と九州東部とのも）各校寄宿舎生につき、語アクセント調査をさせていただいた。相手は、郡別に、それぞれたくさんの女生徒が集まってくださった。おなじ年齢層の同性の人についての、最短期間での統一調査、この理想を、当時は当時なりに、私は達成させてもらえたのであった。その結果を『国語方言アクセント地図』にしてみると、四国では西南部域——愛媛県西南部と高知県西南部と——に、注目すべき事象が多くあらわれた。たとえば、「雨」のアクセントが、ここ四国西南部では、四国の大勢の「アメ」（香川県下では「アメー」も）に反して、「アメ」である。南予と土佐幡多郡とが一様になっている。「飲む」のアクセントが、四国西南部では、四国の大勢の「ノム」に反して「ノム」である。また、南予と幡多郡とが一様になっている。例の多いことから、両県にまたがる四国西南部の一体性が思われた。それにしても、「生まれる」のアクセントになると、幡多郡がわは「ウマレル」が主流であって、南予には、「ウマレル」「ウマレル」があってかつ「ウマレル」のかなり優勢な分布が見られる。というようなことにもなって、南予と幡多郡がわとは、一にして二とも考えられた。

昭和八・九年を主軸とする、「中国・四国・西近畿」対象の、調査簿依頼方式による私の方言調査、これの結果[注一]

によれば、つぎのようなことも明らかである。「親類」の図によれば、高知県に広く「ルイ」という語がおこなわれていて（南宇和郡内にも上浮穴郡内にもこれがあって）、愛媛県下には「イッケ」が多く、かつ、南予には（南宇和郡の土佐境近くにも）、「ルイチュー」が見られる。（それに対して、中予に「イチルイ」が見られる。）南予の主部分は、土佐西南部に同様かのようで、しかも、「ルイ」ならぬ「ルイチュー」である。地域差の見せようがおもしろく、地域性のにおわせようがおもしろい。[注二]

拙著『方言学』[注一]、三八四ページの「足駄」の図では、高知県下全般に「ボクリ」の分布が見られて、愛媛県下は「サシハマ」が大勢をなしている。この時、南予は別様でなく、それでいて、土佐とははっきり異なっている。なお、東宇和郡・喜多郡から中予以東にかけては、「ヒコズリ」の分布もあって、この点では、南予の異域性がうかがわれる。

さて、さきには、南予の「やってみち《チ》」「行て《チ》来て《チ》」や「どうどうシチョル」について述べた。これらのものは、つづいて土佐にも見られる。南宇和郡内の発音の、〔$t^{s}u$〕（「ッ」ではなくて、「トゥ」に近いもの）などというのも、土佐路の「ッ」の発音に通うものである。副詞「タカデ」は、土佐の広くで、「タカデ　タマル　カ。」（まったくたまったものではないよ。）などと、よくおこなわれていて、これが南宇和郡内にもある。「オットロシ　ヤ。タカデ。」（やあ、たいへんだ。まったく。）、「ターカデ　オットロシ　ヤ。」（まあまあひじょうに〈こう教えられた。〉たいへんだ。）などと言われている。こういう点では、じっさい、南予の南宇和郡も土佐によくつれあっている。御荘の人も、〝御荘からちょっとむこうへ行ったら、高知弁に近くなる。〟と語った。

ところで、御荘のむこうの城辺で、以前に聞き習った唄の文句には、「伊予の名物、かずかずあれど、ずっと南に寄ンナハイ。城辺ヨイトコ。お国自慢のウシズモー。ナシ。ミナハイ。ウシズモー。」というのがある。中の「ナシ」「〜ナハイ」というのが土地弁である。が、高知県幡多郡方面の中村市のほうに行くと、「ナシ」は言わなくて「ノーシ」である。「〜ナハイ」は言わなくて「〜ナサイ」である。

南宇和郡にいちばん近い宿毛市方面をたずねてみる。私がかつて宿毛湾岸の小筑紫の人から聞き得たその土地ことばは、つぎのとおりである。もの言いのおわりの訴えことばとしては「ノーシ」を言う。「お早うございます。」は「エライ　ハヤイ　ノーシ。」である。年上の人が「ノンシ」と言う。かんたんな言いかたには「ノン」がある。すべて「ノ」系統である。「ノン」と似たものに、「そうか。」の「か」の「カン」がある。「これはわたしのですよ。」の意の「コリャー　ワシンガ　ゼ。」のばあいは「ゼン」である。そろって「ン」がついている。さて、「こっちへ来なさい。」は「コッチー　キナンセー。」である。「あれを見なさい。」は「アレー　ミナンセー。」である。「〜ナハイ」は出てこない。その他、つぎのような言いかたが注意される。

○ドーゾ　オネガイシヤンス。（どうぞお願いいたします。）

○コノ　テガミ　ヨンデ　クレマセン　カノーシ。（この手紙を読んでくださいませんか。）（中村市のほうでは、「コノ　テガミ　ヨンデ　ツカサイマセ。」である。）

○ゴメンナンセー。（ごめんなさい。）

南宇和郡はどうか。西海町船越のことばをとりあげてみる。右の三者に相当する言いかたは、つぎのとおりである。

○ドーゾ　オタノミシマス。（「〜ヤンス」の言いかたはおこなわれていない。）

○コノ　テガミ　ヨンチャン　ナハレ。／ナハーレ。（例の「ヤンナハル」ことばがおこなわれている。「読んでヤリナハレ」が「ヨンチャン　ナハレ／ナハーレ」になっている。この言いかたは土佐にない。）

〇マー　ゴメンナセー。（こちらは「〜ナセ」である。もう一つ、こちらでは、「ハイ、ゴメンナハレ。」と言っている。）

ずいぶんちがうではないか。船越のほうでは（すなわち南宇和郡がわでは）、土佐に反して、「ナハル」ことばがさかんである。土佐の「ノーシ」「ノンシ」に対しては、こちらは「ナーシ」「ナシ」である。「ナ」系統である。「ナーシ」がより多くつかわれてきたか。「ソーダス　ナーシ。」（そうですねえ。）、これはまったく南宇和郡がわのものである。こちらにまた、「か」の「カン」、「ぜ」の「ゼン」などはない。「ン」をつける習慣の有無、これも大きなちがいである。「遣りなさい《ヤンナハレ》」方式の言いかたの有無などは、双方（南予には広く）の方言風土の大きな相違をものがたるものではないか。土佐に「〜ヤンス」の言いかたがある。これは南宇和郡がわに（また全伊予）におこなわれていなくて、南予の広くには「ダス」（でヤス）がある。「ヤス」と「ヤンス」とは同一種のものである。そんなものが、一方では「ヤンス」のすがたをそのままに見せており、他方は、「ヤス」のおもかげをそっと見せるにいたっている。やはり、双方の、方言上の土地がらにちがいのあるのが認められよう。もう一つ、土佐がわには「見マセ」（ごらんなさい）の言いかたがあって、南予がわにはこれがない。（南宇和郡でなら「見ナセ」であろう。）けっきょくのところ、土佐分と南宇和郡（ひいては南予）とは、方言上、いっしょにしないほうがよさそうである。

南予、東宇和郡の東山地部の高川の人からは、「土佐地方とくに高岡郡地方に似る。（土佐人に言わすと、土佐のが伊予に似ると言います。）地理的にはちょうど隣である。婚姻関係・商売関係で、言語が混同したるならん。」との教示を受けたことがある。南宇和郡ならずとも、土佐ざかいに近いあたりは、どことも、多少は、伊予でありつつ土佐にも似ることになっているか。（上浮穴郡の土佐近くなども同様である。）そうあっても自然のことであろう。ものはことばである。人とともに、しぜんにながれる。くにざかいがことばの境

写真2　西海の島々を遠望する
（宇和島市の高所から）

とはきまらない。そんなにきちっとはいかない。それにしては、伊予ことば、愛媛方言などは、その存立が、ほぼくにざかい本位に、はっきりとしているほうではないか。

そのはっきりとしている、伊予路の愛媛方言の中に、特立して南予方言がある。

南予に属する海島の方言もまた、まがうかたなく、南予方言のうちのものである。喜多郡長浜沖の青島のことばも、南予方言下のものである。青島で、

○フロガ　アイタラ　イッパイ　イラヒテ　ヤンナハイ　ヤ。（ふろがあいたら、いっぱい入らしてくださいな。）

などと言っている。

注一　この時の調査は、各県の男子（または女子）師範学校生徒諸氏に依頼したものである。私は、参上して、国語の先生に委細をお願いし、ことが単純な通信調査にはならないように用心した。
この調査結果のいくらかが、つぎの二書に載せられている。
A DIALECT-GEOGRAPHICAL STUDY OF THE JAPANESE DIALECTS（Folklore Studies VOL. XV Published by the S. V. D. Research Institute in Tokyo 昭和三一年一〇月）
『方言学』（三省堂　昭和三七年六月）

この書の三八六ページに、「親類」の図がある。三八四ページに「足駄」の図がある。

注二　ここで（またのちのばあいにも）、例証を多くしていきたいのであるが、紙面に余裕がない。いきおい、論述がはしょられることになる。私としては、しかるべき証明作業の結果を、一・二の事例で明らかにしていこうとしているつもりである。

五　東予について

つぎの図を見ると、中東予の一体化がよくわかる。横線模様をごらんいただきたい。

この図は、杉山正世先生の作られたものである。ご論文「愛媛県方言の甲種系統アクセント」（『愛媛国文研究』第四号　昭和三〇年三月）の中に見える。

南予と中東予

南予は「イケン」（いけない）をよく言う。中東予は「イカン」である。この様子は、吉田裕久氏主宰の『愛媛県言語地図集』の第一〇二図にも明白である。なお、同言語地図集第一二三図では、相手にものを言ってしめくくることば、訴えかけの「ゾヤ」の、中東予に分布するありさまが見られる。また、第八〇図では、「里いも」を言う「タイモ」の、中東予に分布するのが見られる。また、第一三図では、「ふくらはぎ」を言う「フクラハギ」の、だいたい中東予に分布するありさまが見られる。（南予の全般はほとんど「コムラ」や「コモラ」であって、これが中予にもかかっている。）また、第一三五図と第一三六図とを見るのに、「火事」を「クヮジ」と言ったり、「西瓜」を「スイクヮ」と言ったりするのは、おもに中東予である。第三五図には「さわる」が出ている。これを「マガル」と言うのが中東予である。（喜多郡内にもすこしく分布が見える。）

松山の道後で聞いた話しに、ある時、大阪のほうから来た人が、道後平野のたんぼ道を歩いていた。おりしも

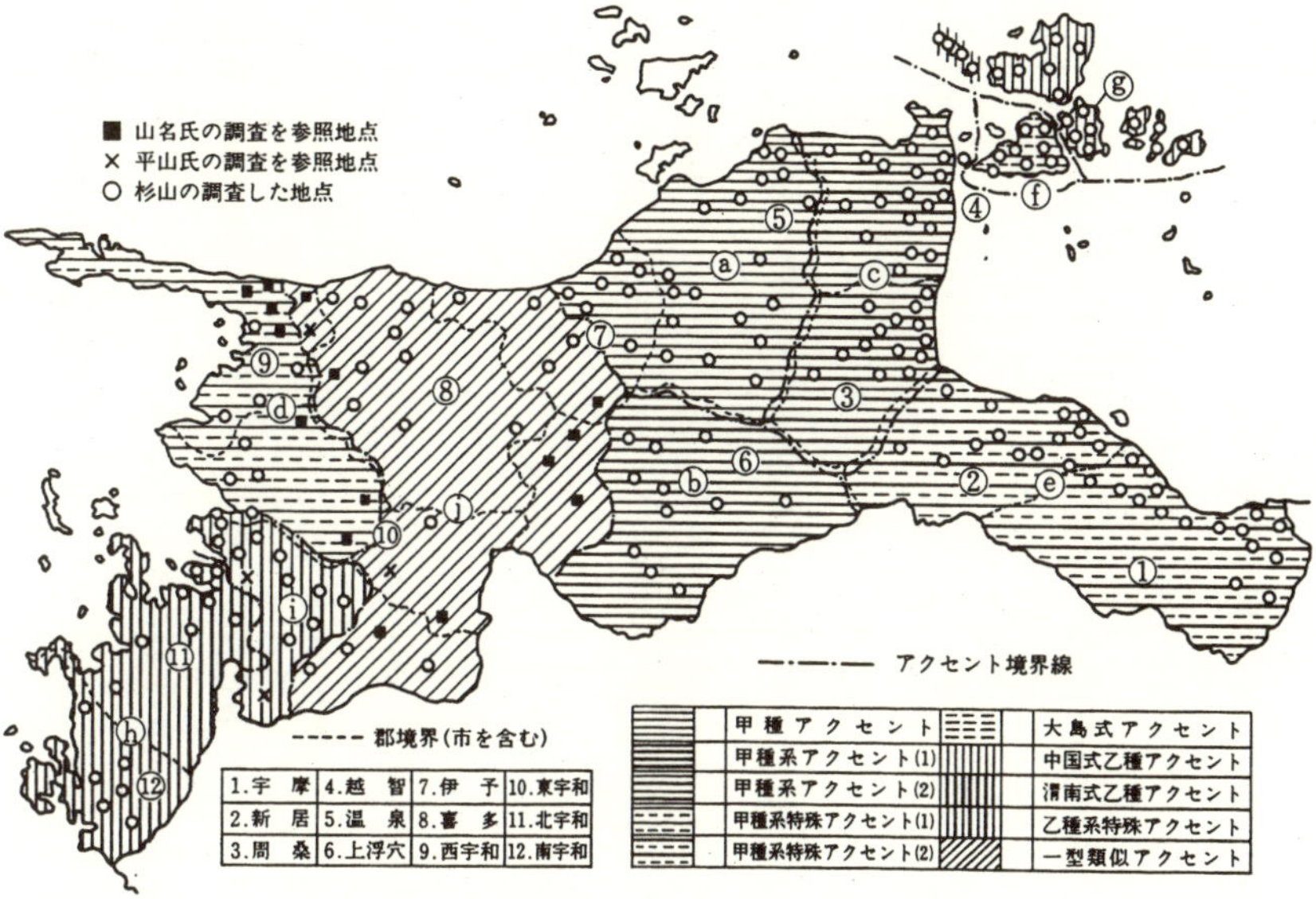

図６　愛媛県方言アクセント分布図

みごとに実った稲穂を、彼は左手でなでながら、小道を曲がろうとしていた。その時、稲田の農夫さんが、〝マガラレン。マガラレン。〟と言うではないか。彼は、どうしてこの道が曲がられないのかと、途方にくれたという。

その「マガラレン。」、また「セ（シ）ラレン。」（してはいけない。）など、「ラレン」で禁止を表現するのが中東予である。そしてまた、中東予は、「そうじゃネヤ。」など、「ネヤ」を言うことが多い。

なお、私の作った分布図で、中予・東予のきれいなまとまりの見られるものをここに引くなら、第一に「さわぐ」の図がある。これでは、「ヒロク」というのが、きれいな中東予分布を見せている。つぎに、「来なさい」の図では、「来ナハイ」を言わないという点で、中東予が、きれいなまとまりを見せている。つぎには、「どうどうしてください。」の図で、中東予が、「ヤンナハイ」を言わぬまとまりを見せている。

では、いつまでも中東予を一括視しておいてよいかというと、そうはいかないので、ことがめんどうになってくる。そのさまは、すでに、杉山正世先生のアクセント図にもうかがわれた。

私の経験（今治地方と松山地方）　私は東予の島の産である。小学校以前から、今治地方のことばを経験し、やがて松山地方のことばを経験した。そのころに、もう、私には、今治地方ひいては東予と、松山地方ひいては中予との、ことばのちがいが思われた。小学校にはいる前から、村で、今治出身の若い女先生に聞かされたことばの一つは、「イヤタイ」（いやらしい）である。松山の師範学校にはいって松山ことばになじんだが、「イヤタイ」は聞かれなかった。

今治方面の人は、「アロン。」（あれをお見。）「コロン」（これをお見。）をよく言う。松山方面の人は、こんなのをあまり言っていない。

松山に住んで、生徒の私が異様に思ったことばの一つは、「ホー　ケー。」（そうかい。そうかね。）などの「ケー」ことばである。故郷大三島では、むろんこれを言わない。今治方面は「ホー　カ。」であろう。松山では「ホー　ケヤ。」を聞いたおぼえがある。（今日、松山で人々に聞くと、「ケー」だと言って、「ケヤ」は言わないと言いがちである。）若い男性が「ケヤ」を言っていたか。今治方面にはもちろん「ケヤ」もない。「ホー　カ。」を言う今治方面に、「ホー　カン。」もさかんである。「ン」のついたほうがやさしい。（「ゾ」にも「ゾン」がある。）こういう「カン」などの習慣は、松山方面にない。

「ソージャ　ノー。」（そうだねえ。）などと、男性が「ノー」をよく口にするのは今治のほうである。松山のほうは「ナー」である。私も「ノー」で育った。（山陽路に「ノー」はつよい。）松山に住んで、「ナー」になじむのには、ずいぶんほねがおれた。しかし、「そう　カナ。」などと言わないと、松山ことばにはならないのだと思って、しきりに「カナ」に心を用いた。（ことばからはいっていって、と、松山への順応に心をくだいたおぼえがある。）

「どうどうシテ　ヤ。」とたのむのは、松山方面のことばの習慣ではないか。「どうどうシテー　ナ。」というのもあって、これらがまた私には初耳の難物であった。しかし、「〜テ　ヤ」や「〜テー　ナ」を言わなくては、日常生活を遂行することができないのであるから、入来者は苦労する。今治方面では、「〜テ　ヤ」は、言うとしても、松山方面よりもすくないのではないか。「〜テー　ナ」は言っていないであろう。

今治方面では、男性の気がるな会話に「ヨイ」がよく出る。「ナンボニモ　ヨイ。カサワ　カエン　ゾヨ。」（どうにもねえ。傘は買えないぞ。）、「コーマイ　ヨイ。コドモノ　ヨイ。………。」（小さい、ねえ。子どものねえ。………。）と、「ヨイ」が頻出する。こういう語り調子は、松山方面ではどうなのだろう。私どもの若いころの松山経験では、「ヨイ」の頻用がとらえられていない。

今治方面から島に来られた先生には、「ゴーゴー」ということばがあった。「どんどん」「どしどし」の意の副詞である。「ゴーゴー　ダショル　ガネヤ。」（どんどん出してるがねえ。）といったようなつかいかたがなされる。「出る」とか「出ていく」とかについて、「ゴーゴー」が言われがちでもあるか。松山に住んで、二〇歳たらずまで、「ゴーゴー」は聞かれなかった。

要するに、若いころの私の経験では、今治方面のことばと松山方面のことばとが、かなりちがったものに思えた。私は両方に質の差をも感じたようである。

当時、松山のことばは、温泉郡方面のことばの中心をなすもののように思われた。同僚・先輩の、温泉郡・松山市の多くの人々のことばを聞いては、この範囲が、さらには伊予郡方面までもが、ほぼ同様のことばであるようにも思われた。

したがってまた、広く温泉郡伊予郡方面と、今治市中心の越智郡方面とが、ことばのうえで、どのようにか区別されるだろうとも、私は考えた。

右は私の早期の経験である。しかしながら、既説の諸事項は、今日も認められることのようである。中予地方と、東予の越智郡方面とは、方言上、見わけることができる。

中予方言と東予方言

越智郡方面のことばは、その東の周桑郡方面以東のことばによくつづいている。したがって、中東予方言と言われるような方言状態は、中予方言と、越智郡以東の「東予」の方言状態とに見わけられることになる。そのありさまを、以下にたしかめていこう。

吉田裕久氏主宰の『愛媛県言語地図集』を見ると、つぎのようなものが注目される。第一二九図で、「そいでノーエ。」などという「ノーエ」の分布が東予的である。第一二六図で、「ほいでノモシ。」などという「ノモシ」の分布が東予的である。第一〇五図で、「行かなかった」の「イカザッタ」「イカダッタ」などの分布が東予的である。第五〇図で、「すりばち」を言う「カガツ」の分布がきれいに東予的である。（中予本位には「カガス」がある。）第七六図で、「めだか」を言う「メメンジャコ」「ミミンジャコ」「シミンジャコ」一類のものの分布が東予的である。第六図で、「あざ」を言う「アオジ」などの分布が東予的である。（中予内の特別のものには「クロニエ」などがある。）第二一図で、「女の不精者」を言う「ショータレ」の分布が東予的である。

つぎには私の作った分布図を見よう。「ください」や「おくれ」に相当する「ツカー」が、きれいな東予分布を見せている。「どうどうしてください（おくれ）。」は「どうどうシテ　ツカー。」である。東予の東のほうでは、「どうどうシテッカー。」ともなる。（山陽系の島々には「ツカイ」がある。）これらのことばのもとは、「遣わされ」であろう。その「ツカーサレ」が「ツカー」「ツカイ」になった。なお、「遣（ツカー）サイ」は、南予方面の「遣《ヤ》ンナハイ」に類するものである。

私の分布図、「すりばち」の図では、より古い時期での調査ながら、「カガツ」のきれいな東予分布が、前記の、吉田裕久氏の第五〇図の「カガツ」分布によく一致している。（中予以南の「カガス」の分布も、吉田氏のに似ている。）

私の分布図ではまた、「たくさん」を言う「ヨーケ」が、だいたいは東予的によく分布している。「馬鈴薯」の図では、「ホドイモ」が、まずは東予的な分布である。「めだか」の図では、「メメンジャコ」「ミミンジャコ」の二語のあい寄る分布が、越智郡下を除いて東予的である。

さて、例の「ホー　ケー。」にほぼ等しいもののような「ホー　デー。」あるいは「ホー　デ。」、つまり「デ」を用いる言いかたは、かなりきれいに東予に分布していよう。

以上のような東予分布が、中東予方言を、中予方言と東予方言とに分けさせる。

東予方言の西限

東予方言の範囲を、いわゆる東予（越智郡以東）にとるとしても、越智郡下は、その西はしまで、きれいに東予方言にはいるのかどうか。（島嶼部のことは、あとで細論する。）言いかえれば、中予方言と東予方言との境は、北部で言うと、温泉郡・松山市・北条市と越智郡との境にあるのかどうか。私は、人も思われるとおり、越智郡西境が方言境界になっていると思う。

中予方言と東予方言とは、なだらかにつづく。大きい方言差で接するのではない。それでいて、差異は差異であり、その差異線が、北部では、右の郡境に引かれる。

私は、従来の調査によって、自分がこう解釈しているのを、現地の人にもたしかめてみたいと思って、先般は、伊予北条駅に下車した。駅の人たちにおたずねしてみると、〝越智郡の菊間とこの北条とで、ことばはあまりちがわない。〟とのことであった。このへんのことばは松山弁に似ていますかと問うと、〝そうだ。みんな松山へ通っているから。〃ともあった。

私どもが待合室に出たとたん、〃菊間と北条とでは、………〃という、男の人のことばが聞こえてきた。'エッ?'とばかりふりむくと、駅の売店で、初老の人と売店の女性とが会話していた。私はかけ足でそこへ出むいて、ぶしつけをわびながら、北条と菊間とでは何がちがうのでしょうかとおたずねした。最初に説明されたのは、呉服屋についてのことである。私はすぐにことばのことをおたずねした。さいわいなことに、答えてくださった、売店の人は、今のつとめの前、菊間駅の売店につとめていたよし、出身は小松であるという。そうだとしたら、この、孫女もある女性の、「菊間ことば・北条ことば」比較の話しは、中立のたちばでのよい話しである。要点はつぎのようなものであった。

〃北条と菊間とでは、ちょっとちがう。〃

〃北条のほうがちょっと荒っぽい。菊間のほうがていねい。〃

〃北条弁は「ホージャロ　ゲー。」(そうだろう?)　菊間では「ゲー」を聞かなかった。〃

〃「ホジャケンド」(だけど)は北条も菊間も。〃

〃菊間はネーネーことば。北条はナーナーことば。松山はナーことば。〃

〃北条では「ノー」はあまり聞かぬ。今治には「ノ」がある。〃

〃「ホージャ　ゲー。」(そうだよ。)は北条独特。〃

この人も、北条と菊間とに、なんらかの方言差を認めていられる。

私どもは、このあと、ふたたび汽車に乗って、菊間に向かった。八度、トンネルをぬけて、菊間駅についた。

トンネルの多い山地、海にせまったこの山地に、郡境(越智郡と北条市との境)がある。東予方言が越智郡からはじまる時、越智郡での東予方言の西限は、たしかにこの郡境であろう。周桑郡と温泉郡・上浮穴郡との境、西条市と上浮穴郡との境については、東予方言の限界状況を、たしかめ得ていない。

東予方言の中み

ところで、このようにとり定められる東予方言も、中みはけっして単純一様ではない。そのはずであろう。方言の存在する土地がら——地域性——が単純一様ではないからである。地域にしたがって人が住み、そこの人々が、地域社会にしたがって言語生活をいとなむ。

東予方言の中には、まず、越智郡方面から新居浜市域までをおおう方言のまとまりがある。三五二ページにもとりあげた「イヤタイ」ということばが、島嶼部にはないけれども、越智郡から新居浜市にわたって見いだされる。「さがす」の意の「タンネル」もまた同様である。「そうですか。」「そうかね。」の「ホー　カン。」「ソー　カン。」もまた同様である。「たくさん」の意の「ゴーゲニ」がまた、越智郡から西条市にわたって見いだされる。以上は、私のつくった分布図によって言うものである。

つぎには、越智郡方面と周桑郡方面との、方言上の同一性が認められる。また私の分布図によるのに、さきの「ホー　カン。」が、この地域でよくおこなわれている。「いたどり」を言う「イタズリ」が、この地域におこなわれている。（島にもあり、中予地方にもあるが。）杉山正世先生の「愛媛県方言アクセント分布図」（三五一ページ）にも、越智郡方面・周桑方面と西条市以東との別が見られる。

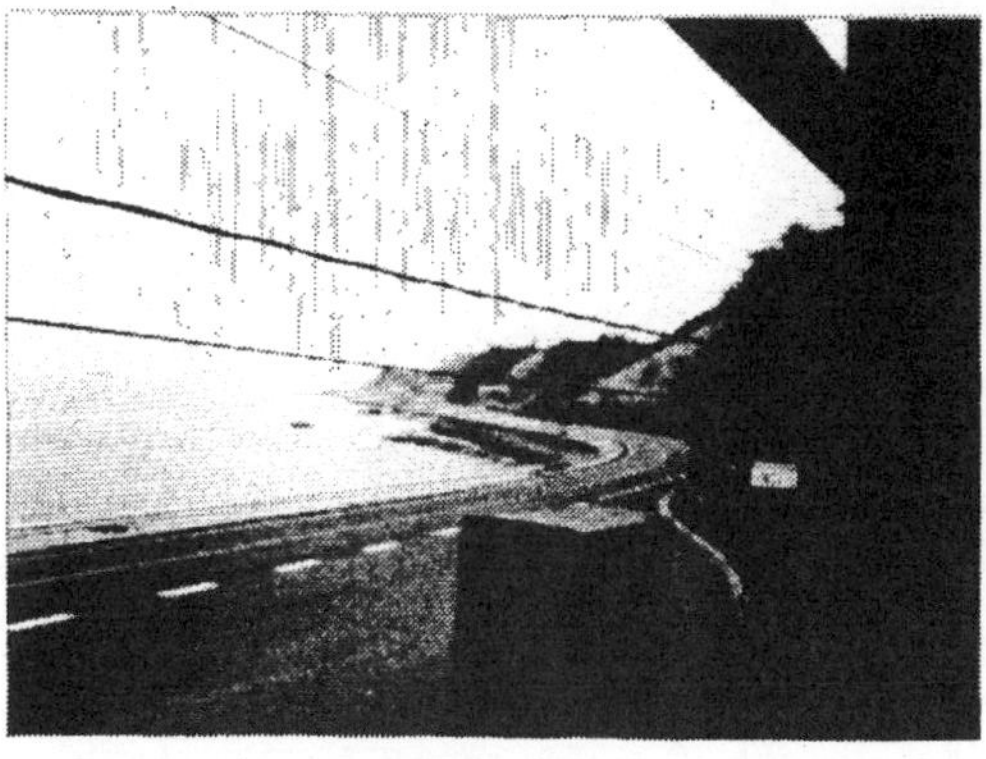

写真3　北条から菊間へ
（国道196号　北条市越智郡境付近）

さて、西条市以東のまとまりについては、私のつくった分布図にあっても、さきの「いたどり」の図で、この地域の「タシッポ」「タシッポン」「タシンポ」の分布を見ることができる。「叱られる」の図で、この地域の「オンカレル」の分布を見ることができる。「山頂」の図で、この地域の「テンコッ」の分布を見ることができる。（ただし島嶼部にもこれがある。）「何々だから」の図で、この地域の「キニ」「キン」を見ることができる。本土部での、東予内のこの区ぎり、すなわち、西条市以東で、「から」が「ケニ」や「ケン」でなくて「キニ」または「キン」であるのは、この地域の方言地質をよく反映しているようで注視される。

もし、越智郡方面のことばの、連接する中予路のことばへの近似を大きく見るとすれば、東予方言の東予らしさは、いよいよ周桑郡方面からはじまるとも、言えるのであろうか。今治市の一古老男性は、〃周桑はひと山越えてむこうで、ことばがちょっとちがう。〃とも語った。

宇摩郡

東予方言の中みを見て、とりわけ問題視されるのは、宇摩郡方面（伊予三島市・川之江市をふくむ）の方言状態である。

上来すでに、私どもは、方言事象分布上、宇摩郡方面が疎外され分立するのを見た。東予方言下にあっても、宇摩郡方面は別格の地位に立つ。

私のつくった分布図にしたがって言って、宇摩郡下および伊予三島市・川之江市は、「いたずら」を言うことば「イケズ」（県下によくおこなわれているもの）を持たない。別風である。「どうどうしてください。」「どうどうしておくれ。」を言う「どうどうシテッカー。」を持つのが宇摩郡方面だけである。「お茶をちょうだい。」も「オチャッカー。」と言う。

私はかねがね、旧新居郡から宇摩郡へと、汽車が、長いトンネルをぬけてはいっていくのを経験するたびに、これでは宇摩郡も新居郡とはことばが変わっているはずだなと思ってきた。今の新居浜市から言えば、宇摩郡は山のかなたである。

とはいいながら、地方行政上の区分で、山のこなたに、宇摩郡の土居町に属する一集落がある。宇摩郡方面の大体では、従来、「オイデマヘ。」（おいでなさい。）、「オフロァ　ワキマシタキニ、オツカリマヘ。」（おふろがわきましたから、おはいりなさい。）などの「マヘ」（ませ）ことばがよく聞かれたものである。新居浜市以西にはこの言いかたがない。宇摩郡方面は、この点でも別天地である。

じつは、「マヘ」ことばは、香川県下でよく聞かれる。「………　見マセ。」「見マヘ」「来マエ」「しっかり　シマイ。」などとある。宇摩郡方面は、さすがに、讃岐との連接地で、ことばの通いが、このようにできてもいる。こういう事情からも、宇摩郡方面の、方言上の地位は、特定化しがちであったろう。

宇摩郡方面に、「オイデマヘ。」などの言いかたもおこなわれてきたせいであろうか、以前、新居浜市の人が、私に、〝宇摩郡はことばがおとなしい。やわらかだ。新居郡は荒い。〟と語った。先般、宇摩郡から新居浜市域に歩いてみた時も、また、土地の人の、つぎのようなことばに接することができた。

宇摩郡がわの初老女（新居浜から来嫁）の言　〝ことばが　チゴーテ　キタ　ナー。〟〝こちらのほうが　ユックリ　シトル。〟〝ここは「ナー」。新居浜は「ネー」。〟

新居浜市域にはいってすぐの家の老女（宇摩郡から来嫁）の言　〝宇摩郡は「ナー」で、新居浜は「ネー」。〟〝宇摩郡はことばがやわらかい。〟〝新居浜市とでは、すべての面で、ふんいきがちがう。〟〝宇摩郡は「オイデー。」、新居浜市は「オ

写真４　山のかなたが宇摩郡

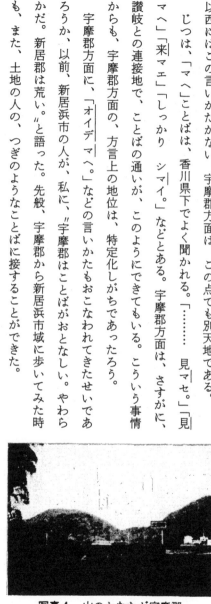

イデン。」"

ことばのちがいがあっても、それが、そんなに大きいものでないことは、当然であろう。それにしても、宇摩郡方面での、「おまえのうち」の「オマインク（あるいはキ）」のような言いかたは、新居浜市域にはおこなわれてこなかったであろう。（三二四ページ）「たまに」の意の「マンガニ」も、宇摩郡方面におこなわれて、新居浜市方面にはおこなわれていないのではないか。ことにはまた、

○ンダ、ヒャクショーチュー　モノワ、………。（ほら、百姓というものは、………。）

○ンダー、ソノ　トーリ　ヨ。（ほら、そのとおりだよ。）

といったような、感動詞「ンダ」の使用となると、これは新居浜市方面にないことかと思われる。

つぎには、吉田裕久氏主宰の『愛媛県言語地図集』を見よう。第八図の「舌」では、「ベーロ」が宇摩郡方面内にだけある。第一三八図の「ふくらはぎ」では、「スボ」または「スボタ」が、宇摩郡方面内にだけある。第一三図の「井戸」では、「イズミ」が宇摩郡方面内にだけある。第九九図の「雨が降っている（進行）」では、「フンリョル」「フッリョル」が、宇摩郡方面内にだけある。第一〇六図の「きれいであった」では、「ケッコカッタ」などが、宇摩郡方面内にだけある。第一一五図の「あげるから」では、「から」の「キン」または「キニ」が、主として宇摩郡方面内にある。（他地方はほとんど「ケン」または「ケレ」である。）

宇摩郡方面に、土佐との系脈も考えられることは、さきにふれた。（三二四ページ）

東予の東端部は、それなりの性質を持っており、それなりの地位に立っている。

東予の島々

では島々はどうか。新居浜市に属する大島は、そのことばも、すぐ近い本土部のに近いものである。

問題になるのが、越智郡下に属する、芸予叢島の中の島々である。このうち、今治市に近い大島と、その属島は、そうとうにはっきりと、今治系のことばを見せている。四坂島のことばも、伊予本土系に近いものであろう。大島北隣の伯方島のとりあつかいがやっかいである。それよりも北にある大三島・大下《おおげ》島・小大下《こおおげ》島・岡村島・岩城《いわぎ》島・生名《いきな》島・佐島・弓削島・豊島・高井神島・魚島は、およそ、中国山陽路系の方言色を見せている。

ところで、山陽系としうる岩城島にも、たとえば「ネヤ」（「暑い　ネヤ。」など）があって、これは伊予路の「ネヤ」に通じるものである。（山陽路には「ネヤ」がない。）例の「ノモシ」や「ノーシ」も、大三島などにあって、これがまた伊予路系であり、山陽路にはこんなのがない。やはり当地方も、松山藩下であっただけのことはある。

ことばしだいでは、右の島々が、大様、愛媛模様を示しもするのを、今、県史のたちばでは、重くとりあげたい。一概に山陽路系とばかりは見ないでおきたいのが、これらの島々である。

今は、北部島嶼も、すべて、県境本位に、東予方言内のものと考えとっておく。

越智郡下の島嶼は東予方言内のものと見、温泉郡方面の島嶼は中予方言下のものと見る。このたてわけについては、つぎの「六　中予について」の中で述べる。

伯方島について

ここは従来、南方系とも北方系とも見られてきた。また、両方の方言状態の接衝する所とも見られてきた。

じっさい、生活文化の全般で、伯方島には、南北両系の接衝が見られよう。その接衝ぶりが、時のながれとともに、変化してきているのではないか。そのような、うごく伯方島について、人は、そのおりおりの方言を調査してきた。それゆえ、研究の年次にしたがって、人の所説にも、異同がおこったしだいであろう。

伯方島は、本来、南方的だったかもしれない。アクセント上では、いわゆる共通語とそのアクセント（中国アクセントもこの系統）との流布・浸潤によって、ここに、北方色（中国色）と見られるものがつよまってきたかに思われる。

私は、昭和四二年八月八日〜一八日の一一日間に、伯方島について、語アクセントの精密調査を実施した。調査者は私ほか一〇名、調査語は四五一語、全島全集落にわたって、つぎの諸階層の女・男を対象にした。

小学六年　中学三年　二〇歳前後　三〇歳前後　四〇歳前後　五〇歳前後　六〇歳前後　幼稚園児

調査上では、調査語排列順序の組みかえを二様におこなって、作業を改めることもした。同一対象者について、A調査者に代わるB調査者が作業することもした。考えられるかぎりの方法をつくしての、詳密な調査がおこなわれた。その全成果は、『方言研究年報』第一一・一二巻にまとめられている。（昭和四五年一月）これには、七人の諸君の、「伯方島アクセントは結局中国系か四国系か」という論文も付載されている。

これらの論文の大勢は、この時、中国系であることを認めようとするものである。（諸論に、こまかな限定や推論のあることは言うまでもない。）

『瀬戸内海言語図巻』によると、「馬鈴薯」のことを、老年者が、南の大島では「ジャガイモ」と言い、北の大三島では「コーボーイモ」と言って、中の伯方島では「カントイモ」と言っている。この図巻に、伯方島の緩衝地のありさまが見える。それでいて、また、この島が南方系である様子も見え、かつ、北方系である様子も見える。どちらかというと、北方系のありさまが、いくらか多く見えるか。一例、「財産家」を言う老年者のことばでは、大島がおもに「ダンナシュ」で、伯方島・大三島が「グベンシャ」である。

六　中予について

中予地方の左右連関　中予は伊予路の中間地帯である。左の南予によく連関し、右の東予によく連関する。中予地方に、その個性色の、くっきりとした境域は成りたっていない。方言上、「中予分布」（「中予」とされる地域をおおうもの）としうる、くっきりとしたものは、とらえにくいありさまである。もし、中予方言ということばをつかうなら、中予方言の、南予方言・東予方言との連動性が指摘される。中予方言は、南予方言と東予方言とに対する、緩衝地帯方言である。

こういう中予方言の様子をよく示す図を、吉田裕久氏主宰の『愛媛県言語地図集』からお借りしてみよう。

左の図では、中予中心にひろがりを見せる分布相が明らかである。中予方言が、左右にゆらいでいる。そのゆらぎが大で、左は南予のかなり深くまで、中予的なものが及んでいる。（「ビンダレ」と「ビッタレ」とは、合体して「ショータレ」に対するものでもある。）右の東予へも、「ビンタレ」はよくくいこんでいる。中予島嶼も、「ショータレ」ではなくて「ビンダレ」である。

私の作った分布図の、「何々だから」の「から」を問題にした図で、「ケン」（「ケニ」も）の分布を見ると、中予中心に、南予から東予周桑郡方面までが、一連の分布域をなしている。さきにも述べた、中予方言の連動性が明らかである。「山頂」の方言名を問題にした図では、「トンギョー」の、中予中心に、南予北半から東予越智郡方面にわたる分布が明らかである。さて「すり鉢」の方言名の図では、「カガス」の、中予から南予北部にわたる分布が見られる。（このさい、島の中島は、東予と同様に「カガツ」である。）「どうどうしてください。」の図では、「ください」にあたる「オクレ」や「オクレ　ヤ」「オクレー　ナ」の分布が、およそ中予的である。島嶼も「オクレ」

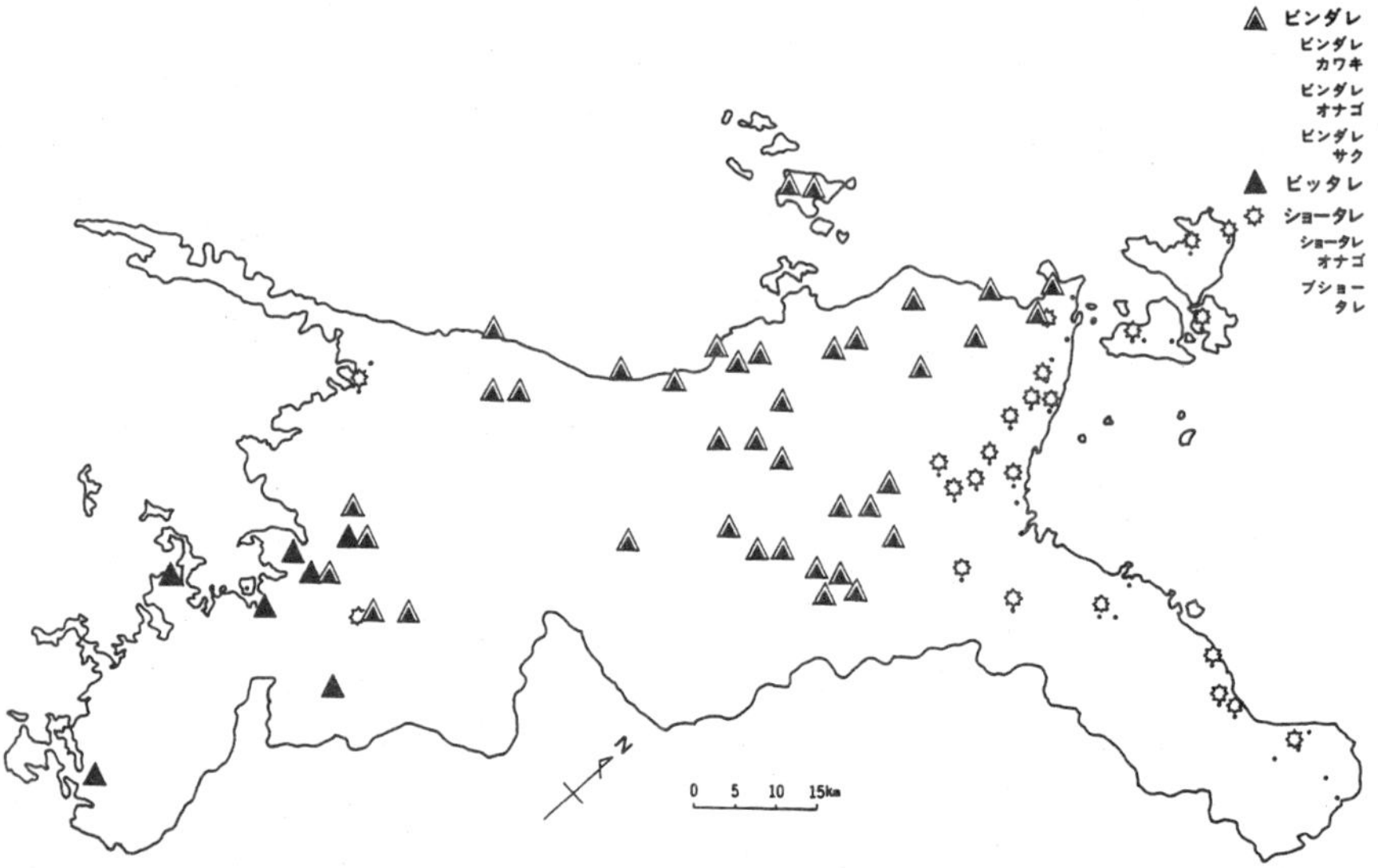

図7　中予本位の分布

であって、分布全体、かなりきれいに中予的でもある。

中予本土部

中予ことばの中枢をなすものは、松山ことばであろう。その松山弁的なものが、まずは道後平野に、よくひろがっていよう。

さらに言えば、旧温泉郡域・旧伊予郡域が、松山弁中心の中予方言の、本領をなすのであろう。上浮穴郡域が、いくらか、へだたった様相を示す。

上浮穴郡下

これの土佐ぞいの地域の、いくらかの土佐色のことは、もはや言わない。

本郡西南部はまた、なにほどか、喜多郡東部・東宇和郡東部とのつながりを、見せている。

あとの上浮穴郡大部分も、道後平野から上がっての高所である。三坂峠に来て、路傍に、「おしめんか　シートベルト」の立て看板を見るが、ここ久万高原地方となると、「おしめんか」はおこなわれていない。それでいて、久万町の人は言う。〃ここらは、アンマリ　松山とちがいません。〃

さきの、杉山正世先生の「愛媛県方言アクセント分布図」（三五一ページ）には、上浮穴郡地方内の、いくらかの別格さが見える。

中予島嶼部

問題になるのは島嶼部である。興居《ごご》島などの近島は、道後平野のことばに直続することばの地とすることができる。中島町域の諸島の状態が問題になる。

私は、旧時、松山で師範学校の生活をし、中島出身の学友と交わって、その土地弁に、自分の大三島弁とはちがったものを感じた。今の中島町の小浜では、「アケテ　クレン　ケー。」（開けてくれません？）などと言う。この「ケー」が中予弁であって、大三島にはない。越智郡諸島に、この「ケー」はない。

今、『瀬戸内海言語図巻』について見る。以下の説明では、中島町の島々を「西島嶼」とよび、越智郡下の島々を「北島嶼」とよぶことにしよう。中予の西島嶼と、東予の北島嶼とには、つぎのような相違が見いだされる。

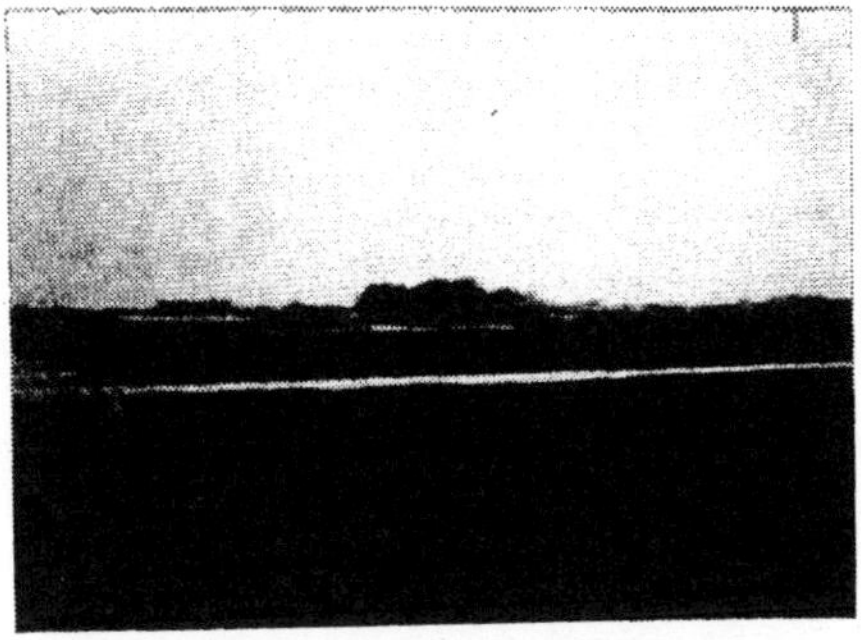
写真5　松山市南郊　松山弁はひろがる

事項	年層	北島嶼	西島嶼
「火事だ。」の「カジヤ。」	少年層図	「ヤ」の言いかたがすくない。	島々に「ヤ」の言いかたがある。（青島にも三崎半島にも）
文末のことば	老年層図	「ノモシ」「ノーシ」がある。	上の二者がない。
文末のことば	少年層図	「ゾナ」がない。	「ゾナ」がある。（老年層にはつよい。）
「ありがとう。」	少年層図	伝えて言うことば「トイ」がある。	おもに「ト」である。
	少年層図	一地点に「ダンダン。」がある。	それが多地点にある。
	老年層図	かなりの地点にある。	多地点にある。
「これしか」などの「しか」	老年層図	「ハカ」がおこなわれている。	北二島にだけ「ハカ」がある。

「くすぐる」	老少両図	「クッバス」などと「コソバス」	大部分の地が「コソバカス」。
「落ちる」	老年層図	「アダレル」がかなりある。	「アダレル」が一地に。(少年層図にはない。)
「オ帰リタ」	老少両図	あまり分布していない。	よく分布している。(中島町への中予分布である。)
「降ってる」の「フッチョル」	老少両図	「チョル」は言わない。	中島町の北三島に分布。(周防系のものである。)
「一日おき」	老年層図	「ヒーテハネガイ」	「ヒシテハネガイ」
「にわか雨」	老年層図	「ワイタ」「ソバイ」	「ソバイ」「ソーバイ」
「蟻」	老年層図	「アリンド」が大部分の地に。「アリンボ」が二地に。	「アリコ」が大部分の地に。
「かたつむり」	老年層図	「デンデンゴーナ」「デンデンゴナ」	上記のものの分布がない。
「めだか」	老年層図	「メメンジャコ」「メメンジョコ」「メクンジョ」「メメイタ」ほか	「チビン」が五地に。
「つくつくぼうし」	老年層図	「ウッシン」「ウッシンカタカタ」がある。	「ツクツクヨーシ」「カタギンヨーシ」「ツクリンボーシ」がある。
「とうもろこし」	老年層図	「コーライ」が多地点に。	「トーキビ」が多地点に。
「肩ぐるま」	老少両図	「チョーサ」がない。	「チョーサ」本位。
「ふご」	老少両図	「イグリ」「イングリ」がおも。	「ホゴ」がおも。「テボ」も。
「まないた」	老年層図	「キリバ」がおも。	「キリバン」が特色。
「かかと」	少年層図	おもに「カガト」が分布している。	「キリグサ」などが注目される。
「いびき」	老少両図	「ゴロ」がさかんである。	大部分の地が「ゴロタ」である。
「怠け者」	老年層図	「ドーラクモン」が多い。	「ナマクラ」「ナマクラモン」
「財産家」	老年層図	「ダンナシ」がかなりさかん。「グベンシャ」もさかんである。	「ダンナシ」がない。
「しんどい」	老少両図	ほとんど「シンドイ」	「コワイ」
「歯が痛い」	老少両図	「ハシル」	「ハシル」がない。
「あんじょう」	老年層図	「グヮイヨー」「ガイヨー」	「エーガイニ」が多い。

「たくさん」	老年層図	「エット」がおも。
		「ダイブ」が多い。「ジョーニ」もある。

もとより、西島嶼と北島嶼とに、共通する方言事実もすくなくない。しかしながら、右のような対立事実もとり出される。両方に、土地からの相違は、認めなくてはならないのではないか。

中島町の北三島（ときに北二島、またときに北一島）には、山口県周防ことばのそのままの流入のようなありさまも認められる。北島嶼とされる越智郡諸島の北部諸島には、広島県芸備のことばの流入が認められる。こういう点でも、西島嶼と北島嶼との、方言に関する、土地からの相違が明らかである。

中予の西島嶼の方言状態は、東予の北島嶼の方言状態からは、区別されるべきものであろう。北島嶼は東予性を示し得、西島嶼は非東予性を示す。その非東予性は、しばしば、中予性とも察しうるものではないか。

中島町北三島はときに特別とも見つつ、今は、全中予島嶼を、おおよそ中予方言的領域のものと見ておく。

七　愛媛方言内部分派　結論

表覧

一大愛媛方言の内部分派は、表2のように成立しており、このような立体相を成している、と見ることができる。

平面図

左の表覧の末端に見られる南予方言・中予方言・東予方言の三者は、愛媛県地面上では、たがいにほどほどの領域を分かち持って、相互に張りあってもいる。

この大きな三区分に注目して、平面図を作れば、図8が得られる。

中予方言の西境に関しては、上浮穴郡西南部・伊予郡西南部に多少の問題があるけれども、今は不問とする。東予中の大三島ほかの北部島嶼も、今は東予方言下のものとするしだいである。

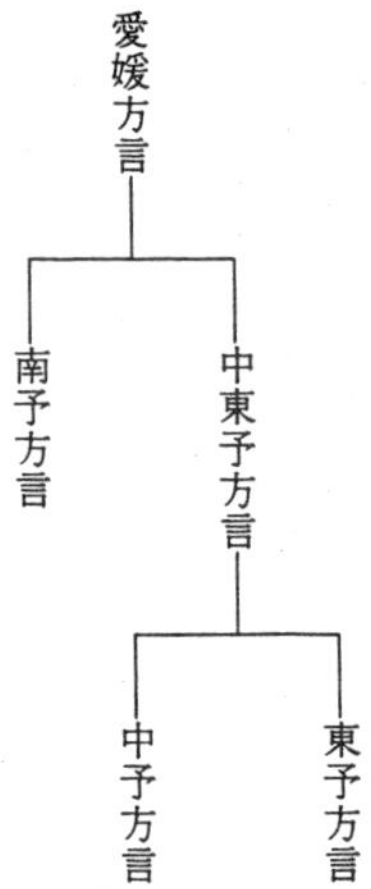

表2　愛媛方言大区分表

なににしても、「分派」との考えかたが重要である。

明確な一線による、方言範囲の区画づけなどは、県下全集落を対象に、精密・徹底の総合調査をしたあとでなくては、できるものではない。それにしても、一線による区画づけの決着をつけるのは、容易ならぬことである。

方言のまとまり、方言範囲は、分派観のもとで、色濃い所を本位として、ゆったりととらえておくのが有意義である。

三方言分派を横に見た図　南予方言も中予方言も東予方言も、みな、単純一様のものではない。すでに述べてきたように、おのおの、その内部が複雑である。

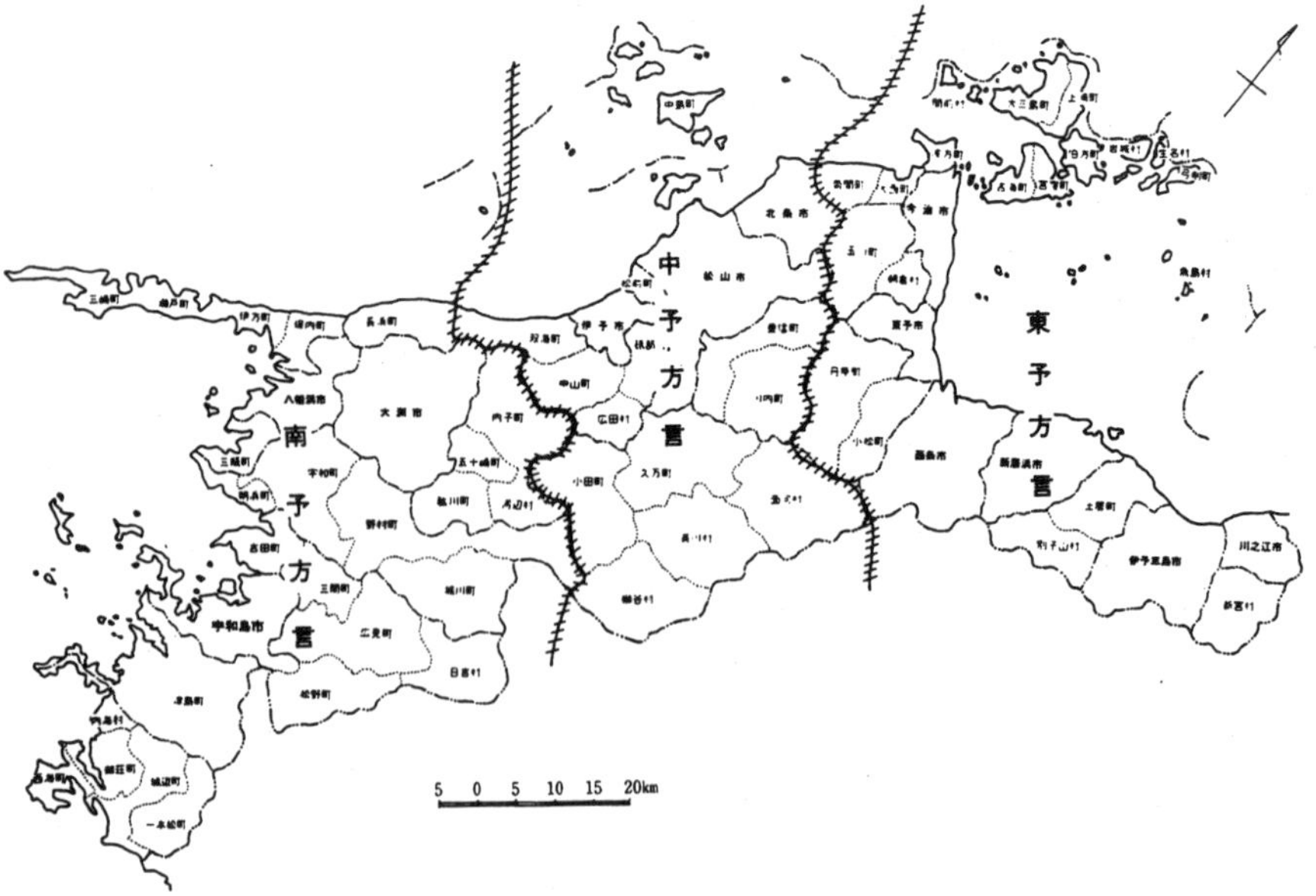

図8　愛媛方言内部大分派図

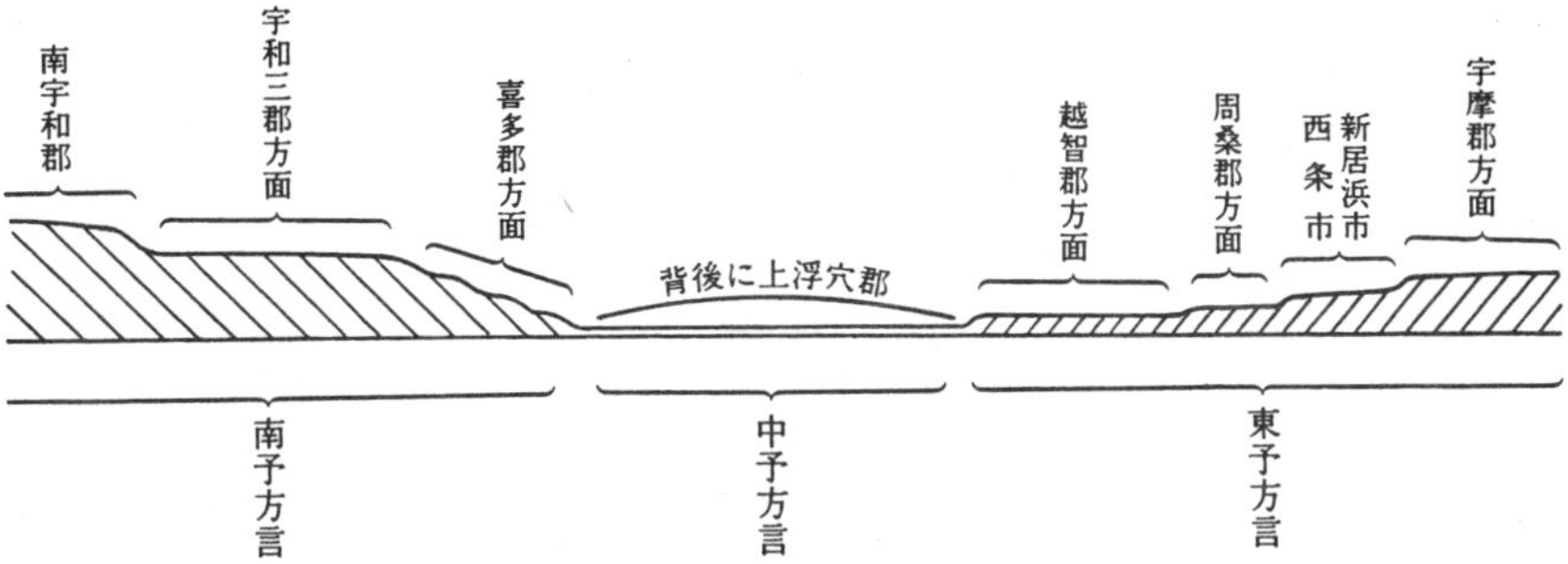

図9　愛媛方言内部小分派図

その複雑なありさまを、既述の吟味にしたがって、横から見た図にしてみる。

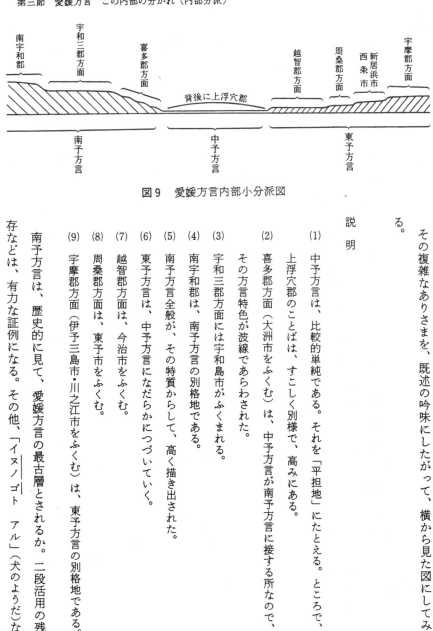

説明

(1) 中予方言は、比較的単純である。それを「平担地」にたとえる。ところで、上浮穴郡のことばは、すこしく別様で、高みにある。

(2) 喜多郡方面（大洲市をふくむ）は、中予方言が南予方言に接する所なので、その方言特色が波線であらわされた。

(3) 宇和三郡方面には宇和島市がふくまれる。

(4) 南宇和郡は、南予方言の別格地である。

(5) 南予方言全般が、その特質からして、高く描き出された。

(6) 東予方言は、中予方言になだらかにつづいていく。

(7) 越智郡方面は、今治市をふくむ。

(8) 周桑郡方面は、東予市をふくむ。

(9) 宇摩郡方面（伊予三島市・川之江市をふくむ）は、東予方言の別格地である。

南予方言は、歴史的に見て、愛媛方言の最古層とされるか。二段活用の残存などは、有力な証例になる。その他、「イヌノ　ゴト　アル」（犬のようだ）などの「ゴト」ほか、いくつかの、九州方言とのむすびあいを示す事実も重視される。

中東予方言は、より新化した方言地層のものか。瀬戸内海斜面の地域は、瀬戸内海中心の、大きな、ことばのながれ・動きの影響を受けて、南予地方以上に、ことばが新化しやすかったものと思われる。その瀬戸内海影響の受けかたの相違によって、中東予地域にも、中予方言と東予方言との差異が生じたであろう。かつ、東予方言にも、さまざまの内部差がおこったであろう。

喜多郡方面は、南予的であってしかも、瀬戸内海にも面している。この地域の特定性も、ゆえあることかと思われる。

以上のような愛媛方言状態は、その内部相が、南予の南宇和郡から東予の宇摩郡方面にかけてのダンダラ模様である。

中予方言に、腹背のダンダラ模様があり、南予方言・東予方言に、左右のダンダラ模様がある。そのすべてが、歴史的事実にほかならない。

第四節　人びとの方言の生活

暮らしとことば　以上のように、大小の内部分派の認められる愛媛方言のもとで、人々は、どのような「方言の生活」をしているか。人々の、地域に即しての「伊予ことばの生活」の実際面を、以下には見ていこう。

といっても、ここにはもはや、詳述のゆとりがない。簡略を旨として筆を進める。暮らしの中のことば、その生きたすがたを見ることにつとめたい。

一　発音の生活

だいたい、伊予弁の話す調子は、人も言うとおり、やわらかい。せかせかしてはいないし、きつい調子でもない。「やわらかい」ということばも、「ヤワラカイ」と発音する。

発音の全体的な調子

この調子だと、「ヤワラ」の所が、よく、柔和感をさそう。「コーワ　オヤノ　ユー　トーリニ」（子はおやの言うとおりに）とか、「ジー　オショート　オモヤー」（字を教えようと思えば）とかあれば、聞くものは、ゆっくりとした気分を味わう。

中予弁の、「コノゴロワー、ナンジャ　ワイ。」（このごろは、あれだわ。）では、

のような抑揚が明らかである。東予弁の「ハヨー　セン　カナ。」（早うおしよ。）のばあいも同様である。右のように図示しうる抑揚は、人にやわらかさを感じさせる。

「このごろは」というのが、「コノゴロワー」と長めて発音され、「わたしらは」が「ワタシラワー」と発音される。「どこどこのほうへね。」も、「……　ホーイー　ナ。」と発音される。これからは、急迫感などは伝わりようがない。きつくない、やわらかい気分が伝わる。

○ウトータラ　エート　ユーノジャ　ガナー。（歌ったらいいって言うのよ。）

中予弁のこの抗弁ふうのもの言いも、抑揚が、

というありさまなので、全体が緩徐調の聞こえである。

ところで、喜多郡方面の抑揚には異色がある。前（三四四ページ）にもふれた調子、

○マダ　ヤリヨラングライジャー。（まだやっていないくらいだ。）

というようなのが一つの特色である。高音が連続する。つぎに、

○オハヨゴザンスー。（お早ようございます。）

というようなのも、一つの特色になっている。一文の後部で、一音または少数音をぴょんと高く上げるものである。異色がはっきりとしているが、こうした発音生活も、独自のやわらかさを示す。

さて、南予宇和弁となると、抑揚が、

○アンタ　オスシ　アガンナハル　カ。（あなたはおすしをおあがりになりますか。）

などとなる。右のを、東予の今治弁で言ったものは、

○オマイ　スシ　タベル　デー。

である。抑揚の性質が、いくらかちがう。かといって、宇和弁も、調子がかたいといったようなものではない。

単語のアクセント

ここで、伊予路七地点について、語詞のアクセントをくらべてみよう。単語——一々の語詞

写真6　大洲によどむ肱川
～抑揚を考える～

――のアクセントは、抑揚に密接に関連している。

昭和五九年四月、私は、左記の諸地点について、語のアクセントの調査を試みた。調査語は二九一語である。調査地点名と、調査に応じてくださったかたと、調査月日とは、つぎのとおりである。

伊予三島市　宮崎峯春氏（六三歳）　四月二二日　大洲市　泉　覚弥氏（五八歳）　四月二四日
今治市　原田守男氏（五三歳）　四月二二日　八幡浜市　井上秀雄氏（六五歳）　四月二四日
松山市　星野　陽氏（五四歳）　四月二四日　宇和島市　三好成雄氏（六二歳）　四月二五日
久万町　松田茂清氏（六五歳）　四月二三日

つぎには、全調査語中から六〇語を選び、それに関する右七箇所の調査結果をかかげる。各調査語ごとに、右から左に、伊予三島市から宇和島市へと、調査結果をならべる。

地名略語　伊予三島市＝㊂　今治市＝㊅今　松山市＝㊇松　久万町＝㊇久
大洲市＝㊅大　八幡浜市＝㊇八　宇和島市＝㊇宇

丸じるしの右傍の棒線が、アクセントの高音をあらわす。

各語のもとで、最初に、ひらかな書きへ棒線をつけているのは、「東京のアクセント」をあらわしたものである。『明解日本語アクセント辞典』第二版による。

□飴
あめ
(三)アメ
(今)アメ
(松)アメ
(久)アメ
(大)アメ
(八)アメ
(宇)アメ

□梅
うめ
(三)ウメ
(今)ウメ
(松)ウメ
(久)ウメ
(大)ウメ
(八)ウメ
(宇)ウメ

□枝
えだ
(三)エダ
(今)エダ
(松)エダ
(久)エダ
(大)エダ
(八)エダ
(宇)エダ

□顔
かお
(三)カオ
(今)カオ
(松)カオ
(久)カオ
(大)カオ
(八)カオ
(宇)カオ

□風
かぜ
(三)カゼ
(今)カゼ
(松)カゼ
(久)カゼ
(大)カゼ
(八)カゼ
(宇)カゼ

□金
かね
(三)カネ
(今)カネ
(松)カネ
(久)カネ
(大)カネ
(八)カネ
(宇)カネ

□壁
かべ
(三)カベ
(今)カベ
(松)カベ
(久)カベ
(大)カベ
(八)カベ
(宇)カベ

□釜
かま
(三)カマ
(今)カマ
(松)カマ
(久)カマ
(大)カマ
(八)カマ
(宇)カマ

□此
これ
(三)コレ
(今)コレ
(松)コレ
(久)コレ
(大)コレ
(八)コレ
(宇)コレ

□酒
さけ
(三)サケ
(今)サケ
(松)サケ
(久)サケ
(大)サケ
(八)サケ
(宇)サケ

□歌
うた
(三)ウタ　(今)ウタ　(松)ウタ　(久)ウタ　(大)ウタ　(八)ウタ　(宇)ウタ

□音
おと
(三)オト　(今)オト　(松)オト　(久)オト　(大)オト　(八)オト　(宇)オト

□型
かた
(三)カタ　(今)カタ　(松)カタ　(久)カタ　(大)カタ　(八)カタ　(宇)カタ

□川
かわ
(三)カワ　(今)カワ　(松)カワ　(久)カワ　(大)カワ　(八)カワ　(宇)カワ

□鞍
くら
(三)クラ　(今)クラ　(松)クラ　(久)クラ　(大)クラ　(八)クラ　(宇)クラ

□下
しも
(三)シモ　(今)シモ　(松)シモ　(久)シモ　(大)シモ　(八)シモ　(宇)シモ

□寺
てら
(三)テラ　(今)テラ　(松)テラ　(久)テラ　(大)テラ　(八)テラ　(宇)テラ

□旗
はた
(三)ハタ　(今)ハタ　(松)ハタ　(久)ハタ　(大)ハタ　(八)ハタ　(宇)ハタ

□人
ひと
(三)ヒト　(今)ヒト　(松)ヒト　(久)ヒト　(大)ヒト　(八)ヒト　(宇)ヒト

□胸
むね
(三)ムネ　(今)ムネ　(松)ムネ　(久)ムネ　(大)ムネ　(八)ムネ　(宇)ムネ

□今朝
けさ
（三）ケサ
（今）ケサ
（松）ケサ
（久）ケサ
（大）ケサ
（八）ケサ
（宇）ケサ

□空
そら
（三）ソラ
（今）ソラ
（松）ソラ
（久）ソラ（またソラ）
（大）ソラ
（八）ソラ
（宇）ソラ

□種
たね
（三）タネ
（今）タネ
（松）タネ
（久）タネ
（大）タネ
（八）タネ
（宇）タネ

□中
なか
（三）ナカ
（今）ナカ
（松）ナカ
（久）ナカ
（大）ナカ
（八）ナカ
（宇）ナカ

□舟
ふね
（三）フネ
（今）フネ
（松）フネ
（久）フネ
（大）フネ
（八）フネ
（宇）フネ

□息
いき
（三）イキ
（今）イキ
（松）イキ
（久）イキ
（大）イキ
（八）イキ
（宇）イキ

□臼
うす
（三）ウス
（今）ウス
（松）ウス
（久）ウス
（大）ウス（またウス）
（八）ウス
（宇）ウス

□海
うみ
（三）ウミ
（今）ウミ
（松）ウミ
（久）ウミ
（大）ウミ
（八）ウミ
（宇）ウミ

□帯
おび
（三）オビ
（今）オビ
（松）オビ
（久）オビ
（大）オビ
（八）オビ
（宇）オビ

□上
かみ
（三）カミ
（今）カミ
（松）カミ
（久）カミ
（大）カミ
（八）カミ
（宇）カミ

□乗る
のる
(三)ノル
(今)ノル
(松)ノル
(久)ノル
(大)ノル
(八)ノル
(宇)ノル

□振る
ふる
(三)フル
(今)フル
(松)フル
(久)フル
(大)フル
(八)フル
(宇)フル

□巻く
まく
(三)マク（またマク）
(今)マク
(松)マク
(久)マク
(大)マク
(八)マク
(宇)マク

□焼く
やく
(三)ヤク
(今)ヤク
(松)ヤク
(久)ヤク
(大)ヤク
(八)ヤク
(宇)ヤク

□行く
いく
(三)イク
(今)イク
(松)イク
(久)イク
(大)イク
(八)イク
(宇)イク

□割る
わる
(三)ワル
(今)ワル
(松)ワル
(久)ワル
(大)ワル
(八)ワル
(宇)ワル

□着る
きる
(三)キル
(今)キル
(松)キル
(久)キル
(大)キル
(八)キル
(宇)キル

□為る
する
(三)スル
(今)スル
(松)スル
(久)スル
(大)スル
(八)スル
(宇)スル

□寝る
ねる
(三)ネル
(今)ネル
(松)ネル
(久)ネル
(大)ネル
(八)ネル
(宇)ネル

□合う
あう
(三)アウ
(今)アウ
(松)アウ
(久)アウ
(大)アウ
(八)アウ
(宇)アウ

□打つ

うつ

(三) ウツ
(今) ウツ
(松) ウツ
(久) ウツ
(大) ウツ
(八) ウツ
(宇) ウツ

□飼う

かう

(三) カウ
(今) カウ
(松) カウ
(久) カウ
(大) カウ
(八) カウ
(宇) カウ

□書く

かく

(三) カク
(今) カク
(松) カク
(久) カク
(大) カク
(八) カク
(宇) カク

□切る

きる

(三) キル
(今) キル
(松) キル
(久) キル（またキル）
(大) キル
(八) キル
(宇) キル

□食う

くう

(三) クウ
(今) クウ
(松) クウ
(久) クウ
(大) クウ
(八) クウ
(宇) クウ

□裂く

さく

(三) サク
(今) サク
(松) サク
(久) サク
(大) サク
(八) サク
(宇) サク

□付く

つく（またつく）

(三) ツク
(今) ツク
(松) ツク
(久) ツク
(大) ツク
(八) ツク
(宇) ツク

□取る

とる

(三) トル
(今) トル
(松) トル
(久) トル
(大) トル
(八) トル
(宇) トル

□飲む

のむ

(三) ノム
(今) ノム
(松) ノム
(久) ノム
(大) ノム
(八) ノム
(宇) ノム

□吹く

ふく（またふく）

(三) フク
(今) フク
(松) フク
(久) フク
(大) フク
(八) フク
(宇) フク

□赤い
あかい
(三)アカイ
(今)アカイ
(松)アカイ
(久)アカイ
(大)アカイ
(八)アカイ
(宇)アカイ

□浅い
あさい
(三)アサイ
(今)アサイ
(松)アサイ
(久)アサイ
(大)アサイ
(八)アサイ
(宇)アサイ

□厚い
あつい
(三)アツイ
(今)アツイ
(松)アツイ
(久)アツイ
(大)アツイ
(八)アツイ
(宇)アツイ

□荒い
あらい
(三)アライ
(今)アライ
(松)アライ
(久)アライ
(大)アライ
(八)アライ
(宇)アライ

□薄い
うすい
(三)ウスイ
(今)ウスイ
(松)ウスイ
(久)ウスイ
(大)ウスイ
(八)ウスイ
(宇)ウスイ

□遅い
おそい
(三)オソイ
(今)オソイ
(松)オソイ
(久)オソイ
(大)オソイ
(八)オソイ
(宇)オソイ

□重い
おもい
(三)オモイ
(今)オモイ
(松)オモイ
(久)オモイ
(大)オモイ
(八)オモイ
(宇)オモイ

□堅い
かたい
(三)カタイ
(今)カタイ
(松)カタイ
(久)カタイ
(大)カタイ
(八)カタイ
(宇)カタイ

□軽い
かるい
(三)カルイ
(今)カルイ
(松)カルイ
(久)カルイ
(大)カルイ
(八)カルイ
(宇)カルイ

□暗い
くらい
(三)クライ
(今)クライ
(松)クライ
(久)クライ
(大)クライ
(八)クライ
(宇)クライ

右の各語で、七地点の語アクセントが、「東京のアクセント」と、どのようにちがっているであろう。「○○」のかたちが注目されはしないか。

読者各位には、ご自分の土地アクセントを、この表の中に載せてみてはくださらないだろうか。

二　文法（ことばづかい）の生活

ネヤ

東京ことばは「ネー」ことば、「そうだ　ネー。」などと言う。伊予のおたがいは、そういう「ネー」をよそことばと称したりして、しかも、「ソージャ　ネヤ。」などと、「ネヤ」は、県下の多くの人がよく言っている。これはまったく別のものというわけか。しかし、「ネヤ」には「ネ」がふくまれている。県北の岩城島の人など、「ネヤ」を常用して、しかも、共通語ふうの「ネー」には無関心である。（古老たちは、「ネー」にまったく無縁であった。）ちなみに、中国地方には「ネヤ」がない。

「ネヤ」はくだけたことばではないか。「ヤ」のねうちが光っている。伊予びとは「ヤ」を好んできた。

ケー　ゲー

「アカイ」（赤い）を「アケー」とは言わないのに、伊予びとわれらは、「そうかい。」を「ソー　ケー。」と言う。中予に「ケー」がさかんである。また、中予方言下では「ゲー」（がい）もよく聞かれる。

むかし、松山市の小学校六年生たちが、広島市・呉市のほうに旅行して、「ゲー」ことばをかまわずつかった。気をきかせた一人が言った。〃オマイラー、センセガ　ゲーゲー　ユワレン　オイトロ（お言いたろう）ゲー。〃

今の人も言う。〃ことばに　そんなに　エンリョ　センデモ　ヨカロ　ゲー。〃

おくにじまん

方言も、おくにじまんのたねになる。伊予の自慢の伊予ぶしにも、ちゃんと方言が歌いこまれている。「伊予の松山　名物名所。みどりしたたる勝山城。鷺が手引きの道後温泉。子規の庵や石手川。孝子桜に小富士桃。おくになまりは今もなお、アバ　ナ。ダンダン。オイキン　カ。サッチニ　オシナヤ。アノ　ナモシ。チョイト　ワルイ　ネヤ。」（山城豊子さま教示）

これだけはぜひともと、選び入れた方言のかずかずが、右のものではないか。さすがである。今は伊予路にほとんど掘りおこしようもないほどの「アバ　ナ。」が、第一にとりあげられている。「アバ」は「さらば」である。これが古来の別辞（さようなら。）であった。「ダンダン。」は謝辞である。これは、今も伊予路の南北広くに見いだされる。

〝オタタキ！〟

「お叩き！　お叩き！」と、いきおいこむ。これが松山の若夫婦のけんかのことばであったという。私は、南予の人からその実見談を聞かされた。

中予は、「オイデル」をはじめとして、「オ行キル」「オしル」と、「オ」をよくつかう。つかえばていねいみが出、やわらかみが出る。けんかでも、「オ」がつかわれると、なんとなく品が出てくる。

今日も、女性の友人どうしのけんかで、「ナンボデモ　オタタキ　ヤ。」などのことばづかいがなされても、おかしくないという。

「オタタキ。」「オアガリ。」などは、「叩く」「上がる」という動作語の、連用形という一活用形の利用されたものである。この形をつかった言いかたをすれば、ことばづかいはていねいになる。伊予弁の中には、このことばづかいの習慣がつよい。

「オハイリ　ヤ。ハヨー　オアガリ　ヤ。」、「ハヨー　オイキ　ヤ。」などと、最後に「ヤ」をおくことも多い。

「ハヨー　イキ　ヤ。」となって、「オ」がとれても、やはりていねいかげんである。

「ヤンナハイ　ヨ。」から「キサイ　ヤ。」へ

南予のていねいは「ナハル」「ナハイ」が受けもっている。大洲市内で見たのは写真7の光景である。宇和島駅内の売店で見かけたのが「きさいや」（写真8）である。東予で早くも列車中に見かけたのが、写真9の「きさいや・おいでなせ」である。「コッチー　キサイ　ヤー。」である。「来サイ」は「来なさい」の「な」略である。宇和島方面でよくつかわれている。「コッチー　キサイ　ヤー。」は宇和島独特であるという。さて、「何々しなさいよ。」のばあい、「シナハイ　ヨ」が最上で、「シサイ　ヨ」はそのつぎに位するものとのことである。「シナハイ」は、「サ」が「ハ」となっていても、よい感じのことばなのであろう。「ナサイ」が「サイ」に略されると、それだけに、ねうちも下がるのか。

「おいでなせ」の「なせ」も、本来は「なさいませ」である。ずいぶんちぢめられた。が、もとがもとなので、

写真７　大洲市内で

写真８　宇和島駅内で

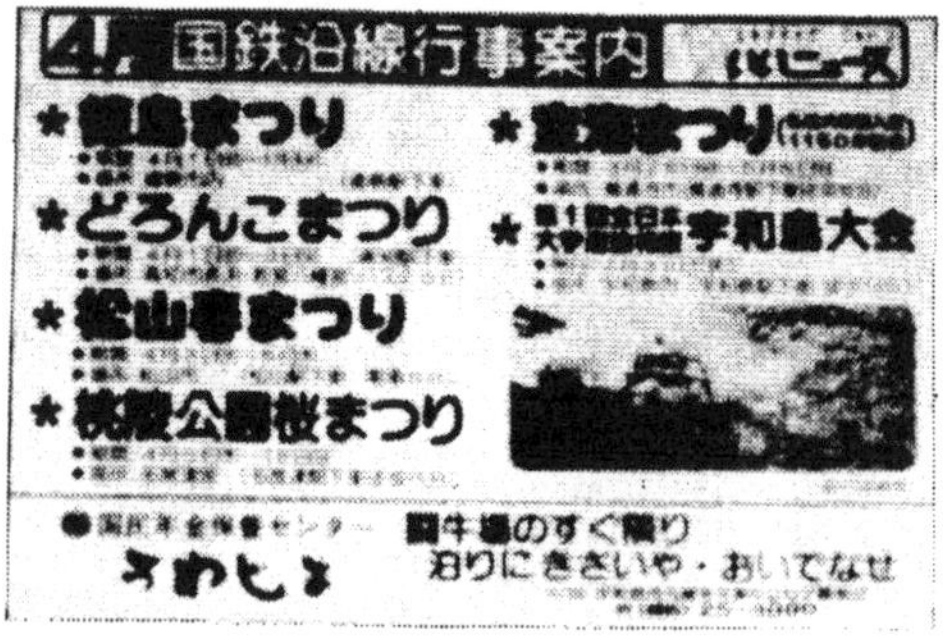

写真９　予讃線車中で

「なせ」もよいことばである。宇和島市でのこと、辞去する人に、「マタ　キテ　ヤンナセ　ヤー。」と言えば、これは、「また来てくださいね。」との、ていねいなあいさつである。南宇和郡下でも、「センセ　聞キナセ　ヨ。」などが聞かれる。

宇和島市内の調査では、畏友横山政晴兄のご高助にあずかった。兄のお宅で、種々ご教示をくださった三好成雄氏が、この家を去られる時に、私に向かって、もっともしぜんに口にされたのが、

〃ホッタラ、先生、オミチヨク。〃

であった。「そうしたら」の「ホッタラ」が出た。これが、以下の表現の自然さをよくあらわしていよう。しぜんに出た「お道よく。」、これの、なんと美しいことばであることか。

東予の「ことばあそび」　北条駅の売店で、小松出身の人から教えられたものに、つぎの言いぐさがある。

サイジョ　ネーネー。ヒミ　ノンノン。コマツニ　カギッテ　カンカンカン。

（西条「ネーネー」。氷見「ノンノン」。小松に限って「カンカンカン」。）

西条は「ネーネー」であるという。もの言いのおわりにつけることばである。「ホージャ　ネー。ウチラモ　ネー。」などの言いかたがされている。氷見では「ホージャ　ノン。」などの言いかたがされているという。小松は「ホーカンヤー。」（そうか。そうですか。）などである。（「ホージャロ　ガン。」などともある。）

県下の諸地方に、こうした言いぐさができているのではなかろうか。

三　語（単語、語詞）の生活

ひめライス

伊予路を行く。あちこちで、下図の看板が見られる。

愛媛のお米はよいお米と、くふうして名づけたのがこの新名であろう。「愛媛」の「媛」をとって愛らしい。それに、今はやりのことば、「ライス」をつける。かろやかである。かくしてすっきりとした新単語ができた。

人は、人々は、このように、語詞を創作していく。

特別のばあいは別として、ふつうは、だれが言いはじめたともなく、しぜんに、暮らしの中で、ことば（語）がつくりあげられていく。

造語の生活

「しまっておく」を「シノベル」と言うのは、南宇和郡などである。（宮崎県のほうにもこれがある。）南予に広く、「はいる」の「ハマル」が言われていよう。「ガイニ」（ひどく）も、南予の人が上手にこしらえたことばである。「ツキヤイウシ」（闘牛）などのことは、言うまでもない。真珠養殖では、しぜんに「タマイレ」（たま入れ）などのことばがつくられた。

一語一語が、みな、暮らしを語る。今治弁などの「コンニ」（しきりに　魂をつめて）一つも、努めるさまをしみじみと語る。

宇摩郡に行けば、紙すき関係の語詞が多く聞かれる。原料のこうぞ・

写真10　愛媛のお米

みつまたを合わせて「クサ」と言う。こうぞだけなら「マソ」である。みな、紙つくりのしごとの奥深さ・心づかいをものがたっている。

○おわりに

ことばは、人間の毎日の暮らしをささえるものである。

愛媛の人は、多く、伊予ことばにささえられて暮らしてきた。これからも、そのようであることが多かろう。

自分のことば、自分のはぐくまれたことばに感謝したい。

感謝して、「愛媛方言」を見つめれば、これは、おもしろいこと、だいじなことずくめである。私も、一愛媛人として、心あらたに、わが郷土のことばを見つめていきたいと考える。

この実践によって、ことばの生活を、ひいては心の生活を、すこしでもゆたかにしていくことができたら、なによりのさいわいであると、私は思っている。

(『愛媛県史　学問・宗教』昭和六十年三月)

頁	行	誤	正
225	4	県下五十三地点	県下五三地点

西部方言の語彙

中国・四国

藤原与一

はじめに

ここでは、以下に述べるような方法によって、「中国四国地方の方言語彙」をとりあつかってみる。

㈠ はじめに、よこにひろげていく研究方向をとる。たとえば「めだか」という題目をとりあげて、この小動物を、中国四国のそこそこが、どんな名でよんでいるかをしらべる。こうして各地の方言でのよび名をとりまとめたものは、「めだか」の異称集になる。——これが、今までには、よく、方言語彙とよばれた。一種の方言語彙ではある。このような語集を整理して、まず分布図をつくる。分布図を解読して言語地質学の実践にしたがう。これは言語史の方向である。

語集のためには、個々の実例が、同一条件下であつめられなくてはならない。かつ、実例ごとに、その使用者層・使用頻度・消長傾向・用語品位なども追求されることが望ましい。このような調査がなされれば、いろいろな立場からの実例比較ができる。これによって明らかにしうることは多いはずである。

(二) つぎには、異称集をとりあげて、命名心意の展開を問題にする。一事物に対して、地方々々あるいは地点々々で、それぞれに、名称をつくっている。(あるいは、言いあらわしをしている。) それらのものを、中国四国地方について、集合してみる時、そこに、人々の、命名心意のはたらかせかたの諸相が見られる。これを分類整理してみると、中国四国地方という地域社会(仮定)で、人々の心が、その事物をどのようにとらえていったかがわかる。命名の諸相の上に、私どもは、命名の民衆心理の展開をあとづけることができる。

命名は、つまるところ、造語である。命名に、民衆心理の展開をあとづければ、そこには、造語法の諸相、諸方法が見られる。

(三) 以上の、同一事項に関することがらをよこに広く見る研究方向のつぎに、一地一地域につき、諸事項を、たてに深く見る研究方向をとる。まさに、一定方言の語彙を見る方向である。方言の語彙といえば、第一には、この方向を考えるべきであろう。

方言語彙の体系的存在に関しては、いろいろの研究問題を見いだすことができる。方言研究としては、語彙を、まず、生活語彙の体系として見ることが肝要であろう。方言生活の特殊性に応じて、特定的な生活語彙体系ができている。

さて、これに対しては、生活の実態に即した分類がなされなくてはならない。――生活誌的な分類である。このためには、民俗学の方法が、有力なささえとなる。(民俗語彙学というようなことも考えられると思う。)私は、このような分類を、私なりの立場で、生活語観による語彙分類とよんでいる。

生活誌的な分類に対して、形態的な分類も成り立つ。たとえば、擬声語・擬態語、民間漢語などというようなうけとりかたをしていけば、これが一種の形態的な分類になる。

形態即生活という観点の分類法も成り立つ。副詞(という修飾発想)・形容詞(同前)というようなとり立てかたをしていけば、そういう分類法になる。品詞論的な処理は、だいたい、形態即生活の観点の分類法と言えよう。

生活語彙は、方言生活の中に生きている。生きてうごいている。つねに流動している。漸動、移動、そのさまざまのゆれとともに、語彙は、生活史的展開をとげていく。語彙分野間の隆替などもそこにおこる。

流動の語彙を一定共時面でとらえて、これを数量的に処理してみる。ここで、語彙分化の諸法則がわかる。語彙分化の原理の探究は、方言語彙論の好題目にちがいない。

(四) 語彙研究のつぎの段階として、私は、比較語彙論を考える。一方言ごとに語彙を見た上で、二方言以上にわたり、語彙を比較する。といっても、語彙の総体を簡単に比較することはできない。とりあえずは、分野語彙(たとえば副詞語彙)について比較する。

語彙を比較することは可能である。語彙の対応関係を見ればよい。同じ副詞語彙を、A方言・B方言について見るとする。かりに、その数量はほとんど同じであったとするか。また、おのおの語彙が、たがいに、その大部分の語を共通させていたとするか。けっきょくは、AとBとで、△副詞と◎副詞とのちがいが、双方の語彙の、大きなちがいということになる。私どもは、このちがいに目をつけて、Aの副詞語彙とBの副詞語彙とのちがいを理解することができる。Aの方は、その全体が、△的に特色づけられているとすることができ、Bの方は、その全体が、◎的に特色づけられているとすることができるからである。私どもは、部分に注目して全体を比較することができる。

語彙を比較することによって、方言の異同を明白にすることができる。比較語彙論によって、方言関係のうけとりかたを考えることができよう。

㈤　比較語彙論にもとずき、ある広域の全語彙について、どんなかの汎論をすることもできる。

㈥　さいごには、私どもの方言語彙論を、国語の標準語体系の、語彙体系の設立に役だつものとしたい。

一　中国四国地方の語詞分布

一々の事項についての、語詞諸相をここに見る。中国四国地方について、望ましいほどの諸項目

——（体系的にととのえての）——をここに問題にすることはできない。今は、便宜、いくらかの項目をとりあげるばかりである。

資料は、旧著「日本語方言の方言地理学的研究」（一九五六年）〈タトル商会〉に収載したものと同時同処理のものである。下記の各項目についても、右に発表したものを作ったのと同じ時に、分布図を調製してある。

㈠「じゃんけん　ほい」

これに関する分布図では、「じゃんけん」に当たる「チンケン」が、中国山陽の岡山県下によく分布している。「チンケン」にやや似た「シッケン」は、広島県内や内海島嶼に見える。愛媛県下になると、「シーヤン」がよく分布しており、「チーヤン」も、これとならんでおこなわれている。香川県下などには「リーヤン」がある。以上では、中国がわの「〜ケン」と、四国がわの「〜ヤン」とが対立している。「シッケン」と「シーヤン」とは、内海で接触していて、南北の「〜ケン」「〜ヤン」両系の関連性を、形態上からも分布上からもよく示している。

おもしろいことに、愛媛県の西南部には（高知県の西南隅にも）、「チンケン」が分布している。この「〜ケン」が、もし古態であるならば、四国のさきに述べた地方は、「〜ヤン」の形を新生させたことになる。

さて、四国の高知県下には、「チッチッパ」「チーチッパ」（じゃんけんほい）のような言いかたがよくおこなわれている。「チッチ」「チーチ」のような言いかたは、愛媛県下の「チーヤン」あるいは「チンケン」と関係が深い。どれがより古い言いかたなのか。

四国南部に「チッチ」などがあるのと対比的に、中国北部、出雲・隠岐地方に、「キッキ」がある。出雲には「ヤッキ」もある。「チッチ」、「キッキ」などと、南北両辺に、同趣の同音重複形式が見えるのは、注目にあたいする。

(三) 「片足とび」

これに関する異称分布図を見ると、まず、「カタチン」が、中国の、鳥取県因幡・岡山県下その他に、四国の、高知県下・徳島県下などに分布している。「カタチン」は「カタチンバ」(「チンバ」は「びっこ」)からきていよう。「カタチン」が「カタチンチン」とも言われるのに応じてか、「チンチン」の言いかたもできている。これは、香川県下・徳島県下・高知県下に分布して、四国系の分布である。四国高知県下には、さらに、「シンシン」の分布がいちじるしい。これは、他地域には見られない。

ところで、「トントン」となると、これは、中国の鳥取県下によく見られ、岡山県下などにも分布していて、まず、中国系の分布である。「トントン」は、片足でとぶさまをそのまま言いあらわしたものか。それとも、「とびとび」に関係したものか。

中国の岡山県西北部山地には、「トンゴ」が一むら分布している。これは、「とびコ」ということかと思う。とぶことを、ことがらとして言いあらわした名と思われる。この「トンゴ」にむすびつけてもよいかと思われるものに、「テンギ」がある。これは、やはり中国の、山口県下にある。「テンギ」と同類かと思われるものに「デンギ」がある。これは広島県下にあり、内海島嶼にも、広島県下にかぎらず見えるが、やはり中国系の分布と言える。「センギ」というのもある。これも、およそ、中国系の内海島嶼に見られる。

右の一類の中国系のものに対しては、四国愛媛県下に、「サンゴキ」の分布がある。「サンゴキ」は、「センギ」と関係のあるものだろう。両者の対応する分布は、そのことを、自然のうちに示しているようである。

注意すべき分布に、四国西南部・山口県下に見られる「アシナゲ」の分布がある。これも、片足でとぶことを、ことがらとして言いあらわしたものであろう。「アシナゲ」の類縁のものとしては、山口県下に「アシアゲ」というのがあり、愛媛県下に「アシトビ」というのがある。「アシナゲ」というような名称が、中国四国の辺地で、一種の関連分布を示しているのは、見るからに興味がふかい。

㈢ 「山の頂上」（分布図参照）

「ツジ（チ）」というのは、中国四国にあり、中国では、山陰石見と山陽に分布している。山陽では、山口県下・広島県西部にあり、とんで岡山県下にある。四国では、まず香川県下によく分布しており、愛媛県下にもあり、のこる二県にもいくらかある。「ツジ（ヂ）」に関係の深いものに「テンツジ（ヂ）」がある。これは、「ツジ（ヂ）」の分布領域内に分布しており、中国では山口県下・岡山県下にあり、四国では、徳島県下にこれの分布がいちじるしく、香川県西部から愛媛県下にかけても、またこれが分布している。「テンツジ（ヂ）」は「天ツジ（ヂ）」であろう。「天」と「ツジ（ヂ）」との新複合形は、まさに、「ツジ（ヂ）」の分布する範囲内に、「ツジ（ヂ）」の分布を下まわって分布している。ただ、徳島県下は、「ツジ（ヂ）」がごく少くて、「テンツジ（ヂ）」の分布が優勢である。察するに、この地方では、「天ツジ（ヂ）」という新意匠名が、「ツジ（ヂ）」の旧名を駆逐したのであろう。それとはちがって、山陰、石見方面・山陽、周防大部分・広島県西部、それに四国の香川県下大部分では、「ツジ（ヂ）」だけがよくおこなわれていて、「天ツジ（ヂ）」は見えない。香川県下と徳島県となど、地域による、語形変移の相違、――命名造語のこのみの相違が、注目をひく。

つぎに、「ツジ（ヂ）」に対立・対応する語と見られる「テンコ」（「天コ」であろう。）を見ると、これもやはり中国四国にわたって存在しており、中国では、山陰で、隠岐・出雲地方・伯耆西部にこれがあり、石見東半のうちにもあり、山陽内でも、備後のうち、備中のうちにこれがある。「テンコ」に類する「テンゴ」なら、岡山県下東北部のうちにもある。四国では、「テンコ」が、香川県下・徳島県下にも、愛媛県北部・高知県内いくらかにも分布している。「テンゴ」なら、徳島県下

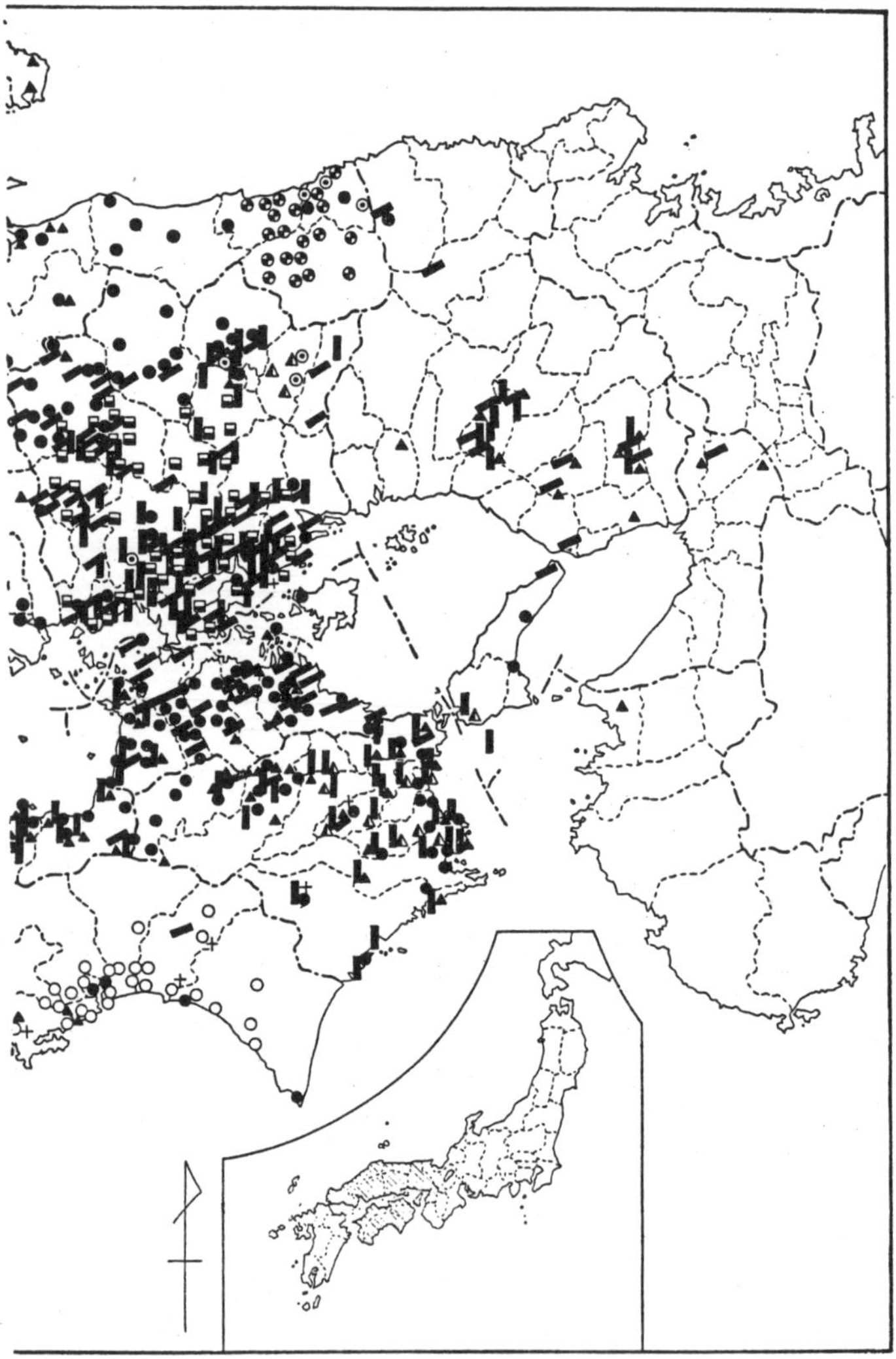

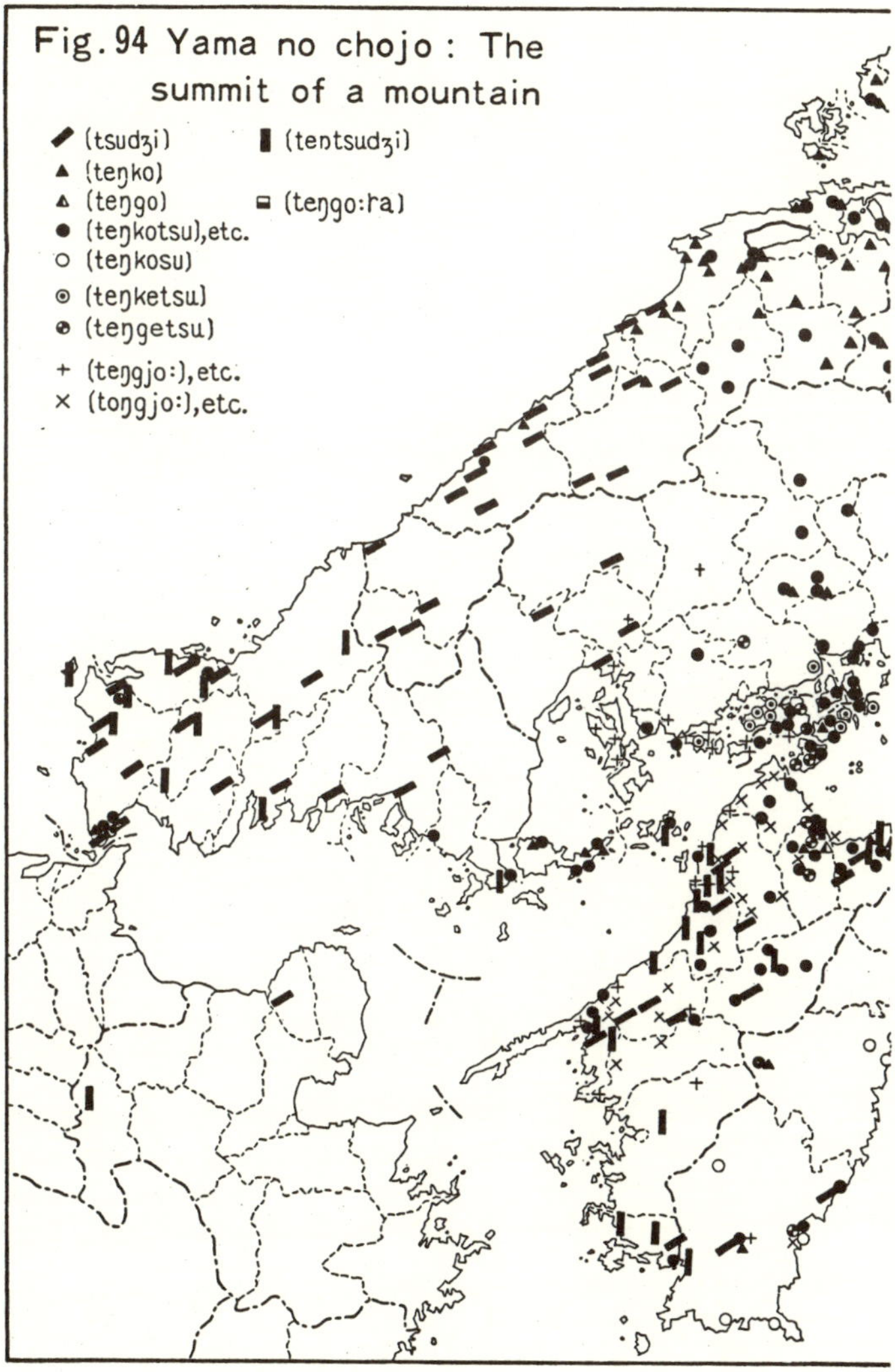
Fig. 94 Yama no chojo : The summit of a mountain
(tsudʒi)
(teŋtsudʒi)
(teŋko)
(teŋgo)
(teŋgo:ɾa)
(teŋkotsu), etc.
(teŋkosu)
(teŋketsu)
(teŋgetsu)
+ (teŋgjo:), etc.
× (toŋgjo:), etc.

にかなり分布しており、愛媛県下にもある。「テンコ（ゴ）」は、「天」に「コ（ゴ）」をつけたものとすると、「ツジ（ヂ）」などよりは、やや後生のものかと思われるが、どうであろうか。「ツジ（ヂ）」に「天」をそえた、そういう「天」をとって、「天コ（ゴ）」の語をつくったわけであろう。「ツジ（ヂ）」のもとは、辞書（例「広辞苑」）にある「つし」か。高い所を「ツシ」と言うこと、納屋の二階などをそうよぶことなどは、時に諸方の方言に見いだされる。「ツシ」は「ツチ」ともなっている。「つし」にくらべて「天コ」を見た時は、「天コ」の新造語らしさが明らかである。「コ」をつけて高い所を示す言いかたとしては、方言によっては、「ウネッコ」などというのもできている。「ウネ」は地勢の高い所であり、「ウネ」を特称したりして「ウネッコ」などと言う。（「ウネッコ」が「ウネの方」の意であったりする。）「ウネ」に「コ」をつけるように、「天」にも「コ」をつけたのだろう。「広辞苑」の「つし」の条下には、「つしご」というのもある。「つし」にも「ご」をつけている。「つしご」と同式の造語が「テンコ（ゴ）」である。

「テンコ（ゴ）」を「ツジ（ヂ）」よりも後生のものと見ると、山陰の、隠岐のような辺地に、新しい方の「テンコ」が見えて、古い方の「ツジ(ヂ)」が見えないのは、少々ふしぎにも思える。出雲地方にも、「ツジ（ヂ）」はない。――鳥取県下にもない。（山陽広島県下の、西部をのぞいた範囲にもない。）

が、隠岐にも、「テンコツ」はある。「テンコツ」なら、出雲地方にもよく分布しており、鳥取県下にもよく分布している。（広島県下にもある。）思うに、「テンコツ」は、「テンコ・ツジ（ヂ）」という複合語の、「ジ（ヂ）」の落ちたものであろう。この解釈にあやまりがなければ、問題の山陰にも、もともと「ツジ（ヂ）」はあったことになる。今は、それが、わずかに「ツ」の形で、複合形の中に名ごりをとどめていると見られるのである。「テンコ・ツジ（ヂ）」の複合語ができると、単純に「ツジ（ヂ）」とだけ言う言いかたは、しだいにすてられたのであろう。

岡山県下だと、「ツジ（ヂ）」があり、「テンツジ（ヂ）」があって、しかも「テンコツ」を生じている。すなわちこの地方では、「天」と「ツジ（ヂ）」とを複合させたのと同様に、「テンコ」と「ツジ（ヂ）」も、複合させたのである。そして、「テンコツジ（ヂ）」は「テンコツ」という語形にした。「テンコツ」は四音節語で、こうなって、よく、「テンツジ（ヂ）」の四音節語に対応する。

四国の香川県下でも、「ツジ（ヂ）」「テンツジ（ヂ）」（この両者の分布のしかたは前述）、「テンコ」がならびおこなわれ、かつ、「テンコツ」が、また同居している。やはり、ここでも、たしかに、「テンコ・ツジ（ヂ）」の複合形がおこったのである。――東条先生の「全国方言辞典」にも、「てんこつじ　香川・大分」とある。それが、「ジ（ヂ）」を落として、今は「テンコツ」になっているのだと解される。徳島県下・愛媛県下の「テンコツ」についても、やはり同様に、これを、「テンコ・ツジ（ヂ）」からの自然の成果と見ることができる。

高知県下には、「テンコツ」もあるが、いっそうさかんには、「テンコス」が分布している。「テンコス」は「テンコツ」の転化形に相違あるまい。すると、ここにも、けっきょくは、「テンコツ」の類がよくおこなわれていることになる。一方、「ツジ（ヂ）」や「テンコ」もいくらか分布している。たしかに、ここでも、「テンコツジ（ヂ）」から「テンコツ（ス）」ができたのであろう。

さて、四国の中で、「テンコス」を言う高知県下は、この点では、「テンコツ」を言って「テンコス」は言わない、他の三県よりも、分布地質を新化させていると言うことができる。

同じく、土地がらを新化させていて注目される所が、すでに、「ツジ（ヂ）」を言わなくなっている山陰の隠岐、出雲地方以東などにみとめられたわけであるが、その中でも、因幡方面には、明らかに、さらに一段の地質新化のおこなわれているのがみとめられる。というのは、ここでは、「テンコツ」の転と見られる「テンケツ」があり、なおまた、「テンゲツ」もできて、さかんにおこなわれているからである。

ここに、南北両辺で、新化現象の見られること、したがって、分布地質の新化のみとめられることは、注目にあたいする。

そういえば、「テンケツ」は、岡山県内にも見いだされ、ついで、西の島嶼部に見いだされる。島嶼部に「テンゲツ」もある。新化はこの辺におこっても当然であろう。

新しい転化形といえば、「テンゴ」に対する「テンギョー」が、やはり内海域に見いだされる。広島県内本土にもあり、愛媛県本土にもある。愛媛県下ではまた、「トンギョー」というのもかなりよくおこなわれている。「トンギョー」は、「テンギョー」の後身に当たるものであろう。転化形は自在にできている。「テンギョー」「トンギョー」、ともに、高知県下などにもいくらかある。

岡山県下に多い「テンゴーラ」も、「テンゴ」系の新形とされよう。

以上を要するに、「山の頂上」のこの分布図では、「ツジ（ヂ）」という語詞の衰退史が興味ぶかくたどられる。「ツジ（ヂ）」や「テンツジ（ヂ）」は、何の派生形もうむことがなかった。一方の「テンコ」の方は、しだいに多くの派生形をうんできた。（テンゴ・テンゴーラ・テンギョー・トンギョー）「テンコ」の派生形は、「ツジ（ヂ）」の分布と流行をよわめることになった。「テンコ」系のものの分布に平行して、「テンコ・ツジ（ヂ）」系の「テンコッ」類が分布することになった。「ツジ（ヂ）」は、このところに、余生を保ち得ているのである。「ツジ（ヂ）」（または「～ツジ（ヂ）」）そのものの分布していない所は、それをなくした新化地帯として、特に注目される。内海の島嶼では、「山の頂上」の意の「ツジ（ヂ）」または「～ツジ（ヂ）」はなくしていながら、「日のツジ（ヂ）」（「日の照るさかり」の意）などの言いかたは存している所がある。これはまさに、「ツジ（ヂ）」の温存である。「日のツジ（ヂ）」が「日の峠《トー》」の言いかたとあい互して存在していたりするのはおもしろい。

中国の西半方面だけは、「ツジ（ヂ）」を存することがつよくて、おおよそ、「テンコ・ツジ（ヂ）」系の言いかた（「テンコッ」など）を欠いている。「テンコ」その他の言いかたもしていない。「テンコ」を分布せしめ、これを「ツジ（ヂ）」と結托させることは、――したがって「テンコッ」類をう

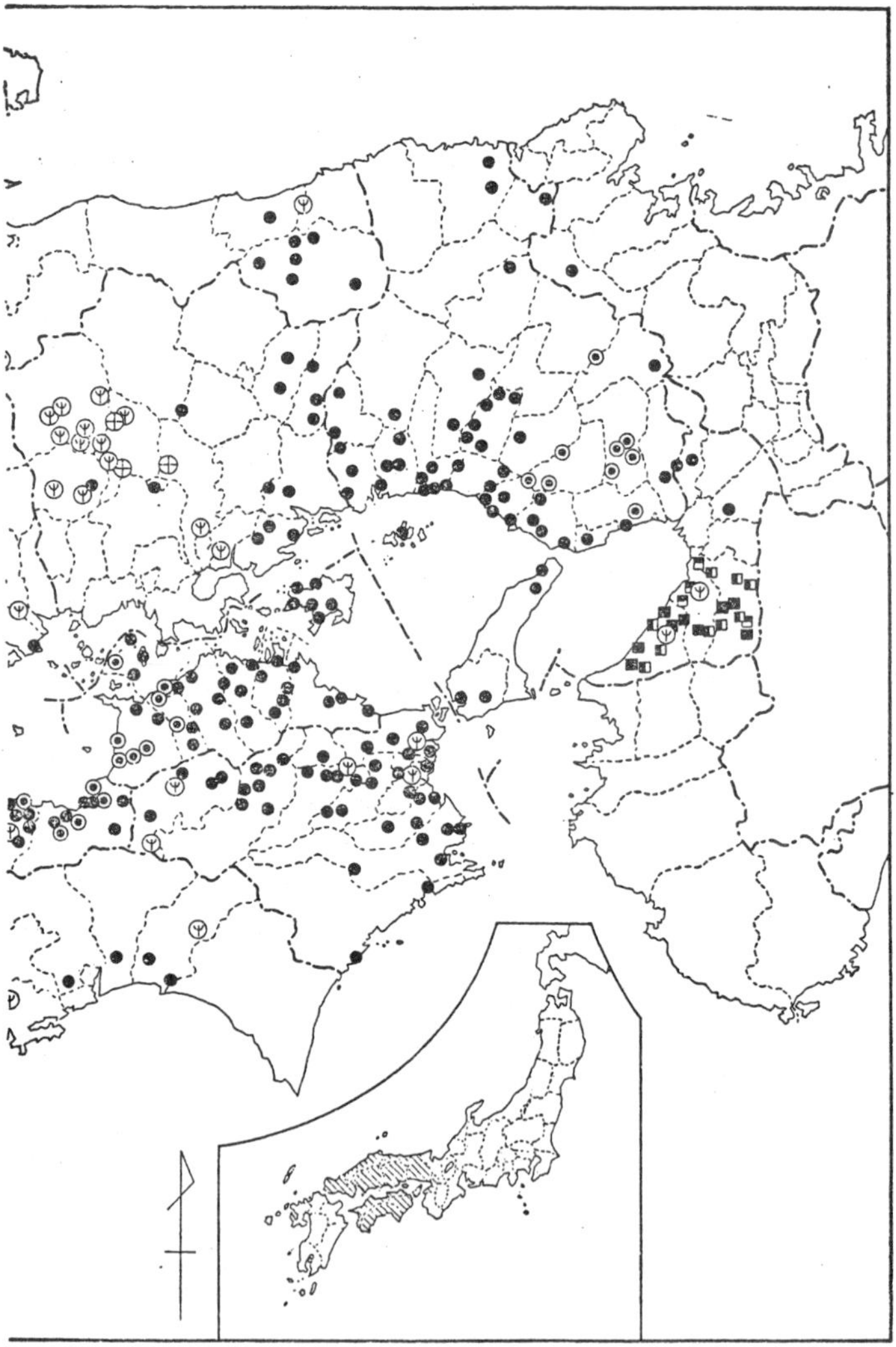

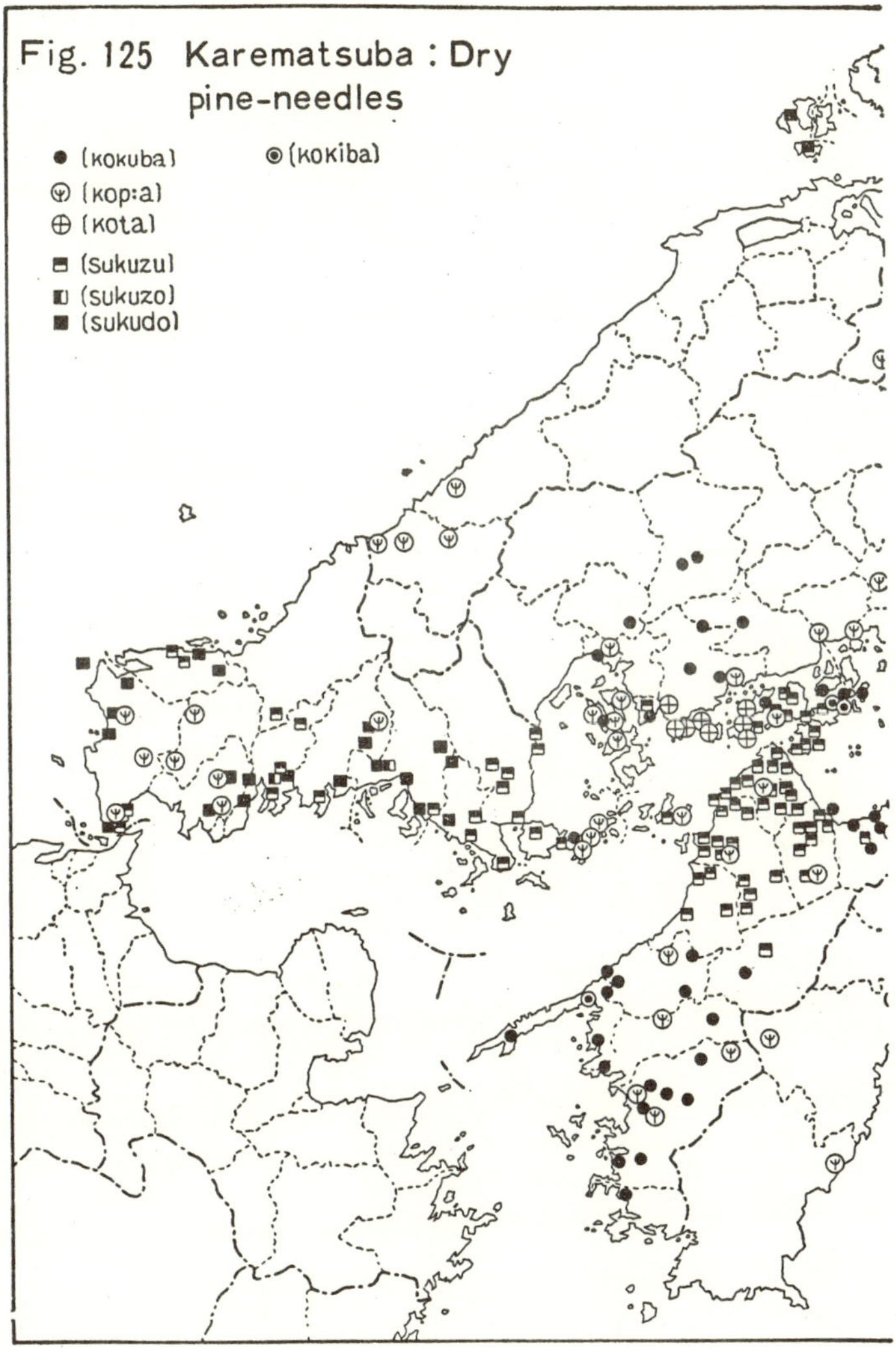
Fig. 125 Karematsuba : Dry pine-needles
(kokuba)
(kokiba)
(kop:a)
(kota)
(sukuzu)
(sukuzo)
(sukudo)

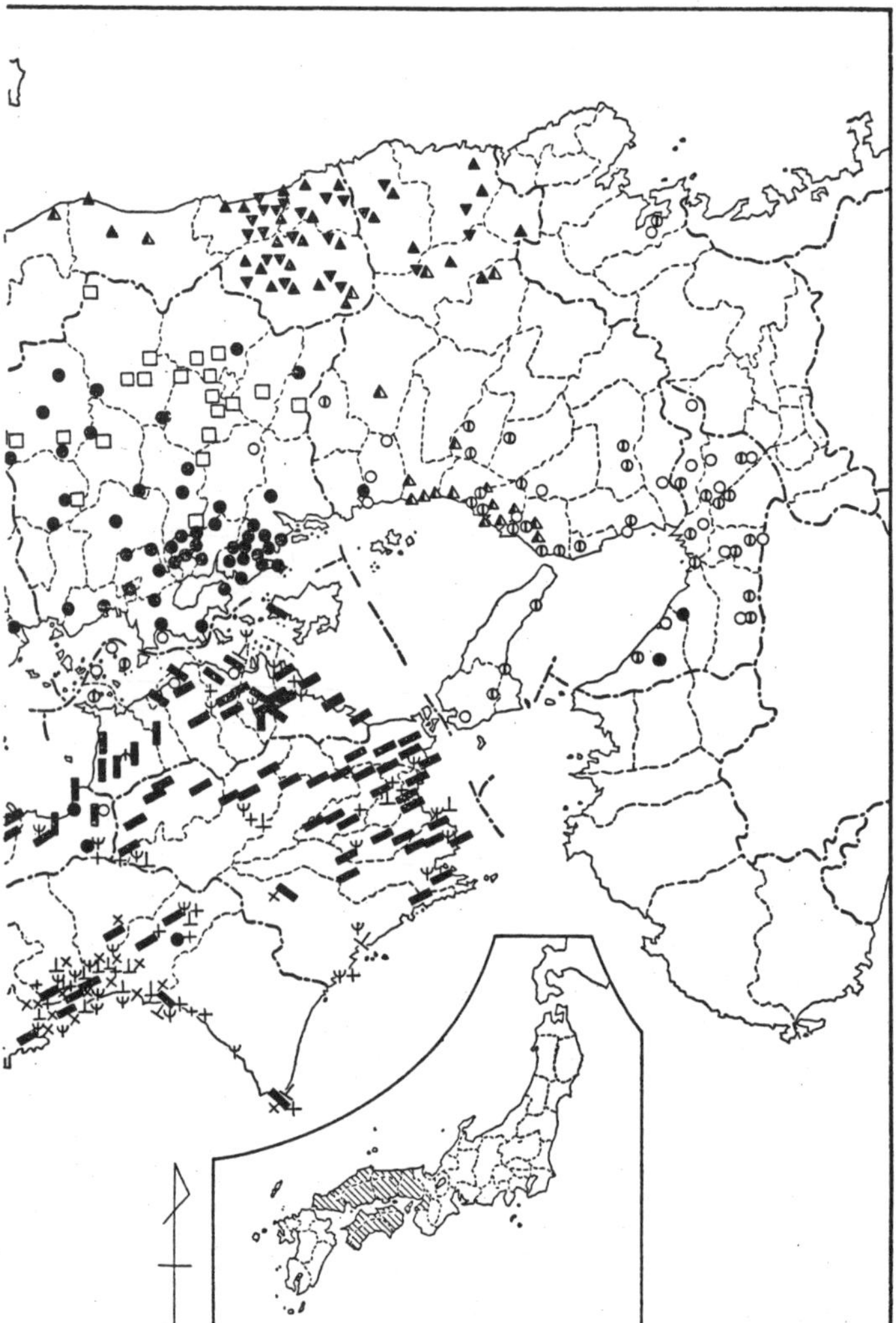

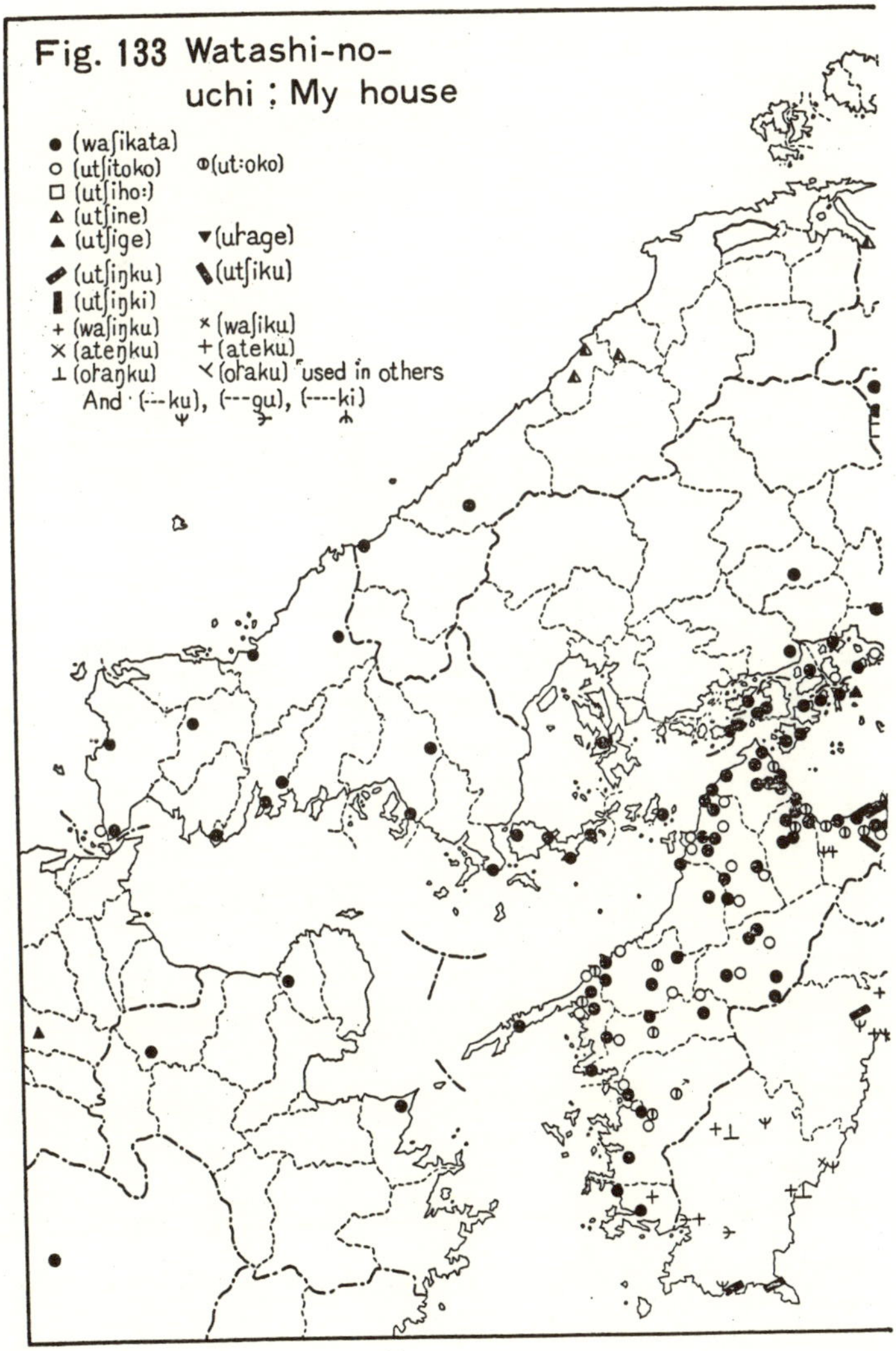

Fig. 133 Watashi-no-uchi : My house

むことは、中国東半と四国とでさかんであった。このような点で、中国西半方面は、新傾向に侵蝕されることなくして残った古態の地域と言える。

「テンコツ」に関しては、「天」に卑称効果の「コツ」をつけて「テンコツ」とした所があるかもしれない。これをいちおうことわっておかなくてはならない。「テンコツ」が「テンコ」になることもあったか。

㈣「枯れ松葉」

ここに分布図をかかげる。私なりの解釈を加えることは、今はさしひかえるほかはない。

㈤「わたしのうち」

前図にしても、本図にしても、事象とその分布に、注目すべきことが多い。これらが、私どもに、さまざまの解釈方向を予示している。

㈥ む す び

ととのえられた多くの項目について、以上のように、事象の生成を見、分布の領域を見ていく。これを統一的に解釈する時、事象史を究明することができ、分布の地質を解明することができる。分布地質を持った分布領域を、多くの事項について見あわせていく時、分布傾向を帰納することができる。分布の諸傾向は、すなわち、そこに方言境域の成立することを告げるものである。

以上の二、三の作業によっても、すでにいくらかの分布傾向が帰納されようとしている。四国の高知県地方と、中国の山陰との、対立的な孤立傾向などは、早くも注目された。しかも、両所は、かならずしも古い状態を示すとはかぎらないのである。中国と四国も、対立しようとする。中国内部では、東西の差別もある。四国の内部も単純でない。それにつれて、四国と中国との関連が見られる。ついで内海域が問題になる。ここがまた、これとして地域的なまとまりを見せようともしている。分布の理は、中国四国の範囲でも、いろいろにみとめられるようである。

二　命名心意の展開と造語法の諸相

中国四国地方について、事項々々の異称集をつくり、これを、中国四国地方をおおう一大民衆心理（一大人格）のはたらき、——そのあらわれと見る時、この異称集の上で、私どもは、当地方の一大人格の、命名心意の展開を、いろいろにあとづけることができる。

この作業もまた、言語史研究の一環になる。とともに、この作業から、私どもは、造語法の諸相を見いだすことができる。

㈠「馬鈴薯」の名

これについては、前掲の小著、「日本語方言の方言地理学的研究」の Fig 114「じゃがたらいも」の分布図を参照していただければ幸である。（ただし、右の図には、異称のおもなものの一部をあげた。）

「馬鈴薯」の名は、中国四国で、じつに多様である。今、これらを、統一の見地で観察し、分類整理してみる時は、命名心意の、つぎのようなあとづけが可能である。

一つには、弘法大師の慈善にちなんで、このいもを「弘法イモ」とよんだ。これが、「コーボーイモ」「コーボイモ」「コーボエモ」などとなっており、ついで、「コーゴイモ」などとなまってもいる。（一地点に、いくとおりもの名があるのではない。その土地この土地に、その名この名がある。これらをまとめて見て、統一の見地で、一般心意・民衆心理のうごきを、今、追求しようとするのである。）「弘法イモ」はまた「お大師イモ」ともよばれた。四国地方などでは、「オダイッサン」と言えば弘法大師である。「オダイシイモ」「ダイシイモ」がある。

「四国イモ」のよび名は、四国の弘法大師を思うてつけたものであろう。

地名といえば、「ジャガタライモ」は、地名をとった名であった。「広辞苑」には、「慶長三年、ジャガタラから渡来したからいう」とある。中国四国では、これを「ジャガイモ」と言うことが多い。「ジャガイモ」は、「ジャガ」の略形にもしている。「ヂャイモ」というのもある。「ガジャイモ」もある。「ジャガタライモ」を「ジャガタラ」にもしている。「ジャタラ」もある。

地名を外地にとっては、なお、「シナイモ」「カライモ」のような名をつくっており、「オランダイモ」「セーヨーイモ」などとも言っている。「四国イモ」のように内地名をとったものとしては、「カントイモ」「クヮントーイモ」などがあり、「ホッカイドーイモ」などもある。

命名はまた、馬鈴薯が年間にたびたび収穫できることを言う方向にも展開した。生活に有用なこの物を見ては、人々の命名心は、しぜんに、収穫上の特徴点を指摘する方向にもむいたのである。まず「ニドイモ」（二度いも）と言っている。（「ニドデキイモ」などもある。）ついで、「サンドイモ」というのもある。何度もできるので、「ナンドイモ」とも言っている。「ナツイモ」は「夏いも」であろうか。すると、これもやはり、たびたびできることを言う名の一種と見ることができる。「ホドイモ」というのも、たびたびできることを言ったものであろうか。これを「ホド」とも略しており、別に、「フドイモ」とも言っている。「トクイモ」は、いく度もとれるので得《とく》というつもりであろうか。

一かぶへのなり数がたくさんで、収量の多いことにも目をつけた。「ロクショイモ」（六升いも）「ハッショイモ」（八升いも）などという名をこしらえている。

つらなって実のなるところをとらえては、「オビイモ」（帯いも）などという名をつけた。また、「バレン」などとも言っている。「バレン」は、「バレイショ」「バレーショ」などにちなむ「バレンショ」などからきているかもしれない。また、「バレーチョ」などにちなむ「バレンチョ」などからきているかもしれない。が、「バレン」で、馬簾を想像することがあったかもしれない。あのすずなりにつらなっているのを見ては、「帯いも」などと言うのと同じような気もちで、「馬簾」を思いおこしたかとも察するのである。

小さいのがつらなっているのを見て、一々の小さぶりを形容しようともした。「ゴイシイモ」は、「碁石イモ」かと思う。「ゴーシイモ」「ゴシイモ」などというのもある。「ゴーシモ」「ゴシモ」もある。「ゴーシュイモ」「ゴーシューイモ」などというのは、「碁石イモ」からの転化ではなかろうか。そんなずれが、もっとひどくなってできたものかと思われるものに、「ゴョーシュイモ」(「御養子イモ」?)がある。

なお一つの命名方向があった。馬鈴薯のくりくりしたのが光っているのを見てか、これに「キンカイモ」の名をつけた。「キンカ」は、たぶん、はげあたまのつるつるを言う「キンカ」のことであろう。馬鈴薯に、あの「キンカあたま」を想像する命名方向がここに開けたのである。「キンクヮイモ」「キンガイモ」は、ただのなまりであろう。「キンカンイモ」「キンカン」となると、やや別の名らしくなる。「インカイモ」も、もともと、なまりの形であろうが、とかく新名としての風をおびようとする。「カンカイモ」という転化形もある。「キンカイモ」が「キンケーモ」となまっても、もう別語らしい。「キンカツイモ」「キンカツ」の名もできた。ここまでくると、別語性はつよい。

なお、有力とは言えないけれども、命名方向の把握にはちがいないものが、二、三、見つかる。「スナイモ」「ジイモ」、「ボタンイモ」、「ショーロイモ」などというのがそれである。

馬鈴薯をとらえての、命名心意の展開は、素朴自然であり、時にすこしく滑稽でもあった。

以上のように見られた命名では、「体言十体言」の複合法が、名詞の造語法・製作法として注目される。略称法もまた、さかんにとられていた。

㈢「嫁がかってに実家へ帰る」ことを言う動詞

これについても、前著の分布図、Fig 103をごらん下されば幸である。

主として中国地方には、右の事項を言いあらわす動詞の、異色あるものが、かなりおこなわれている。今、これらの動詞を総覧し、分類整理してみる時、右の事項に対する言いかた（命名）の、さまざまに展開し、転化していったことを、追証することができる。

単純な動詞としては、「イヌル」がある。「インダ」などと、この動詞がよくつかわれる。嫁の実家の近所の人は、「モドル」「モドッタ」と言いあらわす。「去ヌル」のを見る立場の人々は、「ハシル」「カケル」とも言いあらわしている。この二動詞になると、そういうことをした人に対する軽侮めいた気もちも顔を出す。人は、一種の批評意識をもって、「ハシッタ」とか「カケッタ」とかうわさするのである。「ハシル」（走る）を、一般的な意味にはつかわないで、右の事項の場合だけにつかう所がある。こんな所では、「ハシル」がいかにも特定の動詞になっていて、嫁の走行を、よくあらわすのである。

「クロミをフク」の言いかたがある。これは、「ハシル」のを、すごい帰りかたとしてえがいている。

さて、「ハシル」「カケル」のすがたをとらえたものであろう、「シリカラゲ」、「ハダシバシリ」というのがある。尻からげで、また、はだし足で、というところである。村のしごとの生活の中の妻のすがたを、よくえがきとっている。

　このようなひとはしりは、多く、一日はたらいての日のくれであったろう。走るのに、はずかしさも少い。「カゴーフル」（かごを振る）というのがある。これはもともと、畑しごとのためのかごを腰につけて、それをふりふりあるくことかと思われる。はたらいて帰ってきた嫁は、夕がた、腰のかごもとかないで、それをふりふり、――（とは誇張で、野良着のままで、とでもいうくらいのことか。）――実家にハシッていく。「カゴーフル」は、まったく、「嫁がかってに実家へ帰る」ことを言いあらわすことばになったのである。夫婦げんか、その他の仲たがいで、居たたまらず出ていくとなれば、はたらくつとめは心得ていた嫁は、まさに、日のくれ、こうして、カゴをフラなくてはならなかったのだろう。「カゴ」は、「フゴ」とも「ホゴ」とも言いあらわされている。「ホボロ」とも言いあらわされている。（「ホボロカゴ」のことである。「ホボラ」ともなっている。）名称によって、かごに大小の差もある。が、要は「かごを振る」なのである。

「フゴーウル」などと言いあらわされているのは、「フル」が「ウル」になったのであろう。「ウル」が「売る」に聞こえるようになって、成語「カゴー（その他）フル」は一転した。「ウル」ともなれば、もう原義ははなれたのであるから、この先、どう転化してもよい。「フゴーウツ」というのもできている。そこからの大転化、連想か、「フーライウツ」というのもできている。「ホボロウツ」

というのもできている。

「ホボローコカス」のような言いかたもある。「コカス」は「ころがす」であろう。「カンゴガコロゲタ」（嫁が不仲で実家へ帰った）のような言いかたもある。（「コロゲタ」は、嫁がハシッて去んだことを、揶揄的に言いあらわしている。）「コロゲル」「コカス」と思い合わす時、「かごをフル」「〜ウル」などでは、たしかに「フル」がもとであったろうと思われるのである。

それにしても、「カゴーウル」などと言うようになると、事件の性質上、「ウル」というのでよいように思われてくるからおもしろい。「〜ウル」は、いつとはなしに、事件を言う巧妙な動詞と、人人に思われてきたらしいのである。

右の「かごをウル（フル）」ことを、「ブリをツル」と言いあらわしている所もある。「ブリをツル」では、どうしても、魚のぶりをつることを思わざるを得ない。これはなんととっぴな言いあらわしであることか。じつはこれも、もとは、「ブリをフル」だったらしい。きげんがわるくてよそへ行っていることを、「ブリをフットル」と言いあらわしている所もあるという。この「ブリ」は魚のぶりではなくて、「フリ」にも近いものであろう。その「ブリをフル」が、いつしか大転化をおこして、「ブリをツル」になったらしい。そうなってもよかったのである。人は、この「ブリをツル」の言いかたに、嫁が無断で実家に帰る（帰った）ことをややおもしろおかしく評判する気分を、うまくのせたのである。

「イデ（小溝）サラエ」、「イデをホル」のような言いかたがある。これらは、もしかすると、「家出」を「イデ」（小溝など）にとって作ったものかもしれない。「家出」を小溝などの「イデ」に具体化すると、そのひょうしに、「サラエ」とか「ホル」とかの言いかたをするようになったらしい。そうして、「イデーホル」などの成語は、もはやこれとして、当の事件の独得の味わいをよく宿すことになったのである。人々は、ややおどけた気もちで、語源などはせんさくすることなしに、ただこの言いまわしのおもしろさに引かれて、これを愛好することになったかと思う。

こうしていろいろに見てくると、造語の新しい安定を、興味ぶかくうけとることができる。命名心意は奔放に飛躍し、そこに新しい命名と語形式とがうまれる。

上来の新造語は、多く、「名詞＋（助詞）＋動詞」の複合形式になっている。

三　方言語彙体系

つぎには、中国四国地方内の諸方言のおのおのについて、その語彙の体系的存在を記述し、かつその内面に法則を探究すべきことになる。

諸方言のおのおの、その一定方言の、語彙を見るとなって、一定方言をどうとるかが問題になる。下位段階で諸方言を見ていけば、一定方言は小さいものになる。中国四国地方について、大ぐくりの方言をみとめるとなれば、さいごには、中国方言・四国方言がみとめられるであろう。中国四国方言というまとまりは、みとめにくいと思う。

㈠　小方言の語彙体系

部落単位の方言をとった場合が、まず、中でも、小さい方言のとりかたとされよう。ここで理想を言えば、中国四国地方の、そういう小方言のおのおのについて、語彙論的研究が実施されればよいことになる。

ここでは、その一例として、筆者の郷土方言についての試作をかかげてみよう。

所は瀬戸内海の大三島（愛媛県に属し、広島県本土に近接している。）の北端である。ここに、内海島嶼の純農村型の一部落がある。三百数十戸の村であり、この集落は、一個特定の方言社会として、両わきの部落のそれぞれの方言社会とも、明らかに対立している。

この大三島北端方言社会の方言（方言生活）について、私は、つぎのような項目の語彙分類をする。

A　島の農村の自然

　土地・海・山

　動物・植物・鉱物

B　農家

家屋・屋敷

服飾・食物

C　農作

田畑・農耕・農具・収穫

気象・天体

家畜

D　副業、特業、出かせぎ

E　商売往来

F　島の農村の諸施設

G　農村社会生活

人（身体・性向・教養）

家庭生活

族縁生活

通常生活

公的生活

娯楽

信仰
冠・婚・葬・祭、儀礼交際
暦時・年中行事
青年の世界
子どもの天地

これは、島の農村の生活——方言生活の実態に即して立てた分類項目である。これにしたがって、生活語彙の体系は記述される。

つぎには、一部分の例として、「農作」の中の、「家畜」の、馬に関する語彙の記述をあげてみよう。左のような順序で、語がとりあげられた。

ンマ・ホロ・ホロホロ・ドード・イヒヒン　ンマノコ・ワカンマ・ナレ・キンマンマ　コマ・オトコンマ・オツコンマ・ダンマ・オナゴンマ

ンマノケーロ・カゲ・ベニカゲ・シラカゲ・カスカゲ・クロカゲ・クリゲ・クルゲ・ヒクルゲ・キンクリゲ・オバナクルゲ・シラクリゲ・カーラケ・カーラゲ・カモカーラゲ・アシゲ・ツクゲ・シブツクゲ・グチ・アヲ・ヒバル　チョーブタイ・ナガレチョーブタイ

ンマノドーグ・ドージキ・クラ・クラボネ・シュータブラ・シュータビラ・カギ・ニヲ・ニダイ・オワス（オワサン）・フーリン・ハラオビ・ハラアテ・エビ・シリガイ・クダ・タワイ・テツ・クツ・ンマノクツ・カナグツ・テツウツ（ウタン）・ンマノジョーリ・ンマニジョーリハカス・（ハカサン）・ハイハライ・ホーダマ・クツワ・クツバ・クツバカマス（カマサン）・オモガイ・オイズナ・ンマーオウ（オワン）・ンマーツカウ（ツカワン）

ンマノクーモン・ンマノハミ・ンマオケ・ンマニミズノマス（ノマサン）・ニゴレミズ
ホイ・ハチ・ドー・ドードー・トレ
ンマノクセ・ケル（ケラン）・クイック（クイツカン）・ハネル（ハネン）・シリコバネ・マエタタキ・マエカキ・
リキフミ・サビル（サビン）・ユルギ・キカブリ・タニンキラウ（キラワン）・ハナイン・ダク（ダカン）
サトイ・ニショクガエー※
イボル（イボラン）
ンマノアギーカク（カカン）・ンマニヤイトスエル（スエン）
ンマニノル（ノラン）・ウマンノル
ンマガミサン
以下、牛馬に共通
イギル（イギラン）・オゴル（オゴラン）・タケズナ
マター・クヮニエー
モミワラ・オシギリ・コギル（コギラン）・ホドロ・ヒゴ・ヒゴビヤ・カイニイク（イカン）・ハナシガイ・モ
ノクイガエー・カイガエー
トーネンゴ・トーザイ・シャク・ダキ・セゴ
ばくろうのことについては、「特業」の条参照。
馬の舎屋については、「家屋・屋敷」の条参照。

これで、馬に関する語彙は、当方言生活の農人たちに通用のものを、ほとんど全部とりあげてある。（私は、昭和四、五年から十年までで、当方言の語彙調査を、ひとまず完了した。――その尽くしかたについては、今はふれない。馬に関するものも、その期に、しぜんにまとめられたものである。）

これらの一語々々について、その排列部位で、解説が加えられているわけである。たとえば、「ニショクガエー」（前掲※印）では、

〈中以上、おもに初老以上――男〉〔形・ク活〕何でもよく負うこと。どの馬でもわりによくきらうのは、長い物や、しもごえおけなどであるが、そんなものでも、きらわないで負うのを言う。

としてある。語そのものを明示し、その生息のしかたと社会的環境とを明らかにして、一語から一語へと、発展的に記述していけば、生活語彙の体系は、生活誌風に、特性的にえがかれることになる。

さて、馬に関する語彙を、今こうしてかかげてみると、今日では、もう、これほど多くの語詞はつかっていないことに気づく。第一、馬を飼育することが少くなった。生活史的展開である。馬に関する語彙分野は、衰退しつつあると言える。

語彙分化の原理に関しては、一つ、「人」の「性向」に関する語彙に見うることを、ここに述べてみよう。「性向」語彙は、上むきによりも下むきに、ほめたたえる方向によりは非難したりけなしたりする方向に、よく繁栄している。じっさいに、下むきのものの語数は、上むきのものの語数よりも、はるかに多い。つぎには、一々の語をあげることはぶいて、小分類の項目をあげてみよう。

実直家・上質の人、丁寧家・細心家、計画ずきの人、のんき者、熱中家、いちがい者、剛胆家・大胆家・冒険

家、小心者・気よわ者、いらいらする人・おちつかない者、沈着人、ゆっくり屋・ぐずぐずする人、不平家、こごと言い、気みじか者、気むらの人、腹たて者、執拗者、意地わるさん・わる意地者、性根わる、出しゃばり、おせじ言い、みえぼう、飾り屋、冗談言い、おどけ者、おちょうし者、饒舌家、誇大家、ぶしょう者、どうらく者、なまけ者、放蕩者、物もらい、盗人、吝嗇家、おうちゃく者、食いしんぼう、性、淫、世間しらず、子どもの性向

やはりこの場合も、「性向」関係の全語を、前記調査期間に、ほぼ拾いあげたつもりである。その全体を整理して、右のような小項目分類にまとめることができた。各小項目の語数は、項目によって等しくない。が、この小項目群を大観したところでも、総体に、語彙は、下むきによく繁栄していることが明らかであろう。これはたしかに、この方面の語彙分化の一つの原理を示しているものと思われる。上むきのものとされるものでも、たとえば「テーネシ」（丁寧家）のような語でも、人はこれを、丁寧すぎとも見られるのを揶揄したりなじったりするような気もちでつかっている。つまり、純乎としたほめことばは、ごく少いと見られるのである。ここらに、方言社会の旧来の社会道徳のありさまもよくうかがえる。さてこれが、今後はどのような展開を見せるものか。今のところ、郷里方言に、人の性向をほめるほめことばが豊富になっていく傾向などは、目だっていない。

㈡　大方言の語彙体系

大ぐくりの方言、中国方言・四国方言おのおの、語彙体系は、どのように記述するか。

大方言は、地域的な広がりを持っており、中に下位の群小方言をいだいているのであるから、語

彙論的処理も、一語々々が、下位諸方言でどうなっているかを、つまりその語が分布していることを、無視することはできない。大方言の語彙論には、分布論がはいる。分布を見ると、たとえば副詞語「エット」（「たくさん」の意）が、群小方言を通じて、どんなかの広がりを持った存在のしかたをしている。今は、中国方言・四国方言について、このような、語の広がりを見るのである。時には、山陽で「ミテル」（「なくなる」の意）を見、山陰で「月のミテ」（「月末」の意）などを見ることができて、「ミテル」という動詞はもともと陽陰にわたったものだと知られるようなことがある。大方言語彙論では、すべての語をというわけにはいきかねるので、おもな語をえらんで、分布の存立を見る。こうして、語彙が重点的に調査され、一語々々の分布傾斜がとらえられることになる。分布傾斜の総括が、大方言の語彙体系の記述になる。

分布傾斜は、たとえてみれば、立体空間の中にかかった任意の傾きの平面のようなものである。このようなものが、空間の中で、さまざまに交錯する。この交錯には、かたよりや傾向が出てくるはずである。それが、大方言語彙に見いだされる法則でもある。中国方言では、その交錯のかたよりに、山陰の古脈性を示すものがある。四国方言では、四国南半の古脈性を示すものがある。

四　比較語彙論

㈠　広島大学の大学院学生、室山敏昭君は、山陰、鳥取県地方につき、西の、はっきり出雲的とみとめられる地方の代名詞語彙を、代表小方言いくらかについて整理し、また、東の、因幡方言というものをみとめうる地域の代名詞語彙を、代表小方言いくらかについて整理した。その両方の見地から、鳥取県中部地方の群小方言おのおのの代名詞語彙を、把握検討しつつある。これによって、中部地方方言状態を、東西に見わけようとしている。

㈡　右のしごとに関連して、私は、自称代名詞語彙の、山陰倉吉方言のもの〈十七語から成る。〉、対称代名詞語彙の、同じく倉吉方言のもの〈十四語から成る。〉（ともに、室山君による。）を、中国地方の六十五小方言、四国地方の四十三小方言に引き当ててみた。とりあえず、これだけの小方言の土地の出身者、男性（二十二歳前後）の会する所（中国は広島、四国は善通寺）で、十七語、十四語の、おのおのにつき、「言う」・「言わない」を、紙上で答えてもらったのである。ともかくこれで、一つの分野語彙の、比較作業が成り立つ。

この調査では、あわせて、副詞の、分量副詞語彙（広島県北、八幡方言のもの。）〈十九語から成る。〉についても、おのおのを文例で説明して、こういう副詞を言うか言わぬかとたずねた。

副詞語彙を比較すると、方言対立がよくわかる。たとえば、島根県石見の一小方言では右の十九語のうち、「エット」（たくさん）「ダイメン」（だいぶん）「ジョーニ」（たくさん）「シコッタマ」（うんと）「ゴッソリ」（全部）「チート」（すこし）「イッソ」（ちっとも）を有するが、高知県下の一小方言では、「マット」（もっと）「ゴッソリ」（全部）「ソット」（すこし）の三語を有するばかりである。両方言の方言差は、ここに明らかである。

右の調査とは別に、今、愛媛県北部の一小方言と、それに近い、中国南岸の一小方言とにつき、副詞語彙全体を見くらべるとする。双方に共通するものも多い。が、中国がわのは、中に一つ、「ボッコー」（ひどく）を含んでいる。四国がわのは、中に一つ、「ヨーニ」（すっかり）を含んでいる。さて、「ボッコー」のある中国がわの副詞語彙――生活語彙は、「ヨーニ」のある四国がわの副詞語彙と、大いに性質を異にしていると見られる。

㈢　私の、比較語彙論的な作業の一つに、つぎのようなのがある。広島県北、八幡方言を調査した全カードを、つぎに、そこよりも南の土地の方言人に、一々見てもらった。そうして、「これは言う」・「言わぬ」と、印をつけてもらったのである。この全カードを、さらに南の、広島市西郊の方言人にも見てもらって、同様の作業をしてもらった。そこで、今は、各カードに、奥地・中間・海辺部、三地点方言の事情がうかがえることになった。これを利用すれば、いくらかの語彙比較を実践することができる。

その一つとして、敬語の助動詞の諸語を、語彙として観察してみると、奥地にはその語彙がなかんずく豊富であり、中間地点、海辺部となると、それがだんだんに貧弱になっているのである。――というのは、古態のものが、だんだんに姿を没しているのである。まさに、山の古脈地から平野の新化地への方言変動が、ここに見られる。右の全カードからは、体系と体系とを比較する方法を、なお、いろいろに見いだすことができるように思う。

五　方言語彙汎論

中国地方の諸「方言語彙」について、敬語語彙を見わたし、つぎに、四国地方の諸「方言語彙」について同じようなことをする時、中国地方で汎論しうることと、四国地方で汎論しうることとには、相違がある。第一、四国は、「レル・ラレル」系助動詞語彙のほとんどおこなわれない所である。

なお、「汎論」その他に関して、「日本民俗学大系」第十巻「口承文芸」の「方言　Ⅰ語彙」（一九五九年）を参照して下さるなるならば幸である。

おわりに

中国四国地方の方言語彙を問題にする時、中国地方については、近畿の但馬方面も考慮に入れなくてはならない。

中国四国地方の方言語彙の記述が進展すれば、近畿や九州での方言語彙記述の進展とむすぶことができて、諸種の比較語彙論的操作その他が可能になる。これによって、中国四国地方の方言研究も深化する。

広く東西に比較の目を伸ばしていけば、国の標準語彙を徹底的に考えていくこともできる。

（『方言学講座』第三巻　昭和三十六年四月）

九州弁の表現法

——藤原与一

○　ものの言いかた

ここに表現法と申しますのは、「ものの言いかた」というつもりであります。

たとえば、鹿児島の人たちは、バレー・ボールの応援などをする時も、"それ行け！" とか "がんばれ" とかいう気もちで、

○チェストッ――！

と言うそうです。アメリカ英語なら "Come on !" というところでしょうか。こういう、きまった言いかたに、表現法があると考えられます。つまりは、きまった言いかたが、表現法そのものですね。

みなさんは、多くは北九州・北半九州のかたとして、日々、九州弁の生活をしていらっしゃいます。それはみな、九州弁の表現の生活と申せます。その個々の表現に、表現の法、表現法というものがあります。言いかたですね。表現法にしたがって、みなさんは、なにげなく、しぜんに、表現の生活をしていらっしゃいます。

では、これから、ごいっしょに、九州弁を考え、その表現法を見ていきましょう。

一　敬意の表現法――敬語法――

はじめの問題は敬意の表現法です。これは大きい問題なので、今日はとくに，敬語法，というようなものに、問題を限定し、しかもとくに、言いかたの、相手による言いさだめかたの別を見ていくことにします。

鹿児島県薩摩半島東南海岸の岡児ケ水（オカチョガミヅ）の方言では、「君はよく来たねえ。」の「来たねえ」のところを、

○………キタ　ネー。
○………キタ　ナー。
○………キヤッタ　ナー。
○………ゴラッタ　ナー。
○………キヤシタ　ナー。
○………キヤイモヒタ　ナー。
○………オヂャッタ　ナー。
○………オサイヂャシタ　ナー。

と言いわけています。岡児ケ水出身の方言研究者の瀬戸口俊治さんが教えてくれました。これだけの言いわけかた、言いさだめかたができています。表現法別ですね。こまかなものです。岡児ケ水にか

ぎらず、広く薩摩大隅の地方では、右のに似た表現法別が認められます。薩隅地方を出はなれても、九州地方では、方々で、そうとうに手あつい言い分けかたが認められるのではないでしょうか。

ここで一つ、他地方の例を持ってきてみます。楳垣実さんが、「紀州ことば　1敬語（その一）」（『和歌山方言』1　昭和29年10月）で、

まあ、上れ。
上りよしよ。
上んなあえ。
お上りよお。
上っていた。
上っていたあかひて。
お上んなひて。
お上んなひていたあかひて。

これだけ細かな敬意の使い分けが出来るのは、やはり和歌山市が、城下町だつたからであろうし、田辺市や新宮市にも、それぞれ複雑な敬語はある。

と述べていられます。ここにもこまかな表現法別が見られますね。しかもこの内容は、九州弁のとは、傾向のちがったものです。九州弁に、おのずから独特の表現法のそなわっていることが、敬語法の方面で、よくわかります。

ちなみに、土井忠生先生の『近古の国語』（『国語科学講座』第八回配本　明治書院　昭和九年四月）には、

一、上げい・上げよ　二、上げさしめ　三、上げさい　四、上げさせませ　五、上げられい　六、お上げあれ　七、お上げあらう　八、上げさせられい　九、お上げなされい　十、お上げなされう

などというのが見えています。段階の多いことが、よくおわかりでしょう。「上げさい」その他、九州弁の敬語法に見られるものもあります。（こんなところからも、九州弁のもの古さ・ゆえ深さがわかります。）

二　文末での訴えの表現法

さて、文表現末尾の訴えの表現法を見ましても、九州弁には、いろいろと、独得な要素が見られます。「よせっ　テバ。」、これは、「よせよ。」といったような意味の、共通語の言いかたですね。「テバ」（と言えば）という、訴え表現法要素が見られます。それが、大分県下では、「チコ」とあり、

○「チコチコ」　ユーナ　チコ。

「チコチコ」って言うなってば。

などと言っているのですから変わっています。「チコ」は「チコタナ」とか「タナチコ」とか言われてもいます。複雑な形のものには、また、用法の複雑さもあるようです。「タナ」（アンタなあ）ともあれ

ば、しぜん、相手のもてなしかたも、ちがってくることでしょうか。

九州の南には、「ヲー」という特殊な文末要素があります。これを用いて文表現を人に訴えると、ものの言いはすこぶるていねいなものになるのですから、他地方のものには、ふしぎとも思われることです。「ここはどこですか？」と問われて、ていねいに返事をする時、薩摩南部の人たちは、「何々　ヲー。」と言います。

○ハヨ　イッキャイ　ヲー。

は、「早く行きなさいな。」とでもいった、ていねいな言いかたです。――しぜんに、敬意の表現法になっています。

北九州をはじめとして、九州の広くにおこなわれている、九州的な文末要素としては、「ト」というのがあげられましょう。

○ヨカ　ト。

いいよ。

などと言われています。「ト」は、おおよそ、共通語の「の」に当たりましょうか。「行く　トナ？」の問いことばのばあいも、「トナ」の訴えの「ト」が、「の」に相当していましょう。「ト」は、九州弁のだいじな目じるしです。

○ヂャシ　トー。

そうですよ。

これは、薩摩での「ト」の例です。

○ジャイ　トー。

これは天草下島などでの例です。

「あのね。」の意の「アン　クサ。」、こういう言いかたは、肥筑の地方に聞かれましょうか。遠賀川すじにはこれがよく聞かれるそうです。「クサ」は、「こそ」と「は」とからできたものでしょう。それが「クサ」というような音形に変移するのとともに、その用法も変わったのだろうと解されます。「あの」のあとに「クサ」をつけていたりするのですから、このものは、もはや、文末の特定の訴え要素です。

天草でかつて私が聞きとったことばに、

○五百人ばかり　イッタダス　トイ。

　五百人ばかり行ったそうですよ。

というのがあります。これの文末要素「トイ」と、九州弁のおはこの「タイ」、

○それはそう　タイ。

などという「タイ」とは、関係があるものでしょうか、ないものでしょうか。東北の岩手県下などでは、「何々でヤンス」という敬語法の言いかたが、「〜ダンス」となっており、さらに「〜ドンス」ともなっています。ここには、「ダ」〔a〕＞「ド」〔o〕の音変化が見られます。「トイ」も、逆に「タイ」に変貌することが、あったかもしれません。ともかく、「トイ」は「ト」を持っていますね。「タ

イ」とあるのにも、なにか、「ト」のようなものの内在が、いくらか感じとられるようです。

「タイ」と「バイ」とは、九州弁の「文末での訴えの表現法」にはたらく文末要素の、二大大関みたいなものでしょう。この二つの運用を封じられると、土地っ子のみなさんは、たちまちおおこまりということにおなりなのではないでしょうか。さてこの二つが、他地方人には、たてわけ・使用区別のむずかしいものです。ある時、筑後出身の一知人が、私をテストしました。こういうばあいには「バイ」か「タイ」か、と、じっさいのばあいの言いかたで攻めてくるのです。私は、自分の立場を出してものが言いたいばあいには「バイ」をつかいました。(「バイ」をもって答えました。)たとえば、自分は知らないという時は、「知りません　タイ。」とは言わないで、

○知りマッシェン　バイ(トバイ)。

と答えました。自分の立場を言う必要のないばあいには(「バイ」をつかわなくてもよいと思われたばあいには)、「タイ」をもって答えました。どうやら無事に、知人のテストに応じきりますと、かれは、どうしてわかるのかと聞きます。私は、とりあえず、「バイ」使用の原理を述べました。「自分」のよく出る時は「バイ」をつかうと申しました。「それはいいね。」と肯定する時などは、さほど「自分」は出ませんから、「ヨカ　タイ。」です。——「バイ」のつかえそうもないところでは「タイ」をつかう、と申しました。「バイ」は、中国地方でなら「ワイ」です。「ワイ」は「わし」(私)に近いもののようです。東京語の「ワ」も同類ですね。このようなことは、早くに、柳田国男先生が説いていらっしゃいます。

「バイ」は九州弁独自のものと言ってよいかと思います。これは「私」系の語と言ってよかろうと思います。ところでここに、似たような音形のものが、東北の津軽にもありますので、ちょっとそれにふれておきます。

○オメ｜　ド｜サィ　イグンダ　バェー。

　　おまえさんどこへ行くの？

このような言いかたがおこなわれています。津軽出身の知友、小林泰秀さんにたずねてみますと、"疑問詞のある疑問文に、意味をつよめる「バ」がつく。"と言われるのです。右の例では、"どこへ行くのか興味がある時"にこう言う、とのことでした。小林さんは、「ドゴ｜サ　イグンダ　バー。」など、「バー」の言いかたをされました。しかし、じっさいには、「バェー」の形もよく聞かれるようです。この点では、ものが九州の「バイ」に似ているともされましょうか。それにしても、用法のだいたいは、彼我あい異なるようです。

異なる用法の津軽「バー」であっても、その元は「ワー」「私」というようなものであったとしたら、東北地方に、九州弁の「バイ」に類するものがあるとされることになります。九州弁独自ということも、用心ぶかく考えられなくてはならないことではあります。「バイ」形そのものの存在ということになりますと、これは九州弁にかぎったことと言ってよいのでしょう。ましてや、「バイ」に近い「ボー」などになりますと、これはまったく九州だけのもののようです。

三　文中の切れめの表現法

1　主部の表現法

「何々が　どうどう。」という時の、「何々が」の、切れめの表現法に、九州弁の一特色があります。すなわちそこで、九州の多くの人たちは、「ガ」ではなくて「ノ」をつかいます。「うどんが　ほしい。」という時でも、

○ウドンノ　ホシカ。

と言います。

九州の南部の人たちは、この「何々ノ」の言いかたを、尊敬の表現法としています。「先生がいらした。」などという時は、

○センセーノ　コライタ。

と言います。「センセーガ」と言ったら、わるい言い方になるのですね。むかし、室町時代などにも、国の文化の中心地、京都中心の地域でもおこなわれていた「ノ」「ガ」用法別が、今も九州内に見られるというわけです。

　さきの土井先生は、やはり『近古の国語』の中で、

室町末期には、「が」を普通に用ゐ、特に主格に立つ人を尊敬する場合とか上品に言ふ場合とかに

「の」を用ゐたのであらう。

と述べていられます。今日もこういう表現法別が九州弁に保有されているのは、注意すべきことであります。

もっとも、九州の地以外でも、山陰地方などには、主格の「ノ」を尊敬の表現につかう習慣がいくらか残っていて、この地方へも、九州弁の系脈がたどられます。九州弁とは、一面、山陰地方のことばにもつらなる性質を持ったものとされましょう。

なんといっても、日本語内での方言のことです。九州弁がはっきりとした独自性を持っているといっても、まずは相対上のことであります。他地方のことばへのつながりも、あって当然でしょう。それでいて、九州弁には、なおしばしば、九州弁だけの表現法が見られるのですから、私どもの研究興味は深うございます。

では、つぎの問題にうつりましょう。

2　文中の接続部の表現法

「きょうはいそがしいから、やめとくわ。」などと言いますね。こういう「から」とか、「何々だけど、どうどう。」といったようなばあいの「けど」とかは、文中のだいじな切れめに立つことばです。この種のことばが、方言でいろいろに言われています。方言の、文中での接続表現法です。ここにまた、九州弁独自のことばづかいが見られます。

○イクギ　ヨカ　タイ。

行ってもいい。

行ったらいい。（人に対する許諾）

こういう「ギ」というのがあります。これはどういう語源のことばでしょうか。瀬戸口俊治さんは、薩摩のご自分のことばづかい、

○ココイ　キタギーナ　タタカレル　ゾ。

について、「ギーナ」は「ぎりには」だとしていられます。北九州市のほうには、「ギーナ」に相当するものでしょうか、「………ゲンニャ」「ゲニャ」の言いかたがあるそうですね。『全国方言資料』第6巻の「福岡県三井郡善導寺町」の条には、「………ギニャ」の言いかた、

f　ミンナ　アンタ　ワケモンノ　ナンニンカ　ゴザリギニャ　ヨッテカラ

みんな　あなた　若い者たちが　何人か　おいでになると、集まって

というのが出ています。

○ソギャン　スッギー　ヨカト　オイモ　オモウ。

そうしたらいいとおれも思う。

これは佐賀県下での「………ギー」の一例です。

つぎに、九州弁には、「………から」の意の「………ケンカー」というのがあります。肥前の長崎県下でよく聞かれましょうか。「………ケン」だけでも「………から」の意になるはずですが、当方では、

「ケン」に「カー」（から）がつけ加えられています。ことばづかいの気もちというものが、こんな重ねかけを欲したのですね。（接続助詞の用いかた・こしらえかたに、表現者たちの心理がよく出ています。）文中の接続法というのは、なかなかおもしろいものです。

九州南部に行きますと、こんどは、「………ども」というのに「カラ」をつけ加えたのが聞かれます。「何々だけれども」の意の時、「………ドンカラ（ドンカイ）（ドンカー）」と言っています。「ども」に「カラ」をそえるとは、と、いぶかしくも思われますが、なお考えてみますと、もっともとも思われるのですね。「から」は、「何々から」とか「どうどうなので（のために）（のによって）」とかの意をあらわすことばです。「………ドンカイ」などというのは、「ども」とひねっておいて、「それによって、それゆえに」とばかり（つまりその「ども」の状態を受けて、それを流通させる気もちで）、「から」と言っているのではないでしょうか。「から」は出発点からのすじみちをにおわすとも言えます。「ども」の気もちを肯定して、それをさらに引きのばし、引っぱっていく気もちをあらわそうとするのが、「から」ではないでしょうか。

「から」ののびのびとしたつかいかたが、九州弁の中にはあると、言うことができましょう。「犬にかまれた。」のばあいでも、「インカラ　カマレタ。」と、「犬から」の言いかたをしています。

四　文中の語句部分に見られる異色の表現法

一文の中のある語句をなすものに、九州弁の、異色の表現法が認められます。

1　可能の表現法

一文の中の語句部分（あるまとまり）そのもののうえに、九州弁独自の、可能・不可能の表現法が見られます。それがしかも、ひととおりではありません。

九州南部には、「〜ガナル」の可能表現法があります。私は、日向中部の西奥でも、

○カローシテ　クイガナリモーサンナラ、ユデモ　ミヅデモ　イレテ　タモッテ　クレヤリモーセ。

からくてたべることができませんようでしたら、湯でも水でも入れてたべてくださいませ。

などというのを聞きました。これに、「食いガナル」の言いかたが見られますね。瀬戸口俊治さんは、その故郷、薩摩半島の岡児ケ水のことばをふりかえられつつ、その地で「〜ガナル」が一般的だと説明してくださいました。

○ジオ　カッガナイ　カー。

字を書くことができるか？

○イッガナイ　カ。

行くことができるか？

などと言うよしです。”一般の可能性“を、「〜ガナル」という言いかたがあらわすそうです。”ひとりで東京まで行くことができるなど、能力“をあらわすのが「〜ガナル」の言いかたであるとも説明してくださいました。

瀬戸口さんの所に、

○バスが満員で、　ノイキランヂャッタ。

　　乗ることができなかった。

との言い方もあります。（これは九州に広い言いかたですね。人が、「どうどうしキラん。」などと言っていたら、これは九州の人だと、すぐに思われるほどです。）バスに「ノイガナランヂャッター。」と言うかというと、"バスではあまりつかわぬ。"と、瀬戸口さんは解説されました。「夜ひとり便所へ」などは、勇気の問題なので、「〜キル」をつかう、と、瀬戸口さんは言われました。

同じく瀬戸口さんの所に、

○アッ、バスイ　ノイダサンヂャッタ。

　あっ、バスに乗ることができなかった。（時間におくれて）

などという言いかた（「〜ダス」）もあります。「行ッダス」は「行くことができる」ということで、"時間的な余裕があって"ということだそうです。

佐賀県下などには、「シワエン」（することができない）のような言いかたがありますね。瀬戸口さんのほうには、「〜ウル」の言いかたもなく、「行きは得ん」のような言いかたもないそうです。（「ユーカッカ。」〈よう書くか?〉とは言っているそうです。）

『全国方言資料』第9巻の「長崎県上県郡上対馬町鰐浦」の条には、

mマングルガ　トルルヤローカノー

やりくりが　できるだろうかな。

というのがあります。「トルル」（とれる）のところが注意されます。熊本県下での言いかた、

○ドーンコーン　オコナエン。

どうもこうもしようがない。

などというのにも、「オコナエン」のところに、不可能表現法が見られます。

九州の外のことですが、一つ、変わった言いかたがありますので、とりあげてみます。

○あの人は　ハタラカント　ヨー　クエル　コッチャ　ナー。ヨー　イケテク　コッチャ　ナー。

あの人は働かないでよく食えることだなあ。よく生ケていくことだなあ。

私はこれを淡路島で聞きました。「生ケていく」との言いかたがなされています。「生ケて」は「生きて」の単純な訛りでしょうか。そうではなくて、「生きることができる」可能を言いあらわす気もちが、「食エル」同様の形式「生ケ〜」をひきおこしているのではないでしょうか。紀州中部の山地で、「生ケラルル」との言いかたを聞いたことがあるかのようにも思いますが、これは今ふたしかです。

2　名詞句表現法

長崎市方言のばあいだと、林田明さんも「長崎市方言文末助詞」（『方言研究年報』第一巻）で言われる、

○コン　ミズノ　ツンタサー。

（この水のつめたさ。）この水、つめたいね。

○アカルサー。コン　ヘヤン。

（明るさ。このへやの。）明るいこと。このへやの。

などの言いかたがおこなわれています。島原第一尋常高等小学校『嶋原半嶋方言の研究』にも、

しんぶんのほすさー（新聞がほしい。）

などとあり、山本靖民氏の『島原半島方言集』にも、

ウマサウマサ

まあなんて美味だろう

などとあります。名詞句（体言句）表現法がさかんです。熊本県下でも、「〜さ」どめで文のおえられる言いかたが聞かれます。

九州の外では、あまり聞かれない言いかたではないでしょうか。

3　体言化表現法

もう一つ、体言（名詞）関係のおもしろい表現法があります。よい名が見つかりませんので、かりに体言化表現法とよんでおきます。宮崎県南部域から鹿児島県下にかけての地方に、「ゆうべ　お酒を飲んだ。」ことなら、「飲ンダ」「飲ミマシタ」とは言わないで、

飲ミカタヂャヒタ（飲みかたでした）

と言う言いかたがあります。

○ユンベワ　オソズイ　ハナシカタヂャヒタ。

これは、「ゆうべはおそくまで話しあいました。」であります。「話しかたでした」との言いかたがなされています。

体言本位のまとめかたに持っていく表現法です。

これは、たとえば近畿のうちでも「どうどうしたぶんです。」といったような表現法がなされているのに比照することもできますが、「〜かた」という形式がとられるのは、もっぱら九州だけでのことのように思われます。

4　完了表現法

種子島には、

○コンヤワ　ユキガ　フッタ　モンニャ。

今夜は雪が降るかもしれないね。

○モー　ネツワ　デランヂャッタ　モンニャ。

もう熱は出ないでしょう。

といったような言いかたがおこなわれているそうです。こういうさいの「〜タ」の言いかたは、注意すべきものではないでしょうか。

ちなみに、東北地方には、「いるかね。」と人を訪ねる時に、

○イダ　ナー。

と言うなどの「〜タ」の習慣があります。

5　「〜シテ」の言いかた

さきの「可能の表現法」のところに、「カローシテ」（からくて）との言いかたが出ています。形容詞をつかって「〜シテ」の言いかたをし、状態をあらわすのは、九州弁の一習性でしょう。よそでは言わないのではないでしょうか。（漢文の訓読法にはありますね。）

mショーガッノ　クッチ　ウレシューシテノーッ

　正月の　来ることが　うれしくてねえ

これは、『全国方言資料』第9巻の「長崎県南松浦郡新魚目町浦桑」の条に見えるものです。

五　あいさつの表現法

九州弁に、あいさつの表現法の、いろいろな特色が見られます。

「お早うございます。」を、南のほうで、

○ケサ　マダヂャイモシタ。

（けさはまだでした。）

と言っています。日本中での、異色の表現法ではないでしょうか。種子島では、「キョーワ　マダ　メッカリモーサン（お目にかかり申さん）。」と言っているそうです。

「ほんとにね。」とあいづちを打つのに、肥後のかたなど、

○ホンナ　コーッ。

と言っていられるでしょうか。「ホンナ　こと。」、このばあいも、体言のむすびです。

肥後の旅行で、感謝のあいさつ、

○チョージョ　アタッ。

（重畳、あなた。）

というのを身に受けたのは、かくべつ印象ぶかくて、忘れようもありません。

六　音声表現法

最後に、一つだけ、音声上の表現法をとりあげてみます。

これも私は、おもに肥後などで経験したことですが、独特の調子の、返事の「ハーイ。」というのがあります。「ハ」からかなり高く、それが引きのばされ、おわりはなおすこし高めで、全体がかろやかに発言されます。女性にも男性にもこれがあって、私どもは、この「はい。」に、なんとも言えぬ土地風を感じさせられるのです。――九州弁の一発言習慣、一音声表現法がここにあると、私は思います。

このような「ハーイ。」を聞くたびに、発言者の善の心がぱあっとこちらに投影するように思われ

たことを、私はここにつけそえないではいられません。

○　むすび

表現法、ものの言いかたは、けっきょく、心のはたらかせかたです。心の「持っていきかた」ですね。九州弁の人たちには、よそでは人がどんなに言っていようとも、これはこのように言わないではいられないのだ、というものがあります。それによって、人々は、ことばをつかう、深い「心の生活」をしています。

こういう表現法が、どっさりとあるわけですね。そして、九州弁の表現法には、全日本の諸方言を見とおす立場からしても、注目すべきものが多いしだいです。

（梅光女学院大学『日本人の表現』笠間書院　昭和五十三年十月）

頁	行	誤	正
338	10	f ミンナ	f ミンナ
338	11	みんな	みんな

古くから中央語であったひざもとの地方が、周圏論の一定理の裏に、どんな国語史実を遺存せしめているであろう。

(『近畿方言』15　昭和27年9月)

頁	行	誤	正
359	4	楳垣氏の種々の御教を	楳垣氏に種々に御教示を
355	16	ノモー	ノモー。
352	14	土井忠雄	土井忠生

これは老婦人と中年婦人との、年の暮の、上品なあいさつのことばであった。「ノモ」と云ったのが、「モ」とだけ聞えたのか。それとも、「モ」の云いかたも、こうして、時におこるのか。

旧柳河藩地域内での一例として、また、さきの八女郡白木村をとりあげれば、

○ ハナジガ ノモ。

話がねえ。〈老女。この人はよくにでる。〉

○ ウレシカッタ タンモ。

○ ドー シナハル カンモ。

などとある。

「ナーモシ」「ノーモシ」というようなよびかけは、本来、有力有効なよびかけのはずで、方々にあっておかしくない。なるほど、これは、今も全国諸地方にわたって、その種々の変形が見いだされ、対話文末の助詞としての用法がいちじるしい。東北地方にあり、九州にもまた上記のものがある。四国にあり、東海道方面にある。近畿一般にはどうであろうか。紀州地方には「ソーカ ノシ。」などの「ノシ」や「ノンシ」「ノイシ」の類がよく行われている。

九州がその広域のわりには、すこしの土地にこれを存し、しかもその形が、「ナモ」はとにかく「ノモ」などと、他地方にあまり例を見ないものであることは、分布と残存のふしぎを、われわれに十分あじわわせるにたる。

○

以上、「メス」「ノモ」は、ことの一部の例である。近畿に何が掘り出せるだろうか。または、何が正視発見されるだろうか。

われている。（「ノーシ」「ノシ」は、島原半島そのほか北半九州に、いくらかある。）「ノモ」形文末助詞は、おそらく、全国でも、このあたりに見られるだけではないか。「ナモ」が東海方面にもあるのに対して、「ノモ」は、東に見うるものがないようである。

柳河旅、城内ことばの「ノモ」を見よう。

○ オトシヨリノ　オリメス　モン　ノモ。

○ エー、コノゴロワ　イソガシカバッガリデ　ノモ。

○ イマ　イソガシカケン　ノモー。

「ノモ」は自由に用いられる。

さきの被調査者の中の一人の、老人男子の説明によれば、

〃こゝのことばで、「メス」とか「申す」とかいう。「ノモ」を使う。〃

とあった。この人は、「ノモ」の「モ」は「申し」であると考えているらしい。

「ノモ」とともに、「タイモ」「タンモ」という複合形がある。例の九州調の「タイ」と、「ノモ」の「モ」とが一つになり、その「タイモ」は「タンモ」ともなったか。

○ 高津さん　タンモ（ですよ）。

○ エー、ソー　タンモ。　　えゝ、そうですよ。

〃「タンモ」は「ですよ」だ。〃という。

○ ドー　ショーリメス　カンモ。

の「カンモ」は、文末の「カイ」（カン）に、なお「ノモ」の「モ」が複合してできたものであろう。尾張地方の「エー　キャーモ」（えゝかいナモ。）の「かいモ」と同巧である。

○ オシツマリマシタ　モ。

いう形と用法になったのではないか。と思われないではない。「習はせめす」であれば、「習う」という動詞に対して、その「めす」が、一独立の地歩を得るようになりはしなかったろうか。「めす」が遊離して、やがて自由におこなわれるようになったので、今日のような用法を生じたのではないかと思う。(こう考える場合、本動詞としての「メス」の用法があるのは、その更に自由な転用、たとえば「しメショル」から「メショル」へ、というようなものではなかったか、ということになる。それは「召す」への類推にさゝえられることがあったかとも考えられよう。)

これは一考察にとゞまるとしても、さてその「せめす」「させめす」、または、「せ(し)ます」「させ(し)ます」は、今日、近畿に見られないだろうか。

5

柳河弁の二大特徴は、「メス」と「ノモ」とである。「ノモ」は対話の文末助詞であり、「ノモシ」の略形である。

「ノモシ」「ナモシ」ことばは九州にめずらしく、この完全形は、壱岐島の「ナーモシ」「ナモシ」、対馬の「ナーモシ」「ナームシ」のほかには、ほとんど聞かれないようである。「ナモシ」には「ナモ」の略形があって、壱岐や肥前古賀村におこなわれ、これらは、九州で孤立のすがたを示している。壱岐については、学生豊永徳君の報告を得ている。肥前長崎県北高来郡古賀村については、林田明君の教示によって、実地に調査することができた。九州で、「ナモシ」の「ナモ」略形が孤立するように、「ノモシ」の「ノモ」略形が、この柳河中心に、山門郡方面に行

4

「メス」は、現在、九州でも、この地方に特立している。おそらく、当地方だけに孤存するものと見てよいのではないか。南部九州でも、まだ、これを聞き得ていない。

九州にめずらしいとともに、現日本方言中にめずらしい。

この「メス」は、いったい、どういうことばなのであろうか。本動詞としておこなわれるのに即して考えれば、「召す」が思われぬでもない。こゝで、近畿地方内での「メス」ことばの存立とその用法とが、探索問題になる。たとえば京都の「大原ことば」では、「メス」はどのようにつかわれているのであろうか。つかわれているとすれば、それは、どんな本源のものであろうか。

九州の「メス」については、――ことにその助動詞としての用法に着目する時、思いよそえられる一事実、国語史上の一事実がある。土井忠雄博士「近古の国語」（国語科学講座）によれば、その昔のヤソ会宣教師ロドリゲスが、九州について、「せめす」「させめす」という助動詞をあげている。

ロドリゲスの云う所によれば、・・・・九州ではそれを「習はせめす」「読ませめいた」又は、「読ませまった」「上げさせめす」と云った（大文典 一四丁表、七〇丁表、一六五丁裏）。「近古の国語」８３頁

「せめす」「させめす」がついて、尊敬の云いかたになる。今の「メス」も同様、尊敬に役だつ。双方に何かの関係は見られないだろうか。ロドリゲスがわざわざ「九州では」と云って、「せめす」類をあげている。それからすると、今の筑後の「メス」も、昔の「せめす」「させめす」の云い方が、なんらかの過程をへて、こう

よいおこなわれかたのあることは たしかのようである。

この人たちが、外来のわれわれに「メス」ことばをつかう環境にあっては、なるほど、いわゆる「ウス」ことばをつかうことは、まずないありさまである。

3

旧藩語伝承の柳河系で「メス」の聞かれることは、以上のとおりであるが、これは、四周にどの程度にまでおこなわれているのであろうか。旧柳河藩領であった地域には、これがみとめられるのであろうか。学生吉武哲夫君によれば、柳河市中心の小範囲が、おもな領域のようである。旧柳河町の属した山門郡の、東どなりにある八女郡のうちで、山門郡ぞいにある白木村では、「メス」ことばをつかっている。たゞしそれは、婦人用語としてのようであり、男の云うのはまず聞かれない。人は、

○ アナッツァンナ ドー シメセ。

というような例をあげて、"白木の女の上品なことば。男は「メセ」は云わんタイノー。"と説いた。この地はもと柳河藩下であったという。そこでまた言うのに、

"昔からのことば。柳河藩の独特のことば。昔の士族のうちが、よけいつかうモンノー。"

とのことであった。当地小学校での話にも、"「メス」は柳河からきたことばだと思う。――だいたい、非常に丁寧なことばのようだ。"とあった。白木村の内でも、これをつかわぬ部落もあるという。

○ ソコマデ オアガリメスト ……。

そこまでお上りなさいますと云々。〈筆者らに〉

は「オ……メス」となっている。

○ ヒサシュー オアイシェンガ、ドゲン ショーリメス カンモ

（ドー ショーリメス カンモ）。

これは、さきに「ドゲン メショル カンモ」とあったのに対して、「ドゲン ショーリメス」とある。

昔の「殿様ことば」で、

「オリメス」ことを「ゴザンサイマッス」と云った。

「起きメシた」ことを「オヒニナッタ」と云った。

という。この説明のしかたをくめば、「メス」の用法、その現在の使用意識に、尊敬感情のあることは、理解に難くない。

命令形の例では、

○ オアガリメシェー。

と云う。

未然形の例では、

○ 昔のことばを ツカイメサン モン ナー。

○ 言イメサン モン ナー。

のようなのが出た。

「メス」の広汎な用法の中には、共通語の「ます」に近いもの、同じものも、あるかもしれない。そうだとすれば、それは、おそらく、そのように用法がひろがったのであろう。もとは、あの本動詞としておこなわれるものもある場合に徴するのに、尊敬の云いかたが基本だったのではないか。すくなくとも、今日、尊敬助動詞と見て

である。こゝに「メス」が本動詞としてつかわれているのを見る。これであれば、「メス」が尊敬語として役立っていることが明白であろう。この種の例を他に採取することができなかったので、不明であるが、「メス」は、当方言でも、元来、動詞として存したものであろうか、どうなのであろうか。次下の例はみな、助動詞として役立っている「メス」である。

その連用形の出る例からあげれば、

○ チョット　オヨリメシマシェン　カ。

○ オアガリメシテクダサルト　ヨカバッテン。

○ ヤナガワコーニバシ　オイデメシタ　カ。

　　柳河広のお宅へいらっしゃいましたか。

などがある。これらは「オ----メシ」となっていて、尊敬法の態が明らかであると言えようか。ことに「オヨリメシませんか」とあるのは、「メシ」のつぎに「ます」の言いかたがきているので、これは、「メス」の尊敬助動詞をうけとらしめる。

○ ナンテロ　イーメシタ　ノモー

　　何とか云いメシたねえ。

これは、老妻の、その老夫に云ったことばである。これが、たゞの「云いましたねえ」か、それとも「おっしゃいましたねえ」であったか、定かでない。「イーメシタ」に「オ」の接頭辞はついていないが、「オ」の接頭辞のつかないことは、他の活用形の場合にもある。

終止形の例を見ると、

○ 先生が　オリメス。

などと云う。

〃「ドー　シナハッタ」というのはワルカコトバ。下の方のことば。〃

とあった。限られた人の一方的な説明であるけれども、極端にも思われるこの言いかたの中に、一片の本質的なものがうかがわれると思う。要するに、ここでも、「メス」を最上のことばと考える気もちは、はっきりとしていると思う。

〃「言ワシタ」というのは、ごく下卑たことばだ。男の大人が、目下の人のことを言うのに、よくつかう。〃という述懐があった。「言ワシタ」は「言わッシャッた」の転じたものである。それがこう見られているのは、まさに、「……ラッシャル」の「……らス」が低く見られているのとあい等しい。「シャル」ことばの転形は、どのような場合にも、低く見られている。それとの対比においては、「メス」は、すぐれて高く把持されているおもむきである。他の軽い尊敬法を批評することばのうちにも、旧士族者たちの、みずからその「御家中」伝承のことばを上品高尚とする気ぐらいが見え、「メス」をことさらに高くみとめようとする意識めいたものがうかがわれる。

2

「メス」ことばの次下の用法を見ると、いずれも、高い敬意の表現法として役だっていることがわかる。

第一に、

○　アナッツァンコソ・ドゲン　メショル　カンモ。

あなたこそ、どんなにしていらっしゃいますか。

というのがある。「いそがしいでしょう？」とあいさつされての返事

「シャル」ことばがそわって、訛った形になって、終止形としては「----ラス」を言うようになった、一見「ラス」ことばとも言える、この尊敬語の言いかたに対して、「メス」は高い次元のものとされている。「ラス」を下の方のことばとして、「メス」を高く把持している。「シャル」を言うでしょうか、と聞くと、

〃「シャル」は言わぬ。筑前が「シトラッシャル」と言う。城内ことばとしては、「ラス」は言わぬ。〃

との返答があった。

つぎに、「行かサイ」〈相手に言いかけることば〉を久留米で言うとの話の出た時、

○ アッチ イカイ。　　あっちへお行き。

は、このへんの百姓どんが言うとのことであった。「メス」ことばを高いものとして把持しているのに対して、「行かイ」を低いものに見おろしている。「行かイ」は、〃わが子や目下に言う。しかし、わるいことばのつもりで言ってはいない。〃とのことであった。「行かイ」は、「行きサイ」に関係の深い「行かイ」か、それとも、「行かれい」の「行かイ」か。いずれにしても、これらは、「メス」ことばからは、低く見下げられている。

つぎに、「メス」と「ナハル」との比較が聞かれる。

○ オチナハッタゲナ。　　落第しなさったそうだよ。

と、「ナハッタ」を言うのは、〃下の方に言う。自分の目上もんにはけっして言わぬ。〃という。目上の人に関しては、

○ オチメシタゲナ。

と言うという。

○ コレバ チョット ヨーデ ハイヨー。

　　これをちょっと読んで「拝領」。

は「中」の言いかた、

○ コレバ チョット ヨーデクレン カン。

　　これをちょっと読んでくれんカン。〈「母おやが娘に」など〉

は「下」の言い方であるという。

　"どんな時でも、「メス」を言っておけば、一ばんようございます。"

とのことであった。以上、比較例のあげかたを見、要約の説明を聞く時、「メス」の言いかたが、とりわけよい言いかたになることが、まず明らかであろう。「ヨーデクレメサンカ」は、たゞの「読んでくれませんか」ではないようである。他の「メス」ことばの例の、自然に出て来たのを通覧するのに、「メス」はたゞの「丁寧」ではないらしい。

たいていの場合、「メス」とあるところには、尊敬の意識（→のうごき）を、ほりおこすことができるようである。「高い尊敬」の意識を以てものが言われる場合は、例外なく「メス」が出る。

そのようだからであろう。つぎのようないろいろの比較を聞くことができた。

　"「ドー シトラス」は、このへんでは言イマッシェン。「行キョーラス」は百姓ドージ（同士）グライのことば。──下の方では言う。"

まずこうである。肥前にも筑後にもいちじるしい「……ラス」ことば、「……ておる」の「……トル」や進行態の「行きおる《イキョール》」に

筑後柳河ことばの「メス」と「ノモ」　藤原與一

はしがき

かつて本誌《才10号》に「れる・られる」敬語に関する一編を寄せたところ、楳垣氏の種々の御教を仰ぐことができた。そうして、近くには才13号誌上に、氏の「近畿で使う敬語のル・ラル」を拝見しうることになったのである。専門機関誌の恩恵をしみじみと感ずる。提出した問題がとりあげられ、発展させられるほどかたじけないことはない。「れる・られる」敬語——その表現法については、いずれ、諸地方を見とおしたものを発表報告して、責任の一端をはたそう。こゝには、あらためて、標記の問題を提起して、近畿のかたがた、ないしは諸方のかたがたの御探究を仰ぎたいと思う。

1

旧柳河藩時代の流れをうける柳河ことばは、柳河町外の城内村《今は柳河市内》で、その正統のものが聞かれる。こゝでは、みずからの土地弁を「城内ことば」と言っている。（編者註：柳河市は福岡県の南西端、有明海岸にあって佐賀市に近い。）

表題の「メス」ことばは、柳河「城内ことば」において、最上の敬語法になるものである。一軒の旧士族家を中心として調査した結果は、以下のとおりである。

○ コレバ　チョット　ヨーデクレメサン　カ。

これをちょっと読んでくれメサンか。

は「上」の言いかたで、

う。それとともに、“これは！”と、他地域の各位にめずらしがられるものも、すくなくはないのではないか。――それはどんな語句か。そのものは、いったい、どんな成りたちの語句か。

また、他地と五島とに同じものがあるとしても、五島には、ありようの変わっているものがありはしないか。それはどんなものか。

こうしたことをいろいろに見ていくところからも、五島の方言の特殊性――しかも、九州西辺地帯中の要衝の方言としての特殊性が、しだいに理解されてくることかと思う。

（『香椎潟』第8号　昭和57年12月）

頁	行	誤	正
364	13	としてとらえることは	としてとらえることは

○ジョーモン　バッ　タイ。　　　ちょうどいい罰さ。
□シトン　　　棟あげの時にまく餅
□ヒョクッ(ル)　　　人をばかにしたことばをつかう
□シェカラシカ　　　やかましい、うるさい
□コトッタ　　　つかれた
□ヨチーイッタ　　　非常にこたえた（大きい荷物をせおったりして）
□ゾグリ　　　子どもが、ころがしあいなどをすること
○テレクレ　シチョッ(ル)。　　　しごとをしないで、ぶらぶらしている
□ヨテナシ　　　能なしの人
□ガンギモンギ　　　むりやりに
□シャリムリ　　　むりやりに
□タヒャンナカ　　　たよりがない
□ヒッカガム　　　すねぼうずのうしろがわ
□ビコ　　　ふくらはぎ
□トッペンナカ　　　とんでもない
□シャバン　　　まないた
□モリ、モリジョ　　　男であって、女のような人
□ヒコサ　　　大きさ
○チャワンノ　ヒコサ　アッタ。　　　茶碗の大きさあった。
□ソノ　　　裏
□メメジャ　ナカ　　　能ではない〔この対訳ではたりぬという。〕〔廃〕
□ハグクム　　　育てる　〔廃〕
□ヘザッ(ク)　　　部落を出てからの畑のこと
□セウセウ　　　せみの名

お　わ　り　に

片町氏の ご教示には、あらかじめ、用意があった。その、書きとめられた語句を伺うのが、私のしごとでもあった。

それにしても、一座では、いろいろの 方言ばなしが しぜんにおこなわれ、座の空気は、やわらいだものだった。私は、一つ一つを ただ教わるような 状況・ふんいきになることをさけて、それらの要語・要句には 注意しながらも、この座にしぜんな 話しあいが進行するようにつとめたのである。

上掲のものを、「自由会話中に出て きたさまざまの ものの、ある排列」として、どのようにも観察していただきたい。

私のもっとも 強く関心をいだくのは、これらの 掲出語句文が、九州地方の、ここ以外の地域のかたがたには、どんなにうけとられるであろうかということである。「ナハル」ことばなど、他地方の人びとにも、すぐに、“わたしのところにもある。” と思われるであろ

○ギバッテ　カッナハレ。　　精を出して看病しなさい。
○イシェン　シェレ　ヨ。　　いそいでしろよ。
○オレンモ　クレレ。　　おれにもくれ。
□ドンガン　アタマ　　非常に大きい頭
□カンギャンナカ　　考えがない
○カンギャ　シナガラ、……。　　考えながら（注意しながら）、……。
○シゴッ　バ　シー　シー、……。　　しごとをしながら、……。
○フタッ　ズッ、……。　　二つずつ、……。
□ドロクレモン　　しごとをしない者
○イオバ　ツリー　イチョル。　　魚を釣りに行ってる。
注　「〜チョル」は「〜チョッ」に近く聞こえるが、「ル」が、かるくはいる感じである。片町氏も、“小さく「ル」がはいる。”と言われる。はじめには、「ク」のはいる例があった。このような傾向が、あるという。
□アオヤシカ　　簡単な、わけもない、もろい
□ズクナカ　　からだのかげんがわるい
○ヨベワ　ズクノシテ　ハヨニ　ネタ。　　ゆうべはかげんがわるくて、早く寝た。
○グヤクッノ　ワルカ。　　ぐあいがわるい。
注　「ワルカ」の「ル」は、かるくはいる。
□チョンドコ　　便所　〔すたれつつある〕
□ウッシャ　　便所　〔「廃」らしい〕
□クソバ　タルッ　　大便をする
○タレギャ　イテ　クッテ。　　大便をしに行ってくるから。
□シゴッバ　シギャ　イテ　クッテ。　　しごとをしに行ってくるから。
注　「シゴッバ」の「ゴッ」は、片町氏の発音では、促音のところに、かるく小さく「チ」がはいる感じである。
□コナラシカ　　（よくせわをするのに言う。）
○オナゴン　コワ　ヤッパル　コナラシカ　ナー。
女の子は、やっぱり、よくせわをしてくれるねえ。
□ンジャクサレ　　運のわるい〔片町氏は、このように対訳した。やがて私が用例を求めたところ、つぎのように、「こそアレ」の用法がはっきりとした。〕
○ミッバ　イッ(ク)　オーッタラ、ンジャクサレ、ジテンシャカッ(ル)　ツッ(ク)　アタラレタ。
道を行ってたら、運のわるいことに、自転車につき当たられた。
□ジョンダレ　　身なり・品性もわるく、しめくくりのない人　〔軽蔑〕
□ジョンダレ　ブッ(ク)〔buk:ʉ̥〕　　（この方が、よりわるい言いかた）
□ショタダレ　　しおたれたかっこうをしている者
□ジョモン、ジョーモン　　ちょうどよい

□バン、バサン、バボ　兄
□オーバンゲニャ　たくさん
○オーバンゲニャ　サカナン　トレタ　ネー。　たくさん魚がとれたね。
□ムホッ　たとえば、49円必要の時、5人が10円ずつ出しあうと、1円あまる。このあまったものを言う。あまりを積みたてたものも言う。
□ショ　シャ　クッ　何もできない人
○ショシャクッガー。　何もできないやつが！〔叱る〕
□ボシトクリ、ボシトクッ　全部　〔副詞〕
□シャマギッ　人より先にしなくてもよいことを、かってに、さっさとしてしまう
○アン　ガッガ　シャマギッタ　モンジャソイカ、……。
あいつが出しゃばって、いろいろなことをしたものだから、……。
○シランジャッタソイカ、……。　知らなかったものだから、……。
□サンガラズッ　おてんばみたいなのを言う。（男・女について言う。）
□ツンダヒカ　かわいそうだ
□スッコシモン　策を弄する人（すけべえのことにも言う。）
□テンゴ　いらぬこと
○テンゴ　スッ。　いらぬことをする。
□エ〔je〕ゾラシカ、ジャワッカ　汚い
□イカッシャッタ　生かしてあった
□イカッシャッタ　行きなさった（老年中年の人がつかって、“敬語”であるという。）
○あの人はどこどこへ行カッシャッタ。
□イキナハッタ　行きなさった
○モー　イコアッシャレ　ヨ。　お休みなさい。（夜の辞去のあいさつ。途上でも。）
○イケナハレ。　（夜の辞去のあいさつ。「イコイナハレ。」か。人は、“いろりの火をいけてねなさいの意だ。”と言う。）
○キョワ　ヌクナッタ　ナー（ノー）。
きょうは暖くなったね。（「ナー」はよいことば、「ノー」は同輩以下に、と。）
□ドケ、ドコシャン、ドコシ　ミャ　どこへ
○ドコシ　ミャ　イッ　トカ。　どこへ行くのか。
○キシャカリ　イッ　ト。（キシャカリッ　ト。）　汽車で行くよ。
注　「カリ」の「リ」の発音は、私には「リ」と聞こえ、発言者は「ル」だと言う、そういうもの。
□……バッテカ　……けれども
○イコゴチャル　バッテカ、……。　行きたいけれども、……。
□カッ　便とか尿とかをしまつする　（看病）

発言の、くぎりくぎりで（いろいろなくぎりで）、上げ調子がよく出ている。あとあがりの傾向が、こんなに強くて、まさに薩隅的である。（そうして、おもしろいことに、この傾向は、福江島をはなれて、五島列島を北上するにしたがって、みとめられることが、しだいにうすくなってくるかのようなのである。）

‘五島方言’の特殊性は、いろいろの角度から解明されなくてはなるまい。そのような解明によって、五島列島方言状態の、特に南九州方言状態と考えあわして解釈されるべき事項・事情は、なお明らかになってくることと思う。

こういう地位に立つ「五島方言」の研究の重要性は、どこまでも強調したい。私は、九州西辺中、もっとも重要視されてよいのが五島方言ではないかと思っている。五島列島を中核にとって、南は天草諸島・甑列島に手を伸ばし、北は平戸島・生月島など・壱岐・対馬に手を伸ばして、これらの全体を、

「日本語方言状態」の全一相の中の「西辺特殊地帯」

としてとらえることは、諸島方言解明のためにはもちろん、日本語方言の総合的解明のために、きわめて重要かつ有意義であると思う。私は、将来、このような注目のしかたの、総合的な研究が実施されるよう、努力したい。

ここでは、上述のように考えられる、問題の‘五島方言’の問題性を、いくらか明らかにするつもりで、前記「山下」部落のことばをとりあげてみる。

「山下」のことばと言っても、もとより、山下でだけおこなわれることばを、というようなことではない。そういう立言は、容易にはできないはずである。山下でおこなわれ、山下のことばとして注目されるもの――他地でもおこなわれることはあっても――をとりあげるのである。（山下の人、片町氏と私との談話のそばには、富江旧町内の人２人や、「黒瀬」部落――＜ここがまた、異色方言の地として、山下とともに、評判になっている所である。＞――の人がいた。この座で、おおよそは、片町氏の山下ことばが、山下的なものとして、とおっていたようである。）

「山　下」　の　こ　と　ば

――“特殊のものを拾って”との教示のままに――

□ヘッパッ　　うそ

□ナコビシ　　泣き虫

□ミジョカ　　かわいらしい

○アン　コワ　ミジョカ　ネー。　　あの子はかわいらしいね。

□ビッツッナカ　　不器量な

注　この「ツッ」が、〔tsuk：u̥〕のように聞こえた。この類のものについて、片町氏は、小さく「ク」がはいる、と言い、これが山下のことばの特色だ、とも言われた。

○アッパカッタ。　　あぶなかった。

□ニャニャ　　姉　〔ほとんど「廃」〕

仕事をさる＝仕事ばしなはる。

召し上る＝おあがんなはる。

差上る＝上げもす。

（ロ）動作を譲りて用うる重なもの

頂戴する＝もりやもす。

申し上る＝もつしやぐる。

お願する＝お願もす。

差上る＝さしやぐる。

と出ていた。やはり、当地域にも、「モス」ことばは あった のである。もっとも、私の、福江市内を あるいての調査では、「モス」ことばは 出てこなかった。そうして、福江島の北隣の島、以北の島じまでも、一週間近くの 調査のあいだ、「モス」ことばは、発掘 することができ なかったのである。「モス」存在の、以上のような ありさまを見ても、五島列島と南部九州との、方言上のつながり（── 連繋関係）は、──九州本土の肥前・肥後には「モス」がないだけに──、特定的な、底深いものに思えてくるのである。

発音上のことを一つ二つ見よう。たとえば下五島で、

○ウソ　オーッガ　ヒトッ。

うそ、わしが一人だよ。〔主張〕

のように言う。例のいちじるしい促音である。この現象は、南九州のにかようものである。（天草下島 西岸方面は、下五島ほど には、促音化がいちじるしくないかのようである。）ラ行音に関しても、下五島例では、

○オッモ　コケー　オイ　ヨ。

ぼくもここに居るよ。

○シラガモ　アイ　ヨ。

しらがもあるよ。

の「オイ」「アイ」のような言いかたがある。「　〜ておる」の「チョル」も、「チヨイ」ともなる。このようなことも、南九州のそれとよく似かよっている。こうした音訛傾向も、五島は、九州本土以上で、それだけに、ここは、よけいに、南九州との 似かよいを 示すことになっている。

五島の学校の 先生たちが、修学旅行などで、薩摩に行って、彼我の ことばの似かよいにおどろいた話など、かなり 実証的でもあるのを、現地で 聞いた。また、一老女は、博多の親戚に行って、その辺の人たちに、鹿児島の人かと思われたという。

音声上の抑揚の 生活でも、福江島南辺諸地の 文アクセントは、また、南九州方面の文アクセントをよく想起させるものである。1例を、観光バス嬢の口上から借りよう。

○ンダ　ドケー　イッ　トカー。

⬍

○オイヤ　オハマニ　シャジャ　トッガ

イッテヤ　ナー。ンダ　イカン　ナ。

あんたたちはどこへ行くの？

⬍

わたしゃ大浜にさざえをとりに行くのよ。あんたたちは行かない？

九州肥前「五島列島」の方言

──「山下」部落のことば──

藤　原　与　一

は　じ　め　に

五島列島の方言についての一小報告として、下五島に属する福江島（五島列島最南の、大きい島）の、最南辺に位する、「山下」部落のことばをとりあげる。「山下」部落のことばについては、同地の片町一男氏（35、6才？）のご教示を受けた。この報告は、すべて、片町氏の恩恵によるものであることを記して、ここに厚くお礼を申し上げる。

五島列島方言の研究の重要性は、今春、2週間余の踏査をおこなってみて、ますます強くみとめるようになった。

私は、かねて、南九州につながる、「九州西辺地帯」とも言うべき方言脈、系脈を認定しようとしている。これは、薩摩ことばが天草や五島などにも伝わったというように、すぐに、ことばの移動を言おうとするものではない。古「九州方言状態」の、彼我での残存的一致状態を考定しようとするものである。その意味で、私は、この九州西辺地帯を、──肥後本土南部や肥前西辺などをも含めて──、古系脈と呼ぼうとしている。

古・新を言わねば、南北にわたるこの地域一帯を、特殊の、ある系脈地帯と見ることは、肯定されやすかろう。薩摩・肥後天草・肥前五島、相互の現象一致は、かなり多く指摘することができる。

五島列島の方言は、観察を深くしていけばいくほど、これが、九州南部方面の方言状態と比照されよいものであることが、わかってくるようである。五島列島上の方言状態を、南から北にさぐってみる時、さまざまの変移の状況がうけとられるが、それらは、五島列島方言の、南九州方言とかかわりあう、そのかかわりかたの濃淡と、解して解しうるもののようである。このように、五島列島方言状態は、さきの九州西辺系脈を、強く思わせるものとなっている。

五島列島最南の福江島の西南岸では、先般、一度、わずかに、「モス」丁寧の言いかたを、老女から聞いた。その後は聞けず、人びとに問いただしても、そんなことは言わぬということだったので、「モス」は誤った聞きとりかとも思っていた。ところが、あとで、「五島民俗誌」（久保清氏、橋浦泰雄氏。昭和26年5月）を見ると、

| 福　江 | 系の特殊な点

の条下に、

1．敬譲の動詞

（イ）動作を敬いて用うる重なもの

XIV　南方系脈

南島列島の通路性とるつぼ性とを、ここで論じてみたい。
○九州の南から先島までの「言語通路」を考えてみたい。
○通路上の各島が、同時に、「言語のるつぼ」をなしていることを論じてみたい。
瀬戸内海域に関しての、「通路性とるつぼ性」という考えが、ここ南島でもまたよく成りたつと考えられるのである。

XV　南島方言研究の本格化を

1．南方系脈地帯の認識が必要であると思う。（日本の一大文化圏としても、ここが、いかにユニークであることか。）
2．南方系脈地帯の研究のために、微視と巨視との相関、この大きい見地を重んじたい。
3．現地ご出身の研究者の層の、いよいよ厚くなることがだいじであると考えられる。――そのことなくしては、本格的な南島方言研究の伸展、または、南島方言研究の十全な完成は、あり得ないのではないか。南島方言が、あまりにも（俗に言って→）異様な、あまりにもこと変わった大方言だからである。
4．日本語研究の使命といったような、使命感のもとで、私どもは、南島方言を見ていかなくてはならないのでもあろう。日本語の「問題脈」として、これ以上に大きなものは、ないことと思われる。
5．南島方言研究の方言学的推進によって、私どもは、一般言語学に、独自の寄与をしていくことができよう。南島方言研究の一般言語学をとの理念が、つよめられなくてはならないと思う。

（『方言研究年報』通巻第18巻　昭和50年12月）

には古い形を遺して居るのでありますが、只首里に集合していた貴族上流の人々が、最も外界からの影響に鋭敏であったのみならず、彼等の文化は常に最も有力なる標準でありました為に、他の地方の保守分子の、代表せられる折が今までは無かったのであります。

時に、大正十四年のことであった。

XIII 「南島と南九州」→「南島と九州」

この段階にきて、私は、南島方言の地である、奄美諸島以南の地と、南九州とを、比較せざるを得ない。

わが国の方言状態の中で、南島方言状態につづくものを、あえて求めるとなれば、私どもは、九州南部域方言をとるよりほかはないのではないか。種子島の造語法では、——瀬戸口修君の語ってくれたところによると、「泣きむし」のことを「ナッキー」と言い、「くいしんぼう」のことを「イヤッシー」と言うという。沖縄の「クルマー」などが思いあわされる。種子島・屋久島などの方言を媒介にしつつ、私は、南島方言と南九州方言とのつながりを、今さらのように、考えはじめるのである。そういえば、薩摩半島の南には、中舌母音のあらわなものがある。薩摩・大隅で、靴のことを「クッ」と言い、「書く」を「カッ」と言う。この種の事実も、私は、やわり、南島方言での特殊な発音事実の存立と、今や、結びあわせても考えてみようとするのである。南島方言での「異なり性」の成立は、南九州方言での「異なり性」の成立に、関連するものでもありはしないか。

「南島と南九州」との考えは、さらに、「南島と九州」というように、拡大してもみることができる。特別によい身分のことを「ユカッチュ」と言う造語法を見ると、私どもは、もはや、南島方言と全九州方言とをつないでみたくなる。また、沖縄本島の人々が（南の人も北の人も）、「兄は八幡《やはた》に住んでいる。」を「……八幡カラ住んでいる。」と言い、「何々の所カラ（に）かくれて」、「テレビカラ（で）ミルダケデ」などとも言っているのを聞くと、私どもは、すぐに九州方言の「カラ」を思わせられる。「ものを知っている」という時の「ムヌ　シッチョン」という「チョル」ことばも、沖縄北部の山つづきのことを言う「ヤンバル」なども、九州方言を思わせてくれるのにじゅうぶんである。沖縄に「へ」助詞がなく、九州も、「に」をよくつかうありさまである。

沖縄北部周行の途次、車中で、中松竹雄氏は、“久米島の方言は、沖縄本島北部のに近い。”と言われた。これを聞いて、私は、大約、つぎのようなことを述べた。

そのはずだと思う。過去に、沖縄本島全体も久米島も、そんなに、方言のちがわなかった時代があったろう。やがて、沖縄本島南部方言は新化した。――文化的中心地域なので、対外交渉がよりさかんでもあったろうし、この地方は、他に先んじて、生活文化全般の様相を新しくしていったであろう。改新にとり残されたのは、本島北部と、離れた久米島などである。本島北部と久米島などとは、「とり残され条件」の一致のうえに位したと思われる。よって、今日、久米島と沖縄本島北部とは、一致して、方言の、より古い状態を残し示しているのではないか。

南島方言に関する、私流の分派系脈論である。

XII　沖縄本島と奄美諸島

奄美諸島に、沖縄のに似た状況が見られるとすれば、それは、沖縄のものが奄美へ北上したのによるのではなくて、双方が、もともと等しく、古来のものを共有したのによるのであろう。そのようなものが、北方の奄美諸島のほうから、だんだんに消えてきて、南方には、なお色濃くそれが残った場合もあろう。同時にまた、南方には、離島・離地の条件下での自律改変のため、早くも失なわれたものが、北の奄美諸島には、なお消失することなく、残存しているものもあるはずである。

南島諸方言についての、私なりの分派系脈論の実践に、自己のひそやかなよろこびを見いだした時、くしくも、私は、柳田先生の、旧のご論文に接することができた。沖縄の地で、分派系脈論のカードを、私なりに、いく枚もしたためて帰広してのちの、7月15日のこと、大灣政和氏のアクセント調査結果を見ようとして、そのご著作を書架に求めたところ、そのとなりに、『啓明会第十五回講演集』というのがあった。とり出してみると、これに、さきにもふれた、柳田国男先生の「南島研究の現状」とのご高論が掲載されていた。この中で、先生は、すでにすでに、文化波動の論を展開していられる。

沖縄の言語の近世の変化は、日本語よりも更に烈しいものでありました。しかも前に譬に取った文化波動の法則によりまして、今尚遠い隅々

が「トゥユン」と言われる。この種の動詞形式は、旧来、長く「取り居り」だと解されてきた。今日、仲宗根政善氏は、この「十居り」説に、かならずしもご賛成ではないおもむきである。「リ」が「ン」になることは、まれのこととされるようである。今日、「踊り」は「ウドゥイ」である。「首里」は「スイ」と言われる。

当地方の待遇表現法の形式に、「参る」の変形や、「賜はる」の変形や、「侍る」かもしれないものの変形や、「候ふ」ことばととりちがえられがちのものや、その他、とりどりのもののあることは、これもすでに人々のよく知るところであろう。古態の敬語法が残存する。なぜ、この種のものが、このような残りかたをしたのか。追求すべき問題である。

与論島での一表現法、「………だろう。」の「………パジ（はず)。」というのも、注目すべきものである。

X　沖縄本島方言の造語法

このたび私が、ひとしお関心を深くしたのは、沖縄のことばに見られる造語法である。その発想と語形成とは、じつに、私どもになじみぶかいものであった。滞在時、たちかえってきた梅雨前線は、「モドリヅユ」（戻り梅雨）と言われていた。口さきだけの人は、「アンダグチャー」（油口の人）である。「トーイチベー」は「唐一倍」である。これは、かつて中国に朝貢して、琉球の人たちが、貿易をした時、先方が、わざと高く、一倍の値で買ってくれたことに出た語であるという。高貴の人のことは、「タカピトゥ」と言われる。日の暮れ、うすぐらがりのころあいは、「アコークロー」〈名詞〉と言われる。（これは、瀬戸内海域などで、夜明けのうすぐらがりを、「アカミクラミ」と言うのにさも似ている。）琉球おどりの手技に私が見とれていたら、中松竹雄氏は、“あの手技を「コネリ」と言うのだ。”と教えてくださった。私は、「コネル」という動詞を思いあわせた。とくに注目をひいた造語法は、「クルマー」である。これで、「車を引く人」をあらわすという。（「クルマヒチャー」というのもあるけれども。）「シマグヮー」は「島人」のことを言う。「ウスーグヮ」は、「ちょっとたりない人」のことである。（この二つの語は、かつて、比嘉亀盛氏が、日本方言研究会で語られたものである。）

XI　「南島方言」分派系脈論

沖縄本島方言のアクセントについて、すこしく述べてみよう。那覇の女性は、「いい天気ですね。」との気もちで、「イー　テンキ　ヤータイ。」と言う。同じく、女性が、同輩には、「イー　テンキ　ヤー。」と言う。私は、このような抑揚を、あと上がり調を本性とするものと見る。沖縄の一女性は、いわゆる共通語での言いかたをして、電話で、「シュンイチヤ　アユミニモ　オミヤゲオ　イタダイテ。」（俊一や、あゆみにも、おみやげをいただいて。）と言った。土地の人々が、およそしぜんに、共通語の言いかたをした時に、こぼれ出るように出てくるしぜんの抑揚が、このようなものであるのを見る時、私どもは、この種の事実を通して、沖縄固有の文アクセントをつかむことができるように思う。人々の通常会話を、たとえば男性に聞いても、話部単位で、あと上げ調のくり返されるのを聞く。（「マイフガ　マイフガ。」、これは、宮古島城辺の、感謝のことばである。）

ひるがえって、語アクセントの実相を見るのに、大灣政和氏の『語調を中心とせる琉球語の研究』によれば、'那覇アクセント'の各音節語が、はなはだしくあと上げ形式になっている。多音節語となれば、あと上げ調の語アクセント傾向が、より顕著であるとも言える。仲宗根政善氏からは、沖縄西部の例、「ケンビキョー」（顕微鏡）「ニノミヤキンジロー」（二宮金次郎）を教示された。

語アクセントについて、なお一言したい。沖縄での語経験では、出る語も出る語も、みな、沖縄的な形相のものだったので、共通語形の語詞をとっての語アクセント調査をここで実施することなどは、思いつくことができなかった。沖縄語での、しかるべき語アクセント調査は、どのような方法をとるべきものなのであろう。ついでまた、私は思った。このように、とらえることの容易でない、沖縄方言「語アクセント」の、実態を得たうえでこそ、他地方の語アクセントとの比較論も、正確におし進めることができる、と。

Ⅸ　沖縄本島方言の文法

文法上にも新化がある。それが、音声上の新化につられたものであったりしたら、これはおもしろい事実にちがいない。

ともあれ、この地のことばの文法が、いわゆる本土（内地）方言の文法と、たがいに大きくへだたりあうことは、すでに周知のことである。私は、そのへだたりの大きさに注目しつつ、とくに、待遇表現法の面に重点をおいて、沖縄本島方言の文法の古史実を探索することにつとめたいと思う。「取る」

猷氏の「p音考」(『古琉球』所収)がある。それにもよるのに、宮古・八重山の諸島にも[p]音が聞かれる。奄美諸島の与論島にも[p]音が聞かれる。沖縄本島は、だいたい、名護市以北に、これが聞かれるという。沖縄本島南部では、もはやこれが聞かれないありさまなのは、この方面の発音生活が、新化したことを示すものであろう。

中舌母音は、奄美諸島内にいちじるしく、[ï]は宮古・八重山の諸島にもこれを見ることができる。けれども、沖縄本島内では、今日、中舌母音を聞くことができない。与論島でも同様である。この事実は、何と観察しうるか。沖縄本島などの地域的性格の新化が、問題にされはしないだろうか。かつて、徳之島、沖永良部島、与論島とたどって、与論島のことばを聞いた時、ここにいたって、中舌母音の出ない、いわば、わり切れた発音の状況が聞かれて、私は、土地が沖縄本島に近いだけに、一種の驚きの気もちを味わい、かつはある種の発見の気もちにひたった。(沖縄本島が、同じくこうなのであろうとも推論したことである。)

沖縄本島の発音面に関して、私は、かなり積極的に、その進化のおもむきを想像しようとしたが、他方、問題とすべき旧色の事態が、なおいくらか見いだされなくはない。たとえば、「夜が暮れる」を「ユックィ[kwi]ン」と言う。(仲宗根政善氏ご教示。「日が暮れる」との言いかたはないとも言われた。)このような発音を聞いては、私どもは、沖縄の発音の旧色を思わざるをえない。「粕《かす》」を「カシー」と言う。こういう長呼は、新しいものではないのではないか。八重山では(沖縄本島でもかもしれない)、「笠餅」を「カーサームーチー」と言うという。こうしたいちじるしい長呼は、なにか、ゆえ深い習慣によるもののように思われてならない。「なって」は「ナティ」と言い、「わたって」は「ワタテ」と言う。いわゆる促音を見せない発音ぶりである。この発音習慣を、にわかに新しいものとすることはできまい。そうかとおもうと、一方では、「一倍」の「イチベー」、年の二歳の「ニセー」、「二階」の「ニケー」、「ない」の「ネー」などの発音もある。

旧・新はともかく、沖縄の発音が、今日、いわゆる本土のとはへだたりの大きいものになっていることが注目される。母音三母音のことは言うまでもない。琉歌の律調は、八八八六である。七五調や五七調ではない。ただし、八と六との差が二であることは、五と七との差が二であることと同じである。八八八六の琉歌の抑揚・韻律は、本土の民間歌謡の抑揚・韻律とは、はなはだしくおもむきを異にするものである。

※　※　※　※　※

のに、私は、文法は必然的であり、音声は偶発的であると思う。個別性や恣意性は、音声面にあると思う。口ことばにあっても、その文法は、より法則的なもの、定着的なもののはずである。文法に、不変性を言うことができるのではないか。これに対して、音声は、より可変的である。文法ほどに、法則的定着性を持つものではない。

（注）ヴィトゲンシュタインは、その『論理哲学論考』で、「論理とは何か」に答え、「それは言語に固有な構造が示す法則性だ。」と述べている。私は、この「論理」にかえて「文法」の語をおき、ヴィトゲンシュタインの答えを読むことにしたい。そうすると、「文法は言語に固有な構造が示す法則性だ。」とすることができる。文法が、言語に固有な構造の示すものであれば、それは言語にとって、もっとも根本的なものとされよう。音声上の構造は、文法の支配を受けもするであろう。

隔絶された地域では、他との、生活文化上の交渉のまれなのに応じて、その地域自体での、諸事象の自律的変改が、おこりやすいと考えられる。そのさい、上に述べたところからして、文法面では変改の度が小で、音声面では変改の度が大であることが考えられる。

そこで、私は、つぎのような、一種の法則を、仮設してみたくなるのである。

離島・離地、孤島・離地、辺陬・辺境では、通常、文法的変相よりも、音声的変相のほうが、より多く見られる。（——言語状態の音声面に、文法面によりも、いっそういちじるしい推移が見られる。）

私は、これまでに、辺境変移の説をとなえるところがあった。今、それについて言えば、辺境変移の法則的事実一般の中にあって、文法面と音声面とには、変移に遅速がある、と言いたいのである。卑近な言いかたをすれば、離島や離地ほど、口頭語では、文法事象と音声事象との、跛行状態のいちじるしいものを示しがちである、と言えるようである。

沖縄方言については、ともかくも、その文法面と音声面とを、しばらく分離して考えることが、有意義ではないかと思われる。このさい、私は、語彙上の語形成も、これを文法的事態と見ている。語彙面を文法面に加えて考えることにしたいのである。

Ⅷ　沖縄本島方言の音声

沖縄本島の北部では、ハ行の［P］音の存立がいちじるしく、南部においてはこれを見ることができない。琉球の［P］音に関しては、早く、伊波普

の若よめさんたちが、日常会話に花を咲かせている。私は、それを聞くことに熱中した。けれども、その若い人たちの日常会話が、それこそ全然、わからなかったのである。いっときして、私は、その人たちの仲間に入れてもらい、さっきは何のお話しだったのでしょうかとたずねてみた。先方の一人が、笑いながら、“「熱が出て子どもが学校を休んだけれど、すぐによくなって、きょうは出て行った。」とか、「雨が降ってきたので、あなたの家の干し物を入れてあげたが、長男はよく眠っていた。」とか言っていたのですよ。”と説明してくれた。言われて、私は、まったく唖然としたのである。およそ、そのような話しのかけらも、私は、推量し得てはいなかったのである。

これらの経験を重ねつつ、私は、こんなにもことばがちがうのかと、嗟嘆じた。――これを、単純に日本語の方言と言ってよいのか、などとも思ってみたりした。方言とすれば、いわゆる本土の方言からは、どのぐらいへだたった方言なのだろうと、思いかえさざるを得なかったのである。

沖縄本島のことばと、いわゆる離島のことばとの一体性は、推察にかたくない。その一体のものが、いわゆる本土方言に対してとる地位は、どんなものであろう。相互の関係を、正確に測定することは、まことに容易ならざるしごとである。

Ⅷ　方言上の文法面と音声面

南島方言、あるいはとくに沖縄方言の、成立に関する考察は、私どもの大課題である。ここではただちに、つぎのようなことを言ってみよう。琉球語あるいは沖縄語は、たしかに、日本語の一方言として成立したであろう。その成立は、――その成立の何ほどかは、日本語の祖語の時代に関連していよう。日本語が、この国土上にしだいに形態をととのえようとするころに、ほぼそのおちつきを見せたのが、琉球語の祖態ではなかったか。

沖縄語（琉球語）へは、祖態・現態との言いかたを適用することができるかと思う。祖態は、原始日本語の成立時代にかかわるものであり、それでいて、現態には、地域的変貌がかなり多い、とされるのではないか。このような祖態・現態を考えさせるものは、沖縄語の文法面と音声面とである。

この地のことばの文法面のいくらか（動詞形式など）は、祖態を思わせやすいものではないか。この地のことばの発音面は、祖態からの変動をよく示しているのではないか。母音の三母音など。

なぜ、音声面の変移ははなはだしかったのであろう。一般論として考える

Ⅵ　沖縄ことば初感

沖縄のことばについてのまえに、奄美大島諸島のことばについて、私の初感を述べておきたい。喜界島のことば、「来る」の「キュン」「シュン」「スン」などというのを聞いた時は、すぐに、沖縄の動詞、「書く」の「カチュン」などを思わせられた。また、喜界島のことば、「ユカ　ティンキデール。」（よい天気ですね。）などを聞いた時は、‘もはや九州路をはなれたことばづかいだな。’と思わせられた。奄美大島本島のことば、「ス[SÜ]カッマヤ　ウガミンショーラン。」（朝の「お早う。」のあいさつ）などを聞いた時は、いよいよもって、九州路をはなれる思いをつよくした。徳之島のことば、「キュー　ウガヌーラ。」（こんにちは。）などを聞いては、なるほどと思い、つぎの沖永良部島のことば、「ッマーチ　ッモーリ。」（こちらへ来なさい。）などを聞き、与論島の「ウ[WU]ガミャービラチ　タバーリ。」（「おがましてください。」訪問した時のかしこまったあいさつ〈老〉）などを聞いては、ことばの異郷を、いよいよ南にたどる思いを深くした。さて、これらのことばは、後日の吟味で、多少とも、その古態ぶりを解明することができたりもしたように思う。

ところでである。このたび、沖縄本島の地に立って、二・三の経験をした時は、かくべつの驚きのうちに、異語の感を深くした。これが、私の経験のじっさいである。首里の、金城町の、有名な石だたみ道に立った朝がたのことであった。寝まき姿の、八十余歳と、のちに人に言われた老姫に出会った。朝のとぼとぼ歩きだったらしいこの人は、やがて、私の語りかけに応じてくれた。その、語ってつきないことばが、なんと異様なものであったことか。別れかけては、またふみとどまったりして、私は、いくども、相手の話しに耳をかたむけたのであったが、理解し得たのは、「ムラノ　ジムソ」かと思われる、ほんの一ことばであった。「金城町公民館」のことを説明してくれたのらしかった。

つぎの経験は、七月八日の夜に、琉球史劇を鑑賞した時のことである。狂言（チョーギン）に、二人の農夫が出て、おもしろおかしくわたりあう。その会話が、私には、98％、理解不能のものであった。あたりの観客が、笑ってそれに応じるのを聞くにつけても、私は、深い聞異語感にとざされた。

七月九日には、本島のやや北のほうに、一日の周行を楽しんだのであったが、その時もこうであった。湧川《わくがわ》という所で、一軒の店に立ちよる。同行者五人で、土地の西瓜を食べさせてもらう。その店の、奥まった場所で、三人

た。

地《じ》つきの学究は、おのずから（生得的に）、巨視的立場を持っている。経験ゆたかに、巨視の常識を高めていってもいる。この人たちの場合は、いつ、どのように、微視の研究を展開せしめようとも、そこに、しぜんの、「微視・巨視」相補・相互助成が生成する。

南島方言への、進入者の諸研究では、これまで、微視的方向が、一方的に重んぜられてきたかのようである。巨視の方向のなさすぎたのが特徴視される。アクセントに関しても、文アクセント研究の論文は、見ることができない。

思索の深化からはなれた微視は、微視一遍におわりがちであろう。

このような異方言に来ては、正確な巨視がなかったら、じつは、微視を正しく進めることができないのではないか。巨視を問題にしない、微視の南島方言研究は、これを多くつみ重ねても、容易には、南島方言巨家の把握に到達することができないであろう。

Ⅴ　沖縄方言研究の一重要見地

沖縄は、信仰の地であると思う。島内には、本島と離島とを問わず、いたる所に拝所があるという。私も、第一の拝所、首里城内の「ソヌヒャンウタキ」（園比御嶽）をはじめとして、処々の拝所を見学することができた。中城城では、たまたま、その拝所に、お供えものを持って詣りに行く一初老女に会うことができた。中城城などの、いわゆる城趾も、これはむしろ城そのものであって、かつ、信仰の対象であるという。私は、沖縄の地に、土地人の信仰生活の現実を見て、民間の、独自の宗教感情を想像することができた。思うのに、沖縄の生活語の研究にあたっては、質朴・純朴な生活者たちの、上に言うような信仰生活を度外視したのでは、その功を成すことができないであろう。すくなくとも、こういうことが言えると思う。沖縄方言の研究には、民俗学的方法が不可欠である、と。（民俗学的方法をぬきにしては、沖縄方言の研究を徹底せしめることはできないであろう。）私は、那覇市内においても、しばしば、生粋の沖縄っ子の独特の表現態度に接することができた。それは、まず、外来者である私どもに口を開くことの重いようすを見せるものであった。そういう表現態度に接したさいにも、私は、しぜんに、土地の人々の、信仰生活のありようを、思わせられたのでもあった。

Ⅲ　所感第一；地《じ》の研究者の断然たる強み

わずか十日間（昭和五十年七月初旬）の、貧弱な経験にすぎないけれども、その範囲ででも痛感させられたのは、地《じ》の研究者の強みということである。南島方言、沖縄方言という、こと変わったもの、いわゆる本土の諸方言からはあまりにもへだたりの大きい方言のことであるだけに、——言いかえれば、他地域の者には、それが、容易には理解し得ない難方言であるだけに、当方言下では、地《じ》の研究者の、研究者としてのおのずからの強みが、画然としている。

異方言の、その異なりが、どの程度のものであろうとも、まさに一般に、地《じ》の研究者は、断然たる強みを持つはずである。また持たなくてはならない。

地《じ》の研究者の体験的把握は、もっとも安定度の高いものである。他地からの進入者は、容易なことでは、地《じ》の研究者の体験的把握のよさを追いぬくことができない。巨象のたとえを、あえて持ち出すとするか。地《じ》の研究者は、しぜんの年月のうちに、巨象の全体はおろか、その日々の生活のありさまをも、見、知り、とらえている。進入者は、巨象の耳をなで、尾をなでしていることが多い。

にもかかわらず、進入者の発言の、比較的多いのは、世の一般である。ここには、進入者の研究の勇敢さなどと、地《じ》の研究者の、ひかえめや研究不足などとがあろう。

南島方言に関してもまた、私は、上述のような矛盾的事態を受けとらざるを得なかった。

南島方言域は、じつに無限的な深みを持った大方言域である。ここに、なお、研究未開拓の所と事とが多い。このさい、私は、第一に、地《じ》の研究者のかたがたの、惜しむことのないご発表・ご発言を、願望してやまない。

Ⅳ　微視的見地と巨視的見地

巨大とも見られる南島方言（あるいは、沖縄方言などと言われるもの）に向かっては、私どもの、当初からの微視的態度などは、力よわいものではないか。巨大なものへの接近法は、まず巨視からと、このさい、とくに考えさせられる。私は、ここのアクセントに関しても、さっそくに、文アクセントのあと上がり傾向を問題にせざるを得なかった。語アクセントに注目するのと同時以前に、私は、あの独特のあと上がり調に耳をかたむけざるを得なかっ

× × × × ×

現代日本語の古典語圏というようなことばで、いわゆる南島方言をおさえてみたくなるのにつけても、思いかえされるのは、私が、そのむかし、南島方言の研究を断念した時のことである。

鹿児島女子師範学校寄宿舎経験の段階でも、すでに私は、これはたいへんな対象だと思うにいたった。奄美諸島以南には、方言の大山とも巨山とも言うべきものが、ならび立っている、と見えたのである。当時、私は、すでに、日本列島の、九州から奥羽までを、自己の観察対象としていた。日本語方言研究の啓蒙期にもあたっていたかと思われる、その時代のことである。私は、しぜんに、全日本語の方言状態を研究の対象にするようになっていた。(——したがってまた、しぜんに、南島方言へも手をのばそうとしたわけでもある。)が、南島方言の、あまりにも巨大な山体山容であることを知り、しかもその、延々と南方に展開していることを想っては、研究の一貧生にすぎないもの、いくえにも、考えこまざるを得なかったのである。南島方言研究だけでも、人間一生の業ではないか、と。この時、私は、自己の生を、ひとえに南島方言にかけることには、ためらいを感じた。いわば、それほどに、もはや、他の日本域の方言状態に関する、私の作業と関心とが、進んでいたのでもある。人間に二生がないかぎり、私は一方を断念しなくてはならない。当時、私は、割愛の語を、私なりに、深刻の思いで受けとめた。

当時の想いをなおつづけそえることをゆるしていただきたい。私は、素朴ながら、いわゆる琉球語を、日本語の姉妹語と考える必要は感じなかった。日本語の一大方言であると見ることが、私の身についたのである。もっとも、方言分岐といえば、南島方言の本来的なものの分岐成立は、ずいぶん、ゆえ深いもの、すなわち、遠い過去のことであったろうと想察されたのである。日本語の始源期を、軟体動物にたとえようか。動物が脊椎動物に進化する以前の、あの軟体動物にも比すべきものが、日本語の始源期であったとすれば、南島方言の本来的なものの分岐成立は、およそ、日本語の軟体動物時代のことであったかとも、想像されたのである。

沖縄を経験して、今日、この想いは、さほど変わらない。

それゆえまた、南島方言研究を割愛した自己の判断も、今日、是とすることができる。

南島方言に傾倒し、南島方言に別れ、今また南島方言を体感して、南島方言研究の、人の一生にかかわる大業であることを思う。

要であると考えられる。従来、方言研究をこととしながらも、実践を軽んじたのに等しい状態のままで、他地の方言を云々することが、すくなくはなかった。また、実践のすくないままで、他地の広域を概観することが、すくなくもなかった。それらを、私は、無効だと言うのではない。けれども、過去のそれらを見るにつけても、ここに言う実践的開拓の重要性が、しきりに思われるのである。今回の私の沖縄経験は、私に、ひときわつよく、方言学のための実践的開拓の重要性を思わしめた。

人は、だれしも、沖縄本島をはじめとする南島方言諸地域を、深刻に経験することによって、よく、日本語方言研究の実質を深化せしめるべきことを、考えるにいたるであろう。

学問は、どの道の学問にもせよ、それを、体験的に拡充することが、その学問の発展のため、基本的に重要であると考えられる。

Ⅱ　‘南島方言’

‘南島方言’、これは東条操先生の設定せられた名目である。(「南島」の名称は、かつて大正時代、かなり一般化されようともしていたのか。柳田国男先生にも、「南島研究の現状」というご高論〈後引〉がある。)

私がはじめて、南島方言圏に接したのは、昭和十四年のころであった。鹿児島市の旧女子師範学校寄宿舎で、奄美諸島出身の女子生徒のかたがたに会ったのがそのはじめである。前後二回の女子師範学校寄宿舎経験、つまり南島方言経験によって、私は、奄美諸島の諸方言に存在する、諸種の古語・古語法を知った。また中舌母音をはじめとする、模倣も容易でない諸発音を知った。――日本語方言の、いわば異域とでも言うべきものに接した思いがつよかったのである。

私の、南島方言窺知の手は、そのご、沖縄県下の諸島にのびた。が、それは、いずれも、広島その他において、または現地の人にたのんでのことであった。つまり、間接法だったのである。それらの諸探知を通じて、私の胸中に去来した思いは、何と古風な大和ことばの世界であることか――あるいはあるらしいことか――というのであった。

今回、沖縄の地に立ったとたんに、私には、一つの術語が生まれた。古典語圏というのがそれである。「南島方言」と総称されてよい、南島域の諸方言は、総体に、現代日本語での古典語圏をなすと、もっともしぜんに、考えられたのである。

沖縄をはじめて経験して、その刺戟の大きかったのには、まったく驚かされた。かねて心に思いえがいてもみたことではあったけれども、それにもまして、刺戟は大きかった。この沖縄経験を、かりに、私の、さきの北海道経験に比べてみる。(――この比較の、何と幼なぶりであることか。)北海道方言域では、なかんずく、文アクセントの問題が、大きくわだかまっているのを実感した。北海道方言色というものを、私は、まずは、ここに見たのである。それにしても、北海道方言域は、東北方言域からはいって行って、さっそくに理解しうる、さほどめずらしくもない境域であった。これにひきかえ、南島方言域、今はその沖縄本島であるが、これは、一方言学徒、私を、徹底的にゆさぶるに足るものであった。

私は、ものの学問、形式(方法)の学問という学問範疇を考えてみる。じっさいには、このように、二者が単純に得られるものではないはずであるけれども、一般の学問傾向に棹さして、私は、あえてこういう批判的処置を試みる。さて、沖縄本島に立って、その、日本語の一大方言に直面し、私は、いやおうなしに、ものの学問の緊要さを痛感させられたのである。異常とも言うべき刺戟が、まったく多々であった。それはすなわち、私の日本語研究に、無限の示唆を与えてやまなかったのである。

体感・体験のたっとさは、多く言うまでもなかろう。方言研究のためには(と限定すると弊害があるかもしれないが)、ことに体感の重要性が思われる。現地体感なくして、何の方言研究ぞやと言いたい。

沖縄に見る南島方言の一態は、日本語の方言とは言いながら、あまりにも極限状態的な一大方言であった。これの体感が、私に、爾後、どれほど多くのことを考えさせることになったか。これは、われながら驚くばかりである。

「方言学のために」は、方言研究をおこすことを考えなくてはならない。方言研究の学的推進のためには(→つまり方言学のためには)、未知方言での新経験を得ることもまた重要であると考えられる。私は今、沖縄で一つの経験をなし得たのにつけても、未知方言への新経験が、方言研究の推進のために重要であることを思わせられるのである。

方言学と言わず、すべての学の「ために」は、一般的に言って、理論的開拓の面と実践的開拓の面とが考えられよう。理論と実践とを分けて考えることは、あくまでも便宜の処置に属することであるけれども、今はあえてこれをおこなう。学の本質を求めて、考察につとめ、しかるべき方向を開拓することの重要であることはもちろんである。これとともに、実践的な開拓が須

南島諸方言私考——方言学のために——

藤原与一

このせつ、南島の方言状態に関して、また、(——現地体感なくしての、ただの思いであるが)、いちおうの区わけを考えてみている。下表のようなことも、考えられるのではないかと、ひそかに思うしだいである。

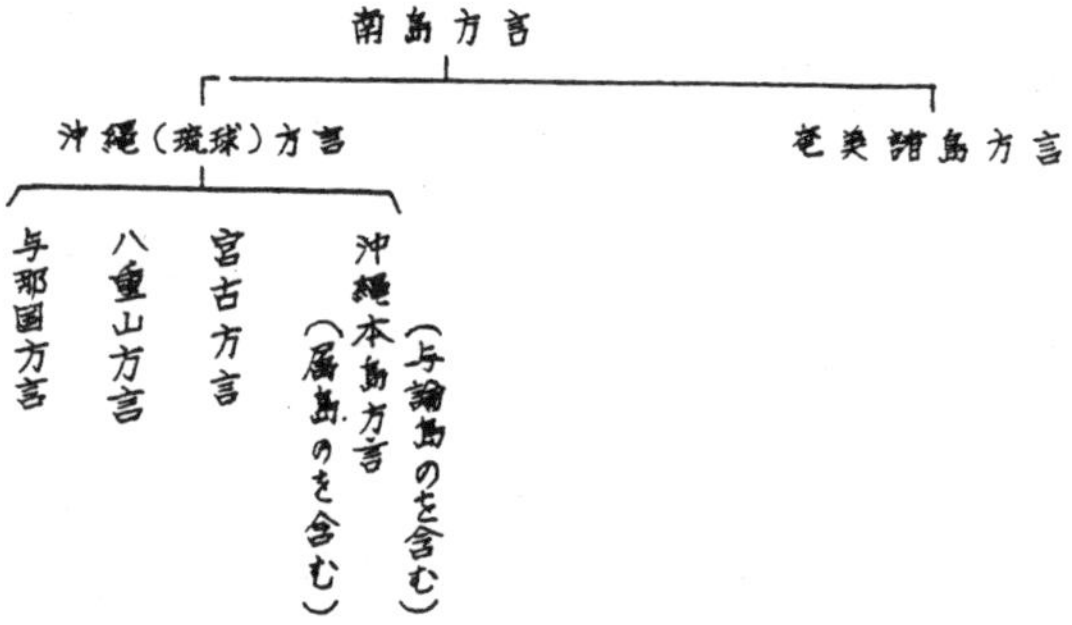

与那国のことは、すこしも知らない。先学にしたがってこうするまでである。感謝して、おことわりする。

Ⅰ　南島体験

どこの土地に行ってもであるが、現地に行けば、そこのものごとが、たしかに自分のからだ全体で受けとめられる。体感・体験などということばがあるが、まさにそれである。体感・体験のあとでは、それ以前とは比較にならない程度に、ものがらくに言える。

私も、一方言研究者として、これまで、南島方言についても、ほそぼそながら、何ほどかずつは、考えをつづけてきた。それが、このたび、沖縄をじかに経験するにあたって、にわかに、身につまされるものになった。胸にあたためてきたそれこれの疑問や期待が、かなりとけてきたり、あるまとまりを見せてきたりしたのである。私は、このさい、ひとまずながら、私なりの南島語論ができたような気がする。

B　分布・分派

用する生活として——実現されることが、もっとも望ましい。『日本語方言の分派とその系脈』の攷究は、そのような国語生活の建設に、一つの礎石となるべきものであろう。

文部省人文科学研究費の恩恵による。

(広島大学文学部『紀要』第 3 号　昭和 27 年 12 月)

頁	行	誤	正
395	2	ヨワッタ トー。	ヨワッタ トー。
392	26	一般に言わぬ	一般に言わぬ、
390	24	「チャ「と「ヤ」	「チャ」と「ヤ」
389	1	國の東半	国の東半

よわかったので、こうした残存になった、と言えるであろう。したがって、北関東は南奥的であるはずである。

以上のようにして、国内には、前後二つの言語中心のえがく全国的影響がかさなっており、かつ、その上にまた、地方的小中心・大中心の地方的影響が、大小の渦を巻いている。これが今日の国語の動態である。

が、大観するところ、近代東京語中心のことばの、優越した全国的影響は、今や一きわつよく全国の日々の生活に滲透しつゝある。国語の生活は、これによって、大きくうごかされつゝある。いわゆる関西の地方も、その関西的なかまえでではあるが、よく関東系の中央語を受け入れ、みずからの生活語を改新せしめつゝある。

そこには、関西語的な関東語ができてもいるが、一方、東京語も、語アクセントのいわゆる平板化を進めたりして、よい意味の東西平均化が、多少とも実現されつゝある。いわば、東京語中心に、共通語はよく発展している。

学童たちの言語生活には、もはや、六十歳ごろ以上の古い人たちからは想像もおよばないほどの共通語生活が見られることが多い。近畿アクセントと兄弟関係の四国アクセントの場合にしても、その地の学童たちは、本を教室で読む場合など、在来のものをかなりうごかしてもいる。

共通語の生活が、全国にわたって決定的なものとなるのは、もうすぐのことであろう。人々は、こゝに、自覚した共通語生活を持つべきことをつよく考えなくてはならない。また、そのことをつよく考えさせる教育を推進しなくてはならない。

国語の社会教育は、共通語生活の何ものであるかを説いて、言語の社会生活の正常なありかたを指導すべきである。ついては、共通語の観念を正しくすること、さらに、国語の理想的な標準語の観念を正しくすることが肝要である。

共通語生活と言い、やがては標準語生活と言うべきものが、たゞのことばの外形を追う生活におわってはならないことは言うまでもない。国語に生き、国語を利用活用する人間生活・精神生活が、すぐれた共通語生活ないし標準語生活と一体であることが要請される。心を、精神を、伸ばし発展させる最高度の生活が、すぐれた国語生活として――国語を合理的に精一杯に利

いわゆる音便の方式の東西対立

否定表現法一つにしても東西あい異なること

東西アクセント体系の特質相違

などを考える時、〝東国方言〟とは言うものの、東西の地盤的特質の上には、そうとうに根ぶかい質的相違があったのではないかと考えられる。そうしてこれは、ある成立した中央語の決定的な流布以後の地盤的相違というよりも、中央語の成立のしようにかゝわり、その成立のためのごく直接の要素または分子のありさま・うごきにかゝわるか、とも思われてくる。

『日本語方言の分派とその系脈』の討究は、こうして、日本語の成立論にむすびついてくる。そこに独自の寄与をすべきことが、つよく考えられる。

結　　語

上述した日本語方言の分派状態、——かくかくの系脈がたどられ、かくかくに、分派関係の生成があとづけられるというその分派状態は、何にしても、現代の全国語生活の基盤である。現代日本の国語生活の基盤はこうなっていると理解することができる。

ところで、今日は、この基盤の上に、新しい、全国的な変動が生じている。それは、新中央語として、明治の文明開化以来、しだいにその地歩を確立し、四周への影響力を強めてきた東京語によるものである。かつての近畿中心の中央語の時代がすぎると、国語の近代は、東京語を中心とする時代になった。その影響は、今日、まったく直接に、国の周辺にまでよくおよびつつある。一つには、従来の学校教育と学校教科書とによることが多く、一つにはラジオによるところが大きい。

かつての一東国方言の勢力と影響とは、この新しい近代東京語の影響と、かさなり合うことになった。こゝまできてみると、史的東国方言の影響力が、新たに、東京を起点として、全国的に発達していったとも解される。さきに述べた東北東国方言三段分派で、栃木茨城千葉の地域が、第三段の分派として、関東言語平野につゞきこむものに見られたのも、こゝで説明を新たにするならば、関八州地方の言語状態が、今の東京中心のことばの影響で、しだいに新化されていき、北・東の部分は、改新波北漸を受けることが多少とも

とおもう

能登半島地区も、へんぴな袋小路であったために、同じく、東北的な発音をとゞめて、裏日本性を示す要地となった。

だから、東北出雲的な発音を残存せしめることに即して言えば、東北ほどではないこの北陸は、出雲地方ほどではない伯耆地方と、かなり似た地位にあると言うことができる。

□

近畿の中央語が東に周布しようとした時に、または、近畿中心の中央語が長年月の間にその影響を四周に及ぼした時に、東方へは、北陸道の言語路によってその影響を流布周布せしめることが大きかったであろう。末端にあたる東北地方の状態、その表がわと裏がわとの相違などを考えると、そううけとられる。奥羽は表よりも裏の方が、中央語の影響を早く受けて、一つの地帯をなしていったように思われる。北陸道には、早くから京畿語にならされた地盤的特質があったとしなくてはならない。

さて、その中央語の東方周布が、東海道、したがってまた東山道方面へとなると、事情はそうとうに異なったと見られる。こゝでは、東方周布は、古来のいわゆる東国方言の「地方的基質」——そのそうとうに根づよい地盤的特質にふれることになる。こゝに衝突や相殺がおこらなかったであろうか。

東国方言の根づよさということになってくると、日本語の周布論は、日本語の成立論にかゝわるところへ発展していく。

周圏、周布ということは、中央語が成立してからのことである。その時、東国方言もまた本質的に東国の方言だとすれば、これはまた、いつか古い昔に、原始日本語の成立という一般的事実の後に、地盤的特質を明らかにするに至った一大現象と考えられる。すれば、われわれは、その当時についても、なにほどかの周布的事実を、国土全般の上に想定せざるを得ない。東国方言は、古代日本語の、何らかの地方的事情のもとに生成したと見なくてはならないであろう。

として、いちおうはおちつくものの、その大きな地方的基質を考える時、ことに、

東国語の推移が中央語の場合よりも先んじたりした事実

國の東半

北陸地方では、京都中心のことばの周布が、わりによく考えられるようである。今日の新しい東京語の影響の波及は別として、その前のことになると、アクセント状況を見ても、佐渡まで、近畿系の、問題の地とされるありさまである。京都中心のものの東北方への周布は、そうとうのものだったろうと思われる。

中舌母韻その他の東北的な発音は、北陸地帯にも、もともと広汎に、かなりいちじるしくおこなわれていただろう。能登や加賀方面山地部内に、今もそういうものを残存せしめている傾向からすると、そのように察しやすい。その北陸状態が、近畿系の言語影響によって、しだいに改変されていったようである。そのさい、現状からすると、越前・加賀の平地地帯は、活潑な言語路となったために、より早く改変されていったものと見られる。改新波の北陸周布は、第一次的には平地地帯を北へ活潑なうつりゆきを示し、ついで第二次的に、東がわ山地帯へ、比較的緩漫なうつりゆきを示していったと解される。それゆえ今日も、たとえば白山麓の白峰村地方で、土地の人たちにつぎのような発音を聞き得るわけなのであろう。

○イトー　シ〔ʃi〕ンナ。

（痛くするな。）いじめるな。

○ヘブワ　トラン　アンバイヂャ。

ヘブ（へび）は、とったりしないあんばいだよ。

○ヒリ　クテ　…。

ヒリ（ひるめし）を食って…。

○エチゴノ　オモイ

一期の思い

○ハダチ

廿歳

○シャンコー。

さうか。そうか。

○トマウ

新しい生成だったか。

□

つぎは、中国山陰に立ち入って考えてみよう。出雲隠岐地方は、いかにも特殊地区のようである。が、やはり、中央からの言語影響が山陰言語路に及んだことを考えると、出雲隠岐地方は、つぎつぎの改新波が西に及びかねた結果による残りの雪である。伯耆地方の状態は、出雲辯の亜流としての色あいをよく示すが、これも、中央系の言語改新波が、出雲地方よりも先にこの地方へとゞくことになったために、――そういう人文地理的事情にあったために、出雲地方ほどには古態を残さず、先んじて新化の色調を示すことになったのだと思われる。出雲辯が伯耆を侵して、その影響を及ぼしたようなことがあるとすれば、それは別の部分的な影響で、大すじとしては、元来出雲的でもあった伯耆以東の状態が、東から順次に、たんだん変えられていったものと解される。

若狭地方は、早く京都語の直系下におかれるに至った。丹後与謝半島から西になると、しだいに山陰的なものを濃く残存せしめている。その線の上で、出雲地方の特殊性なり、伯耆地方のそれへの近似性なりを解すべきである。但馬が、兵庫県下とは言っても、播磨とは別趣で、因幡・丹後によく通ずるものを示す方言状態にあることも、こゝに順当とうけとられる。

× × × × ×

このようにして、近畿以西の地方では、およそ順当に、中央語または中央語的影響の周布というものが考えられる。

近畿内部においても、紀州の南海道色についてはすでにふれたが、また、南紀南大和一帯の、近畿周辺地区としての特性が、よく考えられる。一例、指定の助動詞の「ヂャ「と「ヤ」の分布を見ても、中央の「ヤ」に対して、南紀の南牟婁郡方面では、「ヂャ」一つがきわめて有力におこなわれている。「いつやらわからん。」も「イッヂャラワカラン。」と言ったりしている。近畿南辺地区は、中央地区からの言語改新の影響の周布をおそく受けて、しだいに末端地区としての色調を出してきたであろう。

ついで、国の東半を見よう。

のようなめずらしい言いかたを存している。新しい浸蝕が南から及びかねているさまは、この奥地の、二川村一村内でも図式的に見ることができる。そこでは、しもの部落ほど新化しており、西奥の偏在部落に上がるにつれて、いまの「ヤル」ことばの使用がいちじるしかったりしている。つぎの例に、さきの石見をとりあげれば、こゝが山陰のわりに、広島県山口県地方のことばに近くて、山陽的になっているのも、山陽系の言語影響が、よくこゝに周布し得た結果と見られる。

四国の北半は、山陽と同一条件にはない。京都語西漸の主流が、山陽道ぞいに早く通るとすれば、四国北半は海のこちらである。周布を受容しても、そこには一定の地域色ができることが当然とされる。それに、山陽道の言語路に対する四国北半の言語路も考えられることである。

□

山陽道系言語路が山陰路以上に活潑な通路となったことについては、九州の存在を思わなければならない。中国山陽と九州地との、自然のつながりのよさが重視される。これは現代の文物移動一般についてもすぐに考えられることであろう。言語波、言語影響の流入の、このような大きな引き受け手があると、それとの交渉関連で、言語の交通は層一層活潑化する。九州と直接の引き合い関係に立った山陽路は、その言語・文化の周布流行の速度を高めることになったのである。

九州の内部事情は、こゝから考えやすい。九州では、上のような中央語周布、または中央語影響の周布への対処のしかたによって、例の三段層が、受身的におこったのだと解される。九州東北部は、中国との直接の交流によって、相互に作用し合いつゝ、早くその古色を新化させていったであらう。薩隅および西辺の地は、そのような新化事情の波及することのおそかった地域である。

九州内方言分派に、昔の藩治関係のことなども、そこここで、一つの作用因とはなっていよう。が、基本的には、いま言ったようなことがつよい傾向であったと考えられる。「レル・ラレル」の敬語法などは、早く九州にはいって、よく南・西の方面にとゞいた。「ッス・サンス」というようなのは、東北部九州に存在する程度のようであるが、これは、九州としても、比較的

山陽道を流れる言語の水流は、水かさが高まるにつれて、北への、南への浸蝕となっていった。このような、言語波及の明細を、『周布』とよぼうと思う。周圏とは、言語波のひろがりを、一般的に措定したものであった。今は、特異性の大きいこの国土上での周圏波の波及のしかたをたどり、波及の方式を追求することが必要である。言語周圏は、わが国において、じっさいに、どういうすじ道を通って、どのようにおこなわれていったか。それをできるだけ明らかにしようとするのが、周圏をこまかく言い進めて周布と言おうとする意図である。

山陽道系の言語周布は、中国四国に対して、その山陽と四国北半とを、一段と新しい言語状態にした。中国では山陰が、四国では南半が、方言古脈の地帯となっているのは、この山陽道系言語周布の理による当然の結末としてうけとられる。出雲隠岐地方と土佐地方とが、相互に孤立して特異性を示しているかのようなのも、じつは関係のある対応の事態であることが知られる。山陰のほとりの石見と、四国西南部の南予とに、「どうどうしてヤンサイ。」（やりなさい、下さい）「……ヤンナハイ。」の同趣のものが見られることも、筑後地方のそれとも合わせ考えるのに、局部的な残存と解せられ、それは　言語周布の理のもたらした辺境的一致と解されるのである。

中国山陽がわの内部事情を見ても、周布の結果として、もっともと解される事態が少くない。山陽道を東から西に通う言語主流は、第二次的に、傍流を、そこそこで北上させた。さきに言った、北への浸蝕である。この言語波の北漸は、土地の諸条件に左右されて、さまざまであった。そこで、中国山脈背梁の南がわの地ではあっても、その北漸の波の及びかねる所もできたのである。たとえば、岡山県下の作州奥に、山陽一般の状況には化していない言語状況が見いだされる。そこではすなわち、南に盛な「行かレー」「来ラレー」などの、岡山県特有の「レー・ラレー」を言わないありさまである。そうして、南では一般に言わぬ

○ヨー　来ヤッタ　ノー。

などの「ヤル」ことばや、

○ドガイ　ショーゴンシャー。

どんなにしていらっしゃる？

こうして、おもな古系脈をたどってきたことを前段として、以下後段には、これらの古系脈と、それ以外の新系脈地帯との相関関係を、總合的に解釈してみたいと思う。

国の西半

近古時代の京都中心の中央語の状況から考えて、今日の方言状態を見るのに、京都中心の中央語は、国の東半へよりも、西半、近畿以西の地方へ、いっそうよく流布したと見られる。今日、さかのぼれるだけさかのぼって、国語史上のどの時代の言語生活相が、どの方言上に見られるかと言えば、近古末近世初期ごろの中央言語生活に近いものが、南九州に見られる。

□

さて、中央語の西への広まりかたを推論するのに、言語の普及は人のあたまとむねとを伝わっていくものとすれば、京都方面から西へのおもな言語通路としては、まず当然に、山陽道系言語路と山陰言語路とが考えられる。それで、今日、山陽よりも山陰に、四国は北半よりも南半に、方言分派の古脈が残っているとすれば、言語伝播の事情は、つぎのようであったと解釈される。

> 京都中心の言語伝播は、山陽道系言語路（瀬戸内海通路を含む）において、いっそう盛なものがあったろう。こゝに改新波の影響のいっそう活潑なものがあったがために、中国山陽路は、山陰に先んじて言語状態を改めていき、山陰は一段と古態をとゞめることになった。
>
> 四国北半も、瀬戸内海に直面して、山陽道系＜瀬戸内海＞のつよい言語影響を受けることが多かったので、改新を早め、ために、南半の方は、自然にとり残されることになった。

つまりは、土地の事情による、言語伝播への反応のしかたのちがいである。自然に、積極と消極との差ができたのである。基本的には、こう考えられる。

このような中央語影響は、たとえてみれば、中央からの水の流れが、山陽道ぞいに、瀬戸内海の窪地を、だんだんにうずめていったようなものではなかろうか。つぎつぎの流れの加わるのとともに、内海の水かさは増していって、四国の北半も、山陽的に、中央の影響を受けたであろう。

の「ネ」にあたる單純な文末助詞に「ニー」というのがある。これは今日、全国でも稀に存在するにすぎない注目すべきものであるが、日本海がわのことはさておくと、九州では、南薩・西彼杵表に、比較的純粋なものが見いだされる。四国方面では、内海島嶼の中にこれが見いだされる。「長州チョルチョル土佐ニャニャ」の言いぐさがあったらしいところからするのに、土佐にもかつては單純な「ニー」がおこなわれていたか。それは不明としても、阿波の東岸橘町に、「ニン」「ニー」がある。それから紀州にわたると、南方、串本むかいの大島などに、「サムイ　ニー。」のようなのがあるという。東牟婁郡下の古座町、同郡下の大地町では、「ニー」の使用のまったく顯著なものがある。大地町の例を引けば、

○「アナタガネー。」ツーノヲ（というのを）ニー（ねえ）。「アンタガニー。」と言います。

○「アノ　ニー。」「キョーワ　ニー。」のように、ドコイデモ　ニーヲツケル　ニー（ねえ）。

などである。伊勢に「ニー」を存し、とんでは伊豆七島の内で、新島に、

○キョーワ　サビー　ニー。

と言う。「ニー」は「ね」にあたるとのことである。

「伊豆大島方言集」によれば、「背中」＝シェナハ、「できもの」＝デヒモノ、「暖い」＝ヌフットイ、「ニシャドホエ（どこへ）イクダヨ。」などのような、俗に言って、「カ」行音が「ハ」行音にかわるものが見られる。はるかに南島でも、「この手紙」を「フン　ティガミ」と言っており、「ヒューワ」は「今日は」（きゆうは）である。伊豆七島に「オヂャル」ことばがあることは、さきに述べた。これは、国の西南地方のと存立・形態を同じくしている。このように見てくると、ゆくゆく、南海道線は、長く左右に延長され、古脈地帯として、広大なものに見られるようになるかと思う。

分派と解釈

以上、われわれは、現日本語方言共時態の一定の分派関係の上に、四とおりの探査を試みることができた。九州の三段層、東北・東国の三段層、裏日本地帯、南海道系脈がこれである。

のようなのがある。南予喜多郡下で、前出、

○コナイダ　ヨワッタ　トー。

のようなものが見られる。二者は相似形式であろう。喜多郡下では、この傾向が一つのきわ立たしいものになっている。阿波南部の山地でもまた、

○シマ　スベランノカー。

（馬、すべらんのか？）

のような、類似の文アクセントが聞かれる。東進して、南紀、三重県下南牟婁郡地方の文アクセントを見れば、

○スイエイワ　ヤランノカー。

（水泳はやらんのか。）

のような文アクセントがある。同一範疇に属すると思われるこの種の文アクセントが、九州につゞいて南海道線上に、あいついで見いだされる。四国の北半、近畿の大部分には、この種のアクセントは見られず、中国地方にも見られない。

語アクセントにおいても、四国西南部が、四国一般の近畿的なものにどれだけか反立する様相を示しているが、この反近畿色は、土佐も、その西南部の幡多郡下にかぎらず、もっと東にも、その亜流または底流が見いだされるようである。四国では、南予から土佐にかけてが、問題のアクセント地域になる。これはやはり、九州南部地方のアクセントにつらなる事態として解すべきものか。南九州のアクセント状態は、文アクセント（すなわちアクセントの現実態）からすると、ひとえに近畿色と言うことは、困難かと思う。文アクセントの生活としては、むしろ汎中国的なものに近いと言えるかもしれない。南九州地方のアクセント状態と、四国の西南部方面のアクセント状態とは、もしかすると、辺境現象的共生者と言えるかもしれない。あるいは、共通分子の担い手と言えるのではないかと考える。

近畿の南邊に、京阪神を主流とするアクセント状態とはちがったおもむきがうかゞわれ、例の十津川＜大和南郷＞のアクセントは、その一連の線の上にあるかと考察される時、こゝには、アクセント上からも、南海道系統線が考えられる。

南海道系統線の考えを、もうすこし述べそえよう。「暑いネ。」「寒いネ。」

ら）があり＜「ゴト」は長門にもある。＞、また、いわゆる「カリ」活用関係の「ベツベツデ　ナカラニャ」（無からにゃ）のようなのが＜山口県下とともに＞あって、九州の「ヨカ」（よかり）ことばとの関連を見せ、つぎに、

○コナイダ　ヨワッタ　トー。

このあいだはよわったよ。

のような、九州的な「ト」文末助詞があり、また、

○ヒーン　キエタ。

燈が消えた。

の「ヒーン」のような言いかたがある。注目すべきことには、南予の内で、また、「こける」（倒れる）を「コクル」と、九州なみに、二段活用式に言っている。中国がわには見られないこの九州とのつながりの現象は、さらに近畿の紀州北部内にたどって見いだすことができる。北紀日高郡地方の二段活用がそれで、日高では、

○日高の馬はコクル（こける）ほどカクル（かける）。

などと言いならわしている。紀州地方では、以前は、もっと広い範囲に二段活用が見られたか。いずれにしても、今日紀州に孤立して存するかのようなこの二段活用現象も、四国西南部の「コクル」などを介して見るのに、九州に関連するものであるらしいことが理解される。

このようにして、われわれは、南海道系統線とも言うべき系統分派を、だんだんにみとめてくることができるようである。そう思って見ると、土佐に「ザ」行音と「ダ」行音との発音の区別があり、南九州ことに薩摩に、これを微妙にはっきりと区別する所がある。両地は、古態残存の共通色を示していると解されよう。土佐に顕著な鼻母韻も、土佐だけのことではなくて、西隣南予に〔ōtõdoi〕（おとどい）〔ʃigoto〕（しごと）のような発音があり、阿波南部にも土佐色があつて、四国南半地方が一系列の地帯をなしている。これは、九州の南部本位の鼻母韻傾向によくつらなるものと見られる。文アクセントについて見ても、南予喜多郡下の文アクセントが、前にふれた九州の特異な文アクセントによく似かよったものを示している。たとえば、西彼杵半島の文アクセントに、

○イヨノヒトワ　ムカシカラ　フトカフネデ　キョーラシタトデス。

ひく。能登などでは、

○コッチー　イラシ　マ。

○ソーシェント　オカーシ　マー。

のようなのがいちじるしい。北陸から東北全般に「シャル」ことばの存在するのが、地域上、訛形上、どんなにか見いだされ、これが、常陸その他や房州以南に及ぶ。

「シャル・サッシャル」は、その生成後、中央の雅醇な文章語として栄えることは、まずなかったようである。が、国内諸地方では、じっさいに、方々でこれがおこなわれたらしい。ひところは、全国を通じて、口語の共通語でさえあったかもしれない。その痕跡は、今日、表日本がわの土地にも、そこゝにみとめられる。しかし、表がわのは、多く、偏した用法になっている。あるいは老人層の用語にかぎられ、あるいは軽侮などの表現に適用せられ、時に天体などへの特殊敬語法に用いられたりしている。そこで今、全国状態を見わたす時は、これが裏日本系の地帯に、日常のことばとして——「なさる」ことばの下位の、気のおけない体のことばづかいとして——ふつうにおこなわれているのが、きわ立たしいものに見られるのである。

裏日本古脈地帯を云々する時には、能登半島をたえず重視しなくてはならない。能登は、奥羽地方と出雲地方との中間に突出して、その東西両地方のあい通い、あい結ぶ『裏日本性』底流を、中途で一きわくっきりと浮かび上がらせて見せている。本州に対しては九州が興味と問題の地であるが、本州内では、能登が、国語方言史上、特殊な契機的地位にあるものと考えられる。能登を據点として北陸方面を解釈することにより、出雲地方と東北地方とのつながる裏日本性は、的確に明らかにすることができる。

つぎは、さきほど表日本系を云々したさいにとり残した四国南半方面である。

南海道系統線

東九州にいちじるしい「持って来て」の「モッチェキチェ」「モッチキチ」に関連しては、伊予南部から土佐にかけて、「モッチキチ」「行っチみチ」の類がある。伊予南部には、九州なみに「……ゴトアルケン」（のようだか

裏日本地帯

発音上のことについての実証は、粗略ながら、「裏日本地方のことばの発音」(「音声の研究」日本音声学会編1951年)にまとめた。こゝでは一つの註記を加えれば、中舌母韻〔ï〕〔ẅ〕〔ü〕の存在、「イ」と「エ」とに発音のまぎれがあること、〔F－〕〔ʃe〕〔kw－〕諸音節の存在、〔o〕〔ɔ〕の開合音に関する諸事象の存在、〔kï〕と〔kʃï〕〔tʃï〕とのつながりの見られることなどが、国語史的に関連する自然残存の現象であるということである。裏日本地帯は、そのような地域性を以て立っている。

その山陰と、九州ともよく通ずることを、一つ、ラ行子音のすべりについて見よう。山陰出雲地方では、「鶴」を「ツー」に近く発音する。「あります」も「アーマス」に近い。このような事例は肥後などにもあり、薩摩の甑島でも、「鳥」を「カース」のように言う。九州の「ヨカ」ことばは、「ラ」行音節の落ちた著例である。

語法上の例で裏日本地帯を見ると、「シャル・サッシャル」敬語法の分布が、日本海ぞいに、今もいちじるしいありさまである。九州地方の「らス」や「シ」のことは前に述べた。山陰地方の「シャル・サッシャル」は、かくべつ盛である。

○ヒャー　イナッシャル　カ。

もうはやおかえり?

老若男女ともに言う。「なさる」ことば「ナハル」の下位をいくものである。「ます」とむすんで、「シャンス・サッシャンス」ともなっている。広戸惇氏がその「山陰方言の語法」で、「隠岐にあっては、敬語の助動詞にシ、サシがある。」と説かれる実例「行カシタ」「見サシタ」などは、九州のと同じく「シャル・サッシャル」の変形か。能登西岸では、九州なみの「らス」

○アンタ　ナニ　シトラス　ネー。

のようなのが聞かれる。その能登をはじめとして、北陸一帯に、「シャル・サッシャル」(「サル」も)がいちじるしい。加賀地方では、

○オマイサン　ドコイ　イキマッシャル。

のような言いかた、「シャル」の前に「ます」の接合した言いかたが注目を

「来《コ》ライン」「行がイン」などは、表がわ、磐城から陸中一関あたりまでによく見いだされる。

それにしても、太平洋がわで、今の「オッデリ」系の語法と「来ライン」類の語法とが、ちょうど北奥と南奥とにある。北奥部分と南奥部分とを前後の二分派に見ることは、こゝに可能でもある。

さてその南奥の亜流として、関東の北・東の部分が見られる。千葉房総半島までおりても、中舌母韻や、共通語では清音に発音しているものを濁音に発音するのなどを聞くことができる。半島突端の房州でも、

〇ドイ　イガッシャル　カイ。

（どこへ行かッシャルかい。）

などと言う。なおこゝに「シャル」敬語があり、別に「コッチー　キサッシャー。」（こっちへおいでよ。）などとも言うが、これも北からの系譜上に立つものと解され、つゞいては伊豆七島の内にも同種のものが見いだされる。

以上のすがたのいわゆる第三段層、そのスロープにつづいて、他の関東一帯の言語平野が開けている。この自然の展開の末端に、元来の東京語がある。東京語の発音の〔w〕、たとえば唱歌の文句の〝ブ〔w〕ンブンブン〟などというのを聞いても、関西人には、それが、東北中舌母韻〔ẅ〕の、じつに自然なつゞきであるように思える。また、「区域」の語の発音なども、「イキ」の「イ」が、関西人の場合とはちがって、「エ」に近く聞こえたりする。

×　×　×　×　×

さて、九州の東・北の部分からほゞなだらかにつゞいた中国四国、じつは中国山陽四国北半と、関東の北・東の部分からなだらかにつゞいた関東言語平野とが、おゝよそその地盤の高さを等しくしていようか。

それゆえ、関東言語平野の位相を西にたどり、山陽などの位相を東にだんだんたどっていけば、この両方は、表日本系言語状態の比較的新しい地域として、くいちがうことなく一つゞきになるのを見うる。

そのことは単純に説明しきれぬとしても、一方の裏日本がわは、早くから先覚によってとりあげられた、比較的明らかな方言系統線である。これは、一挙に言うと、九州地方・東北地方の両端によく関連する、日本語方言の古脈分派地帯である。

域に挟まれた中間地帯が、おゝよそ筑後を中軸として見わたすことのできる、西北から東南へかけての地帯である。これはふつうに九州辯の代表地として見られがちの所である。一二の特徴としては、「なさる」ことばの「ナハル」属、「ナサイ」系の言いかた「行かイ」「見サイ」などの「イ・サイ」、「あの人はどこへ乗ットラスか。」（〜らッシャル）「どこへ行かシたか」などの「らス」や「シ」がある。

以上の九州方言三分派は、動的に把握される史的三段層である。これを地勢の高下にたとえれば、南・西の分派が一番高い層位にあって、なかんずく古脈に属し、それは、トカラ列島をへて、南島方面奄美群島方言によくつゞく。筑後を中軸とする地方が中位中間の段階層である。これについて、東・北の部分が、さらに低位の層脈をなし、一番の新派となる。これがなだらかに中国四国の状態につゞく。その言語上の連繋のよさは、たとえば豊前の「チョル」（て居《オ》る）ことばと山陽の「チョル」ことばとの上に見ることができる。文アクセントにしても、両方はあい通じている。

東北東国地方

つぎには東北東国地方を見ると、九州とほゞ同趣の三段層をくむことができる。いわゆる北奥が第一段層で南奥が第二段層、ついで、栃木・茨城・千葉の関東北東部が、東北的なものとして、第三段の、比較的新しい層をなしている。

奥羽の地方を、単純に北奥南奥と区切ることは、容易でない。奥羽の背梁山脈は、やはり大きな衝壁で、表奥羽（太平洋がわ）と裏奥羽（日本海がわ）とに分けて考えるべき事情も大きい。新潟県中部以北の言語状態は、発音にしても語法にしても、日本海ぞいに、自然によく北方につゞきこんでいる。例の「ベーベー」ことばが山形県庄内地方などにないことも北陸のつゞきであり、これは関東から北へかけてよく「ベー」がおこなわれているのと表裏対立する。さきの「オッデリ」系の敬語法は太平洋がわにあり、日本海がわには、「コッチ キヘ チャ。」などの「ヘ」（「来ナサイ」系の「来サイ」の「サイ」が「セー」となり「ヘ」となる）がおこなわれ、また、「食べッセー」「上がッセー」がある。「レル・ラレル」敬語の命令の言いかた

していく。結果から言えば、地方語体系（体系的存在）・方言の区劃であるが、能動の線に即応して見るかぎり、それは、方言の分派、分派というものである。

こうして、われわれは、国内の方言分派の内情をたずねるべきことになる。

九　州　地　方

第一に九州地方では、どのような分派関係が見られようか。

南の薩摩大隅地方から、天草下島をへて、肥前西彼杵半島地方、平戸島方面におよぶ地帯が、九州中でも、注目すべき方言古脈としてとりあげられる。その証例として、一つに、さきの「オ……アル」ことばをとると、平戸島で、「オアガリヤッサイ。」（オ上がりアッサイ。）と言っている。これは、薩隅の傾向を、特殊な挨拶ことばにとゞめたものである。証例の二つには、「行かイた」（行かれた）「来《コ》ライた」「来《コ》ラッた」（来られた）などの敬語法が、南九州＜日向・肥後も＞から天草をへて西彼杵におこなわれている。三つに、西彼杵半島の「何々ドンカラ」＜逆説表示＞は、南九州の「ドンカー」「ドンカイ」に同じである。四つに、中舌母韻〔ü〕は、薩摩半島・大隅内から、南肥後の内をへて、天草にたどられる。この種の発音は南島（奄美群島以南）に多い。ちなみに、この古脈からなお注意すべき発音をひろえば、天草下島の西岸に、「鍬」＝パ、「食え」＝ペ、「杭」＝ピー、「食う」＝プーの発音がある。声門破裂音は南島内にいちじるしいものがあって、かつ、平戸島でも聞かれる。五つめの証例として、文アクセント事象を引けば、特異な『後上がり』調子関係のものが、この地域にほゞ共通的におこなわれている。これに関しては、別稿「方言『文アクセント』の一特質傾向『後上がり調』について」（日本音聲学会1952年論文集、未刊）の中で述べた。

いったい、全九州は、その大分派としては、東西の部分に分かれるところが大きい。何にしても、地理上、九州山脈の地帯があり、東がわは、自然に、中国・四国との交渉面に立っている。東がわは、そのことばの世相が、新しくなりやすく、かくて九州の東・北の部分は、総体には、比較的、ことばの近代化した地域となった。それに対して、九州南部と、それにつらなる西辺とが、古風の中にとりのこされたのは、まさに自然の理であった。この両地

に、東の東海道地方にも見いだされて、伊豆の島の「オ出《チャ》アル」が自然の伝存であることがよく理解される。そのような古風の土地伊豆にもあって東北にもある「オ……アル」は、東北のみの偶然物ではないことが明らかである。このようにして、西南九州と東北とには、中央語自然波及のすじみちがたどられる。これは、同似親近の他の事実にかゝわる分布現象を見あわせれば、いっそう明らかにしうることである。

「オ……アル」形式の存立に見るような東北と西南との一致は、中央語周圏の合理的帰結の、かぎられた極端な姿にほかならないことが知られる。「オ……アル」の言いかた、ないしこれを利用する傾向、あるいはその可能性は、中央をはじめとして、諸方に、全国的に、順次脈動したであろう。こうしてわれわれは、古来、中央語の隆盛進展とともに、周圏波がつねに大きく四周に漸及してやまなかった一般的事態をみとめることができる。

それにしても、東北は東北であって西南ではない。現に「オ出アル」が西方で「オヂャル」「オヂャッテ」となっているのに対して、東北では、「オデッテ」「オッデリ」「オデー」などとある。地方性はおのずから発揮されている。その作用の根源は別に問題にしなくてはならない。つぎにはまた、東北と西南との一致する他の事象について考えてみても、それを直ちに中央語波及の両端同似遺存と断定しにくい場合が少くもない。これらについては、何かの一定条件に対する反応が、あたかも条件反射風に、東西の一致を来たしやすかったであろうとも考えられる。これは、小範囲の地域内についても実験しうることで、たとえば同一の地名がそちこちにあるのなど、たがいには無関係の、自然の、条件反射的命名であることが少くなかろう。ことばは国語の歴史の進展とともに、国内に大きくゆれうごいていく。局部々々がそのゆれに特殊的にひゞき合うことは、そこでもこゝでもおこりうることであろう。それにしても、今は、その国語の大きいゆれが、つねに中央を根源とする傾向のものであることをみとめておかなくてはならない。

究極のところ、日本語の方言分派は、国の全土を統一的な地盤とした、おおよその周圏的事実の上におこるところが大きかったと言うことができよう。どのような区劃も、概して周圏の産物と考えられる。ことばは、周圏分布をとげながら、その多くの事実の同似傾向の累積の上に、地方分割を形成

布したのである。このことは、文献の徴標をたどる中央語本位の国語史研究と、現代諸方言の実相を横に見る比較研究との方法によって、実証することができる。柳田国男先生の「周圏論」は、西洋言語学の波動説に通う理解のしかたを以て、国語の周圏波動の事実を論証されたものである。「蝸牛考」一巻はその記念塔であるが、先生には、なお、簡約して言って、国の東北と西南との一致を見られる考説が多い。先生についで、また、諸学者の、これに関する研究と発表とがある。

私どももまた、多くの事実の上に、その、中央語周圏波動のあとを見うるしだいである。これについては、さきに、「日本語方言状態の東北と西南」の一稿を、「国文学攷」復刊第二号（1952年8月）に投じた。この中では、ひとつの指摘として、「オ……アル」（オ行きアル）形式の敬意表現法その他をとりあつかった。「オ読みアル」式の尊敬表現法も、かつて近古時代に、中央近畿（京都中心）でよくおこなわれ、それが今日、西南の九州地方の内と東北の奥州地方の内とに、あい等しく見いだされるのである。これが、それぞれのたゞの偶然の孤存でない証拠には、双方の分布に、合理的なすじみちがたどられる。まず九州は、薩摩大隅を中心にして、この形式の見えることがいちじるしく、

○オアガイヤッタモース。

（オ上がりアッて下さい。）

などと言う。その「オ出アル」の「オヂャル」となったものは、中国地方に来ても、「オヂャーレ。」（来たまえ。）などというのが稀存し、俚謡などでは、中国でも、「オ行きャル」などをとゞめている。九州の「オ……アル」ことばは、中央に盛だったあの「オ……アル」ことばと、一連一系のものであることが理解される。東に行けば、「オヂャル」は、伊豆七島方面でも聞くことができる。そうして、奥州にはいると、たとえば相馬地方に、

○ナニシテ　オデァールー。

などが聞かれ、陸中すじ以北には、「オデヤッタ」（オ出アッた）「オデッテ」（オ出アッて）「オッデリ」（オ出アレ）ほかの言いかたがいちじるしい。もし「おいでる」「お行きる」などの言いかたを、「オ出でアル」式のものの変転と見ることがゆるされるならば、これは、西の四国その他とともに

日本語方言の分派とその系脈

藤　原　與　一

1952年2月16日、東京大学での「国語学会公開講演会」で、これと同題のものを発表した。

序　　説

日本語の方言状態は、この言語の過去の長さと、日本弧などと言われるこの国土の地位地勢上の諸特質とによって、そうとうに複雑なものとなっている。われわれは、観察者として、この状態に直面する。こゝに、観察の精密粗大の段階に応じて、一定の方言分派がみとめられる。が、いずれにしても、分派は、分派関係として、国語の、一大関係構造に見あつめられる。国語を、このように方言的に把握する時に、これを『日本語方言』とよぶことができる。

私はこゝで、一つの観察段階から、この日本語方言についての、分派関係・分派相を見、その関係相、系統脈絡（系脈）をたどってみたいと思う。

およそ方言分派は、層位的なうつりゆきを示している。たゞに平面的な並びかたをしているものではない。層位をたどれば、言語地層の進行がとらえられ、ついに日本語の方言的統一が、動的連関として、一つにつかまれる。

方言の区劃をみとめようとする時も、平板な区劃観におちいってはならない。区劃は、方言が分派した結末である。言いかえれば、分派の能動の裏である。平面の区劃は、分派そのことの動態として解釈されなければならない。

こゝには、日本語方言状態を眺めて、これを動的に把握し、一つの構造論的解釈を試みる。

日本語『周圏』

この国土に、さらに言えば本土近畿に、国語の中央語が成立すると、その影響は、広く国の四周に及んだ。中央語は、国内の諸地方に、よく伝播し流

The Branches of the Dialect of Japan and its Genealogy

Y. Fujiwara

The present study is an attempt to grasp and interpret the existing conditions of the dialects of Japan from a dynamic and a structural point of view.

Many examples go to prove that, since the Central Dialect established itself in the Kinki district of Japan proper, it has diverged far and near like a wave, starting as it does from the centre and producing sub-dialects. And the whole country is looked upon as a uniform base for the development of our dialects.

In Kyushu there are chiefly found three branches of dialect which are historically distinguished from one another, i. e. that of the north-eastern parts, of the south-western parts and of the parts between them; as for the Eastern district of Japan there may be distinguished three areas of dialect, such as the North, the South and the North-Eastern parts of Kanto. As for the Ou district, however, dialectal differences may be found between the Pacific and the Japan Sea side. It is the ancient dialect-stratum on the Japan Sea side that connects the Tohoku district and Kyushu. And also the southern half of Shikoku forms another ancient dialect-stratum that connects well Kyushu to the west and Southern Kinki to the east, while, on the contrary, the remaining parts of the Pacific side of the country show a comparatively new range of the dialects of Japan.

Thus considered, there is found a wave-like distribution and extension of dialects all the country over.

日本語方言状態の東北と西南

―「日本語方言の分派とその系脈」―

藤原與一

この國語の方言的構造について、筆者の一つの觀察段階から、その分派を眺め、その系統脈絡をたどろうとするのが、「日本語方言の分派とその系脈」の意圖である。

一

國語として統一された日本語を見るのに、これは、その史的事情の悠久複雑さ、國土の地位特質とによって、そうとうに多彩な方言分化をおこしている。これを日本語方言状態と言うならば、日本語の方言状態は、そうとうに複雑な方言分派關係となっている。これは、觀察の精密粗大の各段階に應じて、こまかな分派關係にも、大きな分派關係にも見られる。いわゆる方言區劃は、そこに、このようにかみとめられる。しかしこれは、すでに分派關係と言ったように、ついには、分派の關係として、國語としての一大關係構造に見あつめられるものである。日本語の方言状態は、ついに、日本語方言共時態すなわち日本語方言として、一つの構造体に見上げられる。このさい區劃は、順次高位の次元に擴大して把捉すべき動態として理會される。日本語は、國語として、このような動態を包攝する構造体である。國語は、このような方言的構造をもって立つ。

二

日本語が、國語としておこなわれるうちに、このように地方的分化をとげた原因は、どのように考えられようか。基本的な説明となるのは、柳田國男先生によって早く多く實証されるところのあった周圏論であると思う。中央語成立の後、中央からの言語改新波の影響は、土地の事情その他に左右されながら、言語を、地方地域的な集團状態にまとめていった。日本語方言分化の大勢は、このように見ておおかた支障なく理解される。

このように、言語周圏の事實を考える時、今、國土の東北と西南の兩極地方に、相應ずる同似的なものが分派しているのも、當然のこととしてうけとられる。

すでに柳田先生は、「蝸牛考」初刊本（昭和五年）において、このことを明快に説破された。その「東北と西南と」の項によれば、西南は沖縄諸島までもとりあげられている。宮良當壯氏、橘正一氏ほかのかたがたの御研究も多い。

ここには、いちおう周圏論からはなれて、自由に國語事象の分布を眺め、そのよく流布し得たあとを實証して、けつきよくは「東北」と「西南」とが、双互比較地域として注目すべきものであることを指摘したいと思う。

三

近古の末ごろには中央京都方面でさかんであったと思われる尊敬の表現法、「お……ある」の言いかた、たとえば「お上げある」「お上げあれ」（命令）の類は、さして古い時代の語法とも言えないのにかかわらず、そうとうによく、國内全般におこなわれたようである。現在の結末からは、そう解釋される。

九州西南部、薩摩大隅の地方では、今日も、そうとうさかんに、「お……ある」形式の尊敬の言いかたをしている。

○ドーガイ　オアガイヤッタモース。

　　どうかお上がりになってください。

というのは、その「お……ある」形式のよくわかる例であろう。もっとも、「お……ある」の「ある」は、ここにそのままの形は見せないで、「オ……ヤッ」となっている。「ある」の〔a〕母韻は、前音節の母韻に接觸して、渉り音〔j〕をはらみ、「ヤル」ことばを生じた。右にはそれが、連用形で「ヤッ」となっている。「ヤル」「ヤッ」となった点で、近古の純粋の「オ……アル」をそのままに示しているとは言えないが、語法としては、まさしく「お……ある」形式である。近古のころにも、一方では「オ……ヤル」の言いかたや、その「ヤ」が先の音にもつれ込んだいわゆる拗音の言いかたがおこっていた。土井忠生先生は、「近古の國語」（國語科學講座）七二頁で、

その「あり」「ある」は、室町時代に、先行の音と融合して拗音となり、或は融合しないで「やる」と發音したやうである。吉利支丹本に於ても、その發音をそのまま書き寫したものは少いが、天草本伊曾保物語には vocacuxare（お隠しやれ）vosoyeyaranu（お添へやらぬ）等と書いてゐる。

と述べておられる。九州のは、その「ヤル」に等しい状態をとどめていると言ってよい。

○イケン　オシャット　ゴザイモス　カ。

　　どうなさるのでございますか。

では、「お爲《シ》ある」の言いかたがみとめられる。これの「オ」のつかないかるい言いかたは、

○イケン　シャット　ナ。

　　どうするんですか。

である。

〇ドーガイ　マダ　オサイヂャッタモース。

　ごうかまたいらつしゃってください。

は南薩枕崎町方面の例であるが、このような「オサイヂャッタモス」あるいは「オサイヂャッタモンセ」の言いかたは、南九州にいちじるしい。高い敬意の、手あつい表現法である。この「オサイヂャッタモス（タモンセ）」は、「オサイヂャッてタモス（タモンセ）」であろう。ここに、「オサイヂャッて」について「オサイヂャル」がこりあげられる。これは、原田芳起氏も「方言」四ノ三（昭和九年三月）の「鹿兒島方言の敬語法に就きて」で説かれたように、「お差《サイ》し出《デ》ある」であろうか。大隅の高山町などでは、

〇オサイヤン　ド　カイ。いらつしゃる？
こいうような「オサイヤン」を聞いた。これは、「オサイヂャル」とごういう關係にあるか。「オサイヤンドカイ。」は、訪問してのあいさつここばで、女子用で、敬意は中等度このここであつた。

〇ダイモ　オサイヤンヂャッタロ　ガ。

　だれもいらつしやらなかつたでしよう？

のように、「オサイヤン」を特定のあいさつここばにかぎらないでも言つている。たゞこれも、上等の尊敬法こはされていない。


「オサイヂャル」ここもによく慣用されているのは「オヂャル」である。

〇コッチ　オヂャッタモンセ。　こちらへいらつしやい。
「オヂャル」には「お出ある」がくまれる。いったいには「オヂャル」「オサイジャル」の二種の慣用語法をもつて、「お……ある」形式のなごりは當地方に固定的なものこなつているこも言うここができようか。

〇オサイヂャックダサイ。
　いらつしやつてください。〔來客への應答〕
なごこいうのでは、「オサイヂャッて」に、現代的な「ください」が結合している。こういう形式をもこるまでに、「オサイヂャル」は慣用化し固定しているこも見られる。

肥前平戸島でも、
〇オアガリヤッサイ。　お上がりなさいませ。

こいうのが、あいさつここばこして、慣用化している。

〇オイデアッサリ。　おいでなさい。

なごこも言う。後者の例では、「お……ある」形式がくみやすい。前者例でも「オ……ヤッ」こある。「ヤッサイ」「アッサリ」の構成はしばらく問わないこしても、今ここに、「お……ある」語法の內在するのはみこめられる。それがこのような特殊構造の特殊殘存となつたために、當地では、「平戸の人はアッサイクッサイバッカリ言うて」こ言うようにもなつている。


九州の「お……ある」ここばの狀態は、まず薩隅中心の南九州にいちじるしくて、他は平戸その他に点々こ見いだされ

る程度であろう。その、南九州に色濃い状態からしりぞいて、中國地方を見るのに、所によっては、偶然的に、「オヂャル」ことばをとどめている。「お……ある」形式が殘存するとすれば、とかく「オヂャル」ことばが、最後に、孤立的に殘っているのは注意してよい。發生以來これの占めた用語としての特別の地位、その轉訛による別語としての獨立などの事情がそうさせたのであろう。瀬戸内海中の島では、「オヂャレ」の命令形について、「來《ヨ》ヂャーレ」の言いかたをも派生させているのが見いだされる。中國内部の俚謠の文句には、「オ行キャル」などもとどめている。が、いずれにしても、總じて痕跡的なものにすぎないのは、九州南部その他の狀況との對應上、興味深く眺められる。四國にはとりたてて言うべきものがなく、近畿地方がまたそうである。

もっとも、近畿ことばで、

○オーサカアタリー　イテヤッテ　ノー。

　大阪あたりへいらしってね。

のように、「行てヤッテ」と言う一種の敬語法は、「行てでアッテ」で、やはり「ある」ことばを内部的に持ったものと見られる。これは中國地方でも「行てヂャッた」と言い、安藝中心には「行ッチャッた」と轉訛させているが、みな近畿のと同樣、敬語氣分を流露するものである。この種の内在「ある」語法は、「お……ある」表現法に何ほどかの關連を持つものと解すべきであろうか。

近畿のに關連しては、奥村三雄氏に「敬語表現の一形式」(近畿方言10)〈一九五一—四月〉がある。

筆者はこの種のものをかりに「て」敬語法と呼んでいる。

中國の安藝石見周防地方で、「お早うございます。」「ありがとうございます。」の心意をもって、「お早うアリマス。」「アリガトアリマシテノー。」などと言っているのも、その「アリマス」の「ある」が、近古流の「お……ある」形式の「ある」ことばに關連するものなので、こうなり得ているのかとも思う。關西内部の、「居る」と「有る」との使用區別などの現象も、

○村長さんは、うちにアルヤロと思うがなあ。

などのことばづかいも、ここにあわせて考えられようか。それにしても、近畿に「お……ある」形式の明らかなものはない。

中部地方がまたそうであろう。關東地方に屬する伊豆七島になると、たとえば新島に、

○シンセーサマガ　オヂャッタ　ヨー。

　先生さまがいらしたよ。

などとある。八丈島についても、先年、安田秀文氏の調査例に、

○ホントーデ　オジャリーイタス　ノー　ワ。

というようなのがあるのを拜見することができた。國立國語研究所の「八丈島の言語調査」(一九五〇年)の、「八丈島

の言語の敬語資料」の項によれば、
八丈島のひとびとも、「八丈島にはていねいなことばがたくさんある」ということを自慢にしている。…中略…そして例にあげられるのが、きまって od□are「いらっしゃい」という語である。
とあり、「行け」の所に、つぎのような八段階がかかげてある。
Od□arimo:se>Od□a'te tamo:re<Od□arijare>Od□are>se > wase > wja:te tabe > ike
當地に「オヂャル」ことばを頻用するさまは、ここに十分想像することができる。「お……ある」形式そのものの生きたすがたはどうなのか。「お……ある」形式が最後的な殘存のすがたをとどめるとなると、それは、どこでも相應じて「お《オ》出ある《ヂャル》」の言いかたをとどめているのは注目をひく。八丈島のは、南九州のとくらべておもしろい。前掲例に、Od□a'te tamo:re がある。これは、南九州の「オヂャッタモス（タモンセ）」によく似ている。八丈島の「オヂャッてタモーレ」からして、九州の「オヂャッタモス（タモンセ）」が「オヂャッてタモス（タモンセ）」であることがよく理解される。〔「タモーレ」に對して「タモス」「タモンセ」とあるのは、別に問題としなくてはならない。「タモリ申せ」なども考えられよう。〕八丈島の例に、また、Od□arijare というのがある。「オヂャリ」とある上に、さらに「ヤレ」とある。いわば「お出ありあれ」の構成になっている。これは無用の重複と言えよう。しかし、すでに「オヂャル」が一語の敬語動詞となった後は、その補動詞——助動詞として、「ある《ヤル》」ことばの「ヤレ」が、自由につき得るはずである。ここには、「お……ある」形式から完全に析出された「ヤル」敬語助動詞の存立と使用とがみとめられる。右の報告書の -jare の條を見ると、
各村においてもっとも一般的に用いられる。-mo:se, -te tamo:re, -te tabe より敬意はうすいが目上に對しても用いられる。
とある。この用語感情・使用氣分は、昔、近古末の中央語に「ヤル」がおこなわれた時のと似たようなものであろう。九州南部地方に今日いちじるしい獨立の「ヤル」ことばも、その敬語法としての品位は、この八丈島のと似たようなものと言えよう。いずれにもせよ、ここに、「ヤレ」のいちじるしい用法がみとめられる。一般的な見かたをすれば、「お……ある」形式のおこなわれる所には、「ヤル」ことばはおこるはずだったと言える。
關東一般には、「お……ある」表現法に屬する見るべきものはない。東北地方にはいると、まず福島縣内にこれが見られる。相馬の大館町などでは、「來た」ことを「オデァッタ」と言う。ここには、比較的明らかに、「お……ある」を見てとることができる。中村町の例では、

○ナニ　シテ　オデァールー。何していらつしやる？

などと言う。「オデァール」とあつて、「オヂャール」「オヂャル」とはなつていない。「お……ある」形式の「お出ある」に出たものが、さきの西部地方では「オヂャ…」となつており、〈伊豆も「オヂャ…」〉、一方、東北方面では、「オデァ…」の形をとつている。なぜ東北ではこの形にとゞまつたのか。西南地方とのこのような差ができていることについては、廣い視野での理由考察が必要となろう。東北では、裏日本がわには、「お……ある」形式にかかわる事象はあまり見いだせなくて、表日本がわに、廣くこれが見いだされる。そこには、ひとしく、「オヂャル」の「…ヂャ…」にならない形、「…ヂャ…」以前の形ないしそれの推移形が見いだされるのである。

表奥羽では、相馬から北は、磐城・陸前を措いて、陸中・陸奥に、「お……ある」尊敬表現法のおこなわれることがいちじるしい。相馬の西の會津には、「オザル」「オザリヤス」がある。磐城陸前地方には、「れる・られる」敬語の命令形による。

○來ライン。　○行かイン。

などの、輕い尊敬の勸奬表現法が、かなりよく分布している。この地帶をさし措いたかのように、その北に、「お……ある」形式關係のものが、展開し分布している。「れる・られる」敬語と「お……ある」敬語とは、元來、似たようなものであつたらしい。土井忠生先生の「吉利支丹の敬語觀」によれば、ロドリゲスは、

「られ・るる」。「れ・るる」。
「あり」・「ある」。「おん」又は「お」と共に。
「あり・る」。動詞の語根と共に。

の三者について、「口語及び文語に使ひ敬意の度合は低い。」と述べている。（吉利支丹語學の研究二七〇頁）

さて陸中になると、

○センセ　オデャッタ。先生がいらつしやつた。

と言い、

○マダ　オデッテ　クネ。また來ておくれ。

と言う。「お……ある」はここに「オ出ャッ」となつており、縮約單純化されて「オ出ッテ」ともなつている。

註　印刷不如意のため、地方音を音聲記號で表示することができなかつた。おおよそを推知していただければ幸である。

○コッチャ　オンデリ。こつちへいらつしやい。

などの「オンデリ」は、「お出あれ」という命令形の言いかたが轉訛してできたものと思われる。

○コッチャ　オンデンセ。
こちらへいらつしやいませ。

の「オンデンセ」は、「お出ャンセ」が「オン出ンセ」となつている。「お出ヤンセ」の前身は「お出ヤリマセ」であろう。そこには明らかに「お……ある」の形式がみとめられ

る。

○サーサー。オヘレンセ。

　　さあ〳〵。おはいりなさいませ。

の「オヘレンセ」は、「おデンセ」と形を等しくしている。「オ……ンセ」の「ンセ」まで出てくる類になると、九州南部の、「オサイヂャル」に對する「オサイヂャンス」「オサイヂャス」、「オヂャル」に對する「オヂャンス」「オヂャス」の場合に等しく、その敬意表現の度あいは、さきのロドリゲスの言う「お……ある」や「れる・られる」の場合をこえて、高い程度のものになることは、當然であろう。

陸中に「オンデリ」「オデッテ（タ）」はいちじるしい。そのうえに、北の輕米辯などでは、

○サー。コッチサ　オハエリヤッテ　クナサリマセ。

　　さあ、こちらへおはいりになってくださいませ。

○オヤスミャネアーデ　オデアリマス　カ。

　　お休みにならないでいらっしゃいますか？

のようにも言っている。「オハヱリヤッテ」など、「おはいりあって」がよくくまれる。

陸奥にはいっても、野邊地町例に、

○ホントニ　オデリー。　ほんとにいらっしゃい。

があり、十和田村でも、

○ヤスンデ　オデー。　休んでおいでよ。

○ヤスンデ　オデリ。　休んでいらっしゃい。

などと言っている。「オデリ」は「オデー」よりも尊敬待遇の念が敦い。

「お……ある」形式として、「オ……ヤル」に「オ……アンス・ヤンス」類をも加えて考えれば、奥羽の東がわにこの形式のおこなわれることは、そうとうにさかんであると言ってよい。

しかし、奥羽のその現象の中に、「お……ある」の「ある《ヤル》」が析出せられた「ヤル」單獨の用法、八丈島のさきの「……ヤレ」のような「ヤル」ことばは、おこなわれていない。

そのさい、西がわの「秋田方言」に、「早ぐ起ぎやれ」などと言うのは、別に注意される。

このことは、これのよくおこなわれる九州南部などに比べて、また注目すべきことである。ここには、東北地方の「お……ある」形式を存せしめた條件に、他地方のとはちがったもののあることが想像されよう。地域社會の地理的特質のちがいに、まず一般的條件として考慮される。その所にこのものが用いられる時、その地域社會に應じて、用語・用法の地方的特色が生ずる。關連形式の派生や異形式の分岐は、その地方的特色の用語感情のもとにおこるから、そこに地方色はいっそういちじるしくなる。また、そのような中にあっては、かく〳〵の表現法は分化することがなかったということもありうる。土地風はこうして大きくなる。それが、生活語としての自然の發展でもある。

それにしても、「お……ある」形式そのものは、以上のように、廣く東西に見いだされた。これが、中央語の「お……ある」形式の分布とすれば、よく全國にわたつて分布したものである。もしも、「お出《イ》デル」「お行キル」の類の、今日、四國近畿東海道その他に見いだされ、「お出《イ》デタ」はもつとも廣く見いだされるようであるのを、「お……ある」形式の表現法の産んだ末のもの、あるいはそれに關係のあるものと解釋することがゆるされるならば、いわゆる「お……ある」形式の分布は、いつそう明らかに、全國的にさぐられることになる。さらにまた、「ござる」をとつて、これが「ござある」であつたことを問題にすれば、これもまた、「オヂャル」に比照してここにとりあげることができる。「お出ある」も「オヂャル」となつて、一語の動詞風のものとなつた。「ござある」が「ござる」となつたのもそれに等しい。その「ゴザル」ことばは、今日も、東北と九州とを筆頭に、方々に、「ゴザッタ」（いらした）「ゴザレ」（おいで）「ゴンジャイ」（いらつしやい）などと、なお、老人層本位に用いられている。特別の殘存力のつよさである。「ゴザル」に「お……ある」形式を考えはしないとしても、かりに「ご……ある」と「來る」や「行く」や「有る」「居る」に關係した特殊語の、もうけとられる点のあるのをとりあげるとすれば、これをここに合わせ見られないことはない。

このようにとりあつめて觀察すれば、「お……ある」形式類の待遇表現法は、全國に、そうとうによくおこなわれたものと見ることができる。これを單純に中央語の「お……ある」形式そのものの流布周圏と見ることに難があるとすれば、こういう表現法が、なんらかの影響を、よくもこう四周に及ぼしたものである。あるいはまた、このような形式の表現法をところどころが、よくも全國に、相應じておこつたものである。甲乙丙以下の諸地域がある時、どこかは、他に對して、言語影響上、優位に立ち得たであろう。二地域があれば、すでにそのことがありうる。そういう点では、言語影響というものを一般的に考えざるを得ず、したがって今の場合でも、「お……ある」表現法のなんらかの影響の波及、あるいはその表現法を實現しうる可能性・傾向の波及は、考えられることであろう。現狀から理解するのに、おそらく、「お……ある」は、中央語の標準語的なつよい勢力であり得て、その影響を、よく地方に周布せしめ得たのではないか。近江地方にも「ヤル」ことばを存している。近畿内にもこのような事蹟のあるのを見ると、それと、南九州や八丈島の「ヤル」ことばとを合わせ考えて、「お……ある」形式の流布のつよかったらしいおもむきが想察される。東北地方も、その東がわ地區に多くこれが見いだされた。これも、中央語周布のたてまえからすると、奥羽西がわは東がわに比べていつそう中央からの改新波の影響をうけやすかった地域と解されるふしが多いから、その結果では、特に東がわが、このような分布を示すはずだったとも考えられる。

四

國語主体の周圏周布という一般的法則によって、この國土にこの國語がひろがっていった。その典型的な擴散によって、國の東北地方と西南地方とが同じ狀態を示すまでになった。今日、「お……ある」形式の分布を見ると、まさに東北と西南との一致がとりあげられる。言語の分布脈動、周布のあとをたどると、この兩端の一致が、合理の事態として理解される。方言分派・地方語集團・方言境域は、こうして、周圏、論的な見かたの上に當然にみとめられる。東北と西南とは、國語の注目すべき方言境域であり、それは、「お……ある」形式に即して見れば、前述のように動的に把捉されるものである。なお、他の事象について見よう。

さきに、「れる・られる」敬語法の「來ライン」「行かイン」が、東北の表がわに分布していることを述べた。それと同じものが、西南、九州南部地區にあり、つゞいては、天草・西彼杵半島方面にも見いだされる。たゞし西南地方のは、「行かイた」「來ライた」「來ラッた」などの形でおこなわれることの多いもので、命令形の用法は見られない。待遇表現法としての用語氣分は、東北西南相似ている。いずれもかなりくだけた敬意の表現となり、よく知った間がらでの敬語法となる。なぜ一方は命令形が主になっておこなわれ、他方はそれ以外の形が主になっておこなわれるのか。同じものをほゞ同じ程度の待遇用法にとゞめた点は、まさに周圏的一致である。その上でのこのような分化は、やはり地方性を反映するものと思われる。嚴密に言えば、東北は東北であって西南ではない。西南についてもまた同じことが言える。

――一般に、活用語の用法を遺存せしめるとすれば、とかく命令形を一つ殘存せしめ、またそれに片よったとゞまりかたをさせることが少くない。かと思うと、命令形を缺いて、他を存せしめることもある。いずれも、ものの衰退過程の現象である。

「れる・られる」敬語法には、東北と西南との遠隔一致の内がわに、近畿を中にはさんで、岡山縣地方の「行かレー」「來ラレー」などと、富山縣地方の「行かレー」「來ラレー」「せラレー」などとの、「レー・ラレー」命令表現法の一致がある。そうして、近畿は京都市下の中川鄕や、紀州の北部地域、近江などに、「レル・ラレル」のいろ〳〵の用法（命令形の用法も）を見せている。

近江については、井之口有一氏の御研究がある模樣であり、また、岩本一男氏に「滋賀縣方言の語法に就いて」がある。筆者の踏査は地點がごく限られている。

京都市下と紀州とのことについては、かつて「近畿方言」(10)〈一九五〇—四月〉に、「京都市下『中川鄕』の敬語」という拙論を寄せた。

近畿を中心として東西に見いだされる以上のような分布狀態は、やはりこのことばづかいの周圏的擴散を思わせるに十分であろう。古來の中央語「れる・られる」（る・らる）（る・らるる）は、諸地方によくおこなわれたのにちがいない。「せらるる・させらるる」の轉訛した「シャル・サッシャル」がまたよく國の東西と裏日本がわとに、今、見られ、表日本がわにもその殘形あるいは退化用法が点々と見られる、その全一狀態からすれば、ここに、「せらるる」などの要素としての「らるる」の廣汎な分布があったことが知られる。そういう、「らるる」を內攝した「シャル・サッシャル」ことばの分布と、問題の「れる・られる」ことばの分布殘存とを合わせ考えれば、「れる・られる」ことば今日の存在のありさまはけっして偶然でないことがわかるのみならず、「れる・られる」が、もと〱國土に廣く自然的に流布したらしいことが知られる。今の殘存は、かなり規則的に、東西對應の相を示したものであり、その兩極に、九州西南部區域と表奧羽の一定領域とがみとめられる。

五

西南・九州と、東北・奧羽との一致が見いだされる場合は、さきの「シャル・サッシャル」ことばの場合のように、裏日本がわも、九州・奧羽によく連なって、同似現象を示すことが少くない。中舌母韻〔ï〕〔ü〕が東北地方にいちじるしくて、一方、九州南部地方にも、薩摩半島から南島にかけてこれが見られるかと思うと、山陰・北陸にもこれが分布している。天草の「ふとんバ敷《ス》ク。」のような、もと中舌母韻であったことを想察せしめる訛音の分布も參看すれば、右の東西一連の分布は、東北から九州へ　かなりはっきりとしたものをみとめ得る。つぎに、ラ行子音のすべりおちぎみ、ないし脫落の現象など、九州に、例の「ヨカ」ことばを產むほどいちじるしく、山陰にまたいちじるしく、北陸にもこれがあって、東北東國がまた、「あるべー」を「アンベー」のように言う。「くれナサイ」の「くれナイ」も奧羽で「くナイン」と言っている。つぎに〔ʃe〕がまた、九州から裏日本がわぞいに（これは山陽道にも）東北地方に見いだされる。それに合わせて考えれば、東北に「在鄕」を「ジャイゴー」と言い、九州で「行きンサッた」を「……シャッた」とおもに筑前方面で言っているのも、やはり合理的な、東西呼應の分布と見られる。〔F〕子音の分布は、東北內に、裏日本がわに、九州南方南島方面に見いだされる。

（ヤスマンデ　ハヨ　イゴ　ヤ

休まないで早く行こうよ。

の「行ゴヤ」の「ゴ」とか、「ドゲー　イガイダ　ガ　ォ。」（どこへ行かれたかね。）の「ゲー」「ガイ」「ダガ」とかの濁音現象は、これらの例を持つ西南、南薩方面と、例の東北地方とが相應じてその特色を示しており、日本海がわでは、北陸が、東北の亞流として、「ハタチ」（廿才）を「ハダチ」と言ったりしている。奥羽荘内の「淸にあらず濁にあらず」（東條操先生「莊内語及語釋附莊内方音攷・濱荻」序）の中濁という微弱な濁音は、カ行音タ行音に微妙であるが、いわゆる濁音化のいちじるしい地方には、このような隨伴現象もおこり得ると考えられよう。信州北部や北陸にも中濁があるという。薩摩半島のは、中濁というよりも本濁がまず耳につく。その上に、微弱な中濁もありうるのか。この中濁の程度はじつに微妙で、聞き手がちがえば判定がちがうこともあり得よう。薩南に中濁があるとすれば、なお〳〵西南と東北一帯との、濁音現象の共通近似が注意されることになる。

陸奥の北山長雄氏が、「津輕方言繪ハガキ」第一輯についてなされた「津輕方言の簡單な解説」によれば、ハ行の四段活用動詞はラ行の四段活用になってゐる。

買ふ――カル

笑ふ――ワラル

とある。たま〳〵、薩摩大隅の内にも、「エンクワリ」「エンクワル」（宴會）がある。これらは偶然の一致かもしれない。なお求めれば、例の「長崎バッテン」ことばが東北にもある。（橘正一氏「方言學概論」、雑誌「言語生活」二月号の「方言をめぐつて」参照）接續助詞の「ども」も問題になる。東北に「ダドモ」（ラルム）が多く、九州の南部と西邊に「ドシカラ」「ドンカイ」「ドンカー」などがある。「ドモ」は出雲地方にもいちじるしい。九州の「ゴタル」の東北の「ゴッタ」「ゴンダバ」なども考え合わされる。肥前や天草方面の命令辭、「來てくれロ、」などの「ロ」は東國の「ロ」に等しく、「やらんサー。」などの「サ」がまた東國のと相似ている。

この「サ」など、そのおこなわれる實情を觀察するのに、自然發生的に、期せずしてここにもおこり得たものらしい。「ロ」助辭にしても、必ずしも東國傳來とは限るまい。助辭的な表現は、個人的な、自然本能的な、事物に即應した表出でもあり得ようから、國語に生きる人々の、生活の似たような場では、所をたがえても、偶合する現象をおこし得たことであろう。このことは、助辭的表現にかぎらず、廣く、ことばづかい全般のうえに、想察し得るのではないか。こうして、東北と西南とには、必然のつながりはなくして、結果の上で、一致を見得るようになつたことが、だん〳〵にあると思う。岩淵悅太郎氏は、「言語生活」（二十七年二月号）の「方言をめぐつて」（座談會）の中で、

私の考えているのは、單なる偶然の一致というより、ある條件が整った時には同じような現象が起るのではないかということです。だから、現在各地にたまたま見えている同じ現象が、ほんの氣まぐれな偶然の結果とか、歴史的に見ての殘存形とかいうことでなしに、おたがいに無關係でありながら、條件が一致していたので、同じような現象が離

れた土地に起るということなのです。

と述べていられる。このことを考えないでは、言語分布の一見して不可思議な諸狀態は解明できない。たとえば、伊豫に「ナモシ」があつて尾張に「ナモ」がある。その不可思議な孤立散在は、なお探索して信州に「ナム」を見、阿波に「ナオ」を見、壹岐に「ナモ」を見、さらに各地に「ナンシ」「ナーシ」「ナシ」を見て、關係分布を廣くたしかめるとともに、その統一觀察の上で、「なもし」系の言いかたの生成する自然的條件――「各地」を超えた、このものの生れる國語的な可能性を考えるのでなくしては、よく解明することはできない。このような、國語的な可能性によつて、廣くそちこちに、同一事象が出現し得るのが、言語分布のもっとも自然的基礎的な理かと思う。これは、言語分布の地理的歷史的事情に對して、言語的原因とよんで區別したいものである。言語學そのものの立場で、分布の理由をたずねるとすれば、まずこの言語的原因があげられるべきだと思う。地理的原因・歷史的原因の上に、さらに言語的原因が考慮されて、分布のふしぎは解明される。東北と西南との、わずかの分布を以て相應ずるふしぎな一致には、言語的原因によるところの多いものがあるだろう。

　言語的原因によつて、きわめて單純に、遠隔地相互が、近しい一致を示すこともあり得れば、明瞭な中央語分布によって、必然的に、東西があざやかな一致を示すことがあり、それがまた、東は東・西は西の土地から、即ち地理的歷史的事情によつて、どれほどかのひずみ・相違をおこしていることもある。そのような事態の重なり合ったところに、東北地域は東北地域なりに、西南地域は西南地域なりに、一定の方言境域を現わしている。平板化して見れば方言區劃であるが、動的に眺めれば、周圏周布的所產としての、層脈的な、時代性を反映した方言境域である。それが今、總体として、相互に比較されるべきものとなつているのが、注目をひくのである。

六

　日本語の方言狀態について、古來のいわゆる東國方言を問題にする時、ことは單純には解釋されなくなる。東歌によっても知られるあずまことばの世界は、その昔どのような方言分派であつただろうか。所詮、國語の一方言ではあつただろう。が、それは、中央語が近畿に中央語としての勢力を確立してからの方言であつただろうか。それとも、中央語が近畿に成立する過程中にすでに地位を得ていたような一大方言であつただろうか。今日の、いわゆる音便の方式とか否定表現法とかが、國の東半と西半とでこのようにちがう事實ひとつを見ても、東西には、何か地盤的特質の差異のあり來ったことが考えられる。中央語周布の場合にも、近畿から西へは流通が容易であつたが、國の東半へは、北陸道ぞいの周布の比較的容易であつたのに比べて、東海道がわへは、容易でなかつたふしがうけとられる。

それにもかかわらず、東北と西南とに一致の現象がとらえられるまでに周圏のあざやかなものが見られるのは、まつたく、中央語成立後の、安定した長い國語史の自然の勢によるものであろう。かえりみると、國語は、その成立事情にもつながつてくるかと思われる東西方言の深い對立、その相違の上にそれを被うて、中央語周圏の波を及ぼしたようである。

日本語方言状態を割つて見れば、根柢には、東國方言を成長せしめた東國的なものと關西的なものとの對立がうかがわれ、つぎに、その上の層として、周圏周布の層脈がくみとられる。

（復刊『国文学攷』第二号　昭和二十七年八月）

頁	行	誤	正
409	下2	（近畿方言	（「近畿方言」
414	下22	〈一九五〇ー四月〉	〈一九五一ー四月〉

補訂

頁	行	字	
2下	17	14	井゜ヲ取ル．
3上	1		ド゜ーガイ マダ゜ オサイヂャッタモ゜ース゜。
〃	12	7	カ↓イ。 ── カイ゜。
4上	15		オーサカアタリー ── オーサカアタ゜リー
5上	4		odʒare
〃	8		odʒarimo:se〉odʒa'te tamo:re〉odʒarijare〉 odʒare〉……
〃	15		odʒa'te ……
〃	22		odʒarijare
6上	1		ナニシテ オデァール↓。 ── ナニシテ オデァール゜。
6下	9		センセオデヤッタ。 ── センセオデ゜ヤッタ。
7上	13	18	ゼ↓。 ── ゼ゜。
〃	15	9	オデアリマス カ↓。 ── オデァ゜リマス カ゜。
〃	18	2	あって ── あって
9上	9	1	圏論的 ── 圏論的
10下	15	1	で ──
	16	1	面 ── 面で言っている……

どられる。「何々してるから」を、「〜テッカラ」と、促音化して言うことばぐせは、茨城県下から宮城県下にかけての国の東辺域にたどられるものである。

（今日、私は、太平洋がわでは、岩手県海岸地帯をとくに問題視している。）

日本海斜面と太平洋斜面とは、「日本海斜面文化圏」と「太平洋斜面文化圏」という名で呼ぶことができるであろう。自然地理学的な条件の上に、きれいに、「生活文化」地域——生活文化圏——ができている。

六　「方言風土」学　「文化風土」学

方言研究にあっての日本周辺考が、「方言風土」学になることを私は期待する。

ここでは、当然ながら、方言事象の分布と民俗事象の分布とが、あわせて問題にされる。

上来、周辺（辺周）考という名を用いたが、これと、従来、私がとなえてきた日本語方言分派系脈論とを、むすびあわせていただきたい。周辺考の方向と、諸方言についての分派とその系脈との把握の方向とは、密着したものである。日本語方言分派系脈論は、やがて生活語文化圏の論になっていく。周辺考の名の「方言風土」学は、広義の生活語文化圏論に包摂されるものである。

もっとも包括的な文化圏論は、「文化風土」学とも言いうるものであろう。

方言地理学は、本質上、文化論「方言地理学」たるべきものである。それは、「文化風土」学への志向を尊重するはずのものと考えられる。

（『方言研究年報』続1　昭和51年12月）

南部・近畿南部でと同様に。）

越前も東奥の大野郡地方は、方言上、かくべつに注目される。天野俊也氏の多年のご研究は、そのことをよく示している。氏の教示せられた敬語法例を一つ引用させていただくなら、このほうでは、「イーネンセ。」（言いなさい。）「イットクネーンセ。」（行ってください。）などと言う。（吉田則夫氏などのご指摘もある。）越前も東奥地の異域性こそは、また、西の平垣部の新化にとり残されがちであった当地方の境遇によるものであろう。それは、北陸の袋小路の能登の「とり残され」と同種のことであったと思われる。能登の辺周性とともに、越前東部域の北陸ごの辺周地域性がとりあげられる。

五　日本海がわと太平洋がわ

日本海がわについては、山陰道がまた、北陸道とともに中央的なものの受けいれ通路（言語路・言語脈）として観察される。出雲地方などの特異性は、中央からはそうとうにへだたったこの地域、行きどまりふうの地域の、中央からものを受けいれるその傾向の特定的であるのによって、しだいに醸成されたものであろう。このことは、すでにたびかさねて論題としている。

北陸道につづく奥羽日本海がわもまた、注視すべき言語路・文化路をなす。このため、東北（奥羽）地域も、東西両面性のつよいものになっている。

日本海がわの、長大な辺周系脈が指摘され、長大な辺周「方言風土」が指摘される。

地形上やや複雑な太平洋がわについて、近畿南辺につづけ、東海道をとり立ててみる。静岡県奥地や山梨県下と、太平洋上の八丈島などとに、否定表現法の同似のものがあるという。おそらくは、こうあって当然なのではないか。かつては東海道方面に広くこの種のものがあり得たのだろう。東海道すじの言語路・文化路での、ものの活発な行きかいによって、その広域分布は破られたのではないか。改新性での洗われのこりが、今、両辺はるかに、存立しあっているのかと思う。ここには、東海道すじという、日本太平洋がわ辺周の方言風土が明らかである。

八丈島青ケ島と九州などとの、方言上の遠隔一致（あるいは関連）は、さらに、太平洋がわの最辺周を思わせるものにほかならない。

ひとこと、関東・奥羽の東辺に言及するならば、あのいわゆるズーズー弁の存在が、関東域では、とくに東辺によくたどられ、流れは千葉県にまでたた。

近畿和歌山県下とともに、三重県下が注目される。紀伊がすでに両県下にまたがっている。和歌山県南部の方言状態は、しぜんに三重県下南部の方言状態につづく。紀伊から志摩まで、これは、方言上、日本の注目すべき辺周である。——それは奈良県南部をも含む。世に言う、熊野路の名も、わが近畿南周方言風土を指摘する有意義なものと受けとられる。

「行カンス」「来《き》サンス」などという、一種の尊敬表現法は、近畿で、とりわけ和歌山・三重の両県下に、その分布が注目される。私がかつて発表した『日本語方言の方言地理学的研究』の中の、近畿・中国・九州にわたる語アクセント分布図の諸葉をご覧くだされば、近畿南部域の異域性または異域的性質が、よくおくみとりいただけよう。(「十津川アクセント」の'孤立'的様相も、孤立ではなくて、じつにこの南近畿異域性の中にあるものである。)

近畿の、いわば文化中心地から、生活文化諸般の伝播が四周におよんだ。周辺は、しばしばその伝播にとり残された。

とり残された所同士は、もっともしぜんに、遠隔一致を見せもする。

四　近畿と四国・北陸

近畿南部域と四国東南部域ないし四国南がわとの自然関連(淡路島南部・沼島も含まれての)の見られる方言状態もまた、国の生活文化の中心地域からの、ものの改新波の波動を、よくは受けかねてきた遠隔地方の相互一致であろう。そこにしぜんに、南海道系脈と呼ばれてよい、南辺の地域性が成立している。

四国南予域、という四国西南辺と、北陸地方、という本州北辺との双方に、同似の方言事象の分布の見られることなども、けっして偶然ではあるまい。しかるべき中央的なものの伝播流動の結果が、無関係じみた遠隔の双方に、共通の残留分布を見せることになったのであろう。(こうして、それぞれの類似的な地域性が醸成されると、双方は、新方言事象を産むさいにも、期せずして、自然の一致現象を見せることがなくはない、となろう。)

さきの「218　かえる(蛙)」の図では、能登半島にも(加えて越中の四地にも)、「ゴト」系の語のいちじるしい分布が見える。もと関西域に広くありえたものが、当時、北陸へもよく伸びひろがっていたのではないか。北陸路一帯にはこれが消えたのちも、北辺の北辺、能登半島などには、吹きだまりのままといった状態で、これが残りとどまったのかと思う。(——四国

布である。

『日本言語地図』4の「188　はたけ（畑）」の図では、隠岐に「ヤマ」が見られ、かつ八丈島に「ヤマ」「ヤマショ」が見られる。これは、遠くはなれた西北・東南での辺周一致である。図上、他域に「ヤマ」は見えない。

ちなみに、「アラシ」などがここで同色とされているのは穏当でなかろう。日本海がわ・太平洋がわでの、この孤立的一致は、ものの伝受によるものか、製語の同似発想によるものか。いずれにしても、きょくたんな辺周地同士が、同じものを保有している事実は、日本列島辺周の方言風土を考えしめて注目される。

私自身、かねて注目してきた、山陰と土佐とに対応の見られる分布相、山陰と南近畿とに対応の見られる分布相なども、ここに思いよそえられる。——畿内中心の、生活文化百般の地方流布伝播は、とかく、山陰や南近畿を、伝播・波及のかなたとして、とり残すことも多くはなかったか。南北での、諸種の周辺一致は、当然のことかと思われる。

『日本言語地図』5の「218　かえる（蛙）」の図を見ると、四国の南二県下と近畿南部とに、「ゴト」（「GO(O)T(T)O」）系の諸語の分布が見られる。関西域でのこの辺周分布も、含蓄が深い。おそらく、近畿四国などに広くありえたものの残存の一致が、ここ、四国南部と近畿南部とに見られるのではないか。（私は従来、この辺周地帯の実証にもつとめてきて、この方面に、南海道系脈を認めている。）

三　近畿でのこと

近畿の西南と東北とにも、おもしろい一致の事実が見いだされる。たとえば「行カイ」「見ヤイ」というような、一種の命令表現法が、和歌山県北部に見いだされ、他方、滋賀県下に見いだされる。近畿の他地域にはこれがほとんど見いだされない。「行カイ」などは、かつて室町期などにも畿内でおこなわれた「〜い・さい」表現法の末流としうるものではないか。それが、今、とくに和歌山・滋賀の両県方面によく認められるとすると、これは、たぶん、かつての中央語要素の伝流残存を示すものとしうるのではないか。近畿での「辺境」一致である。——このように解される近畿南部などが、（また近江以北も）、日本の方言風土の辺周地域とされる。

和歌山県下は、方言上、注意すべき諸事象に富む所である。おもえば、近畿での本県下の異域性も、日本方言風土の辺周性をとらえしめるものであっ国沿岸を問題にすることのおもしろさを深く感じた。日本列島全辺周の方言相は、まことに、見るにたるものである。

しばらく、『日本言語地図』6の、いくらかの図について、その注目すべきさまを見よう。

「255　ゆうだち(夕立雨)」の図を見るのに、「サダチ」系の諸語が、とくに四国九州に分布している。四国も、おもには南伊予・土佐・阿波に、つまり南寄りの地域に分布している。九州でも、南部と、それにつながる九州西辺とに、分布が見られる。以上のような四国九州分布は、事項の日本辺周分布として、注目されるものではないか。「サダチ」などという古めかしい語が、こうして、国の西辺に見いだされる状況なのを、今、私は問題にしたい。

つぎに「254　つゆ(梅雨)」の図を見るのに、これでもまた、「ナガシ」系の諸語、ゆえありそうな名の、四国九州に分布するさまが注目される。南方の奄美諸島内にもこれがある。

上二者の西辺分布に対して、「256　かみなり(雷)」の図では、東辺分布とすべきものが見られる。「ライ」系の諸語が、おもに岩手県下・宮城県下・福島県下・関東(だいたい、千葉県・神奈川県・東京都を除いた地域)に見られる。特異な漢語名詞の、このように片寄って東辺に分布しているのが注目される。

西南と東北とが両辺とされもする。「261　こおり(氷)」の図では、西南(おもに鹿児島県下)にだけ「シモガネ」が見られ、東北(福島県下を除く)にだけ「スガ」系の諸語が見られる。

さて「261　こおり(氷)」の図で「シミ」の分布を見ると、これは隠岐と佐渡とにだけ見いだされる。日本海上の、あいへだたる双方の島にだけ、同じものが存在するのは一偉観である。そういえば、隠岐は出雲地方に反して中舌母音的なものを存することがごくよわく、佐渡もまた、越後の中部北部に反して、中舌母音などを見せることがない。黒潮の分流のすじ道にある隠岐と佐渡とが、日本海がわで、日本の方言風土の辺周地帯特色を見せている。

「262　つらら(氷柱)」の図での、「ビードロ」系の諸語の分布は、太平洋がわの辺周特色を見せているものである。茨城県東北岸二地・伊豆諸島三宅島二地・伊豆半島一地・近畿南辺四地・佐田岬半島一地・大隅四地・薩摩九地・長崎県西彼杵半島西岸一地・同県五島二地に、「ビードロ」系の語とされているものの分布が見られる。まさに、あざやかな太平洋がわ辺周分

方言風土
――日本の周辺地帯――

藤原与一

一　はじめに

私どもの（日本の）方言風土には、おもしろい一面がある。「海辺周辺」というとらえかたをゆるす一面がある。当然のことでもあるが。

私どもは、日本語の存立世界について、辺周考というような考察をすることができるかと思うのである。また、して、これがおもしろいことかと思われるのである。

「方言風土――日本語の周辺地帯――」というような題目を立てることができようかと思う。

かねて私は、文末詞の「ニー」の分布に特別の注意をはらってきた。ふしぎなことに、この「ニー」は、日本の辺々に、あるいは沿岸辺周（海辺周辺）に分布している。そのことは、私がいくどか発表した「ニー」の分布図についてご覧いただきたい。山地帯には「ニー」がなくて、いわば海辺にだけ、これが分布している。

この事実をおさえて以来、私には、「日本周辺（辺周）考」が一つの追求テーマになっている。

思いかえすと、柳田国男先生は、早くに東北と西南との一致を言われた。先生をうけて宮良当壮氏もまた、東北と西南との一致に関する論考を発表された。東北と西南とをとくに問題にするのは、今の私からすれば、日本周辺考の一つの場合であると考えられる。

昭和48年夏季の広島方言研究所第２回ゼミナールでは、その第一夜に、私は全日本沿岸調査のプランを述べた。愛宕八郎康隆君へは、これをとくに示唆したつもりである。（君はすでにこれへの関心を高めており、またすでに日本海がわの調査にしたがってもいる。）

二　周辺考

国立国語研究所の『日本言語地図』の全体を見て、私は、あらためて、全

ある。また、文法上の大小の変差の諸地に点在するのを、精細にすくい上げるべきである。丹後半島は、あたかも、何かの混態を複雑に示すようである。この一大事態を、統合的に解明しなくてはならない。これに成功した時は、近畿方言・中国方言の解明を進歩せしめうることはもちろん、本題に言う「裏日本系統線」の深い把握を、まず、成就させることができよう。

(『方言研究年報』通巻第5巻　昭和37年12月)

頁	行	誤	正
437	25	「近畿方言の総合的研究	「近畿方言の総合的研究」
436	30	……。と、「を」の所で	……。「を」の所で

のようなもの、——例の、助詞の所でことに高く発音する傾向のあることは、興味が深い。

網野町の西の木津あたりでも、

○イノウイェサン　ユーノワ　アリマスケドー。

のような文アクセントが聞かれる。

但馬を、中国山陰のつづきに、裏日本系脈の地としてとらえ、その見かたを丹後与謝半島まで及ぼしていくことについては、拙著「方言学」(1962年)を参照されたい。(同書 P.471 − 484)裏日本系脈の見かたとしては、見地をいろいろに交錯させ、事象をさまざまにとりあげて、総合的に、裏日本地帯に、一系脈をみとめようとするものである。

おわりに

丹後半島内の事象と、北陸道(若狭も含めて)内の事象との呼応をとらえて、双方に通じる裏日本系脈をとらえようとするしごとも、すでに上の小著の中でかなり展開した。(同書 P.471 − 484、P.509 − 518)丹後半島と能登半島とが、たがいにかけはなれているようでも、あい似た、裏日本の袋小路として、一致して方言古態を存し、系脈的連関をおのずと示すことも、すでに論及したところである。

丹後半島の「ヨケレド」などの、文語流の言いかたと、能登の「—ナレド」などの言いかたとを見あわした時は、だれしも、その'偶然的'一致におどろくだろう。しかし、その偶然でないことを証するように、この種の言いかたは、富山県下にも福井県下にも存在しているのである。裏日本の古系脈、と言ってよいものが、ここにすぐにとらえられる。

分布上のいわゆる偶然的な一致は、それを偶然として単純に見はなすべきではない。偶然の根底に必然がある。研究としては、まず、「偶然」を見いだすことがたいせつである。近畿の裏日本がわには、ただちに発見しうる「偶然」が、あまりにも多い。

その点で、わけても今後、注目しなくてはならないのは、丹後与謝半島であろう。ここの内部と周辺とを見るのに、地点によって、さまざまに、異相が見いだされる。間人町のあたりも、じつに注目すべき所のように思われる。半島内部山村の、ことに注目すべきものであることは、多く言うまでもない。諸地点ごとに、たとえば、アクセントのちがうのを、徹底的に調査すべきで

ここでも、「オバ」（を）を言う。

○マッチオバ　モッテ　コイ。

など。ただし、“これもだいぶ言わなくなった。”という。もっとも、“今もおばさんたちに多い。”と言う人もあった。南畿熊野路のうちに、「オバ」はないか。その方の人からこれを聞いた、淡い記憶がある。北辺の「オバ」は注目にあたいする。

ここで、たくさんとれたことを、

○ボッコモチェイコト　トレタ。

と言う。この「ボッコモナェイコト」（ボッコもないこと）は、中国系の言いかたによく通じると言えようか。こことしたら、これが、まさに反近畿色になる。

敬語法では、「ナル」ことばと「ナハル」ことばとがあり、「キテハレ」はていねいで、「キテレ」はちょっと下の位、とのことであった。

八　丹後北面・但馬

丹後半島北面の間人《たいざ》町方面については、一つ、ことばに男女差のすくない事実をとりあげたい。たとえば、若い男女も、

♂オートバイ　コーター。

↕　　オートバイを買ったよ。

♀コータ　カー。ホンマ　カー。

　　（買ったの。ほんとね。）

のような会話をしている。若い女の人が、「……　アロー　ガー。」（あるだろう？）「アルダロー　ガ。」（あるだろう？）などと言っている。このような素朴な待遇法は、近畿一般のとはちがったものである。これを、このさいは、裏日本のこのあたりでの一特色としてうけとる。日本海がわは、こういう特色をも見せる地脈だったのである。――そこに、特定の方言系脈ができていると考えられる。

間人町の西方の網野町に行くと、ここでは、もう、但馬の先の因幡との似よりをさえも感じさせられる。それでいて、文アクセントでは、ここに、

○ヨネンニモ　ナリマスデー、……。

　　四年にもなりますから、……。

○ジキニ　アガッテ　シマウデー。

　　じきに上がってしまうから。

るかもしれない。すくなくとも、両者は、性格が、等しくはないはずである。が、とにかく、両者は、よく、ならびおこなわれている。

文末詞としては、男女とも、「ノー」をよくつかう。

古い言いかたに、「何なにを」の「オバ」がある。(「ソレオバ」など)

敬語法では、「ゴンセ」も「こサッシャイ」「行かッシャイ」もない。

やはり「ナル」尊敬助動詞をよくつかう。

ほかに、「ナンス」が注目される。

○ドコイ　イキナンス。

どこへ行きなさる？

ただし、これは、“昔のことば。今は言わぬ。”とのことであった。

○ドッカラ　キナハンタイ。

○ドッカラ　キナンタイ。

「どっから来ましたか。」の意、と。

のような言いかたも教示された。「ナハン」「ナン」は、「ナハンス」「ナンス」の略形か。ただしこれらも、“今は言わぬ。”という。当地に、「ナル」とともに「ナハル」もある。「ナハンス」も、あってもよかったわけであろう。

本庄その他に、「ナイス」や「ナンス」の言いかたがあって、しかもそれらが、年長者のことばになっているのは、古語法の遺存と考えられる。丹後半島の、古めかしい土地がらは、こんな点からも理解されよう。その古さが、山陰性——裏日本性を、よく支えているように思う。

六　丹後半島「袖志《すでし》」

丹後半島の北端を西へかい廻って、袖志部落(丹後町に属する)に着く。

ここにも、「ナル」敬語はさかんである。

「〜を」は、中年の女性でも、「オバ」と言っている。

○チューシャオバ　見テ　モラオー　と思って。

など。

「マンダ」(まだ)を言い、助動詞「ダ」をつかう。

七　丹後半島「中浜」

袖志からすこし西に行くと中浜である。

○ソー　シナイセー　ナ。
そうしなさいな。

などと言う。

○キニャイシェー。
来なさい。

○イキニャイシェン　キャーナー。
「行きましょうかいな。」の意、と。

と、なまってもいる。

近隣の諸部落に「ナンセ」があるという。示された例は、つぎのとおりである。

○ソ　シナンセー　ノ。
そうしなさいね。

○ソー　シナンセー　ナヨー。

○イキナンセー　ナ。

「ナイセ」などは、丹後半島内部山地でも、かつて聞いた。どこの場合も、これは、たいてい、年長者の、おもには女のことばのようである。

本庄では、「ノー」という文末詞がよく聞かれた。「ノー」は、見さげたことばではないという。

五　丹後半島「蒲入《かまにゅう》」

本庄からは北二里ほどの海辺部落、蒲入を見る。ここも、与謝郡伊根町のうちである。

すぐに耳についたことばに、

○ウラー　アノゴッター、……。
わしは、あれだよ、……。

○ホイテー　アノコッター、……。
そして、あれだよ、……。

のような、「アノことだ」間投句があった。こういうのも、丹後半島の内部でも、聞いたことがある。（濁音化も）――山陰にあっても、近畿一般には、こんなものはなかろう。

ここには、順接の接続助詞に、「サカイニ」「サカ」と、「デ」とがある。「サカイニ」と「デ」とでは、役わりがちがうかもしれない。両者の間に、「……だから」というその「から」の順説の程度の、なにほどかの相違もあ

○ア　ソーダ　ソーダ。

あ、そうだそうだ。

○ソーダ　ナー。

そうだなあ。

のように言っている。中国山陰にいちじるしい「ダ」は、但馬をへて、このように、丹後半島の東端にまで、その分布をたどることができる。もっとも、本庄では、

○アシター　アメガ　フルジャロー　カナー。

あしたは雨が降るだろうかなあ。

のような言いかたもしている。

アクセントはもはや非近畿的であることが、上記三例でも、明らかであろう。

ところが、順接の接続助詞となると、近畿弁の「サカイ」と、中国弁的と言ってみたい「ケン」とが、両用されている。（「サカイ」は「サカイデ」とも言っている。）中国色と近畿色との混接が、ここにみとめられる。「アカン。」という慣用句がここに用いられているのは、近畿的と言える。

ところで、発音上では、/ai/ > /ee/ があり、/ai/ > /ææ/があって、この点、近畿的ではない。こうして、ここは、山陰色を見せている。「セ」〔ʃe〕、「マンダ」（まだ）を言い、〔ŋ〕はなくて〔g〕である。

文アクセントの一例、

○オフロニ　ハイッテ　クダサイ。

のようなのがある。この「あと上がり」が注目される。当世の一傾向に、この式があるように思えた。「おやが、……。」と言う時、

○オヤガー、……。

となるのも、ここに見のがしがたい。これらの注意事項は、上来問題にした文アクセント傾向と、考えあわされるべきものである。

本庄ことばの敬語法を、ややくわしく見る。

いったいには、「ナル」尊敬助動詞が、もっともふつうにおこなわれている。

「ゴンセ」や「ごサッシャイ」などはない。「シャル」ことばはなく、「シャンス」も、「ヤンス」もない。

一つの注意すべきものに、「ナイス」尊敬助動詞がある。

○アッチー　イキナイセー　ナ。

あっちへ行きなさいな。

来ませんか。

のように言う。
②「シャル」がある。
○ゴザラッシャレイ　アー。
おいでなさいね。

のように言う。（ここには「ゴザル」ことばもある。）「シャル」の命令形は、「シャレイ」となっている。原田先生は、この時、付言して、〝これは、田井では言わぬ。〟とことわられた。なるほど、である。こうことわられた先生の方言報告には、信をおいてよかろう。
○ハヨ　イカッシャレー。
早く行きなさいよ。

という例も出された。老人男女がこういう言いかたをするという。また、〝中年の人も言う。女に多い。〟とも言われた。
③「ノマッシャレン　カ。」（お茶を）の例とともに、つぎの言いかたも示された。
○ノマンセン　カ。
これは、「ンス」の未然形をつかった言いかたになっている。別に、
○イカンシタ　ヤカ。
「行ってきたんか？」の意、と。

の言いかたも示された。

なお、敬語法以外のことにふれれば、小橋方言でも、「ノー」文末詞を、〝よくつかう。〟という。すでに例は出ている。ほかに、
○ママニ　ショーイ　アー。
もう、ごはんにしようよ。

など。〝「ナー」はつかわぬ。〟とのことであった。上来、「ノ」文末詞のおこなわれることを見ても、これのおこなわれる諸地が、近畿一般の、「ナ」文末詞慣用の地とは、多少とも傾向を異にする土地であることが理解されよう。上の文例の文アクセントを見ても、これは、近畿的とは言いかねる。

四　丹後半島「本庄」

つぎには、丹後与謝半島に出て、その東北辺の本庄を見る。ここは、与謝郡伊根町に属する。

ここまでくると、まず、指定断定の助動詞「ダ」が耳につく。

早く行きませんか。おそくなるよ。

○ヤスマンシェン　カ。

やすみませんか。

のようなのがあり、

○イップク　サンシェン　カ。

一服しませんか。

のような言いかたがある。

④「ゴンセ」がある。

○ウチーモ　ゴンセー　ナー。

うちへもおいでよね。

などと言う。「マー　ウチーモ　ゴザレー　ナー。」などの「ゴザレ」は、“今はつかわぬ。”と、古老が説明した。

以上が、田井部落方言の特色の概況である。ここが、堅海とあい似て、裏日本的なものを示そうとするのが、みとめられよう。

三　舞鶴市「小橋《おばせ》」

田井部落とともに、この半島部の北辺にある、田井の西方の、小橋部落をとりあげる。

田井や小橋は、若狭湾内では、まさに裏日本僻地である。こうした所には、古態も、どんなにかは、残るはずと考えられる。

いったいには、この方面も、若狭方面と同じく、近畿一般の状態に同化されることも多くて、早くから、近畿的にもなったらしい。が、そのような一般的近畿色の中で、今日の近畿一般には言わぬものを存している。それが、一方では古態保存であったし、一方では、たとえば「ナハル」の「ナハル」化などの新化であった。いずれにしても、それらのことは、みな、あいよって、この方面の異域性を証することになったのである。

異域性は、おこるはずだったであろう。第一には、地理的事情が、その動因になり得たにちがいない。

はたして、僻地の小橋からも、特殊事態が見いだされた。これは、田井部落内で、小橋の人、原田先生(♀)から聞き得たものである。敬語法上、つぎのようなことが注目される。

①「ゴンス」がある。

○ゴンセン　カー。

②文末詞「ノー」が注目される。「ナー」よりはしたしい気もちでつかうという。

○アチナ　モノ　シヤナイ　ノー。

あんなもの、しようがないねえ。

など、老人は「ノー」をごく気がるにつかっている。

③特定表現法を一つとりあげる。ここ田井では、正月元旦に他家をたずねて、戸ぐちをはいる時に、

○ヤラッタラシャー。

○ヤラッタラシ　ヤ。

あるいは、

○ヤラ　メデタ　ヤ。

と言うという。"朝まのあいさつ"であるという。南畿熊野路のうちに、正月三ヵ日用の特定表現法がある。こうしたものが、今日、はしばしに遺存しているのか。遺存させている所は、させていない所とはちがった土地がらと言える。

Ⅳ　特に敬語法について

①田井部落の尊敬表現法では、「なさる」ことばがもっともよく用いられている。「なさる」ことばをつかうのが、ここのふつうの尊敬表現生活である。ところで、ここの「なさる」は、一方で、「ナハル」「ナハレ」とでも表記したいように発言されていて、おおかたの聞こえとしては、ほとんど「ナル」「ナレ」である。（命令形は「ナーレ」とも）そしてまた、一方では、たしかに、はっきりとした「ナル」「ナッタ」も、命令形の「ナイ」などもみとめられる。「ナル」尊敬助動詞もあって（これで山陰的である。）、しかも、「ナハル」ではない「ナハル」があるのは、興味ぶかいことである。近畿に強い「ナハル」の言いかたに対して、ここに、「ナハル」の変移形がみとめられるというわけである。

②「行かッシャイ」や「さサッシャイ」の言いかたはない。「ヤンス」も「ヤス」もない。

③しかし、「ンス」ことばがみとめられる。

○ハヨ　イカンシェー。　〔アクセントは非近畿的〕

早く行きなさい。

のように言う。老人男女のことばになっているようである。"よいことばですか？"ときくと、"ええもわるいもない。"と答えた。

○ハヨ　イカンシェン　カー。　オソナル　デヨー。

○ミコミ　ツイトリマスデー、……。

見こみがついていますから、……。

と、「デ」の所で高くなるのも同理である。

○ソヤケドー、……。

そうだけれども、……。

の「ド」で高くなるのにしても、やはり同理である。

つぎに

○アノ・ジ　カクンデショー　カイナ。

あの字を書くんでしょうかね。

のような言いかたがある。この「………　カイナ。」と、終りの方で高音をきわ立たせるのも、一つの傾向のように思われた。こういうのと、さきの、文中の助詞の所できわ立てて高くするのと、関係があろう。

Ⅱ　発音一般の中で注意されるもの

①「マンダ」の発音はすぐ耳についた。〔mãda〕にはじまる「マンダ」は、山陰・北陸によくおこなわれている。「マンダ」と「ナル」（なさる）尊敬助動詞とをたずねれば、近畿裏日本がわの裏日本性は、まず見当がつけられるとも言えようかと思う。

②「ゆのみ」の「天目」は「テンムク」（〔o〕—〔u〕）である。第一人称呼に「ウラ」がある。「どもならん」は「ドムナラン」と言っている。

③〔ʃe〕がおこなわれている。「シェド」（背戸）など。（「シェンド」とはなっていない。）「シェンド」、これは、「長いこと」の意の副詞である。

④〔ŋ〕の発音がさかんである。「かご」〔kaŋo〕、「肥桶」〔koetaŋa〕、「葱」〔neŋi〕、「つぐ」＜動詞＞〔tsuŋu〕など。近畿の大部分では、しだいにこの発音をしなくなっているのに、ここにはこんなに、この発音がいちじるしくて、小学生からも、〔ŋ〕のきれいな発音が聞かれる。

Ⅲ　文法上の注意点

①〔ŋ〕を発音するようなことがあるかとおもうと、反面、「何なにだった。」を「〜　ヤッタ。」と言い、また、

○エライサカ　イヤヤ。

つらいからいやだ。

などと、順接の接続助詞「サカ」（さかい）をつかっている。——こうして、近畿一般につながる様子を示している。ところで、「エライサカ　イヤヤ。」のアクセントは、近畿一般的ではない。

像されよう。）が、そういう相違をこえて、若狭方面の敬語法状態には、要するに、近畿一般の状態とはあいへだたったものがあると言うことができる。——近畿一般のとは、体系的特色がちがうとも言うことができる。

特色が、そんなに、近畿一般のからははなれているということは、つまり、この地方が、それほどに、裏日本系脈の中によくつながっているということである。

× × × × ×

敬語法のことにはとどまらず、上述のⅠ・Ⅱ以下の全見地を通じて、堅海方言を見る時、まさに、ここに、非近畿的なもの——為近畿性、裏日本性がみとめられる。

ここのこの状態を據点にして、以下、順次、丹後海辺の諸地点を見ていこう。堅海方言の尺度をもって、他地点に及び、そこそこに、「裏日本的なもの」がどうあるかを、見きわめていきたいのである。

二　丹後、舞鶴市「田井」

小浜湾方面のつぎには、ここと宮津湾方面との中間の半島部について、その北辺部落を見る。そこの田井という部落は、若狭はずれの、丹後東隅にあり、まったく孤立した、海辺小部落である。（うしろはすぐ山地で、平地乏しく、農業はわずかで、漁村である。）

ここまで来てみて、何かあるなと、すぐに感ぜしめられたのである。

一泊の調査によって得たところを整理してみると、つぎのようになる。

Ⅰ　文アクセント

話しことばのイントネーションでは、北陸、福井県下のなどに通じる一つの傾向が見いだされた。たとえば、

○オキャクサンガー、オッテ　テイ　ユーテ。

　　　お客さんがいらっしゃらないって言って。

のような言いかたをする。この、途中の「てにをは」の所で、「オキャクサンガー」のような抑揚を示すことが傾向で、これが、北陸の一傾向に通じている。

○イツ　コラレタ　ユー　コトオー、……。

　　　いつ来られたということを、……。と、「を」の所で高くなる。きわ立たしく高くなって、このために、文アクセントの特色が顕著に出る。

つぎには、「ンス・サンス」を見る。

○アッチャイ　イカンシェ　ナー。

　　　あっちへ行きなさいね。

これは80才の老女から聞いたものである。「イカンシェ」には、たしかに、「ンス」ことば（——この場合は命令形の言いかた）がみとめられよう。同じ人が、

○イカンシェン　カー。

　　　「行きなさい。」「行って下さい。」の意、と。

との言いかたも示してくれた。これは、「ンス」の未然形をつかった言いかたである。

○どこへ　イカンス　カー。

これは、一人の若い女性の教示してくれたものである。「ンス」に対する「サンス」は、中年の男子が、

○オキサンシェ　ナー。

　　　起きなさいねぇ。

○寝サンシェ。

と教示してくれた。「寝サンシェ。」とともに「寝ヤンシェ。」がある。

敬語法に関して、以上のように、堅海部落を見てくると、この地の方言の、「南近畿性」とでも言うべきものが、この部面からも、かなりはっきりとしてくるのをおぼえる。

敬語法上のこうしたことは、じつは、堅海などに限られるものではないようである。永江秀雄氏は、小浜市街地をとりかこむ、広い郡部地域について、「シャル」と「ンス」との分布をしらべて下さった。その結果によれば、これらのものが、（訛形をも含めて）、諸地点に存在することが明らかである。さきごろ出刊の「近畿方言の総合的研究（1962年）の中の、佐藤茂氏「福井県嶺南地方（若狭）方言」にも、「シャル」などや「ンス」が、他の尊敬助動詞とともにあげられており、これらについて、

　　みぎに、特に地域をしめさなかったのは、特定の地域だけの例はまれで、大体各地域でみられるからである。

とある。——「シャンセ」などの記事も見えている。

若狭の敬語法の委細について述べるためには、なお、諸地点にわたって、精査する必要があろう。諸種の敬語法の、どんなものが、どんなにつれあって、一地方言の敬語法体系をなしているか。これは、地点ごとに、いろいろな相違もあることと思われる。（堅海の敬語法体系を見ても、そのことが想

これらは、81才の老女の、自然の話しの中に、その話しの進行に応じて、しぜんに出たものだった。「シャル」ことばが、老人の間に、稀におこなわれているらしいことを知ると、進んで、これについての、いろいろの問い聞きも、した。自然傍受の実例と、問い聞きの結果（人びとの解説と、その人びとの示した例文）とを総合すると、次下のような説明になる。

“えらいおかたに「シャル」をつかう。”――一老女が言った。この人たちには、「シャル」ことばが、つかう機会はすくなくても、よく生きていた。

○“オテラノ　オボンサンノ　モノ　タベナル　コトを　クワッシャル

と言う。”と、これは、中年の婦人が語ってくれた。中年人なら「食べナル」（なさる）と言うところを、老人は「食わッシャル」と言うらしい。老人にとっては、「シャル」ことばが、「ナル」尊敬法の上位に立つ尊敬表現法のようである。

中年のある男女とも、「クワッシャル」「クワッシャッタ」は、“尊敬した場合”につかうとし、“目上の人に”つかうとした。かつては、

○お宮さんへ　マイラッシャレ　ノー。

と、村のふれかたが、ふれてあるいたという。

「シャル」に対する「サッシャル」の言いかたは、つぎのとおりである。

○オッサナ　イマ　オキサッシャッタモンデ、オットメノ　オトァ　スル。

和尚さんが、今、起きなさったんで、お勤めの音がする。

やはり和尚さんの「起きサッシャッた」例である。「サッシャッた」とともに、「ヤッシャッた」の言いかたがある。

○オッサン　ネヤッシャッタ。

私は、自然会話の中で発言される「ヤッシャッた」を聞くことはできなかった。

「シャンス」の言いかたもある。一中年男子は、

○クワッシャンス

のような言いかたを教えてくれた。「人が物をたべなさる」の意だという。こころみに、「クワサンス」とは言いませんかとたずねてみると、“「クワサンス」では変だ。「クワサンス」とは言えません。”と答えた。

○ヨラッシャンセ　ノー。

これはまた、かつて、村のふれかたが、村じゅうをふれてあるいた時に言ったことばであるという。ふれことばにこう残っているのだから、「シャンス」ことばがここのことばであったことはたしかであろう。今は、「シャンス」は、ほとんどすたれているらしい。

おこなわれている。

②「ナンス」助動詞が稀に出る。

③「シャル・サッシャル（ヤッシャル）」助動詞がある。

④「シャンス」助動詞が、ごく稀に出る。

⑤「ンス・サンス（ヤンス）」助動詞がある。

⑥他の「ヤンス」助動詞が、ごく稀に出る。

⑦「オイデル」がある。

⑧「ゴザル」「ゴザンス」を言う。

⑨「クダンシェ」「クダンシた」を言う。

⑩「連用形＋て＋～」敬語法がある。

⑪「レル・ラレル」尊敬助動詞を、ほとんどつかわない。

⑫「ナサル」「ナハル」がない。

⑬「ナサンス」もない。

⑭「ハル・ヤハル」を言わない。

⑮「ヤル」を言わない。

⑯「ヤヌ」を言わない。

⑰「ドス」助動詞をつかわない。

⑱「ます」の「マセ」を言わない。

注目すべき「シャル・サッシャル」などについて、すこし述べよう。

ここに「シャル」ことばのあることは、南畿・三重県伊勢志摩方面などのことは別とすれば、まず、近畿の大勢に反する。近畿の中枢部でも、もとは、これがおこなわれたであろう。近世の文証は、これの盛行を示している。その近畿一般に、これがおこなわれなくなっている今日、ここ堅海に、「シャル」ことばが、はっきりとした残存のおもむきを呈しているのは、裏日本系脈把握上、見のがせない。「シャル」ことばは、西に、出雲地方を中心として、かなり広い範囲に、よくおこなわれており、東に、北陸、越前以北に、またよくおこなわれている。

さて、堅海の「シャル・サッシャル」のありさまは、以下のようである。

○ワカイ　シュートサンノ　オラッシャッタ　モンジャサカイ、……。

　　若いしゅうとさんがいらしたもんだから、……。

○イマワー　シュートサンノ　オラッシャッテモ、……。

　　今どきは、しゅうとさんがいらしても、……。

○シュートサンノ　モー　ネトラッシャルシ、……。

　　しゅうとさんが、もう、寝てらっしゃるし、……。

とりがたり的）

など。「皆目」も「カイムク」。「庄助」さんを「ジュースケ」と言う人もあった。

②「しょうもない」が「シャーモナイ」と発音されている。これを「仕様」〔ʃijau〕の音転化を見れば、〔ʃijau〕が、〔ʃijo:〕ではなくて〔ʃija:〕（>〔ʃa:〕）になったのである。これは山陰の「〜だろう」の「ダラー」などに通じる。

③／ai／>／ææ／がいくらかある。学童も、文末詞の「かい」を「キャー」に近く発音していた。

④鼻母音的な発音も聞かれる。

⑤〔ŋ〕がふつうによくおこなわれている。（老年層、ことにその男子には、比較的〔g〕に近いものも出るか。）

⑥「セ」「ゼ」は〔ʃe〕〔ʒe〕と発音されることがさかんである。

⑦／kwa／もある。若い人には、これはないらしい。

⑧「皮をムテ」「ムヅカシー」「アマノハシタテ」などの、清音の発音が注意される。

⑨「イェ」〔je〕がよく出る。「磯」は〔jeso〕と発音される。

⑩時に、「ツ」〔tˢu〕の音を聞くことができた。（すぐとなりの、泊部落の人からも。）方言音と見てよいと判断した。泊部落の人の発音例だと、

○ワタシラモ　ツ〔tˢu〕テヅ〔dᶻu〕ク　ワカリマシタ。

のようなのがある。

Ⅲ　アクセントに注意すれば……

①語アクセントは、だいたい近畿的である。

②個別的に注目すれば、出てくる文アクセントに、人による、つぎのようなゆれ（その場的な）、または相違（習慣的な）がある。

○{キテ　オクレテ／キテ　オクレテ}

○{ユーテ　ミタデコソ／ユーテ　ミタデコソ}

○{ワカイ　モナ／ワカイ　モノ}

Ⅳ　敬語法に関することを、ここにとり立てて述べる。まとめて言えば………

①「ナル」（なさる）尊敬助動詞の使用がさかんである。活用形がよく

永江氏は

○ゴッツイ　カゼァ　フイトル。

の発言をされた。

④堅海で、「何なには」の「は」を、「ナ」とも発言している。「おじいさんは」が「オジーサナ」になる。なお、ついでに言えば、さきの上中町では、「雨が」を、「アヌナ」とも言っているという。

○アヌナ　フッテ　キタ。

この「ナ」は、“となり村からよく笑われる。”とのことであった。

⑤堅海の慣用句の二・三をとりあげてみよう。

○コリャ　ニクイ。　（これは憎い。）

子どもらが、おはじきあそびで、相手にはじきとられるごとに、この言いかたをしていた。つぎに、おとなの「どういたしまして。」に、

○ナンシタコト。

○ナシタコト。

がある。

○サガッテ　キテ　オクレ。

これを、寺から里へも、かみからしもへも、二階から下へも、“みなつかう”という。つぎに、この村を私どもが辞去する朝の、人びとのあいさつことばには、

○アンタラ　ケサ　カエッテ　オクレル　カ。

○カエッテ　オクレル　カ。

というのがあった。これがたしかに、一つの慣用表現法のようであった。

⑥対話の文末のよびかけことばとして、全般に、「ノー」が常用されている。「ノー」は地のことばである。

⑦堅海では、家族間で敬語をつかうことは、ほとんど無いと言ってもよいくらいである。夫婦間でも、

○ダレト　イク　ンヤ。　〔問い〕

などと言っている。一般の敬語生活のことは、のちに述べる。

Ⅱ　発音上のことを見ると……

①近畿一般では〔ｉ〕を見せるのがつねのところで、堅海では、〔ɯ〕母音を見せることがある。（この現象や、さきの、係助詞「は」の「ナ」など、丹後半島内部にもある。）たとえば、

○ウカシヨーナ　モンジャロー。

（此処のことばは）おかしいようなもんだろう、きっと。　〔ひ

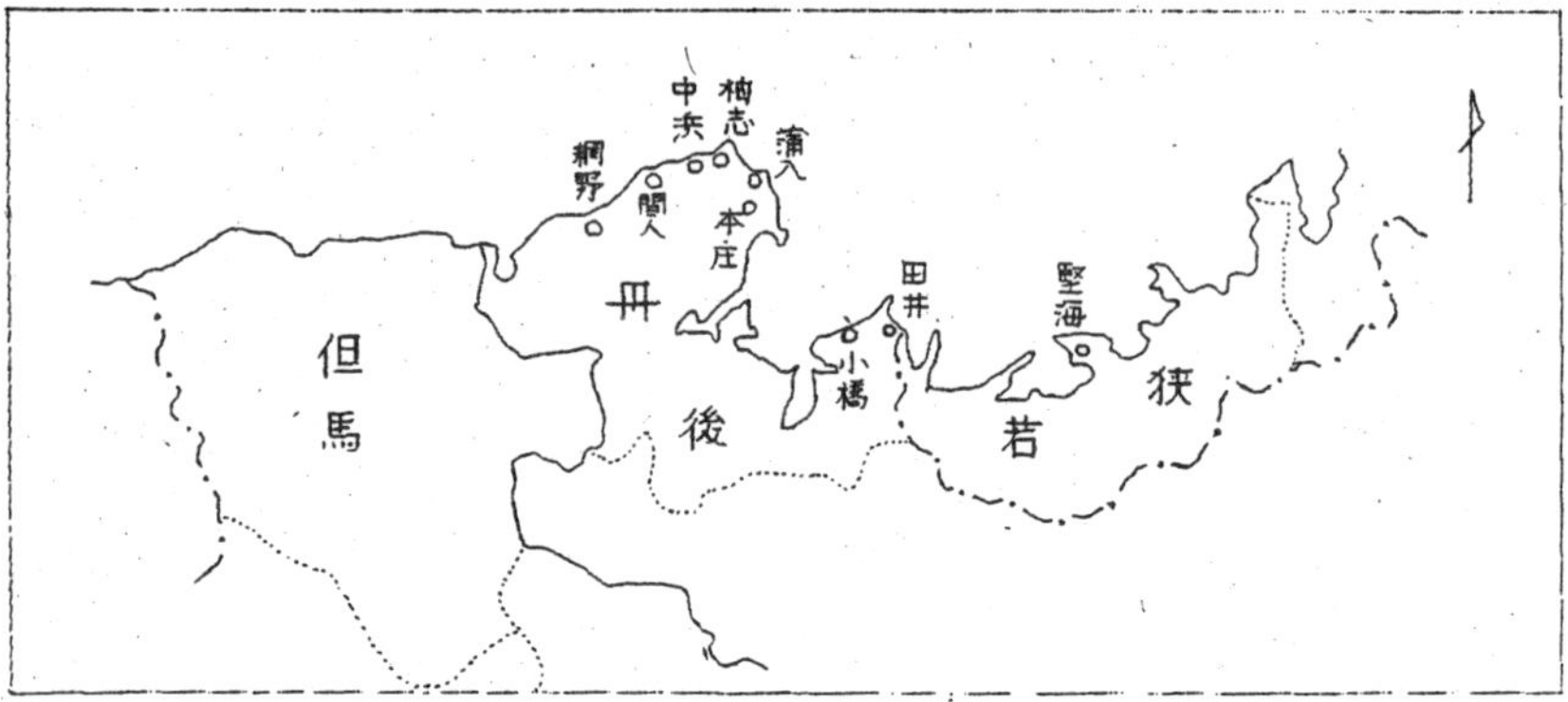

一　若　狭

昭和33年に精査した、若狭北辺の一地は、小浜湾口の堅海《かつみ》部落である。ここは、五十余戸の完全集落農村で、すぐ近くのとなり部落とも、〃ことばがジェンジェン（全然）ちがう。〃とされている。私が、私なりに、大局的な見かたをすれば、ここのことばと、小浜市域その他の方言状態と、そんなに相違したものではない。しかし、堅海一部落の、部落社会としてのまとまりとともに、ここに、方言生活の一体性のよくみとめられることは、たしかである。

堅海の方言状態を、今はできるだけ簡潔に、――'近畿一般'の状態と対比する意図で、えがきだしてみよう。

Ⅰ　文法上から見れば……

①まず、堅海は、指定断定の助動詞の「ジャ」と「ヤ」の、共存する所である。〃老人は「ジャ」の方が多い。昔からのことばだから。〃とも言う。人の話しを、気づかれないで聞いていても、「ジャロー」「ヤロー」が、半々に出たりしている。

②近畿一般の「アラヘン。」に対して、堅海では、「アラシェン。」のように言う。こう言うのが、ここの地の言いかただと言う。

③「風が吹く」を、堅海では、「カジャー〔kaʒea とも〕フク」と言う。この主格の「が」の表現に関しては、永江秀雄氏にただしたところ、氏の郷里、若狭遠敷郡上中町でも、「アメァ　フットル。」（雨が降っとる。）と言っているという。かつ、「アヌァ　フットル。」は、「雨は降っとる。」であるという。アクセントがちがうようである。「風が吹く」についても、

のである。

昭和33年になって，ようやく，若狭北辺の一地を精査することができた。若狭もまた，裏日本的な傾向を，いくらか見せる土地だったのである。当時，この調査に協力して下さった，若狭の人，永江秀雄氏は，若狭のやや広い範囲にわたって，そのころ，概観の調査を実施して下さった。

こうして，若狭にも，近畿一般の状態からはなれたものをみとめうるに及んで，――しかもそのいくらかが，北陸・山陰の現象につながるものであることを見るにおよんで，私は，「裏日本系統線」ということを，私なりの実証の見地で，言うことができるようになった。拙著「方言学」（1962年）では，「日本語方言分派の系脈」を論述した中で，裏日本系脈を云々したのである。

なお，今夏は，丹後舞鶴市北岸，および丹後与謝半島（＝丹後半島）周辺，ならびに但馬沿岸の調査にしたがった。こうして，辺々をたずね見ることによって，私は，「裏日本系統線」，あるいは裏日本系脈の論に，ひとまず決着をつけようとしたのである。

調査の結果を一言で言えば，丹後海岸のおもなはしばしでもまた，裏日本系統線を考えしめる事実が，多少ずつ見いだされたのである。（但馬のことは，言うまでもない。）

私どもは，方言上の裏日本系統線を，しだいに明確にとらえていくことによって，日本語諸方言分派の，大局的な史的関係を，漸次，究明していくことができよう。方言生活への共通語教育の手順を考えるにしても，まずは，裏日本的なものの，この大きな史的分派，系脈を，問題にしていかねばならない。

「方言研究年報」本巻は，このように考えられる「裏日本系統線」を問題にする。私は，主題のもとに，今回は，局部，若狭・丹後の海辺を，問題の地域としてとりあげ，いくらかの記述をこころみる。

日本語方言上の「裏日本系統線」

藤原　与一

はじめに

日本本州の日本海がわに、方言上のある系脈（系統脈絡）をみとめようとする考えは、すでに古くからおこなわれている。興味ぶかいことに、柳田国男先生も、その民間文芸研究のおしごとの中で、

今一つの私の意図は、日本海の潮の香にはぐゝまれた山陰北陸の一帯は、中古の交通に於て特に重要なる舞台を提供して居る。爰に民間文芸の何が他と異なる色相を留めては居らぬかどうかを尋ねたいのである。「物語と語り物」自序

（定本柳田国男集　第七巻）

のような発言をしていらっしゃる。

私は、かつて東条先生の御講義を受け、また、大島正健博士の所説を拝見して以来、裏日本がわに関心をいだき、のち、しだいに調査を進めて、まずは能登半島方面に、ついでは加賀・越前などに、東北的なものを見いだすようになった。（その一部は、「裏日本地方のことばの発音」で報告した。「音声の研究」第7輯1951年）東北地方から北陸にかけて、方言系脈がみとめられ、一方では、東北北陸の特色になにほどか関連のある、出雲中心の山陰特色が、諸事象を関連のもとに見ていくかぎり、なお東に長くたどられ、ことによっては、丹後与謝半島にまでそれがみとめられるのを見いだすにおよんで、裏日本がわに対する私の探求興味は、いよいよ高まった。問題の地は、一つに、丹後与謝半島内部にちがいないと思い、ここに調査の手を入れてみると、はたして、ここに、出雲地方のものによくかようものがあり、能登半島のものによくかようものがあったのである。その一部のことは、東条操先生「日本方言学」（1953年）の中の拙稿「文法」編でもとりあげた。こうなって、残る若狭方面の討究は、急務となったのである。思えば、「若狭にも、何か、裏日本的なものがあるにちがいない。」とは、早くからの希望的推測であった。しかもこれは、根源的には、東条先生の、“近畿的なものが、ここで、裏日本的なものを、突き破って”とのおことばによっていた

頁	行	誤	正
458	14	[ïkʃïʃïnï]	[ïkïʃïʃïnï]
458	16	[bandʒïmaʃïte.]	[bandʒïmaʃïte.]
457	12	[sɯ̈goɴiɴ]	[sɯ̈goɴin]
457	29	[iraʃimise.]	[iɾaʃimise.]
455	23	一系の分布を	一系の分布地域を
453	3	〔とんぼ」	「とんぼ」
451	27	わけて山陰地方	わけても山陰地方
450	12	「四つ格あつまつて」	「四つあつまつて」
449	10	[ç]<[ʃ]	[ç]>[ʃ]
447	3	〔コレ　アンタ	〔コレ　アンタ
447	22	[jo: daʃ:ensɯʀɯ]	[jo: daʃ:eɴsɯɽ·ɯ]
447	26	tanʃe.]	taɴʃe.]

[kw] 頭子音は，出雲が [ʒoːkwaï]（常会）であり，隠岐島前にも [kw] があり，越後が「富士館」[kw] であり，羽後で [kwaŋkeː] などと言う。越後長岡市では，「せつかく食えと言うて……」という「食え」が，初老の男子から，[kwïe] ときかれた。

8

以上のようにして，しだいに明らかにされる裏日本系統線は，なお，いろいろの語法上の事実によつても補証される。尊敬の「シャル」語法は，二三種の形で，出雲・越前・加賀・能登・越中に，今もそうとうよくおこなわれているのが目だつ。隠岐に〔行カシタ〕があり，越前に〔墨で 書カシ。〕，加能地方に〔入ラシミセ。〕（いらつしやいませ。）があるのも偶然ではない。越中東隅でも〔ヤスンデ 行カッ シ。〕と言う。

能登宇出津町で，〔見セル〕とも〔見サスル〕とも言い，隠岐で〔キモノ キッゾ。〕（着るぞ）と言うことは，二段活用の九州に関連する現象として注意される。

文末の「ね」ことばは，出雲に〔ネァ〕，越中に [nëa]，羽後に [nëa] がきかれる。

語詞構成の一つ，接尾辞「メ」をつけることをとつてみても，出雲で [oʃïme]（牛）などの例が多く，越前でも〔ウシメ〕などとしている。そうしてこれが，関東地方その他の内にも見いだされる。

言語現象を総体に見て，裏日本地帯が一つの系統線をなしていることは，ほぼみとめられよう。その系統の関連は，一方，東北地方から南下して関東地方にたどられ，他方，出雲から長門をへて九州にたどられる。九州熊本地方に [ɾ] の脱落があり，南薩以南地域に中舌母韻や鼻母韻の見いだされることも，偶然ではない。

裏日本を中心にして，左右にたどられるこのような分布は，さきに京都語，のちに東京語を中心とする日本語今日の展開状況から見るのに，一種の残存分布と考えられる。大きく観察して裏日本系方言脈と，それに対立する表日本系方言脈との相関状態は，日本語の今日までの史的推移を解釈せしめるに十分である。　［文部省人文科学研究費による。］　（『音声の研究』第7輯　昭和26年2月）

という [kiː] は，まさにその出雲的なものにきかれたので，つよく耳にとどまっている。さてその金沢方面から能登にかけては，

〔コレ アンタ 見テ クマッセ。〕

の〔クマッセ〕[kɯmasːe] [kɯmaʃːe] の言いかたをよくする。〔クマッセ〕が「くれマッセ」からきたものであるならば，ここに [ɾ] の完全な脱落が見られる。出雲の「広いなあ。」という [Fɯe naː.] なども，[Fɯe] は準一音節に発音されるので，それには，[ɾ] の完全脱落がみとめられる。

越後長岡市の発音で，「まるきり」の〔マルッキリ〕という〔リ〕が [ï] にきこえた。〔ヤッパリ〕の〔リ〕も，[ɾ] が脱落かげんで母韻は [ï] である。「くびきり」は〔クビキー〕にきこえた。「ばつかり」を〔バッカー〕と言うのは長岡にかぎらない。〔イマダバ〕(今だらば) というような〔ダバ〕，すなわち〔ラ〕略は，東北に多い。

つぎに，さきの出雲の [F] 音であるが，出雲地方全般に，

[Fe kame.]	屁をかめ。
[hoːFeː]	砲兵
[Foː mojaʃe.]	火をもやせ。

など，[F] 音のおこなわれることがいちじるしい。前掲，越前の [Fɯ̈tejoː] などの存在が，その関係の分布として，思いあわされる。

つぎにはまた出雲の，[ʃ] である。この地方では，さかんに [ʃ] の発音をする。

[ʃenʃeː.]	先生。
[joː daʃːensɯɾɯ]	よく脱線する

金沢方面の〔クマッセ〕などの〔セ〕は，微妙な [ʃe] とうけとれる。ひどい程度の出雲のからすれば，[se] とも言えよう。

佐渡に [ʃ] がある。秋田縣下ではこれがよくきかれ，特有のことば，[見テtanʃe.] (見てください。) には，はつきりとした [ʃ] が出る。東能代でも，

[manzɯ mïʃetanʃë.]	まあお見せなさい。
[atʃːïsa ikanʃë.]	あつちへお行きな。

のように言う。

〔ヒ〕は〔シ〕となり，サ行音の〔セ〕は〔ヘ〕になる。あいことなる別個の現象と見なければならない。しかも，あいともなつて分布している。サ行音ハ行音ということだけをとつて考えれば，雙方の交流表裏関係として，二現象を統一して見ることもできよう。その分布が，このように裏日本にたどられるのが注目される。

福井縣越前大野郡下でも，

すてる	[çiteɾɯ]
すてよう	[Fɯ̈tejo:] [Fɯ̈tʃo:]

などの発音がある。福井市方面でも，〔ホヤデ〕（そやで）（「それで」）などと，〔ソ〕を〔ホ〕に言うことが多い。

7

裏日本がわに，なお次下のような重要事象の分布がみとめられる。

一つに，[ɾ]子音のよわまりまたは脱落の事象の分布がある。さきに出雲地方について，「だらう」の [daa:] [da:] となつている例をあげた。出雲地方の [ɾ] 音は，すべてよわまるか脱落するかする。出雲奥，仁多郡の例では，

あるはあるだども	[ā:wa ā:dadomo]
出るじやない。	[dē:dʒa nā:ga.]
てにもはれにも	[tēnïmo haēnïmo]
だまつちよります	[damatʃ:o:masɯ̈]

のようになる。「はれにも」が [haēnïmo] になる場合など，「はれ」の「れ」[ɾe] の [ɾ] が，調音としては，すべりぎみに存在するように感ぜられる。「あるは……」の [ā:wa] の時も，極端に [a:] ではなくて，[aɯ] に近いものが感ぜられ，そこによわい [ɾ] のすべりが感ぜられる。発音の時々によつて，かなりはつきりとした [ɾ] 脱落にきこえ，また [ɾ] がすべりぎみに感ぜられる。この間の微妙な動揺を持つているのが現実のようである。

金沢市の初老男子の発音，

吹切り	[taŋkī:]
（山椒魚のこと）	

[tsɯnaʃiki]　　　　つなひき

[momoʃiki]　　　　ももひき

[ʃip:at:ekoi.]　　　　ひつぱつてこい。

〔シ〕は，[ʃikiɯʃi] など，かなりはつきりと [ʃi] に発音される。[ʃï] になる例はきかれなかつた。能登半島東北端の珠洲郡でも，「火」を [ʃi] または [ʃï]?,「お日さま」を [ʃï:sama],「火箸」を〔シバシ〕と発音するという。

こうしてまた，とびはなれた能登の，東北地方に通ずるものであることが，確認される。[k]>[kʃ] のあるところには，[ç]>[ʃ] があつてもよいように思われる。秋田縣下で，[ç] と [ʃ] とがつづいてひびくようにうけとれたのも当然と思われる。[kʃ] のある所の〔ヒ〕音については，音質検討の余地がある。[ç]<[ʃ] のおこなわれている所の [k] 子音についても，同様に検討の必要があろう。

やはり能登と東北との一致を示す現象に，〔セ〕>〔ヘ〕がある。秋田縣下では [se]>[he] がさかんで，「土井先生」は [ドイ heɴhe:],

せつかく　　　　[hek:akɯ]

死なせて　　　　[ʃïnahete]

である。「そう言つた」の「セーッタ」は〔ヘーッタ〕になる。弘前ことばで，

[are mïhe:.]　　　　あれ見なさい。

[are mïdemïhedʒa.]　　　　あれ見てごらんよ。

などと言う〔見へー〕も，〔見せー〕(←「見さい」←「見なさい」) からきたものとすると，同じく [se]>[he] の著例になる。越後直江津方面にきても，

[seɯ]　　言う　　[set:a]　　言つた

[set:e]　　言つて　　[set:ekɯɾe:]　　言つてくれ

がおこなわれているが，ここでは，「そう言う」が〔セウ〕につづまつてただの「言う」の意味になつていることは東北流であるけれども，[se] が [he] になつていない。さて，能登宇出津町にくると，

先生さま　　　　[heɴhe:sama]

せいろ　　　　[he:ɾo]

などの例があり，「十能」の〔センバ〕は〔ヘンバ〕とも言い，「せんべい」は〔ヘンベ〕とも言う。

山陰の状態は，日本海ぞいに，東北地方の状態につづいている。奥羽から南下しての，関東地方のことばなり東京語なりのガ行鼻濁音は，もともと，東北地方を介して，裏日本系統のものと一連の分布にあることが理解される。〔シグ〕(死ぬ）というのが，福井縣下などにきかれ，また関東地方できかれるのも，ゆえのないことではない。両者は孤立する現象ではなく，関東に存在するのも，奥羽に存在するものにつづいて，裏日本的残存分布條件下にあるものと解することができるのである。

濁音化のことがまた，上記の場合と同じである。東京語で，〔ジデンシャ〕（自転車）と言い，〔ハジ〕（端）と言う。東北地方全般に，よその清音を濁音に言うことが多く，それが，越後地方にも，しだいによわまつてではあるが，つづいて見られる。越中東部の泊駅でも，〔おくさん　オラッシャル　ガー。〕などと問うているのがきかれる。能登の輪島町にきても，「四つ格あつまつて」というのが，〔アヅマッテ〕にきかれた。

6

つぎに，〔ヒ〕が〔シ〕と発音されるのをとりあげてみる。これも，東京語で〔シバチ〕（火鉢）〔シロシマ〕（広島）のように言われているが，また，裏日本がわに，注目すべき分布が見られるのである。「弘前」は〔シロサキ〕，秋田縣下だと，

ひきうければ　　[ʃï キウケレバ]

ひるま　　[ʃï ルマ]

のように言う。「しかけはなび」の〔シ〕など，[ç] 子音がひびくようで，[ʃ] 子音がひびいた。羽越線平沢は〔シラサワ〕である。

〔シガズ＝シタラ〕　　日数にしたら

は，中越長岡市の例である。直江津あたりでも，「批評」は〔シショー〕など，この傾向は耳だつ。

これがまた，能登の宇出津町で，つぎのようにきかれる。

[ʃikiɯʃi]　　ひきうす

[ʃikijama]　　ひきやま（山車）

アクセントをとりあげると，これは，出雲隠岐に異色はあるものの，東の奥丹後まで，中国地方アクセント系が見られ，ここに，近畿北部の裏日本性がよく出ている。丹後大江山山梁の線で中国系のアクセントと近畿アクセント現象とがさかいされる所では，中国系の方に [ai] 連母韻の同化現象 [æː] が見られて，近畿アクセントの方にはそれが見られず，近畿アクセントの方にはガ行鼻濁音がおこなわれて，中国系の方にはそれが見られない。

さてその南丹後から若狭をへては北陸に，近畿系のアクセントが越中方面までのびて，能登もその傾向を示し，とびはなれて佐渡もその係累につながる。

諸現象を通観すれば，とにかく，日本海ぞいの地帯が，一連の問題地域をなしていることがつかまれるのである。その現象，この現象により，そここ，その地方この地方に，脈絡が見いだされたり見いだされなかつたりするのは，それだけに，この地方が一つの分布系統線として，古くからいろいろの史的推移をたどつてきたことを示すものであろう。諸現象の複雑な分布交錯のある根柢に，裏日本地帯という，分布の地域性を見とおすことができると思う。

5

さきの近畿アクセント地域にガ行鼻濁音の見いだされたのが，つづいて福井縣下に見え，能登でもこれがきかれる。越後方面から東北地方にはいれば，鼻母韻またはその鼻音の析出された状態が，つづいて広く見られる。鼻母韻現象とガ行鼻濁音の現象とは，関連したものと見られる。能登では，七尾市の「御祓小学校」など，〔ミソギショーガッコー〕という，[ŋ] のはつきりとしたものであり，能登西岸の羽咋郡では，「降りる」が [oŋʒiɾɯ] と，鼻母韻からの鼻音のあらわなかたちが発音される。「おりてこい。」は〔オンジテコイ。〕ときこえる。但馬から出雲地方にかけても，〔ン〕の一音節單位になつた発音狀態がいちじるしい。出雲の例をあげれば，〔マンダ〕（まだ）〔チョンボワテ〕（すこしずつ）である。ダ行音の直前の場合に，特にこれがいちじるしい。一体に，中国地方では，「かご」も〔カンゴ〕と言うなど，この傾向の遺存狀態がかなり方々に見いだされるが，わけて山陰地方には，一脈一連に，この傾向がつよいように見うけられる。

4

〔キ〕が〔チ〕に近づいて，[ki]>[kʃï] の発音になることも，出雲地方が東北地方にまつたく似かよつている。出雲地方一帯に，「きもの」[kʃïmono] など，[kʃï] を発音することがさかんである。(「汽車」は [kïʃa] に近いものになる。) [tʃï] になるようなことはない。東北の多くも [kʃɯ̈] [kʃï] で，[tʃ] 子音の一歩まえにあるのがふつうのようである。もつとも，[tʃ] 子音になることもあり，長岡市でも，初老の男子たちから，「客間」[tʃakɯma]，「きまつとる」[tʃïmatːoɾɯ] の発音をきいた。羽後本荘町の一中年男子には，「縣廳」というのが，ほとんど [keŋkjoː] に近く発音されたりしていた。[k] 子音と [tʃ] 子音の近しい関係を，逆に示す例である。「焚きすぎた」は〔タチスギタ〕にきこえた。

出雲地方ははつきりとした [kʃï] であるが，東北との中間地帯は，おおむね [kʃ] 頭子音を存していないようである。ただ，能登宇出津町では，一人の中年婦人の口に，〔kʃi レイナコトバ〕の発音があつたようにきかれた。すこし [ʃ] のかすれがあるように思えたのである。やはり能登半島は精査する必要があると思う。

[kʃ] 頭子音をもつて，ただちに裏日本系統を言うことは飛躍になるが，上來見られたことの上に，この現象をのせて考えてみれば，総体として，裏日本系統線が考えられるようになると思う。

「行く」ということばを「て」につづける時，〔イキテ〕となるのは，出雲地方のいちじるしい傾向であるが，この語法なら，東へ但馬までたどられる。指定の助動詞の，「ヂャ」ではない「ダ」を，〔ナンダイナ。〕などとつかうことも，山陰の長い地帯が共通しており，これは，丹後与謝半島地方にも見えている。

> その〔ダ〕語法の発音は，総じて [dɑ] である。山陰に広く，口の開きの大きい〔ダ〕すなわち [ɑ] 母韻が存在していることは，この地方に，前述の [aɯ]>[ɔː] のあり得たこと，それの [aː] の方におちついていることと，関連した現象と見られないことはあるまい。

ちがつた現象をとり合わせて考えるならば，出雲地方だけが山陰に孤立するものではないことが判断される。

ことが理解される。山陰と北陸路とは，こうして，つながりのあることが見いだされるのである。

能登半島宇出津町でも，〔とんぼ」のことを [tambo] と言つている。さきの〔スマトー〕(すもとり) などの発音にくらべてみると，これも，今の問題に関連させて注意すべき転訛のようである。北陸地方に点々と，この種の類例が多く見つかるならばおもしろい。

越後北部では，一老女から，

[hōbo araita.]　　　　　　方々あるいた。

という発音をきいた。「あるく」を〔アラク〕と言うのも，注意すべき [a] 母韻化である。すべて，[a] 母韻におちついている類例が，今の問題に関連する現象として注意される。すくなくとも，その類例をできるだけ広くあつめて，転訛の類型を区別し，その [a] 母韻化の原因を考えてみることは，裏日本地方に [ɔː] の分布をたしかめるうえに，必要である。

秋田縣北，能代市の東では，初老の一主婦が，車で來た青もの屋にむかつて，

[mantsɯ̈ kawai.]　　　　　　まあ買いましよう。

と言うのをきいた。これが，「買はう」の，〔カオー〕でなくて〔カワー〕になつたかたちであるならば，[aɯ]>[ɔː] 問題としてとりあげられる。

以上の現象では，山陰路の長い部分が，つづいて，北陸東北に関連する條件を示している。これと，さきの変母韻いつさいの現象とをかさねあわせて見る時は，裏日本地方が，一帯に，ある性質の地域をなしていることがうかがわれる。言いかえれば，裏日本地帯に，ある系統分布の存在し得ていることがみとめられるのである。中舌母韻・変母韻のふつうきかれない丹後の方にも，部落によつて，〔イゲチナイ〕(近畿ことばの「えげつない」，丹後河守上村では「あわれな」「氣のどくな」の意) というような言いぶりをとどめているが，「えげつない」が〔i ゲ tʃi ナイ〕とある点を注意するとすれば，この方にも，以上の分布観をつよめるような実例が，なお見いだされるのではないかとも思われる。

北方にたどられる。

それは，出雲から但馬にかけて見られるものであり，[aɯ] 連母韻を [aː] と転訛させた発音である。出雲地方の例では，「……のような」の「やうな」を [jaːna] と言い，「だらう」を [dalaː] [daaː] [daː] のように言う。千酌部落からまた例を出せば，

[ïkajaː.]　　　　行かうや。

などとも言う。「行かう」が〔イコー〕にならないで〔イカー〕になつている。單語例に，

[ɲoba]　　　　にようばう

[ɲoːbaŋko]　　　　女の子

などがある。「角力とり」を〔スマトー〕と言つているが，これも，[sɯmaɯ] が [sɯmoː] とならないで [sɯmaː] となつたものである。

但馬方面では，〔イカー〕(行かう)，〔……ダラー〕(……だらう)，〔カーテ〕(買うて) など，出雲地方以上に，よくこの [aː] 音がおこなわれているようである。但馬南部はそうでない。丹後にもまずこれはない。もつとも，丹後由良川口のあたりで，

[soːʒalaːna.]　　　　そうじやらうな。

というのをきいたから，おりには，この方にもおこなわれるのかもしれない。

こうして見られる [aː] 現象は，その成立過程を分析してみると，たとえば〔イカー〕(行かう) は，[ikaɯ] の [aɯ] 連母韻が相互同化をおこしたさいに，開音の [ɔː] になつたことが推測される。そうなり得たはず，または，なりうるいきおいにあつたはずである。それが，安定音におちつく時，[ɔː] の方向をとらないで，逆に，開きを大きくする方向をとつて，[aː] になつた。[aː] とある脊後には，[ɔː] のあり得たこと，またはありうる態勢のそなわつていたことが推定される。

越後のうちに，〔オ〕母韻の開合の別，[oː] [ɔː] の区別が今日も見いだされる事実[1]は，山陰地方に広く推定される [ɔː] の事態と見あわす時，偶然ではない

(1) 服部四郎博士「音韻体系について——新潟縣の一方言を例として——」國語学会会報九 (昭和二十三年)

おこしている現象も合わせて注意され，ここに，北陸地方のどれだけかが，東北・出雲と関連する地帯としてとりあげられるのである。福井縣下の「足羽郡」が [asɯwagɯŋ] と発音されていることなども，それに関係する一つの分布として注意される。

2

北陸地方の以上のような事実からすると，出雲が東北地方に似た発音状態を示しているのも，偶然ではないことが知られる。なお，東北地方にいちじるしいイとエとのまぎれの発音にしても，北陸の越後がつづいて東北系であるが，さらに能登半島にこれが見いだされ，また出雲地方に見いだされる。能登宇出津町の例は，

[mɪdatsɯ]　　目だつ

[マイハラノ ɪkio]　　米原の駅を

[nëkaŋi]　　煮鈎

[hajoː ëwaŋkaː.]　　早う言わんか。

などである。出雲島根半島北岸千酌部落の例は，

[sɯɪFɯː]　　すえふろ

[neŋge]　　人間

[enaja.]　　去のうや。

などである。ここでは [e] の音がかなりはつきりと出る。北陸の福井市方面や福井縣大野郡下でも，〔エマー エクデ テー。〕など，かなりはつきりとした [e] がきかれる。

このように，[ï] 母韻の現象に関連する，[i] [e] 中間音の現象も，北陸地方を中にして，東北地方と山陰とが，裏日本地方として，一系の分布をなしていることが知られるのである。

3

山陰の，因幡以東には，これまで述べたような発音状態が見えない。ところが，この地方に，別の一つのいちじるしい現象が見られ，これの関係事項は，東

これは狭母韻のいちじるしい例である。

すゝ	[ʃïʃï]
すし	[ʃïʃï]
酢	[ʃï:]
てつびん	[tetʃïbiɒ]

このように，よその [ɯ] が [ï] である例は多い。その発音は，ほとんど [i] に近くききとれる。しかし，二三の人の反省して答えるところによると，「シでもないがスでもない。」「はつきりシでもない。」とある。以上のように，[i] 母韻の方の傾向がつよくて，よその [i] を [ɯ̈] に発音することはあまりないようである。宇出津町の旧家の一主人は，鳳至郡南部の「諸橋村では，地面をヅヌン ものさしをモノサスと言う。」と説明した。それを奇異として，ここの〔ナシビ〕(なすび)，〔シモモ〕などの例を多く出したのである。一座の十名ばかりの人々は，たがいにこの種の例をとりあげながら，「宇出津はむかしから発音がわるい。」などと言つた。

○

能登半島内に [ï] のいちじるしいものがあるのは，出雲地方に共通する。それらの地で弱勢にある [ɯ̈] は，越後以北において，逆に [ï] よりもいちじるしい。

東北弁は越後北部の下越地方からと見てよいが，中越長岡市あたりでも，「町場」は [matsɯ̈ba]，「そのかわり」は [sonokawaɾɯ̈] など，初老人においてはかなり明らかに，東北系の発音がきかれる。これから北は，秋田縣下の北部まで全般に，[ɯ̈] の発音がさかんである。「能代」も [nosɯ̈ɾo] と言う。津軽にはいると，「陸奥」は [mïtʃï] である。「そうですね。」の [soⁿda neʃï.] になると，[ʃï] はきわだつている。

どういう條件のもとで，[ï] が優勢であり，[ɯ̈] が優勢であるのか。陸奥が，あいだの [ɯ̈] 地帯をおいて，西の [ï] と似た傾向を示しているのは，注目すべきである。

いずれにしても，こうして見ると，裏日本地帯が，[i] [ɯ] の間の変つた母韻を，いろいろに示していることがわかる。変母韻現象という点では，狭母韻を

は〔ダミ〕であることなどからすると，ここには，狭母韻のおこなわれやすいさまが考えられる。「おしまいあそばしたか。」は [oʃimai asɯbaʃita kiː.] である。そう思つてみると，〔オリマッ シャ ラナンダカ。〕（いらつしやいませんでしたか。）の〔オリ〕の発音は，〔オル〕ともきこえる動揺のあるもので，ここに，当地方が出雲・東北的なものを持つた所がらであることがみとめられる。「あるね。」というようなことばづかいの時も，〔ル〕の発音が，舌のみじかい感じ，あずきでもはさんだかのような感じにきこえ，[al·ïneː.] とも表記しうるようである。東北・出雲的な中舌母韻の存在する傾向がみとめられる。すくなくとも，ここに，東北・出雲にあい通ずる地盤的性質をみとめることができる。

したがつて，探査の目標は，北陸の袋小路能登半島にのびる。半島のくびのあたり，越路村字千路には，はたして，よその〔シ〕が〔ス〕にきこえるような例がある。「四五人」は [sɯ̈gonin] であり，「もう雨がふるかもしれん。」は〔モー アメア フルモ sɯ̈ レン チャ。〕と言う。よそで単純に [ɯ] 母韻であるものにも，動揺がある。〔ソンナ コトー スンナ。〕の〔ス〕が，〔ス〕と〔シ〕の間，まず [ʃï] であつた。「別に」というのも [betʃini] に近い。〔サクスケドン〕（作助どん）の〔ス〕は，[sɯ̈] と言われた。「通ずる」も [tsɯ̈dzɯ̈l·ɯ̈] であつた。

能登半島北岸の輪島町では，「しばらく」が [sɯ̈bal·akɯ̈] ときかれ，「そうすれば」が [soːʃïl·eba] ときこえた。「する」の [ʃïl·ɯ̈] は，しばしばきかれた。からだが苦しいことを言う〔チキナイ〕も，[tʃïkïnai] と発音された。「そうでございますかいなあ。」が，〔ソーデ ゴジンス ケー ナー。〕と発音され，「ございますか。」が〔ゴジンスカ。〕と発音されているのは，また，よその広母韻が狭母韻状態を呈しているもので，中舌変母韻のおこり得ていることと，関係がふかい。〔ゴジンスカ〕などは [i] 母韻を呈するところに特色があるが，鳳至郡の「宇出津」町も，〔ウゼツ〕とよばれるとともに [ɯ̈ʃitsɯ̈] ともよばれている。半島右突端の珠洲郡も，[ʃïzɯgɯn] とよばれたりしている。

半島宇出津町の例を見れば，つぎのとおりである。

[soːde goʒimisɯ̈.]　　そうでございます。

[iraʃimise.]　　いらつしやいませ。

[ëtʃïtʃï] と言い，[ɯ] が [ï] である。これに反して，「平田」を [Fɯ̈l·ata] と言うように，よその [i] が [ɯ] であることもあるが，総じて，前條の場合が多い。一例として，出雲島根半島北岸の部落，千酌村の発音をあげる。

人　[Fɯ̈to]

ひろう　[Fɯ̈l·oɯ̈]

肥やし　[kojasɯ̈]

いわし　[iwasɯ̈]

これは [ɯ̈] のきこえる例である。[ï] のきこえる場合の方が多い。

えんぴつ　[empetʃï]

すずめ　[ʃïʒïme]

もうすんだ。　[mo: ʃïnda.]

これらの [ï] は，よほど [i] に近くきこえる。よそで本来 [i] に発音しているもので，ここではよく [ï] にきこえるものは多い。

生き死に　[ïkʃïʃïnï]

爺め　[dʒï:kama]

〔夕ぐれのあいさつ〕　[bandʒïmaʃïte.]

千酌　[tʃïkɯ̈mï]

それこれで，[ï] が多く耳につく。

出雲一般の例を出せば，「中学校」は [tʃï:gak:o:]，「ついじ」は [tʃï:dʒï] である。一人の中学校教師は，ヅーヅー弁を説明して，「このあたりはヂーをつける。」と言つた。

隠岐の島前ではあまり中舌母韻がおこなわれぬようであり，島後人が〔イツンツ〕（一日）〔サススセソ〕などと言う。

○

出雲伯耆地方のほかには，山陰にこの [ï] [ɯ̈] はきかれない。そこで東北地方とのつづきが疑問になるが，その時さいしよに氣づかれるのが，北陸金沢地方の発音状態である。

金沢ことばでは，〔アンヤツンジミス。〕（ありがとう存じます。）というような言いかたをする。「存じ」が [tsɯnʒi]，「ます」が [misɯ] であること，「だめ」

裏日本地方のことばの発音

藤　原　與　一

1

国の東北地方の発音は，ヅーヅー弁と言われている。それが，日本海がわでは，新潟縣下までおよんでいる。

ヅーヅー弁と言われるような現象は，山陰出雲地方にもまたいちじるしい。とんで，薩摩半島以南にもある。

このような分布は，何と解したらよいものか。出雲地方をあるいてみても，また薩摩の南部をたずねてみても，これが地附きの発音であることはよくわかる。出雲地方だと，南の広島縣ざかいにあまりおこなわれない村のあることは別として，西は石見にも一郡ほど浸潤し，東は伯耆のかなり東部にまで同似の狀態がつづいて見える。出雲の山おくまで，程度差なしに出雲ヅーヅー弁であるのを見ると，これが單純な移入などとは思われない。

まなこはしぜんに出雲と東北地方との中間にむけられる。

○

何をとらえてヅーヅー弁というよび名をつくつたかはいま問わないとしても，その観念中には，他地方にふつう [i] と発音するところを [ɯ̈] と発音する(例、陳情ツンヅォー) 中舌母韻の現象のとらえられていることがみとめられる。東北地方と出雲とは，このような変母韻を発音することで似かよつているのである。

さて，両地方の中間の地方には，[ɯ̈] や [ï] について，何か見いだされることはないだろうか。出雲地方の実情を見ることから出発して，山陰・北陸をさぐる。

出雲地方では，総じて，[ï] のおこなわれることが，[ɯ̈] のおこなわれることよりもさかんである。よそで「五つ」を [itsɯtsɯ] と言う時，この方では

関西地方でのことばの広まりかた

藤原　与一

関西域に見られる、言語事象伝播の傾向について、述べてみたいと思います。

一　「中国四国西近畿」言語地図

私の『方言学』（三省堂　昭和三十七年）の三二八～九頁に、「座敷」（家の客間）の名称の分布図があります。それを、うつしとってかかげてみます。（第一図）

はじめ、私は、この図にさほど目をとめていませんでしたが、ふとした機会に、これを見て、おどろきました。「座敷」の名のあれこれの、分布のさまが、いかにもおもしろうございます。

まず、まるに矢じるしとも言える符号の分布に、お目をとめて下さい。まあ、これは、どなたも、最初に、すぐ、お気づきになりましょう。分布の優勢なものですから。

この図は、中国・四国、西近畿（主として兵庫県・大阪府）、九州のすこし、を対象とした調査の結果の、一表覧であることを、おことわりします。

つぎには、黒まる符号のまとまりが、お目にとまるのではないでしょうか。ことによると、この分布が、いちばんはじめに、みなさんのお目を射たかもしれません。――地図に、ぐっと、目をお寄せになった場合。……（地図全体を大観した時は、まるに矢じるしの符号の、広い分布が、やはりはじめに、目にうつるのではないでしょうか。）

黒まる符号には、つれあいの符号がいくつかあります。太線の四角符号もあれば、四角の上半分を黒くぬった四角符号もあり、黒ぬり四角符号もあります。これらが、黒まる符号と関連しあって、近畿から四国香川県に分布しています。

以上の、まるに矢じるしの符号の分布と、黒ぬり系の諸符号の分布とを見あわせますのに、図上、どうも、前者符号の事実が、さきに関西地方におこなわれていて、そこへ、あとから、後者符号の事実が広まったのではないか、と思われてきます。それも、近畿から西へと広まったかと見うけると、ちょうどよ

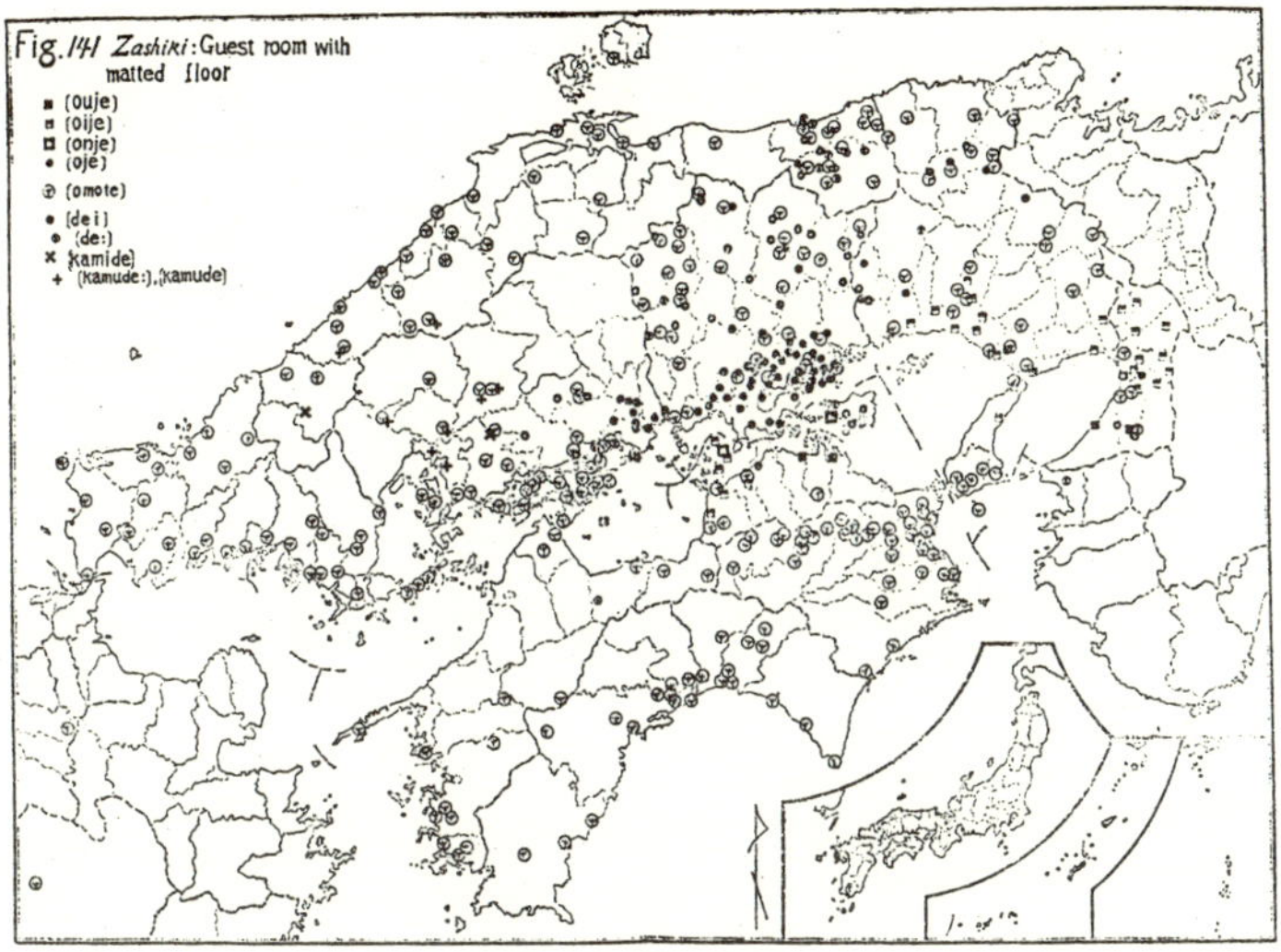

第一図　「座敷」名称

いありさまになっています。「座敷」のことを、「オモテ」と呼ぶならわしが、まずよく全域に流布したようです。やがて、黒ぬり系諸符号の事実が、文化の中心域におこって、その、新しい言いかたの習慣が、地方へ地方へと、伝わっていったかと、見うけられるのであります。

なるほど、「座敷」は、「表」(おもて)でありましょう。今日、あらたまっては、「座敷」を「オモテザシキ」とも言っていますね。晴れの席を、「オモテ」と名づけたのは、たしかに適切で、私どもの遠い先輩・先祖は、ごくしぜんに、早く、この名をつかったかと思われます。九州にも、「オモテ」の分布が見られます。近畿にもあります。

古くからの、その一般的な名称の広くおこなわれる中へ、新名、「オウエ」(お上)が登場したことでしょう。これは、「上」にわざわざ「お」をつける言いかたですから、そうとうに、こったものです。おそらく、「子どもさん」のことを「オ子タチ」などとも言った知恵が、早く、「オ上」を創作したのではないでしょうか。ことあらたまった「オウエ」という新名は、しだいに人々に採用され、広められたようです。

「オウエ」につれそうものが「オイエ」です。これは、「オ家」でしょうか。諸辞書に、「お家」の語を見ることができます。前田勇さんの『近世上方語辞典』には、

おいえ［御家］　必ず「お」を冠する。①上間に対して、座の上。主婦の居間、囲炉裏のある広間など特定の室をさすのではない。文政四年カ・浪花方言「御家え上る。座敷へ上がる也」元文六年・伊豆院宣源氏鑑二「又三蔵の昼寝かと、お家はき出し見れば表に四五人打つれて」寛延元年・仮名手本忠臣蔵六「おいゑの真ん中どつかと坐れば」(十行本には「お上《いゑ》」)②「お家さん」を粗略にいった称。天保四年・花雪恋手鑑下「内のお家に悋気を起させ」

とあります。「オ上」なり「オ家」なりが、「座敷→客間」の名としても、おこなわれるようになったのではないでしょうか。ともに似た発想の名まえのように思われます。

方言上では、「オウエ」が変じて「オイエ」

にならことも、ありはしなかったでしょうか。私が前掲の図を作った時は、両者の分布状況を見て、右の解を重んじました。たまたまということですが、前田さんのご本に、「お上《いえ》」とあるのは、私には、興味ぶかいことに思われます。——「オウエ」[ouje]から「オイエ」[oije]は、[u]>[i]の変化で、すぐにできたのではないでしょうか。([je]に引かれもして。) そうではなくて、もともと、「オ上」「オ家」の二語が、方言上に流れ伝わったのだとしても、二者は、口ことば——〈発音〉——では、兄弟分のようなものです。さほど気にとめないでものを言う人たちの間では、これらは、どちらがどちらとも、わからなくなってしまいがちだったでしょう。二者の分布は、よくつれあっています。「オンエ」[onje]は、「オイエ」からできたものでしょうか。——方言にありがちの、「イ」と「ン」との交替で。香川の島での様子は、右の変化を思わせます。「オウエ」から「オンエ」も、できてよかったことかと思われます。いずれにしても、「オンエ」が、変化の、一つの果てであることは明らかでしょう。分布も、そのことを、よくものがたっています。

「オエ」[oje]というのが、また、転訛の果ての形ですね。これが、岡山県下、つづいて広島県東南部と、近畿から言えば西の先に見え、また、近畿でも、阪神からは距った地帯に見えるのは、もっともなことに思えます。「オウエ」なり「オイエ」なりの流布するうちに、先の方で、だんだん、しぜんの変化形、「オエ」が生じたのではないでしょうか。

もっとも、岡山・広島の両県の方では、いっそう、「オエ」が生じやすかったかもしれません。この方は、[ai]>[æ:][ɛ:][e:]、[oi]>[ɛ:][e:]のさかんな所ですので、「オエ」(→[oje])への音変化も、しぜん、おこりやすかったかとも察せられます。東の愛知県下なども、「おけぁやま弁」に「おけぁーせことば」というわけで、岡山県方面のに似た発音をする所ですが、この方にも、「オエー」「オーエ」「オンイェ」「オンエ」のあることが、『日本国語大辞典』(小学館)の記事でわかります。

以上で、黒ぬり系諸符号の諸語のとりあつかいがおわりました。これら一体の、山陰へよりは山陽に、ずっと伸びている分布相に、かさねてご注意下さい。(阪神へのご留意はもとよりとして。)

さて、右の黒ぬり系諸符号(「オウエ」類)の分布の外がわに、太線黒まるの符号や、まるにたてぶと線の符号、濃い掛けじるしの符号、濃い十字の符号が見えます。「デイ」「デー」、「カミデ」「カムデー、カムデ」の分布です。——これらが、「オモテ」の広い分布と、「オウエ」類の集中分布との間に、はさまったかっこうでもありますね。

「デイ」は、「出居」と書きあらわしうるものでしょう。昭和二十八年五月十五日発行の「新日本分県地図　京都府」(和楽路屋)の「県下要覧」の中の、「物産・方言」の、「方言」の条にも、

　　父を「お出居さん」

とあります。お父さんはしばしば客間の方に出て居るので、「お出居さん」でしょうか。出て居る客間が、また、世に「出居」(デイ)と呼ばれているのもうなずかれます。(家の奥の間《ま》などが、「デイ」と呼ばれるはずはなかったでしょう。「出る」となれば、やはり、晴れの、おもての方の間《ま》へだったろうと思われます。そこへ出る、おもな人が、主人たる「父」であったことは、言うまでもありますまい。)

私は、瀬戸内海の大三島の北端の一集落にうまれましたが、少時から、「レー」ということばを知っていました。「デイ」(出居)のことです。子どもは、みだりにそこへはいることはゆるされていません。時たまはいってあばれていては、叱られました。「レー」は、やはり、文字どおりの「客間」(父が晴れがましく人と応対する所、お客呼びのもてなし場所)でした。私は、のちに、方言を研究する身となりましたが、この「デー」というのは、めずらしい一音語でもあるので、何のことか、久しくわからないでいました。「ことばの地図」を作る研究にもはいるようになって、――さきにかかげたような図をこしらえてもみるようになって、そうだったのかと、がてんがいったしだいです。「レー」は「デー」の訛りなのですね。

「カミデ」というのは、「上の出居」で、もっともしごくの名称です。人は、「デイ」の位置・地位を考えて、念入りに「カミ出居」とも呼んだのではないでしょうか。よくある、名づけのていねいさです。「カムデー」「カムデ」が、「カミ出居」の発音の訛りであることは、申すまでもありますまい。

さて、この「デイ」類の分布が、図上に見られるとおりのありさまであるのは、私どもに、どういうことを考えさせましょうか。(まず、大阪府下などにもあるのを、見のがさないようにして下さい。)京都弁にも、「お出居さん」との言いかたなどもあるのからすると、「出居」という言いかたは、みやこ地域にもあったとされます。――今、京都に、「座敷」のことを言う「デイ」があるかどうかは別としまして。「出居《デイ》」ということばは、「客間」の名としても、たぶん、中央域から地方へと、広まったらしいことが想像されます。現在の「デイ」類の分布が、兵庫県北の一部から鳥取県因幡に、ついで、岡山県奥の作州から、備中・広島県下・島根県石見にと見られるのは、かつて「デイ」類が、中央から当地方へと、伝播・流布してきたことを、よく思わせるのではないでしょうか。山陰がわは、因幡までの分布ですが、山陽がわは、ずっと西まで(石見は安芸のつづきで山陽的)、問題の事象が分布しています。南北の、この一連の分布相は、中央方面から地方へ、ものの流布してきたこと、流布してくる道理(ものの広まってくるきかた)を、味わい深く、よみとらせるように思います。山陰地方へは、交通路の不活発さなどのため、伝播が、伸びにくかったのではないでしょうか。山陽地方へは、交通路はより開けているし、受け入れがわの生活文化の状況もより活発というようなことで、中央からの伝播が、いちだんとさかんだったことかと察せられます。「デイ」類の分布の西端方面に、「カミデ」などが分布しています。ものの流布の末端方面であっただけに、この方には、こういう、新意匠の語もできているということなのでしょうか。それにしても、このさい、山口県下には「デイ」類がなくて、石見にはあるのは、双方の土地の、方言上の性質差を考えさせます。しぜんには、広島県下のものを、石見は、比較的よく受け入れたのでしょうか。とかく、石見は、広島県安芸に同じがちです。

さきの「オウエ」類の場合にも、右の「デイ」類の場合にも、中央から地方への、――今は近畿から山陽(ならびに四国)・山陰への、ことばの、しぜんの広まりかたが、じつによくわかるように思われます。自然であって合理的な広まりかたが、ここにあると、言えるのではないでしょうか。

右二者と、「オモテ」との、三者の分布の

相互関係を、図上で解釈してみますれば、当初には、「オモテ」が広く分布していたのだろう、と、まず解されます。つぎに中央から新しく流布し伝播したのが、「デイ」類だったでしょう。——これは、今、「オウエ」類に押され、押しやられたかっこうで、中央から言えば、「オウエ」類の見られる所よりも遠い所に分布しています。図に、「デイ」類が、「オウエ」類よりも先に、地方流布をとげたことが明らかであります。「オウエ」類は、要するに、第三の新興勢力をなしたものでしょう。

　したがって、私どもは、語としても、「客間」を言うものでは、「オモテ」がなかんずく古くて、つぎが「デイ」(出居)類、つぎが「オウエ」類、と考えることができます。

　ここで、史上の文献に、右の三派の語をたずねることが、課題となります。『日葡辞書』には、「Dei」が見え、そこに「ザシキ」という語もあがっています。私は、さっそく、畏友の森田武さんの所にかけつけ、教えを乞いました。『日葡辞書』の、そこの説明は、

　同義語、ザシキ。
　お客さんをそこでもてなす客間、またはへや。

というのだそうです。つづけて、この辞書に、他語をたずねていただきますと、「オウエ」も「オイエ」もなくて、一つ、「オモテノマ」がありました。これは、

　船のへさきの客間、または家の正面の間。

と説明されているそうです。(船の「オモテノマ」ということばは、今日も聞くことばですが、『日葡辞書』の編者は、当時、よくまあ、こういう点も、見のがさないで、とらえ得たものだと、おどろかされます。)「家の正面の間」のことを、「オモテノマ」と言ったとすれば、「オモテ」の語を、「客間、座敷」を言うのにつかうことも、当時すでにあったかもと、想像されますが、本書に、「客間、座敷」を言う「オモテ」はあがっていません。

　森田さんには、節用集の方面もしらべていただきましたが、「出居」はありませんでした。「座敷、客間」を言う「出居」は、そんなに古いことばのようではありません。もっとも、米谷巌さんのご好意で見ることのできた、『嬉遊笑覧』巻一上「居処」の中には、『源氏物語』「柏木」巻の、

　を《お》とゞの御いでゐのかたに入たまへり

という引用が見えます。「いでゐ」の語そのものは、古くからあるのでしょうか。ですが、「デ居《イ》」となると、これはまた別かと思います。

「客間、座敷」を言う「デイ」は、さほど古いものではなく、と言っても、近古のもので、「オウエ」類は近世のもの、ということになりましょうか。三派の語の新古関係は、おおよそ、「座敷」名称の、さきの分布図で解釈されるようなものであったろうと思われます。

二　「中国四国西近畿」の他の図

「座敷」名称の図は、関西での、ことばの広まりかたを、よく、とらえさせました。ことばの移り変わりの歴史を反映しつつ、りくつよく、ことばの、地方に流布しているありさまが、右の図で、よくとらえられました。このさい、重要視されるのは、伝播流布に、すじ道による、勢力の大小があったということです。(したがって、伝播に遅速があったということです)——つまり、山陰へよりは山陽方面に、ものがより活発に広まったということです。

　このことは、他の言語地図を見ても、よく理解することができます。「いちじく」名称の図を見ましても、「トーガキ」という語が、

大阪府・兵庫県南にいちじるしくて、山陰には、ほとんどなく、山陽（それに石見）に、広く見わたされます。内海の島々にもずっとこれが見られ、四国本土にも、いくらか見られます。私は、この場合、内海域の分布は、山陽道すじのものの南下によるものであろうと見ています。「トーガキ」は、このように、近畿にさかんで、かつ、山陰方面へよりも山陽方面に、くっきりとした分布を見せています。西近畿・中国・四国の、全般にあるものは、「イチヂ（ジ）ク」「イチジュク」です。「トーガキ」は、「イチヂク」ののちに、新名として発生し、その、後生者であるのにふさわしく、山陽がわへはつよく分布したのではないでしょうか。

思えば、「トーガキ」は「唐の柿」で、「唐」という漢語をつかった、しゃれた名です。「唐なす」「唐きび」などなどと、「唐」の字をつかった呼び名が、つぎつぎと思いおこされますね。こういった名称は、あい似たころに、おそらく、国の中央方面で、多く創作されたのではないでしょうか。（「カライモ」の名は、西から東に流入したことがあっても、「トーイモ」の名は、東から西に伝わることがあったのではないかとも思います。）新製作の、時にはハイカラの、「唐なになに」という名が、よく、地方へ伝播しただろうと思われます。その、地方というのが、西では、「早くも山陽道に」ということだったようです。

むかしの「唐ガキ」に対応する名、「西洋イチジク」などというのが、今日、ありますね。

つぎに、もう一図、打消ことばの「〜ザッタ」「〜ナンダ」を見ます。略図にしてかかげますと、西近畿・中国・四国では、つぎのようです。（第二図）

「どうどうせザッタ」の「ザッタ」（「ダッタ」も）が、中国の西北から西部にかけて見られ、四国は、南の土佐に見られ、九州にも見られます。このような、遠辺・遠方の「ザッタ」分布の内がわに、「ナンダ」がひろがっています。「ナンダ」は、「ザッタ」ののちにうまれたものと思われますが、その「ナンダ」が、近畿で新興勢力をなしますと、やがてしだいに、西方へ伝播しはじめました。その、流布のありさまが、図上、横線模様のとおりであります。中国では、山陽道がわで、より西に、分布の伸びているさまが明らかであります。四国でも、およそ北半に、「ナンダ」が分布しています。内海がわ、それに、近畿に近い阿波が（「阿波路」の淡路島とともに）、「ナンダ」をよく見せているのは、近畿中心のものの伝播の結果として、もっともなことに思えます。

じつは、四国の、讃岐西部から伊予にも、「ザッタ」があります。また、中国の、岡山県（主としてその西半）・広島県にも、「ザッタ」「ダッタ」があります。これらの地域では、「〜ザッタ」の言いかたに重なって、「〜ナンダ」の言いかたが存在します。

そこで、こう言えると思います。「〜ナンダ」の言いかたは、新しく西に流布しはじめ、その伝播は、地理にしたがって、自然的合理的に伸び、徐々に、「〜ザッタ」の言いかたを駆逐している、と。この勢力の、まだ及ばない所が、「ザッタ」だけを示しているのですね。

四国では、土佐だけが、きわだって、「ザッタ」を示しています。——分布は、こうあって、いかにもと思われますね。四国山脈のむこうの南国土佐は、古態の「ザッタ」を守って、その地の歴史的地位を明らかにしています。

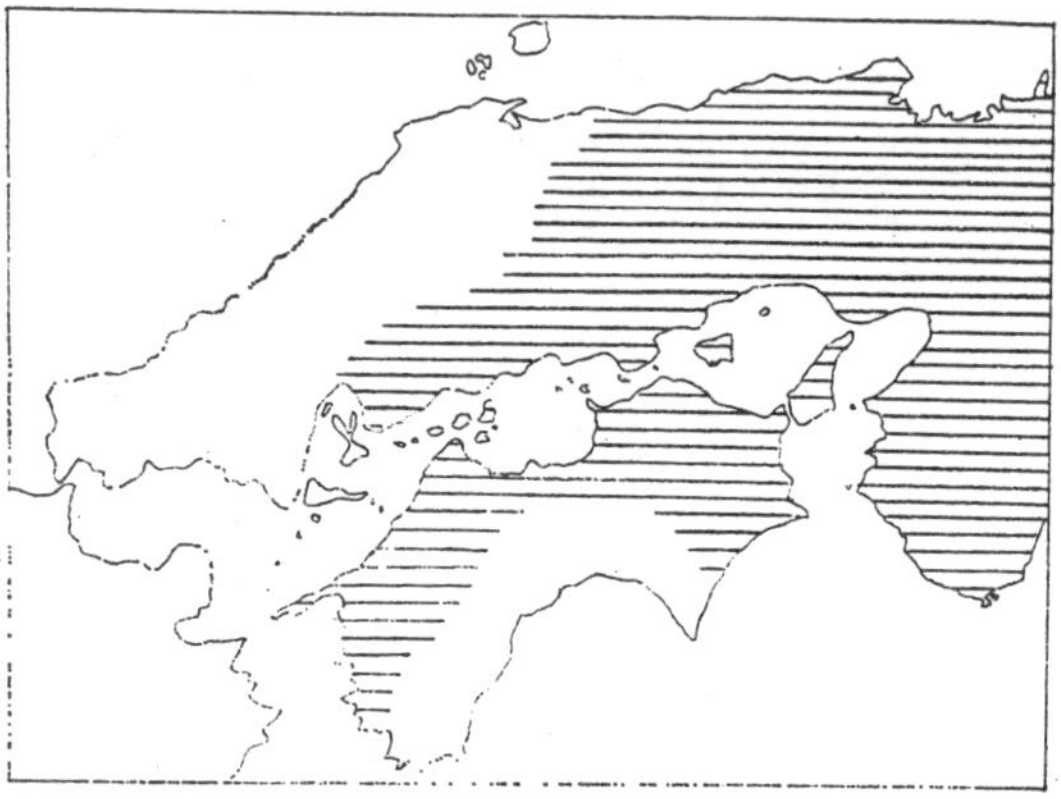

第二図　「〜ナンダ」の分布（横線じるし）

「なになにダ。」「ジャ」「ヤ」という、言いきりことばがありますね。このうち、「ジャ」と「ヤ」とでは、「ヤ」の方が後輩だと思われます。「ジャ」から「ヤ」ができたとしますか。新興勢力の「ヤ」は、また、近畿中央部域に早くでき、できたものが、——また、できることが、しだいに四方へ広まっていったようです。

ところでこれは、西は兵庫県下どまりで、岡山県下には、広まっていません。（四国の香川県などには、かなりよく「ヤ」が見られますが、今は中国がわのことを申します。）なぜ、岡山県下には、「ヤ」ができていないのでしょうか。（また、受け入れられていないのでしょうか。）「ヤ」は「ジャ」よりも、発音の、よわく軽いものです。岡山弁には、抑揚の、

○オトナリー　ヤッタンジャー。
　おとなりへやったのよ。（その猫の子を。）

など、「ジャ」を、声高に伸ばして言う習慣があります。こういう中へは、「ヤッタンヤ。」といった調子の、やわらかく軽い「ヤ」は、根づきにくいのではないでしょうか。

抑揚の調子に、いささか別趣の認められる近畿南辺に、また、近畿内のことではありますが、「ジャ」がよくおこなわれています。

三　国立国語研究所『日本言語地図』

近畿の南辺と、四国の南国土佐と、これらはともに、近畿のみやこ方面からの、先述のような、事象の新伝播には、とり残されがちだったようであります。

国語研究所の言語地図、149の「かたぐるま（肩車）」の図を見ますと、ほかならぬ、四国南半と近畿南部とに、共通して、「クビウマ」の分布が見られます。類例は、他図にも見られます。このような彼我の一致は、中央からのもの（また、ものをおこす可能性）を受容する、遠隔地位者双方の、境遇の類似を、よく示すものでありましょう。

（『言語生活』No. 284　昭和五十年五月）

のであろう。四国は、九州島以上に、疎外性の立場にあろうか。

これゆえにまた、言語上でも、四国がよりよく近世・中世の状態を伝承し得てもいることになったか。（「一部のいちじるしいことを見て」ともされることであるか。）

四　言語上の東西南北交流の将来

言語の流動移行は、時代の商品のそれとは、いくらか質を異にするらしい。動くようで、動きにくいところもある。――人のあたま・むねにやどっている言語のふしぎさである。（無形の文化財が、ふしぎな固着力を見せる。）

今後の東西南北交流にあっても、瀬戸内海中心の言語状態が、にわかに平準化することはないであろう。墨絵の、一はけでぬられたような状態になることは、将来、そう近くには、まずないであろう。容易には、そんな状態にはならないであろう。

―交通の利便がどのように発達しようとも。しかもそれがどのように多様化しようとも。

中国と四国、中国と近畿でのアクセント相違なども、めったなことでは、その変差がなくなるものではないように思われる。

交流の作用による成果の観察と、交流の中になお生きていく個性的なものの観察解釈とは、ともに重要ではないか。

ここに、温和の文化史観があってしかるべきであろう。

以　上

（『内海文化研究紀要』第18・19合併号　平成2年3月）

二　言語上の南北交流

いちじくを言う「トーガキ」は、まず、中央（京都中心）から山陽道すじによく西漸したらしい。これが、やがてよく内海域を南下分布したと見られる。

これも調査集約の、「中国四国近畿九州」にわたる分布図に明らかである。

「備後バーバー」と言いならわされてきた「バー」ことばは、

○アガニバー　ユー。

　　あんなにばかり言ってるわ。（老女　孫女のしつこく物をねだるのに言う。）

などと言いあらわされるものである。これはきれいに南下分布を見せている。一内海の島々を伝い、四国の今治市域方面に達している。今治市のすぐ北の島では「バーイ」とあり、（その北の島には「バー」と「バーイ」とが共存し）、今治市方面は「バーイ」である。四国がわとなって、音が変じた。「～イ」の形をとるのが四国発音である。ところで、今治市域を出はずれると、東にも南にも、「バーイ」なり「バー」なりは聞かれないようである。

腹が痛むことを「ニガル」と言うのは、中国がわ広くである。これが、広島県下の因島や生口島まで南下している。

ところで、四国伊予がわは、腹が痛むことを「クワル」「コワル」と言う。「コワル」は、内海島嶼へ北進している。大三島が「コワル」であり、生口島・因島のうちにも「コワル」がある。

南北交流を思わせて十分なものに、親類を言う「ルイ」の分布がある。興味ぶかいことに、これは、関西域ならびに九州で、山陰内に分布しており、かつ、四国の高知県下に分布している。（関連して、愛媛県下の高知県接境域にも一・二の分布がある。）

こうした対応二分布は、もともと、「ルイ」が中国四国のほぼ全域に分布し得たであろうことを思わせる。一山陽方面や四国北がわは、のちに、新しいものの分布をこうむることになったしだいである。

右の全域分布が中国四国双方にあり得たことは、双方での南北交流の大を認めしめるものにほかなるまい。

三　東西交流と南北交流との相関

東西交流は南北交流をかもし、南北交流はまた東西交流をかもす。当然の理である。

このことは、すでに上来でも言及するところがあった。

瀬戸内海域は、古来、東西・南北、縦横の、文化交渉の場であり得た。

言語のばあいも、もとよりそうである。

それにしても、内海周囲あって、四国域がやや劣勢の地位にあったことは、自明ともされるも

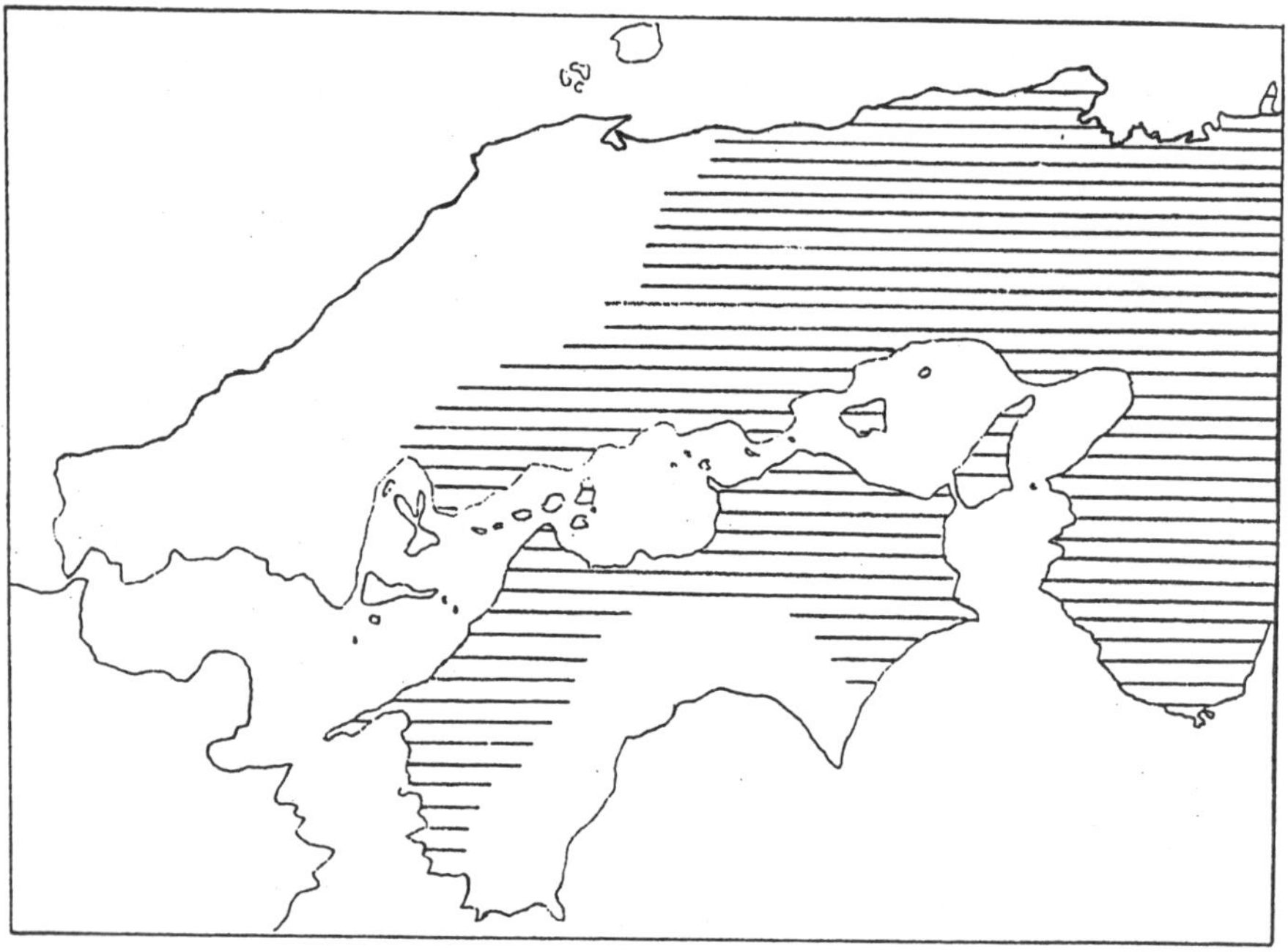

「～ ナンダ」の分布（横線じるし）

点在する。（ものがじかにこちらまで伝わったのではないばあいにも、そうした発音におもむく傾向性といったようなものは、東から西に、伝播しているであろうか。）

2　西から東への伝播流布も、なにほどかはありきたったであろう。

さつまいもの「カライモ」「リューキューイモ」「サツマイモ」などの名称は、甘藷そのものの、西から東への流伝どおりに、西から東へと、瀬戸内海域を伝わるところがあったか。「カライモ」は、なかんずく早期に、内海域によく流布した証跡がある。

瀬戸内海の潮流は、満ち汐（上げ汐）となれば、豊予水道から進入する汐も、ひたすら東上する。一備中の真鍋島あたりで、紀淡水道から上がって西流してきた満ち汐と契合する。内海東上の汐は、史上、長い間に、多くの文物を東に運びもしたことであろう。内海言語状態の精密な調査では、方言上のなにほどかの事項の、こうした推移が明らかにされている。

瀬戸内海域に推定される言語上の東西南北交流

藤 原 与 一

序説

その一　ここには文化論上、瀬戸内海域が問題にされるばあい、研究視圏として、広く関西域ならびに九州がとり立てられることは、多く言うまでもない。瀬戸内海域は、近畿・中国・四国・九州によって瀬戸内海域たらしめられているからである。関西を視れば、そこには、古来の文化中心地の京畿がある。

瀬戸内海論は、すくなくとも関西圏に、その定位がなされるべきものである。

その二　かかる瀬戸内海域は、おのずからして、生活文化全般で、東西南北交流の場所である。

瀬戸内海域の文化論的特性は、注目にあたいする。

一　言語上の東西交流

これが、いちじるしい歴史的事実でありきたったことは、多言を要さないであろう。

古代以降、瀬戸内海域は、一貫して有力な東西舟航路たり得ている。その間、ここに文物の、有形無形の文化の、いかにさかんな東西交流があり得たことか。

言語に、もとより、東西交流のさかんなものがあり得ている。

中世以降についてみても、現下の九州南部方言状態は、—特に敬語法状況のごとき—、その、わが中世末中央語（京都中心）の敬語法状況との合致類縁において、よく、中央語の西行流布を示しており、したがって、中間の瀬戸内海域にあっての、言語上の東西交流をよく証している。

以下には、今日の方言状態から逆推して、内海域での、言語上の東西交流を明らかにしてみる。

1　多くは、東から西への伝播流布がとらえられる。

やはり、文化中心地の勢力、中央語の勢力が大である。京都中心の言語勢力は四周に波及し、したがってよく、瀬戸内海域をも西進した。打消助動詞「ザッタ」の遍漫した中への「ナンダ」新勢力の流布は、このさまをよく示すものである。

「そうだ。」などの「ダ」助動詞に対する関西の「ジャ」助動詞に関しては、近世期に、「ヤ」助動詞が発した。発音簡易化また軽易化の音転化であった。これは、「ナンダ」のばあいほどには西漸勢力を発揮してはいない。しかし、四国にはかなりこれが見られ、九州域にも「ヤ」が

「隠岐〜足摺岬」の線で見た中国四国方言

藤原与一

この題目は、「隠岐〜足摺岬」の線で切開して見た中国四国方言という意味である。

「中国方言」「四国方言」というような名は、そのような方言の存在を証明したうえでつかうべきものでもあるが、今は、そのような証明がほぼ可能であることを述べるのにとどめて、概括的に、「中国四国方言」という言いかたをする。その中国四国方言の状態を、右に言う線で観察しようとするのである。

中国・四国の方言状況が、中国は中国なりに、四国は四国なりに、単純でないことは、すでに多くの人々の常識になっていよう。山陰と山陽とがまたちがい、四国北半と四国南半ともまたちがう。しかも、中国・四国に、相互関連の状況も見られ、その関連相も一・二ではない。地域に即して観察をこまかくしていく時は、いわゆる中国四国方言のうえには、地域的変差、その他の問題のいかにも多いことが知られる。この解明のためには、隠岐から足摺岬に一線を引いて、この線で、方言地層の断面を観察してみることも、簡潔有効な方法と思われるのである。ここには、中四国方言に対して、「隠岐〜足摺岬」の線で、そのような、方言地層学的な討究をこころみてみたい。

以下の論述にあたっては、私の調査による統一資料を以てすじを通すことにつとめる。

一

「隠岐～足摺岬」の線で見られる方言地層の第一観察としては、音相の面に注目しよう。

基本母音　山陰出雲地方では、[ɨ][ɛ]を発音する習慣がつよい。ところで、山陰の隠岐では、「一日」の「イツンツ」など、多少の痕跡的な現象はみとめられても、中舌母音は一般にさかんでないらしい。転じて中国山陽にこれがなく、四国にもまたみとめられない。それが、最南端の足摺岬のあたりにはみとめられるかと、かつては私も、土居重俊氏のお説「足摺岬にもズーズー弁がある。」というのによって報じたこともあるが、これはやはり、中舌母音というようなものではないようである。土居重俊氏が、この年報のためにお寄せ下さった論文によれば、実態は、「週番」を「スーバン」(そういえば「宿毛《スクモ》」の例もある。)、「雀」を「シュジュメ」と発音する傾向のもののようである。さて、もし、中舌母音が隠岐にもおこなわれていたのが衰退したのであるとすれば、そこでは、中舌母音発音習慣の層は、底に沈んで見えにくくなったことになる。山陽や四国の昔はどうであったろうか。もしも、足摺岬の方の発音習慣の中に、なにほどかの、中舌母音関係の痕跡がみとめられるようであるならば、基本母音についての、「隠岐～足摺岬」の線の方言地層は、おもしろく解釈されることになろう。

鼻母音　母音に関して、鼻母音の場合を一つとりあげる。山陰の隠岐・出雲では、「マンダ」(まだ)「イマンゴー」(今ごろ)など、ダ行音やガ行音の前で、母音が、ただに鼻母音の域にとどまらず、「ン」音節を産んでいる。中国山陽にくると、「マンダ」などは、主として北部にあり得ても、「イマンゴロ」などは、だいたい全般に、ない。ところで、「隠岐～足摺岬」の線にある内海大三島までくると、ここには、「センド」(せど)「カンゴ」(かご)などがある。転じて四国伊予の、右線上の地帯にはこれがなく、土佐西部の、右線上の地帯になると、「ン」音節にまではしない、いわゆる鼻母音の発音がいちじるしい。たとえば、「水」は[mĩdzɯ]、かごの「ふご」は[Fugo]などと言う。これは、土佐分にかぎらず、つづく伊予山地部にも若干は聞かれるかのようである。以上の一連の様相は、鼻母音発音の盛衰とか推移とかを考えしめるものであろう。かつては中央語の過去にさかんであったものが、この地方のこの線のもとの方言地層に、このような浮沈を見せている。「マンダ」も言わず、ましてや「カンゴ」なども言わない四国北半の大部分（もとより右の線の）や、中国山陽の南部・沿岸部は、もっとも新化した地層と言うことができよう。

連母音の変化　ここで一つの連母音変化をとりあげてみる。[au]の連母音は、相互同化によって、[ɔ:]に変化した。これは、国語に一般の史的推移だったと言えよう。その[ɔ:]は、固定性のつよくない発音であったため、早くも安定方向をたどった。これが今日、共通語では[o:]となっている。（「行かう」[au]＞[ɔ:]＞[o:]「行コー」。）が、山陰では、ひとしく[ɔ:]＞[a:]の転化を示して、「行かう」は「行カー」となっている。これも一つの安定方向だったのにちがいない。「隠岐〜足摺岬」の線のもとで、山陰は[au]＞[a:]を方言地層の上表に見せており、中国山陽がわは、[au]＞[o:]を上表に見せて、[au]＞[a:]は下層にも存していない。四国がわもまた総じて山陽と同様である。さてその時、内海六三島のうちでは（この島にかぎらぬと思うが）、「あっツラ。」（あったじゃないか！）などとも言う。「ツラ」は「ツラウ」のなごりであろう。とすると、ここには、[au]＞[a:]の痕跡がみとめられることになる。当地のだいたいとしては、[au]＞[o:]を示すのであるが、その下層に、なお、[au]＞[a:]の推移の遺形をも存しているのが注目されるのである。そういえば、「隠岐〜足摺岬」の線からははずれるが、安芸の地方で、「コヤシテ」（このようにして）などと言うのは、「やうに」[au]の[a]化を示すものか。伊予路にも、近畿弁と共通の、「シヤナイ」（しよう＜やう＞ない）などはある。「隠岐〜足摺岬」の線のもとで、右のようにたどられる[au]＞[a:]の転化事実の存在、その存在のしかたは、中国・四国の、今日の、方言地層の地方的変差を考えしめるのにじゅうぶんであろう。

子音のヂ・ヅ　母音に対する子音では、特徴点ヂヅの発音をとりあげる。これの明らかな存在（ジ・ズとの区別も顕著であること）になると、存在のしかたは、右の[au]＞[a:]の場合とはまさに反対で、南の土佐方面につよく存し、北にうすれて、一般には、ヂ・ヅとジ・ズとの発音区別も定かでない。土佐のヂ・ヅの例は、さきにも出した[midu]（水）、「藤の花」の[Fudʒi]などである。[dzu]のある所には、ツの[tsu]音、[tu]音も聞かれることが、諸方言上、少くないが、土佐でもまた、「積んで」の[tunde]などが聞かれる。さて、土佐につづく伊予山地部には、右の状況のつづきがうかがわれ、北進すればもはやない。ところで、中国地方のうちにもまた、「隠岐〜足摺岬」の線をはずれて、安芸の、広島湾東岸の坂町方面にくると、ここでは、近藤田郎君も指摘するように、チの[tʃi]に近いもの、「一番」[itʃibaŋ]など、ツの[tu]に近いもの、「くつ」[kutu]などが聞かれ、「味が」の[adiga]、「水を」の[midu:]などが聞かれる。もっとも、ここでは、「みじかい」も[midika:]で、とかく[di][du]になる。そういえば、安芸西北山地の旧水内村でも、「ムカシャ　ハンヅマランヨーナ　コトバッカシ。」（昔は、言ってもはじまらぬようなことばかりおこなわれていた。）〈けんそん〉というような発音をしていた。「ハンヅマラン」のヅは[dzu]、土佐のにかなり近い[dzu]だったのである。「水をくれ。」を「ミドー　クレー。」のように言うことは、山陽道にもなくはなかろう。そのドの背後には、「水」の[midzu]、ヅのはっきりした[dzu]がみとめられる。「隠岐〜足摺岬」の線で、つよいヂ・ヅの存在を求めていけば、以上のように、北にうすれて南にこいその分布がたどられる。北にも点々とあることからすれば、土佐のこい存在は、けっして偶然ではないこと、かぎられた特殊ではないことが想察されよう。北の状況を[dʒi]・[dzɯ]の残存と見れば、土佐ではその残存のしかたがひとしおさかんなのだと言える。このような一連の残存状態は、この間の方言地層の性質差を、よくものがたってくれよう。

子音変化　つぎには、子音に関して、その転訛の場合を一つ見る。「漏る」[moɾɯ]([muɾɯ]も)の[boɾɯ]または[buɾɯ]となったもの、つまり、「漏る」の発音に関して[m]>[b]の子音変化をおこしている場合を見ると、総じて四国がわは、[b]となっている。(内海島嶼からそれが見られる。)いわば、この場合は、中国と四国とが、たがいによく地域差、方言地層の性質差を示しているのである。

音相の面で上来見てきたところは、かぎられた事例ではあったけれども、この面からすべき体系的考察のすじみちを、いちおう簡潔にふんできたつもりである。さて、見得たところを集合すると、「隠岐〜足摺岬」の線で、中国は南がわ、四国は北がわが、地層新化の傾向を見せていることが注目される。瀬戸内海を中心にして考えられる、内海斜面の新化傾向ということが、大きい見どころになろう。

二

音相に属する事項の一つ、アクセントは、重要な観点として、ここに別にとり立てる。

語アクセントに関して、「隠岐〜足摺岬」の線下の方言地層を見る時は、中国四国の方言アクセントの地域的変差が、まことに単純ではないものであること知る。ここでは、語アクセントの代表的な場合として、二音節語名詞のアクセントを見ることにしよう。

「隠岐〜足摺岬」の線の、隠岐・出雲と、南の土佐分とは、二音節語のアクセントにおいて、しばしば特色を示す。前者は、中国地方に一般的な中国アクセント(

関東アクセントと同傾向のもの）に反立して近畿アクセント色を示し、後者は、近畿アクセントと同傾向の四国アクセントに反立して、中国アクセントに通じる傾向を示す。ここですでに、この線下の方言地層が錯雑した状況を持っていることは、想像することができよう。

が、これに対する単純な解釈は禁物である。中国の北部に近畿色が見られるとしても、それは、どの程度に根の深いものなのか、検討しなくてはならない。四国の南部に中国アクセント色の見られることは、さらに西がわ九州の同傾向とも合わせて考えてみなければならない。

二音節語名詞「柿《カキ》」「飴《アメ》」「鼻《ハナ》」「麻《アサ》」、つまり、この、東京語では下中型である語について見ると、隠岐も出雲もすべて中国色の上昇調アクセントであって、隠岐・出雲は異色を示さない。（以下、アクセントの調査結果は、小著「日本語方言の方言地理学的研究」のアクセント地図に出してある。）「型《カタ》」「花《ハナ》」「橋《ハシ》」「雲《クモ》」という、東京語で（「クモ」を除いて）下上型アクセントであるものの場合も、出雲では、「カタ」「ハナ」「ハシ」「クモ」（いくらか「クモ」も）とあって、中国一般と同調であり、近畿色は示さない。したがって、出雲に関しては、「中国アクセントに反立して」と言っても、それはかぎられた場合でのことであることがわかる。ただしこの場合、隠岐はすべてが「カタ」「ハナ」「ハシ」「クモ」と下降調を示して近畿アクセント色を示す。さて「雨《アメ》」「蜘蛛《クモ》」「肩《カタ》」「箸《ハシ》」など、東京語で上中型アクセントであるものの場合はどうであろうか。出雲では「アメ」「クモ」「カタ」「ハシ」となっている。「ハシ」をしばらく別置すれば、このさいの出雲アクセントは近畿アクセント色であって、まさに、東京語アクセント同様の中国アクセントに反立している。反立しているのではあるが、今、これを、上昇調ということにしてみる。さきの二つの場合も、出雲は上昇調を示した。（上昇調を示して、中国一般色につらなってしまった。）それらと今のとをまとめて言えば、出雲は上昇調がつよいと言えることになるかと思うのである。これは、文アクセントの傾向・慣習ともむすびあわせて考えることのできる、だいじな事実である。出雲では、文アクセントが、しばしば上昇調子を示して、これが大きな特色となっている。それは、中国山陽などの文アクセントとも、類型的には、同じと見られるのである。そのような文アクセントの中にあって、上述のような、上昇調のつよい傾向を示すことを考えてみるのに、出雲は、さほど根深く近畿色を示すものではないとも思われるのである。すくなくとも、アクセント上、近畿性の地層ではなかろうと思われるのである。

隠岐は出雲と同様同質ではないらしい。さきには「カタ」以下、下降調を示して、近畿アクセント傾向に同じた。この点すでに、出雲ほどに上昇調を示しはしないと言える。右の「雨」などの場合は、「アメ」「クモ」「カタ」と、これは出雲とともに上昇調を示してはいるが、このさいは近畿色であった。ところで、隠岐の島後の西半は、「アメ」「クモ」「カタ」「ハシ」と、例外なく、中国一般に通じるアクセントを示している。これらの語の場合、隠岐は全部が近畿色ではなく、複雑な内面を示すと言える。となってみると、隠岐も、いちおう、出雲以上に近畿的のようには見えても、それが根深い近畿色であるようにも思えぬのである。

隠岐島アクセントの諸相に関しては、大原孝道氏の、この年報にお寄せ下さった論文がある。氏によっても、けっきょくは、

> 五箇村のアクセントと知夫村のアクセントとの類似から推察すれば、恐らく、古くは五箇的なアクセント（今よりも更に中国アクセントに近い形式のもの）が隠岐全体に広く行われていたのが、……。

と見られている。早く石田春昭氏に同種のご意見のあったことも、銘記しておかなければならない。

現在の五箇アクセントが、中国系の様相を示すことは、私の、さきにあげた著書のアクセント地図でも見ること

ができる。なお、この、三音節語の「○|○○|」型式、四音節語の「○|○○○|」型式などになると、これは、山陽・安芸の坂方言アクセントと同調であったりして、比較の興味が深い。五箇方言文アクセントについては、神部宏泰君の研究があり（国文学攷第三十号）、これによってもまた、当地の文アクセント傾向に、中国色のあることを知り得る。隠岐に、すくなくとも五箇方言アクセントのこのような事実があることは、ゆるがせにできない。隠岐のアクセントの本質を、中国系・近畿系の見地で解釈しようとする時、これを、近畿性のものとしてしまうことはできまいと思う。また、考えてみれば、他の言語事実はすべて中国系のものであるのに、アクセントだけは近畿性というようなことは、ありにくいはずである。隠岐がそうであれば、出雲は、なおさらのこと、近畿性のアクセントの地とはしにくいであろう。

出雲・隠岐のアクセントが、右のように解釈されるとすれば、出雲および隠岐の近畿色は、そのように変化してできたものということになる。隠岐はその変化がいっそう大きかったとしなければならない。他からの影響の流入、または近畿アクセントそのものの入来ということであったとしても、――こともあったとしても、つまるところ、隠岐アクセントは変化したのである。このことは、方言地層の新化ということからすれば、まことに注目すべきことであって、新化はこのように、「隠岐―足摺岬」の線の北の部分でもおこなわれているのである。（これを、さきの、中舌母音の存否の場合とも考えあわせてみたい。）

他方の、土佐のアクセント、いわゆる幡多アクセントに関しては、やはり二音節語について見た場合に、ここのいく部分かが、四国一般の近畿系アクセントに反立する中国系のアクセントを、一定的に見せているので、ここに方言地層の新化を言うことは容易でない。北の場合と同様、大勢に反立する色あいを示すと言っても、こちらは、程度がちがい、質がちがうように思える。さきにもふれた、四国西南部と九州東部とのアクセント（方言全般としても）相関の状況も考慮に入れる時、この地については近畿的アクセントが非近畿的アクセントに変貌したと、かんたんには言えないように思うのである。

こうしてみると、アクセントから見た、「隠岐～足摺岬」の線の方言地層の状況は、じつに複雑なものであることがわかる。

三

さて、つぎに、第二の観察面、文法上のことでは、「隠岐～足摺岬」の線は、どのように見られるであろうか。どんな地層状況が、そこにみとめられるであろうか。

文末法　はじめに、文表現法の文末法について見る。日本語の文法としては、ここが第一の要点と考えられるからである。文末の、特定の文末詞のことは、このさい割愛する。文末法としての「ダ」「ジャ」「ヤ」のむすびのことも、好箇のテーマではあるが、ここにはとりあげない。ただ、山陰が「ダ」、山陽と、四国のだいたいが「ジャ」であるのに加えて、四国に「ヤ」もできていること、その「ヤ」は、新生後生の形式であることを言いそえておく。

意志未来とでも言ってよい表現法に、「起きよう！」などという言いかたがある。「……よう。」という文末法に、意志未来の表現を託すのである。この文末法を、隠岐では［okjo:］と言っている。出雲でも同じである。ところが、備後にはいると、［okju:］である。内海の島で、［okju:］と［okjo:］が聞かれる。四国にわたれば、［okjo］などもありはするが、だいたい［okjo:］が多く、［okju:］は稀である。こうとらえてみると、このさいは、「隠岐～足摺岬」の線下の、北と南とが、地層状況を等しくし、中間、山陽が、変化を見せていることが明らかである。

主部法　つぎには、文表現の主部法、主題の提示法について見よう。文末法に対する観点である。

これについては、主部を示す「の」「が」の助詞法を問題にする。「ノ」と「ガ」とを区別して、敬・卑につかいわけるのを今から見ようとするのである。「隠岐～足摺岬」の線の北部では、この用法区別の顕著なものがみとめられる。

出雲調査の結果によれば、これは仁多郡馬木村の例であるが、

○ワタストコワ　ショーガッコーノ　シェンシェーノ
トマッテ　オイデマシテ　ネァ。
　わたしとこは、小学校の先生さんがとまっていらっしゃいましてね。

などと言う。中年婦人の、私への話しかけである。つぎに、老女の私に話しかけたものに、

○アナタサン　コドモサンノ　オイデマス　カ。

がある。出雲弁のつねとしたら、こんな時も、「オマエサン」と言うようであるが、この人は、この時、ややあらたまったのである。いわば、共通語的な言いかたをしたのである。が、それでも、「子どもさんノ」と言っている。主部を立てる「ノ」の、このような根づよい言いかたは、たしかに、敬意表現法として役だっているのである。

こころみに、私は、この老女夫婦に問うてみた。すると二人は、

　ガというと、だれにでもつかう。（筆者注　じっさいに、こんな言いかたをしたのである。）けいべつしたことばだ。ザマクな（粗雑な）ことばだ。ノというは、すこし持ち上げる。いいシコーニ（いいぐあいに）言うものだ。

と答えて下さったのである。かさねて、私が、「ノとガとが、むねのうちでつかいわけられるわけですね。」と言うと、おばあさんは、

　アゲデス。　（そうです。）

と答え、おじいさんは、

アタマノ　ウチデ　ワケニャ　イカン。（あたまのうちで、考えわけねばいけない。）

と答えて下さったのである。夫妻ともどもの、肯定の返事であった。おばあさんの「アゲデス。」は、何のためらいもない速答の肯定であり、おじいさんの独特の表現は、また、この人の自由な想念を語ったものである。答を信じてよいと思う。簡潔な答をしたおばあさんは、さらに、その答の気もちの展開をことばにして、

「ガ」ヨカ　「ノ」ノ　ホーガ　イーヤー＝　オモイマスガ　ナー。（ガよりもノの方がいいように思いますがねえ。）

と、語りついで下さった。

「オカッツァンノ　シャント　シナハッテカラ　キマスケン。」（よめさん〈この場合、産婦〉が元気になられてから、またきますから。）などのように、いわゆる複文構造のセンテンスの、連用修飾節という部分の中に、問題の「ノ」格があるもの、こんなのは、山陽がわにもまぎらわしいものがあるという点で、しばらく除外するとしても、まぎれのない「ノ」格敬意表現法が、出雲にはたしかにある。その今もかなり多く広くみとめられるのについで、備後奥、出雲近くの、つぎのような例も注意される。

○アリャー　ヒロシマノ　アサノサンノ　ハナエチャッタ　コトデ　ゴァスケー　ノー。

あれは、広島の浅野さんのはじめられたことですからね。

隠岐も「ノ」格尊敬表現法のおこなわれている所である。ここには神部宏泰君の調査例をあげると、

○ボンサンノ　ハナイテ　キカサッシャンシタ。

おぼうさんが話してお聞かせなさいました。

○オーノヤノ　バーサンノ　ゴザッ　カノ。

大野屋のおばあさんがいらっしゃるかね。

のようなのがある。この場合、隠岐は出雲と一つづきで、このあたりは、国語史上の古い習慣をよく温存している

と言える。（もっとも、今は主として老人層によく用いられるものとなっていようか。）

備後一般・内海島嶼・四国となると、右の古語法はみとめられない。もしも「ノ」「ガ」の用法別がかつてはわりに広くおこなわれたものとすれば、「隠岐～足摺岬」の線の、北部以外は、これを失ったものと言える。

古語法ということにちなんで、助動詞の「うず」にふれれば、これまた、隠岐・出雲にかなりよく見られて、それより南にはなく、稀に、内海島嶼などに、廃滅に近い「うず」がある。残存の様相は、まさに「ノ」「ガ」用法別の場合に似ている。似ていて、内海島嶼にも遺形残存のたどられるのが注目をひく。

待遇法　つぎには、文法面観察の三つめの観点として、述部の待遇表現法をとりあげる。文表現について、文末と文首とに注目したのは、文表現の構造を総合的見地で直接的にとらえて、文の表現価をさぐるという方法によったものであった。これのつぎには、文表現の表現効果の出かたを分析的にとらえる観点がきてよい。こうなって、一ばんに、述部表現の待遇法が問題になる。

また出雲から見ていけば、「隠岐～足摺岬」の線下の出雲方言には、つぎのような敬語法体系が見られる。――今は、便宜、述部にはたらく尊敬の助動詞だけを見ることにする。

レル・ラレル（レー・ラレー）
シャル・サッシャル（シャー・ハッシャー）・シャンス
サンス
ナハル　ナサイス（ナサンス）　ナンス

出雲では〈さきの馬木村〉、これだけの尊敬助動詞が、それぞれの位置を得て活動し、当地の尊敬表現法の体系をなしているのである。

隠岐にわたってみると、神部君の調査によれば、五箇村で、

レル・ラレル

シャル・サッシャル　　シャンス・サッシャンス
ナサル　　ナサンス

のような状況が見られる。隠岐での、尊敬助動詞の存立するありさま（ひいては、助動詞による尊敬表現法の体系）を、体系として、出雲でのと比較観察する時、両者はあい似た体系と言える。

ついで、出雲のと、備後北部・南部のとを比較しよう。ここでも神部君や岡田統夫君の研究によれば、北部では〈旧小野村〉、

レル・ラレル
シャル・サッシャル　（特別の場合）
ナサル（ンサル）　ナル

のような体系になっている。南部では、

ナサル（ナハル）（ンサル）（ンハル）　ナル　　ナ
サンス
ンヤル
ナハリャンス

が骨格をなしていると見られる。こううけとられる二者と、出雲のとでは、体系の相貌がそうとうにちがっているのを見ることができよう。「シャル・サッシャル」は備後では消えようとしている。それくらいであるから、「シャンス」などは備後にない。ところで、「サンス」に近い「イス・サイス」は、備後北部にあるかのようである。この残存は注意するにたる。「ナハル」は、備後北部では、出雲ほどにさかんではなく、「ハル」の形を存したりしている。ところで、備後南部では「ンハル」（「ナハル」も）がかなりよくおこなわれており、「ンサル」は弱くて「ンヤル」がおこなわれている。「ンヤル」は「ンハル」か「ンサル」かの転訛形と思われる。以上、出雲にさかんなものは備後に消えようとしており、備後南部では、比較的新しいと思われる転訛形を生じたりしている。

ところで、内海大三島になると、

シャル・サッシャル　（稀）

ンス・サンス（かなり稀）
ナル（「ナイ」命令形だけ）

のような体系が見られる。簡素な体系であり、各助動詞はおよそ特殊な存在とはなっているが、このおのおのが、前諸地のそれぞれとほのかにつながるのは興味が深い。

四国北部、伊予今治市などになると、

ナサル（「ナサイ」の用法が中心）
ナ（「ナサイ」の略形）

のようなものがみとめられる程度である。

土佐の幡多方言になると、浜田数義氏のご研究にもよるのに、

シャル・サッシャル（ラッシャル）
ンス
ナル　ナンス

のような体系の存するのがみとめられる。

以上を通観するのに、中国山陽がわと四国北半とは簡素な体系になっており（あるいはなろうとしており）、または新しい傾向を示そうともしており、中国山陰と四国南部とは、一くちに言って、それらよりも前期的で、体系はやや複雑である。このような新古の関係は、「シャル・サッシャル」助動詞を示すか示さないかにも表徴されている。さて、内海大三島は、その「シャル・サッシャル」を、わずかながら、とどめ示しているのである。尊敬表現法のための助動詞の存立体系を、「隠岐〜足摺岬」の線について見る時、私どもは、こうして、北から南への方言地層に、新古の起伏があることを知るのである。

以上、文法面についての三つの点からの考察の結果は、やはり、発音についての観察の結果と同様に、内海斜面の新化傾向をとらえしめがちのものである。

四

「隠岐〜足摺岬」の線の方言地層に対する第三観察

として、語詞の面を見る。「蝸牛」の称呼「カタツムリ」は、「隠岐〜足摺岬」の線の全般に見られて、どこにも変相はない。

「つらら」の称呼となると、隠岐が「サイ」、出雲が「サイ」「シンザイ」、備後が「シミザイ」で、内海が「ツヅラ」、伊予が「ツヅラ」、土佐が「クララ」とあって、およそ中国系と四国系とが区別される。「歯が痛む」ことを「ハシル」と言うのは中国で、「ウズク」と言うのは四国である。「皮ごとたべる」などと言う時の「ごと」にしても、「ゴミ」とか「ゴメ」とかの言いかたをするのは中国であり、四国では「ゴシ」の言いかたが目だっている。

「ございます」ということばをなまらせているのを見ると、右の、中国・四国の対立は、もっとこまかな地方差になる。隠岐は「ゴザンス」、出雲は「ゴザエス」であり、備後が「ガンス」となって、内海が「ゴザンス」、四国の伊予がまた「ゴザンス」で、土佐も「ゴザンス」が主なのである。このさいの転訛・変化ということからすると、備後が一ばん変化をすすめて、それだけに、新化したものを見せていることになる。

つぎに「さつまいも」の称呼の地方差を見よう。隠岐が「リューキューイモ」、出雲も同様、備後に「リューキューイモ」「トーイモ」「トージンイモ」があり、内海にまた「トージンイモ」「トーイモ」「ゲンキイモ」「カライモ」などがあり、伊予に「ゲンキイモ」「トイモ」「リューキューイモ」「ゲンジイモ」があり、土佐は「カライモ」を主とし、「トーイモ」もある。「リューキューイモ」のある所と、「カライモ」のある所とを注意したい。古い名と思われる「カライモ」は、主として土佐に存在するのである。中国北部はひとえに「リューキューイモ」を示している。これがまた伊予にも存在しているのである。「リューキューイモ」が、「カライモ」について、他よりも早く、中国四国に広まったとすることはできないだろうか。このことがみとめられるなら、「カライモ」「リューキューイモ」以外の分布する所は、「さつまいも」の称呼を、より後に、改新したのである。――それは、まさに瀬戸内海斜面の土地である。こうしてまた、わたしどもは、この地域の方言地層の新化をうけとることができよう。

「足駄《あしだ》」のことを何と言うか。この称呼をたずねても、また、おもしろい地方差にぶつかる。まず隠岐は「ブクリ」であり、出雲が「ブクリ」「ボクリ」、備後になると「サシハマ」で、内海が「サシハマ」「ヒコズリ」、伊予となってまた「サシハマ」「ヒコズリ」、土佐が「ボクリ」なのである。「ボ(ブ)クリ」が、南北にきれいに照応して存在しているのを見ることができる。「足駄」の名として、「右にあがったものの中では、「ボクリ」(ブクリ)がなかんずく古い名であるならば、南北両端に対応して存在するこれの分布は、「隠岐～足摺岬」の線の方言地層の新古の起伏状態を、端的に示すものと言えよう。(このさい、瀬戸内海斜面は、じつに明白に新化している。

以上、語詞の分布を見ても、やはり、「隠岐～足摺岬」の線下の方言地層に、北から南にわたっての、上来どおりの、うねりの様相のあることがわかる。

五

私は、中国・四国の方言状態を通観しようとして、「隠岐～足摺岬」の線という、一つの切断面をとり、ここで、中国四国方言の様相――歴史的現実を、集約的に見ようとした。こうして、わたしどもは、中国四国の方言状態が、まことに、地域的変差に豊むことを明らかにし得たのである。一線上、南北に見られるこのような変差は、なぜ生じたのであろうか。状況はけっきょく、山陽がわと四国北半の新化、それに山陰内での新化ということになる。(土佐も、土佐としての新化がないとは言えない。)大きな事実は、瀬戸内海斜面の新化のようである。この大きな新化の事情は、どのように説明せられるであろうか。

私はこれまで、つぎのように解釈してきた。瀬戸内海沿岸および島嶼を主要経路とする言語改新波の流れは、中国四国において、なかんずく活溌な流れであったろう。西に九州を持っているだけに、山陽沿岸などによる、東西の言語交流は、由来さかんであったと思われる。さかんな交流が、改新波の伝播でもあっただけに、中国・四国において、瀬戸内海斜面は、方言状況の新化をきたしたものであろう。このため、新化にとりのこされがちの中国山陰・四国南半は、比較的多く古態を残すことになったのだと思われる。

九州の、中・四国に対する交渉面、すなわち福岡県の東部や大分県下・宮崎県下には、中国山陽・四国西辺によくかようものが見られる。ことに、福岡県東部や大分県東北部は、山陽道西部の方言によくかよう方言状態にある。このようなことも、東の方との言語交渉の交渉面に当たっていた所として、当然ではないか。つまりこの地域は、山陽道地方などと相互に交渉することによって、自己を改変し、山陽との同似色を呈するようになったのだろうと思われる。今日、九州の右地域以外と、四国の南半、中国の北半とが、方言上の関連事実、しかも、国語史から見て古態に属する関連事実を示すのは、偶然でないと思う。言語改新波の活動による方言新化の傾向にとり残された地域として、これらは、あい通じ・連関に於いて共通する残存分布を示していると解されるのである。もしも一種の比例式を立てることがゆるされるならば、九州に対する九州東北部は中国に対する山陽に等しく、それはまた四国に対する四国北半に等しいとなる。ここにおいて、九州東北部と中国山陽と四国北半とは、同似同格の地位に立つということになる。

中国・四国、それに九州の、現在の方言状態をうけとってみた時、この一連の歴史的現実に対しては、上述のような解釈が合理的とされる。要するに、ここでは、瀬戸内海中心の交通路が、一大言語路として、大きく注目されるのである。

中国四国の内海斜面は、まったく、そこが言語改新の大動脈に当たり、また大動脈に直接していたゆえに、方言の新化を一段ときたしやすかったと解釈される。

以下、いくらかの証例をあげて、この内海斜面が、そういう大動脈であったことを明らかにしてみよう。いくつかの事がらについて、事象分布の様相をとらえ、その動態を見さだめて、右の解釈を証明することにしたいと思う。

まず、瀬戸内海一帯（沿岸部も）が、よく一まとまりの様相を見せている事例をあげる。「夕立」を意味する「ソバエ」一類の分布がそれである。（小著「日本語諸方言の方言地理学的研究」の一二六図参照。これらの分布図は、特殊な通信調査一九三三～一九三四の結果によって作製したものであり、中国・四国・西近畿、その他の周辺地域にわたっている。）このような分布を見れば、まず、内海本位の言語路線のあり得ることを、肯定することができよう。「瀬戸内海の島々は、近畿などといっしょに、新しい最初の変化をこうむった地帯」（筆者注　もとのまま）と語った民俗学者があるのも、今ここに思いおこす。

ついで「足駄」に関するよび名の分布図（小著、七七図）を見ると、中国山陰には、西の石見まで、広く「ブクリ」「ボクリ」が見られ、四国の南部は「ボクリ」で、両者をつなぐかのように、西の山口県下の「ブクリ」「ボクリ」が見える。言ってみれば、「ボクリ」「ブクリ」は、中国四国の南・北・西の辺境地帯に、馬蹄形に分布している。この馬蹄の中にさしこんだ形で分布しているのが「サシハマ」であり、これはまさに、内海中心の、瀬戸内海両斜面に及ぶ分布をなしている。これを見ると、「サシハマ」は、新しい勢力として、内海地帯本位につよまり、それ以前に中四国全般によく分布していた「ボクリ」「ブクリ」を浸蝕したかと思われるのである。「サシハマ」は、内海斜面の方言状態を新化させた一つの力であったようである。岡山県下と香川愛媛二県に見られる（関連して内海にもある）「ヒコズリ」もまた、このさい、内海斜面新化の第二の勢力としてはたらいている。思うのに、「ボクリ」などという名称がむずかしく感じられたり、生活にうとい名のように思われたりしはじめて、名称の改革は企てられたのであろう。民衆の自然の智慧は素朴にはたらいて、「サシハマ」とか「ヒコズリ」とかと言いあらわすようになった。新しい着想の生成とともに、その流れは、共感というすじにそって流れ、しだいに伝播の実をあげるようになったのである。あるいは、「足駄」という文物に対して、所をへだてても同似発想をおこし、同じ名をたがいに持つようになった所々があるかもしれない。ともかく、その改新の勢が、瀬戸内海地域を中心にして見られることは注目をひく。この図について、この内海地域を、言語改新の動脈と見ることは、ゆるされるであろう。

ここでついでに、「親類」の方言名を整理したものをとりあげてみると（小著、八〇図）、「ルイ」というのが、北は山陰の東伯耆から伯馬の方にかけてよく存在し、南は、かけはなれて、四国南部の、土佐から伊予南部にかけて、これが存在する。この両極分布は一見ふしぎでもあるが、この様相を、前図の「ボクリ」「ブクリ」の馬蹄形分布に重ね合わせて観察する時は、なるほどとうなずかれる。「ルイ」はこのさいも残存分布として両辺にとどまり存するらしいのである。その間を広く埋めるものは「イッケ」である。前図と合わせ考えるのに、「イッケ」は、瀬戸内海斜面の新分布として勢力を高め、ついには山陰や四国南半へもあふれるに至ったのだと解される。「イッケ」がまことに新興の勢力であった模様は、西近畿も広くこれを有しているのからも、うかがい知ることができよう。ともあれ、この図によっても、私どもは、中国四国の内海斜面が、言語改新の大動脈であるのを、理解することができよう。

つぎは「さつまいも」の異称分布図である。（小著、七一図）これを見ると、さきにもふれたように、土佐は「カライモ」を分布せしめて特色を呈しており、山陰地方の多くはまず「リューキューイモ」だけを分布せしめて特色を呈しているが、「リューキューイモ」は、およそ中国地方の大部分と、四国の、土佐以外の三国に分布している。土佐方面の「カライモ」を別とすれば、この、中国四国の、広い「リューキューイモ」分布の中に、おおよそ瀬戸内海斜面（もちろん、内海島嶼を含む。）において、——四国のがわにはやや少く——、「トーイモ」「トイモ」が分布している。これはまた、内海斜面本位の改新分布の姿勢として理解することのできるものである。西近畿にも、九州東北部・北部にも同じものがあるので、かんたんには、どちらからの改新波ともきめかねるけれども、様相は、まさに、瀬戸内海斜面改新の様態にほかならない。「トージンイモ」というのも内海の一地域にできている。これなどは、西からでも東でもなくて、地方的に、みずからこのような改新をおこしたものであろう。今は、それがやはり内海におこっているのが注目される。（改新には、人々の命名態度の、平易卑近な方向への展開があることは、ここでも注意すべきだろう。「トーイモ」から派生させたような「トージンイモ」という卑近な描きかたになると、すでに、「カライモ」などというのからは、命名心意がへだたっているか。その距離に応じて、名は若いと見られる。

なお一つ名詞例をそえるならば（小著、八八図）、「おし」のことを「ゴロー」「ウシゴロー」などとよぶ、この名詞の分布が、やはり一種の瀬戸内海斜面分布である。「言《イ》わず《ワズ》」系の中国分布を、山陽がわで、侵した様相になっていることが、よくわかる。

実例を文法事例の方に求めていこう。例の二段活用方式の残存をたずねれば、隠岐に助動詞の、

○ミンナニ　ヨマスル　ワケデショー。

みんなに読ませるわけでしょう？

などがある。神部君の、島後五箇方言で得た例である。

こんなのは、また、山陰本土内にも、ないことはないだろう。転じて四国には、土佐にはないけれども、「隠岐〜足摺岬」の線を西にすこしはずれてなら、南部伊予のうちに、「ヅル」(出る)「タイラグル」(みな食う)「ヒカラルル」(叱られる)などのおもしろい例がある。これが九州の二段式活用と縁の深いことは、他の、彼我に関連する事実との関係からも、すぐに肯定される。さて、ほどのよいことに、山口県下でも、二段式活用の、助動詞での残存は、見いだされるのである。これは周防東部のうちで聞いたものであるが、

○イナスル　ワケニャ　イカン。
かえらせるわけにはいかない。

などと言う。〈助動詞に残存しているとなれば、とかく「スル」であるのはおもしろい。〉二段活用方式のなんらかの残存ということになれば、まだ、「アリマスラー」。(……マスルわい。)のようなものその他にも、求めることができるようであるけれども、いちおう、明りょうな動詞・助動詞それぞれでの活用ということに限界をおけば、中四国では、右のような分布があるのにとどまる。さてこれだけの、島根・山口・愛媛の分布を、九州のにもとずけてうけとるならば、また、明らかな残存・後退の分布とされるのであって、つまるところは、本来あった中国四国の二段活用方式が、東から順次一段化してきたものと見られる。その改新の流れは、まさに、瀬戸内海斜面を大動脈とするものであったことが、ここに明白である。

つぎに、打消過去を示す言いかた、「ザッタ」「ダッタ」と、「ナンダ」との、中国四国での分布関係を見ても(小著、二七図)、後進後来の「ナンダ」が、瀬戸内海斜面を本流として進入し、前からあった「ザッタ」(へダッタ)をおさえて、しだいにみずからの領域を広めたことは、まず明らかである。(山陰鳥取県下へなど、別の山陰言語路からの入来もあったとしても。)

いったい、文法関係の事象の場合は、一方で、中央語

の史的推移のこととも照らしあわしやすいので、旧に対する新言語波の流動・方向・経路などを、指摘しやすいようである。

　さて、文法関係のいま一例をつけ加えるならば、「寝ておる」を「ネチョル」と言う言いかたが、九州・西中国・山陰（出雲隠岐地方）四国南部（伊予南部土佐）にある。山陰は多く「ネチョー」と言っており、土佐は「ネチュー」とも言っている。「ネチョル」に対応する言いかたは「ネトル」で、これは、近畿地方から西に、中国四国の、「ネチョル」一類の領域以外に及んでいる。おそらくは、「ミチョル」と「…トル」とに、成立の先後関係があろう。それはおくとしても、中国四国での「…トル」の分布領域は、やはり例の、改新傾向のつよい領域なのである。「…トル」の生成と分布とは、やはり、改新波のおこり得るすじ道と、改新波の波及のしかたとを、考えしめるようである。

　最後に一つ、発音の面での実例をとりあげる。ここに「すりこぎ」の異称の分布図がある。（小著、一一五図）これを見ると、中国四国西近畿にわたる「レンギ」「レンゲ」の広い分布の中に、岡山県広島県や内海島嶼の、それに四国の、香川県を主として徳島県にもおよぶ、「デンギ」の分布がある。「デンギ」は「レンギ」の転訛したものだとすると、〔r〕＞〔d〕の音変化が、内海領域中心におこっていることになる。一つの音変化ではあるが、それがこうした地域におこっているのが注目される。

　以上、ふつうの物の名などの場合と、文法の場合と、音変化の場合と、三とおりの場合を見てきた。これらのもの語るところは、要するに、瀬戸内海斜面の方言新化傾向であった。上掲諸例は、瀬戸内海斜面の地帯が、言語改新の大動脈に当たることを、こぞって自証したのである。

　右の傾向を一つの軸と見て、中四国方言上の他の分布傾向を見る時、それぞれは、いずれも無理なく解釈されるようなのである。たとえば、中国と四国北半とを被り分布があることも自然とされる。四国と中国山陽を被う分布があっても当然とされる。四国南部から山口県下にかけての分布があっても当然とされる。

ただ、山陰にも新化の事情のあったことは、別に注意しなくてはならない。このようなことは、南海にもあり得たはずである。それらは、地域々々の独自の自然的状勢ともうけとられ、また、山陰道なり南海道なりの言語路による改新事情も考えることができる。山陰や南海に別個の新化事情があり得たとしても、それとともに、瀬戸内海斜面の新化は、また、当然のことであったと言える。

そうして、比較すれば、山陰や南海の新化は、瀬戸内海斜面の比較的さかんな新化傾向には、及ぶべくもなかったのである。さきにこころみた程度にもせよ、一定の体系的考察によって、要項々々の地方変化状況を求めていく時は、新化は内海斜面においてたしかにつよかったと言える。

六

上に述べるところは、いわゆる方言周圏論にかようものを多分に持っている。しかし私は、周圏論そのことにはとらわれていない。のみか、ことばが波紋のようにひろがると説く模式論には、不満を持っている。言語の波動も、地理的歴史的事情に即応した移行・伝播として、まさに具体的に説かれなくてはならないと思う。

何よりも、分布状況の調査そのことが先で、それによって、伝播の事情は的確にたずねられなければならない。

中国四国の方言状態に関しては、上述のような言語改新、改新波の移行、方言状態の推移がたどられた。ここに見られる言語の伝播は、方言周圏、一口に周圏と言うよりも、周布と言うのにふさわしいものである。私にとっては、方言周圏論は方言周布論でなくてはならない。

理念として、周布論は、言語移動の経路そのものを重んじる。どんな経路で、どのようなひろがりかたをしていったかを、現地に即して明細に求めようとするのが周布論である。中国四国について、周布の実を明らかにするのには、たとえば山陽道平地部を西進する言語波が、たとえば岡山県下・広島県下で、どのような分岐北進をはじめて、そのおのおのの分岐が、たがいにどのような一致状況を示したかなどを考察しなければならないが、今ははぶく。要するに周圏は、現地の事情に即応した、大言語路の大流、大言語路から小言語路への支流々々、という周布・浸潤なのである。そう見て、周圏からの区画成立も、明確に説くことができる。

さて、中国四国の方言は、今後どのようにうごいていくであろうか。瀬戸内海斜面の言語路が、今後ともつよい生命を持つことは、言うまでもあるまい。山陰言語路・南海言語路も、言語路としての機能を活溌に発揮してきつつある。東西に流れる言語路のおのおのを南北につなぐ言語路も、日ましに発達しつつある。要するに交通が発達してきたということなのである。このような状勢に乗って、共通語は大いに流布しつつある。方言状態の上に、共通語の波は、さかんにおおいかぶさりつつある。方言生活は、中四国においても、しだいに変貌の度を早めるであろうが、共通語人の、地域社会の地域的反応もまたかならずある。言語の地方性がにわかに消去されようとも思えない。

中国四国の人々は、多く、このように見とおされる中国四国方言に住している。住む人々としては、現実を本格的に理解することが肝要であり、研究者としては、このような方言生活者に、なお、共通語への容易な道を説きすすめることが肝要である。研究者が、そうするためには、方言研究を、本稿のいきかたのほかに、なおさまざまに展開せしめなければならない。生活語としての方言の改善のために、生活に密着した研究が、種々おこされてよいはずである。

（『方言研究年報』通巻第二巻　昭和三十四年三月）

九州方言状態の史的三段層分派について

藤原与一

筆者はさきに、「日本語方言の分派とその系脈」の考を述べ、後にまた、これについての一文章をまとめた。

国語学会講演会　一九五二年二月

広大文学部紀要第三号　一九五三年二月

いずれも未熟なもので、今後の討究にまたなくてはならない。ここには、それにつながる一つのしごととして、九州方言状態の一解釈をこゝろみ、大方の御教正を仰ぎたいと思う。

一

九州の方言状態については、早く東条操先生によつて九州方言区劃が提唱され、後にまた、春日政治先生吉町義雄先生その他の方々によつて、これが的確に説明された。

ところで、その区劃相互の対立は、どのような内面的関係にあるのだろうか。区劃はいちおう平面的に認定される。この区劃は、どういう過程で発生し、発展してきたものであろうか。静の区劃を動態として見直す時、どのような解釈がほどこされようか。こゝに、区劃成形の動態論が立つてくる。筆者はこゝに、方言分派の成立過程の追証を目的とする。いわゆる区劃を、発生的に、方言分派と見、その分派相互の関係をたどつて、系脈論をこころみようとするのである。結局は、区劃論的解釈の構造論的なもり上げということになるかと思う。

二

九州の方言状態は、その南島との関連をも含めて考える時、国語の方言状態の中で、もつとも注目すべきものとされる。その方言分派の層脈は、どのような解釈を適当とするものにもせよ、要するに、国語史のどれほどかを反映する、大きなうねりと見られる。それがさらに中国四国と関連するありさまは、海をへだてた島相互間の現象であるだけに、言語分布の自然の理法を考えしめるものが多い。

まず、九州の現勢は、大体として、東がわと西がわの、およそ両半に分けて見るべき状況にある。吉町義雄先生の「九州語用言活用分布相要領並補遺」（國語学第八輯）に見られる「形容詞カイ語尾地域別図」を参照せられたい。「イ地域」は、福岡県東半地方から宮崎県（西南部の小林都城地方をのぞく）にわたつており、いわゆる九州東がわをほゞおゝうている。なお、大隅地方でも、「カ」語尾のおこなわれる中に「イ」語尾のものがあり、その東岸例では、「サミ」（さむい）「イテ」（いたい）「ツンテ」（つめたい）「ゾッサラシー」（しまりがない）などという。こゝでは、「ものすごい」を意味するものに「ワッゼー」「ワッザイ」「ワッザイカ」があり、「もったいない」を意味するものとしては、「テコネ」、「アッタラシー」「アッタラシカ」がある。大隅半島の方言状態と、薩摩半島の方言状態とは、等しくない。こゝは九州の両足のようなものであるが、この、まさに東西の両足が、こまかく見て、等しくないことが、部分的にではあるが、九州全体の東西二面性を、いくらか暗示しているように思う。大隅半島の敬語法にも、薩摩地方の状況にくらべて、いくらか簡単化しているところがありはしないか。たとえば「オサイ……タ・ギャッタモンセ」（いらしてくださいませ）にしても、大隅でのおこなわれかたの方が、いくらかよわくはないだろうか。「……タモンセ」に対する「タモス」の言いかたは、薩摩と大隅とでどうであろう。「レル・ラレル」尊敬助動詞による敬語法のおこなわれかたにしても、大隅半島では、薩摩方面にくらべて、よわい点があるのではないか。大隅内之浦では、その微弱な残存のしかたがみとめられた。薩摩と大隅とで、敬語法の生活も、どのようにかはちがうということが言えると思う。九州東がわの変化につれて、大隅地方も、しだいに、多少の変容を呈してきたかと思われる。

　東半九州の「イ」語尾現象も、一度は全九州的であり得た「カ」語尾現象が、やがてまたうすれたものと解されるのではなかろうか。東半九州につゞく中四国西部区域に、「ナカラニャ」「ヨカリャー」などの「カリ」活用形式のものがある。これと九州西半の「ヨカ」地域との間にある九州東半は、「ヨカ」形式に無縁の土地ではあるまい。現に、「イ語尾地域中でも良カと無カとは稀に使用する所が」あり、「已然形が良カレバや少カリャの様にするのが豊前を除く全九州に普通である」。（吉町先生、前掲論文）それが、「イ」語尾の地方となり、かつは「カ」語尾の地域にも、「カ」「イ」両方が見られるようになってきているのだろう。

　九州東半のこうした変貌は、総じて、東隣、中四国との関係によるものと解される。じっさい、豊後地方の人でも、四国人のことばに似よりを感じ、長崎地方などのことばに大きな距離を感ずるということがある。部外のわれ〳〵が九州に行った場合にも、福岡県東部地方・大分県地方・宮崎県北部地方に立つて、肥前・肥後の地方を思い見る時は、そうとうの東西方言差を感ずる。肥前の状態は筑後・筑前になだらかに連続し、肥前西辺の状況は、内部的な底流として、よく南肥後・薩摩（↓大隅）地方に通ずる。「カ」語尾領域の現状は、偶然のことではない。

　してみれば、豊日（A）・肥筑（B）・薩隅（C）の三区域も、たゞに同一平面に同格にあい並ぶものとはされないことになるであろう。九州方言の発生的分派は、まずBC：Aの対立に見わけられる。BとCとの別は、右の対立の後の区分なのである。九州方言分派の動態論は、BをCと一系列にとりあげるところからはじめられると言ってもよい。

三

東半地方は、東半として積極的にとり立て得る性質のものではない。東半に通ずる特色としての大きいものを、数多くあげることはできない。東半の北部に「行きンサル」（なさる）などのことばづかいを見得ても、日向に南下すると、「ナハル」（なさる）や「ナル」（なさる）がさかんである。日向の中部以南には「ヤル」助動詞の尊敬法を見得るが、北の地方にはこれがない。かとおもうと、「行って《チ》みて《チ》」式の「て」の「チ」は、「チェ」となるのもあわせ考えれば、東半地方に広くおこなわれ、大隅地方にも「ヨンデクレッミ。」（「よんでくれてみろ。」）などとおこなわれている。これは西半にも見いだされる。

東半地方は、明瞭に自立するような分区ではないはずだと思う。この地方は、中四国との交渉によって、個々の事情ごとに、その事象この事象と、変容・推移をおこしているのであろう。生活文化全般の交渉のしかたによって、とかく受身的に変貌をきたすことになったので、ものと場合ごとに、響応のしかたを異にし、そのために、東半分区は、区域としての動揺を示すことになったかと思う。B・Cの西半地方は、東方からの、中国四国経由の影響を受けることの遅い点で、いくらか共通するところから、残存性の共通色を示すことになったか。それが北方から新風を吸入するにつけ、しだいにB・Cの差別を生じてきたのであろう。東方影響の受容部位としては、九州東北部にはなれた九州北部が、九州東半の南方、中四国との関連の比較的淡くなる地方と、同格の地位に立つ。したがって、九州西北部から九州東南部にかけては、方言脈としての一つの系統が見られることになるのではないか。「ナハル」ことばが、肥筑とともに日向にもさかんなのも、こゝに見てとられる。九州西北部から出はずれてその西辺となると、いわゆる辺部となる。その西彼杵半島・平戸島・天草下島あたりから九州南部にかけて、一連の言語現象がとらえられることは、われ〳〵に、この地域の方言脈をとらえしめるものである。このさい、薩隅の地方は、なお一くゝりに見られてよい程度にある。薩隅から右の西辺にかけての地帯を、かりに第一層脈としよう。それに隣る「西北から東南へ」の地帯を第二層脈とする。残る東部が第三層脈である。さきの東西両半は、こゝにこうして三層脈として把握される。

四

〔-〕〔ʃ-〕・〔ʒ-〕や、〔kw-〕の発音は、九州に広く見いだされる。そうして、〔ŋ-〕の音節は一般に聞かれない。一方、国語史上の鼻母音にかよう鼻母音的な発音は、古来九州にもあったらしく、今日も、日向の内や九州南部内などに、その痕跡、「ゴンズ」（五十）のような発音が聞かれる。上村孝二氏には、「種子島の鼻母音について」の御発表がある。（音声学協会会報 74 75号）鼻母音的なものは、もと〈〈、かなり広くにあり得たと思われる。しかし今日、カ行鼻濁音〔ŋ〕は一般に聞かれないとすると、九州は、昔、鼻母音状態からカ行鼻濁音の発生してよいころに、それを発生せしめないできたと解されることになろうか。鼻濁音発生以前の状態を今日に引いてきたとも言えよう。〔ʃe〕〔ʒe〕や〔kwa〕のさかんなのは、そのような前期的状況に深くむすびついたものと思われる。

右のような所であつてみれば、九州南部地方や西辺内〔東条先生「方言と国語教育」国語シリーズ11〕に、ザ行の「ジ」「ズ」とダ行の「ヂ」「ヅ」との発音区別が見られるのも、古風の遺存として、当然とされる。この発音区別が、さきに第一層脈と仮称された地域に存在する。すなわちこの発音区別の事象は、第一層脈をとらえしめる一つの証例となるものである。

九州南部地方内の人々の中でのような、両種音自覚はそれとして、九州地方には、広く〔dʒi〕〔dzu〕の発音が聞かれるのではないか。これは中四国にきてもそうか。そうして、土佐に両種音区別の別して顕著なものがある。

〔二〕 発音上のことで、つぎに中舌母音関係のことを見ると、これがまた、第一層脈を右のように考えしめるように分布している。薩摩半島南部では、数の「二十・三十」を、「ニンズ・サンズ」と発音している。「二十」の「ジュー」〔u:〕が「ズ」であるところには、〔u〕の発音の単純ではないものがうかゞわれよう。地名「指宿」が「イブスキ」であるのも、こゝに思いあわされる。「シュク」が「スキ」であるのは、「ク」の〔u〕母音が、単純な〔u〕ではなくて、〔ü〕などの、〔i〕に近よつたものであつたことを思わせはしないか。薩南で、「ゴメンナッシ。」（ごめんなさい。）の「シ」が、〔ʃï〕のように聞こえた。大隅内でも、「ズーゴエン」（十五円）「ズハチエン」（十八円）のような発音があり、志布志方言でも「ウンダモー　アス　ドゲン　シテナ。」（平山輝男氏「國語音調の一性格」國語と國文学二十五年九月）などと言つている。「あし」が「アス」と発音されているのは、「あし」の〔i〕母音が、単純な〔i〕ではなくて、いくぶんとも〔u〕に近いもの、〔ï〕のようなものであつたからであろう。大隅東岸でも、「ハル（針）カセー。」というようなのを聞いた。「指宿」の「イブ」がまた同例である。南肥後にはいつても、人吉の俚謡の文句に、「あッフト（人）」とある。「ヒ」が「フ」となつた地盤には、「ヒ」の〔ï〕母音的なものがあつたろう。天草下島に行つても、西岸で、「フトンバ　スク」（ふとんをしく）と言い、同島南部でも、「ドーゾ　オスックダサイマッシェ。」とあつた。

〔三〕 いま一つ発音上のことにふれゝば、ラ行音節の実用において、その子音を弱くし、またはおとす傾向が、右の、第一層脈とすべき地帯に、なかんずくいちじるしい。「はおり」は「ハオイ」、「だれ」も「ダイ」である。肥後地方にもこれのそうとうさかんなものがあるが、第一層脈の地域をはなれると、しだいにこれの耳立たなくなつていくのがみられる。したがつて、第一層脈なるものが、この例からもとりあげられることになる。ラ行子音をおとすことのさかんな南九州内に、一方では、「エンクワイ」

（宴会）を「エンクヮル」というように、「イ」をかえつて「ル」化したものを見せているのは、また第一層脈の特色になるものである。「シンパイしたり云々」は「シンパル　シタイ　云々」と言つている。

五

語法上のことに例を求めよう。いつたいに、九州の尊敬表現法形式の、ものと分布とには、つぎのような状況が見られる。

〔一〕古来の「お…ある」形式に属するものは、主として薩隅地方（薩摩・大隅・肥後南部・日向西南部）に、かつは九州西辺にも、分布している。（小稿「日本語方言狀態の東北と西南」國文学攷第十一輯）

〔二〕右の「ある」の転「ヤル」を用いる比較的簡易な尊敬の表現法は、薩隅地方を主地域として、さかんにおこなわれている。

○アッチ　イッキヤイ。

あっちへお行き。

○アッチ　イタッオックイヤイ。

あっちへ行っておって下さい。

などと言う。「ヤル」に「申す」のついた「ヤイモース」、

○アユ　ミデミヤイモーシ〔ʃi〕。

あれを見てごらんなさいな。

のような言いかたもある。

「ヤル」にもとずく「ヤンス」「ヤス」の言いかたも、したがつて、薩隅によくおこなわれている。

○先生ノ　きヤシた　ド。

○先生ノ　きヤンシた　ド。

などと言う。

〔三〕「レル・ラレル」（ルル・ラルル）の尊敬助動詞を用いる待遇表現法がまた、薩隅地方から九州西辺にかけて分布し（小稿「『行かレル』『来ラレル』などの『レル・ラレル』敬語について」文学一九五二年十二月）、かつ、原田芳起氏の「熊本方言の研究」によれば、肥後中部以北にも、残存の状態が見られる。その外の地域は、一般には、地ことばとしては、ほとんどこの表現法によっていないようである。

ところで、「せらるる」「させらるる」に相当する「シャル・サッシャル」の変化していつたもの、「行かシた」（↑行かッシャッた）の「シ」、その終止形の「ス」、「サッシャッた」の「サシ」、その終止形の「サス」、また、「来《キ》よる」式の進行形に「シャッた」のついた「来よらッシャッた」からの「…らシた」、その終止形の「らス」の類は、肥筑の地方にさかんにおこなわれている。

○オッチヨ。アゲナ　コト　ユワース。

おやまあ。あんなことを「言ってらっしゃる。」<「言ってらっしゃる」ではていねいすぎるという。かるい敬語であるという。>

は筑後の一例である。豊日方面にはほとんどおこなわれておらず、薩隅地方一般にまたこれを言わない。

九州南部で、「ハル　カッシャイ。」（針をかしなさい。）のような

言いかたをしているが、これは「貸しヤイ」で、「シャル」の命令形「シャイ」ではないようである。「本ノ(を)見ッシャイ。」は言っているが、「見サッシャイ」は言わない。「タモラッシャイ。」(「たべさせて下さい。」)とともに、同じもの言いとして、「タモラシャイ。」を言っている。「シャイ」とはあつても、じつは、上の動詞連用形に、「ヤル」尊敬助動詞の命令形「ヤイ」が複合したもののようである。

右のようだとすると、第三層脈とされる地方には、「シャル・サッシャル」からの「ス・サス」「らス」はなく、これのいちじるしい第二層脈の地方を出はずれると、第一層脈では、これらのみならず、「シャル・サッシャル」の言いかたも見いだされないということになる。

〔四〕　「ナサル」ことばは、薩隅地方では、平素常用の土地的なものとなつていない。第二層脈と見るべき地方に、「ナサル」の「ナハル」形がさかんにおこなわれている。関連しては「ナハリマッシェ」「ナッシェ」などがある。「ナサイ」に関連する別形「イ・サイ」の命令表現法、

○コッチャン　キテミ**サイ**。
　こっちへきてごらん。

○ソギャン　サイナ。
　そんなにしないの！

○ハヨ　イカ**イ**。
　早くお行き。

のような言いかたも、この内にはできている。これはほかの地方にはまずない。第二層脈の主地帯を出はなれると、九州東北部では、「ンサル」(なさる)などの言いかたがあり、北部では、「ンシャル」がいちじるしい。

〔五〕　さて、九州東北部内、第三層脈とすべき地方内に、「ンス・サンス」尊敬助動詞の表現法がおこなわれている。

○ヒチョカ**ンシ**。
　しておき。

○何々センスナ。　〔禁止〕

○イッチミ**サンシ**。
　行つてお見よ。

などと言う。他の地方には、まだよくこれが見いだせていない。ほとんどおこなわれていないのではないか。

たゞ、大隅内之浦で聞いた、

○ホメックリョランシター。
　ほめてくれよらンした。

などによると、この地方にも「ンス」などがあるのかとも思う。もつとも、右の一例は一人の老女の発言で、いま一つ、

○イーヤ。ナカンヒタト。
　いゝえ。ありませんでした。

のようなものもあつた。土地人七名の相談によると、この地で「行かンセ」「来サンセ」は言わず、「行ッキャンセ」「来ヤンセ」と言うとのことであつた。右の老女も、「ヤンス」ことばはさかんに用いていた。

以上、〔一〕から〔五〕までの事態は、総合して観察すると、つぎのように解釈することができよう。

一つに、「お…ある」形式に属すると見られるものは、その、近古に中央京都語にさかんであつたことからすると、現代方言上、たしかに、古いものゝ残存と言える。「お…ある」形式から派生した「ある」の「ヤル」ことばも、ついで古いものと言えよう。これらが、薩隅中心に、偏していちじるしくおこなわれているのである。「オヂャル」（お…ある）や「ヤル」の地域は、九州で、たしかに一区域の古層脈とされよう。「ヤル」のない地方は、はじめなからかつたのか。他のものが代つて栄えたので、これが衰退したのか。史上、中央語にあつて、今、南九州にこうあるのだから、中間の地方にはなかつたとは思われない。現に日向内などにこれがあり、中国地方にこれが点在する。したがつて、九州での「ヤル」をよく言う地帯は、史的に見て、一定の意味のある地帯とされるのである。九州の「ヤル」の見えぬ地方では、「ヤル」の地方にはほとんどおこなわれない「ナサル」ことばがさかんである。南九州の「ヤンス」「ヤス」と、肥筑や日向の「ナハル」とは、おゝよそ、待遇表現価を等しくしていようか。

つぎに、「レル・ラレル」敬語法のことをたどると、おもしろい解釈が成り立つ。薩隅本位の、第一層脈とされる地帯には、「レル・ラレル」ことばがある。「レル・ラレル」も古いものであろう。それが大体そのまゝに存し、かつ、活用形を変形させ、かつは活用形のおこなわれかたに限りを見せている。いかにも衰退・残存という感が深い。それでも、この地方には、「先生がこライた。」「こラッた」とか、「どこへ行かイた か。」とかと、求めればこの種のものが比較的よく見いだされるのに対し、第二層脈とされる地方内の肥後の状態は、前掲原田氏の御研究によれば、一段と残存色を濃くしている。そして、阿蘇郡の、

○アータントコンオトッツァンナモウモドレタカナ。

の「モドレタ」（もどられた）などは、そのまゝ、中国安芸地方の「レル・ラレル」残存状態に酷似している。以上、見るところでは、「レル・ラレル」はもと〱広くおこなわれたのだが、今は主として、九州南部の、薩隅を主とする地方や、九州西辺の地域におこなわれるのにすぎなくなつたと言うことができよう。こゝでもし、「レル・ラレル」尊敬表現の方法を採るような気分・傾向が、中央からこの地方へと、あいついでおこつてきた——そこに、なんらかの、中央から地方への影響があつた——と想像することがゆるされるならば、つぎのように言える。

古いことば「レル・ラレル」（ルル・ラルル）は、早いころからの流布または流行で、相当に早くから、右の第一層脈とされる地方、九州のはてでも、おこなわれるようになつた。〔単純に、ものゝ波及と見られるなら、「早くからこの地方へもよくとゞいた。」と言えることになる。〕とゞいてどうなつたか。「ルル・ラルル」のまゝが残存していて、「ラルル」が「せ・させ」につく「せラルル・させラルル」…「シャル・サッシャル」ことばはおこしていない。（これがおこなわれていないことを、今、「おこしていない」と言う。）じつは「ナサル」も「なさルル」からだつたとすると、薩隅地方に「ナ

サル」ことばがよくおこなわれていないのは、あたかも、「なす」に「ルル」が複合しなかつたようなものであり、これは「ラルル」が「せ・させ」に複合していないのとあい似ている。「ナサル」を言わない所であつて、「ルル・ラルル」を温存している所は、それなりの古脈と言うことができよう。

筑後を中心とし軸とする肥筑の地方は、「シャル・サッシャル」にもとずく、「ス・サス」の言いかた、その一種、「らス」と耳に慣熟してきている言いかたを、今さかんにおこなつている。このことを見れば、当地方は、前地方とちがつて、まず、「せ・させ」と「ラルル」との複合をおこなつたと言える。〔そこはまた、「ナサル」「ナハル」の類もさかんな所である。〕複合をおこなつたとすると、これは、おこなわなかつた所とは性質のちがつた地域とすることができよう。この地方にも、「ルル・ラルル」のあつたことは想定される。なければ複合はおこらない。現に肥後などには、中部以北にもある。あつて、「対称には用いないで、他称にだけ用いる傾向がある。」などと原田氏にも説かれていて、正に古来の用法・用語気分をつたえている。こんなことからすると、中国地方の「レル・ラレル」と考えあわせても、「レル・ラレル」ことばは、よく、中央からひろまつてきた――あるいは中央のそれの影響が浸潤してきた――かと思わせられる。元来、この地方にも、「ルル・ラルル」「ル・ラル」が一般におこなわれていただろう。やがて「せラルル・させラルル」の複合をおこした。複合は後のことだから、この地方は、さきの第一層脈とされる古脈地帯よりも、さらに色を変えていつた所としなくてはならない。しかもこの地方は、「シャル・サッシャル」を言うとともに、このまゝにとゞめておかないで、「行かッシャッた」は「行かシた」のように、「こサッシャラん」は「こサッサん」などのように、形を変化せしめていつた。形の推移には多少の時間を見るべきであろう。こうして、この地方の現状は、さきの古脈に比較して、多少とも新しい色あいを呈しているものと見られることになる。

たゞしこれは、このことに関してである。この「らス」ことばのさかんな地方内にも、「行かイ」「見サイ」のような、軽い敬意の表現法をおこしている。これは、史上、近古時代にもあつたものと見られている。すると、当地方にこれがあることは、その古脈性を、さきの第一層脈の地方の古脈性とあまりちがわぬものとも考えしめるであろう。ものの、土地々々への発生↓自然発生、その変化推移の過程と遅速は、まつたく予断をゆるさない。どこにどのような各個前進があるかもわからない。それにしても、「イ・サイ」の前身のはずの「ナサル」ことばが普通には常用されていないさきの古脈地帯は、たしかに特別に注意してよい性質を持つた古脈地帯としてよかろう。

「レル・ラレル」のおこなわれかたと、その、他への複合の有無ということからすれば、第一層脈と第二層脈とは、右のように区別することができ、これに関しては、さらに第三層脈へ解釈をひろげることができる。第三層脈内では、「ンス・サンス」尊敬助動詞がおこなわれている。これがもし、「シャル・サッシャル」に「ます」のついたのに等しい「シャンス・サッシャンス」から結果された派生形式であるとするならば――そのようなものもあり得たとすれば、こゝでは、第二層脈ではおこしていない複合を、さらにひきおこしたことになる。「らス」などは、「シャル」そのものの形の変化推移である。それに対して、「ンス・サンス」は、「シャル・サッシャル」に他の要素が新に複合して、その結果もたらされたのに等しい新産物である。このことからすると、この第三層脈とされる地方は、第二の層脈よりもさらに進んで新事態をおこしたとされよう。「ンス・サンス」に着目するかぎりは、これのある方が、比較的に、新色を示すことになつたとされよう。一方では、第三層脈に、「シャル・サッシャル」のまゝの古来の用語もある。それは「ス」などになつていない。そこで、第二層脈で「シャル・サッシャル」から「ス・サス」などをおこしたのと、この第三層脈で「シャンス・サッシャンス」から「ンス・サンス」をおこしたのとの、時期の前後などは、なか〳〵言いにくいことでもあろう。

しかし、今、「レル・ラレル」を主にとつて、それの複合事態を見ていくかぎり、あたかも、九州方言の三分派状態（第一・二・三分派の層脈とすべきもの）には、第一分派に「レル・ラレル」だけ、第二分派に「ス・サス」「らス」（←「シャル・サッシャル」系）、第三分派に「ンス・サンス」（←「シャンス・サッシャンス」系）があつて、こゝに、ものの成立上の前後関係がみとめられることになる。「レル・ラレル」から出発して一元的に見とおし得るこの事態のうえには、右の三大分派を、なんらかの史的三大分派と解してよい根拠があると考えてよかろう。

六

史的三大分派と言つてよいありさまは、他の諸事象をも合わせ考えてみて、みとめることができるように思う。九州と他地方との方言系脈を見ても、そのことを考えやすい状況がくみとられる。

南西九州の中舌母音関係の事象、ならびに鼻母音関係の事象は、山陰地方のそれら関係のものと見あわすことができる。同じく南西地方のザ行音ダ行音の発音区別は、もつと特異な形で、土佐方面に出ている。四国では南半が、中国では山陰が、それぞれ特殊の傾向を示している。この山陰と四国南半とをともにうけてそれらに照応する九州南西部は、また特殊の地帯と見やすかろう。

九州南西部（肥後も）でラ行子音のおちることを言つた。これは九州、北・東になくて、中国も山陽になく、山陰にいちじるしい。薩隅地方に対して肥筑地方では、文末の助詞、「行かんバイ。」「それぁそうタイ。」などの「バイ」「タイ」を用いることがさかんである。こゝではさらに「バイ」と「アンタ」の結合「バンタ」とか、「ノー」と「オマイ」「アンタ」との結合「ノマイ」「ノンタ」とか、異風の文末助詞がよくおこなわれている。それに関連して、「ノンタ」「ノータ」などが山口県下に見いだされる。「行かイ」「見サイ」などの「サイ」に関連しては、やはり長門地方の「見ーサイ」などが注目される。右のように、九州内でのおこなわれかたに対応して、中四国で、いろ〳〵の同似現象

が見えている。その同似現象のおこし場所が等しくない。なお他の例をあげれば、大隅の

〇オッコオッコ　シーチョッ　ド。
　　あかくくともえているよ。

薩摩の

〇ソグン　ウゴッ　キーヤット、ヌッカ　ド。
　　そんなにたくさん着なさると、ぬくいでしょう？

など、「する」「着る」動詞連用形の長音化が見られるが、この種のことは、「キモノ　キーテ」など、四国西南部に見られる。東九州を主とし、南にも西にも見られる「行って《チ》みて《チ》」式の言いかたは、また、四国南半地方に広く見わたされる。これはまた瀬戸内海西部地方、ならびにその中国がわ沿岸地内にも見いだされる。

以上、九州内方言分派のそれこれに収まるものが、中四国で、そこへこゝへと、いろくなあらわれかたをしている。このさいの中四国の連繋地域もまた偶然のものではないことが知られる。このような、中国四国での反照に対応する九州の分派は、たしかに質の相違を持ったものであろう。それはおよそ、史的相違を含むものと理解される。

七

中国四国との関係から見かえされる九州内方言分派は、なんらかの史的分派であることが考えられやすい。一方では、中央近畿語の史的漸及を考えしめる生活史的文化史的事情も大きいとすれば、例の言語改新波の中央からの波及が、九州を、東から、東北から、西南へとおそっていったことが想察されよう。史的三大分派は、東から西へ、東北から西南へ、新古の別を生じたと見られる。そう見てさしつかえのない現状が少くない。第二分派の肥筑本位の地帯が、あるいは両肥・筑後の領域にとゞまり、あるいは肥筑から日向に及ぶこともあるのは、このような、東から西への影響のしかたの流動的なのによることと考える時、首肯しやすいものがある。

新古とその順位の決定は容易でないとしても、ものにより事象によって、その存在する地方と他との史的相違を示すと見られるものは少くなく、そのような事象のあいよりあいむらがることから、史的相違の分派が、おゝよそ上来の三大分派に見られてくるしだいである。それが史的相違の分派であるならば、これは『層脈』と名づけてもよかろう。時代相をものがたる遺物遺跡を埋蔵した、地層の名のようにである。層脈に三つの区別があるとするならば、これは史的三段層分派とよんでもよいことかと思う。

×　×　×　×　×

分派とは言うが、現実の九州は、今日もなお一つの九州として、国内でも、かなり特異な生活圏をなしている。『九州性』が顕著である。その九州の性格は、どう説明せられるべきものであろうか。こゝに、分析の第一手段として、生活語としての九州方言を、史的三段層分派として見ることが有効になってくる。史的三段層は、『生活文化』層の見かたとして、一定の意味を持つものと思われるのである。

（『文芸と思想』第七号　昭和二十八年七月）

頁	行	誤	正
501	下11	行つてお見よ。	行ってお見よ。
502	上10	はじめなからかつた	はじめからなかつた

C　問題事項

方言語法の研究に就いて

藤原與一

一

日本語の現實相を方言に於て見る時、我々はその强い力に打たれる。それは、我々が生活語を自覺するからに外ならない。國語を生活語として自覺するのは、方言に於てである。方言とは體系として見た一地方語であり、我々はそれを又、言語生活として觀察できる。具體的な國語生活は方言に存することは明かであらう。方言に於て我々は日本語の生きた大きな力を認め得るのである。

ことばに關する問題は、かやうな手近な場所から起ると共に、又この地盤に於て根本的に解決できる。然し、そこにまた、處理上の困難が伴ふことも、容易に想見できるのである。主題の文法的な處理に卽して言へば、方言の文法現象に直面して、よくその生命を捉へながら、之を實證的に記述することは困難である。文法的な處理に終ることなく、生活語の眞を把握するためには、方言語法論として適切な方法が必要なのである。

二

生きたもの、即ち方言が、どんなに平凡な相で見られてもよい、十分にそれを凝視するならば、我々は一見何の奇もない事象の隅々にまで、日本語の傳統の遍くとゞいてゐるのを知るであらう。

すべて、文法研究は完結した言語表現即ち文の解明を目的とする。文の解明には、その構造の的確な理會が先づ必要であるが、それに入るに先だち、單語のことを述べて序論に代へたいと思ふ。

單語はどう言ふ手順によつて認定できるか、例を擧げて説明しよう。

○ウラタノーデミョー。（俺が頼んでみよう。）

註　以下實例はすべて伊豫大三島の方言を採る。

と言ふ一文がある。「ウラ」は單語人代名詞のやうであるが、この際、直接には、「ウラ」は、右の文の主部的要素として見出される。それは「タノーデ」及び「ミョー」と釣合つた關係に於て分析される。これが「ウラ」の具體的な相である。

○ウラーヨワッタカイ。（俺は全く弱つたよ。）

の例に於ては、「ウラ」でなく「ウラー」を先づ取り上げなければならない。

○ワリャードースリャー。（お前はどうするかい。）

では、「ワリャー」が一體をなすことは明かであらう。文を機能的に分析すれば、此の一體が分析の限界であり、且つ、最も本質的な部分である。話部とはかゝる要素を稱するものである。分析された話部を更に進んで分析されば、そこに單語が認定される。前例、

〇ウラタノーデミョー。

ならば、「ウラ」が「が」格であること、

〇ナニクヨルンゾイ。(何を食つてるの。)

であるならば、「ナニ」が「を」格であることが現實の文の相であるが、それは言ふまでもなく話部たる所以であり、この「が」格・「を」格を捨象すると、そこに單語「ウラ」「ナニ」が分析される。單語とは、かく話部の底面又は背後に、記號として一般的に規定されるものである。言はば、それは現實として存在するのでなく、可能態として認められるのである。

三

(一)

〇ソガナオーウソガアルチュカイ。(そんな大嘘があるもんか。)

と言ふ文がある。この「オーウソガ」は、體言に助詞の附加したものであり、助詞「が」の現實性は、「オーウソ」との特定な機能的關係を外にしては考へられない。乃ち、このひと繋がりのまゝを受け取つて體言的話部と呼ぶ。之を「が」格に立つ體言的話部と言へば、この話部のこの場合に於ける具體的な意味が説明されるのである。

○ケヤイクソノワルイー。（腹立たしいつたら。）

○ノーゲノナー。（まあ飽きつぽい子つたらねえ。）

の各〻は、「の」格に立つ體言的話部の例である。これらの文は强調度の高い感動的表現であるが、その年寄じみた氣分・口調は、「ノ」によつて導かれるものが文の主部に立つてゐる所から生ずる。然し、この「ノ」を抽出することは文の解釋にならない。「の」格に立つ體言的話部を一體と見て始めて、その具體的な文法上の役割は理解せられるのである。

「が」格・「の」格の場合などは別としても、

○ワシガイッチーノム。（その水、僕が一番に飲むんだよっ。）

○ドコマリーヒテナヨ。（いゝ加減な所へ捨てるんぢやないよ。）

○ワシャーキンチャクーワスレタガー。（まあ私は財布を忘れちやつた。）

の各例のやうな「に」格・「へ」格・「を」格の場合は、格助詞をそのまゝ取り出すことができない。各〻の體言的話部が全一體として捉へられるのである。

○オマヤーダマットランセテヤ。（おつかあお前さんは默つておいでよつたら。）

○ダレモダイネンワソレウョー。（うむ、わしも來年は一つその種を播いてみよう。）

○モーソレハカナーンカー。（もうそれつきりつかないの？）

○ナニクソナーンゾ。（全く何にもおあいそはないんだよ。）

は、それ〳〵、「は」「も」「しか」「こそ」の係《かゝり》に立つ體言的話部である。「オマヤー」は、長者に內心一應の敬意は拂ひつゝもぞんざいな口の利き方をする場合のもの、「ダレモ」は、中年以上主に男子が、應答上手で、氣さくな物言ひをする場合のもの、このやうな持味は、これを損ふことなく、味ひ取らねばならない。

「ソレハカ」は、老人が述べると、「ソレヒャカ」とも言ふ。この二つの對應は、「しか」の係助詞によつて知られる內容が、上接體言との機能的關係を無にしては考へられないことを判然と示す。もと〳〵「ヒャカ」は、上接體言に支配されて生じたものなのである。さうして、この場合は、

〇モーソレヒャカナーンカイ。

との言ひ方はあつても、「ナーンカ」に終る言ひ方はない。之に反して、「……ハカ」は、「ナーンカイ」などに應じないのが常である。右の文例は、老人男子の粗雜下品な言ひ方であり、先に出した例は、子供の素直であどけない心配の情を表はした問ひのことばである。卽ち、「ソレハカ」と「ソレヒャカ」とには、明かな品格上の相違がある。それがかやうに文全體を支配するから、係助詞も含めた話部を把握することの重要なことが認められる。

「ナニクソ」は、「クソ」であつても決して下品でなく、大部分接客時に使ふ中年以上の主人のことばなのである。寧ろ改まつた言ひ方とも言へる。さう言ふ中に、「こそ」>「クソ」の轉訛などは早く埋れて了つてゐて、話者に氣附かれない。やはり「ナニクソ」は「ナニクソ」のまゝに取り上げなければ、その生活相は分らないのである。

〇ミナイッチェンワテアルワイ。(みんな一杯づゝ食べるだけあるよ。)

これは副詞的地位に立つ體言的話部の例である。

〇チートバテコガニショーラー。（少しづゝこんなにまあして　んだよ。）

と言ふのもある。「……ワテ」と「……バテ」とは對應するものであるが、「ワテ」は「イッチェン」と言ふ餘り上品ではないがこびた言ひ方と、「バテ」は「チート」と言ふ今日常用の卑語と、それぐ\結ばれてをり、この點から兩助詞の質的な相違が明かなのである。何れも老人の使ふことばであるが、その實際乃至微妙な所は、話部の單位に於て見究められる。

〇ナニチンバイリャー。（どれだけ要るもんか、知れたものさ。）

の「チンバ」は、事物代名詞の、多くは不定稱の下に見出される。さうした話部全體で、甚しく否定したり極端にけなしたりする言ひ方に用ひられるのである。

〇コレチンバヤソコロナニンナリャー。（これつぽつち何になるもんか。）

のやうに一見複雜でも、その用法に徴する限り、やはりこれ全體で一つの體言的話部であることが分る。先の「チンバ」だけあるのに隨へば、これを碎いて見ることもできよう。然しそれは、この場合の具體的な文法現象を説明することにはならない。「……チンバヤソコロ」は、このまゝで、「ナニンナリャー」と言ふ放埒な氣分の言ひ方とよく照應してゐるからである。

〇ナニマリカワレンゾ。（めつたなもの買はれないよ。）

〇ナニバリカワレンゾー。（同　右。）

の二つの言ひ方がある。親が男兒を戒めることばとすれば、前者は母親、後者は父親のことばである。何れも上品ではないが、前者は普通の程度である。「ナニマリ」にやさしみがこもつてゐるのである。「ナニバリ」のがさ〳〵した荒々しいものには「ゾー」が應じてゐる。前者が輕い「ゾ」で短く結ばれてゐるのは、故のないことでないのである。

○オツコタテラナンチューザマナラー。（男一四そのざまは何だ。）

この「オツコタテラ」は、下品であるが、これで叱撻のことばになつてゐる。

單語から言つて副助詞の上接部分が明かな體言で無いものも有る。然し、これらも副助詞によつて導かれ一體のものとして現はれると同時に、體言的話部と見得るものになつてゐるのである。

○オコリバースルー。（父さんつたら、怒つてばつかり！）

など、さうなのである。この「オコリ」が、名詞に轉じ易い連用形であるのも見逃せない。

副詞的地位に立つ體言的話部は、文構造の大きい觀點からは、連用修飾部と呼ばれるべきものである。すべて、そのことに例外がない點で、この話部は注意を要する。

副助詞の下に更に格助詞の見られる話部もあるが、これらは格に立つ體言的話部として見られる。同様に、係助詞の見られるものは、係に立つ體言的話部として見られる。

○ナニホドモナー。（どれだけもないなあ。）

は後者の一例である。助詞が二つ重複して見られても、それは最後の助詞を存立せしめてゐる機能性の與り知る所ではない。最初の助詞自らは上接の體言に對して獨自の結合をなしてゐよう。然し、それは、全體が、後の助詞に、導かれ支へられてゐるのである。このやうにして、體言的話部を廣く見てゆくことができる。

(二)

○バカイワンセ。(馬鹿おつしやいよ。)

と言ふ文がある。「イワンセ」はこれで全く緊縮した作用言の一單元である。これを用言的話部と呼ぶ。右の「イワ」には、「言ふ《ユー》」との對應が考へられる點で、自立的と一般には言つてもよい用言が類推される。一應さうではあるが、然し、こゝに特定の「イワ」と言ふ形がとられてゐる點では、既に自立性を失つてをり、同時に、次下との密接な關聯が必然的に示されてゐるのである。要するに、現實としてのこの言ひ方には、何の切り離しも利かない。即ち用言的話部として、一體のまゝに取り上げる所以である。先の體言的話部に比較すれば、話部の相に於ける機能的統一性は、一層顯著であらう。

右の用言的話部からは、單語として、動詞の下に助動詞が抽出される。助動詞はこのやうな面の下に於て捉へられるのである。然し、「イワンセ」に於ける「ンセ」のやうな助動詞を獨り抽出してみることがどのやうな意義を有するか。「ンセ」と言へば、もはやこの方言の體系にとつては、何の血肉もない、冷い死灰の類に過ぎないのである。この故に、助動詞は、それを認めても、記述としては、一に用言的話部の面に於てしなければならない。

○モージキオツキサンガデサッシャルゾ。(もう直ぐお月さんがお出になるよ。)

なら、「デサッシャル」の話部のまゝで「サッシャル」を見るのである。

○センセニヨバレルゾ。（先生によびつけられてお目玉だよ。）

○ゴッツォヨバレルカイ。（おいしいのを頂戴するかね。）

の、前者が、悪いことをしたために叱られること、後者が御馳走を氣安く有難く頂いて食べることの意味をもつてゐるのは、「レル」を受身の助動詞として規定するだけでは、捉へやうがない。方言を生活語として見究める上からは、受身の助動詞とも言へるものが、こゝにどのやうな特定の生き方をしてゐるか、言ひ換へればどのやうな話部的意味を擔つてゐるか、そこを見つめてゆかなくてはならないのである。

○ソガナコターサレン。（そんなことしてはいけないよ。）

では、可能の助動詞「れる」が、「サレン」の話部化に於て、禁止の言ひ方の内に生きてゐるのを見る。

○ソガナコトーシベキモンジャーナー。（そんなことをするべきものではない。）

「シベキ」の言ひ方は、老人の、素養ある男子が、固い調子で第三者を批判する時に表はれる。相當嚴重な雰圍氣を釀すものであり、又しかつめらしくもある。この形一つが存するだけである。

○コガニヒテチートバーウエトコーズ。（こんなにして少しばかり植ゑておかうよ。）

○ソイツァーマッタリヨ。（その仕事は一寸待つておくれよ。）

なども、古風な用言的話部である。「ウエトコーズ」には、捻つた老巧さがあり、「マッタリ」は輕快で而も勿體ぶつた氣味合ひに富む。助動詞を取り上げるにしても、このやうな内實を支へてゐる點を見損ねてはならない。

○アンタキンニョイッツロー。（あんた昨日行つたでせう。）

のやうに、一見複雑な助動詞の見定められる場合も、方言に於ける用の立場を重視して、機能性のまゝに捕捉することが肝要である。それが、他の方言に於ける實用や、又通時的な見地から云爲されてはならない。右の例は、助動詞としても、「ツロー」を一つのものに見るべきなのである。

○コンナーナヒタコトノワカランニンゲジャー。（お前つたら本當に道理の分らない男だねえ。）

の、單語から言つて「體言＋助動詞」の相の認められるものは、體言的話部であるかの如く見えるけれども、それは體言そのものに執らはれた見誤りであつて、話部論の立前から言へば、當然用言的話部である。指定の助動詞の見方が、「ジャ」そのものを孤立的に認めることにのみ偏すれば、いきほひ見誤りが生じ易い。これが用言的話部として受け取られる所に、助動詞「ジャ」も正しく捉へられてゐるのである。「ジャ」から言へば、これは寧ろ、

○センセガキョーッテジャ。（そら先生がこちらへおいでだよ。）

のやうに、それが文に現はれると同時に、その上接部分を體言的なものにしてゐる。然しそれをさうする所に、「ジャ」がその上接部分を統轄して一體化することが明瞭に看得される。それが卽ち、用言的話部の名に於て認められる「ジャ」の機能なのである。當地に吝嗇を表はす適切な形容詞がない。時に幸に、

○アイツァーチンネクソジャ。（あいつはけちんぼだ（けちくさい）。）

の「チンネクソジャ」と言ふ話部が、形容詞による話部表現の代用をもなしてゐる。この事例は、「ジャ」に支へられるものが用言的話部であるをことを頷かしめ易い。因みに「……ジャ」の用言的話部には、このやうに品詞の代用と言ふことのあるのが注意される。

用言的話部に關聯して、一つ取り上げなければならない問題に、活用のことがある。凡そ用言・助動詞の活用自體は、抽象的にも考へ得る。然し活用形一つ〳〵の現はれるのは、それ〴〵特定の文中に於てである。現實の文を離れて、一活用形の獨自的なはたらきは存しない。所謂活用變化は、用言・助動詞から言へば、それらが用言的話部として實際に顯現しその場に適應する狀態に外ならないのである。かく活用形は文の個性に應じて特殊的場面的な必然性を有するとすれば、之を單語論の問題にすることはできない。もとよりこれは話部論の題目であり、かう言ふ意味で、方言の活用形及び活用は、極めて自由に見られてくるのである。所謂音便形の如きも、現前の共時態として、そのまに取り上げられる。活用も、例へば形容動詞に關するものなど、方言によつて、特殊な、活用形の對立關係が見られる。助動詞の活用は、本來ならば、用言的話部に於てその全體相として見るべきものであり、方言の實狀は亦これを要求してゐる。もと〳〵、動詞と助動詞との接續或は助動詞相互の接續と言ふやうな考へ方は、構成主義に墮してゐて、方言の用言的話部を成態として見るのには、役立たないのである。

次に用言的話部の敍述態が注意される。

○ドコイイキョーリャー。（どこへ行つてるのか。）

○ヤレヤレ、アブナカリョーッタ。（やれ〳〵、危い所だつた。）

と言ひ、

○チョードツクロクヒトルワイ。（丁度恰好がとれてるよ。）

○アノミャーフヌケガサートルンジー。（ねえ、あの人はきつと頭が變なんだよ。）

などと言ふ。その進行態・存在態と言ふやうなものが、特色ある話部として取り上げられる所に、生活語としての趣が看取される。これらには、例へば「ツクロクヒトル」など、存在態としての言ひ方に於てだけ行はれてゐるものがあり、又、「アブナカリョーッタ」など、形容動詞に係はる進行態としては、過去時に於てだけ行はれると言ふものがある。このやうな例は、限定的であるだけ、話部としての個性は顯著であり、隨つて方言上一層注意すべきものと言へる。「ツクロクヒトル」はあつても「……ヒトッタ」はないと言ふのも、その現在時存在態として完成してゐる持味の強さを知らしめるであらう。

上述のやうな方面に向ふと共に、用言的話部の見方は一段と緊要の度を加へてき、それだけ又、方言語法の生きた特質がよく捉へられるに至る。

その點で、更に廣く注意されるのは、用言的話部の敍法である。一例として命令法を見よう。「言へ」に相當するものであると、そこには、

〔ja〕—レ〈青年以上・主に男—少〉親愛・敦朴

〔je〕—〈全〉下品

〔ja〕—ガレ〈全・主に男〉卑罵

イーナイ＜全・女子供に多い＞上品・軟か　　イークサレ＜男＞憎罵
イワンセ＜中年以上↓老＞敬やゝぞんざい　　ヌカセー＜全・主に男＞怒罵
イーナサレ＜中年以上・女に多い＞最敬・古風　　タリャガレー＜男＞極怒罵

のやうな、話部の分化對應が見られるのである。これは即ち話部の視點に於て捉へられる敬卑表現の層序に外ならない。このことは、平叙法の場合にも歴然としてをり、例へば「寝る」と言ふのに就いて見ても、

ネル＜全＞
ネヤール＜青年以上・主に男―少＞親愛・敦朴　↙ネヤーガル＜全＞卑罵
ネサンス＜中年以上・主に男―少＞敬・親密　　ニャーガル
ネサッシャル＜老・男―稀＞敬・古風　　ネクサル＜男＞憎罵
ネヨーッテジャ　　トックヮル＜大人・主に男＞甚憎罵
ニョーッテジャ＜大・主に中年以上＞敬・上品　　ネテタエル＜中年以上・主に男＞極憎罵
ネトッテジャ

の如くである。かうした何等かの層序が見られるのは、方言の特質に基づくものであつて、それだけ用言的話部の成態が重視される。

○ヤレオシマイナサレ。（おしまひが出來ますか。）

は尋問法とでも言ふべきものであるが、話部の形はこのやうである。これを、「ナサレ」だけに引かれて命令法と見る

ならば、この方言に於けるこの獨自の表現は、理解されない。

○ナンデモナーコトーヤーレ。（つまらないことを言ふでないよ。）

では、「ヤーレ」で「ヤールナ」と同じく禁止の意味になる。而もこの「ヤーレ」とあるので、嘆息・感慨の一層強い情が表はされてをり、力弱げではありつゝも精一杯否認しようとする切實な氣持が示されてゐる。老人男子にとって中年の男殊に息子の言が、途方もないと感ぜられ、一方又言つてみても及ばないだらうとも察せられるのが、たほやみ難くて、遣瀬なく判斷を吐露してみる、と言ふやうな場合に恰好な表現が、これである。哀れさは、「ヤーレ」と言はれて一入切なものがあるのである。

○イランコトーヤーガレー。（餘計なことを言ふな。）

○ソガナコトーサレン。（そんなことするなよ。）

と言つて禁止法になるのも、一に話部としての妙味の存する所である。

敍法は、このやうに、話部のこまやかな表現の上に認めてゆかなくてはならない。さうすることによつて、方言の生きた文法現象がうかゞへる。

用言的話部の注意すべき面として、先に觸れた、形成の限定的なものを、改めて擧げておく。この種の例としては、この方言では、

○コノイレバードーモホンドリセン。（この入れ齒はどうも調子がよくない。）

のやうに、打消の形をとることの固定的な用言的話部が、就中多い。これらに、連語の意識がなくなつて了へば、形成とは言へなくなるが、未だそこまで行つてゐないものは、やはり形成に固定性のある用言的話部と言ふべきである。

○ドーモハンドンニイカン。（どうも解せない。）

○ドガニショーニモオッパガツカン。（どう始末しようにも整理のしやうがない。）

などは、「ハンドンニ」「オッパガ」で區切られるかのやうであるが、當方言上では、兩者とも、「名詞＋助詞＋動詞」の複成動詞と解し得るものが、通用の形として、たゞ打消の言ひ方で存在してゐるのに外ならないものである。打消の特定用言的話部、更に又このやうに中途に助詞の見出されるものには、方言の特色をうかゞはしめるものが多い。

以上に說いた、助動詞の觀られる用言的話部の外に、尙、接續助詞の觀られる用言的話部を述べなければならない。助詞の幾種かは體言的話部に於て說かれたが、接續助詞はここで說くのが適當である

○コンチャオコトイニオセワーサンデゴザイマス。（今日はまあお忙しいのにお世話樣で御座います。）

これは合力に來てくれた衆への、老人殊に老婆の挨拶であるが、「オコトイニ」はこれだけの慣用句として存する古雅な言ひ方であり、これを中心として、右の挨拶は鄭重を極めてゐる。かう言ふ「ニ」は この場合にしか見出されない。

○ナカスケンイカーンワーイ。（泣かすから行かないわ。）

○キョーワアンマレモサブイケネイクマー。（今日はあんまり寒いからやめにしよう。）

右で、「……ケン」と「……ケネ」とは對應してゐる。「ナカスケン」が比較的單純なのに對して、「サブイケネ」はやや卑しい。この差別は、接續助詞をも含む用言的話部全體としてのことである。

○コレセンニャーアスバレン。（私はこれをして了はなくては遊べないわ。）

のやうに、接續助詞「ば」の實質は生かされてゐても事實、助詞は抽き出せない場合は、接續助詞一般を用言的話部に於て捉へるのが妥當なことが、認められ易い。

○サーニセーザエーワ。（そんなにしなくつたつていゝさ。）

通時的にはどのやうな過程が考へられようとも、目前に於て一箇の接續助詞が抽出されるならば、それに隨ふべきである。「セーザ」の「ザ」はもと「ずは」であつたかも知れない。然し今は「ザ」が現前してゐるのみであるから之を採る。さうして、このやうな現前のしかたの內に、「セーザ」の一用言的話部であることが豫定されてゐると見られる。

○ユーテミタテテソレガナニンナリャー。（言つてみたつてそれが何になるもんですか。）

○スルテテセンテテコレガドーナリャー。（するつたつてしないつたつてこれがどうなるものか。）

「……テテ」の言ひ方には、このやうな文の結び方の來るのが通例であり、互に相應じて、放棄する氣持、投げやりの態度を表はす。この、後と係り合ひをなす「テテ」の活動は、上接用言の統轄者であることによつて始めて、現實的なものになつてゐるのである。

要するに、接續助詞は、それが用言の支へとなつて共に話部化すると言ふ方面を見なければ、捉へやうがない。卽ち之を用言的話部の項に說く所以である。

接續助詞の觀られる用言的話部は、文に於て、連用修飾部に立つ。これが原則的である點で、この話部は用言的話部中特異な存在と言ふことができる。

（三）

單語としての助詞で、未だ記述されないものは、間投助詞と文末助詞とである。然し、これに及ぶ前に、尙三種の話部が取り扱はれなければならないのである。

その一つに副詞的話部がある。これは、單語である副詞が話部分割の面に於て取り上げられたものに外ならない。その點では、極めて單純な、取上げるのに紛れることのない話部である。そのことは、既に單語としての副詞の性質から來てゐる。

文分割の方向に於ける話部的把握としては、副詞的話部も、前二者の體・用言的話部と、何等選ぶ所はない。然し、その話部的成立の契機には、彼我の間にやゝ異るものがあるのを認め得る。このことは次下の二話部に就いても言へることであり、隨つてこれ以下三者の話部と前二者との間には、一線を劃することができるのである。

（四）

單語、接續詞は、話部分割の面に於て、接續詞的話部として捉へられる。その話部的成立の契機は、副詞的話部の場合に等しい。ただ文中に於ては、彼が連用修飾部に立つのに對して、此は獨立部と見られる。

（五）

○ワー、アンターエライー。（ワー、あんたはおえらいわ。）

感聲表出は文でも語でもないけれど、實際上、文と有機的な關係をもつて現はれる場合は、之を文の側から統一的に把握すべきもののやうである。文表現は、寧ろこれを視點とすることにより、個性のまゝに動的に捉へ得る。この意味に於て、「感聲をもつ文」と言ふ取り上げ方が一種立てられてよい。扨てその時、感聲は、次下の文に對立するものとして、最初に分離される。これも亦話部に見做されないことはない。この感聲的話部の獨立性は、言ふまでもなく、接續詞的話部の文に於ける特立的地位に勝るものである。

これは文に對して獨立部をなす。前者が接續部と呼ばれてよければ、これは感聲部と言つてよい。

（六）

上來の話部分割に於て、常に留保されたのは

○ゴセーガデマスノモシ。（御精が出ますね。）

の「ノモシ」などの文末助詞であるが、これも話部分割の作業面に於て見る時は、當然、文末助詞的話部と考へられる。同樣に、

○ヤレヤレホンゴータイナ。（やれ〳〵ほんに腹の立つことつたら。）

の「ホン」などの感投助詞も亦、感投助詞的話部として受け取られる。

然しこれらは、前の諸話部が積極的に把握されたのに比較すれば、殘されたものとして、寧ろ消極的に受け取られ

る。このことは、結局、こゝに言ふ兩種の話部が、文に於て、極めて動態的な、全體にさしひゞくことの強い、特殊の存在であることを示すものなのである。

（七）

文構造體を話部から見ようとすることは、文的性格を認め得る單語の構造を體系的形成として分析的に見ようとするのと同種の要求による。今や文の現實に就けば、この限定された面では、話部も亦、文構造分割の究極に於て認められる靜的な單元と言へる。こゝに話部は、體言的・用言的等と、單語の名稱に關聯させて呼ばれる。然し、話部の記述自體としては、これが次に言ふ文構造論へ發展的に方向づけられてゐなくてはならないことは勿論である。文の機構上、どう言ふ地位に立ち、どう言ふ役割を果してゐるか、これが話部の見方の到達點である。

四

文表現は同時に文構造體である。文法研究の終局の覘ひは文表現にあるが、それを徹底的に把握するためには、先づ構造體を見なければならない。この意味に於て、文章論の一翼に、文構造論を立てる。文構造論は、文の機構を解明して出來るだけ實證的に文表現に近附けることを目的とすればよい。かゝる文構造論にとつて、上述のやうな話部論は決定的に必要である。寧ろ、上來の話部論の方法は、文の構造論的な處理に外ならないと言へる。

文構造論の立前からは、話部は、改めて、その機能性の直接に表示せられるやう、主部・述部・連體修飾部・連用修飾部・獨立部等と呼ばれる。文構造體が文表現の背後まで持上げられるためには、このやうな「部」の機能をたどることによつて・順次構造觀を盛り上らせてこなくてはならない。こゝで筆者は、文を陳述性を特徴とする呼應的統一體と見たいのである。これを契機にして文表現論が展間される

文表現論は文の機能論を意圖するものである。その方法が文構造論から割り出されることは言ふまでもない。話部の記述に於て先に實踐し殘された文末助詞的話部卽ち文末部（獨立部）は、文表現の機能的統轄者と見られる所から、第一に文表現把握の視點とされる。間投助詞的話部卽ち間投部、接續詞的話部卽ち接續部、感聲的話部卽ち感聲部も亦、それぞれに同種の視點とされるのである。

話部論は文法論を高めて文章論的に統一せしめるであらう。文法論が體系的たり得るのは、話部論の定位によつてである。かくて日本語のために、生きた文法學、生活語を導く表現文法論が出來てくるのである。

（『文学』九巻五号　昭和十六年三月）

頁	行	誤	正
511	11	分析されれば	分析すれば
518	13	（けちくさい）	〈けちくさい〉
526	10	留保されたのは	留保されたのは、
526	15	感投助詞	間投助詞
528	2	展間される	展開される。

方言に観る 日本語表現の特質

藤原與一

一 序説

言語表現の單位は文である。之を文表現と呼ぶことにする。日本語の文表現はどの樣な構造論的特性を有するものであらうか。

文構造の動態的な見方に於ては、文成立の直接的・具體的要素（文の成分）として、「話部」が分析把握される。話部は文成立の直接的契機として認出された具體的存在に外ならない。

この樣な面に於て捉へられる話部は、文脈上の機能性によつて、「主部」「述部」「連用修飾部（及び補部）」「連體修飾部」「獨立部」の如くに呼ばれるに至る。

文中、機能的地位に立つ「部」は、部として靜的には存しないのが現實である。こゝに當然、部の、機能的に相關關係を結んでゐる所謂緊張の狀態が見られて來なくてはならない。卽ち呼應觀である。

文の構造のあり方は、正に呼應的狀態をなしてゐる。呼應觀によつて始めて、文は、構造の成分に分析されつゝも常に生命體として躍動性のまゝに把握されるのである。

今これによつて文構造を見貫くと、初に部分的な關係として、第一に連用修飾部と述部との呼應緊張の狀態が看取され易い。次いで補部と述部、連體修飾部と下接被修飾部分（結局はその部）の各呼應が認められる。その後に認められるのが主部と述部との呼應である。獨立部と他との呼應は暫く別にしておいてよい。扨て主部對述部の呼應は、修飾部と被修飾部との呼應の包攝的なのに比し、最も明瞭な對立關係にある。明白な對立に於ける緊張關係と言つてよい。呼應に於けるこの樣な質的相違は、述部に連用修飾部補部の統合された大述部、主部に連體修飾部の統合された大主部の見方を可能ならしめる。かくして、文は、どの樣に複雜なものであつても、遂には、大主部と大述部との一大呼應關係に歸約されるのである。

文はこの樣に一大對立の呼應に歸約して見られるが、實際に於ては、主部の無い文も少くない。換言すれば、述部に相當する形式から成るものも多い。然しこの際と雖も、呼應は存する。卽ち、主部は陰在としてこの顯在の述部形式に呼應してゐるのである。故に、呼應は文の存するところ常に存すると言へる。然し又この事から、文構造の中樞と言ふ考へ方が導かれるのである。

一體、形式上主部が無いと言ふ事は、文表現自體としては主客未分の包一的狀態に過ぎないけれども、文構造の見方からは、主部の缺如と言ふ、構造體の特色として認めなければならない。然る時、此は、主部無くして文たり得る事を示してゐるものとも解し得る。この事は、文成立に於ける述部的なものの重要性を思はせる。別の例證を一つ擧げると、體言的なものから成る文がよくあるが、それらの方言に於ける狀態を見るのに、多くは文末の助詞をとつてゐる。此は、この樣な末部によつて文表現が叙述的に統率され、全體、述部的な相にされてゐるのである。こゝに、文の本質が述部にあり、文の基調が叙述性にあることが理會される。

文の二大部呼應の見方は、文構造の中樞に看到する事によつて、深化される。卽ち今や主・述兩部は全然對等の地位にあるものとは見難くなるのであり、究極に於て、主部が述部を修飾限定すると解し得るに至るのである。主部が陰在であるものには、一層さう言ふ限定的な緊張關係が考へられ易い。之を要するに、呼應はすべて包攝の呼應一元である。この、呼應原理の一貫性に支へられて、文表現の叙述性がある。文構造體の呼應的統一性は、この叙述性によつて性格附けられてゐるのである。

かくして方言に於ける叙述樣式が問題に上る。上述する所によつて、文表現としては、述部的構造の顯著な、對話が原本的なものである事は、容易に首肯されよう。こゝに方言の注意すべき現象、卽ち日本語の大きな事實が見出されるのである。

二　累加的叙述

方言對話に於ける叙述樣式上の特色は、第一に累加的叙述にあると言へる。累加的叙述とは、「御免下さいませ。」の如く、述部的表現が延長・累加・發展して行くのを言はうとするのであるが、それが方言にあつては格別顯著な特色を有するものとして取上げられるのである。

肥前國平戸の方言によれば、上品鄭重或は對目上の待遇表現に、注目すべき累加的叙述が見出される。

○アリバオミヤッシェ。（あれをお見なさい。）

○オイギャエマッセンワイ。（行くことが出來ません。）

○ハヨオシャッサリ。（早くおしなさい。）

○コッチオイヂャッサリ。（こちらへおいでなさい。）

○オアガリヤッシェ。（お上りなさい。）

これらは「オ」に始まるものである。

○ハヨナサリヤッサリ。（早くおしなさい。）

○イラッシャラシタ。（よくいらつしやいました。）

○ソーアッサルナ。（そんなにおしなさいますなよ。）

○ドナッツァーモオーランチャッタデッショー。(誰方もゐなかつたでせう。)

○シジューオセワェァナリャーギャス。(いつもお世話になります。)

○コノテガンバョーデクダショカリ。(この手紙を讀んで下さい。)

此等は、一言にして被へば、崇敬意識表白の爲、叙述上委曲を盡す所の極めて著しいものである。さうしてこゝには、現代語一般から見て古態の語法に屬するものが多い。卽ちその樣な特徴あるものによつて、累加的叙述がなされてゐるのである。

九州の方言中には、累加的叙述のかゝる特色ある傾向が、相當に多く見られる。一二の地を以て例とすれば、大隅肝屬郡高山町では、

○アイガトモシャゲモシタ。(有難う御座いました。)

○イッモオセワサエナイヤゲモス。(何時もお世話様になります。)

○ヤドンムスコワドーカタノンミャゲモンデ。(うちの息子はどうぞお願ひ申します。)

これらは「上げ申す」との言ひ方に特色がある。

○モーネチャデモハンド。(もう熱は出ないでせうよ。)

○マ、イットドマオアガイヤッタモンセ。(まあ一寸ぐらゐ、お上りなさいませ。)

○ヤヂオサイヂャッダモンドカイ。(うちへいらして下さいますか。)

○コヤオマンサーンシャッタトゴアンドガ。（此はあなたがなさつたんでせう。）

の様な言ひ方が見出される。南薩海岸地方では、指宿郡頴娃村仙田に、

○インモカンモゴメンドセーナイヤゲモス。（何時もお世話様になります。）

○モーネヂャデモイメ。（もう熱は出ませんでせう。）

○ソニュンシッタモイナ。（そんなになさいますな。）

これは前地の類例である。

○ドニュンセライタカ。（どうなさいましたか。）

○ドゲイガイタカオ。（何處へお行きでしたか。）

末尾に「オ」のある方が一層敬意が大である。

などもあり、同郡同村川尻部落には、

○トドワドゲイガイモシタカ。（お父さんはどこへお行きになりましたか。）

前地の言ひ方に更に「申し」が重つてゐる。

○シェンシェガキャイモシタ。（先生がおいでになりました。）

○ケサマダヂャイモシタ。（お早う御座います。）

「今朝は未だで御座いました。」の言ひ方をしてゐる。

などもある。同じく南薩の川邊郡枕崎港では、

○コッチサエオサイヂャッタモーシ。（こちらへおいでなさいませ。）

○オッカサーンハヨゴハンヌタモイモソーイ。（お母さん早く御飯を食べませう。）

これは「申す」がはつきりしてゐる。

○オマンサーオスシオタモイヤンドガイ。（あなたはおすしをお上りになりますか。）

○コラオマンサーンシヤッタッゴアンドガー。（此はあなたがなさつたんでせう。）

○ダイサーモオヂャハンヂャンスロダーイ。（誰もいらつしやらなかつたでせう。）

○アユミデオンミヤス。（あれを御覽なさい。）

「オンミヤス」の言ひ方が注意される。

○オアイガトモサゲモシター。（有難う御座いました。）

なども見出される。

此等薩隅の狀態を通じては、例へば右の最後の二例にも明かな如く、煩を厭はぬ敬語の累加重複が眼に著く。その用語を見る時、所謂標準語とは大いに趣を異にした累加的敘述が明瞭に捉へられるのであり、最後の例「お有難う申上げ申しました。」の樣な語法の生じ方に接するに至つては、愈ゝ明かに、方言上の際立つた特色を見ることが出來るのである。

古態の語法を存有する點では、南島の方言に、一層特色のある而も或は比較的純粹な相のものを見ることが出來る。大島の

○マタイモリンショレ。（又いらつしやい。）

○コンテガムヨミンショシタボレ。（この手紙を讀んで下さい。）

クンテガミヨミンショシクリンショレ。

德之島の

○イチモンショレ。（お入り下さい。）

○クンテガミユディクティタボーレ。（この手紙を讀んで下さい。）

○ヤスッミェーランゴンイダモーリョレ。（休まないで早くお行きなさい。）

沖永良部島の

○アガインショリ。（お上りなさい。）

○ッマーチメンショリ。（こちらへおいでなさい。）

○ガンシータボンナ。（そんなになさいますな。）

ガンシンションナ。

與論島の

○ファーティゥハーチタベーリ。（こちらへいらして下さい。）
○ヤーカティゥハーチタベーラリューライ。（うちへいらして下さいますか。）
○ガンヤシチタベーンナ。（そんなになさいますな。）
「なさいますな。」の言ひ方が「シチタベーンナ。」（してたまはるな。）である。
沖縄本島の
○アガイミソーレー。（お上りなさい。）
○クヌティガミユディトゥラシンソーレー。（この手紙を讀んで下さい。）
などは、その端的な例なのである。

註　南薩・南島の方言音には微妙なものがあつて、假名表記では盡すべくもないが、今はただ簡易に隨つて、やむを得ず假名の及ぶだけのことをしておく。以降の東北地方・出雲等の方言例に就いても同様である。
尙、方言例文下の對照文は、寧ろさういふ言ひ方のものが方言ではどの樣に言はれてゐるかとの意味のものである。

方言に於ける累加的叙述の特色は、他の地方に於ても、もとより之を見得るものである。一轉して東北の例を引くと、先づ羽後の船川港には、
○コノテガミッコヨシデスラヘテタイン。（この手紙を讀んで下さい。）
○ゴメンシテタイン。（御免下さい。）

○ヨクキタナェイスカ。（よくおいでなさいました。）

陸奥北津輕郡中里村には、

○ゴメンケヘー。（御免下さい。）

○タイゲシテケスベガ。（來て下さいますか。）

○オメダノアヤドコサイキシタバー。（あんたのうちのお父さんはどこへいらつしやつた。）

○ソレホドキレバヌググヒンナー。（そんなに着たらあついでせう。）

○フンダダベネツデナゴショー。（もう熱は出ないでせう。）

「出ないことでせう。」の言ひ方。次地には「デマセンゴッタナト。」と言ふのがある。

同上北郡野邊地町には、

○マーマーアガラシテクダサマヘ。（まあ〳〵お上りになつて下さい。）

○ヤスマサネデオデリマヘ。（お休みにならないでおいでなさいませ。）

「アガラシテ」「ヤスマサネデ」の「シ」「サ」が注意される。

○オメサマドゴサオデリマスニシ。（あなたは何處へおいでですか。）

○イッツモオセワニナリモー（モ）シテニシ。（何時もお世話様になります。）

陸中岩手郡澁民村生出には、

○アレオミレンセ。　（あれを御覧なさい。）

○オモーシワゲナーガンスンドモコレオミレァテクナンセ。（申兼ねますが之を御覧になつて下さいませ。）

○オメサンオススオアゲンシスカ。（あなたはおすしをおあがりになりますか。）

○オメサンドゴサオデンスエー。（あなたは何處へおいでですか。）

○チョットオマジェンシ、ヨッコガゴザンスダス。（一寸お待ち下さい、用が御座います。）

これらは「オ」から注意される。

○ナニメサンシタッエー。　（何をおしでしたか。）

○コレミテケラッシャ。　（これ見て頂戴。）

○ヤスマネデイガッシャイヤー。（休まないでお行きなさい。）

○オネガイサンス。　（お願ひ致します。）

○コンヤドコサモデガゲナガンス。（今夜は何處へも行きません。）

等が、それ〴〵有る。

此等東北の例は、南方に比し、累加の傾向が稍〻簡單であらうか。それにしても、右の最後の二例など、その語法の成立が、南方枕崎に就いて擧げた終の例などと性質を同じうしてゐて、注目を引くのである。

以上は、例として國の兩端を擧げる事になつたけれども、この種の特色ある事態は、國語の諸方言を通じて見得ることである。たゞ顯著な分り易い例が多く邊陬地方に見出される事は、被ふべくもない。今は著例の一部に隨つたのであり、それも筆者直接の調査にのみよる。

此等の累加的叙述には、何れも生き〳〵とした內實が具はつてをり、表現形式が死んだりしてはゐない。複雜な外形に相應するだけの實質が夫々現存する點に、方言として注意すべきものがある。敬讓の表現としては、待遇意識に敎いものがあればあるほど、累加的叙述は一層發展し複雜なものになり易いのが當然であらう。

× × ×

その點では、更に、累加的叙述の屈曲とでも言ふべき一段とこみ入つた言ひ廻しが認められる。先の澁民村生出の例に、

〇オラホサオデテクナハルニヨーガンスィンガ。（うちへいらして下さいますか。）

と言ふのがあるが、「いらして下さいますか。」に「いらして下さるによう御座いませんか。」との言ひ廻しをする所に、屈曲とでも假稱してよいものが認められると思ふ。

〇オラホサクルニイースカ。（うちへ來て下さる？）

の「來るにいゝですか。」の言ひ方が既に明かな屈曲である（同地例）。「よう御座いませんか。」と打消して問へばこれも亦屈曲と見てよい。扨て「休まないで早くお行きなさい。」の心地で、

○ヤスマンチハヨインモソヤ。

即ち「行き申さうや。」と誘ふ如くに屈曲表現をなすのは、南方、薩摩穎娃村仙田の例である。東國には、信濃飯田の

○オアガリナンショ。　（お上りなさいませ。）

の様に、「……なさいませ。」を「……なさいませう。」と言ふ類の、物柔らかな挨拶の仕方が諸所にある。山陰出雲地方では、

○コノテガミヨンデゴイター。　（この手紙讀んでおくれよ。）

即ち「讀んで寄越した。」と言ふのが、「ヨンデゴサッシャイ。」（讀んで下さい。）と言ふのに略ゝ近い言ひ方として行はれ、土佐その他にも之に似た言ひ方がある。東北の

○コッチャコイヂャ。　（こちらへ來いよ。）

も屈曲の例と見てよい。屈曲的表現が、直截に言ひかねる謙虚な立場を表白するものであることは、寧ろことに至つて簡明であらう。

一體に、命令殊に禁止の場合に、累加的叙述の屈曲が著しいのは、尤もな事と言へる。東北、野邊地町の

○ソッタラニシヤサリマセンダイー。　（そんなになさいますなよ。）

はその著例であり、下北半島田名部町の

〇ソッタニスナダイメァ。（そんなにするな。）

もさうである。津輕半島中里村などの

〇オキレバマイネ。（起きるな。）

の如きは、屈曲の甚しいものと言つてよい。

南紀の「オキンナマイセー。」（起きるな。）の禁止表現もこゝに考へ合せられる。「マイネ。」は「だめ！」と言ふので、説明しにくいと言ふことであつたが、「マイセー。」の方は、「マイシヤンシ。」（およしなさいよ。）とも言つて、命令法にのみ供せられる獨立の動詞になつてをり、その外に「マイニセー。」などの言ひ方もあるので、もともと「しまひにせよ。」の意味のものかと思はれる。さう言ふものが今や接尾辭風に禁止法の下に附いてゐるとすれば、これも亦一種の甚しい屈曲表現と言へるのである。

近畿に多い「アケタラアカヘンガー。」「アケラレヤン。」「アケントキ。」「アケヤントイテ。」（「開けるな。」）、四國にも共に多い「アケラレンガナー。」（「開けるな。」）等の禁止の言ひ方が、大きな屈曲である事は、言ふまでもない。さうして、此等は、上記の累加的叙述例に見るが如き複語尾的な著しい修飾表現を缺く代りにこの様な形式の屈曲的表現がとられてゐるものとして、注意されるのである。

近畿方言に隆盛なものを初として、何等かの方式に成る屈曲的表現は、國語方言を通じて、多く且つ一般的である。「この手紙を讀んで下さい。」などと人に物を頼む時、折入つては「ヨンデヤンナハランカ。」（南豫）

の様に、一應打消して言ふ言ひ方は、その恰好な標例であらう。同種の方法に成る變つた方言例では、南薩川尻部落の

○コンテガムミッミクイヤランカ。（この手紙を讀んで下さい。）

○ネニョ、ハヨメシタモラセヤランカ。（お母さん早く御飯をたべさせてよ。）

などもある。屈曲的表現の方法によつて、下品に陥り易い表現も淨化されるのが常である事は、特に注意すべきなのである。

扨て如何様にもあれ、たゞに累加的叙述と言ふだけならば、支那語も現代英語も、彼等は彼等として、それが全く累加的叙述であると言ふであらう。然し、我々としては、彼等にも増して累加的・延長的であるとの判斷を下すことが出來る。卽ち、彼等の陳述語は、現代英語であると、僅かに綴りを異にするだけで過去を示したりし、支那語だと、同一の文字で直ちに完了法を示したりして、そこに何等延長的なものの殆ど無いことが少くないのであるが、日本語にあつては、必ず層序をなして累加されて行く。こゝに大きな差がある。而も日本語のかゝる延長性は、對話表現に於て、待遇意識の動力により顯示せられるのが最も規則正しい常態であることを思へば、これを特性的事實と見るのに憚りが無いのである。所謂敬語法が日本語の生きた特質であることは、この見方によつて明かであらう。

三　文　末　部

累加的叙述の日本的特性を、更に明瞭に知らしめるものは、累加的叙述の末端に起る文末部とも言ふべきものである。ものは、文末助詞と呼びたいものに外ならない。勿論累加的叙述の一部をなすものと見てもよいものであるが、これが文の完結點にあつて特異の地位を占めるところから、一先づ見方を別にするのである。外國人に對しても、例を示して、この文末部が文の決定力を有し文の品格を左右することを說けば、首肯され易い。さうして、この様な文末部こそは、我々にとり、叙上の累加的表現と、形式內容共に、分割すべからざるものなのである。

旣に上揭の方言例に於ても、文末助詞のある例が見えるが、土佐吾川郡の一例を引くと、

○コノテガミヨンドーゼヤ。

と言ふのがある。之によれば「この手紙を讀んでおくれ。」と言ふ和らいだ氣持の依賴は、最後の「ヤ」助詞によつて完全に支へられてゐる事が、端的に捉へられるのである。

文末助詞は文表現の機能的總括者であると言つてよい。序說に於ては、文構造體が呼應的統一をなしてをり、而もそれが叙述的機構に立つてゐることを述べたが、かゝる叙述性は文末部（文末助詞）によつて性格附けられてをり、文の表現價値は、文末部によつて頂點的收約的に表示されてゐるのである。もとより此は

國語一般の顯著な事實であると見られるが、それが、筆者にとつては、寧ろ方言の實狀よりして、極めて簡明に歸結せられるのみである。

○インニャ、チートハカナーゾ。（おや〳〵、ちよつぴり《（少し）》しか無いぢやないか。）

これは伊豫大三島の例であるが、この文脈を特色づけてゐる中年男子の低卑な滑稽的ひやかしの感情は、冒頭の「インニャ」に對應して文末を引締める「ゾ」が、よく受持つてゐるのである。次下に方言文末部の顯著なものを少し指摘したい。東北、野邊地町では、

○ダェイモイヤサリマセンカッタベニシ。（誰もいらつしやらなかつたでせうね。）

と言ふのがある。澁民村に

○サムーガンスナシ。（お寒う御座いますね。）

船川港に

○ハヤイネシ（ネーシ）。（お早うございますね。）

その他東北の地に「ナンシ」もあり、南下して中部地方の一例では、三河奥の北設楽郡本郷村に

○ダーンデモオイデナンズラノーシ。（誰もいらつしやらなかつたでせうね。）

があり、或は南紀串本に

○キョーワサムイノンシ。（今日は寒いことですね。）

四國は一例、阿波宍喰に

○ウチノコドモガオーケオセワンナッテナモシー(ナオ)。(うちの子供が大變どうもお世話になりまして。)

がある。この種の文末助詞は全國各地に多い。長門國西北邊、向津具村大浦の「ソヂャカラホレノンタ。」(だからさねえあんた。)もその重要な一例である。何れもこの文末部によつて、その文の表現價値が決定的に示されてゐるのである。

右が「なあ、もし。」或は「ねえ、あんた。」と、對手に打入る言ひ方とすれば、九州平戸などの

○コリャワタシントデァスバイ。(これは私のです。)

コリャオリガトバイ。(これは俺んだ。)

○コレイッチョタノムバイ。(これ一つ頼む。)

中國山陽筋の

○ヨイヨーイナゲナモンヂャワイ。(全く變なもんだよ。)

等は、「わたし。」と言ひ添へて已む樣な氣合に特徴があり、それだけの性格を、この文脈に認めしめる。東北中里村には

○ナシタンダベー。(どうしたんだ。)

○オメダノアヤドコサイキシタベー。（あんたの所のお父さんはどこへお行きんなつた？）

の様な言ひ方があるが、野邊地町には

○テモナモシピデデベイー。（寒くつて手も何もしびれてねえ。）

○テモナモモゲルヨンタデベイ。（手も何ももげる様ですわ。）

と言ふのがある。船川港の

○ドーカネガウシタイ。（どうかお願ひします。）

や、九州の文末助詞「タイ」も、やはり「バイ」に關係のあるものではなからうか。

以上の様な文末助詞によつて文が結ばれてゐると言ふことには、日本語の待遇表現のあり方として、注目すべきものがあると思ふ。對話の累加的叙述に見られる日本的な生活感情は、こゝにその顯著な斷面を見ることが出來るのである。日本語に於て、文末部が文表現の收約的頂點として重要性をもつことは、この一つの場合によつても、明かであらう。

すべてこの様にして文末を見て行く。さうすると、諸方言には、文末助詞として扱ふべきものが比々として多いのに驚かされるのである。東北、澁民村の

○ナニシテラードシ。（何してるかいな。）

他家へ入る時の挨拶

能登輪島の

○アレミマシマ。（あれを御覽なさいよ。）

○アケントオキマシマ。（お開けなさいますな。）

信濃飯田の

○マーアガレーヤレ。（まあお上り。）

南紀串本の

○ハヨゴハンタベマッテンショラ。（早く御飯を食べませうよ。）

○アリマッテンスラ。（あります。）

南薩枕崎港の

○アユミデミヤイハラー。（あれをお見よ。）

○アユミランカラー。（あれを見ないか。）

三重縣南陬の尾鷲町の

○ゴッチャイコイレー。（こちらへ來い。）

○コッチャイコイホイナー。（こちらへ來いよ。）

肥前平戸の

○ドケイカシッタニロ。（何處へ行つたな。）

土佐西南隅、小筑紫村の

○コリャーワシンガゼアイ。（此は私のよ。）

等は、その一部の例である。一々解說を加へる餘裕を持たないけれども、これら各〻は、それぞ〳〵に獨特の表現效果を擔ふものとして、大きく文全體の上に立つてゐるのである。文末助詞は、

○ゴハンタベラコイ。（おい、御飯食べよう。）

○ナンボデモイケラレマストモイ。（こんなにして、いくらでも長生きが出來ますがな。）

〔前者が出雲、後者が長門の例〕などの上にも、大いに認めて行つてよい。

かくて文末部は、文表現の末端に、文の擔ひ手として、方言上廣く多彩に見出される。先の累加的敍述に見られた日本的特性は、累加的敍述がやがてかういふ文末部によつて直接的に受容統轄されるべき方向にあるところから、一層明かにし得るのである。陳述語の位置が、支那語・現代英語などと異り、通常、文の終の方に來るといふことは、かゝる文末部に直ぐ繫がる點で、獨特の意味をもつのである。文末部はかうした地位に立つ。隨つてその重要性は一層明確に把握し易い。こゝに至つて、日本語表現の特性は、結局、文末部による文完結の方法にあると見ることが出來る。（文末部は時に所謂助詞などの形では現はれないこともあるが、言の上では、發音上の特徵として、必ずや何等かの文末部が捉へられるのであるから、右の樣に一般

的に言ふことは、差支へない。）

○

この樣な文末部が、方言に於て、標準語からは容易に想像も及ばないほど、繁榮してゐると言ふことは、日本語の現實として、深く注意するに足る。日本語獨自の表現法は、方言に於て容易に、廣くも深くも見られると言つてよいのである。

而も、この狀態を更に見分ければ、上來の示例によつても大體は察知し得る如く、國の南方で累加的叙述が古態を帶びてかなり複雜化してゐる處又はさまで複雜でなくても著しく古態を帶びてゐる處には文末助詞の見るべきものが比較的少く或は殆ど無く、國の北方その他の地方で累加的叙述の複雜さが南方に比し劣る處には文末助詞が彼此と多彩に行はれてゐることが氣附かれる。簡單に言へば、薩隅などの累加的敬語表現が非常に發達した狀態にあつては、文末助詞があまり榮えず、それほどではない東北地方乃至東國その他の地方では、文末助詞として扱ふべきものが比較的多く見られるのである。これは又一層注目すべき事實ではなからうか。問題は、用言本位の複語尾的な著しい修飾表現をとるか、寧ろ文末部によるかであるが、筆者によれば、今日諸方言の實情は、寧ろ後者の方法を發達せしめ、前者卽ち薩隅的な方法は衰退の傾向にあるかと解せられる。總じて、新しい助動詞の起ることも見られはするけれども、それにも增すこと遙に多く、文末助詞が新生しつゝ榮えてゐるのである。

さういふ衰退事情を覗ふに足る一つの好例は、能登輪島の方言である。これによれば、

○センセヤゴザッタ。（先生が來た。）

○コッチーゴジャーセ。（こちらへ來い。）

コッチーゴザイシマ。（こちらへ來い。）

○アガラシナェー。（あがれよ。）

などは下品なことばであり、

○コッチーイラシマ。（こちらへおいで。）

○アレミサシマ。（あれ御覽よ。）

○ドーカタノミンスエー。（どうか頼みますわ。）

などにしても中品程度のものであると言ふ。何れも、その語法の本來有してゐた筈の內實が、轉化し低下してゐるのを見るのである。九州にも、平戸を初として、之に類する例がある。「御座います」に當る訛りは諸種の形で全國に多いが、「ガンス」とか「ゴス」とか言つてゐる內に、その品位の低下を免れなかつたのは、凡俗の言語感情しか持たぬ人々に於てさへも、當然すぎることであつたらう。加ふるに一方では、小學校教育の普及によつて鄙にも中央のことばが齎されたから、そこには、自分乍ら中味の意識し難くなつたもの或は分りすぎた表現法へ急激に改訂を加へることも餘儀なくされたのである。山陰の

〇インヤデス。　（いゝえ。）

〇ソギャンデス。　（さうです。）

の新語法作成に見られる様な意圖は、方言人の、自らのことばに生きようとする切實な努力として、廣く見渡される。さうしてこの努力につながるものが、現實としては、驅つて文末助詞による表現分化の方法に赴かしめてゐるのである。九州方言では、「バイ」と共に「バナ」「バノ」「バン」「バヨ」、「タイ」と共に「タナ」「タン」、外に又「ザイ」等々がある。この様に聯關して形に現はれたものの質的相違は言ふまでもないことであるが、例へば「ワ」「サ」「イー」「シー」「ゾ」の各々など、行はれる範圍は全國方々に亘つてゐ、形に異動はないものにしても、使用上では、所により、獨自の微妙な表現効果を呈するのが常であり、その內實は推測を許さぬほど多岐なのである。文末助詞發展の傾向は、かく待遇意識に媒介されて、愈々著しい。

四　簡潔な文表現

文末部のかゝる本質的な理會に到達する時、改めて日本語表現全般が見渡されなくてはならない。上來はものを明かにする爲に、累加的敍述の複雑なものから入つたのであるが、要點は文末部にあるとすれば、簡潔な文表現をもこゝに併せ見ることが出來る。その時、この側に於て、一層端的に、日本語表現の文末部による特性が捉へられるのである。東北、中里村で

○ワコンニャドサモイガネデァ。(わたしは今夜何處へも行かない。)

と言ふ。最後の「デァ」を文末部と見れば、かうあるのは「ヂャ」とある時が改まつた言ひ方とされるのと對立的に、くだけた言ひ方とされてゐる。同地に

○ダモイナクテアッタベシー。(誰もゐなかつたでせう?)

と言ふのがあるが、此は、文末に「シー」をとることによつて、全體上品化されてゐるのである。その他、三河奥の

○ソーカイシー。(さうですか。)

は年寄りの受け引いて感嘆する綺麗な言ひ方であり、三重縣尾鷲町の

○ドコイイクンドレー。(何處へ行くのか。)

は、「レー」がついて、親しみはあるが下卑て來るのであり、土佐小筑紫村の

○ワシンクイキチクレルカン。(私の家へ來てくれる?)

は、終を「ン」とはねる事によつて、上品な感じの言ひ方に化せられてゐるのである。以上は、少例ながら何れも文末部の力強さをよく思はせよう。「ホンマヨー。」(本當さ。)など、體言的なものに助詞の添はつた對話表現は、その一層手近な例である。

扨て文末部がこの様な地位のものであればこそ、文の文末部に至るまでの部分は、簡潔でもよいのであ

る。この點で、文末助詞的なものの發展してゐる反面に、日本語表現が簡潔な叙述を以て大きな特性としてもゐることが指摘される。尠くとも對話表現としては、それが重要な事實であることを認めざるを得ないのである。

五　結　語

或は累加的叙述に於て或は簡潔な叙述に於て、日本語表現の特性が示されるが、その支へとなつてゐるものは、文末部の一元である。これを生きた特質として見据ゑる時、我々のことばには、一方に形骸化しようとするもの、一方に新生するものが認められる。さうして、方言に觀る國語のこの現實こそは日本語として歷史的な事態であり、「國語」の自律的發展に外ならないと解せられるに至る。これが日本語表現の規範の成長である限り、又價値的な動きと言つてよい。敬語法敎育は、この認識に立脚して始めて、妥當的に遂行せられるのである。

（『方言研究』四　昭和十六年十月）

頁	行	誤	正
547	11	よつても、明かであらう。	よつても明かであらう。
552	6	「ザイ」	「ザイ」

日本語表現法の文末助詞

――その存立と生成――

藤原与一

○はじめ

人の話を聞くうちに、終に「……ね。」と言われて、ああ自分へのことばであったかと、気づくためしは少くない。この「ね」などの、文末の特定のことばは、そこまでの表現を、一挙に相手へもちかけていく。

この文末特定のしめくくりことばは、いろいろに分生しており、また新生しようとしている。それらは、日常対話の生活において待遇表現上、大きな効果を示すことになっている。

日本語方言、日本語の方言的統一体は、今日の全国一大共時態において、どのように文末助詞を存立せしめているであろうか。今日、『日本語方言』では、文末助詞による言語表現の生活が、どのようにおこなわれているであろうか。

諸地方で、個々の文末助詞がおこなわれているのを、日本語主体の現実の活動として統一的に眺める時、現在の日本語方言文末助詞の存立は、次下のようにまとめて見ることができる。

一 第一類

第一類としては、単純感声的な文末助詞が指摘されると思う。これにまず、ナ行文末助詞とよぶべきものがある。

ナ行文末助詞

○やめておこう　ネ（ネー）。
○ヤメトコ　ナ（ナー）。
○ヤメトコー　ノー。
○ヤメトコー　ニー。

などと言う。「ヌー」とよびかけるのは、まずないようである。

それにしても、ここに、ナ行音系列のそろいのものが見られる。なぜに、この種のものが特によくとりあげられたのか。素材としての価値と登用の契機とが問題になる。結果論的には、今、これらの有効であることを、諸他の現象との比較などから言うことができるとしても、なお、ナ行音が特にえらばれなくてはならなかった原由は明らかでない。けれども、ナ行文末助詞の一派が、日本語生活において、原始的なものであり、早くから採用され、それらは、ごく単純な純粋感動音に出たものであることは、想察に難くなかろう。

今日、これらは、全国的におこなわれている。とりわけ「ナ」（ナー）は、おこなわれることが普遍的である。近畿四国の方言は、文末助詞「ナ」を以て特色とする方言とも言うことができよう。中国地方は「ノー」を存する点でいちじるしいものがあるが、「ナ」をも見せている。九州にはまた「ナ」がよくおこなわれている。全国を通じて、「ナ」の品位、「ナ」文末助詞が現れてのその文表現の待遇品位は、一定していない。が「ナ」と言って、中等以上の品位をかもす所は関西に多い。このありさまは、かなり伝統的なものによっているかと思う。西半日本にとって、地ことばらしくない「ネ」は、関東系のことばである。〔薩摩半島の方では、「ネ」をよく言う。〕関東辯は「ネ」ことばであるとも言うことができよう。「ネ」は、「ナ」「ノ」よりも後生のものではないか。「ニー」はもっとも特異な文末助詞である。今日これは、常陸や北陸路その他の日本海沿岸や、南薩・内海島嶼・阿波東岸・熊野路・伊勢湾奥・伊豆などに見いだされる。が、総じて退化の傾向にある。もとはかなりおこなわれてもいただろうか。今日の分布状態がまったくとびとびで、しかも広い範囲にわたっているのを見ると、そうも考えられる。今のところ、山地部には見いだされにくくて、たいてい海岸地域に見いだされるのはなぜであろうか。「ニー」という狭母韻の、聞えの小さいものが文末のよびかけに立ったことが、すでに一つの問題であるが、そのおこなわれることが、もしも海辺地域に偏したものであったなら、なおふしぎさの興味がわく。信州その他、山間地方にも「ニ」があるが、それはほとんど「のに」の意になる「ニ」、ないし、その「ニ」にもとづくものである。そのような「ニ」の用法は、中部地方の両がわ海岸地方でも見られる。なお、「ニ」が「ネ」から出たとばかりは言えないだろう。「ネ」をよそことばとしてもっぱら忌避する地方の人が、「ニ」を本来つかっている例がある。

このような「ニー」や「ネ」「ナ」「ノ」が、単純感声的に、文末のつけそえたことばとなり、方言生活の単純よびかけの特色を、品位の高下において、したがって待遇価の大小において、種種に打ち出す。とともに、また、問いとか、さそいとか、協調・勧誘の気もちとか、ひとりうたがう気もちとか、その他いろいろのものを打ち出すようにもなっている。*（そのさい、一々の場合ごとに、『文の抑揚』と『文末の声調』とは微妙に個別化し、表現される意味はこまかく決定される。）*この種のことは、ナ行文末助詞の原本的用法はどれかを考えることによって、ナ行文末助詞の用法の拡張と見ている。感声または感声的なものが、はっきりと言語化した。その後におこるのは用法の分化である。使命が大きく、使用されることが活潑な文末助詞の場合は、用法分化の機会が多かったはずである。用法分化にも関連して、一つの「ナー」も、「ナイ」とか「ナン」とか、異形を分化せしめることになった。「ナイ」は「ナ」に「イ」がついたのではなくて、「ナー」のよびかけのさまざまにつかい、またつかいひろげるうちに、その発想なり強調なりにしたがって、実質が「ナイ」という形に打ち出された、と受け取ってよい場合が少くないようである。

ヤ行文末助詞

ナ行文末助詞の一派に次いで、ヤ行文末助詞とも仮称しうる一派がとりあげられる。まず、

○行こう　ヤ。

などという「ヤ」がある。やはり単純感声的な文末助詞、原始的な文末助詞と見てよかろう。その使用も古く、今も、「ヤ」の言いかけは、全国諸地方にみとめられる。これは、概して、上品なことばづかいにはならない。やさしいもの言いにはなる。「ヤ」に次いでは「ヨ」があるが、これは、品のあるもの言いをかもす。「ナ」「ノ」の二つでは、広母韻の「ナ」の方が上品表現に役だつ傾向にあるのに、「ヤ」と「ヨ」とでは、「ノ」と同母韻の「ヨ」の方が、よく上品表現に役だっている。

○ソードス　エー。

などの「エー」を、便宜、ヤ行の所へおいておく。

ヤ行の文末助詞にもまた、問い・さそい、その他の用法分化が見られ、「ヤイ」というような異形、「ヤナー」「ヤノー」「ヤヨ」などの複合形も見られる。ナ行のものについても、「ネヤ」「ネーヨ」「ネーナ」などと、複合形が見られるしだいである。

二　第二類

第二類としては、準感声的とも言えるかと思う単純形の文末助詞が指摘される。「何々して　サ。」などという「サ」の類である。「サ」では、関東系のものに次いで、九州・南島のものや、志摩・南紀のものが注目される。サ行音一派では、他に、「サイ」「サェァー」「セァー」「シャ」「ショ」などの異形がある。

中国地方の「ソーデ　サ。」(そうですよ。)、四国の「ココデ　サイ。」(ここです。)などの「サ」(サー)、「サイ」は、右のような「サ」とはちがう。「ですワイ」が「でサ(サイ)」になったらしく、そのような意味作用を発揮している。

サ行音一派に次いでは、「ゾ」をはじめとして見ることのできるザ行音一派がある。「わしは知らん　ゾ。」などの「ゾ」の属には、「ジョ」「ド」「ロ」、「ゾイ」「ゾン」「ドイ」などの異形がある。「ゾ」属のこれらは、全国にわたって、複雑多岐な用法を示している。(「ジョ」には「でよ」の「ジョ」もある。)

「ゾ」属に次いでは、「ザ」の一属がとりあげられる。もっともその九州にいちじるしい「ザイ」「ザニ」「ザン」の「ザイ」などは、

○ソギャン　コター　ナカ　ザイ。

のような言いかたを見るのに、「ゾヨ」が転じて「ザイ」になったものかとも思われる。あたかも、「トヨ」と「タイ」との関係が思い合される。「ぞよ」からの「ザイ」であるとすれば、「ザイ」を単純に「ザ」の属とすることはできない。が、こゝでは、起原のことは捨象して、結果をただ「ザ」の一属としてうけとることにし、いろいろなものをここに包括しておく。そのような「ザ」属に次いでは、「ゼ」属もある。「行く　ゼー。」などの「ゼ」である。「ゼ」にはまた、「で」と関係の深いものもみと

められる。が、起原はさておくと、「ゼ」とあるものそのものの用法には、「ゾ」と言うのに似たもの、感声文末助詞風のものがみとめられる。こうしてまとめられるものをザ行音一派とすれば文表現におけるこれらのむすびが、さらに他の文末助詞に支えられ、「ゾ」は「ゾナ」「ゾノー」「ゾネ」「ゾエ」「ゾヤ」「ゾョー」「ゾカ」などともなる。伊予南部の「ゾカ」などは、「ゾカ」が緊密に一体化してもいる。

第二類とされる、以上のものの、用法上の品格・待遇効果は、さしてよいものではないのがつねである。

「サ」に特殊な指示性があれば、「ゾ」にも特殊な強調性がある。いずれも、単純感声風のものと見るのには難がある。かなり複雑な作用性を持っていると言える。そのような作用性を具備していることは、単純感声風のものにくらべて、言語機能の一進境と言わなくてはならない。その延長線上に、次の「カ」がある。

三 第三類

第三類は「カ」である。問いに用いられるのを普通とする。がただのうなずきに当るもの、問うようであってじつは見たままを表白するもの（「行キョールン　カ。」など）その他があり、用法は単純でない。異形も「カン」「カイ」などがある。

「カ」類は、その問いの用途のはっきりとしている面に着目すれば、かなり作用性の明らかなもので、いわゆる感声的なものにくらべれば、もはや非感声的とも言えるものになっている。それでいて、起原は、「ザイ」のようにすぐに先蹤を思わせるものではない。こういう点では、これを感声的なものと同列におくほかはないようでもある。いったい、「サ」「ゾ」にしても、どちらがより感声的と言えるのか。それと「カ」とは、どんな関係にあるか。

いずれにしても、「カ」の類が、単純形の文末助詞であることは言うまでもない。そして、出自は明らかでない。ここで、すくなくとも、次項以下に排列する、転成を指摘しうる文末助詞とはつよく一線劃される。「カ」の類を、原生単純形文末助詞とよぼう。その感声味のことは、どのようにも解釈しうる余地をのこしておく。

四 第四類

上記、本来的な文末助詞に対して、次下に、転成の文末助詞があげられる。品詞を一般に指摘しうる世界において、転成の事実、転成の経路をみとめうる文末助詞である。主題の文末助詞は、ここに、大きく前後の二大分野に見わけられる。日本語表現法においては、その表現法構造上、文末部の出現に特定の意義があり、文の表現機能は、おのずからにこれをうんでいく。この意味において、文末部（文末助詞と見うるもの）が多く新生していくことは、日本語の表現法にとって、意味の大きいことである。ここにはいちおう「転成」の語を用いたが、表現法上、原理的に言えば文末助詞の新生である。既定のものに加えて、時とともに、無限に、新しい文末助詞の成立していくのが、日本語表現法の生態として、意味深く見わたされる。日本語の流動と歴史的発展のまにまに、諸種の文末助詞が新生し、かつ隆替をつづけていく。筆者はこのところに、日本語の生きていくさまの、もっとも手ぢかで切実なものを見たいのである。

文末助詞機能の特質による、このような、文末助詞の生成と生活とは、できるだけ広汎に、自由に、見わたされなければならない。現代は現代として、この現代日本語の方言的共時態を見わたし。文末助詞的機能の存在を、文末部の活動として、こだわりなく受け取るべきである。現象の一定面を見あやまって、これをふみやぶったりすることがあってはならない。説明だけがひとりさかのぼったりしてはならない。現にそこで今、どのような役わりを演じているか、これが眼目になる。

第一に、いわゆる助詞からの転成を指摘しうる文末助詞がとりあげられる。これをかりに助詞系文末助詞とよぶ。つぎには助動詞系の文末助詞がある。そのつぎには動詞系文末助詞がある。つぎには名詞系文末助詞、代名詞系文末助詞がある。最後に「文」系文末助詞がとりあげられる。

（一）【助詞系文末助詞】

助詞系文末助詞の種類は多い。さきの「カ」に当る「ノ」、「どこへ行く　ノ？」、これは転成の文末助詞と見てよかろう。格助詞系の「の」の、文末助詞として、あるいは文末助詞風に用いられる例は、所々にあり、その用法にも、それぞれの特色がある。「ノ」は「ン」ともなっている。格助詞「が」「を」（？）も、同じく文末助詞として立つようになっている。ソシュールのラングということばを利用して言えば、格助詞としての「ガ」なら「ガ」と、文末助詞としての「ガ」なら「ガ」と、ラングがここに二つみとめられるしだいである。ことばの実用において、おのおのはそう現前している。じつは、この現実が確認しわけられるところに、それぞれのラングがみとめられる。

○そこにあろう　ガ。（…あるだろう？）

○オマイダラーズ　ガー。

のような「ガ」は、接続助詞の「ガ」の文末助詞化したものと言ってよかろうか。この種の「ガ」は、「ガー」「ガン」「ガイ」（「ガイナ」「ガイノ」「ガイヤ」）「ゲー」、「ガナ」「ガネ」「ガヤ」「ガヨ」「ガエ」などとなっている。「ガネ」など、「ガ」と「ネ」とが遊離して、「ネ」が音声的にも強調され、これが一段と高次の文末助詞になっていることもあるが、今は、「ガネ」などが一体となり、アクセントの山はむしろ「ガ」の方（前行部分）にあって、この複合体が一全体の文末助詞になっている場合をとって言う。以下、この種の複合形をとりあげる場合は、みなこの意味においてである。

○アル　カラー。

　きっとあるんだから（あるわよ）。

などのように、接続助詞の文末助詞化して生々しい例もある。「ケン」、「トテ」「テテ」「トモ」、「のに」的な「ニ」（「ワシカナー。ワシャー　飯田イ　イッテクル　ニー。」）など、同種の文末助詞は多い。

○ヨカ　クサ。

いいとも。

○オリャ　クサン。

私はね。

などの、九州の「クサ」類、内海島嶼の「クソ」などは、いわゆる係助詞が文末助詞化したものである。

○ダレニロ　シラン。

誰であるやら、知らぬ。

の「ニロ」が、一方では、

○オトッツァー　ドケ　イカシッタ　ニロ。

とつかわれ、この「ニロ」は、「ナ」とも「カ」とも言いかえられた。肥前平戸のことばで、中等品位だという。

出自はしばらく問わないとすれば、いろいろの助詞系転成文末助詞をあげることができる。

○あんた行く　デー。

のような問いの「デー」その他の「デー」は、四国地方に多い。「デカ」を言う地方もある。「デー」を「ヂー」になまらせている所もある。

○タチャン　ト。

お立ちよ。

などの「ト」は、九州全般によくおこなわれる文末助詞である。格助詞系のものか。「何々だって　よ。」の「…ヂャ　ト。」、その他、報告的な「ト」は、広くおこなわれている。「ト」は「トヨ」と熟し、それが「トイ」となる。これらは、九州に限らず見えている。九州の特徴「タイ」は「とよ《トイ》」からか。「タイ」とともに「ダイ」「ダーイ」「ダー」があり、また別に、「タヨ」「タン」「タナ」がある。「タイ」は「テ」ともなっているか。（例、「ヨカ　テ。」）その「テ」は「チ」ともある。「トヨ」に対しては、「トナ」「トカ」「ツカ」がある。これらも、この複合形が一体と見られる場合のことを言う。こうして、おのおのの形ができるのは、じっさいの表現生活上の日常自然の要求に根ざしてのことであり、その生成ごとに、これらは、待遇表現の品格醸成の、種種こまかなはたらきをうけもつ。「タヨ」がつくと最下品のことばになるなどと言われる。

○もう行くまあ　テ。

などと中国地方に言う「テ」、さらに「テヤ」となったもの、東海方面の、

○ソリャー　ソーダ　テー。

などという「テ」、一般の、

おもしろかった　テ。

などの「テ」は、「タイ」の「テ」と区別されようか。どうであろうか。

（二）【助動詞系】

転成文末助詞の第二としては、助動詞系文末助詞がある。東北にもっとも顕著な（その他の地方にも見いだされる）「ヂャ」の言いかた、

○アドデ　キヘ　ヂャ。

あとでおいでよ。

のような「ヂャ」は、指定助動詞系の文末助詞と言うことができようか。「デァ」もおこなわれている。津軽などでは、「ヂャ」の方が格がよい感じだとか、「デァ」はくだけて言う時のものだとか言う人がある。

○コトシモ　イー　イネダ　デァ。

今年もいい稲だデァ。

の例では、「デァ」が文末部分として遊離独立するさまが明らかであろう。阿波奥の、「ソンナ　コター　イワン　デワ。」などという「デワ」は、右の「デァ」とはちがって、「デ＋ワ」であろうか。東北で、

○ナーニ　シタノッシャ。

と問う「シャ」には、右の「ヂャ」に通う効果がくまれるのであろうか、どうであろうか。

指定助動詞「ダ」も、文末助詞的に用いられる。中部地方以東にいちじるしく、

○ハヤク　イク　ダー。

と命令に言う。「どこへ行く　ダイ。」ともある。紀州の、

○カシノ　コダ　イッコモ　ナイ　ワ　ダー。

菓子なんかちっともないワダー。

などと言う「ダー」は何であろうか。

○道真は　ナカナカ　ヤリテダッタ　ダー。

は出雲の例である。

近畿の「ダス」ことばは、「ソーダス。」などと用いられ、「ダス」が「ダ」に近いものにもなっているという。こうなれば一般的には、文末動詞化の契機ができたことになる。当地方のつねの指定助動詞「ヤ」も、「ソーヤ。」が「ソヤ。」「ソーヤ。」と、ごく簡略な言いかたになると、文末助詞化しようとするのかとも見られるようになる。志摩半島例の、

○イマシ　クタ　トコ　ヤイ。

今、食ったところさ。

では、「ヤ」が「ヤイ」となっていて、ただの助動詞ではなくなろうとする傾向が明らかである。なお、関西地方で、「ナラ」や「ダラ」、「ナラ」の転「ナイ」(「ドコイ　イクン　ナイ。」)の文末助詞化が見られる。

推量「べし」に出た東国地方の「べー」ことばには、文末助詞的用法のいちじるしいものがある。オドサン　ドゴザ　イッタべー。「べー」「ペー」「べー」があり、また、

○カッチャ　ハヤグ　ママ　タベ　ビャー。

のように、「ビャー」となったものもある。

○ネツァー　デンヤロ　マイ。

熱は出んやろうマイ。

と北陸方面などで言う「マイ」は、推想の「マイ」が一種誤用されているが、東国方面に他の類例も少くない、このような承接上の異形式は、やがて助動詞を文末助詞化するであろう。

打消助動詞に関するものでは、関西例の、

○ワシデモ　ソレクライ　セー　ザ。

のようなのがある。信州北部で勧誘の語法という「町エ行カ　ザア。(町へ行きませう。)」なども、「ザー」としては、似た例で

あろう。中部地方には、この種の例が方々にあるだろう。

○モー　ジキニ　クワ　ザー。

「もうすぐに食うてもよかろうの意」

は大和十津川の例であり、

○自動車がナケンニャー　アルカー　ザ。

は長門西北岸の例である。

○ハョ　セン　ニャー。

などの「ニャー」も、文末助詞的地位に立つ傾向を示している。

尊敬助動詞「なさい」の系統をひく「ナ」は、「お見　ナ。」「アリョー　ゴラン　ナ。」「行き　ナ。」など、文末助詞化していると見てよかろう。近畿四国の「書きー　ナ。」というような勧奨のことばづかいは、「書きー」に単純感声文末助詞の「ナ」がついたものか。それとも「なさい」の「ナ」がついたのか。後者だとすれば、その文末助詞は、一きわはっきりとすることになる。

「アリョー　ミニャン。」が、

○アリョー　ゴラン　ニャエン。

となると、この「ニャエン」は、文末部としての特別の地位に立つ。

石川県下にいちじるしい「シ」ことば、

○アガラシ。

○ベンキョ　シマーシ。

これは、尊敬助動詞「シャル」の命令形「シャイ」の極端な転形であるが、婦人たちのこのような上げ調子のことばづかいでは、「シ」が、文末部的効果を示すものとなっている。

○サー　アガリマシテクダーシ。

にしても、「シ」がひとりつよくひゞく。よびかけ風にひびく。

(三)【動詞系】

つぎには動詞系文末助詞がとりあげられる。

○アノ　ガキ　ナグチャロ　コイ。

などと、「コイ」(来い)を言うのは、動詞のあとも生々しい、強調のよびかけである。

○おるすか　シラ。

は、「シラ」となって、形は文末部らしくおちつきはじめる。五戸の方言には、「そだべガシテッ」(さうかしら?)があるという。(能田多代子氏「五戸の方言」)

○アノ　ゴロージ。

○アノ　ゴーナ。

○アノ　ゴー。

これらはともに「あのね。」であるという。讃岐のことばである。

○オコーコーデモ　タベマス　トモイ。

「トモイ」「トミー」「トミヤ」「トモイナサイ」「トモインサイ」「トマッシャイ」(と思わッシャイ)などを言うのは中国地方である。

「てば」「デバ」のようになると、動詞はすがたをかくす。「テラ」「テケ」などが、東北に注意される。「するな　チャ。」「チャ」も、「テバ」に類する。「チューワ」(と言うわ)、「チュワ」、「チコ」（チコタナ）がある。「教えてッ　カー。」は「ツカイ∨ッカー」の「カー」であろう。

（四）【名詞系】

つぎに名詞系文末助詞が問題になる。「きれいです　コト。」「知らんのじゃ　モン（モノ）。」の類である。北陸の、

○ハヨー　ネヨ　トコト。

　早くねるのだよ。

の「トコト」は、どう解すべきものであろうか。南島の、

○ドーカ　タンミュン　ムン。

　どうかたのみます。

の「ムン」は「もの」かどうか。「モンナー」「モンノー」は九州にいちじるしい。九州その他の、

○フレー　イタチキテ　ネン　コテ。

　ふろへ行ってきてねなくちゃ。

などの「コテ」とともには、「コテイ」「コトイ」「コタ」などがある。

「もの」とか「こと」とかにかぎられているところに、この種の文末部の特定の役わりがうかがわれやすい。体言にまとめてうちかけるのは特異である。

（五）【代名詞系】

つぎは代名詞文末助詞である。この分野には、注目すべきものが多い。九州が、わけてもその多くを示している。

人代名詞「ワレ」系統のもの一類としては、東京語近畿語それぞれの「ワ」、

○だめです　ワ。

○ナインデス　ワ。

をはじめとして、全国に、いろいろの形が見いだされる。「ワイ」「アイ」「ワン」「ワナ」「ワノ」「ワヨ」、「バイ」「バナ」「バヨ」「バン」「バンタ」「バンモ」「バイタ」「バリマイ」。「ありまサー。」「あラー。」の末尾のところにも、「ワイ」がくまれる。この種のものがまた多い。そうして、四国の「ソーデスラー。」のようなものだと、「デスラー」が「するワイ」に出たものであるとしても、今は「ラー」が文末助詞風のものとしてとりあげられる。紀州ことばにいちじるしい、

○アッチー　イコ　レー（ライ）。

などの「レー」「ライ」の類も、「ワレ」系に合わせながめるとすれば、他地方の現象もふくめて、なお、「ラー」「ラ」「レ」「ヤレ」などがあわせとりあげられる。

対称代名詞系統の一類としては、「アンタ」「ンタ」、「ナーアンタ」を発端としての「ナンタ」「ナター」、「ノーアンタ」を発端としての「ノータ」「ノンタ」、「ネーアンタ」を発端としての「ネイタ」「ネタ」、それらに次いでの「オマイ」、「ノーオマイ」「ノマイ」などがとりあげられる。九州に多い。さきにもあげたが、「バイタ」「バンタ」など、「わたし」系の「バイ」「バン」と、「あなた」系の「タ」とが結合しているのはおもしろい。代名詞を用いての対話文末表現がどんな性格のものであるかを、こ

れはよくものがたっていよう。以上の諸形に微妙な用法差があり敬卑感情の表現差がある。

指示代名詞的なものを用いたかと解せられるものに、山口ことばの「ソ」がある。

○アッチー　イテ　この鉛筆で船を書く　ソ。（……書くんだよ、ね。）

この「ソ」は、もと「それ」というようなものに縁があったか。準体助詞としての「ソ」の用法に次いで、文末助詞としての用法ができている。能登半島東部の、

○アノ　ノッケー。

という「ノッケー」や、「ノーケー」が、もしも「ノーこれ」であるなら、今とりあげるべきことになる。

（六）【文系】

最後に、文系と言ってよいものをとりあげる。

○サイナラ　モシ。

とか言う「モシ」を見るのに、これはもともと、独立の完結した表現でありうるものである。すなわち文表現でありうる。それがここでは、文末部になっている。これを文系文末助詞とする。「モシ」の発展形式に、「ナモシ」「ナモ」「ナンシ」「ナーシ」「ナッシ」「ナシ」の系統と、「ノモシ」「ノモ」「ノンシ」「ノーシ」「ノッシ」「ノシ」の系統とがあり、なお「ネンス」、「ニシ」、「シー」「シ」「ス」などがある。これらは、総体として、全国に大きな分布とはたらきとを示している。

「モシ」に類するものとして、「マー」「マ」、「コラ」「コレ」、「ホラ」「ハラー」、「ハー」、「ヘー」、「ナハン」、「ナンホイ」「ホイナー」「ホイ」、「オイ」「ヨイ」「ヤイ」、「ヤレ」「アレ」、「サー」「サン」「サーン」、「コナ」、「デー」、「ドーレ」などを見る。このほかにもある。

南部九州その他に散在する「ヲー」「オー」などは、もと何であろうか。その「オー」に似た東北地方の「オン」は、

○先生が　ゴザラシタ　オン。

など、「もの」というのからきたものかもしれない。

（七）

以上、文末助詞の存立をたずねて、その事実を、いちおうの組織にまとめてみた。文系のものをとりあげるにいたって、これまでの全体を見かえす必要がある。

たとえば文末部「コイ」（来い）を、さきには動詞系とよんだが、それは、もとの品詞を追求したまでのことであって、現実の用法から言えば、「モシ」、「コラ」と言うのも、「コイ」と言うのも、同じである。「コイ」は、動詞一語から成る文表現的なものの、文末部としておちつくようになったものと見ることができる。文系ということは、「コイ」の場合にも言える。代名詞系のものがつく場合も、「アンタ」などがつくのは、「モシ」や「ホラ」などがつくのと同じであって、文表現的なよびかけの「アンタ」が、文末に文末部として定着したものと見られる。いわばみな文系である。「ト」なら「ト」助詞の場合も、それが文末部と

して存立している時は、そのよびかけが顕著で、まさに文的とも言える。ゆえにこそ、特異の『文末助詞』でもある。いったい、文的とも言えるようであることが、よびかけの文末助詞の、文末助詞らしさであるとも言える。そのかぎり、いずれも、文末では感声的な性格のものとなる。いわばナ行文末助詞のようなものに近づく。ここでひるがえって考えれば、「ナー」「ノー」の類も文系のものと言うべきである。さきに「文系」としてとりあげたものが、総じて感嘆詞的なものであることも偶然ではない。そのようなものでなくては文末部となり得ないし、文末部化しうるものは、早くも感声風になりうるものである。このようなしだいであるから、転成文末助詞の一類としてだけ、「文系」を云々することは、かならずしも適当ではない。が、今は、感嘆詞風のものが文末助詞的作用にしたがっているのをどう処理するかとなってその単独でおこなわれる場合を考慮し、ひとまずこれを「文系」とよぶのである。

以上の反省にしたがえば、文末助詞（また間投助詞も）という助詞名も、本来は不当とされよう。本来は文的である。さて今はそういう、叫びにも近いようなものを、品詞論的に処置するとして、「ナ」「ノ」などを基準に、文末助詞とよぶ。文表現上での機能を観察する時は、もとより品詞の名辞をこえていく。

全文末助詞の生成は、単純感声的な文末助詞と、いわゆる文系の感嘆詞的な文末助詞とを両極とする、一連一環のものとしてとおされる。それは、よびかけの感声的なものの発展系列とも見ることができる。

○むすび

方言対話の実際生活を虚心に見る時、文末部、文末助詞は、たしかに大きなはたらきをしていることが知られる。問いの、

○あした　行く　ネ。
○あした　行く　ヤ。
○あした　行く　ケ。

のおのおのが、「ヤ」「ネ」「ケ」によって、どんなに大きくゆりうごかされていることか。そして、おのおののゆれは、対話の待遇効果（敬卑の表現効果）ということにむすばれている。いわゆる終助詞間投助詞などを、文末助詞の一元に見ようとするのも、一つには、このような待遇表現効果の事実を重んじようとするところからである。この見かたによって、方言対話の実質が、統一的に理解される。

文末助詞の研究は、『方言——方言生活』理解の基礎的方法となる。

日本語表現法の累加的敍述と、その文末助詞生成結実までの発展とは、現代諸国語の表現法の中において、日本語の特質と見ることができよう。多くの文末助詞の新生しているありさまは、この特質のつよい展開をものがたっている。方言への文末助詞からする討究は、日本語表現法構造の基礎的解釈となる。（文部省人文科學研究費の恩惠による。）

（『国語学』第十一輯　昭和二十八年一月）

昔話の表現法にふれて

藤原与一

これは、昭和五十五年六月一日に広島大学で開催された日本口承文藝學會年会で発表したものであります。

はじめに

「昔話の表現法」というのは、昔話という、言語文化の文芸の、「話しかた」というぐらいにおとりいただければよいかと存じます。昔話の「話されかた・話されぐあい」のいっさい、でもあります。

これはたいへん大きい問題でありましょう。考えるべき範囲も広く、深めて考えなくてはならないことも多いと存じます。今日は、まったく、その「昔話の表現法」にふれる程度で、いくらかの所見を申し述べてまいりたいと存じます。

一　導入段落

昔話のはじまりの部分に、導入の段落があります。文章で言えば、総記とでも言えるものでありましょうか。ただし、今日の昔話の報告を見ますと、どれもがつねに、導入段落をとりたてさせるものではございません。けれども、私などの昔話経験からもいたしますのに、一般には、まず、導入段落がとりたてられると考えるのであります。

さきごろ拝見することができました岩瀬博・太田東雄・箱山貴太郎のお三人の編になる『信濃の昔話』では、最初に出てまいります「瓜子姫子」の話しだと、

　昔むかし、あったっちゃ。爺《じ》さと婆《ば》さ、あったっちゃ。

とあります。そのつぎ、行があらたまって、

　爺さ、山へ草刈りに行ったっちゃ。

とありますから、導入段落のとりあつかいが、きれいにできていると見られます。そのつぎの話し、「子育て幽霊」を見ますと、ここでは、初段が三行にわたっています。

　話でさ。その昔の、その、嫁さんな嫁に来てね。そしてその、一人の子どもを産んで。それで今度、そのつぎの子どもを産むときになったら、お腹《なか》ん中でもって、子どもあんのに、その、死んだんだってさ。

このばあいは、最初の一文「話でさ。」というのが、あるいは、第一段落としてとりたてられるのではないでしょうか。実際の語りくちを、たとえば録音などで聞きたいところでございます。つぎの「指太郎」という話しになりますと、これは、第一段落が、

　昔むかし、ある山の村に、お爺さんとお婆さんが住んでいました。

とありまして、まったくこれが初段であります。つぎは行が変わり

まして、「子どもがないので、」と、話しが進行します。つぎの話し、「夢見長者と絵姿女房」では、

昔あったとさ。

これが、きれいな初段落になっています。そのつぎは、「あの、昔、とっても夢の好きな、」と、行かえになっています。「蛇聟入」の話しになりますと、初段は、

昔、あったって。

です。つぎの「糖福米福」の話しになりますと、

昔、あったっつぁ。

とあって、これが初段落です。つぎの「継子と笛」になりますと、

お父さんとお母さん、あったっちゃ。娘三人持っていたって。

これが初段落になっています。このばあいは、「娘三人持っていたって。」も初段落にふくまれるとされています。このつぎが、

お父さんがな、あの、馬、引いてな、毎日その、駄賃づけしたんだって。そしたら、あるとき、お母さんな、病気でなくなっちまったっちゃ。

というふうになっていますので、初段のとりかたは穏当かと考えられます。

この本には、初段落のとりあつかいの、きれいなありさまが見られまして、私は敬服いたしました。

つぎの題材として、私自身の生まれました瀬戸内海大三島の昔話記録をとりあげてみましょう。『伊予大三島の昔話』という本が出ています。この中には、私の郷里の昔話を、私のおさな友だちの語ったものも出ています。そのいちばんてに出ているものは、

今治のなんちゅうお寺か、私もはっきりは知らんのですがな、今に、それはあるそうですが。

という出だしになっています。初段としては、なんとも現代化されたものであります。私どものおさないころは、

昔むかし、何々と何々とがあったんじゃげな。

といった体裁が、初段の類型でしたが、この本では、それをほとんど見ることができません。

こんなところから感じるのですが、昔話研究の対象にも、一等資料と二等以下資料とがあるのではないでしょうか。調査の問題もあります。私が語り手だとしましたら、まっぴるま、よその人が昔話を調べにきたりすると、実演してみるのにも、てれくさささなどなどが先だって、ほどよくはやれません。「調査」の自然環境がないと、話しの出だしも変なものになりますね。

二　むすび段落

冒頭の導入段落に対応するものが、むすびの段落であります。私の郷里では、

それでとんとひとむかし。

というのがきまり文句でした。これが、最後の特定の一段落として独立せしめられます。

近来は、『日本昔話通観』の中国地方に関する発表がございまして、それに、むすびの段落や導入段落の文句の調査整理がかかげられてもいます。この種のものは、私などにとっては、ありがたい研究資料です。

三　語り進行の分段

昔話のそれぞれに、その語りの進行による段落わけがございます。個々の話しは、それなりの、特定の段落構造を持っています。それ

を、私どもは、昔話記録について見るしだいであります。

　私は、昔話記録のおのおのについて、それがどういう行かえになっているかに注目します。ひどく、のべつまくなしに書きあらわされているようなものにも遭遇しますが、これはほとんど論外でありましょう。

　考えてみますと、同一の人が同一の話しを語ったとしても、時とばあいとがちがったら、段落わけがちがってきたりもするのではないでしょうか。私は、同一人に時を変えて再演してもらって、あるいは再々演してもらって、語りの進行の分段の様相を追跡してみたいと思うものであります。

　先方が語ってくれている時、こちらが途中であいづちをうちます。あいづちのうちかたしだいで、ときには、先方の話しの方向が変わっていくのではないでしょうか。方向にうごきがおこってくるのではないでしょうか。こういう意味で、語りの分段も、あいづちによって、左右されることがあったりはしないでしょうか。なににしても、先方の話しの自然の流れを左右することのない、適宜のあいづちが肝要かと存じます。

　ここでまた、岩瀬さんたちのご本について、改行のさまを拝見してみます。さきほどらい見てまいりましたはじめのほうのいくつかの話しでは、比較的、改行が頻繁でありまして、分段の受けとりかたに細心の注意のはらわれているさまがうかがわれます。ところで、「瓜子姫子」の話しですが、こういう分段のありさまが見られます。

　昔むかし、あったっちゃ。爺《じ》さと婆《ば》さ、あったっちゃ。

　爺さ、山へ草刈りに行ったっちゃ。婆さ、川へ洗濯に行ってなあ。ジャブジャブ、ジャブジャブと洗濯してたらなあ、上《うえ》のほうからでっかい瓜ゃあ、ポッコリ、ポッコリ流れて来たっちゃ。婆さ、それで喜んでなあ、

〽瓜、瓜、こっちい、こい。瓜、瓜、こっちい、こい

って言ったらなあ、瓜ゃあ、婆さの前へ流れて来たっちゃ。

　そしたらなあ、婆さ、喜んで、それ拾って、うちい持って来て、

「爺さ山から帰《けえ》って来たら、二人で仲よく食べず《(食べよう)》」と思ってなあ。そして、

「早く爺さ、帰ればいいなあ」って待ってたら、そこへ爺さ、

「婆さ、婆さ。今帰った」って言って帰って来たっちゃ。すべん《(藁くずのこ)》中へ入れて、爺さ帰って来るのを待っていたっちゃ。そしたら爺さ、草あ刈って、しょって、エンコラ、エンコラ帰って来たっちゃ。

　それで、婆さ、早速喜んで、

「爺さ、爺さ、今日なあ、川へ行って洗濯してたら、でっかあい瓜ゃ、流れて来たからな、拾って持って来ておいたせえ、これから二人で食わねえかい」。

　そしたら、爺さも喜んでなあ、

おばあさんのことばで、瓜は婆さの前へ流れてきます。

　そしたらなあ、婆さ、喜んで、それ拾って、……

と、ここでこのように段落わけがなされています。いかがなものでしょうか。これをいったん是認いたしまして、つぎへまいります。以下は長くつづけられていて、大きい段落が見られることになっています。

　私は、ことによったら、「そこへ爺さ」というところから段落あらためでよいのではないかとも思います。こういう語りものでは、

かならずしも、ことばづかいの言いきりは見られなくても、段落あらためと理解してよいばあいがあるのではないでしょうか。

　おじいさんが帰ってきます。おばあさんがさっそくよろこぶわけですが、そこが、

　　それで、婆さ、早速喜んで、

とあり、「それで」で改行になっています。ここは、どういうものでしょうか。よくはわかりませんが、昔話の分段の受容には、ずいぶんむずかしい問題があるようにも思われます。

四　段落内での表現法

　つぎに、一段落内での表現法が問題になります。これは、一つの文からつぎの文へ、またそのつぎの文へと文表現が連続し進行していく、それでの表現法ということであります。いかにも漸層的に、文また文と、表現が進められていくものがあるかとおもうと、語りがあとがえったりする「文」進行もあります。また、くりかえしたりする「文」進行もあります。こういうことも、語りの本人に再話をしてもらうと〈これこそ、文字どおり再話であります。〉、どういうことになるのでしょうか。時をおいて、二度三度と、おなじ話しを聞いてみることができたら、段落内の表現法のありようをとらえるのに、おもしろい研究ができるかと思います。

　さきほどの「語り進行の分段」は、話者本位に、「段落はこび」とも言うことができましょうか。語り手は、一話の表現をまっとうするのに、段落はこびの表現法に、みずからおおいにあそびます。ことに、だいじな「誇張」のためには。その段落の中では、センテンスはこびの表現法に、おおいにあそびます。

五　一文の表現法

　さてまた、そのセンテンスの内では、語句のはこびに、おおいにあそびます。

　言ってみますれば、昔話の語り手という表現者たちは、おのれの自由にまかされた語りで、いとも自在に、表現のあそびをあそんでいくのであります。口誦文芸の世界のたのしさ・自在さでありましょう。

　一言つけそえますと、こういう点でも、私は、口誦文芸ということばを、昔話に関しても、つかってみたいのであります。

　その一センテンス内の語句はこび、つまり、表現法ですが、これが、受けとりかたから言うならば、一センテンスの表現の句読点づけということにもなってきます。この点でまた、受けとり手、岩瀬さんたちのご本にかえりますと、たとえば、「夢見長者と絵姿女房」の話しでは、「昔あったとさ。」のつぎの段落の初のセンテンスが、

　　あの、昔、とっても夢の好きな、大きなお店《たな》の旦那さんがあって。


とされています。まず、「旦那さんがあって。」で「。」がほどこされているのに、私は、目をうばわれました。なるほど、こういう受けとりかたなのかと、私は感服いたします。つぎに、読点が、「あの」の所にあり、「昔」の所にあって、これがまた、私には、心にくいものに思われます。語り手の表現の実態に即応した句読点が、ここに見られるのではないでしょうか。

　しぜんに、語りのポーズがおかれるのも、また、語りの表現法に属することであります。語りの、ここでは、文表現法に属することであります。

もう一例を引用してみましょう。「継子と笛」の話しの第二分段のはじめに、

お父さんがな、あの、馬、引いてな、毎日その、駄賃づけしたんだって。

というセンテンスがあります。これだけが一文とされていますが、これには、私は、多少の疑問をおぼえます。「お父さんがな。」「あの、馬、引いてな。」、このように、「な」「な」と、センテンスをたたみかけていく表現法が、ここにあるのではないでしょうか。

センテンス表現法の問題は、もっとかんたんなところにもあります。導入段のことばにあります。岩瀬さんたちのご本を見てまいりましても、

昔むかし、あったっちゃ。

というのがあり、

昔あったとさ。

というのがあり、

昔、あったって。

というのがあり、

昔、あったっつぁ。

というのがあります。一々、表現法が変わっていて、見のがしがたいしだいです。

六　表現法総合研究

以上のように、表現法の問題をとりあげてまいります。ここに、表現法総合研究のしごとが開けています。昔話の一話ごとに、その全「表現の世界」を分析して、表現法を総合的に究明することができます。その結果、いくつかの次元で、類型的特徴とでも言いうるものを帰納することができましょう。私は、このような作業を、東北地方の昔話についておこない、九州南部地方の昔話についておこない、あるいは越後地方の昔話についておこない、あるいは駿河地方の昔話についておこないなどなどして、結果の対照比較の研究を試みることができたらと考えるものであります。こうすることによって、まずは、昔話の生成を、より深く理解することができましょう。

昔話表現法の総合的研究は、昔話そのものの実質・実態の正確な理解・把握のため、欠くことのできないものであると考えられます。昔話に関する多くの議論と多くの討究のもといは、ここにあるとすることができましょう。

昔話の性格も、どのように説明しうるものかと、私など、考えあぐむのですが、「性格」の言明・言いあらわしのためにも、昔話表現法の究明は、必須とされましょう。

昔話研究を、いわば科学精神のもとで、できるだけ合理的に遂行していこうとすれば、私どもは、どうしても、表現法研究という基盤におり立たなくてはならないのではないでしょうか。

昔話についての表現法研究は、昔話研究の一直接目的であってよかろうと考えます。昔話という口誦文芸の独自性を説明するための直接の方法は、表現法研究に求めることができると考えられます。

七　問題点

表現法研究の見地から、私は、ここで、とりあえず問題にしなくてはならないことを、みなさんといっしょに列挙してまいりたく存じます。

1、

（記録にうつすばあいから考えてまいりますと、）段落わけの注意が肝要であります。

2、

句読法への細心の注意が肝要であると存じます。

3、

広く表記法に心を用いることが肝要なのではないでしょうか。この点では、句読点以外の表記用符号をさまざまに善用することも、あってよかろうと存じます。たとえば、一格どり二格どり三格どりの棒線・点線その他を用いるなど。

4、

用字法に関してのくふうもだいじだと思います。漢字はどうあてたらよいでしょうか。ここはぜひかなにしたいということもあります。「これは」が［kore͡a］と発言されたら、「こりゃ」ではなく「これぁ」と書かなくては、と思います。

5、

諸注釈の用意が肝要かと存じます。どういう条件のもとに語られたものであるかということなどは、読者にとって望ましい注記であります。

方言による言いかたを、いわゆる共通語におきかえてみせる注釈などは、もっとも厳密に遂行されるべきものでありましょう。私は、一例として、佐々木徳夫氏の業績を重んじたく存じます。近しいところで、広島県内の実例を出してみますと、「きょうは 朝 早う出かけるヨーナケー。」というのがあったとします。この時、「出かけるヨーナケー」という、方言のもの言いの注釈として、「出かけなくてはならないから」との言いかたを、そこに書きあてがったとしたら、これはあやまりであります。かといって、「〜ヨーナケー」は、「何々のようであるから」と言っても、はなはだものたりないのであります。となって、方言上のひとことも、共通語への言いかえは至難のわざとなってきます。広島県地方のことばにしてからがそうであります。国の西南や東北のほうの方言で語られた昔話についての、いわゆる共通語訳ともなりますれば、これはまったく、困難中の困難事と言いうるものであります。しかし、「昔話表現法」の研究のたてまえからは、私どもは、ぜひともここへ努力をかたむけなくてはならないわけであります。

6、

昔話研究上、類話ということが言われています。類話処理は、どういうふうになされているのでありましょうか。私は、昔話の表現法を、以上のように考えてまいりますので、その、表現自体をおさえての類話処理ということは、たいへんむずかしいことであろうと察します。

7、

昔話の調査法そのことに、多くの戒心事があると考えられます。言ってみますれば、現実の「昔話の表現法」のありようを、それとして、真に正しく享受する調査がおこなわれなくてはなりません。私などは、方言の調査で、一単語を聞きましても、それがセンテンスの形で表現されたばあい、その、単語のありさまを根ほり葉ほり受けとるのに難渋するのでありますが、こと、昔話となって、この長大なものを（どんなひとくち話しふうのものであろうとも、単語から言えば、長大な作品であります。）、その生きているすがたのままに、つまり、表現法のままに、根ほり葉ほり受けとるとなったらば、この調査は、たいへんなしごとであります。録音器をさし出しておいて、腕ぐみしていれば、それで調査はできるといったようなものでは、けっしてありません。

一つの昔話が、その本然の表現法のままに、生き生きと語られるのを受けとるためには、まず、「人」はもちろんのこと、「時」と「所」とをよくえらばなくてはならないでしょう。語られるよいふんいきができて、話し手に余裕ある発言行動がとられれば、昔話調査は軌道に乗ります。筆記用具ひとつの、ふしぜんなとりあつかいによって、調査者の私どもが、相手の心情にひびを入れるようなことがあってもなりません。

私は、昔話調査のしろうと作業のおそろしさを、いくどか見たことがあります。調査者本人たちは、それで自然の調査作業ができたと考えていたふうでありますが、私には、そうではないように思われました。今、畑に出かけようとするおばあさんをひきとめて、こちらは時間がないからと、しいてすわってもらい、それで、相手に昔話を語ってもらったとしても、それがどれだけの調査というのでしょう。相手が迷惑がるよりも、相手が、もっと居れとひきとめてくれる、そういう調査をするようになりたいものであります。

表現法の委曲をじっと聞きこむとなったらば、調査のしごとは、真に高度の技術を要するものだと言わなくてはなりません。だれでもが容易におこないうるものだとは、けっして言えないでありましょう。昔話調査は、正しい意味での専門人が、心をかたむけてやるのにしくはないと思うのです。

いわゆる方言調査に例を借りて、ものを申してみます。去る年、一冊の方言辞典が出ました。これは、私をして言わしめれば、昭和初年ごろの方言集のありさまから、さほどには進歩していないものです。そこには、方言調査ということそのことに、大きな問題があります。

昔話研究は、今日、どのような進歩の段階にあるのでしょうか。話しを小さなところにもどします。昔話調査者、ことにその若い人たちは、調査の場面でのあいづち・応答などについて、どのような研究をしているのでしょうか。

昔話の語りにとってだいじなものの一つに、イントネーションがあります。さきほどらい拝見します、岩瀬さんのご本にしましても、もし、イントネーションの略符号がつけられてあったら、あ、そういうわけでここは改行かと、納得しうるばあいもあるのではないかと考えるしだいです。口誦文芸を問題にして、それを記録にうつした時、語りの抑揚の重大性を無視することはできません。そこまでを考慮して、私どもは、「昔話の表現法」を言うことができるのだとも考えます。

むすび

私は、方言研究の一学徒にすぎません。昔話研究も民話のことも、まったくのしろうとであります。しろうとなりの談義をもって、「むすび」を申しあげてみたいと存じます。

私は、以上のように考えますから、昔話調査をおこなって、一話にもせよ、それを文章に書きあらわすことは(これはけっして文字化ではありません。)、すでにそうとうな昔話研究であると思うのです。しかし、一般には、書きあらわされたものを、資料とよぶこともおこなわれているようです。昔話の本が資料集と考えられたり、資料叢書とよばれたりしています。なるほど、一面、資料にはほかなりませんでしょうけれども、昔話の世界を、その表現法のままに文章に定着させることは、そうとうの研究活動であるとも、考えるべきではないでしょうか。

どのようなばあいにも、昔話研究は、不厳密・不精密であってはならないと思います。広くフォークロア、民俗学、これのしごとが、大ざっぱであることは、きんもつであります。精密性、これは、どの学問にとっても緊要なことでありましょう。

昔話は、それぞれが文芸作品です。口承文芸と言われているとおりであります。昔話文芸をとっての文芸研究は、表現皮膜の世界を追究することによって、いやがうえにも、そのしごとを純粋なものにしていかなくてはならないのではないでしょうか。文芸としての昔話の研究をねらいながらも、その「内容」研究が、「なかば文芸学的」でしかないものになったりしては、残念であります。

私は、昔話が、口承文芸であって口誦文芸であることを申したいのです。昔話の語りというものは、過去に向いた語りであるとともに、未来に向かった語りでもありはしないでしょうか。これが、考えたいことの一つです。つぎに、昔話のおもしろい語り手たちは、かならずしも、わくにはとらわれないで、前むきにおもしろく、昔話を語っていこうともしてはいないでしょうか。つぎにまた考えることですが、このまま、昔話の語り手がほろんでいったのではたまりません。あす以降に、時の昔話を語る新人が出てきてくれればと、私は思うのです。古典という語を借りますならば、文化遺産としての古典のほかに、今後創造される古典のあることを、私はこいねがいます。これらの考えのもとに、私は、口承文芸を、かつは口誦文芸として受けとりたく思うものであります。

なにはともあれ、表現法から見ても独得と言うほかはない昔話を対象とする研究は、しょせん、学の名をになうものになっていくはずでありましょう。大胆に申しますならば、方言についての方言学と同様、昔話についての昔話学が、志向されてよいと思うのであります。しろうと考えながら、私が思いますのに、昔話研究では、方言のばあい以上に、学ということが考えやすいようであります。方言研究は、文表現あるいは連文表現というまとまりを対象とするのにしましても、(残念ながら、一般には、いまだこの認識がよわいのでもありますが)、表現の内容は、小規模なものであります。また、それは、その場に属する生活の表現の、一こま一こまであって、いわばとりとめのないものでもあります。しかるに、昔話のばあいは、表現の規模が、まとまった大きいものであります。しかもそれは、おのおのが、一個特定の人生内容・人間内容をよく見せるものであります。文表現・連文表現を対象とする方言研究の、方言学へのあゆみにくらべますれば、昔話表現を対象とする研究の、昔話学へのあゆみのほうが、道のよりよく見えたあゆみのようにも思われます。

むすびと申しながら、長い談義になりました。最後に、つぎのことを申しあげます。

昔話に関する表現論は、やがて、ことわざその他の、もろもろの話芸に関する表現論とむすびあいます。語りものいっさいにかかわる表現論は、やがてまた、歌謡や俚謡、歌いものいっさいに関する表現論とわたりあいます。かくして、口誦文芸全般に関する表現論ができます。こういう、表現論のひろがりの中に、「昔話の表現法」という論題も存在しています。

(『口承文芸研究』第四号　昭和五十六年三月)

頁	行	誤	正
599	13	「………のだ。」	「……のだ。」
599	13	「………ナダ。」	「……ナダ。」
597	8	おわりじやないか？	おわりじゃないか？
588	26	謝半島例の	謝半島例の、
586	20	「…ダケン」	「……ダケン」
585	16	「全国方言集」	『全国方言集』
584	15	それが右の例の	それが上の例の
580	21	攻まって言う	改まって言う
577	26	山陽の	山陰の

ことが知られる。

「ヤ」助動詞も、これが、近畿地方を中心とする一大地域に発生したことは、一見特色ある事態とすることができるが、それにしても、四国のみならず九州にも、活用形でなら、かなりの自在さで、「ヤ」関係のものがおこっているのは、「ヤ」の自在な生成・分布として、注目される。中国山陽にも、尊敬法の「出テジャッタ」を、時に「出テヤッタ」と言うことはある。「ヤ」もまた、近畿的なものとばかりは言えないのである。

こうしてみると、「ダ」「ジャ」「ヤ」いずれにしても、おのおのは、画然とした分布を持つべきすじあいのものではないことがよくわかる。「ダ」の山陰にも「ジャッた」「ジャ」などがある。

そうではあるが、東の「ダ」と西の「ジャ」との、図に見られるような対立が、西の「ヤ」(「ジャ」からの「ヤ」)と、東の「ダ」との対立となると、双方の質的差異は、いっそう大きくなるようにも思われる。国語方言上、「ダ」「ジャ」「ヤ」は、単に助動詞としても、かなり方々に、そうとう自由に生じえたと言わなくてはならないが、なお、かんたんに言って、東西の方言地盤に、なにほどかの質的差異のあることは、ここでみとめなくてはならない。

それは根源の深い事実でもあるとして、ここには、そのような東西差をこえても、双方に、関連分布の見られる点を、別に重視したい。「ダ」「ジャ」「ヤ」のいっさいの諸分布は、私どもに、国語諸方言地盤の多元的な性質を、じゅうぶんに考えさせてくれるようである。

(広島大学文学部『紀要』第15号　昭和34年3月)

の「ダ」とは言いきれなくなる。いったい、ものが、元来、そこに生じえたものである場合は、何系ということは、容易には言えないはずである。ものの移入が明らかでない場合にも、何系ということは言いかねる。「ダ」関係では、国の西半地方にも、わりと広く、その存在の事実と可能性（主としては過去的な）とがみとめられるのである。偶発の現象でなら、近畿・北陸・四国の中にも、「ダ」をみとめることができる。

「ジャ」に関しては、文末詞としてではあるが、東北地方内を主領域とする、問題の「ジャ」「デァ」の分布が注目される。たまたま、青森県、下北半島のうちでは、

〇オメァ　ドゴサ　イクノデァ。　　おまえはどこへ行くのだ。

〇ドー　シタノデァー。　　　どうしたのだ。

のようにも言っていて、ここでは、助動詞の「デァ」が明らかである。東国に、ともかく、「ジャ」「デァ」の形のものがあり、「デァ」は、伊豆半島にも見いだされる。たとえば、

〇オメァー　ドコイ　イク　デァー。

　　　　おまえはどこへ行くんだね。

などと言う。東海道方面には、なお、「デァ」の形が見えるようである。能登東北辺についても、愛宕氏は、

〇アッコニ　ウマレタ　モンデァ。

　　　　あそこに生まれたものだ。

などと、「デァ」の存在を見いだしていられる。（ちなみに、奥丹後与謝半島にも「デァ」がある。）能登の北部は、こういう点で、すでに注意されてもいるようである。助動詞「ジャ」なら、国の東半地方内の、八丈島など、その他にもあるらしい。偶発的なものかもしれないけれども、例は佐渡などにもある。以上、「ジャ」関係の分布も、かならずしも単純に、国の西方にだけ見られるものではない

「ダ」助動詞領域中の、これらの「ジャ」「デァ」は、西半の、「ジャ」「ヤ」助動詞のよくおこなわれる中の「ダ」文末詞（現実に文末詞としておこなわれている「ダ」の形のもの）に対応するものとして、興味ぶかくうけとられる。

むすび

国語諸方言上の「ダ」「ジャ」「ヤ」いっさいの生態は、しだいに見て来たとおり、そうとうに複雑な様相を呈している。諸現象を総観するにあたっては、先学の諸研究に負うところが多く、感謝にたえないが、現段階では、自他の調査に関して、なお、明確には断言しえないことも多いので、分布図には、現象の一々を登載することはできなかった。が、本文にいくらかずつ言及した諸事項を、この図に加えて考察して下さるなら、各位は、主題の「ダ」「ジャ」「ヤ」の分布が、けっきょくのところ、単純なものではないことを理解して下さるであろう。

「ダ」「ジャ」「ヤ」の、断定助動詞としての用法、したがってまた、そのおのおのの、なんらかの活用形の存立（その地域）を考えていただきたい。また、助動詞であるものの、文末詞としての、もろもろの転用と存立とを考えていただきたい。さらには、それらの文末詞と同形・類縁のものの、さまざまの生成・存立と、その、転用の文末詞に比肩せられる用途とを考えていただきたい。諸相はずいぶんこみあっている。

「ダ」の西方分布、これは、山陰を主地帯とする「ダ」助動詞(→文末詞)の分布に加えて、四国・淡路などの「ダロー」(「ダロ」)その他の分布、中国山陽の「ダ」助動詞関係のものの分布、九州の「ダ」助動詞の分布を考えてみていただきたい。他はおいて、これだけの材料からも、私どもは、山陽の「ダ」を、単純には、東国系

○ヨク キタ ジャー。

も、じっさいに聞いたところでは、「まあ、よく来たなあ。ほんとに。」というほどの、親しい者への感慨のことばであった。同地例、

○コレ スル ジャー。

というのは、言われた方からすると、相談をかけられているようで、かつは命ぜられているようだという。山梨県下例では、

○ノン ジャー。　　飲めよ。

などがある。

○ハヤク オマンマニ シベー ジャ。

　　早くごはんにしようよ。

は伊豆半島内の一例である。伊豆諸島のうちでも、同じような「ジャ」がおこなわれている。新島では、

○ダイム イヤ シメー ジャ。　　誰もいやしまいよ。

とも、「……　……　……　ジャン。」とも言っている。八丈島の、

○オンナジゴン ワカク オジャロ ジャ。

　　「同じようにお若いですね。」

などという「ジャ」は、どういう「ジャ」であろうか。

中部地方・関東南部の、現在、文末詞的用法になっていると見られる「ジャ」には、諸地域によって、意味作用上の変差も見られるようである。「ジャ」の形をとったものの、現実の機能は、単純でない。が、起原はどのようなものであっても、この「ジャ」が、現状では、断定助動詞類縁の形としておこなわれているのは注目すべく、かつ、助動詞「ダ」が文末詞としても転用されているのにあい互して、これが、文末詞として用いられているのは、注目をひく。

以上のような、東半諸方言中の「ジャ」・「デァ」文末詞、現実に文末詞としておこなわれているこれらの形のものを総観する時、

「であ」から来たものとされるかと思う。言いかえれば、断定の助動詞のようなものが転用されて、こうした文末詞用法になったのかと思う。

○ソ　サネ　ダ　デァ。　　　そんなにしてはいけないよ。

は、岩手県中部の「デァ」の例である。

○オラー　シラネー　デァ。　　　おれは知らないよ。

は、秋田県半島部の「デァ」の例、

○コッチャ　ケッ　ジャ。　　　こっちへ来いよ。

は、同県西南部の「ジャ」の例である。

起原に問題はあるとしても、現在の形のもの「ジャ」「デァ」が、断定の助動詞の通用形に相当する形のものであることは言うまでもなく、かつ、これらが、文末詞としての用法に立っていることは、うたがうべくもない。

以上の分布については、富山県下の用例が注意される。

○オマイ　ドコイ　イク　ガジャ。

………　………　……　…デァ。

あんたはどこへ行くんだね。

は、その南部の例である。このような「ジャ」につづいて、(さきにもふれた北陸の→) 石川県下などの「ジャ」、

○ヨメ　モラウト　モー　アスベン　ジャ。

よめをもらうと、もうあそべないわね。

が開ける。

中部地方の東海道・中仙道方面には、「何々ジャナイカ。」の「ジャン」または「ジャ」が文末詞風におこなわれることが、少くない。文末詞風におこなわれては、「ジャン」ことに「ジャ」は、「(何々) よ。」とか、「(何々) さ。」とか、その他の、すっきりした、文末詞の意味をとらせるものにもなっている。信州中部の例、

が、「ダ」の場合にもまして注目されるのは、「ジャ」「デァ」が、東半諸方言において、文末詞となっている事実である。このことは、東北地方にいちじるしい。青森県下では、わけても、これらの文末詞が、よくおこなわれている。いま、津軽半島例をあげれば、一地で、

○アドデ　キヘジャ。　　　あとで来なさいよ。

○ベンキョー　ヘ　デァ。　　　勉強しろよ。

と言う。ともに命令形を用いた命令表現の文であるが、一方には「ジャ」、一方には「デァ」がついている。それぞれ、文末特定の訴えかけの、文末詞と見られる。

○ドーカ　オネガイ　シス　ジャ。

……　……　……　デァ。

どうかお願いしますよ。

も同地の例である。さらに、

○ワ　コンニャ　ドサモ　イガネ　ジャー。

…　……　……　……　デァ。

わたしは今夜はどこへも行かないよ。

も同地の例である。文末特定の成分「ジャ」と「デァ」の対応については、土地の人も、質問に答えて、

「デァ」「ジャ」のどちらもつかうが、「ジャ」の方が格がよい感じがする。「ジャ」は改まって言う時のもの、「デァ」はくだけて言う時のものである。(中略)在郷の方では「ジャ」と「デァ」との区別を意識していないらしく、「デァ」の方がもっぱらおこなわれている。

と答えた。もとより、一個人の私解でもあろうが、「ジャ」と「デァ」との密接さは、以上の実例からも肯定されると思う。右のような用法からするのに、このような「ジャ」「デァ」は、「である」の

すこし手つだってくれませんか。

（石見東部例）のような言いかたになる「ダー」などをとってみる時は、「ダ」の文末詞的用法は、明らかにみとめられるように思う。話し手たちは、このように「ダ」を流用することによって、文末特定の訴えかたをしていると思われるのである。山陰に広く見られる「……ダカ」の用法も、ほとんど「のか」の意味にとってよいものであるが、「ダカ」を、文末詞としてまとまったものとうけとってもよいと思う。「どこへ行くノ？」の「ノ」を文末詞としてうけとるようにである。山陰で、「ダ」は「ダイ」ともなって、文末詞らしさを示してもいる。

西半諸方言中の「ジャ」助動詞のおこなわれる所、九州は主として肥筑の地方に、中国は山陽がわに、中部地方西部は北陸がわに、（近畿南辺例「エー、ソージャ　ワジャ。」は前出）、「ジャ」文末詞もあること――それが、「ジャ」助動詞の転用であるかどうかは、そこそこで考えるべきこととしても――については、今はふれないことにする。「ヤ」助動詞の、文末詞としての転用も見られるようである。

○東半諸方言中の「ジャ」「デァ」文末詞

転じて東半諸方言中を見る時、また、「ダ」助動詞の拡張用法について、文末詞的用法を認定することができる。東海道例、一地の

○ドー　シタ　ダ。

○ドー　シタ　ネー。

の二者で、「ダ」の方は親戚の子に言うもの、「ネー」の方はていねいで、よその子どもに言うもの、としたりするのは、「ダ」の、文末詞としての作用を、よく説明するものと言えよう。

○トトラ　ユー　ヒトワ　ナイ　ワ　ダ。

（今ごろは、父おやのことを、）「トト」なんて言う人はありませんわよ。

などと、「ワダ」のむすびになることの少くないことは、徳島県下に、やはり、

○ヘビニ　カマレタ　ワ　ダー。　へびにかまれたんですよ。

などと、「ワダ」をよく言っているのと、思い合わされる。

○ニジューサンダッタラ　ダー　ヨメイリトンゲジャ。

二十三才だったらまあよめいりざかりだ。

この、紀州南部の例には、四国の場合と同じの、「ダー」間投詞が出ている。

山陰地方を主領域とする「ダ」助動詞地帯には、明らかに助動詞の転用と見られる「ダ」文末詞（とみとめられるもの）が、さかんにおこなわれている。

すでに「ダ」助動詞の拡張用法ということを言った。拡張用法の場合場合を検討していくと、「ダ」の文末詞化している状態をとらえることができる。

○ショーネンモ　エライ　オカタダッタ　ダー。

その少年も、えらいお方でしたよ。

は、出雲西部の一例であるが、こうなれば、「ダー」はもはや文末詞の地位に立っていると見てよかろう。「ダー」の長音化は偶然でない。

○ソレカラ　オキテ　インダ　ダー。それから起きて帰ったよ。

（広島県北例）のように、「インダ」（「あったー」などでも）などの後に立つ「ダー」、あるいは、

○チット　テゴー　シトクレン　ダー。

（このひえの中には）もみがあるんですわ。

のようにもつかわれている。「ジャ」助動詞のあとにつけられる「ダ」なのである。当地方に、「ンダ」「ンダー」という発語（発話）が見いだされる。これは香川県下にも愛媛県東部にもある。（高知県下にもなくはない。「ンダ。オマンワ アレ シラザッタ カヨ。」など。）「ンダ」はしばしば文中に間投されてもいる。その「ンダ」がまた文末にもおかれる。（——いわゆる発語となるものが、こうして他の位置にもおかれることは、例の多いことである。そうなって、文末詞の成立することは多い。）

○イッケングライノモ アルケンド、ンダ。

長さ一間くらいのもあるけどさ。

これは「ンダ」が文末に、ちょっとのまをおいておかれた例である。この「ンダ」が、むぞうさに文末につけられることが習慣になって、

○マー アガレ ダー。　　まああがれよ。

などのように、命令形の下にも用いられるなど、文末詞らしい「ダ」の用法は生じたと、こう考えられる。

四国の愛媛県西辺の一部にも、

○ヒチクレ ヤ ダー。　　してくれよ。

など、「ダ」助動詞はまったくない所に、同形異物の「ダ」文末詞がおこなわれている。近畿和歌山県下の文末の「ダ」も、おそらくは、助動詞「ダ」の転用とはしがたいものであろう。

○ヤッパ ワルイ モノワ ウレンノヤ ダ。

やっぱり、わるいものは売れないんだわ。

の例を見ても、「ヤ」助動詞の下に「ダ」が来ている。命令形の下に「ダ」がきてもいる。（「アレオ ミーダ。」は奈良県南部の十津川の例である。）

うな「ダイ」がある。これらがどんな語であるかは問題としても、現実の形が「ダ」「ダ〜」であることは言うまでもなく、現実の用法が文末詞的であることは明らかである。大分県下でも、文末詞としての「ダ」「ダイ」を見うるようである。九州一般に、断定の助動詞としては「ジャ」がよくおこなわれる中で、このように、起原はともかく、「ダ」（その他）の形が、文末詞としておこなわれてもいる。

同じく、中国山口県下でも、断定助動詞「ジャ」のおこなわれる中にあって、別に、特殊の文末詞「ダイ」が見いだされる。

〇イカニャー　ナランソニ　アノ　ヒトワ　イカダッタ　ダイ。

行かねばならないのに、あの人は、行かなかったよ。

は、長門北辺の一例であり、

〇マコト　ウソジャ　ナー　ダイ。　ほんとにうそじゃないよ。

は、周防東部の一例である。「ダメダイ。」とも言うので、一見、「ダ」助動詞が当地方にもあり、それが右の例のように、文末詞風にもつかわれるのかと、思われないでもないが、単純明確な「ダ」助動詞は、当地方におこなわれていない。

四国地方の東部にも、「ダ」助動詞起原ではない、しかもはっきりと「ダ」の形を示す文末詞がおこなわれている。徳島県下で、

〇イツナゴロ　ドナン　コト　アッタカ　シラン　モン　ダ。

いつごろどんなことがあったか、知りませんのよ。

のような言いかたがあるのについては、「ダ」助動詞がここにおこなわれていると、考えられもしているようである。しかし、この種の「ダ」は、断定指定の助動詞「ダ」の場合の一般のように、おさえた、つよい発音にはならない。「ダ」はかるく発音され、往々、流すように発音される。この「ダ」は、現に、

〇モミ　アルンジャ　ダー。

「ダロー」も土地ことばで、むかしから言う。
とのことであった。

○ソギャンダイ（ダル）ケン、　　　そうだから、

の言いかたも、県下におこなわれている。

当地方の人に、「何々ダ。」という言いかたの、あるなしをたずねると、たいていの人は、「ダ」は言わないとし、「何々タイ。」と言うとかたる。

II　文末詞「ダ」「ジャ」その他

「ダ」「ジャ」その他には、文末詞——文末特定の訴えことば——としての用法もみとめられる。

○西半諸方言中の「ダ」文末詞

さて、九州地方内には、上述の熊本県下の、明らかな「ダ」助動詞のほかに、別の「ダ」（その他の形のもの）の見られることが少くない。熊本県下でも、

○ハヨ　シマオ　ダー。　　　早くしまおうよ。

などと言う。古く「全国方言集」にも、「イコウダ　行きましやうの意　語尾にだを付す　熊本県八代郡」とある。この「ダ」が、さきの助動詞「ダ」とは区別すべきものであることは明らかであろう。長崎県下例を出せば、

○ユタンポ　イレンデモ　ヨカロ　ダー。

ゆたんぽを入れなくてもいいでしょう？

などがある。

○ナカロー　ダン。　　　ないだろう？

は、筑後川下流地域の例である。長崎県佐賀県地方では、「ダー」とともに、「ダン」「ダイ」とも言っている。鹿児島県下にも似たよ

あるようである。(佐伯隆治氏ほか) たまたま、愛宕八郎康隆氏の調査によれば、富山県西部の内でも、

○ソーダ　ハン。　　　そうですよ。

などと言っているという。

中国山陽がわにも、「それだったら」の「ホンダッタラ」、「そんなら」の「ホンダラ」や、「ダロー」「ダッた」が、なくはないことからすると、山陽道方面に助動詞「ダ」のどんなかにおこなわれることも、以前は、今より多かったかとも察せられる。

四国東部には「ダロー」その他が少くない。

○ニダロー。ニジャトモウ　デー。

　　二だろう!　二だと思うよ。

などと言っている。伊予東部でも「ダロ」を言う。おもしろいことには、淡路島でも、「ダらう」がよくおこなわれている。その南部では、「ダらう」は「ダー」ともなっている。

○モー　イヌンダー。モー　イクンダー。

　　もう帰るんだろう。もう行くんだろう。

は淡路南辺の一例である。

近畿一般には「ダ」助動詞はなく、中国山口県下にもなくて、九州の熊本県下に、「ダ」助動詞がある。この熊本県下のは、「ダ」の形を見せはしても、「…ダケン」とか「……ダモン」とかの言いかたになるのがつねであって、「……ダ。」の言いきりを見せることはない。その点すでに、山陰や東国の「ダ」助動詞とは、存立を異にしている。

○イッチョン　コン　モンダケン。

　　ちっとも来ないものだから。

は、阿蘇山南麓の一例である。(また「ジャケン」とも言う。) ここで、

言う者がないんだそうだ。

にしても、はじめの「ダ」は、終止形「無い」につづいていると言ってもさしつかえのないものになっている。こうして、拡張用法らしい拡張用法が見られることになっているのである。

但馬の南部方面は、「ダ」と「ジャ」と「ヤ」との、あいまじる地域として注目される。但馬西南隅の、旧西谷村を調査したところで言えば、ここは、北方系《仮称》の「ダ」と南方系《仮称》の「ジャ」とがさしあっている。ここの大部分の部落では「ジャ」がおこなわれており、「ジャロー」はあって「ダラー」はない。ただひとつ、西に奥まった横行《ヨコイキ》部落では、その北隣の地と同じように、

○テーサンワ　ジョーズンダー。　　定さんは上手だ。

などと、「ダ」がよくおこなわれている。「ジャ」もあって、ことに小学生などは、「四時ジャー。もう。」などと、「ジャ」の方をよく言っているかのようでもあるが、それにしても、「ダ」は、他部落の人が「横ンダ」と言うほどに、この部落の特色となっている。（ちなみに、概して山陰地方では、「ダ」のおこなわれる所に、鼻母音のあったことを思わせる現象も、ならび存している。）旧西谷村でも、一般に、若い女性などは、「ヤ」を言うことも少くないようである。これは、新しいいきおい・おもむきのようである。

さて、山陰の「ダ」に関連して、山陽の、姫路方面に、問題の現象がある。それは、

○ソーダ　ハー。　　そうだ。

などと言っているものである。

○マットッテ　ホシーダ　ハー。　　待っててほしいわ。

なども言う。この「ダ」がどういう出自・性質のものであるかは、しばらくおく。姫路の西の赤穂にも、「～ダハン。」の言いかたが

そうして、この地方には、また、中部・関東の地方によく見られたのと同様に、「ダ」のいわゆる拡張用法がさかんである。

○シークヮンネ　ナッチョーダケン　ネー。

習慣になっているからね。

は、島根県出雲の「ダ」の、拡張用法の例である。

○ホンダー　ホンダー。　　そうだそうだ。

は、鳥取県下の、通常の「ダ」の例である。鳥取県に接する岡山県北でも、

○ダー　ダー。ソレナンダ。　　そうだそうだ。それなんだ。

などと、「ダ」がよくおこなわれている。広島県北も同様であって、

○ニギヤカナ　モンダリヨッタ。

にぎやかなもの「でありよった」。

などとまでも言う。

兵庫県北部の但馬地方から、京都府北方の奥丹後方面にかけても、「ダ」は、鳥取県下につづいて、よくおこなわれている。

○ア、ソーダ。エーンダ。ワタシタラ　エーンダ。

あ、そうだ。いいんだ。渡したらいいんだ。〔つり銭のこと〕

は、奥丹後与謝半島での一例である。同地の拡張用法の一例は、

○ダイブ　トシガ　ヨッテカラデスダロー。

だいぶん年がよってからですだろう？

である。拡張用法と言っても、「ダ」助動詞が、活用語の連体形につづくのなら、これは当然のこととも言える。ところで、連体形と終止形とが同形である時、そこに慣用される「ダ」は、連体形につづいていると明言しうるようなものではなくなっている。やはり与謝半島例の

○ユー　モンガ　ナェイダソーダ。

もまたよくおこなわれている事例には、注目をさそわれる。若い人々の方言生活では、「ヤ」の方が優勢でもあろうか。「ジャ」を言わない地方の「ヤ」については、その発生を、別にくわしく考慮しなければならないでもあろう。

文表現での「ヤ」のむすびが、「……ヤイ。」ともなったりする北陸は、まさに、近畿に共通の性質の「ヤ」を持っていると言ってよかろう。

○ソノ　トーッリャ。　　　そのとおりだ。

などのような「ヤ」の変態現象も、近畿と北陸に共通である。

さらに注意すべきことには、北陸で、ことに福井県方面に、「……ノヤ。」の「……ニャ（ンニャ）。」がいちじるしく、これがまた、近畿の同似現象につづいている。いま、北陸では、ひとつ能登の例を出せば、

○ケサ　ドコイ　イッテ　キタンニャ。

　　けさどこへ行ってきたんだ。

のようなのがあり、近畿では、たとえば滋賀県湖西で、

○ソードスニャ。　　そうですの。

などと言う。近畿では、「ノヤ」が「ネン」「ネ」などと転じたものが、広くおこなわれている。

こう見てくる時、近畿と北陸とは、「ヤ」助動詞の地帯として、よくつながったものであることが理解される。

○西半諸方言中の「ダ」助動詞

さて、西半諸方言の内部に、「ダ」助動詞のおこなわれているのが、新たな問題となる。

分布図に見られるとおり、山陰地方には、「ダ」が優勢である。

が少くない。が、北部九州方面のほかでは、近畿流の「ヤ」終止形の用いられることは、あまりないのではないか。佐賀県下には、「何々だから」を「何々ヤッケン」と言っている所がある。熊本県南部では、「そうだから」を「ソギャンヤッデー」と言っている。鹿児島県下でも、薩摩半島例に、

○ゴニンバッカイ　トット　ナンギヤッ　ドニー。

五人ばかり勝ち抜くと、大儀だね。〔すもうのこと〕

のようなのがある。北条忠雄氏の「九州方言語法考序説上巻」によれば、

中甑村では、「デアル」より生じた「チャル」は、その頭音が脱落して、「やる」となるのである。

（例1）ソノ花ハドシコカ。二十銭ヤッド。（二十銭ヤイモス。）

とある。ともあれ、九州では、主として、東部以外に、しぜんと、「ヤ」関係のものができている。——ただ、分布図では、「ヤ」終止形の用法をも示す地域の、比較的はっきりした所を図示するのにとどめた。

九州とは比較にならぬほどに、よく「ヤ」助動詞をおこなっているのが、近畿につらなる北陸方面である。この地方では、「ジャ」とともに「ヤ」をおこなっている。能登方面は、ほとんど、「ヤ」一色に近い。

○エラン　コト　スルンデ　チャガチャガ　ヤ。

よけいなことをするからむちゃくちゃだ。

は、福井県下の「ヤ」の例、

○ギラー　キキソメヤ。　　わしは、（それは）聞きはじめだ。

は、石川県東南部の例、

○ソイガヤ　ソイガヤ。　　そうだそうだ。

は、能登の「ヤ」地帯の例である。「ジャ」のさかんな所に、「ヤ」

○アニー。ワリャ　ドコイ　イクノヤー。

兄よ。お前はどこへ行くのだ。

は京都府下の例、

○ワシャ　シヤ　ヘンノヤ。　　わしはしはしないのだ。

は滋賀県湖東の一例である。近畿南辺でも、

○オナイドシジャン　デ。　　同じ年齢ですよ。

の「ジャンデ」とともに、「ヤンデ」とも言っている。

近畿地方と中国地方とは、ことに山陽がわにおいて、「ヤ」と「非ヤ」との、けざやかな対立を示しているが、近畿から四国へは、「ヤ」の分布が、しぜんにつづいている。香川県下では、「それだから」も、「ソヤケン」「シャケン」のようにも言っている。

○ナツヤスミヤカ　ズート　ヤスマンヅクヤケン　ナー。

夏休みなんか、ずっと休まないままだからね。

は、徳島県下東部の例である。さきにも述べた、四国の「ジャ」助動詞のやわらかな調子は、この「ヤ」助動詞の調子とあい近い。四国の高知県下・愛媛県下でも、「ヤ」となった言いかたが、時に応じて聞かれる。

中国はおおむね「ヤ」を用いない所としてよかろうが、九州地方のうちには、「ヤ」ができている。ことに、北部地区では、かなりよくこれが聞かれるとも言える。

○ニンゲンアツカイ　センデッショー。ソレデ　ナオ　ヒネクルルトヤ。

人間あつかいをしないでしょう？　それで（彼は）なおひねくれるんです。

はその一例である。肥筑方面では、「何々だった。」を「何々ヤッタ」、「だろう」を「ヤロー」、たとえば「すまなかった」を、「すまんジャッタ」と言うかわりに「すまんヤッタ」と、「ヤ」を示すこと

おばあちゃん、ちょっとだってよ。

（筑後柳河弁例）とか、

○「ニギル」チャ　ヒョージュンゴ　タイ　ナータ。

「にぎる」っていえば、標準語だよね。

（熊本県下例）とかのように、断定助動詞を用いない言いかたをしてもいるのは、特に注意される。

○「ヤ」助動詞の生成と分布

国のほぼ東半の「ダ」助動詞領域に、対立すると見てもよい西半「ジャ」分布領域の、内部に、「ヤ」助動詞が成立し、分布している。――（「ヤ」が「ダ」「ジャ」におくれて成立したものであることがまず考えられ、「ヤ」分布の主領域、近畿の、「ヤ」と「ジャ」との分布状況は、附録図に見られるようなもので、「ヤ」の中央改新分布の様相がほぼ明らかである時、上のように述べることはゆるされると思う。）

「ヤ」は、「ジャ」とともに、東方の「ダ」に対立している。

用語の現実としては、「ヤ」は、「ジャ」以上に、東の「ダ」とあいさった性質のものとなっている。「ヤ」助動詞の表現効果は、主として、かるみ、やわらかさなどを示す点にあろう。

このような「ヤ」は、近畿地方においては、「ナ」とよびかける、文末特定の表現法、その他の表現法との緊密な相関のもとに、ひとつのつよい安定勢力として、よくおこなわれている。まず、

○アッチニ　ギョーサン　エー　デンジ　オマンノヤ。

あっちに、たくさん、いい田地がありますんです。

○アイサニ　キテ　クレハリマスノヤ　デ。

時おり来てくれなさいますのですよ。

は、大阪府下の二例である。

いる。その両地方の「ジャ」分布と、四国地方の「ジャ」分布とは、つながりがよい。そこへ、西の九州地方の「ジャ」分布がつづいている。

○アーラ、モ　トンダジャ　ガエ。　　あら、もう富田だよ。

は、九州東部の宮崎県下の例である。九州一円、「ジャ」がさかんであり、北の例では、

○ソレクサ　ハシタガネジャ　デキントジャ。

　　それこそ、はしたがねではできないんだ。

のようなのがあげられる。西がわ九州では、「ヨカトジャッタ」も「ヨカッチャッタ」となっている。また、西がわや南部では、「ジャ」のむすびが、「……ジャン。」「……ジャイ。」となったりもしている。

○マー　コドモン　サザ　ソギャン　シタ　モンジャン。

　　まあ子どもの間は、そうしたものだよ。

は天草島の例である。

○コノジュン　コッジャ。　　むかしのことだ。

は、熊本県下の「ジャ」の例である。

○イットジャイ。　　行くんだ。〔指示する〕

は大隅半島の「ジャイ」の例であり、

○ワッゼ　モンジャ。　　ものすごいもんだ。

は種子島の「ジャ」の例である。なお、「喜界島方言集」には、「ヤッケーナ　サバクイ　ヂャ」(困った、事、だ。)とある。

以上は、中部地方西部以西の、「ジャ」助動詞の、分布と用法の大略であった。特定の分布相をも示しつつ、かつは西部方面に、分布勢力のつよいものを見せているのが「ジャ」である。このうち九州では、ことに肥筑方面で、

○オバーチャン、チョット　ゲナ。

○ガク　ヒテモ　ナニ　ヒテモ　イッショー　クロージャ。

学問をしても何をしても、一生苦労だ。

はその一例である。

つづいて四国は、「ジャ」のよくおこなわれる地方である。香川県下は、単純でないけれども、

○コノ　コワ　イヨイヨ　ミョーナ　コジャ。

この子はまったく（ほんとに）妙な子だ。

などと、「ジャ」もまたよくおこなわれている。

○マッコトジャ。　　ほんとだ！

は高知県下海岸部の一例、

○ホイタラ　ナンジャ　ナー。　　そうしたら、何ですねえ。

は愛媛県本土北部の一例である。四国アクセントの中にあって、「ジャ」がこのように用いられているのからは、中国地方などのとはちがった、一種独特の表現味をうけとることができる。四国の、右のような抑揚のもとでは、表現のテンポはおのずからゆるく、したがって、「ジャ」のいわゆる断定も、おしつよくはひびかないのである。

さて、中国地方では、断定の調子の比較的はっきりとした「ジャ」が、主として山陽道に、よくおこなわれている。その岡山県下の一例は、

○キニ　イラン　ラシーンデスンジャ。

気に入らないらしいですの。

であり、広島県下の一例、山口県下の一例は、それぞれ、

○アガージャ。　　そうだ。　　〔応答〕

○スグ　ヘグソガ　オル　ソジャ。

すぐ剥いでしまう者がいるんだ。

である。

近畿地方・中国地方では、「ジャ」は、特定の分布のしかたをして

とか、「いくらダン。」とかと、「ダン」の形もよくおこなわれている。これは、「いくらダイ。」などという「ダイ」と合わせても考えることのできるものであろう。

以上、国のほぼ東半には、「ダ」助動詞とその自由な用法とが、広く分布している。これに対して、国の西半地方には、「ジャ」の分布が、まず、いちじるしい存立状況を示している。それは、分布図に見られるとおりである。「ジャ」存立の状況は、東半の「ダ」の画一的な分布状況にかなうほどではないけれども、「ダ」助動詞の分布の対立勢力としては、やはり第一に、「ジャ」の分布がとりあげられる。

注　「ジャ」は、「……ヂャ。」と発音されることもあるとしても、「……ジャ。」と発音されるのがふつうと見てよかろう。

中部地方の西部から、「ジャ」助動詞の分布領域はひらける。その北陸部の様態は、単純でないけれども、たとえば、

○ケナルイ　モンジャ。　　　うらやましいもんだ。

（石川県南部例）のように、「ジャ」も明らかにおこなわれている。北陸路の、「どうどうするコッチャ。」という、命令表現法の一種も、「ことじゃ」であろうか。

近畿地方では、その周辺部に「ジャ」の用いられるのが注目をひく。

○アリャー　ナンジャ。　　　あれは何だ。

○エー、ソージャ　ワジャ。　　　ええ、そうじゃ。〔返事〕

は、近畿南辺の二例である。この地域では、ほとんど「ジャ」ばかりを用いる所も少くないようである。ある所では、「いつやらわからぬ。」という意味で、「イツジャラワカラン。」と言っていた。この辺では、応答にも、「ジャーカヨー。」（そうか。）「ジャー。」（そうか。）などと言っている。淡路島でも、「ジャ」はよくおこなわれている。

例を引くことができる。静岡県下から愛知県下にかけても、同種の用法はさかんである。北越の新潟県下では、「どこへエグダ。」とは言わないで、「エグガンダ」の言いかたをする。いわゆる拡張用法は、どちらかというと、東北地方の外でいちじるしいのだろうか。

○イツモ イソガシーダケド ネー。

（山梨県下例）のように、「ダ」で終らないで、文勢が伸びているものの場合は、「ダ」は、用言の活用形をじかにうけていても、文末詞的姿勢にあるとは言えない。それでいて「ダ」の後がなければ、

○ソレデ イー ダ。　　それでいいさ。

（静岡県下例）のように、「ダ」は、特色のはっきりした拡張用法に立っていると見られる。

断定の助動詞としての「ダ」の明らかな用法が、中部地方で、新潟・長野・愛知の諸県から東にさかんであることは、かかげた分布図に見られるとおりである。このうち、新潟県下の佐渡その他には、また、長野県内には、「ダ」>「ラ」の転訛も見られる。

○ナンラー。　　何だ？

は佐渡の一例である。長野県内の女ことばには、男の「ソーダ ソーダ。」に当たる言いかたとして、「ソーエ ソーエ。」というのもある。この場合の「エ」は、文末詞にほかならない。この「エ」は、「ダ」のおしづよさをさけての用語かと思われる。つぎに、山梨県下には、それに長野県内などにも、

○エー、シチジューニドー。　　えゝ、七十二才です。

（山梨県下例）のように、「ダ」に近い用法の、少くとも「ダ」を含んでいると思われる、「ダ」と同じとも思われがちの、「ド」がおこなわれている。なお、愛知県下には、

○ヨル、ネコナシニ ヤッタダ モンダン。

夜、ねることなしに、やったダもんダン。

をカイ？」「……ダロー。」「……ダ　ネー。」というようなのを聞き、さて男の人かと思ってふりむいて見ると、女であったりする。「ダ」がさかんであることは、また、たとえば栃木県下の、

○コノ　ヘンデ　ソーダ　コトワ　トテモ　デキネー。

　　このへんで、そんなことは、とてもできない。

の、「ソーダ」（そんな）のような言いかたまでもおこなわれているのを見てもわかる。東京都内の雑踏の中でも、

○オワリダ　ネー　カー。　　おわりじゃないか？

のようなのを聞く。「では」という場合のことではあるが、これさえも「ダ」にしている。関東の「ダンベ」「ダッペ」などは、特によく知られていよう。それほどよく「ダ」はつかわれており、「ダ」が、発音上、脱落したりもしている。

○ウーント　オモシロイン。　　うんとおもしろいンダ。

○ガッシュクノ　トキ　キタンベー。

　　合宿の時、来たンダベー。

これは群馬県下の例である。「焼けねえダ。」（栃木県下例）とか、「私より年うえも、いくらも　イルダー。」（千葉県下例）とかのように、用言や助動詞の終止形（と言ってもよい結果になっているもの）に「ダ」をつけることも、広くおこなわれている。このような「ダ」（その「ダ」の下に、さらに他の文末詞の来ることもある。）は、特定の、文末強調詞——文末詞＜私は、今までに、これを、よく、文末助詞とよんできた。＞のようなはたらきのものになっているとも見ることができる。それはおくとしても、助動詞「ダ」の用法の拡張は、ここに明らかであろう。

中部地方でもまた、この拡張用法がさかんにおこなわれている。

○ドー　シタダー。　　どうしたんだね。

は、伊豆半島内の一例である。山梨県下、長野県下からも、随意に

というのを聞いた。あとの「ワケだ」のところは「ラ」となまっているが、「モンダ」のところは、はっきりと「ダ」の音を出しており、しかもこの「ダ」は、「ダ」の自由な用法になっている。このような、法外とも見られるほどに、「ダ」の用法を発展させているのが東北である。斎藤義七郎氏は、「親が子どもに対して……命令的に言うべき所を『早くエグンダ』」のように、「ダ」助動詞をもって表現することを報じていられる。（「勧奨的語法『〇〇ンダ』」言語生活33年３月）それや、「……ことダ。」とむすんだり「……ものダ。」とむすんだりする勧奨表現法が、やはり東北風のものとしてよくおこなわれている。福島県下などでは、「ダ」が「ダン」ともなっているようである。

〇トゲー　ナンジ　ヤ　ワ。　　　時計はなん時か。

これは、宮城県南、白石市での例であるが、「ナンジダ　ガ（か）」の問いことばが、「ナンジ　ヤ　ワ」とも言いかえられた。さてこの「ヤ」は、問いのための文末詞（助動詞ではなくて）「ヤ」らしい。最後の「ワ」は、「投げて ク（呉）ナイ（下さい）ワ。」などともいう、女ことばの「ワ」である。

関東地方も、東北地方以北とともに、「ダ」助動詞を存する純粋地帯とされる。男性も女性も、自由に「ダ」をつかって、その表現にほとんど両性のことばの区別が感じられないのも、関東以北の、いちじるしい傾向である。

〇ダーメダー。　　　だめだあ。

は、南奥で聞いた、娘さん同士の会話の中の一例であり、

〇女　馬モコレイー馬ニナッタシ、馬モトッケーベーチイッテンダ。俺ハー。

は、野元菊雄氏の示された茨城県下の例である。（「方言の旅」61頁）埼玉県下あたりでも、たとえば車中で、自分のうしろに、「何々

る事態が注目される。国語諸方言上では、いわゆる断定の助動詞、「ダ」「ジャ」「ヤ」の三者は、大観したところ、そうとうにはっきりとした、対応分布の様相を示している。

○東西諸方言上での〔ダ：ジャ〕対立

さいしょにとりあげてよいのは、東の「ダ」と西の「ジャ」との、大きな対立である。

附録「分布図」をごらんいただきたい。国のほぼ東半の諸地域には、おしなべて、「ダ」助動詞がつよく分布している。

東北地方では、「そうだ。」「そうです。」の意味などで、「ンダ。」「ンダンダ。」が、つねに愛用されている。東北は、「ダ」助動詞のしきりにおこなわれる所である。（北海道方面も、だいたい、東北に合わせて見ておいてよいようである。）

「………のだ。」の時に、「………ナダ。」という形を示すのも、東北地方である。たとえば、山形県庄内で、

○コレ　ダレナダ。　　　これはだれのだ。

のように言う。（注　以下、実例は、簡略表記によってかかげる。）つぎにはまた、たとえば岩手県北で、

○イマ　コッタダ　コトー　シテ　ヤンシタ。

いま、こんなことをしていました。

のような言いかたをする。「こんな」に当たる言いかたが、「コッタダ」となっている。「ろくなことは……」などの「な」を「ダ」と言う所は東北に多い。こうした言いかたもおこなわれるほどに、「ダ」の利用は東北にさかんであると言うことができようか。「そうなんだ。」も、「ソーダダ。」などと言っている。秋田県本荘市では、

○キマッテ　イル　モンダ　ワケラロモ……。

きまっているわけだけれども云々。

助動詞「ダ」「ジャ」「ヤ」分布図

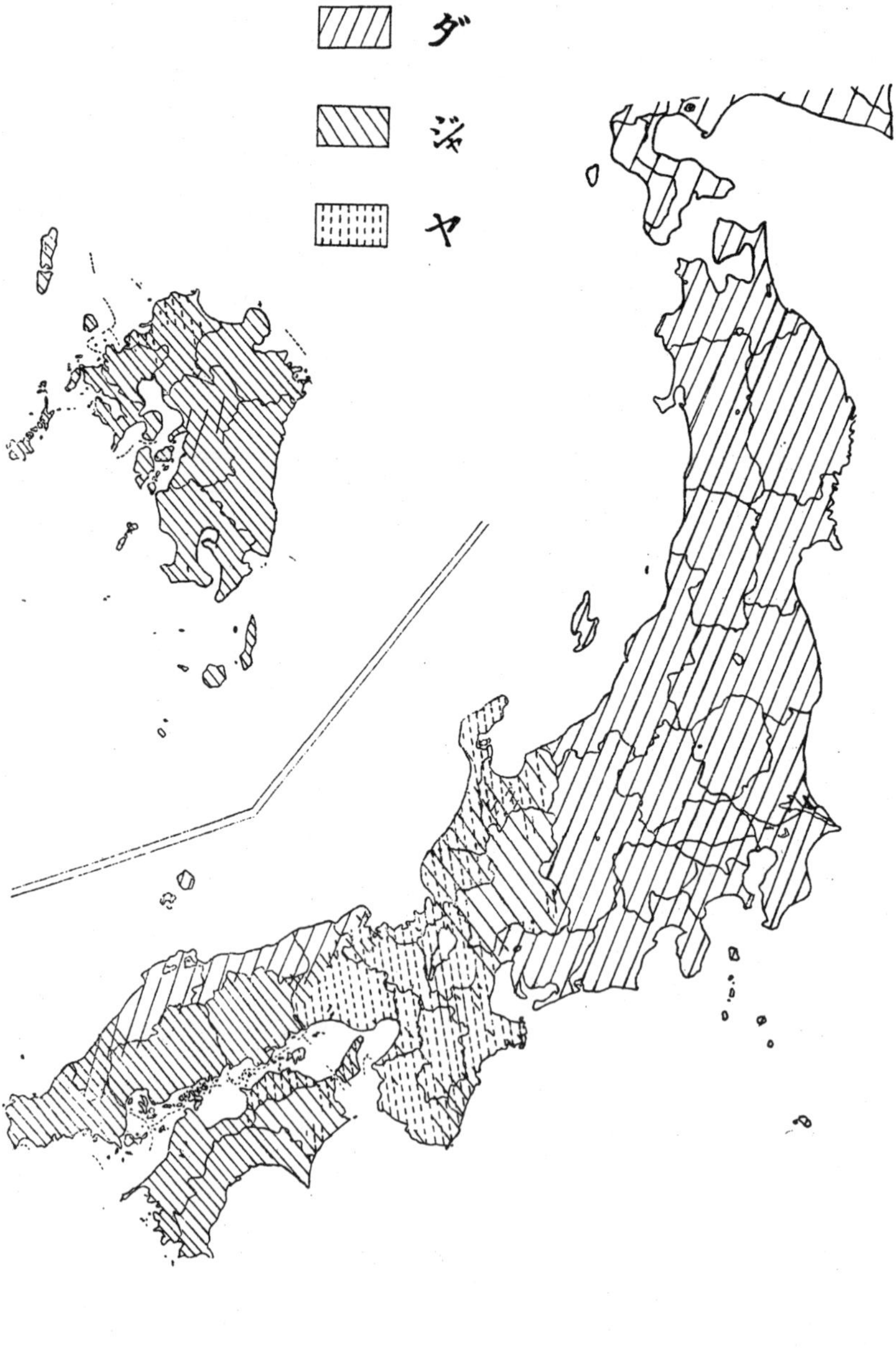

国語諸方言上の「ダ」「ジャ」「ヤ」

藤　原　与　一

内　　容

はじめに

ここには、国語諸方言上の「ダ」「ジャ」「ヤ」を、観察の対象としてとりあげる。今日、国語諸方言上では、「ダ」「ジャ」「ヤ」は、どのような事実として、どのように存在しているであろうか。あるいは、「ダ」「ジャ」「ヤ」は、日本人の現代の方言生活において、どのように利用されているであろうか。

「ダ」「ジャ」「ヤ」の生息する事態を統一的に把握し、この、諸種にあい関連する存立を、正当に理解しようとするのが本稿の目的である。

Ⅰ　助動詞「ダ」「ジャ」「ヤ」

まず、「ダ」「ジャ」「ヤ」が、いわゆる助動詞として存立してい

國語の尊敬表現

藤原與一

一

國語の敬語法、そのうち特に尊敬の表現法を、現代實際に用ひられてゐる生活語に就いて眺めてみたい。

尊敬表現と言つても、その方法は單純でなく、種々の場合が考慮されるが、こゝでは專ら、目上の者に對し自分が如何様な態度で接するか、その相對關係の有様を如何に表現するかを見ることにする。

尊敬の言ひ方を見るのには、日常生活の渾然とした言語表現そのまゝを單位として取上げなければならない。

○オマヤードコイイカンスカノ。

と言ふのであれば、「イカンス」といふ「ス」の附いた尊敬法の言葉は、對手を「オマエ」と見て言ふのと相應じてをり、そのことは、この場にふさはしい「ノ」といふ文末の助詞によつて支へられてゐて、右全體は寸分も隙の無い一體のものになつてゐるから、この言ひ方はこの言ひ方として、常に全體を見渡すのでなくてはならない。扨てそこに、表現法を見るとなれば、この統一性を損ねないで表現の筋を辿ることが必要になるが、その際許される最小の分析單位は、例へば先の「イカンス」のやうなものである。假りに之を用言的話部と呼べば、こゝでは、文表現中の「イカンス」のやうな位置を占める用言的話部を取立ててみる。これは、必ずしも用言に助辭の加はつたものでなくてもよいけれども、こゝでは特に助辭の認められる「イカンス」のやうなものを問題にし、而も之を、「オマヤードコイイカンスカノ」全體の上で、その生きた要素として持つ意味をそのまゝ摑むのである。之を見ることが即ち文全體の表現味を知る所以である。

二

今日まで文法教科書によつて、最も普通の尊敬助動詞とされてゐるのは、「れる・られる」である。「れる」敬語を含んだ言ひ方は、今や書言葉中での標準的なものとして廣く流布通用することは勿論、話言葉に於ても、一般人の冷靜な態度から出る尊敬の表現法として、これが廣く行はれてゐる。口語及び文語にも用ひられる狀態は、早く室町末に於て、南蠻人宣教師が觀察記錄してをるが、それによると又、「れる」言葉が低い程度の敬意を示すのに過ぎないものであることが明らかであり、天草本平家物語中の二三の際立つた實例も亦大體さうなつてゐる。同書中、かの宗盛が、悲運に際會して然るべき侍共に

○況や汝等は云々…今この難儀の時節にも思慮をめぐらいて重恩を報はれうずる事ぢや。

と「れ」を用ひた尊敬の言ひ方をしてゐる。家來にも「れ」敬語を出した點で、助辭「れ」による尊敬表現法の敬意の示し方の度合は却てよく解るであらう。このやうな室町頃の「れる」表現法（略して「れる」語法）が、室町語ととりわけ關係の深い南九州地方の言葉の上に投影してゐるのである。

薩摩南端の開聞岳の近邊（頴娃村川尻）では、地言葉として、言ひ換へれば口語法の教科書や國定讀本によつて新しく一般化しようとしてゐる「られ」標準語以前の元來の言葉として、

○トドワドゲイガイモシタカ。

（お父さんはどこへお行きなさつたかな。）

などと言つてゐる。當地で最高の尊敬表現法は、

○センセガキヤイモシタ。

などと言つて、「…ヤイモス」の認められるものであることが解るのであるが、それに對しては、「イガイモシタカ」の中の「…れモシ」といふのは次下の位に在り、右は留守居の子供にその父の行方を問ふ言葉として、そのやうな物言ひの際に、「れ」敬語が出てゐる。隣部落（頴娃村仙田）では

○チェジョワドゲイガイダガ。

（お父さんはどこへお行きなさつたかな。）

と言ふ。やはり當人不在の場でその人に相對するものであり、而もこれは「イガイダガ」とあるのみで「イガイモシ」などと成つてゐないだけに、敬意の高くない「れ」語法の面目は一段と明らかなのである。「イガイモシ」の中の「れ・申す」といふのは、「れ」の役割が右の程度のものであつた所から起した新な意向の表現法と見られる。ともあれ「れ」敬語が、かやうにその人のゐない所でその人のことを言ふのに遣はれてゐることは、早く南蠻人宣教師ロドリゲスが當時のことに就いて指摘した所と一致する。

然し一方では又對者に直接言ふ場合もある。前例と同一部落に、

○ドゲイガイタカオ。

（どこへお行きなすつた。）

と言ふ。それにしても、これが依然として敬意の高くない、簡單な輕い問ひであることは察しがつく。事實これは「ワヤドゲイッカ。」の直ぐ上に位するものとされてゐる。さうして、當地の高い尊敬法には、「アガックイヤイ」（お上り下さいよ）などの「やる」語法が行はれてをる。同時に「ソニュンシッタモイナ。」（そんなになさいますな）と言ふや

うなのも行はれてゐるのである。さうして、同地で
○ドニュンセライタカ。
と言ふのが又、對手をさう見上げない、輕い氣持の問ひなのである。

いづれにしても、今日「れる」語法の活用せられることは、土地から言つても場合から言つても少い。北上すれば、肥後・日向各々の山地若干に、肥後の
○コッチャンハチコライ。
（こつちへおいで）

とか、日向の
○カ、カンツケライ。（家内よ、酒の燗を附けよ）〔音聲學協會會報五五號コトタマ往來九一六〕
○先生どんの來らいた。
とかが對立して存在するのを見るが、これ等になると、もはや「ライ」が特別な言葉として遺つてゐるかのやうな趣が強い。九州では「れる」以外のものによる尊敬の表現法が種々發達して、地言葉「れる」は、大凡聞き難くなつてゐる。それに關聯して、「先生どんの來らいた」などの言ひ方も、今の若い者からは下品と評せられるやうになつた。若い者は之を古びて老人じみた言葉と感じてをり、年多いものだけは、自然な言葉として、時に子供などへ話しかけるのに之を遣ふ。さういふ中に、この「れる」語法古來の面目はよく止められてをらう。

四國は「れる」敬語の先づ無い所と言へるが、轉じて中國に渡ると、山陽側は注意すべき「れる」言葉の地帶なのである。それは、九州の「れる」語法が殘存の傾向をとつてゐるのに對して、活潑な現代の表現法をなしてゐる。この地の人々は、若い者でも、日常極めて普通にこの「れる」敬語に據つてをり、生活語として全く素直に之を肯定してゐて

何の批判意識も持つてゐない。言ひ換へれば、未だ内部のどこからも、之を古びた言ひ方とか老人じみた物言ひとか考へる觀察は起つてゐないのであつて、見下げたりは決してしてゐないのである。廣島縣地方の「れる」語法は、「お父さんは今朝とうから宮島へ参られました。」(中年の妻女が夫のことを言ふもの)等のやうに、他人の前で、こだはりなく身内の者に「れる」敬語を遣ふのが特に注意を引く。岡山縣南方地域の「れる」敬語は、「早う行かレー。」「止めラレー。」等、命令の言ひ方をする點が特徴である。身内に對する遣ひ方は、新しい「れる」の標準語教育から見れば、他人の前を辨へないものとの譏りを免れないとしても、他面、當地方で、更に上位の尊敬法として通用の廣い「行きンサル」「見ンサイ」等の「…なさる」言葉はこゝに遣はぬ心得があつて、かやうに言ふのは、正しく「れる」言葉本來の品位をよく示すものであつたはずである。言はゞ家庭的な敬語、「晴れ」の敬語でなくて「け」の敬語であつたが故に氣樂に自家の人に就いても「れる」表現をなし得たのである。このやうな氣樂さがあつて、一方岡山地區に於ては、對手に向かつて命令する場合にも、命令の直接的なものを、婉曲な催促や輕い慫慂に、言はゞ誂への表現にするために、「れる」による獨特の潤色法が榮えたのである。以前はどうであつたにしても、現今の岡山方面の地言葉としては、氣樂さの敬語法か又滑稽じみたり揶揄、輕侮の効果を伴つたりすることもあるやうな命令表現法になつてゐるのである。岡山縣下が特に「行かレー。」「どうせラレー。」といふ命令表現を發達させたことは、それを持たない廣島との地方民性の差を考へさせるものでもあらうか。かねて多くの動詞に於て「讀めー」「受けー」等の〔e:〕と言ふ命令形の上に、命令といふことと關聯して馴致せられた卑語感はこの「ラレー」言葉にも附帶して、そこに「ラレー」命令表現の前述のやうな別趣の效果は早くも生じ易かつたかと思はれるのである。廣島縣地方では、用法がそのやうに擴張しないで、憚りなく身内に「れる」を用ひることを際立たせたわけであり、岡山地方は、「られい」語法本來の中味は見失はないで、且つ「ラレー」の前述のやうな音相上の效果に依存しながら、進んで獨特の表現味を醸すに至つたわけである。

近畿アクセントの地域をおほよそ挾んだ形で、岡山地方と共に富山縣地方一帶に右の「ラレー」表現が旺なのは、興味に富む事實である。驛の見送り言葉でも、「ダイジニセラレー。」などと女達も言つてゐる。越中南部の山地（婦負郡細入村猪谷）では、

〇アンタドコイイカレガデァ。

と言ふのが主に十四五才の者に年長者が問ふ言ひ方とされてをる。「オマエントコノトーサンナドコイイカレタ。」とも言へば、晩の挨拶も「ヤスマレャ。」である。この老人の男子は、これを餘りよい言葉ではないと見てをり、「マーアガラレー。」よりは「アガラッシャイ」の方がよろしいと答へた。縣下全般に於て、「れる」語法は「しゃる・さっしゃる」語法と相伍して行はれ、西は「しゃる」語法が勝つて、加賀と續きのよいことを思はせるやうであるが、一體に「れる」が「しゃる」よりも平盤な日常敬語として氣輕く遣はれてゐる樣は認めるに難くないと思ふ。

越中に續いては越後の内にも、又飛驒や信州北部にも「れる」敬語が見出されるやうであるが、越中ほどのものは見られず、況や命令表現の行はれるのは聞かない。それらの土地に於て、主に老人の口からかやうな言葉が出たり、且は昔話中に時々出たりするのは、我々の歴史的な言語生活の奥底に元來傳承せられてゐたものが、折に觸れては姿を見せるといふわけのものであらう。

そのやうなことは近畿その他の地方に就いても言へることであるが、總じて「れる」語法の行はれ方は、以上の分布に見られる如く、關西系の地方を主要地域としたものなのである。東府語流の「お引越になつたさうで」等の「お……になる」語法に漸く新鮮な魅力を感ずる關西の若人達も、「さつきあなたの仰言られたのは」などと、「仰言る」には「れ」敬語を添へたりしてゐる。かくて「れる」は、もと〳〵京都中心の古來の標準語であつたと言へようが、今や東京語中心の立場からする標準語教育に「れる」言葉が新しい意味で取上げられるとすれば、その實施は、上述のやうな

一切の狀態に卽應するものでなくてはならない。

「れる・られる」語法の系統に「……せられる・させられる」の言ひ方があり、室町頃にはこれが口語上の最も高い敬意の表現法となつた由であるが、今日に及んでは「どこへ行かッシャル」「こつちへ來サッシャイ」の如く、專ら「しゃる・さっしゃる」語法と言へるものになつてゐる。もとの形のものも、所謂標準語法として存するが、それは用途の限られたものである。

三

「しやる・さつしやる」語法に就いては、これが、南は九州より北は主として北陸添ひに奥羽まで、大略全國に亘つて存在するのにも拘らず、今日もはや老人語の世界に屬し、一般には、或は中年以上の現代人からは、概して中等以下のものと見られつゝあるのが注目を引く。分布上、九州よりは山陰の出雲地方が之を日常用語として活用することが著しい。次いで山陰路と相通ふ所の濃厚な加賀越中地方が同じく之をよく遣ふ。隨つて兩地には轉訛形も少くない。全國中にこのやうな甚だ殘存的な分布を示してゐることによつても想像される如く、大方の見る眼は、己の鄕土のこの語法に、通りのよくないもの、極言すれば奇異なものを認めてゐるのである。今日未だ命令形を止めてゐる所々に於ては別であるけれども、さうでない所では、例へば紀州北部の日高郡山地に於て「ひねつて言ふ時、オダテルやうにゴザラッシャルなどと言ふ」と土地の青年が說明してゐるやうに、これは素直な表現法として通用してはゐない。その特異な音感は、所謂現代人の容れる所とならなかつたのか。同じく「れる」の熟合した「なさる」卽ち「なさ・るゝ」から出來た「なさる」は、完成した「なさる」の綺麗に澄んだ明朗な音感の故にか、さしもの「さっしゃる」地帶に於ても、その上位を占めたのである。出雲の一老婆は、「古いのはゴハッシャイの方だけれども、ヨンデゴシナハイの方が一層丁寧だ」と述べて、「なさる」語法の優位を認めてゐるのである。先の越中に於て「しゃる」言葉が「れる」に相伍して遣はれることに就いても、富山高女の塚田長夫氏は、自らの郷土語を檢討して、「レル・ラレルよりもシャルの方が崇敬度が高く、田舍の人の純朴さが見られる」と言つて、老人本位に見ればどこの「しゃる・さっしゃる」にも等しく現はれる點を指摘しながら又、「特に尊敬する場合或は馬鹿丁寧に言つて對手を揶揄する場合等にシやんを用ひる」とも報じてゐる。寺方に於て特に高い尊敬の意を表すものとして「しゃる」語法が一定の地位を得てゐるのは、全く老人層と相結んでのことである。揶揄乃至は輕侮蔑視の效果を持たせた表現法となるに及んでは、殆ど第三者を問題にする言ひ方に限られるに至つた。かうして命令の表現は當然姿を沒する。

一方、「入らっしゃる」と言ふのは命令の「入らっしゃい」といふ言ひ方も備へ、「れる」語法の發展したものとして由來の正しい「せられる・させられる」の傳統を今日中央に於て獨り守つてゐる。中央に許されたこれと、地方だけの「オッカンハヨメシューータモラッシャハンカ」（大隅南部）「マーアガラッシャリ」（日向兒湯郡）とか「オマイススタベハッシャンカ」（出雲廣瀬町）とか「オマイサンドコイイキマッシャル」（金澤市附近）とか「ニッポンコクジューキーテアルかサルノガニシ」（青森縣野邊地町）とかの「しゃる・さっしゃる」を種々な形で樣々に遣ふ地言葉とを見合せる時、方言教育の深刻な問題が起つてくるのである。

四

「れる」語法の系統に「なさ・るゝ」の熟合「なさる」があることは先に觸れた。現行の尊敬表現法として、最も高い地位にあるのはこれである。「下さる」と言ふのも同一方式に成つた語法であらう。さすれば、今の世は正に「なさる」「下さる」の時代、或は段階であると言ふことが出來る。「なさる」語法が、各地の地言葉として、全國に普く且つ優勢であることは、多言を要しない。

中國地方では、山陽側を初として、「行きンサル」とか「見ンサイ」とか「に見られる「ンサル」言葉が廣く行はれ、此が先の「れる・られる」言葉の上位に立つてゐる。北九州では「どこへ行きンシャッた」「行きンシャイ」の形が著明であるが、それ以南には「ナサル」と共に「ナハル」の形も多い。

九州中國が、「お出でなさい」などの特別な場合の外は大抵頭に「お」を冠らせないのに對して、四國近畿では「お遊びな」「お爲な」等、「お」を附けて、而も終は「な」で止める表現法が著しく、それと相伴つて「お讀ミー」「お行キー」等、更に又「行キー」「爲《シ》ー」「ヨーニヌクモリー」等を生じてゐる。「おあがりなさる」などと言ふのと關係の深い「オアガリル」の類もこゝに擧げてよい。これ等は合體して四國近畿語の特異な言語感情を有力に支へてをり溫和で女性的な地方語の氣分をよく出してゐるのである。

「なさる」が「ナル」や「ナス」になつた形は九州に多く、四國にも無いことはないが、それよりも中國筋に多く見出される。命令形「ーナレ」「ナーレ」「ナイ」は關西全般に所々存すると言つてよからう。かやうなはつきりした別の形になると、伴の「なさる」表現とは相距つた別趣のものになることは否めない。即ちこれらは、概して中等程度の待遇表現になるのであり、それと共に又、打解けた氣持で親しみ深く用ひる語法ともなつたのである。結果は所謂省略や轉訛に見えても、このやうなことは凡そ表現法自體の擴張發展と見るべきものである。「ナハル」の程度の所謂訛りでも、これが「なさる」に關係のあることも覺えない、全く本來の「ナハル」語法として最も敬意高く維持せられてゐる例などは、之を南豫に見る。その敬虔で如何にも情に富んだ「コノテガミヨンデヤンナハイ」「ヨンジャンナハレ」等を聞くと、「ナハル」の發音の澄み切つた感じの中に、その氣持が宿つてゐると受取れるのである。近畿の「見ヤハル・見ヤハッタ」「行カハル」等の、平たく言つて「ハル・ヤハル」言葉は、その地の人々特に女性にとつて掛け替へもないほどのしつくりした高い尊敬表現である。

「なさる」は今日更に「なさいます」の如くに熟合して、この一體の表現法が廣く世上に愛用せられてゐる。「なさゐ」語法は中部以東の地言葉にも普通に見られることであり、所によつて「ナハル」や「ンサル」言葉も、又「ナル」「ナス」言葉もあれば、「ソレミサレ」（能登）などの形もあるけれども、この「なさいます」熟合の緊密なものが「ヤサマヘ」「ヤサマエ」等となつて東北に存するのは、全國中での特色として注目される。下北半島の田名部町では、親しみの言ひ方として、

○マーアガサマイジャ。（アガサマエ）

（さあお上りよ）

と言ひ、最上の言ひ方は、女言葉に、

○アガラサマエ。

とある。「おかけなさい」「お坐りなさい」は、「カゲサマエ」「ネマサマエ」と言ふ。野邊地の町では、「アレミヤサマヘ」とか、

○ソッタラニシヤサリマセンダイー。

（そんなにおしなさいますなよ）

とか言つてゐる。

現今は「お…になる」の言ひ方が全國に活潑に流布しつゝあり、始めて之を迎へた地方人士は、自分等にとつて新しいこの標準語法を、敬意度の高いものとして認めようとしてゐる。「なさる」延いては「なさいます」語法は、正にこれと固く結合すべきものである。

五

「ます」は獨りでも尊敬表現に役立つてをる。筑後には、それと似た働きの「メス」といふ形がある。南方下甑島の「アガイメシ」（お上りなさい）も同例であらうか。北方弘前に「ドーカタノメシジャ」（どうかお願ひします）と、「メシ」と言つてゐるのは、こゝに參考として掲げてよいものか。

「お讀みになる」等の「なる」に似た役割の語、「お見ある」等の「ある」は、「見ヤル」「アュ見ンミヤイ」（薩摩枕崎町）などのやうに音が推移し、「やる」語法として今は主に九州南方に多く行はれてゐるが、これが右の「ます」と熟合した「やんす・やす」言葉は、別して薩摩、大隅に著しく、通常「やる」言葉の上に位して、最高の敬語法になることが多い。「やんす・やす」は中國以東にも東北に至るまで處々に見出されはするが、九州ほどではなく、且、所謂丁寧語になつたりしてゐる。

「さんす・す」例へば「ソレノケサンセ」「ハヨイカンセ」（伊豫大三島）の言ひ方も、この位置に並べて、「やんす」類似の語法と見ることができよう。その分布は、おほよそ「しゃる・さっしゃる」語法と地帶を同じくし、彼と此とは相伴つて、但し此は一段と少く、存在するやうである。中年以下の人々の、自己の鄕土語「さんす」に對する感情も亦、「しゃる」言葉の場合に酷似してゐるのである。偶々「ゴンセ」とか「ゴンシ」とかがよく殘つてゐるのには、「老人男子が使ふばかりで汚い言葉である」（播磨神崎郡）などといふ註釋が附きがちなのである。たゞ小佐渡の如きは、お茶を「ノメッチャ」とよく言ふ、その上位に「ノマンシサー」「いらっしゃい」を「コンシサー」と「ンシ」の形を頻りに出して、親しみ深く且相當の尊敬法としても之を常用してをり、必ずしも老人語ではないやうである。豐後臼杵の奥でも、三十歳臺の婦人が、その子に、

○ケンチャン、タキモンモチコンシ。（モチコン）（健ちゃん、焚物を持つておいでよ）

などと言つてゐたが、もはや中等度の家庭的な表現法になつてゐることは爭はれない。一體に「ンシ」「ンセ」がよくとゞまつてをり、「さんす」と言ふのはそれよりも稀である。さうして、何れの場合も、實際には、變つた形や類推的な接續法に固定したものが少くない。そこにこの語法の退いて行く樣も顯著なのである。

九州肥前には、「センセーンキヨーラス」（先生がお越しだ）「ナニショラストケー」（何してらつしやる）等、進行態の言ひ方に「ス」がついて尊敬表現になるものがある。この「す」は、「イラシテダスベシ」（金澤市附近）や「アニャファマヨーベゴザラシタ」（越後新發田町）等の「シ」と同じものか。肥前には、唐津城外言葉に、

○オトッチャンナドケイカシタカ。

（お父さんはどこへ行かれたかい）

○ソヤドヤンサシタッテスカ。

（それはどんなになさいましたか）

があり、「シ」と並ぶ「サシ」が見られ、それよりも、佐賀馬渡島方言には、「叔母サンが出カケサス」（叔母さんがお出かけになる）の如く、明らかな助動詞「さす」のあることが、「方言」二ノ十に見えてゐる。平戸島の對岸近邊にも、「先生がミエラシタ」「ミエラス」と共に「ミエサス」があるとのことであつた。これらは單純な「す・さす」助動詞であるのか、「さす」は「さんす」の縮約なのか、明らかでない。さうして、肥前地方では、右の如く「ラ」の語尾についた「す」がやがて互に結合し、「ラス」言葉として活動の範圍を廣めてもゐるのである。

六

「ラス」言葉の出來たのは、京阪の「ヤハル」言葉の生成にも似てゐる。紀州では又「さんす・す」が「見る」等に附いて「見サンセ」でなく「見ランセ」となつたのが、やがて類推を廣めて「ランセ」「ライシ」言葉を生じてゐる。かうして新助動詞が發生するが、一方では又、甲府市などの、「ヨシンセー」（およしなさい）に對する

○ソンナニシナンデンセー。

（そんなにおしなさいますな）

の「ンセー」伊豆修善寺脇の「アリョーミニャン」（あれをお見よ）に對する「アリョーゴランニャン」の「ニャン」更には信州飯田の「チョットコィヤレ」の「ヤレ」もこゝに併せ見てよいのではないかと考へるが、そのやうに、助動詞の助詞化して行く過程が認められる。待遇表現の觀察に於て、文末部の決定方法は、その筋を追ひその音相を求めて仔細に之を檢討しなければならないが、助動詞の成立と助詞の生成との相關聯するこのやうな趨勢は、國語の發展方向として注意すべきものと思ふ。

表現法はこのやうにして分化分析の傾向を辿る。立歸つて先の「やる」及び「やります」からの「やんす・やす」の先を見れば、それらの旺な薩摩・大隅に於て、「やる」は、前にも觸れたやうに「モス」と熟合して、「ヤイモス」の累加が一定の表現法となつてをり、それは

○アユミデミヤンセー。

アユミデオンミヤス。

（あれをごらんなさいませ）

の「やんす・やす」言葉と相並ぶ地位のもの、「アユミデミヤイモーシ」となつてゐる（薩摩枕崎町）。「ヤイ」單獨では一段低い敬語法たることを免れなかつたのであるが、「申す」と一體になることにより、新累加によつて地位の向上

を來し、最高の尊敬法の一種として獨自の地位を占めてゐるのである。鹿兒島縣地方に著明の「オサイヂャル」（お差出ある）「オヂャル」（お出ある）「ギャル」（お言ひある）といふ特異な表現法が、又「やる」の複合融化したのに等しい形のものである。右三者と並んで、「オサイヂャス」「オヂャス」例へば大隅高山町の、

○オマンサードキオヂャスカ。

（あなたはどこへいらつしやいますか）

それに「ギャス」といふ「ス」に終るものがあるが、これらは「やす」の複合融化した形のものであり、現地でこの「ース」言葉の方を「ール」言葉よりも一段敬意重く見てゐるのは、「やる」に對する「やす」の本源故に尤ものことと言へる。いづれにしても、こゝに言葉の累加による新表現法の展開があつたのであり、そのことは、今一つの著しい薩隅方言(高山町の例)、

○マアガイヤッタモス。（上等）

マ、イットドマオアガイヤッタモンセ。（最上等）

（まあ一寸お上りなさつて下さいませ）

○ヤヂオサイヂャッタモンドカイ。

（うちへお出でになつて下さいますか）

等の「…ヤッタモス」語法に於ても同樣である。さうして、當地方に於ては、かやうに熟した新語法が、もはや相當にこなれたものとして、既に固定的になつてもゐるのである。

「れる」言葉以降、次いで「ます」に關聯して、幾通りか指摘し來つた用言的話部の表現法をこゝに見通す時、その成立の方向は、すべて同一原理に基づくものであることを知る。國語の尊敬表現法は、このやうな累加膠着の方向に於

て、それ〴〵にその内面的な表現欲求を果して來、且果しつゝあるのであり、文末助詞をも胎生して行くやうな表現法の分化分析によつて、個々の表現効果の有效的確さ、或は力强さを圖り來り、且圖りつゝあるのである。

七

尊敬表現の用言的活部として、未だ取上げない項目もある。能登には「コレヨシデクレサシメ」とか「ソレオロサシメ」とかの言ひ方を聞くことができるやうである。室町頃に幾分か敬意を添へる言ひ方であつたといふ「上げさい」などの「さい」言葉も、日向延岡家中辯その他の九州方言中に於ていくらか攷究することもできようかと思ふ。薩藩「御殿言葉」の今は無い「アザスことば」

○ミグルシーコトーシアザスナ。

（こちらへおいでなさい）

「食べなさいますか」と言ふ「クイアザスナ」肥前平戸家中辯の今も旺な

○コッチオイヂヤッサリ。

○アリバゴローヂヤッサリ。

（あれを御覽なさいませ）

その他、國内諸方には、國語の尊敬表現法の實質と精神とを全一的に解明する上に重要な資となるものが點々と見出されるのである。

その點で、殊に南島方面は、鹿兒島縣下に所屬する島々を順次南に辿り行く時、西部南部九州に關聯して、看過できない寶庫をなしてゐるのを見るが、こゝには全然觸れることができなかつた。

又、観點を替へると、中部地方以東によく見られ、九州にも見える

○マズオアガリマショー。（濱名湖畔）

（まあお上りなさいませ）

のやうな未來的表現法による慫慂•命令の待遇表現、「ジーヤン、サキー風呂へヒャーッタ」（出雲）のやうな完了的表現法による一種の言ひ方その他も、主題の尊敬表現の特殊な場合として見逃せない。外に又「誰さんが來てぢゃった。」の尊敬法に該當する「來チャッタ」の如き、「て」語法の熟合した「チャッタ」言葉もある。

本來は、動詞自體で既に尊敬の意義内實の固定した語の立働く場合も無視できないし、所謂謙譲の表現も、又常に、所謂丁寧の表現法も、こゝに併せ見なければならないことである。以上述べた所は、專ら限つた一部のことに即いて、國語の日常語の現勢を報告したのに過ぎない。

それにしても、こゝに捉へられた國語の事實は、我々に、國民の國語生活を如何に建設して行くべきかを考へしめ、眞の國語發展の道を考へしめるものであらう。（了）

（『方言研究』九　昭和十九年二月）

頁	行	誤	正
603	9	侍共に	侍共に、
604	5	仙田）では	仙田）では、
605	1	同地で	同地で、
605	5	肥後の	肥後の、
605	7	おいで）	おいで。）
605	8	日向の	日向の、
608	7	「しやる・さつしやる」	「しゃる・さっしゃる」

609	12	アルかサル	アルカサル
611	8	（さあお上りよ）	（さあお上りよ。）
611	14	ますなよ）	ますなよ。）
613	9	行かれたかい）	行かれたかい。）
613	11	なさいましたか）	なさいましたか。）
614	3	に對する	に對する、
614	5	なさいますな）	なさいますな。）
614	6	の「ンセー」伊豆	の「ンセー」、伊豆
614	13	それは	それは、
614	16	なさいませ）	なさいませ。）
615	5	ますか）	ますか。）
615	12	下さいませ）	下さいませ。）
615	14	下さいますか）	下さいますか。）
616	7	「アザスことば」	「アザスことば」、
616	9	アザスナ」肥前	アザスナ」。肥前
616	9	今も旺な	今も旺な、
616	11	なさい）	なさい。）
616	13	なさいませ）	なさいませ。）
617	1	見える	見える、
617	3	なさいませ）	なさいませ。）

「行カレル」「來ラレル」などの「レル・ラレル」敬語について

藤原與一

はじめ

方言は對話の生活である。方言人は方言社會にあって方言對話の生活をいとなんでいる。

人に對すれば待遇心理がわく。對話の表現はすべて待遇表現となる。こゝに、廣い意味の敬語法、敬卑分化の表現法が見られる。

こうなると、國語方言上の對話表現も、敬卑の表現として、一々こまかに見られなくてはならない。はっきりとした「敬語」の形をとるものはもちろんとして、いろ〳〵の表現法による敬語法――待遇表現法を、當然とりあげていくべきである。〔例、「早う行きナハロ。」「したらアカン。」〕形と言ってもまた、いわゆる敬語の形ではないもの、その隱微なもの〔例、「そうか。」に對する「そうカン。」〕を、一々注意しなくてはならない。

國語方言上には、注目すべき敬語現象が多い。國語として統一的に見れば、全國のそれら大小の敬卑表現法は、現代口語の、廣くて、深い待遇表現法體系を形成している。

こゝには、その中から、「レル・ラレル」をつかう敬意表現法をとり出して、これを用いる待遇表現の生活がどうなっているかを見よう。

今日の方言に、助動詞「レル・ラレル」の見いだされる、尊敬の表現法がある。「れる・られる」（る・らる）は、もと〳〵受身などの表現に役だったことばであろう。やがて尊敬表現にも役だつようになった。文法機構としては受身などの言いかたにあって、しかも表現作用上では尊敬の表現法になっているところに、この「れる・られる」による敬意表現法の特質がある。敬意の度あいもまた、その間から出てくる。

地方の方言では、固有の「レル・ラレル」ことばが、かなりおもむきのかわったものになっている。今日これのよくおこなわれているところには、そのさかんなのに正比例して、おこなわれかたにも、特徴のいちじるしいものがある。が、おしなべて、室町末ごろの、かるい敬語としての「るゝ・らるゝ」が、だいたいそのまゝに尾を引いていると見ることができよう。

一　九州

九州では、主として南部の諸地方と、それに關連する度あいの强い西邊の地域とに、「レル・ラレル」ことばの、そうとうに特殊化したおこなわれかたが見いだされる。概して退化の末路にも近く、廣い視野からすれば、――全九州という見地からも、特殊な殘存と見られる。

薩摩にわりあいこのことばづかいが多い。

○トドワ　ドゲ　イガイモシタ　カ。

お父さんはどこへ「行かれ申したか」。

は薩摩南邊の例である。本人不在の時に「れ」と言っている。「れ」は、そこにいない人のことをいくらか尊敬して言うのにふさわしい。同じ所で、程度の高い尊敬法としては、「シェン　シェガ　キヤイモシタ。」の言いかたをしている。

○ドゲ　イガイ（れ）タ　カ　オ。

のように、面と向かっても、言わなくはない。それにしてもこゝで注目されるのは、文末に「オ」助詞のそわっていることである。これは、薩摩方面に特有の尊敬文末助詞である。面と向かえば、「…イガイタ　カ。」ではすまさないで、小つぶながらも、この特異な尊敬効果の文末助詞をそえるのは、「行かイたか」の「れ」ことばの實質をよく示すものとも解されよう。

○ドニュン　セライタ　カ。

これは「られ」の明らかな例である。これには、「オ」はそわっていない。

薩摩にはまた、「先生が　こラッた。」の言いかたがある。その南部屬島でも、「ワセラッタ」（いらした）などと言う。甑島もふくめて、九州南部地方に、「行かッた」「こ（ご）ラッた」などがある。たゞし、大隅地方は、薩摩ほどに、この種のものを存しないか。これを存する地方では、「こラッた」は下流社會の人々がつかうとか、「行かッた」は目下用とかいうことがある。「レル・ラレル」が、他の薩隅敬語法（「オヂャル」「オサイヂャス」「オサイヂャッタモンセ」「オヂャハン」以下）の中にあって、比較的少く弱くおこなわれていると、由來品位をあまり高くはかもさないこれが、低い品位の表現効果に役だてられるようになるのは自然であろう。

薩摩系に屬する肥後南部でも、「行かイた」（行かれた）は「目下に、輕侮の念を以てつかう。」などと言う。人吉市の奥の方でも、

○ヨーベ　コライタ　モン。

と言えば、「來ナハッタ」の下位の表現になり、「あまり目上でない人に」言うのだという。妻が夫のことを人に向かって、

○キョーワ　ヒトヨシー　行カンモシタ。

と言う。「人吉へ行かれ申した。」、こゝでは、「れ」が「ン」になっている。さて、人まえで身うちの者のことをも「れ」敬語で話すのは、後の廣島縣地方の例と合わせて注意される。人が、「あなたのうちのむすこさんが歸ってきナハッタゲナ　ナ。」とあいさつした時、その家の人は、「こランモシタ　モン。」と應答する。やはり、「來られ申した」と言っている。たゞし、「きナハッたげな」の「なさる」ことばの問いかけに對して、「こラレ」と答えているのである。そこに、明らかな表現法順位がある。土地人は、「自分の子だけれど、すこし丁寧に」言って、『コランモシタ　モン。』と答えると言

づている。「レル・ラレル」ことばの使用法とその氣分とは明らかであろう。

薩南から北にたどって、甑島・肥後南部をへて天草島を見れば、こゝにもまた「レル・ラレル」ことばが殘存の狀態を示している。

○アンワレ　イカイタ　トキワ　云々。

あの男が行った時は云々。

この「行かイた」について、土地の人は、「形だけの敬語で、敬意はなくなっている。」とか、「目下の者にでも、ふざけて輕く敬語をつかってみたい時、行かイたなどと言う。」とか言っている。そうして、「行かイた」とほゞ同じような地位にあるものとして、「行かった」があげられたのである。「ライ」（られい）の實例には、

○ホケ　オランチャ、コッチ　コライ。

「そこへおるよりかも、こっちへおいで。」

というようなのがあった。年よりのことばであるという。

薩摩方面では、「レル・ラレル」の命令形の用法が、ほとんど見られない。肥後天草島に、このように、「ライ」の言いかたがある。肥後奥、下益城郡の砥用町でも、

○コッ　チャン　ヘチコライ。

こっちへおいで。

との言いかたがあった。この地とせなかあわせの日向奥に、「先生どんのこライた。」などの言いかたがある。おなじ日向の、兒湯郡米良には、年始の禮をうたった俚謠の文句に、

カ、カンツケライ（家內よ、酒の燗を附けよ）

というのがある（「音聲學協會會報55號」コトタマ往來(916)）。來客の前で「家內」に言うのに「ライ」（られい）がとられている。さきの「ヘチコライ」というのもまた、その接頭辭「ヘチ」のゆえに、「こライ」の言いかたの品位のとらえやすいものになっている。

肥後などの「こライ」については、同じく肥後などにおこなわれている「行かイ」「見サイ」のような言いかたへの類推によったものかとも、いちおううたがえないことはない。「ラレル」ことばの「ライ」命令形に相違なければ、これは、岡山縣地方や越中方面の「レー・ラレー」の言いかたにくらべられる。もっとも、表現上の實質は、かれとこれと、等しくない。當方のは、まったく特殊化した用法である。「ラレル」ことばの衰退過程に、この特殊用法を殘存せしめていると見てもさしつかえなかろう。

肥後には、熊本市などにも、「輕蔑」の「こライた」などがあるようである。

天草につぐ肥前西彼杵半島のうちでは、

○ヨメゴ　モライギャー　イカイタ。

よめごをもらいに「行かイた」。

など、「れ」敬語がかなりおこなわれている。こゝには命令形の用法がない。「行かイた」は同等以下へのことばであるという。

○コラリマシタロ　カー。

こられましたでしょうか。

は「非常に上品」で「最上級の敬語」であるという。「れ」「られ」と、形のわりにとゝのっているものは、別の意識で用いるのであろうか。一方では、

○アリャー　チート　タラレントヂャ　ケン。

あの男はちっとたりないんだ。

のように、輕侮の表現に「れ」を用いている。

殘存語法として、「レル・ラレル」ことばは、そのかぎられた用法を、そこゝに、散發的に示している。どことも、多くは老人じみたことばとなっていようか。若い者からは下品とも批評されつつ、忘れられようとしている。もとは、南九州のみならず、北の方にも、かなりこれがおこなわれていたのではないか。室町期以降のものが、地ことばとしてである。肥前や對馬などに、「ゴメンオーセツケラ《い》レマセ。」(オシツケラ《い》レマッシェ)などのあいさつことばがあり、平戸島に「讀んで下ショカリ。」(下しおかれい)の言いかたがある。それにしても、東がわ九州では、西がわ九州ほどのものが見られない。

以上九州の、みな同じ類型と大觀しうる「レル・ラレル」表現法について、中國山陽の「レル・ラレル」簡易敬語法がある。

南島方面の問題は、今、省略しておく。

二　中國地方

中國山陽では、現に、このことばが活潑におこなわれている。廣島縣地方と岡山縣地方(作州をのぞく)とは、そのおもな領域である。

廣島縣安藝の實情を見ると、これが、まったく地ことばとして、したしくおこなわれている。國語讀本などからきた「れる・られる」は、新敬語として、特定の場合に、あらたまった態度、おちついた態度のもとにつかわれており、それとは別個に、昔ながらの、氣やすい感情の「レル・ラレル」がおこなわれている。よほどこなれているのであろう。「去《イ》ネた」というような言いかたもできている。ロドリゲス大文典によれば、「死ねた」は「死なれた」と同じく、可能のみならず尊敬の意味にも使ったという(土井博士「近古の國語」)。「去ネた」も「去なれた」なのであろう。「去んだ」の言いかたの一だん上のものとされている。

〇黑い服を着とらレルの《ナー》はだれかね。

これは、若い女の先生が、その郷土辯で、兒童に掛圖の説明を求めるところである。年長者も若い者も、日常きわめてふつうに、この言いかたを利用している。それこそ生活のことばであり、この社會自體には、まだ、これを古びた言いかたとする氣もちも、老人じみたもの言いとする考えもおこっていない。

廣島縣地方の「レル・ラレル」表現法は、さきの九州南方、人吉奥のことばなどと同じく、身うちにもらくにこれをつかうところに特色がある。この種のことは、「れる・られる」の新標準語教育の見地からすれば、不當と見られよう。それはそうであって、かつ、當地方の方言感情としては、これでおかしくない。他人に向けての高い尊敬の表現法としては、「なさる《ンサル》」ことばが常用されている。それとは用法を自然にはっきりと區別して、「レル・ラレル」を、簡易な低い敬語として用い、ひいてこれを、不作法というではなくて、人まえで身うちにもつかっている。人まえで身うちの者に「ンサル」ことばをつかうことはしない。その心得はあって、「レル・ラレル」はつかうというところに、かえってよく、當地の「レル・ラレル」敬語法本來の品位品格がみとめられる。「レル・ラレル」ことばは、身うちのことに流用されてもよい程度の、低い待遇價値を持った表現法なのである。あたりさわりの少い敬語法と言える。家庭的な敬語であり、「はれ」に對する「け」の敬語である。

それにしても、尊敬語を人まえで身うちにつかうのは、異常と言える。が、こゝには一般に、尊敬法の丁寧法化ということが考えられる。敬語法のいろ〳〵の流動のうちには、謙譲法の丁寧法化や、尊敬法の丁寧法化が見られる。われ〳〵のつねのことばに、「もっと丁寧に言え。」などと言って、「丁寧」ということに、尊敬法―鄭重の場合も、謙譲法―鄭重の場合も意味せしめているのは、玩味すべきことであろう。常識の「ことばをていねいに」は、渾然とした高い敬意の表現をねらっている。いろ〳〵な表現法が、『丁寧法化』と言えるようになっていくことは、意味のあることである。「レル・ラレル」の右のような自在な轉用も、誤用というよりは、敬語法の自由な擴張、「丁寧」の意識を中心とした自由な展開と言うことができる。家庭的な敬語は、なだらかに丁寧法化しうるものであろう。

岡山縣地方の「レル・ラレル」ことばは、「レー・ラレー」命令形の言いかたをする點で、出色である。いったい、「レル・ラレル」ことばは、これとして、その命令表現法を持ち得て當然のはずである。だのに、今は、九州でも、「レル・ラレル」の殘存に、命令の言いかたを缺いている所が少くない。存しているとすれば、「ライ」などである。(これは後に言う東北狀態と共通する。)岡山縣地方は、全國にめずらしく「レー・ラレー」を言う。

「行かレー。」「こラレー。」は、氣やすさの命令表現となっている。日常の社會生活では、人に命令しようとすれば、そこに多少とも遠慮心がはたらく。それによって、ことばづかいには、その命令をやわらげる手段方法がとられてくる。「れい《レー》・られい《ラレー》」ことばは、こゝにかっこうの表現法だったと見られる。

かるい尊敬語による氣やすい命令表現法は、また、こっけいじみた言いかたにもされている。さらに、揶揄・輕侮の表現にも供せられている。「レル・ラレル」の敬意度が、このような趣向を、適當に實現せしめた。命令以外の場合も含めて、以上いっさいの「レル・ラレル」ことばは、岡山縣地方に、活潑におこなわれている。青年以外の若い人々もこれによることがいちじるしい。

出雲隱岐を中心として見た山陰地方の問題は省略する。

三　越中ほか

さて、岡山縣下のと同じ「レー・ラレー」ことば([re:][rare:])は、近畿地方、ないし近畿アクセントの主地域をほゞはさんだ形で、遠く越中に見いだされる。かれとこれとの二地方が、今日、「レー・ラレー」の、全國での分布要地になっている。

越中では、「レル・ラレル」語法が、「シャル・サッシャル」語法とならんでおこなわれている。「マー　アガラレー。」(まあお上がりよ。)よりは「マー　アガラッシャイ。」の方がよいとするむきがある。南部山地でも、

○アレ　見ラレー。

が「中の上」の言いかたで、

○アレ　見ラレマセー。

が上位のことばであるという。

西の岡山縣地方に對して、東は、越中より、南方の尾張方面でも、「レー・ラレー」のことばづかいがあったかに聞いている。それと關連するものと解し得ようか。愛知縣尾張、中島郡下で、

○マタ　イレアー　ヨ。

またおいでよ。

の言いかたを聞いた。「イレァー」は「いらい」で、「入らレイ」からきたものではないか。尾張とともに、美濃・飛騨も問題にしなくてはならない。

四　近畿・四國

中國と越中とには、その土地ふつうのもの言いとして、特殊化はしていない「レル・ラレル」ことば、「レー・ラレー」表現法がおこなわれている。中の近畿地方一般には、「レー・ラレー」の言いかたはない。いったいに、こゝでは、地ことばとして「レル・ラレル」のおこなわれることが少いであろう。四國はほとんど完全にこれを缺く。中國地方人が四國にわたると、「レル」ことばのないのに妙に氣を引かれたりする。

近畿では、阪神地方に、「まあ、えらい云はれ方。――けど、云々。」(「細雪」)のような言いかたが、どの程度までおこなわれているのか。京都市下、北峡の中川鄕に、「レル・ラレル」ことばが一むら、よく溫存されている。こゝでは、命令形も、「讀んでみライ。」、

○アッ　チー　イカイ。
　あっちへお行き。

などと用いられている。土地の人たちの、これらについての品位感は、九州などのによく似かよったものである。室町ごろのものの亜流に屬する狀態が、京都市域になったこんな所に現存しているのはおもしろい。地理的事情などの特別のものがあって、自然にこうなったらしい。その北方の、丹波周山町でも、もとは、

○オトッツァンワ　オライセヘン。
　お父さんは居られはしません。

の言いかたをしていたという。

舊年、當時の學生久保田晴次氏から、紀州北部の伊都郡笠田町あたりについての報告を得た。それには、「行かイ」「見ヤイ」「うけヤイ」「サイ」(せよ)「ゴイ」(來い)の命令表現法を用いるとあった。禁止は「行かイナ」「見ヤイナ」「うけヤイナ」「サイナ」である。この「行かイ」や「サイ」などには、「レル・ラレル」ことばの命令表現の問題がふくまれているかと思う。近ごろでの楳垣實氏の御教示によれば、同じく「伊都郡」に、「カカイ」「デライ」「ミライ」「ゴイ」「サイ」がおこなわれ、隣郡の那賀郡では、「カカイ(ヨ)」「デヤイ(ヨ)」「ミヤイ(ヨ)」「ゴイ(ヨ)」〈稀、老〉「サイ(ヨ)」がおこなわれるという。「ヤイ」の形をもふくめて、これらに、「レル・ラレル」ことばの命令表現の問題をみとめることができるかと思う。この地方に「レル・ラレル」ことばが特殊殘存の狀態を示していることをみとめるとすれば、分布のふしぎでもある。が、近く南の日高郡地方に、例の二段活用方式の殘存していることを思えば、それとこれとは、ともに、古態の遺存として、偶然ではないことが理解される。注目すべきことに、紀州日高郡から東して、大和の、十津川村の東の、下北山村の前鬼山のことばには、

○イリャー　ヤ。
　いらっしゃい。(「今日は。」と訪ねて行ったのに對する返事)

があるという。「イリャー」はまた「入らい」であろう。

なお、楳垣氏は、最近、「近畿で使う敬語のル・ラル」(近畿方言13)「奈良縣多武峯村の敬語」(近畿方言14)の二編を發表された。

いま一つ、近畿內の命令形分布の特殊の場合として、近江の彥根ことばがとりあげられる。こゝでは、「下さい」の意に、「クダシカ

ゾ」と言っている。

〇ウッテクダシカレ。

買って下さい。

のように言う。こうあるのからは、九州平戸の場合と同じく、「下しおかれ《い》い」が引き出されよう。

〇オメズラシー　ものを《モシオ》　クダシカレテ　アリガトーゴザイマス。

のようにも言う。この種のことばは、今は、年長者のことばになっているようである。

近江については、楳垣氏も紹介されたように、岩本一男氏の報告がある。今はその別報「滋賀縣方言の語法に就いて」を見れば、「ル・ラル」〈湖南〉「ル」〈湖西〉がある。「ール・ヤール」〈湖北〉がある。「讀まール」「見ヤール」などは、「讀まハル」「見ヤハル」を思わせはしないか。つぎに「命令のイ・ヤイ」〈湖南〉がある。「同輩或は目下に對するやゝ丁寧な命令法には行カイ・走ライ・見ヤイのように云々。」とある。この用法の「行かイ」などは、「レル」ことばの命令表現法になるものではないか。なお氏の記述には、湖東について、

「うちの子供が惡いことシラレまして……」「うちの子供が大阪へイカレまして……」というように親が自分の子供の事を他人に語る時にも誤用している。蒲生郡、日野、八幡などで盛に使われるが此の言い方はむしろ全縣的だといってもよい。

とある。近くまた、井之口有一氏のくわしい御發表があろう。〔滋賀縣言語の調査と對策（調査篇）〕

かつて筆者が安土ことばをしらべた時にも、「イラル」「アソンデラル」の類があった。これらについての使用氣分などのことは、今ははぶく。「ユカル」と「ユカハル」とについて、

「ユカハル」と言ったり「ユカル」と言ったりする。「ユカハル」の言いかたになると、範圍が廣くなり、「ユカル」はせまい。

との説明のしかたがあった。近畿の「ル・ラル」の實體については、なお考えねばならない。楳垣氏もそのことを述べておられる。〔近畿方言14〕

× × ×

近江に「レル」ことばのあることは明らかであろう。その系脈が越前方面にたどられる。天野俊也氏の調査によれば、福井縣大野郡の北谷村小原には、「クラッタ」〈敬〉「クラルソーナ」などの言いかたがある。北谷村の一部には、「イラルカ」（「いなさるか」）もあるようである。ちなみに、大野郡勝山町のことばに、「先生にヤラルゾー。」のような受身の言いかたがあるという。

福井・石川縣地方には、「シャル・サッシャル」系のことばがよくおこなわれている。「せらるゝ」が「シャル」になった。とすると、こうなったものの流布の中には、「ラレル」ことばの內在を按ずることができる。北陸路に「レル・ラレル」が見いだされても、ふしぎはない。それや、「シャル」系のことばいっさいの狀態が、なだらかに越中の狀態につゞく。

五　東部地方

次下、國の東部地方をさぐることになる。

東海道方面では、地ことばとしていちじるしく「レル・ラレル」のおこなわれるのを、まだ見いだし得ていない。中仙道をたどれば、

「信州北部方言語法」(上)に、つぎのような言いかたがある。〔國語研究十ノ七、佐伯隆治氏〕

先生が來《コ》ラッタ(來られた)

行カラッタ(行かれた)

歸《ケ》エラッタ(歸られた)

オイラッタ(お出でなされた)

出《デ》ラッタ(出て行かれた)

佐伯氏は「ラッタ(られたの意)」の條を立てて右の實例を示され、「大體動詞の未然形からつゞく樣である。この言ひ方は長野市附近に行はれる。」との説明を加えておられる。これは、「レル・ラレル」ことばと見てよかろう。

越中の「レー・ラレー」は、その東邊の地方にもなると、おこなわれることが少くなるのではないか。しかし、「レル・ラレル」ことば一般としては、さらに東に行って、越後のうちでも、これを見ることができる。越後中部内では、

○オマイノ　オトーサン　ドゲー　イガイタ。

と言い、この「行かイた」が、中等品位の言いかたで、より「丁寧」には、

○オマイノ　オトーサン　ドゲー　イガシタ。

のように、「行かシた」と言うとのことである。「行ガイタ」の「イ」は、「れ」ことばそのまゝであろう。

總じて信州越後などでは、「レル・ラレル」ことばに、越中ほどのものは見られず、まして命令の「レー・ラレー」のおこなわれるのは見得ない。越後などの昔話例には、若干の「レル・ラレル」が見える。

江戸語・東京語の「れる」型敬語については、このごろ、吉川泰雄氏の御好意によって、金田弘氏のとゝのった御勞作、「東京語に於ける『れる』型敬語の性格」(日本文學論究第十冊)を拜見することができた。

東部地方地ことばの大勢としては、「レル・ラレル」ことばの分布を缺きがちのところ、東北、會津方面になると、これをかなり見せている。會津では、

○ドゴサ　イガンダ　ヨー。

が「どこへ行かれるんだ?」であるとのことであり、これは、

○ドゴサ　イグダ。

の上に位し、女ことばでやさしく、「目上の人に對することばで、敬語をふくんでいる。」という。會津若松などでは、

○ヨーグ　キラッタ　ナシ。

よくいらっしゃいましたね。

とも言うようであり、「キラッタ」は「こられた」であるという。その他、「どこ〳〵へ行ガッた。」の「行かった」も、「行ガル」も、敬語であるとの説明であった。

○オキャクサン　コラッタカラ、ハヤクキナー。

お客さんが來られたから早くおいで。

というのなどは、「キナー」に對して「こラッた」を言っているので、こゝに、「こラッた」敬語のありさまがよくわかる。

福島市方面でも、「こラッた」の言いかたを聞くことができる。

○センセー　コラッタ。

「コラッタ」は「こられた」であり、昔からあった敬語で、年とった人が、ふつう、昔からつかっているという。

東の相馬地方にはいると、命令形の用法があって、注目をひく。命令形を用いる「レル・ラレル」敬語地帯は、相馬以北に順次展開している。今までの調査の結果では、宮城縣地方をへて、岩手縣下の一ノ關地方まで、それがたどられる。以下にそれを見よう。

相馬のうちでは、

○コッチ　コライ。

こっちへおいで。

○コレ　ミライ。

これを「見なさい」。

のように言う。「ライ」は「られい」であろう。これについては、「よいことばでない。親が子になど、目下の者に言う。たゞし、したしみがある。」との說明があった。九州以降の用例と、思い合わされる。形の上から言っても、近畿兩傍の「レー・ラレー」地域のはるかに外側にあって、こゝが、九州と共に「ライ」の形を示しているのは注目される。奥羽はこれから「ライ」「イ」の形を示す。

福島市から北上して、宮城縣磐城の白石町にはいれば、

○アイツ　ミライ。

あれどらん。〔見ライ〕

などと、大人も子どもたちも言い、

○アッチサ　イガイ。

あっちへお行き。〔行かイ〕

などと言う。「行ガイ」は「行ゲ」よりもよいことばで、この方がやさしい言いかたになるとのことであった。「イ・ライ」は、やわらかく「イン・ライン」とも發音されている。

○ヨマイン

お讀みよ。

○チャッチャト　オユサ　ハイッテ　コラインo

さっさとお湯にはいっていらっしゃい。

のように言う。これで、命令の心意がきわめてやわらかくゝあたりよく示される。白石町の東の角田のことばでも、

○サー　アガライ　アガライ。

のようにも言うが、

○マワッテ　行ガイン。

○ハヤグ　言ワイン。

○コッチー　コライン。

○あれ　見ライン。

などと、「イン・ライン」の言いかたをしきりにおこなっている。仙南地方では、「イ・ライ」とともに「イン・ライン」がいちじるしく、これは、「クナイン」(くれなさい)「ゴザイン」などとともに、「イン」ことばとも言うべき情緒と感觸とを出している。以下の例にも明らかなとおり、奥羽の「レル・ラレル」ことばは、「イン・ライン」の命令表現、――土地にとって、時には胸もうずくほどの、このこゝちよい言いかたをする點で、他地方の「レル・ラレル」ことばに絕した特色を持っている。

仙臺辯の例を見る。こゝでも、

○アッチサ　行ガイ。

○アッチャ　行ガイン。

と言っている。

○コッチサ、ガイ(おいで)。

○ハヤク　サイ(しなさい)。

というのもある。

つぎに、陸前石巻の例を見る。
○ハヤグ　スライン（せられい）。
などの末端鼻音は、仙南のよりも弱い。人も、「仙南ははっきりインと言う。」と語った。
○ガッカ　ハヤグ　ゴハン　カシェライン。
母ちゃん早くごはんをたべさせてよ。

これは「食わせ」に「ライン」がついている。
○ソイヅ　këライン。
は「そいつ　くれライン。」で、
○köライン。
は「歸らイン。」である。
○ヤメサイン。
おやめなさい。

と言うと、ていさいがよくなって、よいことばの感じがするという。この「サイン」が「なさい」にかゝわるものだからであろう。「サイン」のつぎに位するのが、
○やめライン。
である。こゝでも、「レル・ラレル」ことばの、尊敬表現法としての位がよくわかる。これについては、「友だち同士の間で言い、あるいは同僚以下に言う。遠慮すべき人には言わない。たゞし、これで、愛情のこもった言いかたである。」とあった。

陸前仙北地方にも、「イン・ライン」ことばがだん〳〵に見いだされ、志田郡古川町では、
○サー　アガライン　チャ。
などと言う。

陸前の状態は、岩手縣にはいっては、一ノ關近邊までたどられる。一ノ關では、
○コッチャ　キテ　キガイン（聞かイン）。
キガイン　チャ。
キガイ　ヤ。
○コッチャ　キテ　ケ（くれ）ライ　ヤ。
のように言う。
○アイヅ　見ライ。
とか、「アイヅ　見ライン。」とか言う。「ン」は、出たり出なかったりする。當地人の言うのに、「花巻まで行くと、ケラインは言わぬ。」とのことであった。「ライ・イは、花巻ではつかわぬ。水澤（ミンツァー）あたりでは言うかもしれぬ。」などともあった。この北限は、まだ明確でない。盛岡市や、そのまわりの紫波郡地方では、聞き得ていない。

むすび

以上が、「レル・ラレル」地ことばの、全國におこなわれる大要である。その表現上の意味・効果は、おゝよそ上に述べたようなものである。

これを「レル・ラレル」語法の分布として見れば、分布はまず、關西系の地方をその主要地域としていると見られようか。これは、「れる・られる」語法の歴史的事實にあい應ずる。それにしても、遠く奥州にもこれが見られ、それは、現状では、九州のと對應するありさまでもある。「イ・ライ」の、そのような外周對應の内側に、

「レー・ラレー」の對應がある。「レル・ラレル」の分布に、
なさるゝ、下さるゝのナサル、下サル
せらるゝ・させらるゝのシャル・サッシャル
の分布を併せ見れば、古來長い間の「レル・ラレル」の分布と使用とについて、考えうるものが多い。

今日、標準語的に、新しく流布しつゝある「れる・られる」ことばは、地方語舊來の「レル・ラレル」とは、そのおもむきを異にしている。標準語的になった「れる・られる」は、上來述べた「レル・ラレル」地ことばとは別個におこなわれつゝある。それは、いちおうあらたまった態度から發する、冷静な尊敬表現法である。どちらかといえば、文章語風のおちつきかたをしたものである。知識人たちの「れる・られる」口語は、口頭語でも、口語文章のようなおもむきをそなえがちである。文章敬語としては、「れる・られる」は安定している。

標準的口語「れる・られる」は、書きことばにさゝえられて成立したものであろう。これが現代の話しことばの上の規準ともされることになれば、その教育のためには、地ことば「レル・ラレル」のおこなわれかたをとりあげて観察することがたいせつな注意となる。

× × ×

「れる・られる」教育のさいの問題一、二をつけ加えるならば、地ことばの「レル・ラレル」には命令形の言いかたがある。〈命令形がよくおこなわれると、それによって「レル・ラレル」ことばの語感は安定して、これが、他の受身や可能にまぎれることは少くなるということもある。〉いわゆる標準口語には、命令形の用法がない。これが一つの問題點である。つぎに、標準口語の「れる・られる」は、主として男性の成人にかたよって用いられがちのようである。これは、書きことばに緣由を持った「れる・られる」の當然のおちつきかたでもあろう。それを、男女一般の標準口語とした時に、その新しい表現生活をどう指導していくか、これもだいじな問題である。

（『文学』二十巻十二号　昭和二十七年十二月）

頁	行	誤	正
624	下22	なお、楳垣氏は、	なお、楳垣氏は、
625	下3	言っりする。	言ったりする。
626	上24	「レル・ラレル」ガ	「レル・ラレル」が

「入らっシャル」などの「〜シャル」（「〜サッシャル」）敬語法について

藤原與一

一

国語生活の実際について、大局的な標準を樹立するためには、一々の事項について、まずその歴史的な現実を明らかにする必要がある。そこに見きわめられる、そのことの発展的動向が、将来にわたるべき「標準」を、適切に考えしめるであろう。

その歴史的現実は、いわゆる国語史の研究によって明らかにされるはずであり、一方、国の諸方言状態についての統合的な研究によって明らかにされるはずである。二つの研究は相伴なう。

われわれの国語生活において、いわゆる敬語をどうしていくべきかは、今日の一重要問題である。人々はここに理想的な標準を望んでいる。日本語の生活として、敬語をどうすれば、すぐれた国語生活を実現していくことができるか。これの解決のためには、やはりまず敬語生活の現状を明らかにしていくことが肝要である。

つぎには、敬語法の中の一例「入らっシャル」などの「シャル」の言いかた（ついでは「サッシャル」）をとりあげてみよう。

文献による国語史研究では、「シャル・サッシャル」は、近古の「せらるる・させらるる」に出たと見られている。「るる・らるる」に「せ・させ」の加えられた「せらるる・させらるる」は、ロドリゲスの観察記録によると、「口語に使ひ最上の敬意を示す。」（土井忠生博士「吉利支丹語学の研究」）とある。これは、高い尊敬法のことばとして、今日の「せられる・させられる」に及んでいる。さて一方では、「せらるる・させらるる」は、「シャルル・サシャルル」をへて「シャル・サッシャル」になった。

今日、世上には、文章語または文章語風のあらたまったことばづかいとして、「せられる・させられる」の言いかたがいくらかおこなわれており、同時に、口頭語として、「シャル・サッシャル」またはこれからの派生形のいろいろなものが、およそ全国にわたって散在している。われわれはここに、「せらるる・させらるる」ことばの史的推移の結果としての体系的事実を見ることができる。

二

九州地方では、薩隅以南に「シャル・サッシャル」がおよそ見られないのが注目をひく。

「ハルカッシャイ。」（針を貸しなさい。）などと言っているのは、つぎに言う「ヤル」ことばの命令形「ヤイ」がついたものであろう。

薩隅から肥後南部・日向南方にかけての地域では、旧来の「レル・ラレル」敬語法がまだかなり見いだされ、かつ、「お……ある」の言いかたの「ある」にもとづく「ヤル」の言いかたがさかんである。これら、その他のさかんな中にあっては、「せ（させ）・られる」の言いかたは、発展しないできたのか。

右の地方を除き、肥後以北の西がわ九州では、「せ（させ）・られる」の複合ができて、「シャル・サッシャル」がおこなわれており、さらにこれは他の形にも進化している。

○イコアンシャレ。

　さようなら。〔あいさつことば〕

は肥前五島のことばである。壹岐島でも、

○ヒトシナミ　シチヨカッシャレニャ　タイ。

　兄弟は同等にしておかれなくてはね。

○アメン　フリヨラッシャル。

　「雨が降っている。」の敬態

のように言う。北九州筑前地方では、「シャル」がよく聞かれる。

○ウチノ　オヂーシャンニ、アワッシャレンヤッタ。

　うちのおじいさんにお会いになりませんでした？

○コレ　チョット　タベテガッシャイ。

　これをちょっとたべてごらんなさい。

などと言う。

さて、筑後を中心区として、肥後から肥前にかけての地域では、「シャル・サッシャル」が、さらに「ス・らス・サス」というような形にも進化している。肥後五箇ノ荘のことばから見ていけば、

○センセイノ　コラシッタ。

　先生がいらしった。

というようなのがある。

○センセイノ　行かシッタ。

とも言う。「行かシッタ」に対して、「シッ」の終止形「ス」の出る言いかた、

○アシタ　マチー　イカス　カイ。

　あす町へお行きになる？

がある。ここで東京語の「いらっしゃる」を考えてみるの

に、「いらっシャッた」は「いらっシた」とも「いらシッた」ともなっている。これにくらべる時、右の「行かシッた」は、同じく、「シャッた」からきたものと解することができよう。「行かシッた」に対する「行かス」は、「行かっシャル」に当たる。ここにわれわれは、「シャル」ことばのおもしろい転化を見ることができるのである。

天草のことばに、

○オラス　カ　オラッサン　カ。

いらっしゃるかいらっしゃらないか。

というのがある。平戸島農家の例では、

○ダリモ　オラッサンヂャッタロ　ガ。

だれもいらっしゃらなかっただろう?

というのがある。この「居ラッサン」は、「居らっシャラん」のつづまったものであろう。用語の気分も、「シャル」ことばのそれなのである。この看取しやすい転訛例からしても、「シャッ」「シャル」の、「シ」→「ス」になったことが推察されよう。

さきの「コラシッタ」では、「シャッた」とみとめられる「シッた」を除くと、「コラ」が残る。「コラ」は、「見る」の「見ラん」のように、やはり、四段活用動詞未然形に類化されてできたものではないか。「来ラシタ」「行カシタ」のような「シタ」の言いかたは、肥筑(後)の諸地方にいちじるしくおこなわれている。たしかに、五箇ノ荘例のような「シッた」が「シた」となったものであろう。こうして、「シャル」ことばが「シ」や「ス」になっているのがみとめられる。

右は、つぎのような用語感情からも立証されよう。たとえば熊本市中では、人の来たことを言うのに、

「来ナハッた」は一ばんよい言いかた。そのつぎが「コラシタ」。「キタ」は普通で、「コラシタ」はよい言いかた。

などとある。「ナハル」は「なさる」である。「なさる」ことばを尊敬法の最上位におくことは全国的な傾向であり、「シャル・サッシャル」ことばはまた、国内一般に、通常は、かなりくだけたもの言いとされている。あらたまった時は「なさる」ことばを使い、「シャル」などは、あらたまらない時につかうことが多い。これからすると、右の「コラシタ」のあつかいかたは、ちょど、「シャル」などの存立する位相をふんだ弁別になっている。なお一つ、筑後方面の用語感情にふれてみよう。八女郡下での調査経験によれば、「居りナハル」が最上の言いかたで、つぎが「おらっシャル」、そのつぎが「おらス」とのことであった。「シャル」ことばの把持のしかたは、前述のところに応じていよう。その「おらっシャル」についで、しかも、普通度の言いかた「おる」の上位に、「おらス」を把持している。この弁別の気分は、「シャル」と「ス」との密接さをよく語っていよう。

「シャル」に対して「ス」が成り立っては、人はこの両者に、何ほどかの差別を感じとるようにならざるを得ない。その上下関係のつけかたは、人によってちがうこともあるようであるが、二つのものの密接な関係は、人々にすぐ思われがちのようである。

さて、やはり肥筑の全般に、

○コノゴロワ　ドー　シトラス　ナ。

このごろはどんなにしていらっしゃる？

とか、「言ヨーラシタ」「行キョーラス」とかの言いかたが、「行かス」などとともに、よくおこなわれている。「ドーシトラス」は、「ドーシトル」(……しておる)の「し《シ》てお《ト》ら《ラ》」に「ス」がついたものである。「行キョーラス」は「行きョール」(行きおる)の未然形「行きおら《キョーラ》」に「ス」がついたものである。すると、これらは、「行く」の未然形「行か」に「ス」がついたのと同じことになる。まさにそうであろう。「言ヨーラシタ」も、もともと「言よーらっシャッた」であったと考えられる。ところでこうした「…らス」の類は、音感上、人に、「ラス」一体のことばとしてうけとられやすい。が、ものはやはり「ス」をとりたてるべきものであることは、右に明らかであろう。ともあれ、「らス」のおこなわれることはさかんである。

さらに、「サッシャル」の転化形として、「サス」がとりあげられる。肥前の西北で聞いたのでは、「先生が見えらシた。」「見えらス」とともに、「見えサス」も言うとのことであった。「サス」が「らス」と同等にあつかわれていた。これは肥前にかぎらないことのようである。「サス」は「ス」とあい伴ない、「ス」は四段動詞類に、「サス」はそれ以外の動詞に接続する。「ス」が「シャル」相当のものである時、「サス」は「サッシャル」相当のものとしてうけとられる。唐律城外ことばの、

○ソヤ　ドヤン　サシタッテス　カ。

それはどんなにおしでしたか。

の「サシた」は「サッシャッた」であろう。

以上の「ス《らス》・サス」は、「シャル・サッシャル」の終止形がいきなり「ス・サス」になったのではなくて、「シャッた」「サッシャッた」が「シた」「サシた」となることが先におこり、この「シ」「サシ」という新しい連用形が、四段動詞一般の活用形式からの影響で、終止形「ス・サス」を産むことになったのではないか。一つのすじ道として、これが考えられる。

「シャル・サッシャル」の中に「ス《らス》・サス」ができると、これは新しい勢で発展して行ったらしく、今日肥筑では、「ス」「らス」などが、当地方の方言生活の一特色になっている。方言人は、これに、従来の「シャル・ザッシャル」に感じたのとはちがった感じを持つようになっている。微妙な分化である。音相が改まれば、その新しいものに応じて、その

ことばの表現的価値が生まれてくるのであろう。ここには、待遇表現法の生活の、新しい展開が見られるしだいである。推移の前後関係を感知して、そこに訛りの意識を保有している人たち――たとえば平戸や筑後柳河のいわゆる家中弁の人たち――は、「ス（らス）・サス」を、百姓同士のことばなどと批評して、見下している。「来よらっシャル」などの方が上等の言いかたであるというのである。「入らっシャル」というのも、当今の東京語からの入来とは別個に、「上品な家中ことば」として持っているのである。

新しく「ス」「らス」などが独自性をかち得たのは、いわゆる拗音の聞こえをすてさったからではないか。そのところに現代的な音感覚の満足をおぼえる人が、「行かシた」は「行かっシャッた」よりもよい言いかただなどと言うのであろう。

北九州、筑前の地方では、「らス」はあまりおこなわれないか。「シャル」が目立っている。つづいて、東がわ九州が問題になる。こちらにも、「シャル・サッシャル」は、いくらかずつおこなわれている。日向にもあって、その中部では、

○マー　アガラッシャリ。

まあお上がり。

は目下用で、それの上の言いかたは、「マー　アガンナハリ。」だとのことであった。日向では、西の山地部などに、「先生が　こらシた。」「ドゲ　サシタッチャロ　カ。」（どうされただろうか。）のような言いかたもしているらしい。

豊後地方では、「シャル・サッシャル」があるとはいえ、さかんとも思われない。それでいて、「シャル」に「ます」のついた「シャリマス」の末流「シャンス」からの派生形とされる「ンス」などは、九州の他地方にはほとんど見えないのに、ここにはいくらか見えている。

三

中国地方になると、山陰に「シャル・サッシャル」ことばがさかんであって、「シャンス・サッシャンス」もおこなわれている。（しかし、「ンス・サンス」はおこなわれていない。）それが、山陽がわとなると、「シャル・サッシャル」のおこなわれることがはるかに少くて、「シャンス・サッシャンス」はない。ところで、「シャンス・サッシャンス」からの派生形、「ンス・サンス」はいくらか見られるありさまである。

山陰では、出雲隠岐地方が、「シャル・サッシャル」を、日常もっとも普通につかっている。その点では、ここは、全国でも代表的な所と見られる。

○コッチー　ゴザッシャイ。

こっちへおいでなさい。

など、これの命令形が頻用されるおもむきは、まさに、「れる・られる」敬語の命令表現法が山陽岡山県下にさかんなのと好一対である。

註　拙稿「行かレル・来ラレルなどのレル・ラレル敬語について」
（文学二十七年十二月）

子どもも大人に、

○オマイサン　ドコイ　イカッシャー　カ　ネ。

あなたはどこへお行きです？

などと言う。「シャル」のラ行音は不明瞭に発音される。

石見から伯耆にかけての「シャル・サッシャル」の生活には、また、「シャル」＞「サル」「セル」のような転訛も見られ、「見サッシャイ」が「見ハッシャイ」ともなっている。

○オマイ　スス　タベハッシャン　カ。

あんたはすしを「たべさっしゃらん」か。

は山間部の一例である。「サル」「セル」の類ともなれば、その品位はさがる。広戸惇氏の「山陰方言の研究」によれば、「行カッシタ」「イカシタ」「イカッス」、「映画ヲ見サシタカノ。」のような言いかたが見られるが、これも、行カッシタ」は「行かっしゃった」の転、「見サシタ」は見サッシャった」の転ではなかろうか。広戸氏がこれらについて、「隠岐では、かなり敬意を含んでいる。出雲、西伯、安濃、邇摩にもこの言い方があるが、さして敬意があるとは云えない。却って軽蔑的な気分すら持っている。」と説いていられるのは、あたかも、「シャル・サッシャル」ことばの転化したもののおこなわれかたを示していられるようで、含蓄が深い。筆者がかつて通信調査によって隠岐の諸地点から得たものにも、朝の挨拶「オキサシタカノ。」があった。山陰に、九州と同様の「シ」「サシ」というような転化形があるのは注目に価する。

出雲地方では、「シャル・サッシャル」類一切の言いかたの上に、いっそうよい言いかたとして、

○ミヤス　ナリナハッタゲナ。

安産しなさったそうな。

のように、「ナハル」ことばがおこなわれている。土地の人も、〃ナハイの方がいっそう丁寧である。〃と言う。「ナハル」がよそ行き用でもあって上位のことばであれば、「シャル・サッシャル」類は、ふだんの敬語でもある。親しみをもって、家庭的にも表出するのがこれである。その形のくずれるのとともに、品位の低い効果をかもすことにもなっているのである。一方、「シャンス・サッシャンス」となれば、ものはおのずからよくなる。

山陽では、安芸地方に、やや多くこれが見いだされようか。そのすなおな用法は、

○先生ノ　言ワッシャルのには　云々。

のようなものであり、多くは老人層の（または老人じみた）ことばになっている。

○ヨー　フラッシャリマス　コトデ　ゴザイマス。

ほんとにまあ、よくおうるいのあることでございます。

など、天候・天体に関しては、すなおな敬意表現の「シャル・サッシャル」をつかうのが通例となっている。（これは九州にも内海島嶼にも見られることである。）若い人たちは、ほとんど男子にかぎって、諧謔や軽侮の下卑た感情の時に、ことさらしく、「言わっシャッた」などと、「シャル・サッシャル」をつかう。天体などに対しては老人たちが古来の神聖視の風をもってすなおな「シャル・サッシャル」をつかい、若い人は、多少ともばかめた尊敬法としてこれをつかうのは、このことばのおもしろい衰退過程を示すものである。話し手と聞き手とが向きあってこれをつかうことはない。したがって、命令形のおこなわれることもない。「シャンス・サッシャンス」の形もまたおこなわれない。が、「言わンセ。」（おっしゃいよ。）など、「ンス」の類は、すこし見えている。「言わンセ。」が「言わイセ。」とも訛っている。「ンセ」は老年の人につかって上品、「イセ」はすこし上長である人につかい、下品であるという。「言わっセ。」とあるのは、若い者同士のことばで、より下品とされるかのようであるが、さてこれは、「言わンセ」からのものか、あるいは「言わっシャイ」からのものか。

山陽系の内海島嶼でも、「シャル・サッシャル」はまれに特別にしかおこなわれなくて、「シャンス・サッシャンス」もなく、「ンス・サンス」がいくらかおこなわれている、というような例がある。

四

四国は、全国状況の中で見て、「シャル・サッシャル」ことばをほとんどおこなっていない所としてよかろうか。いくらかずつは、南予・阿波内・讃岐内などに見えるようであるが、大勢としては、まずこれが微弱である。

五

つづいて近畿を見るのに、この方も、京阪神を中心に見ての大勢としては、まず、「シャル・サッシャル」ことばがおこなわれていない。

ついで周辺を見るのに、その南部の紀州では、四国阿波山地部などの例とあい応ずるかのように、「シャル・サッシャル」のよわい存在をみせている。北紀日高郡の例だと、

〇ヤメサッシャレ。
　およしなさいよ。

のようなのがある。多くは老人語らしく、若い人は、「ひねって言う時、オダテルように、『ゴザラッシャル』などと言う。」と言っていた。南紀には、北紀以上に、「シャル」がとぼしいのか。ただし「行かンシ」のようなのは見えている。

紀州についで南大和、十津川郷では、

〇アガラッシャレ。
　おあがりよ。

○コッチエ　ゴザラッシャレ。
　こっちへおいでなさいよ。

などの言いかたがかつてあったそうである。別に新宮市で十津川人に聞いたところによれば、「マタ　ゴザレ　ヨ。」とともに、「マタ　マイラシャレ　ヨ。」があったらしい。

　つづいて三重県下が問題になる。その西南部、紀州分の海岸では、佐藤虎男君の調査によると、古江のことばに、
○モッテカッセ　サー。
とある。「持って行かっシャイ」の「行かっセ」か。別に、
○シッカリ　シラベヤサンスッーケド　ナ。
　しっかりしらべなさるということだけれどな。

とある。「……ヤサンス」は、「サシャンス」の転「ヤシャンス」であろう。だとすれば、当地方に「シャンス・サッシャンス」ことばがあることになる。実際そうなのであろう。このあたりに「食わンセ」などもある。

　志摩半島でも、老翁が、
○コッチー　ハイラッシェー。
　こっちへおはいりなさい。

と言っていた。別の老人は、
○トンゲ　ヘラサレ。
　さあ〳〵、茶の間へずっとおはいりなさい。

とか、「サーサー。スワサレ　スワサレ。」（さあ〳〵。一ぷくおつけなさい。）とか言った。「シャレ」の「サレ」、「シャレ」の「サイ」（ハヨ　ヤスマサイ。）がある。

　三重県北地方を佐藤君が調査したところによれば、「シャル・サッシャル」の「セル・サッセル」（マー　イップクサッセ。〈親しい間の丁寧な言いかた〉）があり、「サル」もある。その否定形は「知らサラン」である。連用形に、
○カイトリニ　イカシタンヤロ　カ　ナー。
　貝採りにいらしたのだろうかな。

など、「シャッた」の「シた」があるのが注目される。「行かシた」とならんで「行かンた」もある。
○カンベー　イカイタモンデ　ネー。
　神戸《かんべ》へいらしたもんでね。

などの「行かイた」も、「シ」の「イ」か。「シャル・サッシャル」も、転化形となったものは、また別の新しさも持って、かなりおこなわれるらしい。

六

三重県の状態は、岐阜愛知両県下の状態につながっているようである。都竹通年雄氏は、「岐阜県愛知県の所々の方言で、尊敬すべきでも卑しめるべきでもない人に対して、行かッセル・行かッシルなどと使う。」（国語学第十二輯）と言っていられる。岐阜県の「郡上方言」では、「イキ《行》ナレル」「イカッセル」をあげて、「敬意の順」としては、後者が前者の次であることを示している。天野俊也氏は、郡上郡白

島町で、「敬語表現センセイカシコトサシタ。」（使役の場合はシコトサセタらしい」（高鷲村では～サッセル）を聞かれた。岐阜県東、恵那郡の「福岡地方方言考」によれば、

○何処へ行かっせる（どこへ行きなさる）

○田ン甫へ行かっせんか（行きませんか）

のようなのが見え、「尊敬の意は低い。」とある。さらにこゝには、

○運んどらした（運んで居らした）

など、「らシ」の実例が見えている。九州のに同じものである。飛驒高山市などでは、

○ドコソコノ　ナニャー　コー　イワッサル。

どこそこのだれさんは、こうおっしゃる。

のように言う。その、「アーアー。ヤスマッサイ　エー。ナンカ　ヨージ　カイ　ナー。」（あゝ〳〵。おやすみよ。何か用事かね。）などと言うのを見ると、「シャル」の命令形「サイ」の言いかたが、気がるな、わけへだてのない、低い敬意の表現法であることがよくわかる。

ついで信州にはいると、島崎藤村の「生ひ立ちの記」には、「ばゝさま、……。一寸うしろを向いて見さっせれ。」とあり、荻原井泉水氏の「旅のまた旅」には、「浅間山」の条に、「浅岳ホテル休憩所かみさん」のことば、

○「あなた方、泊らすか」〃こゝは泊めないのか〃「いや、泊らすなら泊めやす」

がある。「信州方言読本」語法篇には、「きさした」「こらした」、「行かっしー」「行かっしえー」「くらっしー」などが出ている。

甲州の一例をあげると、

○マズイヨーナラ、イマ　イッペン　キサッシャイ。

まずいようなら、もう一ぺんおいでなさい。

がある。

三重につづいて愛知を見ると、尾張西部で、

○知らっシャラなんだ。

というのを聞いた。「名古屋方言の語法」には、

○行カッセル（おいでになる）

○買ッテゴザラッセタ

の記事が見えている。

○ソー　セスト　オカッシャイ。

そうしないでお置きよ。

は知多半島南端の例である。これについては、「おけー」よりも「おかっシャイ」の方がちょっとよいとのことであった。尾張に「おらシた」（いらっしゃった）の言いかたもある。

三河でも、その西部では、「見サッシャッタラ　エー。」（ごらんになったらいい。）などと「シャル・サッシャル」ことばをおこない、「セル・サッセル」（例「コレ買ッテ行カッセー。」）「サル」（「イッ帰ラッサル？」）などの訛形もかなりさかんのようである。〔清瀬良一君の報告による。〕「行かサ

ル」はていねいなことばだという。なお
○アンタガ　買ワシタ　……。
のように、「シャッた」の「シた」も見られる。三河東部の奥でも、
○ヤラッセリ。
やりなさい。

「ヤメラッセリ。」（やめなさい。）のような言いかたをする。渥美半島でも、「行かっシャイ。」「きサッシャイ。」を聞く。

「遠江方言の研究」には、
○いかっしゃい　（崇敬体の命令形）
というのが出ている。

「伊豆宇佐美方言」（「方言」二ノ七）によれば、「就寝前の挨拶」として、
○ヤスマッシャ。
がある。

「神奈川県中部等」に、「買物言葉」で、
○ケイヤッセイ。
があるという。（柳田先生「話題集○買物言葉」民間伝承八ノ三）
東京語でも、柳田先生のおことばによれば、もとは、「火ノ用心　サッシャリマショ。」などと言っていたという。

七

近畿に返ってその北辺を見るのに、こちらは、南辺とはかわって、「シャル・サッシャル」ことばはあまり見られないようである。丹後路に、「行かシャッた」「行かンシた」などが、前はつかわれていたらしい。丹波奥にも、「食べとらンシた」のようなのがある。しかし、丹後奥では「なさる」の「ナル」ことばがつよく、「シャル」ことばを見せない。近世に上方のことばとしてさかんであった「シャル・サッシャル」が、今日近畿に上述のような分布を示しているのは注目に価する。

近畿を出はなれて、近畿系とも見られる方言地帯、越前から越中を見ると、この地帯には、「シャル・サッシャル」ことばがさかんであり、越中の状態は越後につづく。こうして注目される北陸道一帯は、西の山陰の、「シャル・サッシャル」のさかんな出雲隠岐地方と見合わされる。
○タベサッシャイ　ノー。
おたべよ、ね。

は越前海岸の例である。福井市東部の
○オマイ　ドコイ　行カッシャルイ　ノー。
は、「どこい行くんや。」というような、軽い親愛のことばで、敬意は非常に少いという。越前東部山地には、「墨で書かシ。」（お書きなさい）「何々してクラシ。」（「くらっシャイ」の転）のような言いかたがあり、北上して加賀の白

山麓方面に行くと、

○ナンジゴロニ　ツカッシャッタラ。

何時ごろにお着きだった？

のような言いかたがさかんである。

加賀能登にはいれば、「シャル」ことばは越前よりもいっそうさかんか。金沢市あたりでは、

○オマヤ　ドー　サッシャッタ　カ。

あんたはまあ、どうしなさったか。

のように言う。これは「普通よりもちょっとよい言いかた」とされている。これの上に位する言いかたに、

○コレ　クーマッシャラン　カ。

これを食いなさいませんか。

のような、「シャル」に「ます」の上接した言いかたがある。「ます」が下接して「シャンス」の生じたのとはちがった、特異な現象である。「シャル」の単一性がはっきりとしてくると、これと「ます」とは自在にはたらきあって、右のような契合をもとげるようになったのであろう。「マッシャイ」が転訛して、「マッセイ」「マッシ」となる。

加賀に「入らシて」の形があり、能登でも「イラシタ」と言う。

○コッチー　イラシ　マ。

こっちへいらっしゃいよ、まあ。

○ソー　シェント　オカーシ　マー。

そうしないで「おかっシャイ」よ、まあ。

は能登輪島の命令表現である。能登東宇岸出津町では、「イクサシ　マ。」（よこさっシャイまあ。）と言う。能登に「シャル」の「サル」（シャイ〉サイ）もあり、「きとらサル」はよほど品が落ちてわるいことばとのことでもある。

○ドコイ　行キマッシャル　ネ。

○ドコイ　行カッシャル（行カッサル）。

○病気が　ナオレエサッサラナンダ。

（〃なおり得ることができなかった〃）

は能登西側、富来郷のことばである。右の「行きマッシャル」について、「やゝ尊敬の意がある。長上に言う。格式がある。」との説明があった。「お茶を飲ンマッシ。」はお茶を「ついで出す」方のことばで、「飲まっシャレ。」は、かってにくんで飲めという時のことばだという。「マッシャイ」は、

○飲ンマッシー　ネ。

と形をかえてもいる。「モット　コッチ　ヨリマッシェ。」など、「ませ」にまぎれるような「マッシャイ」もある。

能登になお、九州のと同じ「らス」がある。能登西で、「今日は。」の代りに、「オラッシャル　カイ　ネー。」（年より）とも、「イラス　カイ　ネー。」（かるく言う時はこれ、多）とも、「オラス　カイ　ネー。」とも言う。「イラス」「オラス」は若い人には少いという。町よりも、里の女の人が、町へでも出てきた時に、よくこれを言うとのことで

あった。

〇キーテラス　カ　ネー。

　聞いていらっしゃるかね。

の「ラス」には、敬語の意味がちょっとふくまれているとのことでもあった。

越中にも「らス」はあるか。「田ノ　ワリアイデ　モロートラスカラ　云々。」は一老女のことばである。当地方に、「シャル・サッシャル」はさかんである。「レル・ラレル」の敬語法とこれとが、ともによくおこなわれている。南部山村で、老夫婦は筆者に、

〇サーサー。　ハイラッシャイ。

と言い、ほかの場合に、くだけた気もちで、

〇ダレモ　オラッサラン。

〇スズカニ　サッサイ　ヨ。

　「しずかにさっしゃいよ。」（辞去の挨拶）

と言っていた。越中では、なお、

〇コノ　ゴザ　アテテ　イカッシャイ。

〇ヤスンデ　イカッシ。

「風呂へ　行ッテラッシ（セ）。」（母→子・女）などを聞く。

越後西部の一地では、「マー　アガラッシャイ。」は「上がんナエイ。」（なさい）と同程度であるという。また、「シャイ」は年よりことばだとも説明された。この地に、

〇モット　マエー　出ヤッシャイ。

〇チョット　ハシ　ゴサッシャイ。

　ちょっと箸をおかしなさい。

などともあった。出雲と同様の「ゴサッシャイ」が、土地人から、「およこしなさい」に当たると説明された。

〇コッチー　イクシテ　クラッシャイ。

　こっちへよこして下さい。

は中越方面の「くらっシャイ」である。「コッチー　コラッシャイ（ゴザッシャイ）（コッシャイ）。」なども当越後にある。

〇オマイノ　オトーサン　ドゲー　イガシタ。

とも言い、「マダ　イラシテ　クダセー。」などとも古来言うという。

佐渡に、「どう〳〵してクラシャマシェ。」（下さいませ）「アレ　見シャシャマセ。」、「クラセー」（くらっシャイ）などがあり、越後北部でも、「コレ　読ンデ　クレッシャー。」などと言う。新発田方面でも、「ござらシたか」などとも言っている。

八

東北地方を一巡してみれば、越後北部につづいて山形県は、「シャル・サッシャル」ことばのよくおこなわれる所として注目される。山形市を中心とする村山地方については、斎

藤義七郎氏の御研究がくわしい。（「山形県村山方言助動詞考」方言研究第四輯）これには、「仕事サッシャエ」とともに、「仕事スラッシャエ」がある。村山地方の南の置賜地方では、一村の一老婆からは、「シャル・サッシャル」は聞けなかった。村山地方の北の最上地方では、

〇オチャを　アガラッセァー　ヤー。

のようなのを聞く。「シャイ」を「サイ」と言うことも多い。（コッチャ　ゴザラッサイ。「見る」の場合は「見らっシャイ」である。「見サッシャイ」と言わないで、こう言うのが、国の東北方面について注意される。庄内地方については、「荘内語及語釈」には、

〇今日の新聞見さしたが。

（今日ノ新聞見サシャッタカ）

などとある。酒田市では、「行かっシャル」などと、今日普通には言わぬという。

秋田県下では、「シャル・サッシャル」ことばはまれなのではないか。本荘町などでは、ずっと年とった人だけ、「コッチャ　コラッシャイ。」と言うという。

陸奥の弘前ことばでは、「こらっシャイ」など、言っていないようである。津軽半島中部でも「シャル」は聞かなかった。東の野辺地では、

〇マーマー。アガラシテ　クダサマへ。

とか、「あるかサル」とかいうのを聞いた。下北半島にも、

〇オメア　スシ　アガサル　カ　ニシ。

というようなのがある。陸奥東南部の調査では、「見らっシャイ」などは言わぬとあった。

岩手県には、わりと、「シャル」ことばが見られるようである。県北に、「行ガッシャイ」「サッシャイ」、「見らっセ」、「ケンヅバカリ　ケラッシャイ。」（こればかりください。）などがある。県東南部の陸前分では、

〇アッツァ　行ッテラッセァ。

〇ヤスマッセ。（晩の別辞）

〇コッチエ　キサッセ。

などと言い、「そまつなことば。それにしてもわりあいよいことば。」とのことである。「ケラッセア」（おくれよ）もあり、「セァ」が「セン」ともなっている。「どう〳〵してケラッセン。」は「わりあいうちわのことば。肉親同士などで言う。」とのことであった。

宮城県下では、仙北に、

〇ユーベ　ウチサ　コーチョセンセガ　ゴザラシタ　オン。

ゆうべうちへ校長先生がいらしたのよ。

の言いかたがある。「シャル」のまゝのものは聞かれないか。仙台弁の

〇あの人は　オカワリ　有らサンメ　ナー。

という「有らサン」は何であろうか。仙台市の一老媼からは、

○モノ　ワカル　ヒトデ、ヨグ　ココエ　イラサッタ。
○アノジブンニ　トッテ　オカッサット（おかっシャルと）
ヨカッタ　ネ。
○ビンボニ　ナラシテ　ヨ。

貧乏になりなすってよ。

○テンノーヘイカ　トーラサル　道に　……

などを聞いた。一般には「シャル・サッシャル」を言わないのに、この老人はこうであった。仙南磐城分には、「行ガッシャイ」などがある。

福島県下、福島市の北・南の地方にも、老人に、「ゴザラッシャッタ」などがある。会津弁では、

○ドゴイ　行ガッシャルー。
○タベッセー。

おたべなさい。

などと言う。白河あたりで、

○ニシャー　サキ　クワシー。

おまえさんはさきにおたべ。

のように言うのは、「シャイ」の「シー」かどうか。「シー」は、気らくな、こだわるところのない言いかたになる。

菅野宏氏からは、県下の「見ラッセ」の類について、「家庭的農村的スタイル」との御教示をいただいた。

九

関東を見るのに、下野北部に「コッチサ　キラッシ。」「アガラッシ。」などがあり、「タベラッセ。」となったものもあり、常陸に「シャル」ことばがある。

上野内にも「シャイ」などがあるらしく、「埼玉方言の語法」（大久保忠国氏）にも、「クラッシャイ」、「取ラッセー・見サッセー」、「起キヤッセ」、「シャンセ・ヤシャンセ」のようなのが見える。

千葉県にはいると、房州に「シャル・サッシャル」ことばがさかんである。

○イッ　キサッシッ（サシッ）タ　カイ。
○イッ　キサッシャンシタ。〔問い〕

ついで伊豆七島の新島の、

○ヤスマネーデ　ハイク　イカッシェー。

休まないで早くお行き。

○オメーワ　ドキー　イカッシャウ　イ。

あんたはどこへいらっしゃる？

などがある。

十

以上、「シャル・サッシャル」ことばの諸相の、全国にわたるおこなわれかたを、統一的に見てきた。旨としては、「日本語方言」共時態を見まもって、「シャル・サッシャル」こ

とば現在の生活を、体系的にとらえようとしたものである。

　かつては、これは、口ことばの全国共通語であり得たのではないか。しかし、文章語としては栄えなかったようである。そこにこのことばの運命があった。「シャル・サッシャル」の言いかたは、今日、総体に、退化の状態にある。

　ただ一方で、東京語を中心に、「入らっシャル」というのが、今日の共通語として、さかんにおこなわれている。これは、新な勢で広まりつつもある。地方人は、自己旧来の「行かっシャル・来サッシャル」などを忘れて、共通語の「いらっしゃる」を新しく都雅なものとしてうけとるようにもなっている。言語心理のなりゆきには、じつにおもしろいものがあると思う。


（『国文学攷』第十四号　昭和二十九年七月）

頁	行	誤	正
632	下15	ちょど、	ちょうど、
633	下1	「見えらス」	「見えらス」
633	下7	唐律城外	唐津城外
637	上12	とある。　「……	とある。「……
639	下18	東部の	東部の、
640	下2	東宇岸出津町	東岸宇出津町
641	下9	（コッシヤイ）。	（コッシャイ）。
642	上8	ゴザラッサイ。	ゴザラッサイ。）
643	上6	道に　……	道に……。

民間の敬語生活とその改善

——「ていねい」の意識について——

藤原與一

一

民間日常の、口ことばの言語生活では、ものを言えば対人表現になる。人と人とは、なんらかの社会的な関係をたもっている。そこで、対人表現は待遇表現になる。

民間の言語生活を観察する時、この待遇意識は、わけても注意すべき、言語意識の主流と見られる。

人を待遇する場合、意識のよりつよくはたらくのは、かりに上下の言いかたをすれば、「下」にむかってよりも、「上」にむかってである。ぞんざいな言いかたはほとんど衝動的にやっているが、ぞんざいではいけない場合になると、気をつかう。その気のつかいかたは、「ていねいに」ということである。

古くからの民間のしつけに、「もっとお行儀をよくしなさい。」とかもっとていねいにものを言いなさい。」とかいうのがある。「お客さんになんということを言うんですか。もっとていねいに言いなさい。」と、よく言われてきた。これは、全国にわたる、伝統的な通念であると思う。

さてその実際の場合を反省してみるのに、また観察してみるのに、言うところの「ていねい」は、今日文法家の説明する「尊敬法・謙譲法・丁寧法」の、三分法の中の「丁寧」にとどまってはいない。「ていねいに」ということばのつかいかたは、広い。これを「鄭重」と言いかえると、いくらか実際に近くなるのを感じる。「ていねい」意識には、尊敬（尊重）意識も謙譲意識も含まれているのである。民間の敬語生活は、広い意味の「ていねい」意識を軸として廻転しているとも言うことができる。敬語の世界は「ていねい」意識の世界なのである。

二

いわゆる丁寧法の、「ます」「です」類の言いかたがよくおこなわれることは、右の事情から、当然とされよう。ここで特に問題としてよいのは、謙譲語・尊敬語も、「ていねいに」との意識のもとに使用されている事態である。

（1）

*

電車内などの掲示を見ると、よく、「御用の方は車掌にお申し出で下さい。」とある。サービスをむねとするがわが、乗客を見下げて、「申し出ろ」と言うはずはない。真意は「おっしゃって下さい」というようなものであろう。それを表現しようとして、「お申し出で」の文句をつかったのである。これは、理をかんたんに通して言えば、謙譲語の乱用である。しかし、その表現意図に即応して考えるかぎり、これは一種の丁寧表現と考えられる。つまり、ものを「ていねいに」と考えたのが、こうなったのである。

「失礼申し上げました。」というあいさつことばを、このごろしばしば聞く。「いたしました」でよいような時に、こう言う。こういうことがおこり得るのは、「申し上げ」を、もっぱら「ていねいな」言いかたとしてとりあげるからであろう。「ていねい」意識のもとに、――「ていねいに」言おうとして、「申し上げ」はえらばれたと解される。方言上では、九州南部地方の「モス」（申す）が、

〇ソゲンヂャイモシタカ。

　そんなでありましたか。

のように、いわゆる丁寧の「ます」に等しい「モス」になっている。

相手に「ていねいに」ものを言おうとすれば、よいことばをつかおうとする。謙譲のことばはたしかによいことばである。（謙譲の気もちを十分に表わすのに、有効なことばで

ある。）ことは謙譲でも、「ていねいさ」を表わすのに有効と思われれば、これは、けっきょく「よいことば」とされて、その「よいことば」が、「よい」ということを契機に、他に転用される。利用され活用される。（註）――一方から見ればそれは誤用であっても、当の言主としては、ひとえに「ていねい」の意識のもとに、それを丁寧表現《パロール》としているのである。個人のこういう表現行為が社会の共感をよぶ時、あるいはまた、社会の「ていねい」意識が自然にこういう丁寧表現化の傾向を馴致する時、丁寧表現化の傾向は、丁寧の表現法となり、謙譲法の「丁寧表現法」化が見られることになる。

註　近ごろ、金田一春彦氏の「敬語の正しい使い方」（ことばの研究室Ⅳ）を拝見することができた。右書八〇頁に「その改まった言い方だという感じが、尊敬した言い方という感じにすり代えられるんでしょうねえ。」とある。

＊

先人の功績をたたえるあいさつで、

○何々賞を受領いたされまして

などと言うことがある。先人が、その席一同の等しく尊敬する人である場合、「いたす」は使いすぎである。言主、自分が、平素「ていねいに」言う場合は、充実した気もちで、「いたす」などをよくつかうので、ここのはりきった気もちの場合も、その「よいことば」が、おのずと口をついて出てきたのであろう。よく言えば、自己を投入した表現である。が、投入も場ちがいと言うほかはない。

似たような例に、

○あなたのおはがきは、きのうまいりました。

などがある。「あなた」のことなら、「まいる」と言わない方がよい。しかし、それをあえて言うのは、「まいる」という謙譲語を、その時の「ていねいな」表現の料につかったわけであろう。方言によれば、「御念がいりまして、どうもありがとうございます。」という時に、「ゴネンノマイリマシテ、……。」などと言うのがある。「まいる」を単純に丁寧表現につかうことが習慣化している。

「御了承下さい。」と相手に言うのも、「承れ」とは変であるが、じつはこれも、「ていねいな」もの言いとして、つよい習慣になっていると見られよう。このような類例からすると、さきの「いたされまして」も、その丁寧表現の意図はよくわかる。

＊

かつてラジオの放送討論会で、司会者のことばに、

○みなさん。よくおいでイタダキました。

というのがあった。これを聞いていた私は、聞きつつ、「よくおいで」のつぎには、「クダサイました。」がくるのかと思っていた。ところが、「イタダキました」におちたのである。「イタダキ」のこのような登場には、この際、「ていねいに」言おうとする意識が支配的であったことが考えられよう。「イタダキ」をここで取り出した心理は、想察にかたくない。

（2）

尊敬法の言いかたを丁寧表現法にしている事実が指摘される。尊敬語を、「ていねいに」とのつもりで、自由につかいひろげている。

＊

広島地方でよく聞かれる例であるが、「居ってヂャ。」（居られる。）式の尊敬法を、しばしばつぎのようにもつかう。

○まあ、すみません。この子はすぐに泣いテンですよ。

〔遊んでいた子がころんで泣く。子の母、隣家の主婦が助けおこす。子の母、

右のように言う。」

「泣いテンです」は「泣いてのです」で「泣いての」の「泣いて」は、「泣いテヂャ」の「泣いテ」と同じである。つまり「……ての……」も尊敬表現法なのである。では、右の例は、隣家の主婦の前で、わが子を尊敬していようか。そうではなくして、これは、その場を「ていねいに」言っているのである。ここに、尊敬法は、丁寧表現法化している。

山陽地方などにかなりいちじるしい、

○うちのお父さんが言うチャッタよ。

＝言うてヂャッタ＝

などの言いかたも、「チャッタ」で尊敬を表わしたというよりは、「ていねいな」もの言いをしたと見るべきものであろう。

○うちのお父さんが言ようラレました。

のように、「レル・ラレル」敬語も、同地方では、よく身うちにつかわれる。これも、同地方内のこととしては、「人まえにもかかわらず、身うちの者を尊敬した。」などと批評されるべきすじあいのものではないようである。ごくかるい気もちで、この言いかたはなされている。ある一人は、

あんまり尊敬ではなくても、「行キヨラレル」など、「レル」をつかう。

と反省して述べた。場に合わせて、表現をすこし「ていねいに」しようとする時に、「レル・ラレル」が用いられるようである。つまりこれも丁寧表現法なのである。それがかなり強い習慣になっている。北陸能登出身の斯波六郎博士からも、

富山のくすりうりが、「来ラレー」などと言うので、こっけいに思った。あれは、尊敬というよりも、「ていねいな」気もちだな。

とのおことばを得た。

＊

低い敬意の表現法は、丁寧表現法に移行しやすくはないか。「レル・ラレル」の言いかたは、そういう類のものかと思う。

「お行きなさい。」「お行き。」につらなる表現法「行きー。」も、元来は尊敬の表現法とすべきものであろう。が、近畿四国地方のこの用語法の実際には、一種の丁寧表現法とも言えるものがありはしないか。

＊

近来、「失礼申し上げました。」とともによく聞かれる、

○おかわりイラッシャイませんか。

＝ございませんか＝

では、わざわざ「イラッシャル」という尊敬語がつかわれている。これは、できるだけ「ていねいに」言おうと思い、相手の、「あなた」を意識して、「イラッシャル」と、尊敬の言いかたをしたものか。そうだとしても、これの機械化した表現——機械的なあいさつ——には、「イラッシャル」をただ「ござる」の代用につかっているだけかのような気味が感じられる。いわば、「イラッシャル」をもって、丁寧表現法を新鮮にしたかのようにうけとられるのである。いずれにしても、ここに「ていねい」意識が顕著であることは、みとめることができよう。

かなり高い敬意を表わすことばも、丁寧表現に利用されるようである。

「ヤル」尊敬語に「ます」のついた「ヤンス」は、「ヤス」とともに、よく丁寧語にもなっている。〈ついでながら、「ヤンス」同様、「ます」の熟合のすぐに推測される「ンス・サンス」は、尊敬表現法ひとつにつかわれている。〉

親は子に、人はまたいわゆる目下の者に、「どうどうオしナサイ。」などと言う。「ていねいに」との気もちから、高い敬意を表わすはずの尊敬表現法を、とり用いているのであ

る。

三

「ていねい」の表現は、個々の現場で、随時によくおこなわれている。よくおこなわれるものが、やがて社会の言語習慣となり得る。はじめは、よし悪用と見られ誤用と見られるものでも、いつしかそれが世上の習慣となって、自然に固定することがあり得る。「関係敬語」と言われるようなもの、たとえばこちらが先方にする返事に「お」をつけて「お返事」と言うのなども、「お」が丁寧表現法として固定したものと見ればよかろう。

丁寧表現法化は、国語の、一つの歴史的方向と解されるのではないか。今の「ます」も、「まっする」「まらする」などとさかのぼれば、謙譲の「参らする」に到達する。「ございます」の「ござる」も、もともと「御座ある」という尊敬語法である。玉上琢弥氏の「敬語の文学的考察」（国語国文二七年三月）には、

「尼君」という言葉には敬意が感ぜられるが、この人については「御」も「給ふ」も見られないから、所謂敬語というよりはむしろ所謂丁寧語の方向と見るべきである。

とある。

四

「ていねい」の意識は歴史的なものであって、根づよいものかつ、広くしみとおったものであることがわかる。

しかし、今日の国語生活上の新しい要求、――明日を目ざしての日本語生活の合理化ということからすれば、この「ていねい」意識の活動も、ただにこのうごきのままに放置しておけばよいというものではないとされる。「ていねい」の意識そのものはとうといとしても、その発動は、時代の要求に応じて、適当に吟味してみなくてはならないと思う。

敬語は国語生活の中のものである。将来の国語生活、ことに日常対話の生活が、今後はますます、たがいの人間の実質をみがきあうものにならなければならないとすると、敬語の生活も、よく実質を重んずるものにならなくてはならないと思う。人を尊敬するとすれば、その人の実質を見て尊敬するのである。やさしいもの言いをするとすれば、その人の実質を高める心で、やさしく言うのである。このように、「実質の敬語生活」を思えば、第一に、習慣的な「ていねい」過剰は、自戒しなくてはならないことになる。――目前の相手に、第三者をかたるのに、第三者への敬語をつかいわずらい、あやまって自己へ敬語をつかうなどの時は、「ていねい」意識過剰の行きなやみが見られる。

「ていねい」の意識はまことにすべての敬語法にしみとおっているものであるけれども、ひたすらていねいにというのは、みずから、「ていねい」意識のとりこになったものである。何のためのていねいか、これをつねに考えなくてはならない。

*

実際には、「尊敬語」「謙譲語」を、「丁寧語」につかうことを、なるべく節制すればよいのだと思う。「みんなでいたしましょう。」と言った時の「いたす」が、もし単純に「丁寧語」としてつかわれたのなら、これは「しましょう」でよいのではないか、というのである。「いっしょにまいりましょう。」も、「行きましょう」でよいことが多いと思う。「みんなで」とか「いっしょに」とか、他と自とがともにふくまれる場合は、なおのこと、「する」「行く」の言いかたでよかろう。「謙譲語」を「丁寧」表現に用いる場合がこ

とに多い。この点で、「謙譲語」は純粋の「謙譲表現法」に用いることにつとめ、「丁寧」表現にはこれを流用しないという考えかたが、原則としてたいせつであると思う。

「尊敬語」を「丁寧」表現に用いる習慣は、共通語においてよりも方言において、比較的よく見られようか。ところで、先日はラジオで、つぎのような例が聞かれた。

○コノ　タテモノワ、センサイオ　ウケラレタンデス　カ。

〔これに対する答には、「ゼンショーイタシマシテ」があった。〕

「建物は」と言っているが、「受けられたんですか」と、尊敬の言いかたをしている。相手に対する敬意が、このように、「建物」を主部とした叙述においても、尊敬法をよびおこしている。隠在の「あなた」が、敬意を受けるべき当体だと言えばそれまでであるが、すっきりしないことばづかいだと言えよう。ことがらを言っても、人に関係づけて表現するところに、日本語の特色がある。人に関係づければ、「ていねい」の意識がはたらく。この点では、「受けられたんですか」の「られ」も、もはや、しいて尊敬表現法として追求するまでもない程度のもの、丁寧の表現とも解し得ようか。

いずれにしても、いわゆる尊敬語・謙譲語を、丁寧の表現に転用すれば、ことはわずらわしくなる。いわゆる目下への丁寧表現など、善意の生き生きとしたものは何よりとうといとしても、形式化した慣用のものは、今日、その実質を検討してみる必要がある。習慣の句法は、一方、それとしてみとめるべきでもあるが、他方、これをたたいてもみなければならない。

ごく一般的なこととして、もっともかんたんなことを言えば、「丁寧」の表現には、かぎられた丁寧語をつかうのにとどめるようにするのがよいと思う。

＊

丁寧語「ます」「です」をつかうとしても、その過剰には用心したい。「ありますです。」の類は、論じるまでもないことである。日本語のつねとして――日本語の構造・表現法の特質からして、こんなに累加のおこるのはむりもないことであるが、これではあまりにくどくどしい。やはり「ていねい」意識の過剰と言えよう。

「このあいだお借りしましたあの本は、ずいぶんおもしろうございます。」などの、文の中途の「ます」は、はぶいてよいのではないか。「ます」の心意は、ひとえに文末の「ます」に託すことにしてである。「ありましたそうです。」も、「あったそうです。」にしたらと思う。「店の者がおうかがいしますはずですが。」は「……おうかがいするはずですが。」でよいと思う。

もっとも「ええ。私もきのう出あいましたが、ずいぶんしょげていました。」などの時は、文が前後の二部分に割れているので、前半にも、「ます」があったのがよかろう。前半の「ます」をはぶいたのでは、ここの文表現全体の調子は、ちぐはぐなものになる。このことは「です」の場も同様で、一般には、「……だが、……です。」とはならない方がよいと思う。さて、「ずいぶん待ったんだが、いっこうに来ないんですよ。」などは、どうであろう。

「ます」「です」は、今日通用のだいじな敬語である。これらの役わりは、きわめて大きい。それだけに、上述の趣旨から、「ます」「です」の用法を明確に規定することができたらよいと思う。「ます」「です」の乱用が、「オ」の乱用と同じようになってはいけない。

＊

さきには、「建物」について「ラレ」敬語をつかった場合をあげたが、事物なり状態なりを、人から切りはなして考え得る場合には、つとめて、敬語を節制したのがよいと思う。つまり、事物・状態に関しては、「人」の方へ引きつけないで、そのものをそのものとして、そのことをそのこととして表現するのである。そうすれば、非実質的な敬語法はおこらないですむであろう。例の、「だれだれさんは何々であらして」という尊敬の言いかたは、「ある」という、存在を示すことばに、「レ」敬語をつけたところに、問題がある。

五

現代の敬語生活の改善の一方途としては、「ていねい」意識の生態を見きわめることが肝要であろう。そうして、さかんな「丁寧」表現法の実情を見定めて、ここに、「ていねい」心意の活動を穏当に規整する方策を立てることが有意義であると思う。

（『言語生活』No. 52　昭和三十一年一月）

國語方音に於ける〔ai〕連母音の諸相

藤原與一

本稿は主として現代方言音の上から、連母音〔ai〕に存する諸問題を觀察し、國語音韻史の一端に資せしめんとするものである。

一

初に、私の試みた
（一）岡山縣下に於ける各種連母音の實地調査二回（昭和八年）
（二）中國・四國・西近畿の方言調査（昭和八・九年）
（三）同　前　實地調査（昭和九・十年）
（四）西近畿・中國地方實地踏査（昭和十年）
（五）九州、福岡・大分・宮崎三縣實地調査（昭和十一年）
（六）近畿地方實地調査（昭和十一年）
の結果に基き、連母音〔ai〕の相互同化・順行同化・及び同化せざるものの各々に就いて、その分布の狀態を記述しよう。

先づ中國地方に於いて現在我々の氣附き易いのは、所謂「おけぁやま辯」の名によつて概稱せられてゐる所の三備地方の〔ai〕の相互同化である。私が最初に注意したのは、嘗て安藝と備後との方言を比較した際に於いて、備後殊にその南部に見出された〔ai〕＞〔æ:〕の相互同化であつた。而もこれは、備後の東南部に一段と旺んであつたのである。「おけぁやま辯」の實體と流布範圍とを確かめんとする私の作業は、備後に於けるかゝる淡から濃への三段階の轉訛傾向を知ることによつて始められた次第である。

扨て、前記調査（一）の、岡山縣下の分布圖によれば、調査語の各々によつて、分布は必ずしも一様でない。然しそれらを重ね合はせてみる時に、略々一定の配布狀態を觀ることが出來るのである。それに、分布圖にはしてゐないが、別の機會に追補した二回の調査と、彼此の諸調査の都度に爲した副次的な記錄とを綜合して考へるのに、岡山縣下に於いては、大體備中備前が〔ai〕＞〔æ:〕—〔ɛ:〕—〔e:〕の領域であると言へる。

美作の狀態は特別であり、一般には〔ai〕に於ける同化は見えないところと言つてよい様である。殊に東部の英田・勝田の二郡に至つてはその傾向が强い。たゞ、稍々もすれば、作州の南部に當る久米郡南半、及びそれに西隣する眞庭郡南部が、備前・備中の影響を受けてか、往々〔æ:〕を示すことがあるのである。尤も久米郡の北側に當る津山市附近にもこれが現はれることもあるやうであるが、これは主として南方の地との交渉の別して旺んなことに由來するものと思はれるから、今述べようとする分布論上では、特殊の例外的事態と見做しておかなくてはならない。

備中備前の地方に於いても、所によつて轉訛傾向の旺んに現はれる地方と、然らざる地方とがある。概言すれば、東半によりも西半の方に比較的旺んであり、北半よりも南半の方に一層旺んなのである。備中奥（阿哲郡）の如きも、その南半には相當多く認められるが、北に至るにつれて、次第に稀薄となつてゐる。このことは、本郡の西隣に當る備後最奥の比婆郡に轉訛現象が稀薄なのと、密接に關聯してゐる。（阿哲郡の西半には、備後の方言の影響が、かなり強く認められるのである。）

轉訛の旺んな地方に於いては、〔ai〕＞〔æː〕のみならず、更に進んだ轉訛段階〔ai〕＞〔ɛː〕＞〔eː〕が認められるのである。即ち、兩備の南部では、一般に〔æː〕の狀態を越えて〔ɛː〕又は〔eː〕に至つたものが聽かれる。中にも倉敷附近より岡山地方にかけての地帶は、殆んど〔eː〕のみになり切つてゐると言つてよいほどなのである。たゞ然しその範圍を嚴密に限ることは困難なことに屬する。抑々右の轉訛の推移は、もともと一線上の音訛事象である丈けに、その各々の訛音現象の見える所を領域的に劃ることは、出來ないのが當然であらう。それらの領域は漸次に移行し、全體觀の下には、各々主調がかなり明瞭であると言ふのが實際である。そればかりか、一ケ所に就いて見ても、種々の段階的なものが見出されるのであつて、假令〔eː〕の旺んな地方でも、語音次第では〔ɛː〕〔æː〕もあり得るのである。單に〔eː〕がよく聽かれると言ふことになれば、倉敷岡山方面に限らず、東は備前の南部特にその西半から、西は備中南部一帶更にその西端から少し北上した近邊までが、さうなのである。同化傾向の強い地方と言へば、この一帶を擧げるべきであらう。たゞこれらの地方は、先の倉敷岡山方面に比し、調査語による〔eː〕の頻出度が少い[註1]のであるから、一般に倉敷岡山方面を同化の最も強い地區とすれば、これは第二に強い地域と言つてよいことになる。隨つて、前に述べた岡山縣下の〔ai〕轉訛領域から、これらを除いた殘部は、先づ〔æː〕の程度のものを主體とする[註2]領域とされるのである。

註1　それだけ〔ɛː〕又はそれに近いものが多い。

註2　〔ɛː〕への傾きをもつたものもかなりあるやうである。

一體〔æː〕と言ひ、〔ɛː〕〔eː〕と言ふのも、實は我々の耳に最も強く感じられる所を捉へての表記であることは無論である。實際のものにあつては、音訛過程上の無數の差別相が存してゐるのであつて、殊に〔ɛː〕を中心として、その前後の過程のものが多い樣に思はれるのであるが、それらの一々は、餘りにも微妙なため、我々の感覺的辨別力では識別し難いほどである。然し何れにもせよ、作州を除けば他は一般に、〔ai〕の連母音が〔æː〕又はそれ以上の轉訛を示すのが定則であると言つてよいと思ふ。單に語中の〔子音十母音〕より成る音節に對して母音節〔i〕が直接した場合のみではなく、語頭に母音節が來てそれに〔i〕が接した場合に於いてもさうなのである。

例、　挨拶　〔aisatsu〕>〔æːsatsu〕>〔ɛːsatsu〕>〔eːsatsu〕

轉訛が一つの定則となつて了へば、あとは類推もかなり強く働くことゝ思ふ。この見地からは、一ケ所に種々の變化過程のものが、同時に混在し難いとも見られる。岡山縣下に於いて見られる濃淡三段の轉訛層が大體音訛の一定性を有するものとして識別されるのも、その故である。又類推作用の赴くところ、現今新に經驗される語彙に於いても同化が起り得てゐる。かくて發生上かなりの歴史をもつと思はれる相互同化現象は、今も尚完全に繼續されてゐる次第であるが、これが標準音の知識の普及により特異なものとして照出され、昨今漸く訛音の所有者自身によつても、確かな轉訛意識を持たれるに到りつゝあることは、一面に於いて事實の樣である。

因みに、當地に於いて、人を冷笑して言ふ際の「わーい〳〵」の轉訛「ウェーウェー」、「恐い」の「コウェー」にあつてはウェは〔wɛ̃〕又は〔we〕であると思はれる。他の連母音同化に於いて、〔ẽ〕のきかれるものもある。例フェートー（乞食）

次にこの現象の東境を探つてみる。一體備前の内でも東へゆくほどこの傾向は薄れ勝ちの様であるが、それにしても最東の和氣郡に於いて同化の見られることも亦事實である。かうなると是非共西播地方に當つて見なければならぬことになるが、踏査の結果では格別この方にまでは延びてゐないらしいのである。たゞ特に播磨西南隅の赤穂郡及びその北隣の佐用郡の兩者の西境寄りの村落では、事實存する婚姻關係等のためか、西の〔æː〕の流入を若干受けてゐる様である。かゝる狀態に過ぎないから、かの岡山縣下に著しく而も東方に至るに隨つて漸く劣勢ならんとする同化の傾向は、先づ播磨境を以て限られて居ると言つてよいのである。

次には西方の備後であるが、こゝは〔ai〕のみならず、何れの連母音の場合に於いても、備中と全く同一の傾向の見える所である。今は〔ai〕の場合に就いて言へば、阿哲郡（備中）の西に當る比婆郡及びその西の雙三郡（上記二郡は備後北部）には〔ai〕＞〔æː〕は殆んど無く、南下するに隨つてこれが目立つて來、東南部一劃（深安・蘆品・沼隈の諸郡に至つては、最も旺んである。＊

尤も前記雙三郡は、比婆郡とは稍々事情を異にし、〔æː〕への轉記も間々聽かれる。

＊これは前中兩備の南部に〔eː〕の多く見えるのと相通ずるものであつて、〔æː〕のみならず、〔ɛː〕程度のものもこの東南部では多く聽かれるのである。以上の如き分布樣相よりして、備後の音訛は、備中の現象と全く一聯のものであることが明かに看取せられる。方言の上では、三備地方或は吉備の地と稱して當地方を一括して取扱ふべき點も尠くないのであるが、その一つの根據はこゝにもあるのである。

右の如く、備後東南部に〔eː〕の程度のものまでは聽き難いと言ふことは、備後以西の狀態を略々推測せしめるものである。卽ち該音訛事象は備後の西境を越えてまで西漸しようとする力は殆んど無かつたのである。たゞ備後西隣の豐田郡（安藝東南部）は、一面に於いてその影響の及んでゐる地帶と見られるであらう。

最後に南方への進出、卽ち內海島嶼への影響が問題となる。先づ備中では神島・白石島・北木島・眞鍋島の列島の內、最も本土に近接した神島が〔ai〕＞〔æː〕を示すのに過ぎない樣である。最南の眞鍋島は讚岐系であり、中途の二島では、寧ろ〔ai〕＞〔aː〕の傾向が見出されるのであつて、後に述べる安藝以西の事と併せ考へる時に、興味深い分布とされるのである。備後の島では、尾道對岸の向島は勿論のことゝして、因島が〔æː〕を存し、それに續いての佐木島・生口島・高根島(上記三島は安藝)、更にそれらに繫がる伊豫の弓削島・佐島・生名島・岩城島の諸島に於いても〔æː〕が聽かれるのである。尤も伊豫分の島になると、その現象は微弱である。たゞ最末端の岩城島では比較的著しいことが知られるのである。これが更に西南の伯方島・大島（共に伊豫）になると、岩城島と隣つては居るが、〔ai〕に於ける如何なる同化現象も通常見えないと言つてよいのである。生口島西隣の大三島（伊豫）でも亦〔æː〕は存してゐない。然るに、その西の大崎上島（安藝豐田郡）では、大崎南村に〔ɛː〕を存してゐる。この島を一周した際にはかゝる音訛には氣附かなかつたのであるが、右村の小學校の調書にこの音を含んだ語が二三採錄せられてゐるわけなのである。事實とすれば恐らくは豐田郡の海岸地方との交渉の關係から來たものと思ふ。大崎上島につゞく大崎下島（安藝豐田郡）の久友村の村誌にも一二語丈けそれらしい記載例が見えるが、踏査の際には亦、聽くことが出來なかつた。この地方に及んで來てゐるにしても、恐らく大崎上島までのことであらうし、而も決して一般的な事實ではないと言つてよいやうに思ふ。

以上の島嶼部の記述に於いては、國名が混雜し、本土に於いては安藝は〔ɛː〕の相互同化の認められない所であるのに同國名の島嶼には之を認め得るものがかなりある等の狀況を呈して居るが、これらは島嶼存在の地理的關係からすれば、毫も不思議ではないところなのである。

以上島嶼部の探索によつて、三備を主體とする現象の、南の限界を知ることが出來た。

二

三備の現象は、山陽道全般から見て、實に特異の存在と言はなくてはならないが、西にあつて之を限界付け、且つ對照的に顯著な特徵を示して居るのが、安藝以西の獨自の一傾向である。

先に備中の北木、白石二島に見えた〔ai〕>〔aː〕は、伊豫、大三島及びその西側の屬島からして、それから西に連る所の安藝の島々に、悉く見出される。備中の二島は隔離して存する點から、一つの謎としても、この大三島以西の一團の島々は、それ以東の前述の〔ɛː〕の諸島と大きな對比をなしてゐるのである。

尤も、それらを、〔ai〕連母音に於ける何等かの同化と言ふ點で一括すれば、それと、同化の起らない「伯方島及び大島」(伊豫と同じ狀態)との間に一線を劃すことができ、嘗て私の檢した瀨戶內海島嶼の方言境界線に正に合致する。但し特に伯方島の西半には〔a:〕もあるから、この島を完全な南方系の地として了ふわけにはいかない。これは尙、他の色々な場合に就いて言へることなのである。

この對比は、直ちに藝備本土の相互關係に想到せしめるのに十分であらう。果して備後に西隣する安藝に於いては、連母音〔ai〕は順行同化を起して〔a:〕となつてゐるのである。安藝の東境から强くこの傾向の見えるのは、備後以東の現象と比較して、一見不可思議とも言へよう。

安藝ばかりではない。〔æ:〕の殆んど無いか或は稀な備後北奥には、既に〔a:〕が見えるのである。安藝最東の豐田郡は、先に〔æ:〕の來及して居る地としても擧げたのであるが、その本色は〔ɛ:〕であると言つてよい。發生的に考へれば、〔æ:〕等と〔a:〕とは、全く切り離すことの出來ぬ親近性をもつて居るものと思はれるが、その點からするならば、豐田郡のこの狀態及び備後北奥に於ける、〔æ:〕に對する〔a:〕の接合的な分布は、意味の深いものであると思ふのである。

安藝の全體に見えるこの傾向は、更に周防長門の全面に於いても見ることが出來る。然し注意すべきは、

周防の西部——佐波郡八坂村
長門の中部——厚狹郡小野村
〃　　——阿武郡佐々並村

〃　――美禰郡大田町
〃　　　　秋吉村
〃　　　　別府村
〃　　　　共和村
〃　――豐浦郡粟野村

に於いて、點々と〔æː〕が聞かれることである。一郡をなして居る周防大島にも同樣な現象が窺はれる。

伊豫溫泉郡に屬する中島の東中島村にも〔æː〕があるらしく報告されたのであるが、それはこの西隣に當る右の大島と何等かの繫がりをもつた現象であらうか。

かゝる異態の混在は、先に藝東・備北に關して述べたのと同樣、意味深い事實であると思ふ。さうして、或は、山口縣下ではかゝる傾向のものがまだ他にも存してゐるのではないかと豫想される所もあるのである。

以上で山陽迄の西端は盡きたわけであるが、〔aː〕の分布はこれに止らない。卽ち更に石見に於いても亦、明瞭にその存在を看取することが出來るのである。石見と出雲とは、方言事象の各方面に於いて、尠からざる差異もあるのであるが、〔ai〕に於いて、石見の順行同化が、出雲の相互同化に對應して居ることも可なり著しい差異的特徵である。

石見の內でも、略々その西過半の鹿足・美濃・那賀の三郡は完全に〔aː〕であり、且つ〔æː〕は見出されない。右の三郡の東の邑智郡になると、田所村・市木村・市山村と言ふ、郡の南部から西部にかけての村々に〔aː〕があつて、それらより東の同郡內にはこれを見出し難いやうである。更に、邑智からは北隣に、那賀郡からは東北隣に當る所の邇摩郡及びその東側の安濃郡では、〔aː〕は無いらしい。つまり石見の東部とも言ふべき敍上の地方では〔ai〕のまゝのやうである。出雲の相互同化とは別箇のものであることは勿論であるが、石見の一般とも異つてゐる次第である。但し安濃郡では、海岸の鳥井村に〔æː〕が聽かれる。一體この郡は、何かにつけて出雲の影響を蒙ることが頗る多いのであるが、これもその一つであらう。尤も安濃郡の大勢としては、〔ai〕のまゝの狀態が普通と見られるから、この石見東部地方は、大凡〔ai〕のまゝの地方と見て差支へないであらう。

石見一圓を〔ai〕>〔aː〕の地方として概括してゐる人もあるやうである。調査の地點及び調査そのものにも依ることであらうが、私は一先づ、自分の經驗の範圍内に於いて報告をする次第である。或は精査によつては今少し東寄りになるまで〔aː〕が見出されるのではないかとも思はれるが、先年邑智郡東隅の都賀村に立寄つた際には〔aː〕は何等聽くことが出來なかつた。

之を大觀するならば、石見一國は略々安藝と同じ傾向であると言つてよいかと思ふ。邑智郡の、南部より西部にかけての〔aː〕の存在の如きは別して意味深く、安藝の現象と石見のとの連繫を考定することが一段と容易である。石見東部に〔aː〕が無いとしても、〔æː〕の方へは轉訛しなくて〔ai〕のまゝであることは、石見、出雲の對比と言ふ大きい觀點からして、恐らくは〔aː〕の傾向に、より親近してゐるものと解せられるのである。かくて石見全體が、安藝は勿論、周防・長門とも同時に、一括して考へ得る對象となるわけである。これは單に〔ai〕連母音の問題だけに止らない。この〔ai〕>〔aː〕の音訛の見える範圍が、一般の方言事象の分布に對し、有力な一基底面を示してゐることは、否み難いところなのである。それは恰かも三備の國々に於いて、〔ai〕>〔æː〕>〔ɛː〕>〔eː〕の現象が、これらの地方を方言分布上の一區域として考へるべき根據の一を自示してゐるのと同様である。

三

三備の東側に於いては、三備の現象と如何なる對比をなすものがあるだらうか。先づ注意されるのは、この方には三備とその西域との間に見えた様な密接な交錯關係は無いと言ふことである。卽ち先の二領域は何らかの同化を示して相互に緣の深いものであつたが、三備に對する播磨に於いては、同化のことは起らないのが普通であると言つてよいのである。

こゝに同題となるのは、奥播磨の各峽谷である。昭和十年夏の踏査では、

播磨神崎郡越知谷村　〔ai〕＞〔æː〕
〃　飾磨郡鹿谷村　〔ai〕＞〔aɛ〕〔æː〕
〃　宍粟郡西谷村　〔ai〕＞〔aɛ〕?
〃　〃　奥谷村　〔ai〕＞〔æː〕極稀

の様な狀態が、夫々の地に見出されたのである。それに、佐用郡の北峽にある平福町にも同様の現象があるらしい。これらからすると、北播磨には、ある範圍に亘つて、〔æː〕又はそれに近いものが見出されるのではないかとも思ふ。

四

次には、出雲に對する石見の前述の狀態からのみならず右の奥播磨の狀態からしても、山陰一帶への討究が、順序として要求される。

先づ出雲に於いては、相互同化が極めて顯著であり、全體に亘つて〔ai〕＞〔e:〕の變化が見られる。但し飯石郡の南部（赤名町・來島村・頓原村・志々村）は、例外とされる。扨てこゝに注意すべきは、〔e:〕に對して短呼の〔e〕の併存することである。これは三備地方では全然見られなかつたものである。出雲の特徴としては寧ろ短音のものを擧げるのが妥當であらう。次に〔æ:〕も亦島根半島一帶、今市附近、奥出雲の仁多郡等に於いて聽くことが出來たのである。これで當地方にも亦、三備地方と概ね同趣の音韻變化が見られることになる。このことは、隱岐の島前・島後に就いても言へる。但し短音〔e〕は、出雲ほどに著しくはないやうである。

出雲・隱岐のこの傾向は、石見東部の安濃郡邇摩郡邑智郡（東半）、及びそれに連なる出雲飯石郡南部の各々に亘つて見える所の〔ai〕の不同化と關聯させて考へなければならない。さうして特に安濃郡に於いて、鳥井村〔æ:〕にも見えると言ふことは、重要視してよいことゝ思ふ。これらを中間に置いて考へる時に、出雲、石見の異つた同化の方向はやがて統一的に解釋せられることになるであらう。

次に出雲東側の伯耆・因幡を見る。この一帶では、〔ai〕＞〔æ:〕又は〔ɛ:〕〔e:〕の變化が全般に見出される。特に伯耆西部の西伯部では、短音の〔e〕が頻りに顯はれ、出雲との緊密な關係を示してゐる。

出雲より因幡に至る一聯の傾向は、更に東隣の但馬全般に於いても見られるのである。その同化が〔e:〕にまで至つて居るかどうかは疑問であるが、因幡に最も近い美方郡の邊に〔ɛ:〕程度のものの存することは確かのやうである。然し一般には〔æ:〕であらう。さうして西伯郡を除く鳥取縣の概況と比較すれば、但馬の方が〔æ:〕に勝つて居り、且つその內部での方處的變化も、より複雜なのではないかと思ふ。さうして先述の奥播磨の同傾向は、これら山陰側の傾向の滲透したものではないかと思ふ。山の脊梁を隔てゝ相互に通じ合ふ場合のあるのは、特殊の狀態ではあるが、かゝる山地部には往々認められることであり、今言ふ地域にもまた、中國山脈の頂上線の兩側に言語の交渉相通のかなり濃原なあとのあることが、踏査の際に知られたのであるから、滲透かと觀る右の見解も、强ち不當なものとは言へないであらう。

扨て以上の如くであるならば、我々は山陰にも亦、相互同化の長大な地帶を認めなくてはならないのであるが、さうなると、但馬より東の狀態がどうなつて居るか、即ちこの傾向の東の限界如何が問題になつて來る。この探査は、等しく近畿地方には地を占め乍らも、播磨はもとより近畿一般のそれとは別樣の型式を有する但馬アクセントが、それ以東ではどうなつて居るかとの追求と問題性を一にする。果して兩者の結果も亦鮮やかに一致したのである。

但馬のアクセントは、近畿アクセントとは餘程乖離する所の多い中國アクセントの流を、直接くむものである。

即ち今は同化に就いて概括すれば、

丹後の熊野・竹野・中・與謝の四郡に互つては、概ね普遍的に〔æ:〕が發見され、同じく丹後ではあつても其の最南に位する加佐郡には、〔æ:〕その他の同化は何等見えない。

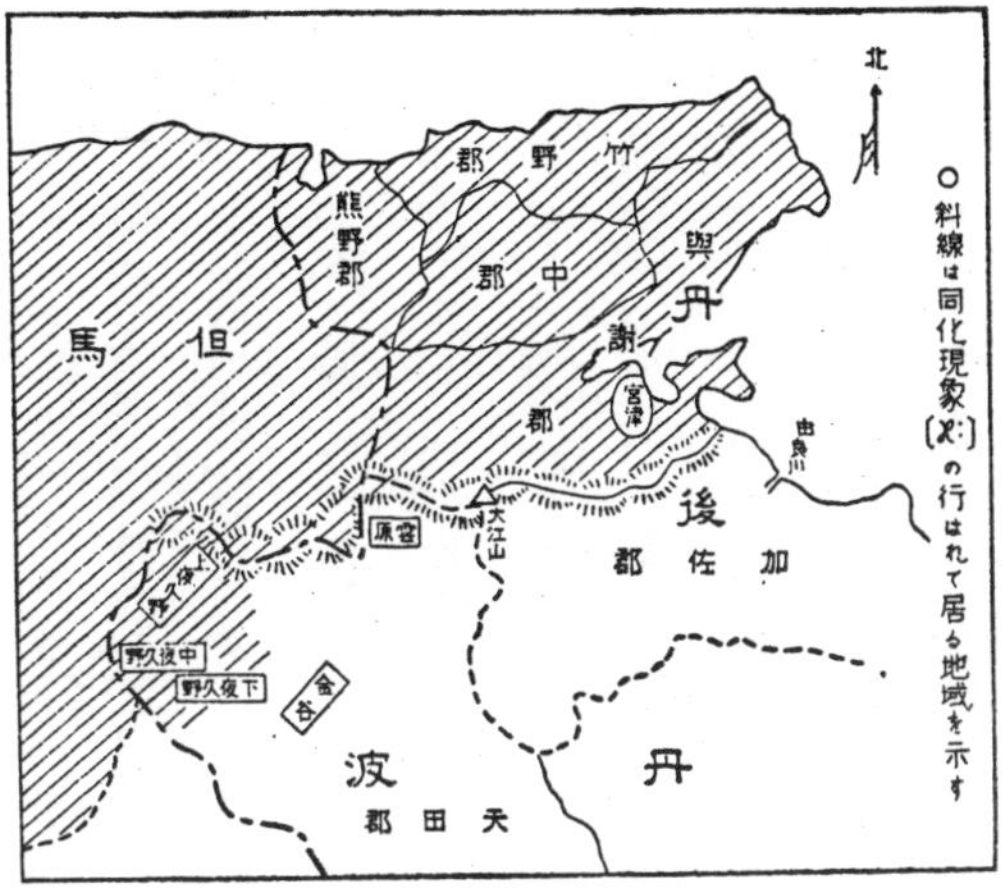

○斜線は同化現象〔æ:〕の行はれて居る地域を示す

と言ふことが出來るのである。圖示すれば右の如くである。

同化現象は、先づ、大江山を中心として東西に走つてゐる山梁の、北麓まで及んで居るものと見るべきである。大江山以西の山梁の南麓は、丹波の天田郡になつてゐるが、ちやうどそこに位置する雲原村に就いては、多少議論の餘地がある。然し結局は北側の與謝郡に包括して考へるべきではないと思ふ。又天田郡の、但馬に突出した部分、即ち上夜久野・中夜久野・下夜久野の三村は、所謂、後但馬、前但馬からの言葉の影響が強いためからかして、皆多少とも〔æː〕を存してゐるのである。就中北部の上夜久野が最も明瞭にそれをもつて居り、下夜久野に至つて薄弱になつて居る。そこから隧道一つを東へ抜ければ金谷村であるが、こゝ以東になると、最早〔æː〕は聽かれず、同化のことは他にも何等存しないのである。隨つて西端三村の〔æː〕現象は、丹後のとは沒交渉のものであることは明かであると言つてよい。故にこれは丹後に於ける限界線の問題からは除外すべきものである。以上によつて、大江山梁（即ち加佐・天田兩郡の北境）の兩側が、夫々明かにされたのであつて、こゝに該線を以て〔æː〕分布の限界線と認める次第である。而してこれは殆んど疑ふ餘地を殘さないであらう。

右の記述は、昭和十年八月上旬に、アクセントを主題とし、これと關聯して音韻・語法上の事實も取扱つて、同地方十八ヶ所を踏査した際の結果に基くものである。尤も道々でも絶えず簡單な調査をすることに努めたし、人の意見も聽くことが出來たから、常識的には倘かなり多くの地點に就いての調査を了したことになつてゐる。特に問題となるのは由良川口より宮津附近にかけての狀態であるが、今はその交錯相に就いての解說を省略する。根本的な問題ではなく、起原の明かな局部的の事態と認められるからである。

五

以上述べるところによつて、中國地方及びこれに接續する近畿西北部地方に一定の領域を以て存する同化事象の分布が明かにされたと思ふ。然らば、右の範圍を除いた近畿全般の事情はどうなのであらうか。これに對しては、先にも播磨が西隣の備前地方に似ず大體不同化の地と見られた如く、又丹後の〔æ:〕の限界線の南側の加佐郡に同化の見えないことが明かにせられた如く、おしなべて〔ai〕の同化は見えない所であると觀ることが出來るのである。たゞここに明かな例外の地とされるのは、大和南方の十津川であつて、こゝには〔ai〕>〔a:〕の順行同化を存してゐるのである。これに關聯しては、十津川村附近の吉野郡一帶及び紀伊・南部伊勢・志摩の諸地方、卽ち畿南の地の內に幾らかは同種の傾向が發見せられはしないかとも、關西地方の方言事象各般の分布の上から疑はれる點があるのであるが、未だ確證を得てゐないので保留するの外はない。一體十津川は言語の島として近畿地方中での異域と認定され勝ちなのであるが、これは必ずしも眞相ではないやうであり、近畿地方の南方及び東傍一帶の言はゞ非近畿的脈絡が、そこに特に強く露出するに至つたものに外ならないかと解される場合が尠くない樣なのである。隨つてその見方からは、〔ai〕>〔a:〕が、私の現在までの調査に於いては、十津川にのみ存するかの如くであると言つても、直ちにこれを孤存の事實と決めて了ふわけには行かないのである。

轉じて四國地方を見るのに、これ又一般に不同化の地方であつたのである。尤も四國西南部は、必ずしも他の四國全般に一括せられるべきではないかに觀られる節も無いではない。

不同化の地と見られる近畿四國の一般に就いても、一應の注釋を必要とする點がある。先づ〔ai〕の連母音に終る

形容詞にあつて、その語が感嘆的な表現に供せられた場合に、例へば、

ナガー!!（長い）　　棒線はアクセントを示す

の如く發音されることがあるのである。「熱い」のに驚いて「アツー」と發音するのもこの類である。然しかくの如きは全く特別の場合に屬するものであり、而も實は近畿地方アクセント及びそれと同系の四國地方アクセントの圏內に於いて特に易い特徴なのである。一面から言へばこのアクセントあるが故に、かゝる發音もあるのであり、隨つて一般には、このアクセント體系に卽しては〔ai〕はそのまゝに發音されるのが當然であると言つてよいのである。それにしても右の場合以外に〔ai〕>〔a:〕の生じ得ることがある。殊に形容詞の場合にさうであり、稀には特殊な名詞の場合にもあるかも知ない。然しさう言ふ場合は、近畿四國にあつては、その地としての一般的な法則性をもつた轉訛事實ではなく、全く偶然の一事象に過ぎないのである。か様なことは〔ai〕の相互同化の旺んな地域の中にさへも存することである。それだけ〔ai〕から〔a:〕への轉訛は容易であるらしいことが、十分推知し得るであらう。次には〔ai〕>〔e:〕の變化も亦、極く稀には四國・近畿の中に存し得たのである。これとても、僅少の語例に偶發するだけのものであり、それも或は轉訛意識の殆んど無い場合さへあるらしいのであつて、その地の一般的な傾向として捉へるべくもないことなのである。要するに、單なる二三の事例のみではなくその他の一般性乃至通有性として認められる同化又は不同化の傾向を問題として居る我々にとつては、近畿四國は、共に不同化の地域と觀るべきなのである。

內海島嶼の內、淡路島は播磨以東と、小豆島及び鹽飽諸島（及び特に備中の眞鍋島）はその本土たる讃岐と、大島・伯方島（全部ではない）・中島（大部分）はその本土たる伊豫と、夫々同系であるから、これらも亦、不同化の所とされるのである。（以

上の諸島を除けば他の内海島嶼はすべて何等かの同化現象の領域とされることは、前述の如くである。）

然るとき、我々は、中國及び近畿一部の同化地帶に對して、この近畿大部及び四國の傾向を、興味深い對照としてうけとることが出來るであらう。この内四國は、海を隔てゝ離存してゐる關係上、他と何等か相違點を有するであらうと言ふことは常識的にも豫想し得るところであるが、近畿大部分が中國地方と接境的對立をなしてゐることには、一應は、全く不可思議の感を抱かざるを得ない。かくて更に中國の西に當つて見なければならないのである。

六

九州に就いては、中國四國との關係を觀ようとして、先づ東傍三縣の方言調査を試みたのであるが、その內、今の問題に關しては、同化の著しい狀態を捉へることが出來たのである。而も近接の中國西部三縣の順行同化には似ないで、かへつてそれ以東と同樣の相互同化が發見されたのである。卽ち筑前・筑後・豐前・豐後及び日向北二郡に於いては、明瞭な〔ai〕＞〔eː〕の音訛が萬遍に認められる。尤も三備或は但馬丹後に旺んな〔æː〕は、筑後西方の一部にあるらしく、豐前南端、豊後の東北及び東南の各一部にあるかも知れないのを除いては、先づ殆んど無いと言つてよいのである。九州當地方の以上の如き狀態は、特に出雲・伯耆・因幡地方に酷似してゐる。次に〔ai〕＞〔e〕の短音であるが、先づ筑前の南部、筑後の一部及び豐前南方の一部、豐後國東半島の一部に、或は存してゐるかも知れない。併し現在の所では、その存在を俄かには信じ難いものゝやうである。これが最も明確に分布する所としては、日向の中部以南を擧げなくてはならない。我々は、先に出雲地方に於いて見ることの出來たのと同種の轉訛事實を、そこからは遠く離れたこの所に又發見することが出來るのである。さうして、特に注意すべきは、出雲に於いては〔e〕と共に

〔eː〕も強く認められたのに、この地では、殆んど〔e〕の一式であることである。〔eː〕も無いことはない。殊に日向北部の〔eː〕の地域と、中部以南の〔e〕の地域との接合する所、卽ち主として日向中部の兒湯郡の如きは、恐らく兩傾向の衝合混在するところと觀て差支へないのである。又一般的に考へても〔ai〕>〔e〕の存し得る所であるならば、現在の新らしい事實として〔ai〕>〔eː〕も生じ得る可能性は極めて濃厚である。隨つて常に、〔e〕の地域に〔eː〕をも豫想することは比較的容易であらう。然し我々がこの種の土地を問題にする時には、特に〔e〕を注意すべきなのである。さうしてこの場合も、〔e〕本位に考へれば、出雲との間に前述の如き差異が見出されるのである。

日向のこの傾向は、鹿兒島縣下一般の此の種の狀態に全然同じであり、薩隅にはむしろ日向に於けるよりも以上に明確に短音〔e〕が流布してゐることが推知された。殘る肥後。肥前は全く未調査に屬する爲、私自身の見地からは何等論及することが出來ない。たゞ熊本縣玉名郡賢木村には〔æː〕の存することが、手許の報告書に見えてゐるのである。

七

以上記述する所によつて、同化の分布を一覽圖にして示せば、大凡次の如くである。

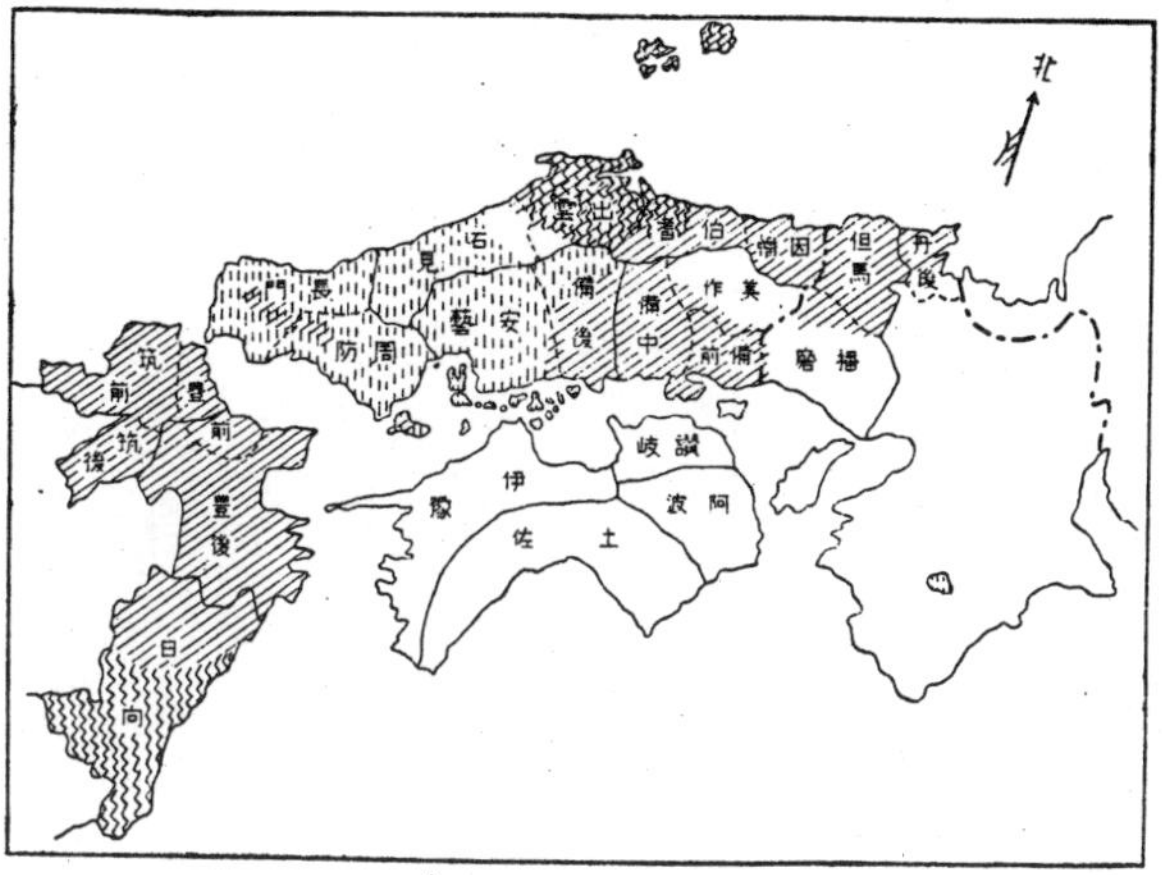

▨ 〔ai〕の相互同化（〔a:〕〔ɛ:〕〔e:〕）の存する地方

≋ 〔ai〕>〔e〕の短音の存する地方

⁞ 〔ai〕の順行同化（〔a:〕）の存する地方

（空白）同化の存しない地方

八

次には管見に入つた既刊方言資料によつて、右圖に示す所以外の狀態を探り、これらをまとめて全國に於ける分布の概況を圖示してみよう。

九州に於いては、先の圖にとり殘された所もすべて相互同化の存する所とされてゐる。その內、薩隅は〔ai〕＞〔e〕であり、壹岐と對馬は〔ai〕＞〔e:〕なのであるが、肥前・肥後には〔ai〕＞〔æ:〕の轉訛が見られるのである。尚、肥後の一部には〔æ〕の短音も存するらしい。筑豊地方の〔ai〕＞〔e:〕に對して、その西側の肥前肥後に〔ai〕＞〔æ:〕の、〔e:〕にまでは至らない轉訛段階のものの見受けられるのは注目に價する。更に、獨り種子島に於いては、特に〔ai〕＞〔a:〕が旺んなのである。ともあれ九州には、全般に亘つて何らかの音轉訛が存すると言つてよいのである。(1)

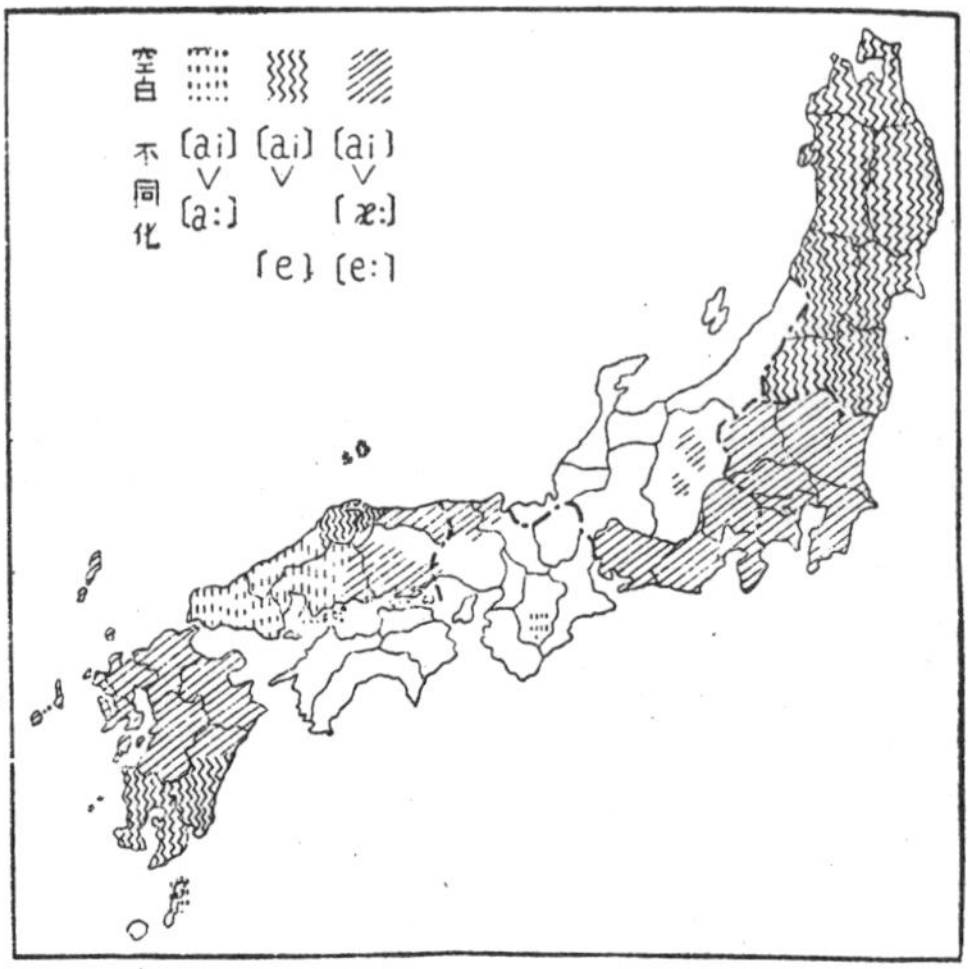

これに關聯して南島を見るに、一般には〔ai〕＞〔e:〕(或は〔ε:〕)の轉訛が存する所とせられてゐる。然し、宮古方言に於いては、〔e:〕音には絕對に轉じないのが特徵であると言はれてゐる。叉その先の八重山群島も、波照間島の〔ε:〕及び石垣島南岸の白保村の〔ε:〕(稀例)を除いては、亦、不同化の地とみられてゐる。扨てかゝる同化の狀態は、薩隅の〔ai〕＞〔e〕であるのと較べ合はす時、若干の疑問無きを得ない。(2)

國の西南隅と對蹠の地位にあつて、而も同種の傾向を廣く存するのが東北地方である。(3) 尤も金田一博士によれば、その音價は〔ε〕なのであるが、(これを享けた方言文獻も尠くない)、今、〔ai〕の相互同化の轉訛過程を問題とする時は、〔æ:〕を中心とするその前後の諸段階と、〔e:〕及び之に近いものとの二つを大きく考へることが出來るから、

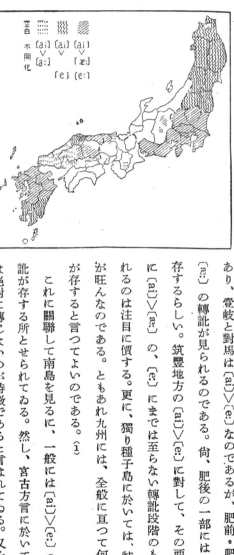

〔æː〕に對しては、〔ɛː〕は餘程〔eː〕に近いと見ねばならず、隨つてこゝでは〔ɛː〕をも廣義の〔eː〕と解しておくのである。尙、東北隅の青森縣には〔ai〕＞〔æ〕が報ぜられてもゐる。[4]東北と明瞭な區劃をなす筈もなからうが、關東地方になると〔ai〕＞〔eː〕が通則となつてゐる。[5]但し千葉の山武郡には、別に〔ai〕＞〔aː〕の轉訛もあることが報ぜられてゐるのである。[6]

關東に續いては、駿遠に〔ai〕＞〔eː〕が見られ、[7]三河が又これだと言つてよいのではないかと思ふ。尾張に入れば岡山と共に有名な〔æː〕である。三河については、手許に適當な資料が殆んど無いため、何とも言ひ難いのであるが、〔æː〕が尾張の範圍を出でないらしいのと、三河に「ナゲー」（長い）等の例の見えて居ることより推すに、大凡尾三の間に〔ai〕＞〔æː〕、〔ai〕＞〔eː〕兩現象の境界があるのではないかと思つてゐる。[8]黒田鑛一氏が、

> 要するに尾張と三河とは語法に單語にアクセントに語調に種類を異にすると認むべきもので、三河は直音淸音に、尾張は拗音濁音にとの感もする。（愛知縣に於ける方言分布の研究　國語と國文學昭七、十號、及び愛知縣方言集）

と述べて居られるのは、參考とするに足らう。

關東西側の甲斐には〔ai〕＞〔æː〕最も多く、〔eː〕が之に次ぐと報ぜられてをり、[9]又信州上田附近にも〔ai〕＞〔eː〕を見る。[10]後は必ずしも上田附近に限るものではないであらう。即ち信濃の國にはまだ外にも〔ai〕＞〔eː〕の存する所があるのではあるまいか。長野市及び上水内郡、[11]諏訪[12]に存することは事實のやうである。駿遠より三河にまで〔ai〕＞〔eː〕の存してゐることから考へるのに、これは、關東方言並びにそれと同系の方言領域に、普通ならば廣く見られる筈のものではないかと思ふ。換言すれば、〔ai〕＞〔eː〕は、元來東國方言の通有性かも知れないのである。然し西の飛驒・

美濃になると、明かに同化は見出されないのである。(13) さうして、若狹より越後に至るまでの北陸道諸國にも、〔ai〕＞〔eː〕はないと言つてよい様である。(14)

以上參考文献の主なもの

（1）放送講演集九州方言講座　九氏（昭和六年）

九州方言重母音アイの轉訛に就いて　池邊巖川（土の香六週年紀念號、昭九）

壹岐島方言集　山口麻太郎（昭五）

佐賀縣方言語典一班　清水平一郎（明治三十六）

南島方言と九州方言との交渉　宮良當壯（國學院雜誌　昭六）

種子島方言について　井上一男（廣島方言學會座談會稿　昭九）

（2）方言、「琉球語特輯號」（四ノ十、昭九）

南島方言資料（言語誌叢刊第一期の內）東條操（昭五）

八重山語彙　宮良當壯（昭五）

國語音韻論（言語誌叢刊第二期の內）金田一京助（昭七）

日本文法新論　金澤庄三郎（大正元）

（3）國語音韻論　金田一京助

國語研究、「特輯東北方言號」（二ノ四、昭九）

青森縣方言集　青森縣師範學校（昭十）

(4)青森縣方言に於ける音韻現象　菅沼貴一（方言三ノ二、昭八）

(5)關東方言地圖　東條操（昭十?）

(6)千葉方言（山武郡篇）塚田芳太郎（昭九）

(7)靜岡縣方言辭典附音韻法口語法　男女兩師（明治四十三）

(8)愛知縣方言集　愛知縣女子師範學校（昭九）

(9)山梨縣方言の諸相―資料篇―　山田正紀（昭九）

(10)上田附近方言調査　上田中學校國漢科（明治四十）

(11)長野市及び上水內郡方言集　佐伯隆治（方言四ノ十一、昭九）

(12)諏訪語特徴語一班　笹岡末吉（方言四ノ一、昭九）

(13)岐阜縣方言集成　瀨戶重次郎（昭九）

北飛驒の方言　荒垣秀雄（昭七）

(14)福井言葉（方言繪葉書）（方言三ノ二、昭八）

加賀ことば（同右）（同右）

金澤地方方言のこと　尾山篤二郎（方言三ノ五、昭八）

越中方言の位置　田村榮太郎（國語と國文學　四十一號、昭二）

富山市近在方言集　同右（昭四）

越中高岡地方の謎と方言　磯邊忠雄（方言二ノ十二、昭七）

國定教科書方言訛語の調査卷一（高岡方言）同右稿

新潟方言二三　吉田澄夫（方言一ノ二、八、昭六）

越佐方言考初稿　小林存（高志路一ノ五、六、八、九、昭十）

九

右揭の分布圖は、連母音〔ai〕の同化又は不同化の諸種の場合よりなる方音の對應を、統一的に示すものに外ならない。我々は、方言の間にかく共時的に見出される音韻變化によつて、逆視的に〔ai〕に關する音韻史を歸納することが出來るであらう。これを共時體系の通時的展開と名附けるならば、こゝにこそ、國語方言學の獨自の一領野とその方法が見出されるのである。

先づ第一に、國土の西南と東北、及び出雲地方に〔ai〕>〔e〕の存することが深す注意される。今日に至るまでの日本民俗學及び日本言語地理學的實驗によつても旣に、國の遙かな兩端に遠く一致するものが存してゐて、而もそれは我が國民の生活史或は國語史の比較的、或は最も、古い部面を物語るものであることが、幾らかづゝ實證されて來たのであるが、今の〔ai〕>〔e〕の分布に就いても、同樣の考へ方から、これが就中古い歷史性をもつた音訛である樣に考へたいのである。卽ち嘗て國の中央部に始めて生じた〔ai〕>〔e〕の變化は、やがて四周に波及し、遂に國の端々にまで推及されるに至つたのであるが、その後に起つた新らしい事情のため、國の多くの部分は、重ねて侵蝕せられて新事情の領域となり、かくてより古いものは中央語を距ること最も遠い處に殘存するに至つた次第であるかも知れない。所謂方言周圏論はこの場合にも適用し得るのではあるまいか。我々は、現下の周邊分布を以てして、嘗ては國内に廣く〔ai〕＞〔e〕の存してゐたことを想定することが出來、〔ai〕連母音の同化に關する限り、短母音の〔e〕が最も早くより存してゐたことを知り得るのかと思ふ。

出雲地方の〔ai〕＞〔e〕の存在は、これの全國的に存し得てゐたことを一層明瞭ならしめる意義深い分布と言はなければならない。

九州の南部が〔ai〕＞〔e〕の短音であるのに比し、南島が長音であることは、大きな疑問とされる所であるが、凡そ〔ai〕＞〔e〕の存する處は同時に〔ai〕＞〔e:〕をも生じ得る條件を具備してゐるものと言つてよいのであるから、何らかの事情により、〔ai〕＞〔e〕の後に、又更めて〔ai〕＞〔e:〕を生じ、かへつてこれが全體を被ふに至つたものかと解されもするのである。さうして南九州とは離れて特に南島だけがこの變化を起した點に、かへつて南島の獨自性があると言つてよいのかとも思ふ。

而して、文獻の國語史料の上では、語音に長母音が現はれたのは室町時代とされてゐる。然らば、〔ai〕＞〔e〕のままの狀態も、恐らくはかなり後まで保たれてゐたとされるのではあるきいか。宛も方言に於いては、かゝる長期間に、十分全國的な周布を成し遂げ得たのだと思ふ。

〔ai〕＞〔e〕の現在の分布の有する意義は敍上の如くであるが、奥羽の津輕南部二國、九州の大隅薩摩二國の各問題の地域には、尙他に現在旺んな、多種の場合の短音傾向が覗はれる。(註) これらによつて推考するのに、古代に於いては、或は一般に短音現象強く、〔ai〕＞〔e〕はその一つの顯れではないかとも想像せられるのである。

註　鹿兒島語の短促性と發音の訛誤　山下藤次郎　國語教育十六ノ九
　　津輕方言音韻法則　北山長雄　國語研究二ノ四

古代に於ける〔ai〕>〔e〕が果して〔ai〕の相互の同化によるものであるか否かは、一應吟味してみる必要がある。近代の轉訛事實からすれば、相互同化の結果は一旦長母音になるのが極めて自然な現象かと思はれるが、それが短い母音である所に問題が伏在してゐる。これが〔e:〕>〔e〕の過程を經たものであるかどうかは俄かに實證し得ない。寧ろ直ちに短母音を生じたのではないか。こゝに脱落と見る見方も生じ得るのであらう。即ち「〔ai〕の一方が落ちる代りに他方を自分に引き寄せて落ちて行つたと見ることである」（金田一博士、國語音韻論一三七頁）。然し相互同化と同時に長母音の短音化があつたものとも見られる。この場合は嚴密には短音化とは言へないであらう。東北、九州の方音の〔ai〕>〔e〕に就いても、今の説明に短音化と言ふのはよくないのであつて、短音として傳存せられたものと見るべきであると思ふ。若しそこに〔e:〕もあるとすれば、それは後から發生したものであつて、〔e〕の前身としての〔e:〕の殘存とは解し難いのである。右の二つの見方は、要するところ、〔a〕〔i〕兩者の相互牽引と言ふ點で一に歸する。結果から言へば、〔a〕と〔i〕との融合に外ならない。故に一括して同化と言つてよいかと思ふ。然し同化と同時に短音を生じたのは餘程特殊な變化と見ねばならない。隨つて同化の名よりも融合と呼んでおく方が、常識的には一層穩やかな樣に思ふのである。

十

周圏論的に言へば、〔ai〕>〔e〕の分布に次ぐ改新波は、〔ai〕>〔e:〕、〔ai〕>〔æ:〕及び〔ai〕>〔a:〕の諸同化事象であつたとされることになる。一方は九州から中國及び近畿の一部に、他方は關東地方より中部地方にかけて、夫々存するこれらの分布は、全く國語の中心地の兩側彼此に對存し、而も各々〔ai〕>〔e〕の分布領域に接觸して、新らしい第二次周圏の事實を明瞭に示してゐるかの樣である。先には極めて長期間に亘るかと思はれる〔ai〕>〔e〕の時代があつたが、次には今述べる傾向のかなり長い時代があつて、以て現代に達する。卽ち〔ai〕同化の音韻史は大きく二期に分つことが出來るのである。

その第二期の傾向卽ち同化による長母音の生成は何時頃からであらうか。中央語に於ける長母音發生の歴史は、橋本進吉博士によれば、

平安朝に於ける音變化によつて、「ゑ」「へ」「ゐ」「ひ」「ふ」「を」「ほ」等の音節がその子音を失ひ、又所謂音便によつて種々の音節がイ、ウなどになつた爲、二つの母音が並ぶやうになつたものも少くない。これ等の相並ぶ二つの母音が、平安朝以後に於て合體して、一の長母音となつたものがある。(岩波講座日本文學所收、國語學概論(下)一五—一六頁)

とて、先づ〔ou〕>o:、〔eu〕>jo: 二種の變化が比較的早く起り、

以上二種の變化は比較的早く起つたものらしく、院政鎌倉時代に於いては、この兩種のoは同音であつたやうである。(前引書一六頁)

とあり、又、〔au〕>〔ao〕>〔ɔ:〕(大體室町時代の終まで)>〔o:〕が生じたとされてゐるのである。地方に於ける、〔ai〕からの長母音の發生も亦、上引の諸傾向と相前後するものではあるまいか。之に關して重要な資料を提供するものは、

葡萄人耶蘇會士ロドリゲスの編述した日本文典（大文典）中の、國内諸方言に關する記事である。

○「一六〇八（慶長十三）日本大文典の增訂成り、三卷全部刊行せらる」土井忠生先生、ジョアン・ロドリゲス年譜。（國文學攷 第二卷 第二輯）

この年代が、次下に述べる地方の諸種の音變化の時代附をなすのである。

○以下の大文典からの引用文は、國語科學講座所收の「近古の國語」所載の土井先生譯文及び橋本進吉博士「三百餘年前の日本の方言に關する西人の研究」（民族二ノ一）中の譯文による。

ロドリゲスは、肥前及び九州の大部分に就いて、

肥前でも、註 又此の下の大部分でも、A又はOの次のIは、その發音に甚惡い一種の響を伴ふEに變ずる。例へばシエカイ（世界）をシエカエ、好《ヨ》イをヨエ、甘《アマ》イをアマエ、大事をダエジ、タイシエッ（大切）をタエシエツ、フイロエ（廣い）をフオロエ、黒《クロ》イをクロエといふなど。

と述べてゐるが、これによれば、「下」即ち九州の大部分は〔ai〕＞〔aε〕の程度であり、〔i〕が〔ε〕になつたゞけ、同化の兆は見えるとしても、完全に同化と言ひ得る程度には至つてゐなかつたものと見なければならない。隨つて、尠くともロドリゲスの頃までには、相互同化による長母音〔æ:〕〔ε:〕〔e:〕等は未だ九州に無かつたとされるのである。

註 「肥前でも」と特にとりたてゝ言つてゐるのは、事實肥前にその傾向が甚しかつたからのことではなく、就中熟知の所であつたが爲に外ならないであらう。今日の狀態からは、さう解するのが穩當である。

それに比すれば、中國の〔ai〕>〔a:〕は相當成音化してゐたらしい。

中國の者は、發音する際、ひろがりを過度にする。卽ち、口を過大に開いて、一種の高い響を與へる。例へば、narumai の代りに narmà といふ。

と述べてゐるのである。但し彼の言ふ中國とは、山陰を含まないものだらう。假令含ませての上の言說であつたにしても、それは想像に過ぎなかつた筈である。事實に於いて彼は山陰地方に步を運ぶことはなかつたからである。ただ山口などに於いて、山陰人士の口を聽き得ることもあつたとすれば、その想像にも幾らかの確實性は期待し得る。强ひて善意に解釋すれば、山陰の石見だけは、山口にも比較的近い關係上、人を通して同國に ai>à の存することを知り得てゐたかも知れない。然しこれらは全く今からの單なる推察に過ぎないのである。次に山陽側に於いても備前までは中國と言ふ中に含ませてゐない樣である。それは備前の條に、

一、打消のザルを用ゐる事中國並に農後と同樣である。

と言つてゐる用語によつて知られるのである。

中國に次いで豐後も、

一、この國のものも、やはり、ひろがりを過大にする。さうして、その物言ひには、世によく知られた野鄙な響がある。

と述べてゐるから、等しく ai>à の轉訛が見られたのであらう。尙、中國と豐後との關係に就いては、右につゞけて、

一、中國に於ける如く、打消動詞ザルを用ゐる。習《ワ》ザツタ、上《ア》ゲザツタレバ、シエザツタのやうに。

と言つてゐる。元來ロドリゲスに於いては、豐後と對して中國と言つてゐても、それは殆んど中國の山口との比較が中心になつてゐたのであらうが、何れも熟知の土地であつたゞけに、これらの觀察も當つてゐたことであらう。

同じく因緣の深かつた土地として注意される備前についても、果して又委しい記述があるのであるが、それにしても、連母音〔ai〕に於ける音變化の有無については一言も說く所が無いのは、注意すべきことである。既に「下」の大部分について觀察したことでもあるのだから、もし備前にこれが存してゐたのであつたならば、早速彼の耳にもとまつた筈ではあるまいか。然るに今こゝには何の記述も無い。こゝに於いてか我々は、恐らく當地方には、〔ai〕に於ける音變化は未だ兆してゐなかつたのであらうと想像せざるを得ないのである。尤も備前とは言へ、ロドリゲスの經驗に入つた所は、當時海港として榮えた內海の要衝、下津井あたりであつたことゝ考へられるが、其處は勢ひ多方の人々の混淆する處であり、且つ、土着の人にも讚岐に出自をもつ漁家が相當多かつた筈であるから、その中にあつて、備前方言の特徵の中核を捉へることは、旁々困難であつたゞらう。〔ai〕の變化に就いての記述のないのも或はその爲かとも一應は察せられる。然し、備前の特徵として別に擧げた、

一、打消のザルを用ゐる事……

一、嬉《ウレ》シューニ存《ゾン》ズル、珍《メヅラ》シューニ御座《ゴザ》ル、茶ヲアツーニ（熱うに）立テイなど。

の如きは、今日の狀態より見るに、當時の讚岐などの語法としてはうけとり難いから、彼とても、下津井の、讚岐人又は讚岐系の人の言葉を、備前のものに誤り觀た樣なことは萬々無かつたであらうと思ふ。同じく備前の條の、最後の鼻母音に關する說明でも、

さうして、この（鼻母音を捨てた）―筆者註―發音をするので備前のものは名高い。

と特に斷つてゐるところもある程なのである。且つ、讃岐は、今日でも、阿波の傾向に類して、西部にガ行鼻濁音（私の聽き得た例は卵、鏡の發音）を存してゐる所がかなりあるから、當時はこの國にもそれが尠くとも現在以上に、旺んであつたかとも思はれる。この傾向は鼻母音の傾向に通ずる性質を有つてゐる。隨つて彼が備前に鼻母音は無いとしてゐる以上、それは下津井の讃岐人などを、誤つて對象としての備前方言觀察などではなかつたことが窺はれるのである。かくの如くであるから、ロドリゲスは確かに備前の實相を捉へてゐたものと見得るであらう。故に〔ai〕の音變化も、知らなかつたのではなく、事實無かつたのであらうと解せざるを得ないのである。

備前に關聯して考へられるのは、「關東又は阪東」に就いての次の一記述である。

一、三河から日本の涯にいたる東の諸部に於ては、一般に語氣荒く、鋭く、多くの音節を呑み込んで發音せず、且つその地の人々相互の間でなくては了解せられぬ、獨特な異風な語が多い。

三河から以東を一括して問題とし、尾張についてはこゝにも他にも觸れてゐないことが注意せられる。彼によつては三河は、明治の國語調査委員會によつて歸納された東西二大方言の境界線が南は參・遠の間に在るのとは異り、東國方言の内に包括せられたのである。隨つて尾張は三河から切離されてゐるのであるが、かゝる觀察の内にも、尾張に於ける〔ai〕の音變化の存否には何等言及してゐない所をみると、こゝにも未だ〔æ:〕〔ɛ:〕等はおろか、〔aɛ〕も起つてゐなかつたのかも知れない。尤もロドリゲスの東國往來の途次には、伊勢海を渡り、爲に尾張については親しく多くを知る機會に乏しかつたのかも知れないが、一方備前に相互同化の兆さへも認めてゐない所からすると、そこと同様の事情によつて生じたと思はれる尾張の〔æː〕も、或は未發であつたかと思ふ。かくて、三備・近畿西北部にせよ、尾張にせよ、現今〔æː〕等の旺んな地域は、ロドリゲスの當時に於いては、未だ顯著な變化を、一般には生じてゐなかつたかと解せられるのである。

三河以東については、

一、直接法の未來形には多く助辭ベイを用ゐる。たとへば、參《マイ》リマオースベイ、上《ア》グベイ、讀《ヨ》ムベイ、ナラオー(習ふ)ベイなど。

と言ふ記事もあるのである。〔ai〕の音變化についての直接の記載は無いが、所謂ベー〳〵言葉の先蹤が當時認められたとすれば、〔ai〕の相互同化の傾向も、これと前後して或は兆し始めてゐたのではないかとも想像されるのである。

以上はロドリゲスの說く所によつて知られる當時の共時狀態であるが、これも今日の〔ai〕轉訛の分布に比較するとき、かなり相違してゐることがわかる。卽ち慶長の十三年頃までには〔ai〕の何等かの同化は、國內全般としては未だ訛音生成の略々初程にあつたことが知られるのである。偶々ロドリゲスはこの交にあつて國內諸地方の比較觀察を爲したため、その益する所は尠少でない。就中、〔ai〕の相互同化の結果長母音を生ずる二途の、分岐の次第を、我々に知らしめる所があるのは、沒すべからさる功績である。卽ち彼は、中國及び豐後については narumà の如く〔ai〕>〔aː〕の順行同化の傾向を認め、同時に九州に於いては、相互同化の事前の段階と目される〔ai〕>〔aæ〕の變化を認めてゐるのであつて、これより、國語方言に於ける兩種同化成立の先後は、大凡決定されるのである。

十一

ロドリゲスの時代に於ける各地の狀態は、その後如何に變化進展して行つたであらうか。次にはこれを現在の事實（既述）の上から追證してみよう。先づ九州に於いては、「下」の大部分を領した〔ai〕>〔aɛ〕は、その後、筑豐地方に〔æ:〕>〔ɛ:〕>〔e:〕の變化を逐次生ぜしめ、終に最も明瞭な〔e:〕を分布せしめるに至つたのである。然るに肥後肥前では、〔æ:〕の程度にまでしか至らないで今日に及んでゐる。

中國地方の所謂 ai>ɑ は、「發音する際ひろがりを過度にする。卽ち、口を過大に開いて、一種の高い響を與へる」と言ふ〔a:〕音化の初期の狀態から、漸次、口を過度には開かず、隨つて高い響の伴ふことも少い發音に固定してきたのである。〔ai〕>〔a:〕轉訛の完成と言つてよい。

豐後の〔ɑ〕に就いても同樣なことが言へる。但しこゝに於いては後にこれが消失し、遂に現在では〔ai〕>〔e:〕の音訛を最も普通とするに至つてゐるのである。因みに明治三十五年刊行の大分縣方言類集によれば、

コガースル　（動）　斯樣ニスルヤト云フ意　（北）漁業地

ドガースル　（動）　如何程ニスルヤト云フ意　（北）漁業地

の二例が拾はれるのであるが、ドガー、コガーは、〔dogai〕>〔doga:〕,〔kogai〕>〔koga:〕の如き成立に係はるものであるから、これが北（豐前分に屬する）の漁業地から採集されたところをみると、ロドリゲスは言はなかつたが、豐後と共に、豐前にもɑがあつたのではあるまいか。今日に於ける兩國の密接な親近性に徴すれば、その想像はゆるされるかも知れない。尤も今では〔ai〕>〔a:〕はなくて一般に〔ai〕>〔e:〕であり、右の例語ならば、ソネースル、コネースルと言ふのが普通らしい（前引「九州方言重母音アイの轉訛に就いて」による）。さうして我々は、右の刊年を有す

る當地方言集に、問題の例語が僅に二箇存するに過ぎないことによつて、これらの國に於ける〔aː〕衰亡の時期を、極めて大まかにならば推定することが出來よう。

豐前豐後の〔ai〕>〔eː〕の明瞭な現狀に徴すれば、ロドリゲスが〔aɛ〕の發音を認めた所の「下の大部分」と言ふのも〔aː〕を認めた豐後を除くが故に大部分と言つたものとは解さない方が穩當であらう。豐後と雖も、〔aː〕と共に相互同化の傾向もかなり早くから存してゐたのでなかつたならば、今日の結果を將來する筈はなかつたゞらうからである。且つ今日豐後・豐前の兩方言が互に近似する所の甚だ多いのからしても亦、ロドリゲスの昔に於いて特に豐後を豐前から離してまでも特立させねばならなかつた事情は、容易に想到し難いのである。惟ふにわざ／＼「下の大部分」と斷つたのは、よし幾分かは豐後を除外する意志も手傳つてゐたにせよ、多分は、彼が南九州に關して無經驗であつたため、やはらかく言表はさうとしたものであらう。

次に東國地方であるが、恐らくこゝも、九州よりより遲くない頃に〔ai〕>〔eː〕の變化を生じたであらう。江戸語及び現代の狀態に徴するに、この地方の〔eː〕は他の何れの地方にも劣らぬ程に、轉訛の跡を脫却し切つた發音であると思はれるが、それだけに、もと／＼早く音訛を始めたものかと思ふ。

ロドリゲスには知られなかつた山陰地方も、出雲・伯耆・因幡には、今日、九州筑豐地方と同程度に旺んである〔eː〕が聽かれるが、恐らくは、九州のと略々同じ經歷をもつものであらう。國の中央にはより近くとも、方言周圏論的に言ふならば、言語波の及び方は山陽よりも遲く、大體九州地方と同時的乃至繼起的と解してよいことは、〔ai〕>〔e〕の、南九州と共に出雲にも存してゐることによつても明かなやうである。方言諸相に關する自製の幾らかの分布圖からも九州と山陰との方言系統線が歸納し得られることは、此處に參考となるであらう。

三備地方、近畿西北部、及び尾張方面の〔ai〕>〔æ:〕は、一先づ、ロドリゲスの觀察以後に於ける新らしい發生に屬すると言つて置くの外はあるまいか。既に〔æ:〕の起つた後は、〔æ:〕>〔ɛ:〕>〔e:〕の推移を生ずるのは自然の成り行きであるが、三備地方の一部を除いては、多くは〔æ:〕を主としてゐる樣である。その音價の別は如何にあるにもせよ、これらの地域に、他地方には遲れて、同化を見るに至つたのは、何故であらうか。この發生の地域と時期には重要な問題がひそんでゐる樣に思ふ。先づこれらの地方が、目下〔ai〕の同化を存する處としては、中央語に最も近く、而もこれよりも以內の地方には、（特殊地を除き）最早や、〔ai〕の同化の領域は存してゐないと言ふ事實が著目される。卽ちこれらの地方は、〔ai〕に於ける同化の生じ得る處としては、都中心に言つて最內限度の處だつたのである これ以內の不同化の地と云へば、近畿方言乃至近畿アクセントの領域に外ならない。かく、現在から見て最も後に發生した〔ai〕の同化の地が、近畿方言乃至近畿アクセントの直接外傍地帶であつたと言ふことが、〔ai〕に於ける同化現象の、國內諸方言に於ける、時代差ある複雜な發生の事情を、よく暗示してゐると思ふのである。

中央語に於いて〔ou〕、〔eu〕、次いで〔au〕の各々に、同化が起り、その結果長母音が生成されたのであるが、連母音〔ai〕に於ける同化も恐らくは亦その大勢と、契機を同じうするものであつたのである。然るに一方、中央に於いては、エイ、レイなどは〔ei〕〔rei〕と發音し、長母音〔e:〕〔re:〕となる樣なことはなかつたのである。一般に〔i〕がその前に來る母音と合體して長母音となる事は無かつたと言つてよい。それにも拘らず、地方に於いては、ロドリゲスの頃——國に長母音を生じてさほど間も無い頃——に、事實〔ai〕からして長母音が、一は發生し(a)、他のものは發生せんとしつゝあつたのである。（〔aε〕）かゝる中央、地方の差別は何に基くものであらうか。私見を以てすれば、これはアクセントの地方的な相違と結びついてゐるところが甚だ大であると思ふのである。卽ち中央語の內、換言すれば近畿アクセントの法則性の下にあつては、その型式上、〔ai〕に於ける〔a〕と〔i〕との間の區分性又は各音素の獨立性が當然强く、こゝには二者の融合は何ら生じ得べき餘地もなかつたのに反し、近畿アクセント以外のアクセントの下にあつては、右のとは正反對の事情により、連母音兩者の融合が正に可能であつたのである。換言すれば、中央と地方とに於ける叙上の差別は、互に內質を異にする各アクセントの必然性と密接に關聯して當然生れた結果に外ならないかと思ふのである。この見解の妥當なことは、一つには三備・近畿西北部及び尾張の同化領域と、近畿の不同化領域との域界が、近畿アクセントと然らざるアクセントとの境界に合致してゐることが自證してゐるだらう。

又、近畿アクセントの領域內と觀られはするものの但馬の中國的なアクセントも入つてゐるかと疑はれる所の奧播磨に、既述の如く多少とも〔ai〕>〔æ:〕又は〔aε〕が認められるのも、右の一つの證明になるだらう。四國全般が不同化の地であることも、近畿アクセントと同系のアクセントを有する處であるが故に、正に當然のことゝ解されるのである。北陸道に就いても、大體能登・越中までは近畿アクセントの影響を認めることが出來るから、四國と同樣に、同化の見えないのを當然と解してよい。その他の不同化地たる越後[註1]（佐渡を含める）・飛彈・美濃は、右の如き近畿アクセントの東北への脈絡によつても想像される樣に、一般に近畿方言の影響があつて、よしその混入したまゝのものは十分には認められないにしても、近畿方言と東國方言との接衡の結果、中間的な性質の域帶をなすに至り、[註2]隨つて依然〔ai〕の同化を生ずることはなかつたのではないかと思ふ。[註3]若し精査の結果、飛彈美濃地方に於いても同化が發見されるとすれば、近畿の不同化が明瞭な今日、アクセントとの關係から言つて益々理想的な說明が出來ることである。

註1　吉田澄夫氏はその「新潟方言二三」なる論稿に於いて、「新潟方言について感ぜられることは、關西方言の要素が多分に存するといふことである。これはひとりこの港町の方言に限つたことでなく、新潟縣一帶の方言の特色であるが、その原因を如何に考ふべきであるか。北の海岸線に沿うて山形縣の酒田邊まで關西方言の影響が見られるといふことは不思議な事實である。尙新潟方言における東北方言の影響も語法や單語などには多少見られるが、音聲に於いては少い。」（方言一ノ二）と述べて居られる。

一方橋正一氏によれば、「越佐方言に於ける近畿語の要素」（高志路一ノ五、六）を指摘した後、「越佐方言は東北方言である」（同誌一ノ八）と斷ぜられてゐる。右の兩論は共に徹底的な調査によるものではないから、我々としては一先づ何れにも眞相の一班を認めておくべきであらう。越佐方言の實相は自らこの間に示されて居ると言つてよいかと思ふ。

尙、裏日本一帶は、中央語の活潑な周布によつて消極的に築かれた方言の一大系統線とも見られるところがあるから、單に、固定した近畿方言が東北方へも影響して行つたと言ふ樣な靜的な辨釋にのみ捉はれてはならないであらう。

註2　このことは既に國語調査委員會の分布圖が證明してゐる。東條操先生の方言地圖は、廣く中部地方全體を東西兩方言の間衛地帶として居られる。

註3　石見の東部は、既に述べた如く、その西側の〔ai〕＞〔aː〕と、東側の〔ai〕＞（〔e〕）〔eː〕との間にあつて、不同化のまゝである。

かくして先揭の全國分布圖に見る如く、近畿を中心として東西に斜に長く不同化の領域を存し、國の中央を差措いて殘る兩側の各全體に同化を生ずることゝなつたのである。

之を要するに〔ai〕に於ける同化は、中央に於ける〔ou〕〔eu〕〔au〕等の同化（長母音の生成）の傾向と略々同時代に生じ得たのである。強ひて言へば、〔ai〕の同化が稍々他に遲れて生じたかも知れない。その發生は、〔ei〕>〔e:〕の如き同化を拒否した近畿アクセント及び同系アクセントの領域並にそれらと關係のある地域以外に於いてゞあつたが、生じ得た地方に於いても、地方地方により、自ら發生に遲速があつたのであり、近畿アクセントの影響から遠い處には、かへつて早く之を見た樣である。さうして〔ai〕の同化を拒否する近畿アクセントの領域に最も近接し、その影響を受けることの多い處に、遲れてこれが發生を見るに至つたのは、正に當然であつたのである。〔ai〕の同化の、近畿兩傍に於けるかくの如き後段的發生は、この發生が單なる偶然ではなく、實に生じ得べくして生じ難かつた所に遂に生じたものであることを、よく示してゐるものと言つてよい。隨つて兩傍の發生の時期も、殆んど同時代であつたゞらうと見るのが至當かと思ふ。現在これらの地域に、他の何れの地に於けるよりも、轉訛過程明瞭にして最も活潑な〔æ:〕の程度の訛音が旺んに現はれてゐるのも、これが發生の遲さ、及び兩傍のその發生の同時性を、よく反映してゐるものと思ふ。

上來ロドリゲス以降に就いて述べた各地の諸變化が、全體として今日見る如き分布の大勢を決するまでに進展し切つたのは、比較的新らしいことであらう。同化の古い出發點をもつ九州の肥後肥前に目下尚〔æ:〕を存してゐること、豐後豐前の〔a:〕の消失が近い先の頃の事實であること、三備の或る地區に見える〔ɛ:〕〔e:〕が近代の轉訛に屬し、現在尚、〔e:〕への推移をたどりつゝある語例の多いこと等々よりして、さう考へられるのである。

十二

最後に問題となるのは、何故に〔a:〕が先の分布圖に見るが如き配布狀態をとるに至つたかである。一體〔ai〕からは〔æː〕の方向へも〔aː〕へも轉訛し得る可能性が十分に存してゐた。山口縣下の〔aː〕の中に多少の〔æː〕が認められ、千葉縣山武郡の〔eː〕中に〔aː〕も認められるのはその故であり、備後の奥に、ダイテ（出して）等の〔ai〕の語例があつて、南隣の備後中部南部に〔æː〕、西隣の安藝に〔aː〕が存すること（僅かならば備後の奥にも〔æː〕〔aː〕が混在して居る）、及び石見の東部に、〔aː〕〔eː〕二領域に挾まれた〔ai〕のまゝの處のあること等も亦、右の事情を物語つてゐる。然し〔ai〕の轉訛の結果生じた〔aː〕、及び〔æː〕〔ɛː〕〔eː〕は、その間に口の開きの大小を存してゐるから、一地に同時に〔aː〕と〔æː〕類との二系列が派生することは普通には考へられ難い。このことは廣い地域の上についても言へることである。而して口の開きの大きい〔aː〕が先づ發生し易かつたことは、理論的にも當然なことである様に思ふ。當時〔ai〕よりは先に轉訛したと思はれる〔au〕＞〔ao〕＞〔ɔː〕の開音オーが、永く室町時代の終まで大體保たれてゐた事實は、〔au〕の相互同化の内にも、〔a〕の調音力の殘存することが比較的强かつたことを證してゐると思ふが、之を換言すれば、連母音の同化に於いては廣母音の支配力がより大であると言ふことである。この點からも、先づ順行同化の起るのが、發音作用の自然であつたと言へるのである。ロドリゲスは實際にこの事實を目撃してゐる。

〔ai〕＞〔aː〕の轉訛が右の如き性質のものであるならば、〔ai〕＞〔æː〕の方向の轉訛は、特に〔ai〕の〔i〕の調音力の殘存性も相當强く、遂に〔a〕をひきつけんとする作用を起すに至つた結果、相互に融合したものと解される。故に二種の同化方向の分岐點は、結局〔i〕の性質如何に依存したのである。こゝに又、アクセントとの密接な關係が豫想される。卽ち先づ安藝・周防・長門・石見の一圓に於いては、そのアクセントの性質上、〔ai〕の〔i〕の分立性比較的弱く、之に反して今見る〔eː〕〔æː〕の地方では、その所有のアクセントの性質上、〔ai〕の各母音の分立性が比較的強く、遂に現在の如き〔aː〕と〔eː〕〔æː〕との、分布領域の對比を將來したと解されるのである。

更にそのアクセント差の基くところは、方言事象全般の根底に求めなければならない。こゝに一般的な把握として地方的基質なるものが考へられるであらう。これが成立事情については、斯の稿の目的上、こゝに委しく考へることをゆるされない。今はたゞ〔aː〕領域の成立、それについで〔eː〕或は〔æː〕を主とする領域、及び不同化の領域の相關的繼起的成立が、すべてアクセントの、夫々の地方に於ける性質と密接したものであること[註]を指摘すれば足りる。

註　それは、語の音韻體制中に於ける〔ai〕の〔a〕〔i〕兩者の緊張關係が、當該地方のアクセント性の相違によつて、地方地方で異るのによると言へるかと思ふ。

ロドリゲスも氣附いた如く、九州東北部に中國と同じ性質aの存したのも、こゝに九州の他の何れの地方よりも明瞭な、中國アクセントと同系のものの存することによつて容易に首肯され、山口縣下に〔æː〕の多少存することも、九州との連繫に基く所の現象として了解せられるのである。近畿地方に於いて、たゞ十津川附近にのみ〔aː〕を存することも、こゝが中國の〔aː〕の地方と同似のアクセントを有するのを知ることによつて、一應了解せられる。その點から言へば、備中の二島に〔aː〕のあること（既述）は殆んど問題とするに足らない。たゞ種子島に至つては、俄にその〔aː〕存在の所緣を明かにし難いのである。

以上縷說する所によつて、〔ai〕連母音の音韻史は、單に中央語史としてゞはなく、國語の全體史として大略あとづけられたかと思ふ。

十三

本問題の外延性は甚だ大である。卽ち、こゝに要領を記述した、〔ai〕の同化諸相及び不同化の地方々々に於ける相互の分立對比、聯關、交合等の一切の領域的相關々係は、單に〔ai〕連母音のみの問題たるに止まらず、國語の方言事象一般に存する根本傾向を、端的に反映せしめるところがあつたのである。

この問題が決して局部的な問題に止まらないことは、これと他の〔oi〕〔ui〕等の連母音の同化とが密接に聯關してゐること、奥丹後に於ける〔ai〕>〔æː〕の領域とそれ以南の〔ai〕のまゝの領域との境界線が、兩種アクセントの境界線であることは勿論、同時に又〔ɔi〕の存せざると存するとの差別を示す重要な境であること等の卑近或は顯著な實例に徴しても明瞭である。

我々はこの〔ai〕に關する方音分布の事實によつて、國語諸方言の成立過程を追證する上に、多大の便宜を得るであらう。諸方言の分布と系統とは、或る程度までこゝに暗示されてゐると言つてよいのである。南九州と北陸との連繫性、更に東北との一致、近畿地方の四國との關聯及び北陸道との關係等は、その最も刮目に價するものである。而して最後に同化の領域と不同化の領域との大なる對立に看到し、而もそれが二大アクセントの性質差に對應してゐることを發見し得るに及んでは、深い注意を拂はざるを得ない。こゝにこそ國語發達史に於ける根本問題が存してゐるのである。國語諸方言の比較歸納により逆視的に國語史再建を試みてゆき、特徴ある方言分布の事實を深く探るとき、遂に國語の史的展開の上に二つの流れとその領野とを認めるのであるが、それの大きな徴證は、實にアクセントなのである。國語全體としての發達の問題は、所詮アクセントの問題に歸するかとさへ思はれるほどである。近畿アクセントと然らざるもの（東國的アクセントと假稱しておく）との相反並存は、國語史上の究極の問題である。然るに今や、この〔ai〕連母音の問題に就いての討究によつても亦、よくこの根本問題にまで到達し得たのである。かくてこれは、單に音韻上の一問題たるに止まらず、大きく、國語の發達變遷の基本的動向の問題にまで發展せしめられるべきものであることが知られるのである。

（『国文学攷』三巻二号　昭和十三年一月）

頁	行	誤	正
656	11	轉訛が	轉訛が
657	12	諸郡に	諸郡）に
659	10	以上島嶼部の	以上島嶼部の
665	3	濃原な	濃厚な
666	2	同化現象は、	同化現象は、
677	12	あるきいか。	あるまいか。
679	4	音諳史	音韻史

679	10	国語学概論（下）	国語学概論〈下〉
679	12	〔ou〕>o:	〔ou〕>〔o:〕
679	12	〔eu〕>jo:	〔eu〕>〔jo:〕
681	7	を通して同國に ai>à	を通して〔ai〕>〔à〕
681	12	等しく ai>à の	等しく〔ai〕>〔à〕の
681	15	尚、中國と	中國と
681	15	右につゞけて、	つゞけて、
683	12	南は参・遠の	南は三・遠の
685	5	所謂 ai>à は、	所謂〔ai〕>〔à〕は、
688	13・16	飛彈	飛驒
689	15	かくして	かくして
689	15	不同化の領域	不同化領域
692	10	性質 à の	性質の〔à〕の
692	11	存することによって	存するのによって

国語方言上の一長音現象
（「子」を「コー」と言うのなど）

藤原与一

はじめに

日本語を今日の諸方言について見る時、その方言音上に、種々の長音現象が見いだされる。中で一つ、大きな問題となるのは、語詞の音相上の、音節の単純長呼である。たとえば一音節語で、「子」を「コー」〔ko:〕と発音するの類である。音節の長呼は、つまり、その開音節を形成する母音（母韻）を長呼するものである。そこで、主題の長音現象は、音節の母音を長呼して発音する現象と言うことができる。さて、たとえば「子」で、〔ko:〕の発音がなされるようであれば、それは通常、二拍の長さであって、「コー」と表記されることが適当である。

「子」〔ko:〕、「蚊」〔ka:〕などの、一音節名詞の長呼は、由来、但馬などを除く近畿地方（――それにつづく北陸西部）と、四国地方とに隆盛である。その状況の一般は、拙著「日本語方言の方言地理学的研究」（一九五六年）の図版、Fig.15「蚊」でも、見ていただけるはずである。

これら諸方言のほかには、日本語の諸方言で、一音節語の長呼現象は、だいたい、みとめられないように、従来、一般には、理解されている。――散発的な現象は別として、一定傾向と見られる程度の一音節長呼現象は、他方言については、ほとんど指摘されていない。（南島のことは、しばらくおく。）

ところで、昭和三十七年八月、肥後天草島を調査したところによると、天草下島内部には、一音節語長呼の、いちじるしい傾向がみとめられる。さいしょ、これに接した時は、すくなからずおどろかされた。しかも、調査をはじめてまもなく、この種の長呼現象は、一音節語名詞にとどまるものではないことが見いだされたのである。諸品詞にわたり、諸音節語にわたって、音節長呼（〔CV:〕）の現象が見いだされた。これらは、たがいに寄りあった、総体的な長音現象だったのである。一音節語の長呼は、その一大長音現象の圏内の、一事象だったのである。このような事態・状況は、四国方言・近畿方言などには見いだされない。この点で、当方言のこの総体的な長音現象は、かくべつに、私の注意をひいた。四国近畿にこれほどのものが見いだされない以上、ここのこの現象は、全国的な見地でも、注目されてよいものと言える。（一音節語長呼のある南島でも、ここでのような総体的な長音現象は、見いだされないのではないか。）

天草下島西南岸「大江」方言の長音現象

私が右の事実を調査し得たのは、天草下島の西南岸に位する一村落、大江でである。この村は、一つの大きな谷あいに特立していて、背後の高地から、海辺の低地にわたっている。その地形と集落様態とに支えられて、当村の言語状態は、まさに一方言をなしている。この方言に、私は、上記の事実を見たわけである。

天草下島内部の他の小方言を順次精査していくならば、どのような事実が見いだされるであろうか。私が以前に天草下島を踏査したおりの概観調査では、島の南端でも東北岸でも、また西岸一地でも、これほどの長音現象は聞かれなかったように思う。ただ、こういう概観は、あくまで表面的な調査にとどまる。「大江」方言でのような現象が、今後、天草下島内部で、どのように見いだされ、あるいは検討されていくか、私はそれに強い関心をよせないではいられない。

○私の「大江」方言調査　37・8・9〜16

これは、当方言の方言生活を、そのまとまった方言色に即して、全一的にとらえようとした調査であった。（右の期間で、日常ふつうの発音生活・表現法生活・語詞生活を、ほぼとらえきることを目的としたのである。）できるだけ文表現本位に、方言事実をとらえることにつとめ、カード二一二八枚を記録した。

○調査法

調査法は　自然傍受法と称しているものを本体とした。自然傍受法は、会話の自然状態を、傍受するここちで、ものを捕捉していこうとするものである。調査計画は、内に用意している。（質問調査法ということばを借りて言うならば、自然傍受法は、あらわに質問することをひかえる質問調査法である。）このような調査法による調査の全過程中で、しぜんのうちに捕捉されたのが、問題の長音現象である。

○意図的把握と自然把握

以下にとりあげる資料の全体は、すべて、右のような調査全過程の中で、しぜんにとらえられたものである。いわば、自然把握の資料である。もしも、語例をあげて、積極的に質問していったら、もっと多くの実例を得ることができたであろう。が、私は、そうはしなかった。自然把握の資料が、この程度に多く得られてきたので、問題の事象の世界と重大さとは、よくとらえ、かつ認識することができたからである。（自然把握のこの純粋資料の絶対性は、すでにはっきりとしたものだった。）

全調査過程中、私は、つねに、この長音現象に、一つの注意を向けていた。そして、自然把握の範囲で、調査の完結を期そうとしていた。

質問調査によって、意図的に把握した資料（この長音現象の）と、自然把握の資料とは、厳密に言うと、等質でない。ことに、質問調査では、――それも、多くの語例をとり立てて機械的に問うていったりすると、時に、被調査者は、その場の応答心理で、偶発的な長音化を示したりせぬこともない。微妙な発音の問題であるだけに、そこに、機微な現場的偶然もおこりがちである。（いったい、発音の長短など、「長いか短いか。」などと聞いた時は、あてにならない答えの出ることが、存外、すくなくない。知識人からもである。）そのようなものも混入しかねない質問調査結果と、自然傍受の結果とは、区別したい。質問調査とは別個に、下記のまとまった事態をつかみ得たことは、結果から言って、第一次的には、質問調査を必要としなかったのである。多くの方言人たちの無作為の発言の中から、ある総体的な現象がくっきりと出れば、これほど信頼し得る資料はない。

私の自然把握の結果については、個々の文例カードごとに、土地人、中学校教師、木田定夫氏の検閲を受けた。検閲は　そのカード記載にあやまりはないか、さてその記載のことばの、使用される階層、頻度、品位はどんなふうであるか、ということについて、してもらったのである。その検閲をへたところ、以下の実例を含むカードもみな受容され、それらが、全階層におこなわれるものとされたのである。もっとも、これも、木田氏一人の主観的判断ではある。が、私は、人を選んで、その人に、責任ある主観的判断を下していただくようにしている。その人が、はっきりとした態度・方法で、ものが方言の事実であることを証言して下されば、その個人知識と、私の調査把握とで、私は、そのものが、方言の社会的事実であることを信じようとするのである。多くの人が検閲や判定に立ちあってくれても、そこでの、人びとの諸感想が、かえって、事実をしいる方向におもむくことも、ないことはない。

○実例をあげる順序

名詞・動詞の各項の中で、実例をあげていくその順序は、全調査過程中で実例を得た、その順序による。

他の品詞の場合は、多少の順序をつけて、実例をならべる。

○品詞別実例

一、名詞

1、一音節語

マー	間	イェー	絵
カー	蚊	イ゛ー	家
トー	戸	ター	田
チャー	茶	コー	子
ミー	実	キー	木
ハー	葉	メー	目
ケー	毛	テー	手

2、二音節語

ナカー	中	ヒール	昼
カーカー	母	カーカ	母
トートー	父	トート	父
クヮーシ	菓子	クシェー	くせ
ウーミ	海	バカー	ばか
トービ	鳶	ヤーギ	山羊
トーリ	とり	カーキ	柿
クーリ	栗	マーツ	松
ウーリ	瓜	ハーシ	橋
ハーシ	箸	タービ	足袋
アーシー	足	フトー	人
イマー	今	ウスー	臼
サート	砂糖《さと》	メゴー	めご
オーケ	桶	シロー	白

コメー　米　ハーチ　鉢
ショテー　初《しょ》て　ヘーリ　辺《へり》
ノコー　鋸《のこ》　ニワー　土間《にわ》
カージ　舵　ソコー　底
オーキ　沖　イイェー　家
ジキー　じき　サトー　里
オチャー　お茶　カーゲ　蔭
クワージ　火事

3、三音節語

イサナー　自家《いさな》
シャージャー　さざえ　オナージ　同じ
ニザート　煮砂糖　ターカリ　田刈り
ターウイエ　田植え　イナーカー　田舎
ワラベー　童　オクワーシ　お菓子
ツガーマ　つ《つっ》づき《が》あい《ま》　ターネン　他人
ムカーシ　昔　シラハー　白歯《よな》
ジンカー　人家　フナトー　りょう《と》師

4、四昔節語

スモードリ　す戻り　イエンソクー　遠足　イモ
ートー　妹　オンナーシ　同じ　クロザート
黒砂糖　ジゲザート　じげ砂糖　ナガモーツ　長
持ち　ハイバター　延えばた　カライモー　唐芋
マメンテー　つる豆のすがりつく竹のこと

5、五音節語

ヒーヤガリー　ひるあがり　コクシェンヤー　国姓爺
（「コクシェンヤーノ　トラガリジャ。」せわしくて、そうぞ
うしいこと。）　マッヤマシー　松山市　トーカネーリ
十日練り（砂糖を造るのに）　ガネダンポー　かねらんぷ

6、六音節語

ヤーシャーバタケ　野菜畑

7、七音節語

サールンコシカケ　さるのこしかけ　ツッタサンターチ
土田さんたち

二、代名詞

ダーイ　だれ　イーツ　いつ　ナーニ　なに
ワガー　〔対称〕
オマイェー　〔対称〕　ドガーシュ　どれだけ

三、数詞

トーツー　一つ　ヒトーリバッカリ　一人ばっかり
イチマイズーツ　一枚ずつ　フトニギリズーツ　一に
ぎりずつ　ココノーツ　九つ　ジューロクンチー
十六日　ジューネンゴー　十年後　ニージュー　二十
ゴージュー　五十　ゴージ　五時　ハチジューロ
ーク　八十六

四、動詞

1、二音節語

シーに　しに　シーラん　知らん
キーたがらん　来たがらぬ　キール　着る

ミール　見る　トール　取る
シーきらん　しきらぬ　ジャール　である
クール　来る　ミーに　見に
イクーで　行くで　タテーば　経てば
食てミーズに　タール　足る
クメーば　組めば　モーらんば　漏らねば
モーた　漏った　ナール　成る
ユワーば　言わば　ヤール　やる
モターず　持たず

2、三音節語

オクール　起きる　ミユール　見える
ウクール　受ける　ナグール　投げる
ノシェーて　のせて　ああシトケーば
ヤメーて　やめて　カケーて　かけて
アイベーば　あゆめば　ウシェーて　のせて
タテーて　立てて　アゲーて　あげて
サセーて　させて　ノシェーて　のせて
ツケーて　つけて　ゴザース　ござす
カカレーば　かかれば

3、四音節語

タンネーて　たずねて　サバクール　はかどる《さはくる》

五、形容詞

ヨカー　よい　コマーカ　小さい
オーカー　多い　ミゾーカ　かわいい

ジャカー　ちがう《じゃない》

六、助動詞

……ヤリヤース。　やりヤス
……ジャーロ。　じゃろ
…　タベサセターリ。　食べさせたり
…　クサ　トッターイ、　草をとったり
ハジカカシェラレーテ、　恥をかかせられて
ハヨー　ミローゴタール。　早く見たい。
シランジャッター　トー。　知らなかったのです。

七、助詞

ひるカーラ（イ）　ひるから
わたヨー　綿を
〜ヨーバ　〜をば
アスベバ　ヨカトーニ　マー。　あそべばいいのに、まあ。
ナガカトーノ　「長いの」の
シャー　イェン。　しは得ぬ。
イイェーゴトーニ　家ごとに
ユージシャーキャー　用事さえ
ハッボンジャッデーガー。　初盆じゃで。
……デーガ、　から

八、文末詞

ナン　キャーイ。　何かい。
……　バーイ。　何なにバイ。

九、副詞

マーダ　まだ　マータ　また
イーットキ　いっとき　トキドーキ　ときどき
ズルート　ずっと　イキナーリ　いきなり　つづけて
オモーニ　おもに　ウ(オ)カツーニ　うかつに　うっかり

十、特殊文形
コーラ。　こら。　ハーラ。　ほら。
ドーラ。　どれ。　ハーイ。　はい。

以上の全実例を通観すれば、当方言に、長音現象の、ある総体的なもの、いわば体系的事実が、発音生活の一特殊相として存在することが、肯定されよう。

〇長音法則

この方言に、右のような長音現象は、一定の法則的事実として存在していると見ることができる。さて、どのような傾向が帰納されようか。

I　名詞について見るのに：

▽第一音節が低音の時は、そこに長呼はない。

▽アクセント上の高音のある音節で、――それが何音節めにあるものだろうとも――、長呼がある。

▽高音音節の母音が長呼された時、アクセント高音が、つぎの音節へつづく場合と、つづかない場合とがある。――つづく場合の方が、そうとうに多い。

▽アクセント高音部後の低音部音節（もとより、右の長呼低音は除き）で、長呼のあることは、ごくすくない。（「ムカーシ」などが、ほとんど例外的に見いだされる程度である。）

▽長呼を母音別で見れば、〔a〕母音の長呼されることがもっとも多く、〔o〕母音が、低くその次に位する。〔e〕母音は、さらにおちる。

▽長呼を受ける音節は、さまざまの母音のものでありうる。

II　動詞についても、名詞についてと、ほぼ同じことが言える。

〇長呼事情

「大江」方言での右のような長呼事態を、一体の事実として観察する時、長呼の成立について、現在時での、なにほどかの推測が、できないではない。人に対するもの言いの末尾、文末では、しぜんに長音化がおこりやすかったか。文末詞「かい」が「キャーイ」となるのなど。相手に訴えようとすると、しぜんに、こうもなりがちであろう。文末詞でなくても、文末部分「じゃろ」は「ジャーロ」となる。「やりヤス」も「やりヤース」など。

強調表現によって、長音化のひきおこされることが、かなり多くはなかったのか。（文末の長音化も、一種の強調表現と見られる。）肥後方言などでの、「ほんとに！」と強調する態の「ホンナコーッ。」も、ここに参考になる。文が名詞どめであれば、その名詞上にも、文末強調の長音化がおこりうるわけである。つぎに、「名詞＋をば」が「～ヨーバ」と長音になるのも、一種の強調表現によるものと見られはしないか。そんな強調表現が習慣化すると、長呼形式が単語の形式としてもおちつく。

強調でなくても、ある前後関係の中では、しぜんに長呼されるというようなことがあったかもしれない。前後関係という着眼が、一つ有効かもしれない。「中で」が「ナカーで」となるなど、助詞とのつながりあいで、かくべつ強調というのでなくても、長呼がおき、それが習慣化することもあったか。

長呼事情についての、今なりの、自由な推測は、してできないことはない。

さて、このような成立観は、この「大江」にかぎらず、他の方言についても、おしあててみることができる。そういう点から、私どもは、九州方言の他の地域に、問題の長音現象があっても、ふしぎとはしないのである。

さてまた、一音節名詞の長呼が、上例のように現存している事実からすれば、それを含んだ総体的な長音現象を、そうそう新しい生成のものとすることはできないであろう。一音節語の長呼は、文献上でも、すでに早くから見えていることである。

○むすび

「大江」方言では、長音現象の総体的な世界がみとめられる。私どもは、このまとまりの、存在と特殊性とを、国語事実として問題にしたい。

「大江」以外には、このようなことは見いだされないか。

長音現象の分布

天草下島内部のことは保留する。（――この島は、問題の要地としておかなくてはなるまい。）肥後本土にかえってみると、はたしてそこに、「大江」方言のに似た状況が、見いだされたのである。私の調査では、今、一・二の地点を明らかにし得ているにすぎないが。

一つに、肥後飽託郡（熊本市をとりかこむ郡）下の調査で、問題の事態を見いだすことができた。同郡天明村奥古閑《おくこが》（熊本市の南方にある。）の方言人、渋谷多文氏の、広島市で教示してくれたところによれば、同地方言では、まさに、長音現象がさかんである。

同氏には、「大江」方言での実例の、上掲のもの全部を提出して、これを順に見てもらい、こちらからあらわな質問をしつつ、一定要望のもとで、一々を発言してもらった。この調査は、文字どおりの質問調査である。この調査で、同氏が長音現象を示し、かつはそれを確認した実例を、つぎに全部かかげる。（文、またはそれに近い形で記述することにしたいのであるが、今は紙面をおしむほかはない。）

一、名詞

1、一音節語

マー　エー　カー

イェー　トー　チャー

コー、コ　ミー　キー

ハー　メー　ケー

テー

2、二音節語

ヒーンノヒナキャ（ひるの日なかに）、ヒーンノウチ

クヮーシ　ウーミ、ウミ

バーカ　トービ

ヤーギ　トーンノ（鳥が）

カーキ　クーリ

マーツ　ウーリ

ハーシ（橋）　ハーシ（箸）

タービ　アーシ
ウース　ハーチ
ヘーリ　カージ
カーゲ、カゲ　クァージ

3、三音節語
オナージ　ターカル
オクヮーシ　ムカーシ

4、四音節語
スモドル、スモドール

5、五音節語
マツヤマシー

7、七音節語
サーンノコシカケ
ツッタサンターチ、ツッタサンタチ

二、代名詞
ダール　イーツ
ナーン　ワガー、ワガ
ドガーシコ、ドガシコ

三、数詞
ヒトーリバッカリ　イチミャーズーツ、イチミャーズツ
ヒトニギリズーツ、ヒトニギリズツ　ココノーツ、ココノツ
ジューネンゴー　ニージュ、ニジュー　ゴジュー、ゴージュ　ゴージ

四、動詞

I、二音節語
キール　ミール
トール　クール
タテーば　タール
クメーば　モーラにゃ
モーッた
ヤール、ヤル　ナール、ナル

2、三音節語
ウクール、ウクル　ナグール、ナグル　ノシェーて《チ》、ノシエチ　ヤメーチ、ヤメチ　カケーチ、カケチ　ウシェーチ　タテーチ、タテチ　アゲチ、アゲーチ　サセチ、サセーチ　ノシェチ、ノシェーチ　ツケーチ、ツケチ

3、四音節語
タンネチ、タンネーチ　サバクル、サバクール

五、形容詞
ムゾーカ

六、助動詞
……ラレーチ、ラレチ　……ゴタール

八、文末詞
バーイ、バイ

九、副詞
マーダ　マタ、　マータ　イーットキ　トーキドキ
イキナール（いきなり）　オモーニ　ウカーツニ

十　特殊文形

コーラ。　　ハーイ。ハイ。

以上のように、長音現象のみとめられるものが多い。（一音節語の場合を含んで。）

ものによっては、長音のあるのとないのとの、二種の形がある。その長音のあるのは、広い意味での、〃強調の時〃、というのが、かなりある。たとえ強調の時にもせよ、その時に長音の出る習慣があるのは、それがないのと、大いにちがう。そういう習慣のある地域は、それとして、大いに注目される。

渋谷氏は、自己方言について、〃のびる傾向が強い。〃と言われ、かつ、氏は、若い人よりは年よりの人にこの傾向の強いことをみとめられた。また氏は、氏の郷里「奥古閑」の近隣のことについて、〃ふつうの人から聞かれたら、近辺みな、だいたいのびると答えたい。〃と述べられた。なお一つ、付記すべきことがある。これほどに注意ぶかく考えようとされる氏が、〃一々質問されていると、「のびる」と言いたくなる。〃と、被調査者の微妙な心理傾斜を告白されたのである。質問調査の方法を、慎重にととのえなくてはならぬことは、ここに明らかであろう。

飽託郡下の調査については、南方の八代市域について、一調査をこころみることができた。調査方法は、右の場合に類したものであり、被調査者は、白石寿文氏である。この人の発言では、つぎの程度に、長音現象があった。

イェー　家　　ヘーリ　辺《へり》　　ダーイ（レ）　だれ

ココノーツ　九つ　　モターず　持たず　　オー

カー　多い　　ミジョーカ　愛くるしい　……ゴタ

ール　……したい　　ナンカトーノ　「長いの」の

〜シャーキャー　〜さえ　　ナンキャーイ。　何かい。

シランバーイ。　知らんわい。　　マーダ　まだ

コーラ。　こら。　　ホーラ。　ほら。　　ドーラ。

どれ。　　ハーイ。　はい。

ここでは、一音節語長呼の事実が、ほとんどない。それはなくて、爾余の場合に、右のように、長音現象が見えている。

この程度ではあるが、それにしても、ここが、多少とも、問題の地でありうることは、あらそわれないであろう。

以上の肥後二地点をよりどころにして、順次、他地を検討していったら、どんなことになるか。肥後内部は、問題の地域として、追求していかなくてはならないと思う。

鹿児島県下となると、長音現象は見えない。このたびは、右同様の質問調査を、薩摩北部出身の井上親雄氏と、薩摩東南隅出身の瀬戸口俊治氏とにこころみた。いずれも、概括して言えば、長呼の習慣を持っていない。一音節語にかぎってもである。

転じて、佐賀県小城町出身の相原和邦氏について右の質問調査をこころみたところ、氏からは、つぎの長呼例が得られた。

シーきらん　　コマカ、コマーカ

ムゾーカ　　マーダ

熊本県下との、多少の似よりがみとめられよう。

佐賀県以上に、熊本県下からはなれている長崎県方面になると、たとえば佐世保市域でも、長音現象は、あまりないらしい。佐世保市出身の田原勇氏について、右の質問調査をおこなった結果では、長

音現象は、「シーきらん」「ハーイ。」のほかは、聞くことができなかった。

ところで、長崎県下も五島列島となると、たとえばその西南端で、つぎのように、長音現象がみとめられる。

フー　分《ふ》　ヒー　火　ネー　根　ハー
葉　キー　気　シェー　岩《せ》
ニーチョッ　似ちょる　ユーソ　よそ　モーリ
守り　ダレーでも　マーダ　まだ　ユーノミ
湯のみ　ユーナベ　夜なべ　ミーヘヤ　三部屋
トージンナカ　徒然なか　さびしい

これは、私が、西南端の一部落で・一週間、例の自然傍受の調査をして得た全カードの中から、抜き出したものである。（これで、だいたい、ありうる実例の大多数をひろい出したつもりである。）ここには、一音節名詞の長呼もある。動詞「似る」も「ニー」となっている。さてこれだけでは、小規模であるけれども、それでも、ここに、「大江」方言のに似て、やや体系的事実らしいものがあるとはされないか。天草とともに五島に、このような状況のみとめられるのは、注目にあたいする。

その相互を見あわすとともに、天草と島原半島とを見あわしてみる。はたして、島原半島にも、問題の事象があった。山本靖民氏の「島原半島方言集」（昭和二八年）によれば、本文「品詞篇」中に多少の長音現象例（二音節以上のもの）があり、かつ「音韻篇」に、「短母音の長音化」の条項がある。そのもとには、「アーキ」秋、「キーク」菊、「ヨーケ」溝、「セード」背戸、「バーカ」馬鹿などの実例があげられている。（三音節名詞例は三語ある。）——ここには、一音節語例はあがっていない。

こう見てくれば、けっきょく、天草島・肥後本土・島原・五島などが注目されることになろう。（天草の南の甑列島がまた、注意すべき所であろう。）問題の長音現象の、一音節語の場合にはとどまらない、ある体系的な存在は、その大小・強弱を問わないならば、こうして、九州方言の、かなり広い範囲の中に、みとめられることになりそうである。

九州の外はどうであろうか。

九州の外の分布

中国地方本土では、注目すべきほどのものはない。四国では、やはり、一音節語名詞の長呼だけがおものようである。が、ひとつ、愛媛県南部などで、「きもの　着《キ》ーて」のような、動詞長呼の言いかたがおこなわれている。これは、九州西辺の「似《ニ》ーちょる」などと見あわすことができる。

瀬戸内海諸島の中に、二音節以上の語での、いくらかの長音現象がある。たとえば「タービ」足袋、「カーゼ」風、「マーダ」まだ、「ヨーナベ」夜なべ、など。内海島嶼のそこかしこに、こうして孤立的に長音現象のあるのは、どういうことを意味するものであろうか。近来の生成事実とは見かねる。とすれば、むかしの傾向が、わずかな地点にだけ残りとどまっているのか。もとはよく分布し得たものが、しだいになくなって、今はこんなふうに、方々に遺影をとどめているのかもしれない。もしも、残存を意味する散漫な分布が、中・四国で、特に内海域にみとめられるのなら、これは、長呼の歴史上、重視すべき分布とされる。
近畿北陸の一音節名詞長呼は著明である。近畿に、二音節名詞では、

アメー　雨　クモー　蜘蛛
カキー　牡蛎　アサー　朝

などの発音がある。アクセントに関連の深いもののようであるが、ここにもたしかに長呼がある。「アーメ」のようなのはない。三音節以上の名詞には、近畿に、長音現象は見られないのではないか。「着《き》ーて」のような言いかたも、しないのがふつうかと思う。近畿では、もっぱら、限定的な長音現象がさかんである。

ところで、北陸西部にいくと、二音節名詞での、「アーシ」(足)のような長音現象が聞かれる。近畿をはさんで、東西に、こんなのがある。

結語

1　主題の長音現象は、国語諸方言にわたって探索してみるのに、方言しだいでは、これが、諸音節語にわたり、諸品詞にわたって、体系的事実として存している。
※
※動詞にあることなど、大いに注目されてよい。
2　右のような状況と、それに類し、またはつながる状況とが、複雑に関係して、国語諸方言上に、広い分布を見せている。このことが、長音現象の、国語事実としての一重要性を思わせる。
3　長音現象の分布で、体系的事実を示すことの弱い状況の場合、そこに、一音節語長呼に偏したものと、一音節語長呼は示さないで、他での長呼を示すものとがある。しかもその両事態は、前項でもふれたように、根底的には、つながったことと思われる。
四国近畿などの特定的な長呼現象は、由来これだけのものだったのか。それとも、多種あったものがこれだけになったのか。そういうことは、今、考えにくいとしても、一音節語長呼は、事実としては、総体的な長音現象の中で理解されてよいもののように思われる。さらに言うならば、四国近畿地方の長呼は、全国的な、広い視野の中で、関連事象を統合した考察のもとで、理解されなくてはならないもののように思われる。
4　右の諸条は、すべて、長音現象の成立史にかかわっている。(非体系的存在は、あり得た体系的事実の断片かもしれない。偶発のものも、あるとしても。)総じて、長音現象の分布が、国の西半方面にいちじるしいのも、見のがしてはならないことのように思う。
5　史的考察のために逸してならないのは、南島方言内の諸事情である。南方では、奄美群島以南で、一音節名詞の長呼や、二音節以上の名詞内での長音現象が、かなり見られる。(「名」は「ナー」、「世話」は「セーベー」など)
上来の長音現象分布に、この南島の分布をあわせて、長音現象の成立を考察する時、一音節語長呼の古い文証もあることであり、総体的には、この現象の成立は、新しくないだろう、と考えることができようか。地方によっては、また、ものしだいでは、随時、これを新しく成立せしめたこともあったろう。
6　今後、世代の更改とともに、この現象は、衰退することはあっても、盛大になることはないであろう。

(『国文学攷』第三十号　昭和三十八年三月)

頁	行	誤	正
701	12・15・18	文未	文末

方言「文アクセント」の研究

——愛媛縣喜多郡櫛生村の方言生活のアクセントについて——

藤原与一

一　はじめ

四國地方のアクセントは、中國山陽地方のアクセントとは異なっている。四國の內も一樣ではなくて、伊豫の南部地方には、特別の狀態がみとめられる。こゝと、つゞきの土佐西南部とを一括して除けば、あとは四國色として、わりに單純である。

南部伊豫の北のはしの部位に、喜多《きた》郡とよばれる一郡がある。この地方のアクセントは、全伊豫の中で、ぬきんでて異色を示し、南部伊豫中でも、他の四郡と異なる。したがって、この地の言葉調子（文アクセント）をきくと、伊豫はもちろん、四國での特異なことばとの印象をうけるのである。愛媛縣內でも、「喜多郡のアクセントはおかしい。」「かわっている」と、早くから多くの人に氣づかれ、そう言われてもいる。いったいこれは、どのような特異性を持っているのか。これをえがくのが小稿のしごとである。

こゝに『文アクセント』というのは、文の音聲表現について、その高低・强弱・緩急等の諸特質のうちで、「音聲の高低運動」をさす。語アクセントを高低本位に考えるのと等しい。

方言生活のアクセントを見るにあたっては、『個々の會話の生活は、文アクセントで色どられている。』と解する。じっさいの言語表現がなされると、會話は、多く『文』の形になり、また文連續の『文章』の形になる。それらは、一々の文を本位として考えることができる。文は一回・一個のまとまりになっており、そのまとまりをつけるものに、文アクセントがある。表現の話線が文表現としてまとめあげられる時、さいごの有力なしめくゝりとして、文アクセントがはたらく。方言生活のアクセントを見る時、まずこの文アクセントがとりあげられる。――方言の生活として、アクセントの生活を見るのである。以下の記述は、愛媛縣喜多郡櫛生《くしゅう》村のアクセントの生活をとりあげる。アクセントの生活を見ようとして、文アクセントをとりあげる。

櫛生村は、喜多郡の海岸地區にある。一村の方言生活のまとまりはよい。土地が地勢上一區劃をなしているとともに、生業上でも、この村だけ「よし」の葉でつくる笠を女手の特産としているというようなことがあって、櫛生村方言生活を、一つの特定共時態と見ることはゆるされる。

この地の方言アクセント生活は、喜多郡一般の、特異とされるアクセント傾向の埒内にある。『喜多郡アクセント』の一例として、この地のアクセントをとりあげることは、不當でない。

調査は、昭和二十五年九月十六日から、二十三日までおこなったものである。待遇表現法を中心に、一方言生活の表現法全般をとらえようとするものであるため、できるだけ方法をつくして、各種の會話場面に出あうことにつとめた。諸社會相・諸條件下での會話の自然狀態を傍受することを本則とする。その文表現本位の記録には、その時の文アクセントが寫してある。こゝにとりまとめようとする研究は、その記録群を一方から整理したものである。

櫛生方言アクセント生活（あるいは愛媛縣喜多郡アクセント）の構造を分析する時は、以下のような數ヵ條を、特質として指摘することができると思う。

二　高音連續

この地の文アクセントの諸傾向を歸納してみて、第一に注意されるのは、高音連續とも言うべき傾向である。

○フユン　ナッタラ　モット　エーケド　ナー。

註

（“冬になったらもっとえゝけどなあ。”）

「フユ」ということばがはじめにきている。中國山陽地方の文アクセントでなら、たとえば廣島地方でなど、

○フユン　ナッタラ

と、「ユ」のあとは音が下がっていく。そのことは、根づよい傾向である。それに對して、こゝでは、「ユンナッタラ」を全部高音で發音し、なお「モット」まで一つゞきに、高音部を移していく。聲高の音が、やゝゆるいめに、規則的に流されていくありさまである。これは、きくからに喜多郡地方の人のことばであることを思わせるもので、周圍の地方にも、このような高音連續はない。こういう事實をとらえて、今、高音連續の特質傾向と言う。

註　この地方の發音は、右のように、カナ符號で寫しても、べつに支障はおこらないので、かりにこうしておく。

右の對話文は、初老の男子が同輩に、ごくふつうの氣分で對座しての發言である。……この種の註記は必要であるけれども、今ははぶくことにした。

○オトドシ　ホーガ　ダイブ　……。

(おとゞしの方がだいぶ……。)

これも前掲のと同じ例である。「おとゞしの方が」とか、「冬になったら」とか、區切りの「が」や「たら」の助辭の所では、高音も下がってくるのが他地方の多くの例であろう。そこを、前からの流れで、つゞけざまに上げてとおるのは、いかにもかわっている。

○イエト　ユー　モノワ、……。

(家というものは、……。)

○トシトッテ　ワカイシニ、……。

(年をとって、若い衆に、……。)

なども、同種の例である。文の直接的な要素部分というようなものをこえて、一つゞきの高音がつゞいていく。

○マダ　ヤリヨラングライジャー。

(まだやっていないくらいだ。)

の場合も、「ぐらい」があるが、かまわず高音にしていく。

○センセー。マ、ココ、フカヒテツカサイ　ヤ。

(先生。まあ、こゝを拭かせてくださいよ。)

「ツカサイ」の時でも、「ヤ」がついて、「サイ」まで高音になっている。

いちじるしいのになると、

○コッチノ　ホイ　コイ　ヤー。

(こっちの方へ來いよ。)

○シンボーナ　コ　ヨ。

（あの子は、しんぼうづよい子だよ。）

○スグ　イクケン　マチョレ　ヤー。

（すぐ行くから、まっておれよ。）

のように、さいごまで高音がつゞく。

○シズカデ　ゴザイマショー。

○ドコデ　カイナハッタンジャロー。

（どこで買いなさったんだろう。）

というのなども、右にあわせて見られよう。

複雑な抑揚になるものでも、文の冒頭部分に、早くもこの高音連續の傾向があらわれると、その文アクセントは、これで大きく特色づけられる。

○ダレンガデモ　ノミナハルガ、……。

（だれのたばこでものみなさるが、……。）

○キサヤ　セニャー　ヨカロー。

（來さえせねばよかろう。）

この第二例など、高音連續とは言っても、わずかに「キサヤ」だけのことである。が、「きさえ」ともならねば「きさえ」ともならないで、「キサヤ」となっているところに、異常な高音連續が顯著である。「サヤ」と、高音のつゞきであることのきこえの効果は大きい。その特徴部分が、この場合の文アクセントの色あいを決定している。

この高音連續が、喜多郡の四周には見られないことを示すために、左の例をあげよう。

○ガイナ　コトー　ユー　ナ　ヤ。

（ひどいことを言うなよ。）

○ヨメサンノ　ホーガ　シャガレテ……。

（よめさんの方が尻にしかれて……。）

のようなのがある。「ガイナ」が四國的であったとしても、「コト」まで高音をつゞけることは、四國一般的でない。「ヨメサンノ」に「方」をつゞけてずっと高音にしているのも、四國一般のつねではなくて、この地方でのことである。これらの場合、「ガイナコトを」「何々の方が」の「を」や「が」の所では高音が下がっているのであるけれども、すでに「……コト」「……ホー」まで高いことが、特異の現象となっている。

一ばんつかみやすい、『喜多郡アクセント』らしさは、この高音連續であろう。これのあらわれることは、もっとも頻繁である。子どもたちも自由に、

○オトノサマガ　オンナラナンダラ、……。

（おとのさまがいらっしゃらなかったら、……。）

などと言う。「言語表現の生活の、かく／＼の場合に、この傾向が特によくあらわれる。」というようには、規定しにくいくらいに、ふつうに、これはよくおこなわれている。ことばが、下方へつゞく呼吸のつよい時は、こうなりやすかろう。べつに、喜怒哀樂などの感情のうごきに即應してどうあらわれがちであるなどというようには、きめることができない。

三　特異な高音隆起

當地の人の、みずから「喜多郡アクセントの特徴」として指摘するものに、つぎのような後上がりの傾向がある。

○オハヨゴザンスー。

○ソーカー。

（そうか。）

○ソーデー。

（そうですか。）

後上がりと言っても、ほどへて、かなりあとになって、一つの音節を極度に強く高く發音するものである。なんらかの後上がり傾向なら、諸地方にあって、廣島地方にも見られるので、たゞ後上がりというだけで、こゝの特色を云々することはできない。しかし、これを吟味すると、そのおこなわれかたには、やはりこゝの獨自性が出ていることが注意されるのである。「お早うござんす。」を廣島地方の人が發音したとしたら、「オハヨガンス。」ともなろう。高音隆起が早く、かつ高い山が二音節にわたる。それにひきくらべ、問題のこの地のは、きわ立って高い音を、ひとつ、終の「ス」にだけきわ立たせ、したがって、そのあとに長呼も生じている。いかにも唐突な隆起であり、特異である。「そうか。」にしても、山陽地方なら「ソー　カー。」となるのを、「ソー　カー。」にしている。「カ」の高音隆起が、四周の地方に絶していかにも特異である。諸地方の後上がり傾向とはおもむきがちがい、ひょうしがちがう。

伊豫では、文末で「ねえ」と言う時、しば〳〵「ネヤ」と言う。その時は、「……　ネヤ。」のアクセントになるのがふつうであるが、こゝだと、

○……　ネヤー。

と言う。きいてたゞちに特異さを感ずる。「かまわないよ。」の「カマン　ゼー。」にしても、他地方のとはちがった形に、高音を隆起させている。

○アリャリャ。カマイマヘン　ゾー。ワシャー。

（あら〳〵。かまいませんよ、私は。）〈老女の遠慮する挨拶〉

の「ゾー」など、終の一助詞を高音に隆起させることは、さきの「ネヤー」などと同じである。

○ナヒタ　モンナラー。

（どうしたっていうのか、それは。）

と、「ナラ」の「ラ」だけを、「ナラ」が一つのものであることにはかまわず、隆起させるのは、さきの「ゴザンスー」の例と同じふうである。要するに、おわりがたの一音を隆起させ、そこには、母韻の長呼をともなわせる。「イケン　ヨー。」「イケンガ　ヨー。」という例などは、ほかでもきかれることが知られよう。が、「ナヒタモンナラー。」のように、「ナラ」のまとまりでも「ラ」だけをきりはなして隆起させることからすれば、「……　ヨー。」なども、そういう、文末卓立の、特別に根づよい傾向につながるものとしてうけとられる。「シンセツブリ　ヨ。」というような例をあわせ見るとよい。「ヨー」は「リヨ」にあたる。

「ナヒタ　モンナラー。」「カマイマヘン　ゾー。」など、「ラ」「ゾ」の特異高音隆起の前には、「ナヒタモンナ」「カマイマヘン」の、高音連續がきかれる。前說の形式である。高音連續で、例の異様な調子をきく思いのするうち

に、さいごに、特異高音に出あい、そこでいっそう大きい特徴を感じ、こうして、この文アクセント全體から、特色の大きいものを感得する。

喜多郡人が自覺的ではないが、つぎの形式の後上がり傾向もまた、特異な高音隆起として、前條の場合とともに注意される。

○オナゴノコト　オトコノコト　マゼー　ヤー。

（女の子と男の子とをまぜろよ。）

「マゼー　ヤー」の所は前條の特徴である。それに、今、「オナゴノコト」「……ト」の、「ト」助詞の所での高音隆起が注目される。文の中途でも、そのさかいの助詞の所で、そこだけをきわ立たせる高音隆起である。「ナヒタモンナラー。」のような文アクセントは、文の要素部分などを感得させない、文全體の構造をきれいに一つゝみにしたアクセントであるが、右は、要素部分を一々おさえさせるような文アクセントになっている。

○ユーハンガ　スムナー　ジキ　ヨ。

（夕飯がすむのはじきだよ。）

というのも、「ナー」ではじめて高音をおこす、いかにも特異な高音隆起で、しかも、助詞（のは）の所で高くなっている。

○キョネンノ　オマツリジャッタ　カ　ナー。

（去年のおまつりだったかなあ。）

助詞でなくても、右のように「タ」の所で高くなっているのも、助詞の場合に似かよっている。

○ヨザンニ　ヤリマセナンダ。

（餘分にはやりませんでした。）

「ヨザンニ」の例は、前に準じて見られる。そのほかに、「ヤリマセナンダ」は、「オハヨゴザンスー。」の「ス」の所が高かったのとくらべて見られる。

○ハンヤク　コーロクヒテ　ヤンナハランカ。

（半役、手つだってくださいませんか。）

「ハンヤク」はやはり、文要素部分の切れめで高くなっている。「ヤンナハラン」は、これだけではかわりもないようなものの、「コーロクヒテヤンナハランカ」がまったく一つゞきに發音されるのをうけとると、これにはまた、特異な高音隆起ぶりをみとめないではいられない。

そのように、文構造全體のうえで、全體の音律その他の關係から、自然に、リズミカリーにおこったような高音隆起をうけとることもできる。これという特徴點をさがすまでもなくうけとられる、全體感ですぐ理解される高音隆起である。

○マー　アガンナハイ　ヤ。

（まあおあがんなさいよ。）

「マー」から「ヤ」までの一つゞきのうえで、すぐに、特異な高音隆起が感ぜられる。くだいて見れば、「ナハル」（なさる）の「ナ」の所できわ立てるのだとも解されよう。「マーアガン」を見れば、これだけのリズミカルな進行ぐあいが前件となって、次には急昇調がおこるというようにも考えられよう。が、とかくの條件をかえりみなくても、これ全體のうえで、すぐに特異な高音隆起が感ぜられる。文アクセントという全一的な抑揚波の進行のうちで、高音隆起は、かなり自由におこるとも見るべきであろう。

つぎのように、高音隆起の後に、例の高音連續のくる場合も、當方アクセント生活の風格を、よくうけとらしめる。
○ドガナ　キカイカ　シランガ、アメリカノ　シカケト　ユー　モノガ　フトイということは、……。
〈ブルドーザーなどのことについて　老男〉

「ドガナ」「アメリカノ」、ともにまた、さかいめの所で高音を隆起させている。
○ワシャ　アシ　ワズローテ、草も　よう　刈らん。
というのも、右と同例である。「ワシャ　アシ」が一呼吸に發音され、その高音隆起に對して、「ワズローテ」の全高音が展開する。かれこれあいまって、喜多郡流の文アクセントを形成しているのである。

「高音連續+特異高音隆起」の文アクセントからは、急迫の調子が感ぜられ、「特異高音隆起+高音連續」の文アクセントからは、いくらか緩徐の調子が感ぜられる。後者の方がおとなっぽい調子と言えようか。感情は、前者の方によくやどる。ともに當地方の特色アクセントとは言うものの、てにをはの所で高音を隆起させる傾向は、たとえば、
○ソノ　シゴトニ　シュミオ　モツ。
（そのしごとに趣味を持つ。）

など、南九州地方の特色のある文アクセントを連想せしめないではない。

以上に述べた高音隆起の傾向も、この地としては、まず一般的に生起しており、これ〳〵の特殊な場合にというようには見られない。

四　擡頭式

後上がりに關連して、特異な頭高が注目される。一文中に、頭高と後上がりとのあわせ見られるものである。左の例は、それが二回くりかえされている。

○ボクラー　イワント　イトルー。

（ぼくらは、言わないで行ってるよ。）

まったく、四隣に例のない、特色のつよい文アクセントである。おそらく、これを當地方アクセント生活での一ばんの異風な文アクセントと言っても、過言ではなかろう。「ボクラー」「イワントイトルー」、ともに、前説の特異高音隆起に加えて、その冒頭が高音になっている。つまり撞頭式である。のように圖示できる兩端隆起は、いかにも特異なアクセント形式と言わないではおけない。後上がりに、ま反對の撞頭式がそうことは、まったく異風である。

○ナニゴトナラー。

（なにごとなんだい。）

○ゴアンシンデ　ゴザンスライ。

（ご安心でございますわ。）

これは、單純な形式である。第一例は、老翁の素朴な驚歎の表現であった。第二例にも、初老の女性の、つよくおしかえす氣もちが、一種のつよい感情として表現されている。この形式の文アクセントのあらわれかたには、一つのかたむきがあるようである。

○アレワ　ヒョードークンガ　ワルイノ　ヨー。

（あれは兵頭君がわるいんだよ。）

これは、つよく、冗談ふうにおしつけることばであった。「アレワ」「ヒョードークンガ」では、ともに、文中の助詞の所で高音がおこり、「ワルイノ　ヨー」では、文末の助詞に高音ができているが、いずれも、前説の特異高音隆起である。そのおの〳〵のまとまりに、擡頭式がおこっている。「ナニゴトナラー。」の文アクセントにくらべてみれば、その形式へ、さらに、が二回つけ加わっていることが明らかであろう。

つぎに、

○タマゲル　ゾ　ヨー。

（たまげるぞ、きっと。）

になると、形式がおわってあとに、「ヨー」という、前説の後上がり、特異高音隆起の形式がつゞいている。

○ダイブ　オッタ　ゾ　ヨー。

（だいぶ居ったぞ。）

も同巧と見られる。「ぞよ」は强調で、やはり、こうした場合に、この形式の文アクセントがとられやすくみえる。

○コナイダ　ヨワッタ　トー。

（このあいだはよわったよ。）

「ぞ」「よ」でなくて、當地方に通有の「ト」文末助詞の時にも、やはり同形式の文アクセントになる。（ トー。）

○ソガナ　コタ　イヤノガジャ　ケン。

（そんなことはいやだからさ。）

の「ケシ」がきても、こうなっている。「……　ヨワッタ　トー。」では、ほんとによわったとの感慨が出ていた。
「……　イヤノガジャ　ケン。」というのも、つよい感情のことばであった。

擡頭があれば、いくつかの音節をおいて、下方が上がる。上がったまゝで、文のおわりまでくることもある。

○ネバイ　コトギリ　ユー。

（あの人は、わち〳〵したことばかり言う。）

それはそういう方式の安定形式と見られよう。高音連續になれば、例の喜多郡的である。

○クサデモ　カルーテ　モドリヨッタ　ゾヨ。

（草でも、せおってもどってたよ。）

とあるのでは、それがいっそういちじるしい。擡頭から隆起に行ったものが、一音隆起で、文の終になることはない。その急昇を収める一形式が右のような高音の流しかたであり、またの一形式が、前掲の「タマゲルゾ　ヨー。」というようなものである。「○ー。」となって、「○ー」ゆえにいよ〳〵喜多郡的であることは前説のとおりである。それのもっとはっきりしたものは、

○ノマント　ヨージョースルガ　ホント　ヨ。

（酒をのまないで養生するのが本當だよ。）

である。「ホントヨ」とあって、高音隆起は卓然としている。なお、

○ウチラエ　キテミナハイ　ヤー。

（私のうちなんかへ、きてごらんなさいよ。たいへんなんですよ。）

となると、形式のあと、前説の、喜多郡的な「高音連續＋特異高音隆起」がきている。

○センセイワ　ヨー　オボエテ　ナー。

（先生はまあ、よくおぼえていらっしゃることですわ。）〈筆者と同行の小學校先生に言う。〉

も同例である。（「センセイワヨー」で形式になっている。）

の急昇を收めるいま一つの安定形式は、

○ゴハンワ　トーニ　スンデ　マチョッタノニ。

（ごはんはとっくにすんで、まっていたのに。）

のようなものである。高音連續で收めていく。右の例は、中年の男子の、大げさにとぼけて見せ、冗談に不腹を言う表現であった。

○ヤクバノ　ホーガ　エー。

（役場の方がいゝ。）

これも同例である。「マチョッタノニ」「エー」というような收めかたは、特異高音隆起のおさめかたに、まさるともおとらぬ、特色のこいもので、當地方らしさにかゞやく。

の急昇にまで流れた文アクセントを、次下でうけて收めていくアクセント形式は、文表現の内容によって、なおいろ〳〵になっている。が、その分類をひとまずおくとしても、この種の一脈の文アクセントが、形式によって特徴づけられていることはいなめない。それほど、はひゞきのつよい音カーブであり、そこには、ほど〳〵に、つよい感情のやどりがみとめられる。まとめて言えば、おどろきや感慨、意外の氣もち、强意强調、それに、冗談や滑稽その他の誇張强辯の場合に、の形式がとられやすかろうか。問いの時には、まず、こうならぬようである。おしなべて、男性の表現アクセント、男性的な表現のアクセ

ントと言えるであろう。

五　山口アクセント式

外形上、撞頭式に關連するものとして、こゝにとり出す一種のものがある。

○ソーデ　ゴザイマショー　ナー。

（そうでございましょうなあ。）

の「ゴザイマショー」というようなものである。「ゴザイマショー」は、第二音節の「ザ」にアクセントの高音があるので、この一句のアクセントとしては、頭高の下降調を感ぜしめ、その點で、前の撞頭式に關連するものとされる。これがあると、その一文の文アクセントは、この下降調で、わりにいちじるしく特色づけられる。そこで今は、これを視點としてとりうる文アクセントを、一類型としてみとめるのである。たま〳〵、「ゴザイマス」式のアクセントは、山陽山口縣下にいちじるしい。山陽・中國に卓立して、山口ことばアクセントは、この點に一特徴を示す。「お早うございます。」「何々でございました。」の抑揚がきかれれば、中國では、山口縣の人としてよい。さて、それに似たものが、こゝ、愛媛縣喜多郡下にみとめられるのはおもしろいところから、こゝにはあえて『山口アクセント式』の名をかゝげた。

○アリガト　ゴザイマシタ。

は若い女性の發言である。

○ソーデ　ゴザイマス。
これは老女の發言であり、この人はなお、
○シカタガ　アリマセン。
と言っていた。「アリマセン」のアクセントが耳につき、山口アクセントを連想させた。「ガア」の高音は、やわらかいが高い聲であった。この老女は、村の名産の笠を張りながら、
○ソレオ　ハリマスンデス。
○ホネオ　モライマシタ。
とも發言した。
ほかの初老の婦人の發言によると、
○コッチ　オツメナサイ。
（こちらへどうぞおつめなさいな。）
とあり、
○ハヨ　オハマンナサイ
（早くおはいりなさい。）
○スワッタラ　ミエマセナイ。
（すわったら見えませんわ。）

ともあった。「ございます」ではないことばで、こんなに下降調（）がよくとられるのをきいて、いよいよ山口的なものを感じた。アクセント傾向として、たしかに、彼我同曲のものがある。さきには九州南部に關

連を想うたが、これは中國西部にである。しかも、四國の、こゝの周邊には、このようなのは、まずみとめかねる。かと思うと、伊豫の東部方面には、「アリガト　ゴザイマシタ。」などと言っているから、これが、四國に背反した傾向とは斷じられない。おそらくは、一種の四國的なものであろう。そう解して、山口アクセントのこれ式の現象もまた、おもしろく解釋せられるようである。こゝ喜多郡下でも、その四國的なものが、一つの特定的なあらわれかたをしたのであろう。こゝは、そういう現象をおこす地位にあるらしい。混態の地とも言うべきか。そのことは、次項の現象を考えると、なおなっとくしやすいものがある。

こゝの下降調が、さきの撞頭式に關連するものであるとは言ったが、それは、外部的な形式から見て言えることであって、實質は、かならずしも比肩しうるものではない。「アリガト　ゴザイマシタ。」式の文アクセントにやどる感情と、さきの  式アクセントにやどる感情とは、別趣のものである。前者はていねいで敬虔でしずかであり、後者は大いにうごいている。だから、アクセントの全實質としては、別のものであると言わなくてはならない。山口アクセント式のが、だいたい女性語で、ことに、年のいった人に用いられがちであるのに對して、撞頭式のが、多く男子、ことに壯年者などにつかわれやすいのも、偶然の相違ではないと思う。

六　廣島的アクセントその他

この地のアクセント生活を分析する時は、一つの線として、廣島的アクセントの抑揚がとりあげられる。

○オー。アシコラジャ　ノー。

（うん。行くんだったら、あの家ぐらいだなあ。）

○モシャクッテ　ヒテテ　シモータ。

（くしゃ〳〵にして、すててしまった。）

○トレン　ノー。コリャー。

（とれないなあ、いわしは。このぶんでは。）

○ユーテ　モラワニャー　ワカラン。

（言ってもらわなくちゃ、わからないよ。）

これらは、このまゝが廣島地方の文アクセントだとしても、すこしもおかしくない。ことばづかいそのものからして、そうである。ことばづかいの異同をほかにすれば、

○センセガ　ソレ　シンナハランヨーナ　コッテ　イケル　カイ。

（先生がそれを知りなさらんようなことではだめじゃないですか。）〈筆者と同席の小學校先生に老翁が言う。〉

○カヤワ　イラン　ト。

（かやは、いらないよ。）

○オシエムキガ　ヨカッタ　ナー。

（おしえかたがよかったなあ。）

なども、同様に、まったく廣島流と言える文アクセントである。

それでいて、

○アメ　フリヨル　カイ。

（雨がふってるかい？）〈前の老翁の發言〉

など、純四國的な文アクセントも見せている。

加えて、

○デンキ　フトカッタラ　ヨル　ネプト　ナイガ　ノー。

（大きい電球で明るかったら、夜、ねむくないねえ。）

というのなどになると、「デンキ　フトカッタラ」は四國的なアクセント傾向を、「ヨル　ネプト　ナイガ　ノー」はまったく中國系の文アクセントを示している。複雑體である。

　これらの文アクセントの傾向が、あいまじって存在していることは、この地のアクセント體系の、けっして單純でないことを思わせる。中國系アクセントに似かよう一連の傾向は、ひとり喜多郡下にかぎらないで、南豫一帶にどれほどかうかゞわれ、ひいては土佐西南部にもうかゞわれる。とすると、喜多郡地區が、四國アクセント、伊豫アクセント地帶に、たゞ超然と孤立したものでないことはわかる。それでいて、中豫地方の汎四國的アクセント傾向のまゝのものはこゝに見がたくて、上來何項かにわたって述べたような傾向が主特質をなしているとすれば、こゝは、中豫的なもの（汎四國的なもの）と、南豫的なもの（中國系文アクセントに通ずるものを持つ地方）との接衝地帶と考えられようか。右の『主特質』が、喜多郡を南にはずれるともうみとめかねるとすると、こゝが、混態の地であることは、明らかなようである。喜多郡流のアクセントの、上述の諸特質は、接衝地帶の混態を反映するものと解される。

七　むすび

一方言生活のアクセントの記述は、どのような手順で完成されようか。アクセントの現實は、文アクセントをなしている。まずこれの記述にかゝるとして、文形上のアクセントは、どのようにとらえどのように整理したらよいものであろうか。（それが、やがて、他地方のものとの比較にあたっても、操作しやすいように。）それと關連させて、語アクセントなどを分析的に説明するのには、考えなくてはならないことが多いように思われる。

喜多郡アクセントをとりあげてみると、この特異な文アクセントの生活がなか〳〵とらえにくく、したがってまた、語アクセントに見える不軌とも言えるような變態を、説明しきることが容易でない。

こゝでは、語アクセントの調査整理と、文アクセントの記述とを對照させて見ることにもおよばず、アクセント生活の理解としては、かぎられたしごとにとゞまった。御叱正を乞うしだいである。

（『国語アクセント論叢』昭和二十六年十二月）

頁	行	誤	正
709	11	動」をさす。	動」をさす。
723	3	（「センセイワヨー」	（「センセイワ　ヨー」

方言「文アクセント」の一特質傾向『後上がり調』について

藤　原　與　一

日本語の方言「文アクセント」は、全國的に見て、いろいろの傾向を持つている。

文の音聲表現に見られる、「抑揚」という言葉調子を、文アクセントとよぶ。その文アクセント、文頭から文尾への抑揚波の進行形態は、表現に應じて個別的である。個別的ではあるが、方言によつて、いろいろの文アクセント傾向を生じている。

全國のそれらの諸傾向を通觀する時、一つの特質的な傾向として、文抑揚の『後上がり調』が注目される。

語アクセント上では、國語方言アクセントは、關東系のアクセントと、近畿系のアクセントとに、大別されないことはない。その分野をおおう文アクセントの世界と現象について、文アクセントの特色ある傾向を求めるとすれば、二つのものを指摘することができようか。一つは後上がり傾向（の諸相）であり、一つは「そうで　$\overline{\text{ア}}$リマス。」「おはよう　ゴ$\overline{\text{ザ}}$イマス。」式の傾向である。全國にわたつて大きいものとなつているのは、後上がり傾向である。

後上がり傾向の注意すべき諸相は、第一に九州地方内に見られる。

一

九州肥前、長崎縣西彼杵郡龜岳村―西彼杵半島大村灣岸の一村―の方言生活に見られる文アクセントについて。〔昭和26年12月22日から26日までの調査による。〕

（一）

肥前西彼杵半島の代表地點としてえらんだこの龜岳村の方言には、後上がり傾向のいちじるしいものがある。それは、一群の特質傾向をなしている。

その第一項としてとり立てられるのは、次下の傾向である。

① ヨーガス　$\overline{\text{ト}}$。

ようございますわ。

註　上には「ト」にだけ符號をほどこしたが、これは、上の文表現の音聲上に張られた高低アクセント―抑揚波の表示である。

この場合は、文アクセントが ＿＿＿┌ のようであることを示す。今後の施符も、すべて、文アクセントの要約表示であると見ていただきたい。

この後上がりは、まつたく単純な末尾高音隆起になつている。形は単純であるが、音調効果としては、けつして単純でない。いかにも極端な後上がりである。

② つぎに、これの重複したものがみとめられる。

○ソイヂャ　オイケナッ　シェ。

それじやお休みなさい。

○ヤッテ　オシツケラレマッシェ。

やつて下さい。<舊士族ことば>

○ソッヂャ　サヨゴザリマッショ。

それでは、さようなら。

これは、＿＿┌┐＿＿┌ のような文アクセントになつている。

○ドナタサマモ　ヨカバンデゴザリマシテー。

どなたさまも、今晩は。

のようなのも、同じ傾向と見られる。あいさつのことばの場合にかぎらない。一般に、この文アクセント傾向が出やすい。

○ドーモ　コンニチャ　アリガトゴザイマシタ。

○イマ　イシャドンノ　カエライタ。

今、お醫者さんが歸られた。

たいていの場合、最後の高音は、上昇ぎみにのびる。それが、對話の、やわらかい、うちとけた待遇効果をあらわす。文アクセントの末尾、『文末の聲調』の所に特色の明らかな待遇表現法である。

てにをはの所で高音隆起となる傾向は注意される。

○ソンジュブンナ　マーダ　云々。

その時分はまだ云々。

○クヮイヒワ　カクヤスデ　今日はヨカ。

○ウネオ　タテテ　サー。

うねを立ててさ。

このようなのを見ていると、南九州地方の同趣傾向が連想されやすい。西彼杵半島は、方言分派上、南九州からの系脈のたどられる地帶である。

てにをはの、「を」格の「ば」の所と、「ねば」の意の「ば」の所で、よく高音隆起が起つている。

○エーバ　カカンバ。

繪をかかなくちや。

○クレオ　タタイトカンバ。

土くれをたたいておかなくちや。

「ねば」の「ば」で打止めになる言いかたがしばしばおこなわれ、

それはこのようなアクセントになる。

③ ところで、下のような例もある。

○クサバ　トランバ。

草をとらなくちや。

「バ」の前ですでにいくらかの高音の波が現れることは、當然と言えよう。「バ」が强めて發音される場合、つまりこの所で表現が强調される場合、そうなりがちである。それはそれとして、今は、「トランバ」とある。＿＿┌ の形の抑揚に、さらに前部高音がついている。圖示してみれば、┌┐＿＿┌ のようなものである。アクセントのじつさいを見るのに、極端な後上がり形式には、また、その冒頭に、こうして、頭高をおこしていることが少くない。發生の前後關係は別として、＿＿／￣ 形式と ┌┐＿＿／￣ 形式とは、よくあいともなつていることが、ここ西彼杵半島以外でも、みとめられる。單語アクセントの場合も、「○○○」（例、アタマ、ワラウ）型式と「○○○」（アタマ、ワラウ）型式とが、密接な分布關係を示していることがある。文アクセント上、一地に、＿＿┌ 形式とともに ┌┐＿＿┌ 形式があるのは、やはり、自然に關連した存在のしかたであると解せられる。「クサバ　トランバ。」というようなのは、＿┌┐＿＿┘￣ 形式の一異形としてうけとられる。この種の實例は多い。

○アサワ　アンマリ　ヨカトワナカ。

朝はあんまりよいのはない。

これは學童の發言であるが、一典型例とされよう。前の「トランバ」式のものが三回くりかえされている。さてこの全抑揚をうけとるのに、總體的な感じとしては、やはり、「ワ」「リ」「カ」の後上がり點の方が、つよくひびくように思われる。ことばがそこで句切れになり、句頭よりも句末の方が聞こえがはつきりしやすく、そのような地位のものゆえこれがしぜんに長呼ぎみにもなつて、かつは高音の輕い上昇もきたしているので、要するにここが聞き手には强く映ずるのであろうか。┌┐＿＿┌ のカーブ全體は、後上がり調のものとして印象されるようである。

ところで、上の「ヨカトワナカ」は、元來、「ヨカトワ」と「ナカ」との二部分にわけてうけとることのできるものである。それが、抑揚上では、一體のものになつている。'スピーチのパート'（話部）としては、文法上、二つの話部に見られるようでも、文アクセントのパートとしては、一つに見られるようになつているのである。文アクセントの抑揚波の直接要素を、生きているままにとりあげるとなると、このような場合に出あう。

○イモズルバ　チットモッテコンバ。

芋づるをちつと持つてこなくちや。

<ひとりごと>

これは、前記學童たちが、寫生をするのに、敷いてすわる料として、芋づるを持つてくる時のことばであつた。文アクセントの呼吸としては、「イモズルバ」「チット」「モッテ」「コンバ」の四話部が、二くくりにととのえられている。

○カゼグスリャ　ヨー　キカンゴタルワタシャ。

かぜぐすりはよう利かんようです、わたしは。

この「キカンゴタルワタシャ」の上にも、一つの ＿┌┐＿＿┌ のような抑揚波がみとめられる。こうして、「シャ」の後上がり音調が、きわ立たしくひびくのである。

以上、基本的なものをたどつて、形式をとりあげてきた。この形式に生き、この形式にまつわる諸現象は多い。たとえば、「タケデシェ　レバ　ヨカ。」（竹ですればいいさ。）にしても、＿＿┌ ＿＿┌ 形式に隨伴するものとしてうけとられる。「シタイワー、ドータイワー、云々。」（死體は、胴體は、云々。）も、┌┐＿＿┌ 形式のくりかえしになるものとして考えられる。このようにうけとつていく時は、本項にとりあげた文アクセント傾向は、當地のそうとうに強い傾向と見られる。それは、老若男女に、諸種の話法の場合に現れている。

(二)

第一項の末尾高音隆起、それも長めに上昇ぎみに —↗ となるものに對して、つぎに（第二項）、文末高音節の、同高に流れるものがある。

○カーチャン。ハヨ　コー。

母ちやん、早くおいで。

○コンチャー。ツキヨデゴザイマシター。

<ゆうべのことをあいさつする>

○チンコラレン　ター。

久しく來られん。

○モー　ヌッテ　ヨカロ　ダー。

もう塗つてもよかろう？

○ユタンポ　イレンデモ　ヨカロ　ダー。

今晩はゆたんぽをいれなくてもいいでしよう？

この最後の例でもうかがわれるとおり、末尾に行く前にどんな特徴部分があろうとも、それらをおしつつんで、このさい、終末の「〇ー」が強くひびく。文アクセント全體は、この最後の音調で、いちじるしく特色づけられる。日本語の表現法構造にあつての、文末部一般の重要さが、基本的にそうさせることはもちろんである。

同じ高さに「ダー」などと延ばすのは、機械的な長呼に聞こえる。音に一種の弛緩が感ぜられ、手ばなしたようなおもむきがうけとられる。思いわすれたかのような發音氣分がうけとられる。人々は、一般によくこの文アクセントをとつている。大人の婦人たちの何くれの會話、立ち話などでは、この末尾の流し高音がよく出てき、外來者の耳を異常に刺激する。

最後の一音節だけを高く流すのではなくて、幾音節かを高くするものがある。

○オチャバ　アゲトリマスッテ。

お茶をここへさしあげていますでね。

○ガッコカラ　シラベギャー　キテクレラレマス　トー。

學校からしらべに來てくれられます。

このようなのは、九州に廣くおこなわれていよう。高音がこうは連續しないで、最後の一つが特立し、しかもそれが長呼されるところに、第二項のものの特色がある。

(三)

つぎに、第三項として、末尾の ＿＿┌┐＿ 形式の高音隆起に、特色を見せる文アクセントがある。

○カサオ　マチゴートリャスマイカ　ニャー。

傘をまちがつていはすまいかねえ。

のようなものである。「ニャ」というような、文末助詞の所で上がることは多い。が、また、

○コッチ　オイデナッシェー。

○アイガトーモシャゲマス。

ありがとうございます。

などのように、ほかのものの所でも上がる。終から二音節めが特立する結果になつている。

この末部特立以前に、どのような抑揚がこようとも、末部特立の効果は嶄然とひびく。

末部以前に、これまで問題にしてきたような形式のみとめられることは少くない。上記三例には、＿＿┌ がみとめられる。

①なお同似例を出せば、

○イクラデモ　デマス　トヨ。

いくらでも出ますよ。

○シェンシェ　コッチ　ムキナッシェ　サー。

のようなのがある。

② ┌┐＿＿／￣形式のくるものは、

○サヨデゴンサリマス。

さようでござります。<舊士族ことば>

○ハツオンガ　チガウモン　テー。

發音がちがうものね。

のとおりである。

③ほかに、

○キーテミレバ　ワカッター。

聞いてみればわかるタイ。

○ココモ　チート　コーナットッター。

ここもちつとこうなつとるタイ。

○ヨッテ　チャナリ　ヌーデ　イケバ　ヨカ　タマー。

よつて、茶なりと飲んでいけばいいさ、まあ。

のような、 のくるものがとりあげられる。この第一例は、全アクセントとして、 になつている。第二・三例にも、後方に、 がみとめられる。これは、さきの  に比肩され、當地の後上がり傾向の一群のものの中に一定の地位をしめるものとされる。

上の「イケバヨカタマー」では、「タ」の後が、「マー」の二音律になつている。これは、文アクセントのじつさいとしては、「ター」などとある場合の「ー」(長音)の部分と等價値的になつている。

○イツゴロ　キタ　モンデッショ　カイ。

いつごろ來たものでしようか。

の末尾「カイ」にしても同樣である。文の抑揚で、終が  となると、その文末下降の聲調は、「カイ」などと二文字で表記されるものの場合も、わりに、速度はやく下がる。一音節的になるのである。

(四)

前項について、第四項に、尻上がり調とも言つてよい、極端な後上がり傾向がとりあげられる。當地の文アクセントは、この點に顯著な特色を見せている。

○アリガトゴザシター。

これは一見、「オイデナッシェー」などと、さしてかわらぬかのようにも思われよう。が、じつさいの文アクセントは、大いにちがう。第一「タ」の高音節が、きわ立つて高い。それは、「アリ」が「ガトゴザシ」へと高まつていくその高さを、さらにぬく。この、段階を追つて高まつていくところが、「オイデナッシェー」の單純な高音隆起方式とはちがう。かつ、「タ」はそのような高まりなので、これの下降が、いかにもはつきりとしたカーブをえがく。「オイデナッシェー」の場合は、「シェー」にそれほどの抑揚は見るべくもなく、單調である。このような點で、上の例は、まず特異にひびく。それは尻上がりの名にふさわしい。

「アリガトゴザシター。」の場合、「アリ」に比較して、「ガトゴザシ」は、早めに發音されていく。後の「タ」の、特異高音へとせまつていくことになるからであろう。「ガトゴザシ」内部の發音速度も、一樣ではないはずである。「アリ」にしても、「ア」は長めに、「リ」は短めに發音されていよう。これらの緩急は微妙である。

文アクセントの成態に、テンポは無視することができない。「アリガトゴザシター。」では、早口と、特異高音隆起と、そのあとのいちじるしい長音とが、よくあい伴なつている。婦人の發言の場合、さらに婦人同士の會話の場合、ことに、この調子が顯著に出る。

さて、「アリガトゴザシター。」の場合、「ガトゴザシ」の「シ」の所では、「タ」への高まりのかまえが、多少ともととのえられるはずである。「ガトゴザシ」の音節數なり、その音韻體制にもよることであるけれども、一般には、「〇」への高まり目の所で、上昇のかまえがとられるはずである。

〇シェンシェー。オハナシデス　カー。

の例では、それが明らかに出ている。「デ」から「ス」にうつつて、音が一きわ上昇ぎみを示している。

〇オバーチャントコイ　イカンバ　アー。

おばあちやんの所へ行かなくちやねえ。

も同例である。

〇イートキ　アソーデ　クレナッシェー。

いつときあそんで下さい。

〇ホカニ　アリマシェン　カー。

のような、「レナッ」という特別の促音である場合、「マシェン」という撥音である場合などは、いま言う過程的上昇をあらわに見せることが、ないか、少いかであろう。

とあつて、最高音直前に一音節の過程的上昇音をおこすこと、この事實に關連して注目されるのは、つぎの形式である。

〇ケサモ　マワリョラシタ　ター。

けさもまわつてらしたよ。<おきぐすり屋の巡回のこと>

「マワリョラシ」という「リョラシ」は似い音である。そのつぎに、「タ」がくる。この關係は、さきの「オハナシデスカー。」の「ハナシデ」と「ス」との關係に似ている。よつて、「リョラシタター」は、「ハナシデスカー」に相當する傾向として理解されるのである。じつさい、聞いてうけとつた感じが、「〇……〇〇ー」は、「〇……〇〇ー」によく似ている。同種の尻上がり調としてうけとられるのである。

じつは、「〇……〇〇ー」とある方が、聞く耳には、いつそうけざやかな尻上がりとしてひびく。このさい、最高音直前の過程的上昇音は、「〇……〇〇ー」の場合よりも、いつそう強い上昇効果にひびく。それは、躍動の分子として感知される。當地の後上がり傾向の中の、いわゆる尻上がりの、中でも顯著な尻上がり文アクセントは、「〇……〇〇ー」の抑揚波を以ておさまる文アクセントである。類例をあげると、

〇マダ　ワキマシェンデシタロー。

○オヤジノ　ユーラレマシター。

おやじが言つてました。

のようなのがある。なお、

○ソーヂャロ　ダー。

そうだろうよ。

○マッスグ　タテテミロ　サー。

○ションナカ　タイ。

しかたがないよ。

のようなのがある。これらになると、最高音の前にある過程的上昇音の前の低音部が、一音節なので、過程的上昇音の、わたり的な急角度の上昇ぶりは、ことに明らかである。それに應じて、最高音の、唐突なような高さが、よくひびく。

以上の最高音隆起を見るのに、その所は、文末助詞であり、文末の助動詞であり、また助動詞の一部分などである。そのあとは、長呼になつている。ただ一つ、「ナカタイ」が出た。「タイ」は「ター」などに相似のものと見られる。

○コリャ　チット　スダラン　バイ。

これはちつとたりないな。<ばかのことを言う>

○ネギノ　フトナッタ　ザイ。

ねぎが太くなつたなあ。

の「バイ」「ザイ」とあるのも、やはり「ター」に類するものと見られる。

○オイドンモ　アカハライ　カカリマシタトゾ。

わたしも赤痢にかかりましたよ。

の「トゾ」もここに合わせ見られる。

○ヤマノカミサマデッショ　ダイ。

それは山の神様でしよう。

の「デッショダイ」にしても、下降部分「ダイ」は、「……デッショダー」とある時の下降部分と、文アクセント内での地位が、等價値的である。

○イヨノヒトワ　ムカシカラ　フトカ　フネデ　キョーラシタトデス。

と、「トデス」とあつても、また、

○コリャ　チット　アイカットル　バイ。

これはちつとばかだな。

と、「トルバイ」とあつても、これらの、全體としての文アクセントは、やはり尻上がり調としてうけとられる。「スダランバイ」に準じて「アイカットルバイ」がうけとられるとすれば、「トルバイ」の下降部分は、少くとも心理的には、速度はやく發音されるものであろう。

文末近くのどの點で最高音の隆起がおこつているか、結果について見れば、もつともと思われることが多い。文末助詞「カ」のくる場合でも、さきの二例は、「カ」の所で最高音をおこしていた。そうして、

○コラリマシタロ　カー。

來られましたろうか。

では、このように、「ロ」で最高音をおこしている。すべては對話上でのことである。最高音の特異な隆起が、相手にものを言う、表現上の何らかの要求にかかわりのないはずはない。末尾のこのようなアクセント昂揚は、對話表現の、どんなかの强調、一種の强い持つていきかたにほかならないであろう。その時、文の表現構造に即して、强調點高音部が生れることは、考えうることであろう。

本項に說く特異高音の隆起は、文末以前においても現れると見ることができる。

○ウダクン。コリャ　キミントジャロ。

宇多君。これは君のだろう？

の例がある。また、

○グソクビツノゴトアルモノガ云々。

具足櫃のようなものが云々。

とも̇ある。

それにしても、一般には、文末において特異高音の隆起をおこし、これによつて、一文のアクセントをきわ立たしい尻上がり調のものとするのが、當地文アクセントの生活中での、特徵面のようである。これは、老若男女によつて、多くの話法の上で、自在におこなわれている。

○グヮンジョージュデス　カー。

今日は「願成就」＜年中行事の一つ＞ですか。

は、最後にかかげる、「○……◯◯ー。」形式の典型例である。

この形式に、また、當地の特色の  の抑揚波が前行すれば、

○イワデモ　マツデモ　ゴザイマス　トー。

岩でも松でもございますよ。

となる。 の複合した簡潔な形は、

○ヌルカロー。

ぬるいだろう？＜風呂かげん＞

である。このような形式が、遠く四國西南部の、伊予喜多郡下にも熟用されていることは、注目するにたる。(「國語アクセント論叢」所收、拙稿「方言『文アクセント』の研究——愛媛縣喜多郡櫛生村

方言「文アクセント」の1特質傾向『後上がり調』について
の方言生活のアクセントについて――」(昭和26年12月25日)

(五)

以上、諸項目に分析して、當地後上がり傾向の文アクセント特質を見た。

當地文アクセントの特質傾向全般については、なお廣く見なくてはならない。そのさい、一つには、

○オラレマシタロ。

居られましたろう？

○ダーモ　オルマッシェンヂャッタ。

だれも居りませんでした。

○イマカラ　ヤリマス。

などの、特異な下降形式（本稿の初に「ゴザイマス」式の傾向と言つたもの）〔前引拙稿では「山口アクセント式」とよんだ。〕が注意される。このようなものも一方にあつて、他方に、後上がりがいちじるしい。「○○○……。」形式と「○○……○○ー。」とは共存している。このことはまた、伊予喜多郡でもみとめられることである。このような、彼我兩地の一致は、ただの偶然以上に、根深いものを持つていることが察せられる。西彼杵半島方面も、四國西南部と同じように、アクセント狀態が、系統的に見て、そうとうこみいつているのではないか。

二

西彼杵の、文アクセント後上がり狀態は、順次、南九州にたどつてそのつづきを求めることができる。

はじめに、北の、佐世保市內のバスの中で聞き得た例をあげておく。四歲くらいの男兒がその父おやに言う。

○ボーシバ　カブットラス　ト一。

帽子をかぶつてらつしやるあの人はだあれ？

再度問う。

○ボーシバ　カブットラシター。

帽子をかぶつてらしたあの人はだれ？

この文アクセントは、さきの「ヌルカロー。」と同じ形式になつている。佐世保は人の入りまじることが複雜である。この父子も、どこの人たちであるかわからない。が、「……らス」ことばを幼兒がこのようにつかうところからすると、肥前地方の、「……らス」ことばのさかんな所の人にちがいないであろう。したがつてこれは、そこのアクセントに相違ないであろう。

肥前平戶島でも、「オトッツァー　ドケイカシッタ　ニロ。」などと言つている。

肥前、千々石灣岸、江の浦村をたずねると、下のとおりである。

○オバサン　ミカンバ　オクレ。

おばさん。みかんちようだい。<店やで>

これは肥前方面に多い言いかたであろう。

○ハヨー　メシオ　クテ　ハタケニ　デロ。

○モー　チャンナ　イカシタロ　カー。

もうお父さんは行かれたかな。

のような後上がりがある。

○オハヨーゴザンシター。

これは最後音節を高く流している。

○オハヨゴザンス　ナー。

これは、＿＿┌┐＿形式である。

江の浦の西北、古賀村では、

○シブオンブガ　ハチブオンブニ　云々。

と、中學生男子が言つていた。

○マツオシェンシェ　キョー　キトラスナ。

松尾先生は今日きていらつしやる？

は、明らかな尻上がりの例である。肥前・筑後方面には、この傾向が少くないように思う。

西彼杵龜岳村では、「この邊」と鹿児島縣地方と、音調がよく似ていると、たびたび言われた。當地の人が、そちらに行つて、そちらの人と誤認されたこともあるという。そういう經驗者は、〃ことばの調子が、やつぱり似とるでしよう。〃と言つている。『言葉調子』ばかりではない。「オイドン」とか「ドンカー」（接續助詞で、「ども」に當る）とか、ことばづかいのうえでも、この邊は、長崎市地方をこえて、南九州につらなる現象を示している。ここの文アクセントが、薩摩大隅方面とあい通ずる傾向にあることは、筆者も、よくうけとることができた。

南部を見る前に、天草を見る。天草下島南端の牛深町の例によれば、

○コッチデ　カイテ　オクリマッショ　ダイ。

などとある。

鹿児島縣にはいつて、伊集院の例を見れば、

○センセーノ　キヤッタ　ドー。

先生がいらしたぞ。

○コンチャーゴアシタ。

今日は。

○アイガトゴアシタ。

○アイガトゴアス。

○オサイヂャックダサイ。

おいで下さい。

などがある。

薩摩の西南端笠沙町の例を見よう。

○ゴブレサーモシャゲモシター。

御無禮いたしました。

○ナイゴトチャンヒケ。

何ごとですか。

これらは單純な後上がりになつている。

○コラ　オマンサー　シャッタッゴアンドガー。

これはあなたがなさつたんでしよう？

これは、南薩枕崎港の例である。

南九州方面の後上がり傾向は、そうとうに强いと見られる。それは、單語アクセントの傾向によく通じている。

三

そのようなことは、中國地方内の後上がり傾向についても言われる。

山陽廣島縣地方は、その兩がわの諸地方にくらべて、一きわいちじるしく、尻上がりの文アクセント傾向を示している。バスのことばに例をとると、

○マガリマスカラ　ゴチューイ　ネガイマス。

などとある。 形式が目立つ。その抑揚波の進行は、こまかく圖示してみれば、

のようなものである。後上がりの突然隆起は、うしろにかたむいた感じの音にひびく。（この時、前行の低音部の音節相互間には、特有の緩急關係がある。）さて、 のような形式は、單語アクセントにおいても、當地方の特徴となつているものである。（アタマ、ヒロシマエキ）

山陰島取縣地方でも、後上がり調の語アクセントがよく聞かれる。そうして、文アクセントには、たとえば、

○ユラノ　ネー。ツーワリョー　シラセンカ　ナー。

由良への通話料を教えて下さいよ。

○オキノドクデス。

のような尻上がり調がある。

四

中國一般の文アクセントの傾向と、四國地方の文アクセントの傾向とは、いちじるしく對立している。それは、「早くしないか。」に例をとると、中國がわは〔それも、たとえば岡山縣地方と廣島縣地方とで、語アクセントは等しくしながらも、文アクセントは、色調

の差を感得せしめるというようなことがある。」、

○ハヨ　セン　カー。

四國がわは、

○ハヨー　セン　カー。

である。圖示してみれば、中國の  に對して、四國は  である。この二圖形の對立は、中國と四國との文アクセント對立を、種々にものがたりうるはずである。

さてその四國に、西南地區の異域がある。南予喜多郡地方である。その中でも、アクセントの特異性をよく示しているのが、南予喜多郡地方である。その文アクセントの特異さは、さきに記したとおり、一度報告したことがある。喜多郡の、特色に富んだ文アクセント傾向が、南九州地方の文アクセント傾向に通うものを見せていること、西彼杵半島文アクセント傾向によく通うものを示していることとは、重視すべきであろう。

その喜多郡下のありさまに通うものは、まず、四國に見られない中に、阿波南部山中では、

○ンマ　スベランノ　カー。

馬はすべらないの？＜幼男→父＞

のような文アクセントが聞かれる。ここでは、ふしぎと、この形式が類型化しているのを聞くことができた。

近畿一般としては、 と圖示しうる文アクセント方言「文アクセント」の１特質傾向『後上がり調』について

傾向にあろう。特異の尻上がりが、中に、見られぬこともないようである。紀州南部、主として南牟婁郡下の狀態は、九州西彼杵半島などや伊予喜多郡などの特徴形式に通ずるものを示していて、注目される。（拙稿「南紀（三重縣）南牟婁郡下の文アクセント」＜東條操先生古稀記念論文集所收＞）

五

中部地方を主とする關東系の地域となると、 や  のような特異高音隆起の文アクセントは、およそ聞かれないように思う。總じて、極端な後上がり調は、國の西半内に、いつそうよくみとめられようか。（北陸道では、「ノンノサン　オガミナロ。」《お月さんをおがみなさい。》というようなのが聞かれる。）

しかし、關東地方でも、

○……ガ　ヨー。

のようなアクセントをよく聞く。對話の話しかけとして、「ヨ」がつく時、その所で、極端に高音になる。やはり、よびかける氣もちは、しぜんに、こういう文アクセントをおこすのであろうか。

北關東の栃木縣下では、

○サンマイ　モッテ　イカナクチャー。

○東京へ電報カケテオコーカネ。

のような、あざやかな尻上がりのアクセント傾向を聞くことができる。これは、九州地方以來の極端調尻上がりをよく連想せしめる。

さて、茨城から福島縣下にかけての地方は、のような、單調後上がり式の文アクセントをよく聞く。「イラネガッペー。」(いらないか。)というようなのも聞く。

福島市例では、

○ワタシワ　ケイザイをヤットリマスカラ。

という「カ」の突起が耳につく。

宮城縣へはいつての白石町では、

○ミズ　ノマシテケライ　シャー。

のような尻上がりがある。

盛岡辨では、「マダ　オデッテ　クナンセ。」(またいらして下さい。)と言い、「オデッテ」の「テ」の所が高くはない。それが「……テ　クナンセ。」となると、いわゆる後上がり調が、一定の特色としてひびく。そのようなのは、青森縣下にはいつて、よく聞かれる。

○コレ　ヤッテ　ケロ。

これをやつてくれろ。

のように言い（）、

○ソヤセバ　ワガネー。

そうすればだめだ。<叱る>

のように言う。（）

○コトシモ　イー　イネダ　デァ。

○アンタホーノ　コトバー　ワガラネーシ。

これは津輕半島の抑揚である。奥羽中部をおいて、北奥では、このような後上がりがよく聞かれる。

六

國語諸方言の文アクセントのうち、近畿四國内ののような抑揚は、わりあい大きな彎曲の抑揚として聞かれる。それは、なめらかな抑揚である。それに對して、近畿四國一般以外の地方では、それほどになめらかではない抑揚が、多く聞かれる。が、概してそれは、平凡な抑揚と言うことができる。特質をにわかには整序せしめない、異風のとぼしい文アクセントが、むらがりおこなわれている。「トテモ　テマニ　アワネー。」、「オラー　コンヤドケーモ　イカネー。」といつた調子その他のものである。そういう類の中にあつて、

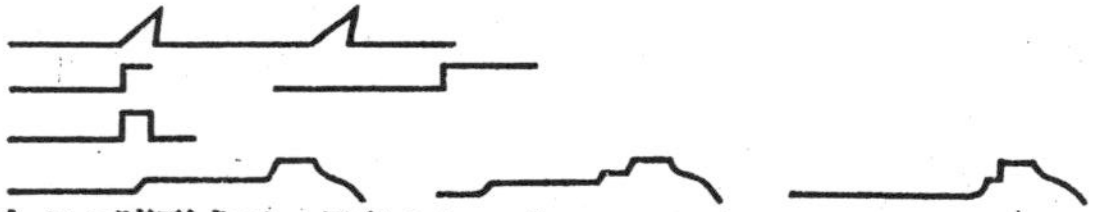

などの諸形式が、異色として立つている。これらがあい伴なつて、國語方言アクセント内での、一連の後上がり傾向をなしている。

文部省人文科學研究費の恩恵による。

(『国語国文』二十四巻十号　昭和三十年十月)

頁	行	誤	正
730	下11	① ヨーガスト。	①ヨーガスト。
731	上8	② つぎに、	②つぎに、
732	上2	③ ところで、	③ところで、
734	下17	さようでござります。	さようでござります。
736	下6	似い音	低い音
740	上15	キトラスナ	キトラス ナ
740	下19	クダサイ。	クダサイ。
741	下8	山陰島取	山陰鳥取
742	上17	馬はすべらないの？	馬はすべらないの？
743	下3	ワガラネーシ。	ワガラネー シ。

頁	行	誤	正
760	21	持つている	持っている
759	23	これによつて、	これによって、
755	24	使いの口上]	使いの口上]
750	12	あたりまえの	あたりまえの
750	25	御無礼で	御無礼で

は，注目にあたいする。この八幡村地方の状況から推すのに，島根県下の，石見南部の山地方面にも，どれほどかの類似傾向があるのではないかと思われる。

山口県下を主体とする以上の地域が，山口式文アクセントを以て，中国地方に卓立しているわけである。

ただし，一般的には，この種の傾向は，年若い層では，いくらか下火になろうとしているのではないか。前掲の「アリマセン」など，古い人も，若い人たちの口調になれることがありはしないか。

六

「アリマス」や「ゴザイマス」などの特異な下降調を持った文アクセントは，山口県地方以外にも，四国・近畿のうちに，あるいは北陸内に，また九州肥前筑後のうちに見いだされる。

○モット　コッチ　ヨリマッシェ。

　　もっとこっちへお寄りなさい。

は能登の一例である。いま山口式文アクセントとよぶものの存在は，もっとたしかめられなければならない。その後に，これの成立事情は解明されるであろう。

その際，山口県地方のアクセント地盤，ひいては方言地盤も，その本質が，明らかになってくるものと思う。

ここで一言述べそえたいのは，山口県下の単語アクセントとして今日習慣化しているものにも，「ヤマグチ」「センセイ」「アカイ」「マッカナ」など，広島県地方などからすれば，風変わりとも言える，頭高型の語例のあることである。

加えて言えば，山陰の出雲隠岐地方の，中国アクセントの中にあっての異色も，いずれは，山口県地方のアクセント事情とつらねて解釈すべきものかとも思う。

山口式文アクセントの分布と本性については，追求すべき問題が多い。

（『音声の研究』第8輯　昭和32年1月）

○オシラレマシタ。

（仰せられました。）おっしゃいました。

などは，問題の形式ばかりで一文ができている場合である。これに文末のよびかけのつく場合もある。

五

以上の，山口県大津郡通村の言語生活についての観察を，まとめてみるのに，この地では，一般に，老若男女にかかわりなく，いわゆる山口式の文アクセント（すなわち，特異な下降調を持つもの）が，よくおこなわれている。もの言いの，これこれの場合に特によくこの文アクセントがあらわれるというようなことはなく，表現場面へのこれの出かたは，自由である。そうして，いったいには，「マス」ことばや「ゴザイマス」ことばが出る場合に，この文アクセントが打ち出されやすい。

「マス」などの出る場合にも，特徴形式が出ないこともある。たとえば，

○イマー　カクシテヂャ　アリマセン。

今は，おかくしになりはしません。

○シバイノ　コージョーデ　ゴザイマスィ　ノー。

芝居の口上でございますよねえ。

などのようにも言う。また，

○ホトケジマチュテ，「ナマエガ　ツイチョリマス」。

仏島といって，名まえがついています。

など，の形式が出ていても，広島県地方その他でもこれと同じように発音するというような場合もある。が，それらをこえて，通村では，問題の特徴形式の特異性の出てくる文アクセントがさかんである。これは，この地の方言「文アクセント」の世界で，特質的傾向をなしていると見ることができる。

通村に見られる傾向は，大体，山口県下全般において，みとめることができるようである。それはなお，隣接の，広島県西南地域にもわたっているか。広島県西北山地の八幡村地方にも，類似のおもむきがいくらかみとめられるの

尼寺へ行くつもりはしていますよ。

も同例である。ただ，この方は，特徴部分が，　　　　の形式になっている。

つぎに，二の (2) に当たるものを出せば，下のとおりである。

○「サンジューグライニ　ナリマスガ」ノンタ。(　　　　)

　　三十才くらいになりますがねえ。

○イーエ。ソネーナ　コトワ，「ジョーニ　キキマセンガ」ナンタ。

(　　　　)

　　いいえ。そんなことは，あまり聞きませんがねえ。

文末の「よびかけ」は，「ノンタ」や「ナンタ」ばかりではない。「エー」もあれば「ガ」もあり，さまざまである。

つぎには，二の (3) に当たるものをあげよう。

○ベンリャ　「ヨロシュ　ゴザリマス」ヨ。(　　　　)

　　便利はよろしゅうございますよ。

四

特徴形式，　　　　または　　　　は，文最後や，文の後部とかぎらず，その他の所にも，自由に出ている。

○「オジブンガ　ヨー　ゴザイマスカラ」，オハヨー　オイデナサイマセ。

〔前出〕

であれば，「ヨー　ゴザイマスカラ」(　　　　) というのが，こんな位置に出ている。

○キネンヒンデ　アリマスガ，イロイロ　カンガエマシタガ，……。

　　記念品のことですが，いろいろ考えましたが，云々。

と，問題の形式は，いくどでも，自由に出る。

○オイデマセ。(　　　　)

　　おいでなさいませ。

○キヅカイマス。(　　　　)

　　心配します。

○スズミガテラニ　オイデマセ。

すずみがてらにおいでなさいませ。

○ダンナサン，オタノモシマス。

だんなさん，おたのみ申します。

しかし，「オイデマセ」も「オタノモシマス」も，ともに山口的なものであることにかわりはない。広島県下などであれば，「オイデマセ」「オタノモシマス」のように，「マ」までを高音に言う。

第三の類型と見られるものの場合も，　　または　　は，その前段のアクセントとの対立のもとに，よくその特異性を発揮している。それだけに，これは，文アクセントを特色づけていると見ることができるのである。

三

上では，問題の特徴部分が文の最後にある場合について，ややくわしくながめた。

ついで注目されるのは，問題の特徴部分が，文の最後の直前にある場合である。言いかえると，文最後には特定の文末部「よびかけことば」があって，その前に——すなわち，だいたいにおいて文の後部に——例の特徴部分がある場合である。

この種のものも，この特徴部分は，文アクセント全体を，早くも，特色のあるものとして，とらえしめやすい。実例をあげよう。

○ジョーキカラ　コッチー　オイデマス　「トチューデ　アリマスカラ」アンタ。

蒸汽船から下りてこちらへいらっしゃいます途中でありますからねえ。

これでは，最後に「アンタ」のよびかけがあり，その前に，特徴部分　　がある。「アンタ」は文末の遊離成分だから，この際，「アリマスカラ」は，文後部の特異なアクセントとして，そうとうによくひびく。さてこれの場合，その特徴部分の前は「トチューデ」となっており，　　形式であり，したがって，上の例は，前条の二の項で言うと，その（1）のものに相当する。

○尼寺へ行く　ツモリャ　ヒチョリマス　ソ。

○オテンキナラ　「ウチニャ　オリマセン」。

お天気なら，うちにはおりません。

○マダ　「ニサンネンドモニシカ　ナリマスマー」。

まだ，二三年どもにしかなりますまい。

○アッチカラモ　コッチカラモ，クミヨーテ　ノミマス。

あっちからもこっちからも，酌み合って飲みます。

○オウットシュー　ゴザイマス。（  ）

おうっとしゅうございます。

○ユーナ　「キマエデ　ゴザリマシタ」。

ゆっくりとした気まえでございました。

○アタリマエノ　アミト　チョットモ　「チガワンゴト　ヤッチョリマス」。

あたりまえの網とちっともちがわないようにやっています。

これらがその実例である。

○サカッタ　モンデ　アリマス。

むかしは，盛ったものであります。

○コーダイナ　モノイーヂャ　アリマス。

広大な物言いではあります。

これらでは，はじめの二話部が合体して，  の一山を成している。それをうけて，  の特徴形式がはたらいているのである。

○オビーサマニ　ナッテカラ，ハー，「ヤメルチュー　コター　デキマセン」。

尼さんになってからは，もう，やめるということはできません。

では，「ヤメルチュー　コター」が， 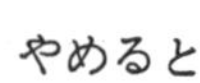 の一山を成している。

つぎに，

○ゴブレーデ　ゴザイマス。

御無礼でございます。

は，一方に「ゴブレーデ　ゴザイマス。」もあることからするのに，「ゴザイマス」のアクセントの，「ザ」の山を失ったものであろう。ところでこの「ゴブレーデ　ゴザイマス。」の全体は，例の  の，特徴形式になっている。

つぎの二例は，特徴形式の高音部が，二音節以上のつづきになっている。

いっぺんに，二箇ほどは食います。

このような，最後の の前の部分が，「ニコンホタ」と，一話部で二つの下降調子（ ）を見せているものも，前の， の波一つの場合に準じて考えることができる。

つぎには，また，二話部にまたがって一波のものがある。

○ジョーニノ　コトモ　アリマセン。

大したこともありません。

○イマノ　モノニャ　ワカリマセン。

今のものにはわかりません。

○カラダガ　「ユービナ　トコロモ　ゴザイマシタ」。

からだが，優美なところもございました。

これらの，「ジョーニノ　コトモ」や「イマノ　モノニャ」などは，おのおの，その全体で， のアクセント波をなしていると見られる。

つぎに，

○ワタシモ　ユーニ　ゴザイマスカラ。

わたしもゆっくりしていますから。

この一例では，「ユーニ　ゴザイマスカラ」（ ）とあってよかったはずのものが，アクセントの変動で，「ザ」の山を落としており，したがって，「ユーニ　ゴザイマスカラ」は，これ全体（二話部）で， の一波と見てよいものになっている。これはまた山口式の波なのである。

以上，前行の とにらみあわせて，最後の または の形式をうけとってみる時，たしかに，最後のもののきわ立った存在のしかたが理解される。きわ立っていれば，自然，それが，文アクセント全体をも特色づけるわけであろう。

（3）

つぎには，文最後の特徴部分の前が， 形式のアクセントになっているものを，例の特徴形式が出る出かたの，第三の類型としてとりあげる。

○アタシドモア　マイリマシタ。（ ）

わたしどもは参りました。

値的なのである。

（2）

または の特徴部分が最後にあるもので，第二の類型としてとり立てられるのは，その前部に， 形式のアクセント波のあるものである。つまりここでは， と， または との関連が注目される。——問題の特徴形式の出かたとしては，このような関連で出るのも，一つの出かたであろうと思われるのである。このような出かたで出て，例の特徴形式は，文アクセント全体をうるおすような，特殊な抑揚効果を発揮しているのである。

○フネオ　カリマス。（　　　）

船を借ります。

○タイホー　「ウツノー　ミマシタ」。

大砲を打つのを見ました。

○ナイショギンガ　「ジョーニ　アリヨリマシタ」。

内証金が，たくさんあったことでした。

○ナカナカ，ココノ　ホーゲンワ，「ヒョーゲタソガ　アリマスィ」。

なかなか，ここの方言は，おもしろいのがあります。

○ハー　イニマショー。（　　　）

もう帰りましょう。

○ツイ　イカレマスラー。

すぐ行かれますよ。

○キョーワ　エラカッツロー。

きょうはたいへんだったろう。

○アレナラ　「ヨー　アカリマス」。

あの人なら，よくわかります。

○タイガイ　「ヨー　シッチョリマス」。

たいていのことなら，よく知っています。

これらは，おもな実例である。

○イッペンニ，「ニコンホタ　クイマス」。

おしまいなさいませ。

○オハヨー　「オシマイナサイマセ」。

お早くおしまいなさいませ。

○オイデナサレマセ。

おいでなさいませ。

○オイロシナサイマセ。

（おゆるしなさいませ。）御免下さいませ。

こういうものも，上来かかげてきたものと同様に，山口式の文アクセントをつよく印象づける。音声の抑揚形式としては，まったく同巧同質なのである。

そういう点では，つぎのようなものも，なお同列におくことができる。

○ミーサンセ。（  ）

見なさい。

○キーサンセ。

きなさい。

○シーサンセ。

しなさい。

○イキャー　「シーサレン」。

行きはしなさらん。

印象の効果から言えば，「ミーサンセ。」というようなのからも，広島県がわなどのものは，まったく，山口的なものをうけとるのである。みずからは，「ミサンセ。」と言うからである。やはり「ン」が高く，これは，前に述べた，「マス」の「マ」を高くすることと共通なのである。「マス」すなわち「ン」の低い山口「文アクセント」は，ともかく特異と聞こえる。

「オシマイナサイマセ。」などの  を，アクセント波の二波と見れば，その場合は，アクセント波が，話部のまとまりを割ると言える。「オシナサレマセ。」などの  も，上の二波にくらべてうけとれば，二波とうけとることができよう。抑揚の単位は，こんなに，小さくもまとまるものである。ただ，「見ーサンセ。」などの場合は，アクセントの波は一波である。一波であって，その聞こえてくる効果は，  と等価

あなたが，お話して下さいませ。

の「ゴロージマセ」「ツカサリマセ」も，高音部が二音節以上ではあるが，それにかかわりなく「マセ」ははっきりと低いので，いずれも，例の  形式としてかがやいているのである。

つぎに，

○オノート　ユー　モノワ　シドクノ　アリャー　「イチダン　ウエデ　ゴダイマス」。

お能というものは，士族の，あれは，一段上でございます。

の「ウエデ　ゴダイマス」は，speech の part，話部としては，二話部とうけとられるようであるが，アクセントの波から言えば，この二話部が完全に一波になっている。したがって今は，「ウエデ　ゴダイマス」が  形式と見られるのである。抑揚の単位は，こうして，話部というまとまりをこえて，さらに大きいまとまりともなる。「アンマリ　アヅロータ　コタ　ゴザイマセン。」（あんまり，わずらったことはございません。）にしても，「コタ」と「ゴザイマセン」との二話部が，合して抑揚上の一単位となっており，ここに  のアクセント波が張られていて，例の特徴形式が見られることになっている。

そうかと思うと，下に示すもののように，一話部上に， または  の抑揚が見られることもある。

○オーテワ　ミナ　キニ「ウヅモッチョリマス」。（  ）

ぐるりは，みな，木にうずもっています。

○オシナサレマセ。

おしなさいませ。

○ゴメンナサンセ。

ごめんなさいませ。

○オタノミモーシマス。

おたのみ申します。

○オシマイナサンセ。

○オシマイナサイマセ。（  ）

これは，　　のところに，「年分」という副詞がきたものである。広島県地方でも，ほぼ似たことばをつかって，これと同じアクセントをとる。

以上，特徴形式の前段の　　には，内実に二種の ものをみとめ得るが，アクセントの形式そのものを見るとすれば，二種の区別はしばらくおくことができる。

音声形式としてアクセント形式を吟味するならば，以下のようなものもまた，上来のものに包括して考えることができる。

○ナカナカ　「カンシンデ　アリマス」。

なかなか感心であります。

○ブツデンエ　マイジツ　「フイキンオ　カケマス」。

お仏前へ，毎日，ふきんをかけます。

○クジラガ　「ジョーニ　キマセザッタ」。

鯨があんまり来ませんでした。

○アレワ「ダイショー　ヤリマス」。

あの人間は，かなりやります。

○キューレキデ　ハナシマショー。

旧暦で（古いことばで）話しましょう。〔老女が自分の意向を言う〕

これらの，特徴形式の前の「○……」，つまり全高型アクセントは，一々吟味するのに，　　調子に類属するものと解することができる。

特徴部分の，　　または　　の，高音部が，かならずしも一音節でなくてもよいことは，前に述べた。今その実例をあげよう。

○オジブンガ　ヨー　ゴザイマスカラ，「オハヨー　オイデナサイマセ」。

お時分がよろしゅうございますから，お早うおいでなさいませ。〔早使いの口上〕

の「オイデナサイマセ」は，「オイ」となってはいても，　　形式の特徴にかがやいている。

○ムカシデ　ゴロージマセ。

むかしでごらんなさいませ。

○アナタガ　「オハナシシテ　ツカサリマセ」。

て，本項 (1) に言う類型を支持するものである。しかし， の部分は，広島県地方で発音しても，これと同じ調子に発音する。
「ハダカデ」に例をとると，「ハダカ」だけを発音するとすれば，これをいわゆる「下中中」の型式に発音するのが，広島県地方の習慣である。こんなものの場合は，「ハダカデ」のようなまとまりのアクセントが，山口県下でと，広島県下でと，同じである。「クビガ」にしても，「クビ」だけを広島県下で発音する習慣は，「クビ」〔下中〕である。こんな場合，「クビガ」のまとまりのアクセントも，彼我の地方が，同じである。これに反して，さきの「ナミガ」（波が）などの場合は，「ナミ」だけを発音するとすれば，広島県下などでは「ナミ」と，「下上」型式に発音するのが習慣である。このようなものの場合，山口県下で「ナミガ　……」となるのに対して，広島県下などではそうならぬという差別がある。

上の「ハダカデ　……」以下のものの場合は，現象が，いくらか，広島県地方のものに近くなるとも言えよう。しかし，最後にひびく  または  の形式の，広島県下その他を抜く効果は依然として大きく，当の文アクセント全体は，やはり，例の山口式として，特色にかがやくのである。

このような実例は，なお，つぎのような場合についても見ることができる。

○アツーテ　ノーナタ。「ヒドー　アリマシタ」。

あつくってねえあなた。ひどうございました。

○シロートエンゲイワ　コレカラワ「ムツカシュー　アリマショーカラ」。

しろうと演芸は，これからはむずかしゅうございましょうから。

これは， のところが，「ヒドー」「ムツカシュー」という形容詞連用形である。こんなのは，広島県地方でもやはりこのように言う。ただし，形容動詞の一例，

○キレーニ　アリマス。

きれいであります。

の場合は，広島県地方では，むしろ，「キレーニ」「キーレニ」と言う。

○ネーンブン　イキヨリマシタ。

年分，行ってました。

には奇異を感じやすく，その「ウラワ」と「トン……」とがつながるので，このあたりからして，この文アクセント全体は，特色の顕著なものと思われるのである。

○シンパイ〔は〕 アリマセン。

心配はありません。

註 〔は〕は，「は」がはいってよいところという意。以下のこういう表記も，これと同じ意である。

○オヒガンガ アリマショー。

お彼岸がありましょう？

○アンタンデ ゴザイマス。

（あなたのでございます。）御免下さい。

など，みな，上のと同じ例である。

つぎに，

○ハダカデ デマシタ。

はだかで出ました。

○ケイジスル 「ヒツヨーワ アリマスマイ」。

掲示する必要はありますまい。

註 「 」印は，問題の箇所を示す。以下同じ。

○ダイサンノ ナー，コンニチグラシノ モノワ，「カリオヤ〔を〕トリマス」。

財産のない，今日ぐらしの者は，仮り親をとります。

や，

○キクガハマデ 「クビガ キラレマシタ」。

菊が浜で，首が斬られました。

○ソリャソレデ ゴザリマス。

それぁそうでございます。

註 この場合，「ソリャソレデ」は，アクセントの一波になっていると見られる。

○ゴフキョーデ ゴザイマシタ。

御不興でございました。（送辞）

のようなのがある。すべて， または  であっ

二

はじめに，例の特徴部分が，文の音声表現の最後にある場合を見る。

じっさいに，この種のものが，わけても多い。そうして，最後にこれがあれば，たしかに，その文アクセント全体が，特色のあるもの，風変わりのものとして，早くもうけとられやすいのである。

特徴部分が最後にあるもの，そういう文アクセント傾向をとるものを，分類してみた。分類にあたっては，特徴部分の前に位する一話部 (part of speech) の――つまり，文アクセントの波一つの――アクセントのぐあいがどんなであるかに着眼した。こうして，アクセント波（つまり話部アクセント）の，前後の相関関係で分類すれば，けっきょく，文アクセントという抑揚波進行を，だいたい，全体的に見て分類したのに近いことになろう。

(1)

第一に，問題の特徴部分の直前のアクセント波が，低高調（  ）であるものを，一類型としてとり立てることができる。

○ウラワ　トンギッチョリマス。

先はとがっています。

○ナミガ　ゴザイマス。

波がございます。

のようなものである。  の形式と，  または  とが前後にむすびあったものは，それ全体がまた，一つの特徴形式とも見られる。

ことに，上記の実例だと，「ナミガ」となっており，アクセントは「ガ」まで高い。このようなことは，広島県がわなどでは，無いことである。広島県地方などだと，「ナミガ」となる。テニヲハのところで音が高いか，そこで音が下がるかは，文アクセントの特性上，きわめてだいじなこととされる。上の例では，その助詞のところが高い。こういうものと，例の特徴形式とがむすびあったものは，その文アクセント全体を，はっきりと，特色のあるものにするのである。「ウラワ」（先は）の場合も，もし広島県地方で言うとすれば，「ウラワ」となるであろう。そのように，「ワ」のところで音を落とすだけに，「ウラワ」

は早くも低音にされていること，早くも低音にされて，そのまま低音がつづいていることが急所なのである。第一音節目が高音になるか，第二音節目が高音になるかは，「アリマス」「ゴザイマス」で言うならば，現在の単語アクセント，「アル」「ゴザル」と，関係がないとは言えまい。語アクセントはどんないきさつで成立するのかの議論はしばらくぬきにする。「アル」「ゴザル」との関係からすれば，「アリマス」「ゴザイマス」の，高音部の相違は，大した問題ではないと言えよう。じつにそうなのであって，広島県がわからすれば，「マス」が低音部内にあることが，大きな特徴なのである。広島県，岡山県，島根県，鳥取県の地方では，「アリマス」「アリマス」，「ゴザイマス」「ゴザイマス」と言う。「マス」の「マ」は高く発音される。大きなちがいである。この点では，山口県地方のアクセントが，「アリマス」「ゴザイマス」と発音されたとしても，他の中国地方の人々は，それらを，「アリマス」「ゴザイマス」と同様に，変わったものとしてうけとるのである。一般に，山口式アクセントの場合，問題の箇所は，「○○……」「○○○……」でなくても，その高音部が，二音節三音節にわたるものであってもよい。その高音部から，異常に——(広島県がわなどから言って)——音が下がることが肝要なのである。そこで，この事態を含んで特異性を発揮する山口式文アクセントは，下記のように図示することができる。

A）　————　…………　○…○……。

B）　————　…………　○○…○……。

註　◎上の図式では，問題の箇所を最後においたが，これは最後にくるものとはかぎらない。しかし，最後にくることが多い。最後にくれば，その文アクセント全体は，これによつて，なかんずく端的に，特色あるものとして人々にうけとられる。

◎　——は，アクセントの一波を示す。

◎　……は，そのアクセントの波がいくつかくりかえされてもよいことを示す。

◎　○…も，一音節以上ということである。しかし，じっさいには，多く，一音節だけが高くなる。

以下には，山口県地方の一代表地点として，長門北岸近くの青海島の，東端の，通村（山口県大津郡に属す）をえらび，ここの言語生活について，山口式文アクセントの実態を見よう。

音され，それらは，「アリマシタ」「ゴザイマス」のようになるのである。一文の音声表現中にこのものが出てくると，その文アクセントは，これゆえに，特色のあるものとしてかがやく。中国地方にあっては，山口県外の人々は，だれしも，「○̄○……」「○○̄○……」にまず耳をうばわれ，これゆえに，その文アクセントを，特色のあるものとして聞くのである。

つぎのような例がある。

○オマツリ　マイルヨーナ　コトモ　デキマセズ　ノー。

お祭に参るようなこともできませんしね。

こういうのを聞くと，たとえば広島県地方の人は，「マイルヨーナ」には何も感じなくて，「デキマセズ」にはすぐに奇異を感ずる。前者の方は自分らも言うアクセントなのである。後者の場合は，自分らは「デキマセズ」ないし「デキマセズ」と言う。「デキマセズ」とまでも言う傾向は，どちらかというと，後上がりの感をのこすアクセントである。(「デ」は長呼ぎみであり,「キ」は短かめの音節で，この「デ→キ」のうつりゆきは，「マ」の高音隆起を，うしろのび的に顕著ならしめ，ために，この一まとまりの全体が，後上がり傾向的な感じにひびく。) そのようなアクセントの持ち主が，「デキマセズ」というようなのを聞けば，奇異を感ずるのは当然であろう。それで，人は，まずここに耳をうばわれ，かつ，“山口県のもの言いは妙なもの言いだ。”と，問題のアクセントを持った言いかた全体を，全体の抑揚を，特別視するのである。

文の音声表現の，抑揚波のいくつかうねるものにあって，(のようなものの中にあって)，一つの波が，きわ立たしい特徴を持つている時，その全体の抑揚波進行が，異彩に富むものとうけとられるのは当然であろう。ある部分のつよい傾向が，全体を特色づける。たとえばある人の鼻が異常に高ければ，他の者は，その人に出あうと同時に，その人の風貌，風彩の全体に，なんらかの特色を感ずるであろう。それと同じである。山口県地方の文アクセントも，「○̄○……」「○○̄○……」形式ゆえに，一種特異な文アクセント傾向を持つことになっているのである。

「○̄○……」形式と「○○̄○……」形式とをならべてうけとることは不当でない。アクセントの一つの波で，初頭または初頭近くで高音が起こされ，あと

日本語方言「文アクセント」の研究
──特異な下降調を持つものについて──

藤　原　与　一

日本語方言の文アクセントを，諸方言を通じて大観する時，いくつかの特質的な傾向が見いだされる。ここに言う‘「特異な下降調」(文中のあるまとまりの部分において，初頭の方が高く，あとはすぐに低音に落ちていくもの）を持つもの’もまた，文アクセントの発音傾向として，一つの特質的な傾向をなすと見られるのである。それは，関西中国地方では，きわ立って山口県地方に見いだされる。

日本語の単語アクセントについての調査の結果からすれば，全日本の方言アクセントは，だいたい二つの類型に大別される。これを簡単に言えば，東京アクセント式と，京都大阪アクセント式との二つである。山口県地方の語アクセントは，だいたいにおいて，東京アクセント式と見られる。山口県下に限らず，中国地方が，だいたい，そうである。そのような中国地方の内にあって，ひとり山口県地方が，文アクセントの上述のような傾向を示すのは，日本語方言「文アクセント」上の重要事項として注目される。

一

私は旧来，「よう降りマス。」「お早うゴザイマス。」のような例をあげて，これを山口式アクセントと言ってきた。もとより，文アクセントとしてのことである。これ式のものがきわ立つことは，となりの広島県地方の人々も，そうとうによく気づいている。この山口式文アクセントは，時たま出てくるようなものではなくて，たびたび出てくるので，人はここに，一定性をみとめているのである。私も，調査の結果からするのに，これをいちじるしい社会的傾向としてよいと思う。──「アリマス」や「ゴザイマス」，およびそれらの活用形式(例えば「アリマシタ」）は，文アクセントすなわち「抑揚」上，一つの波に発

私どもは，ここに，島内400人余の調査協力者のみなさんに，深甚な謝意を表してやまない。おせわ下さった多くのかたがたにも，厚くお礼を申しあげる。

お礼心をもって，私どもは，ここにそれぞれの一小習作をつくった。テーマは共通である。今日の時点で明確にし得た現伯方島「語アクセント」の様相を，系脈論的にはどう解釈しうるか。私どもは，これについての，ほんの入り口の考察を試みたのである。——（このさい，私は，自分の見てきた伯方島アクセントの史的推移についても，一文を草したかったが，ついにその機をとらえることができなかった。）今後，多くの研究家のご教導をいただくことができるならば幸甚である。

（『方言研究年報』通巻第11・12巻　昭和45年1月）

頁	行	誤	正
766	6	不安にがあるが、	不安があるが、

以上，「読む」ということをたびたび言ってきた。純粋音読というようにさせることができたら，そう読まれた語のアクセントは，その語の話しのアクセントとはちがって，まずはその語の語アクセントなのではないか。

しかしまた，へいそ読む生活のすくない土地人に読んでもらうと，個々の単語に，その場での変なアクセントをつけることもあるので，油断はできない。

調査用語の提出を，漢字にカナつきでするのは，先方を「語」に定着させるのに効があるのではないか。「文」から遮断した記載形式で，語を提出する用意がいる。

絵カードを用いて，「橋」なら「橋」のアクセントを言ってもらうのは，語アクセント調査の最良の方法かと思う。まったく，語を思い見ることになるからである。私どもも，幼児調査では，絵カードの精神を生かして，絵本を用いた。

調査用語を広い紙に一覧表然と載せたものをもって調査するのは，よろしくない。一語一語を別紙にして，それを先方にめくり読んでもらうと，はっきり区ぎれがついて，語観念・語操作が，実のあるものになりやすい。カード法はよいと思う。

読んでもらった場合，諸年層にわたる作業だと，たとえば若年層の人には，語義を知らぬままにただカナを読んで答えたものなど（例，「桐《きり》」）があって，整理統一上では，困難がともなう。

読んでもらうだけが，しごとの限度だと思う。こちらが実演して質問するのは不可である。第一，先方のアクセント感覚にはこちらは不案内である。音を上げ下げして，“こうですか。”などと問うとするか。先方のどの返事も，容易には信用することができない。この間の消息は，すぐに実験してみることができよう。

先方の語アクセント表明を聴いて，それを記録する時，先方の第一回めのすなおな表明を尊重するのがよいと思う。第一回めがすなおにいくように，こちらはしじゅう，環境を整えることに心をくだいていなくてはならない。

第一回めとはいうが，文法事実に関する調査の場合と，語アクセント調査の場合とでは，事情がだいぶんちがう。「行かネバ」と言うか「行かンニャー」と言うかというようなことの調査だと，一発で答えてくれても，かなり安心なのである。けれども，「タマゴ」「タマゴ」に関するようなことになると，なにさま，ただの音の高低とも言えることである。相手の一発の答えが，こちらには　なんだかたよりなくも思われる。

私は，方言調査のしごとの中で，語アクセント調査は，とりわけむずかしい方のしごとだと思う。やればやるほど，このむずかしさを痛感するのである。（文アクセントの調査は，比較的容易である。現にそうある音波を，そのとおりに写しとればよいからである。）

語アクセント調査で，各語を，相手にそれとなく二回つづけて発音してもらうことはどうか。順調に，前後二回が同一というぐあいにことが展開する時はよいが，前後のがちがってくると，こちらははたとこまってしまう。

記録法としては，私どもは，方言「語アクセント」記録法一般として，つぎのような方法をとる。

i　音の高い音節に傍線を引く。それは，

　　アタマ　バッタ　バット

　などのようにする。

ii　二段観で処理することをたてまえとして，これに微視的な方法を加味する。

　たとえば「○○○」のように記録するのは（今回は，ファックス原紙による印刷のため，「○○○」のようにした。），第三音節が第二音節よりもやや高めであることを表示するものである。

調査の合理的方法

以上，調査上の問題をたずね，方言「語アクセント」調査の合理的方法を求めて，所見を述べた。私および私どもの実践によって，所見を開陳した。調査のあくなき実践が，合理的方法の理論をよく彫琢してくれるであろう。

付　言

私どもは，上述のような趣旨と方法とによって，伯方島方言「語アクセント」の調査をおこない，ひとまず完結と考えられる段階にまで達した。一致協同の作業の結果である。

このようにしてまとめ得た資料表（本年報資料編）は，さきの方法・手順のゆえに，私どもとしては，純粋資料体系とも呼びたいものである。

多少のむりを生じる。

できることなら，調査用語おのおのの時代性の，ほぼ等しいのがよい。中に場ちがいに古態の語のはいっているのなどはよくない。多数の語を整えようとすると，そういう点にむりが出てくる。

調査用語をどのように排列して現場に臨むかは，じつに考えさせられる問題である。同音節語の，共通語では同型の語が続出すると，被調査者は，時に，その場で機械的な反応をおこすようである。——応用で，つぎつぎにすらすらと調査カードを読んだりしかねない。（いずれにしても，一々の語の御漸処理を，時間を惜しんでせかせかとおこなったりすることはよろしくなく，まして相手に，“もっと早く読んで”などと言うことは論外である。）——排列しだいでは，一々の調査語を，彼我双方，ゆっくりと問題にすることが必要である。

同音節語の同型アクセントと思われるものの場合でも，各語の音韻体制に注意して排列を考慮しうるものならしたのがよい。

季節に合わせた語排列なども，調査の自然味のためには有効にちがいない。

諸種の要求を考えあわせて，一つの調査用語排列に到達し得たとするか。それは有意義なものにちがいない。

私どもは，まず，私の旧来の規則的な排列のままにおもな作業をした。その後に，排列を組みかえて作業をした。組みかえの第一種では，各音節語のわくを守って，その中で，排列順序を組みかえた，第二種では，全調査用語の，もともとの規則的排列をまったく無作為につきくずして，乱雑本位の排列とした。（排列法の改新がきまると，関係者は，自己の調査カード一式を，いそいでその排列順に組みかえた。）考えてみるのに，組みかえは，いろいろにくふうすることができる。

組みかえられたものをもって，調査者が，さきのと同一の被調査者に臨んで作業をする，また，ちがった調査者がそのような作業にあたる。——そのさい，調査者の性別がかわるのもよい。

私どもは，資料編凡例で述べてあるように，調査用語の組みかえに合わせて，諸種の累加調査をおこなった。このような手段を尽くして，方言の語アクセントの実相を確実にとりあげることにつとめたのである。

客観的な資料と言えるものを整えるために，調査用語の排列とその改変を，深く考究すべきことになる。

組みかえを多くし，累加調査を多くすることは，一般に，理想的なことであろう。調査者も，この場合，合理的に回転させなくてはならない。私どもは，この方面での，一つの徹底をねらってみた。（調査者の受持部落をきめることなどは，厳に避けた。）

語アクセント聴取法

どのような調査用語排列によって調査するにもせよ，私どもは，要するに，調査用語の一語一語について，相手の反応・答弁を聴取し記録することになる。

私どもは，さきにもふれたように，調査用語を一語一語，小紙片（カード）に載せ，これを先方に読んでもらい，ほぼ同様の手もちのカードに，順次，先方の答弁内容を記載していった。

どのようにことをはこんだら，相手の有する語アクセントを調査し得たことになるか。

記載した語を読んでもらうとしたら，そのさいのどりはこびの速度が大切であることはさきに述べた。さて，人が語を読めば，語アクセントの表示になるのか。読む前に，読む心がだいじであると思う。

語アクセントは，語そのもののアクセントである。それゆえ，調査では，被調査者が，まず語意識に立っていてくれなくてはならない。あるいは，語観念に沈潜していてくれなくてはならない。こうあってもらうために，相手に対する調査前説がいる。

前説の内容としては，つぎのようなものが適当ではなかろうか。

①ここに書いてあるのを，読むというよりもじっと見て，このフリガナのことばを言ってみて下さい。

②見て，考えて，このことばを発音してみて下さい。

③このことばを，あたまに思いうかべてみて，言って下さい。

私どもが，自身のことばに関して，脳中，語を思いうかべることは容易であろう，その語について，私どもは，語のアクセントを思念することができ，かつそれを表白することができる。このことを例として，相手にものを要請すればよいと思う。

要するに，語アクセント調査では，先方が語の意識で答弁をするように，種々のはたらきかけをしなくてはならない。ともすると，語を発言してもらうつもりでも，先方は，それを文的に発言したりする。——むりもないことである。双方は対話の場面に位しているのだから。私どもは，純粋な語アクセントをつかむために，微細な努力を，多くしなくてはならないわけである。

語に付属語をつけた形のものを読んでもらうと，その読みは，もはや文表現アクセントの調子に流れよう。

調を発するであろう。資料がそうであれば，いよいよ，資料について資料学ということが言える。このような意味で，私どもは，本年報での資料編の発表を，これはこれとしての方言研究発表であると心得ている。

調査現場のこと

調査者の活動する現場，調査環境のことが，つぎに問題になる。

方言「語アクセント」の研究が，どんな質問調査であるにしても，その調査の現場が，くつろいだ気分の自然の場であるのにこしたことはない。こしたことはないどころか，じつはこれがぎりぎりの必要条件でさえある。

土地の有識者も，相手が“百姓なら野良で”調査を，などと言ってくれた。“第三者的に，客観的に，そばから”と，公民館長さんも，私の言う自然傍受法さながらのことを言ってくれたのである。

なにぶん，相手に微妙な心理的かげりのおこりやすい，またそのかげりのすぐに答弁にはねかえりやすいアクセント問答のことである。土地弁の土地アクセント（個々の語に関する）を求めるのには，細心の用意がいる。うかうかと，はいってもいかれねば，むぞうさに用件をたのむわけにもいかない。

私はさいわい機会を得て，初日，島全部落からの主婦会同の席に出て，一つの話しをすることができた。これは一種の奉仕であった。隣島出身で，かねて方言の研究をしている私であることを知る人々のまじる，多くの主婦さんたちにむかって，“藤原のつれのものどもがしばらくおじゃまします。”と，ものごとをたのむことができたのは，調査環境の一般的な地ならしとしてよかった。調査者の面々は，まず，思うままに，部落々々をかけめぐることができた。どこに行っても，親切な人が待ちかまえていた。調査者は，郷土人的な発想やもの言いで，調査現場の「自然」の扉を開くことができたのである。

それにしても，おのおのはよくつとめた。その様子を，それとなく見てまわることも私のしごとであったが，諸君の自転車利用ひとつにしても，相手先まで乗りつけたりはしない用意があって，好もしかった。——厳乎とした調査精神を持しながらも，みなよく調査者風のところをなくして，よそものらしさをおさえにおさえて，じゅうぶんにその調査現場に生きたのである。

一小学校を訪ねて，被調査者，学童のことを願った調査者たちを，つごう三名，せわして下さった日直先生の，私に語ってくれた感想を，つぎに記してみる。

“（調査者の調査の→）ことばのあやに，ほれぼれとした。聞いていて，おだやかな，感じのよいことばであった。”

——自然の調査環境が成りたっていたであろう。

“子どもにでも，環ちゃんすまんかったね、助かったよと言って，………。どこのだれにも，（調査者が→）印象に残るだろう。”

——調査の場はきれいに保てたのだと思う。

“三人の人ながら，流れが同じだった。質問のことばも，対話中の態度も。感心させられた。”

——「流れが同じ」でまったくよかった。

なお，総評に，つぎのようなつけそえがあった。

“熱心で，徹底的で，敬服した。忠実さ・まじめさに，こちらもじっとしていられぬこころちになった。生半可なせわをしてはならないと思った。”

“調査に来る人には，半分は遊んでいる感じの人が多いが”とあったのにはおどろかされた。——時おり聞かされる，「調査者」非難の感想の一種である。現地の人たちが，深い親愛感をもって追懐してくれる調査者であるならば，その人間は，きっと，調査のさい，よい自然の場を築いたであろう。

一つの注記をしたい。人が，調査者として現場に行くと，ふしぎに，現場で，特殊の感情を持つことがある。予定外の気もちにふっとかられることがある。ふしぎな現場現象である。そこで，‘まあ，やってしまえ。’といったような心になることがある。これは，警戒しなくてはならないことである。つまりは，かりそめにも，まげたこと，略したことなどをしたりしてはならないのである。現場に柔軟に対処しなくてはならないが，そのため資料性の吟味反省をおろそかにするようなことがあってはならない。

調査用語

これについては，すでに多くの先学例があり，私も，それらに多くを学びつつ拙案を作った。今回，伯方島調査に用いたものも，私の年来つかってきたものである

諸年層にわたって調査を実施するとなると，「ミサオ」（操）は子どもにはわからないなどのことがあって，

や行かなくてもこれを使えばいい。ことはあますところなくわかる。”と思っていただけるような精細厳密な方言「語アクセント」調査結果を，私どもは発表したかったのである。

方言「語アクセント」に関する，これほどに周密な調査は，例がすくないであろう。私どもは，例のないところまで行ってみたかったのである。あるいは無用にやりすごしているとも人に見られるところまで行っているかもしれない。しかし，思う。一般に，やりたりない時は，そこに方言「語アクセント」の正確な資料を認めることに不安にがあるが，やりすぎとも思われるほどに調査されているものには，方言「語アクセント」の体系的事実を認めることが容易である，と。

要するに，私どもは，伯方島について，部落単位に，方言「語アクセント」の調査を完了し得たと思う。かつは，調査完了に関する一実験をなし得たと思う。もし識者が，これを素材として，方言「語アクセント」調査の完了法に関する理論を構築して下さるなら幸である。なお，そのさい，以下に述べる私どもの調査経過その他をご参照下さるなら幸である。

調査者

調査者にとって，音程を正確に聴取しうる能力の緊要なことは，多く言うまでもない。

私どもは，上記のような調査要求を最短期間（——これも，調査結果の質的整一性を確保するために所要である。）に満たすために，いきおい，協同作業の態勢をとらざるを得なかった。反面で言うと，協同調査の理想的実施を体験してみたかったがために，上記のような綿密な調査計画を立てたのである。ここで，私どもは，語アクセントとはどんなものか，それはどんなにしたらとらえられるのか，方言の語アクセント体系をとらえるのにはどんなことをどこまですればよいのかを，たがいに考究しあい，かつ体験しあうことができたしだいである。

伯方島調査での総十名の調査者は，およそ等質の調査者である。その出身アクセントに相違はあるけれども，私は諸君のその相違をむしろ活用するように配慮した。一名の女性調査者も，その役わりを指定限定することによって，全調査活動の中に，正しく生かすようにしたのである。調査期間の毎日，朝と夜との会同では，厳密に意見統一をおこない，人為的に願意しうる限りの統制を論定した。人はみな，毎日，その統制のもとに，純乎とした調査活動にしたがったのである

私は，この時の協同態勢を，私のもたらし得た最上のものと心得ている。この心的統一状態・調査力一体性を，平明に表示する方法を持たないのを残念に思う。

各人はもとより私見を持ち，個別的な主張を有し，そのアクセント知識もまちまちである。私は，すでにじゅうぶんに私の考えを理解してくれているこれらの諸君に，伯方島調査の現地で，最初に，当面の具体的主張を文書で発表してもらった。そしてその一々を協同討議にかけて，所要の批正につとめ，こうしてことを出発させたのである。

集団作業となった時，その集団の一如性は，集団を構成する各人の，全一体を予想する自己統制心によってもたらされるのではないか。わが集団は，自己統制の学問精神によってつらぬかれていたと思う。

なお，その集団活動については，下記の，土地人の批評をもお聞きとりいただきたい。

資料学

私はかねて記述学とか資料学とかいうことばをつかってきた。方言研究の方法の，「実」に即した厳正を希求してである。

今この語アクセント調査に関しても，私は，資料学の考えを強調したい。

公表すべき方言「語アクセント」の資料体系のことを思えば，調査は各般において厳密でなくてはならず，ことに調査者協同の活動は，つねに，文字どおり一致のものでなくてはならない。このようにして，確実優良な資料体系を築き得てこそ，方言「語アクセント」研究は道を得る。資料を，語の完全な意味において厳密に確保すること，そこには，資料学とも称すべき学的なものの要求がありはしないか。

私どもも，資料学の精神に生きて，協同動作の緊密一体化をはかった。各位には，資料学の実践とその成果として，本年報資料編をごらん下さるならば幸である。

方言研究といわず，広く言語研究の一般にわたって，資料についての資料学を言うことは，出すぎたことであろうか。思うのに，資料の整備にもかならず理論がなくてはならない。生きた理論が内在するようなら，資料のそのとりそろえも資料学である。

さて，厳密な処置によってとりそろえられた資料群は，かならず，その利用・活用に関しても，きびしい要

セント状況も変異をきたすかに思われたので，島内諸部落の生活状態に即した緻密な調査をして，現「語アクセント」体系を克明にとらえたいという欲求は，高まる一方だった。このような志向に合わせて，私は，一地の方言「語アクセント」調査の理想を探究することにした。それは当然多くの人手を要することになったが，協同の諸君を誘うについては，また，方言「語アクセント」調査での協同の事のあげかたの研究をも，私は内面の課題としたのである。

対象としては伯方島を選んだけれども，じっさいの調査としては，すべての既成観念や過去の思考をさておいて，もっぱら清純の討究を旨として，こだわることなくこの地の実地調査にしたがった。調査結果が，多くの識者によって，どのようにも利用されてよいように心し，じゅうぶんの資料を虚心に整頓することにつとめたのである。

私どもは，伯方島方言「語アクセント」資料の，まず統一的と言えるもの，厳正と言えるものを，協同の所産としてここに提出し得たと信じている。

方言「語アクセント」調査での対象地把握

方言の語アクセントを調査するがためには，方言域をまず明確に見さだめることが必要である。研究の対象が方言であるから，その方言の存在を地域に即して確実にとらえなくてはならぬことはもちろんである。

それにしても，方言域の輪廓はしばしば定かでない。この点に，調査上の第一歩の困難がある。私どもは，一島をとりあげた。その島の中の全部落を一々小方言域と見て，それら全部の小方言域の調査にしたがった。

相手をえらぶ――（被調査者）

対象地は見さだめ得ても，その方言域の代表的な方言人を得ることは容易でない。調査の相手の採りかたをあやまると，その個人の方言「語アクセント」は調査し得ても，その方言の方言「語アクセント」は調査し得なかったことになることがある。

私どもは，やや長期にわたる総合調査であったため，多数の被調査者の均質的なものを，純度の高い土地っ子から得ることにつとめて，まず役場の台帳により，係り員の人々の協力を得た。所定の相手をたずねて行って，なおそこでたしかめをおこない，周辺での聞いぎきも重ねて，ようやく本格的な調査にとりかかったのである。適格者基準に合った人と示されてそこに行き，あたってみるとすこし不適格の点があるので，そこをあきらめる，――さりとてただ身がってにそこを去るわけにはいかぬので多少の調査などをさせてもらってそこを辞去する，というようにして，転々と家を変え，時間の過ぎていくのにあせりをおぼえたことの，いかに多かったことか。外住歴などは，当の相手と話しあってみないと，判然とはしないことが多かったのである。多くの調査者は，毎日，人を求めてあるきまわったと言ってもよい。部落の小さい所となると，相手を求める苦心は，なみたいていでない。

私どもは，土地の方言の語アクセントを調査しようとして，できるかぎりの精密な手段をとり，つぎのように相手の多数をとりあげた。

各部落ごとに一小方言域を認め，どの部落でも，共通に，つぎのような，相手の求めかたをしたのである。

まず，土地っ子としての既定条件に合うものでなくてはならないことは言うまでもない。

各年層の人を求めた。幼年層にもおよんだ。

各年層ごとに，男女の両性を一人ずつ求めた。――（たとえば五十歳前後の人を，男女おのおの二人ずつ求めるとするか。こうなると，小部落をも通して全部落に，適当な人を得ることが不可能であった。）

方言「語アクセント」調査の完了とは

どこまでやれば，一対象についての方言「語アクセント」調査は完了したことになるのか。これを理論的に言いさだめることは，今の私にはできない。

すくなくとも，複数の相手を求めることはしなくてはならないであろう。

私どもは，上に述べたようにして，一方言域につき，多数とも言ってよかろうと思われる相手をとりあげた。これだけやれば，まず，方言の語アクセントは調査し得たとしてよかろう。――調査完了と安心しうるところまでやってみようとして，能うかぎりの精密調査を実施してみたのが，私どもの伯方島調査である。

ことに，この島が問題の島であるだけに，私どもは，この島についての精密的確な語アクセント資料体系を公表して，世の識者の，これを批判的に活用して下さることを待ちたかった。“これならよかろう。”“もは

方言「語アクセント」調査の問題と方法

藤原与一

はじめに

方言の語アクセントを調査することについて，いくらかの愚見を述べてみたいと思う。

私どもは，協同で，瀬戸内海伊予伯方島の語アクセントの調査をした。私の考えるところによって，一体の作業をおこなったものである。以下，伯方島調査をとり立てつつ，小考を述べていってみたい。

語アクセント

語アクセントは文アクセントとはちがう。文アクセント（文のイントネーション）は，個々の文の表現でのその場のアクセントである。語のアクセントは，語に固有のアクセントであると考えられる。語が文とは関係なしに語でありうるのと等しく，語アクセントも，文アクセントまたは文の部分のアクセントとは無関係に，語のアクセントでありうる。たとえば，東京語では，「ヤマ」（山）という語では，これに固有の「ヤマ」という音の高低相ができている。語アクセントとは，語に固定的な，音の高低関係相を言う。

このような語アクセントは，文アクセントが現実態であるのに対して，観念的なものであると言える。言ってみれば，語アクセントの型は抽象型である。

語はいわゆるラングの世界のものである。したがって，語アクセントは，語認識のもとに，語の世界のこととして認定される。語アクセントは，語の世界において，語の成形・統一を，最後的に決定するものであろう。

以上のように，語アクセントは語の次元のものゆえ，語アクセントの型の決定は，純粋に，語の次元で，語においてなされなくてはならない。付属語をそえた一全体のうえで，その語の語アクセントを考えることは合理的でない。（――便宜の方法として，そのような方法をも利用することはするとしても。）

語アクセント調査は，相手の語意識の境地に立ちいって，その人の意識する「語」のアクセントを言ってもらうことになる。

方言「語アクセント」

語アクセントを一個人について調査するだけが目的の場合はまだことがやさしい。語アクセントを土地・地域の方言について調査するとなると，ことははなはだめんどうになる。相手をどのようにとりあげてことを盡くしたら，その土地の方言「語アクセント」を調査したことになるかが，じつははっきりとさせにくいことだからである。

方言「語アクセント」の調査が，一個人の一偶然の発言応答をとらえたのでは，いかにも不安である。すくなくとも，土地の二人については，たしかめたい。二人となれば，同性の二人がよいか，性をかえて二人をとるのがよいか。性をかえて二人をとっても，その双方に相違があったら，また他を求めてたしかめたい。さて年層による差別・変動のことも気がかりである。こうなって，方言という地域社会語の社会的な語アクセントの調査は，じじつ，複雑な作業になる。

伯方島調査

私どもは，方言「語アクセント」調査のむずかしさにとりくんでみようと，昭和42年夏，伯方島調査に出かけた。総員十名。合宿して，朝6時から夜半まで，一定の時間割によって，研修と調査と討論・合議につとめ，11日間を費して，所期の目的を達成した。調査成果は本年報に掲げるとおりである。

なぜ伯方島を選んだか。ここが，多年，人々によって注目されてきた所だからである。この地の方言「語アクセント」が，中国地方アクセント系のものであるか，四国地方アクセント系のものであるかは，諸家の関心事だった。すでにその種の研究が多く，近くは，岡山大学の鏡味明克氏の指導による芦田典子さんの研究がある。（『播備国境言語地図論集』1968年の付録に，芦田さんの「芸予諸島のアクセント境界図」がある。）

伯方島に隣る大三島の産である私にとっても，ここは年来の関心地だった。しかも，年とともに，その語アク

析の精深と，総合の的確とが，語単位の研究を良質のものにする。

6. **最後に，一般論としてつけそえたい。方言副詞語彙研究・方言副詞語研究にあたっては，一方で，方言副助詞にも注意したのがよい，と。**

内海域には，備後地方に関しての，「備後バーバー」との言いぐさができている。備後地方では，「雨ばかり　降る。」でも，「アメバー　フル。」と言う。（島づたいに伊予路へ渡るとする。「バー」は「バーイ」になっていく。）こういう「～バー」「～バーイ」は，副詞相当のはたらきをする。修飾の心理は，双方のばあい，同じである。

副助詞がはたらいたばあいの，現場の意味効果は，副詞がはたらいたばあいのそれに近い，とも言えよう。

方言世界では，ことに，副詞と副助詞とを，あわせて追求の対象にするのがよいのではないか。こうすることによって，動作などの修飾の，ゆたかな心情世界を，じゅぶんに掘りおこすことができると思う。

（『内海文化研究紀要』第4号　昭和51年3月）

頁	行	誤	正
775	38	排例である。	排列である。
774	27	形成されるもである。	形成されるものである。
771	25	平群島	平郡島

が深い。副詞発想に，彼我にわたる共通性のあることが察せられる。

5．方言副詞語彙の中の任意事実についての個別的研究，および，そういう事実についての，諸「方言副詞語彙」にわたっての比較研究がなされて然るべきことは，言うまでもない。

語彙研究と語研究とは，つねに両立することである。

『瀬戸内海言語図巻』にも，副詞の語の比較研究がかかげられている。

副詞，「常に」(共通語で言って)などの諸語が，問題とされている。これらは，瀬戸内海域諸方言上での諸「方言副詞語彙」を勘案する立場で選出された。（――ここに，方言副詞語彙観があり，諸多「方言副詞語彙」比較の想念があり，諸「方言副詞語彙」にわたって個々の副詞を見ていこうとする，副詞語の比較研究の心があった。）

以下に，比較研究の表現としての，副詞の言語地図（『瀬戸内海言語図巻』中のもの）二・三をとりあげ，瀬戸内海状況を見てみよう。

「常に」の図では，「ネンジュー」というのが，西の山口県から九州にかけての地域に見られる。（他にもすこし見えるが。）「常に」を，特定化して受けとり，しかも「年中」という漢語の言いかたをしているのが，上記の地方である。――これは老年層でのことである。少年層図になると，「ネンジュー」が，九州と山口とにすこしく残るだけになっている。いずれにしても，今，「ネンジュー」で，は内海域西方・西辺の分布が注目される。

「たくさん」（その一）の図では，「ヨケー」が小豆島以西に見られて，西部域にややこれが多い。「ヨーケ」となると，これは全域に見られ，しかも，中部以東に，よりさかんである。二者はわずかに語態がちがうばかりのようであるが，分布のしかたは，上述のように，かなり相違している。方言風土としての土地がらというものがうかがわれよう。山口県下には「ヨーケー」が多い。九州の国東半島・豊前南部・姫島には，「ヨーキ」がある。九州の地で，「ケ」ではなく，「キ」と言っているのは注目される。「行ってみて」も，「イッチミチ」と言う所がらである。

「たくさん」（その二）の図では，「エット」の，周防東部から岡山県備中までの分布が見られる。だいたい中国系と言える分布がここにある。

「自然に」の図では，「ワガデニ」が，おもに愛媛県下に見え，周防の平群島・長島にもこれが見える。伊予と周防島嶼とのつながるこの分布相は，見のがしがたい。「ヒトリデニ」というのが，九州のほかの，ほぼ全域にある。九州には，「ヒトリデ」が分布している。（他にもこれがすこしくあるが。）「ニ」助詞の付いていない形が，ほかならぬ九州にあるのが注目される。

「突然に」の図でも，また，九州に，「ダマシニ」ではない「ダマシ」が見られる。「ダマシニ」は，まず内海西部に存在している。（「むりやりに」の図でも，大分県地方には，「ムリー」というのが存在している。）

「やっと」の図では，「エーヤット」「エーヤラヤット」が，内海中部以西の中国がわに分布している。「ヤレヤット」が，広島県下の大崎上島から広島湾島嶼にかけて分布している。周防大島の東部にもこれが見える。みな，中国系の分布である。

「あんじょう」（その一）の図では，「アンジョー」が，内海東部域に濃く分布している。その西にも，いくらかの分布がたどられはするものの，東部域の分布は，よく，この地方の方言地質を考えさせてくれる。

以上，各図とも，老年層のものである。

わずかの分布事例をとりあげたにすぎないが，上述するところによっても，瀬戸内海域での，副詞語の分布存立の傾向を，いくらかは明らかにし得ていよう。分布事例での，分布領域の中枢部や辺々に見られる島については，ことに，その副詞語彙の深部調査をしてみる必要がある。

副詞語の，諸方言域にわたっての比較研究には，なお，地図化によらない方法もあって当然である。分

のことである。

こういう点では，結果表示が，適切な分類体になっていることが望ましい。（小項目内にあっても）

4.1　“共有語彙”“特有語彙”の考えはたいせつである。

方言副詞語彙の比較となって，“共有語彙”“特有語彙”との考えはよく生きる。

二つ以上の語彙体系の，それとこれとの間がらでは，共有・特有が言える。

もっとも，ここで語彙と言うことには，多少の難がないでもない。一方言の方言副詞語彙に関しては，「語彙」の語は，その語彙全体をさす時にだけつかうのがよいかと思う。“共有・特有の語彙”は，語彙全体（語彙体系）の中の部分をなすものにほかならない。これは，全体の「語彙」に対しては，“共有の”副詞諸語，“特有の”副詞諸語とも呼んでみてよいものである。なによりも，共有・特有の諸語は，一方言内での存在のしかたが，それらの内面的連帯を示す，統一的な存在状態にはなっていない。（――その方言副詞語彙の全体では，“共有”諸語・“特有”諸語の全体が，あい寄って，一大連帯の内面的統一を示しているけれども。）

いずれにもせよ，方言副詞語彙比較で，これこれの諸語は，他方言にも見られて共有的であるとか，これらの諸語は，他方言には見られにくいようで特有的であるとか言いうることは，爾後の諸研究の一基礎として重要視される。

私どもは，瀬戸内海域内諸方言についての，方言副詞語彙の観察者として，ある一島の一小方言の副詞語彙に関しても，経験的に，これらは特有的だな，などと，推想することが，できなくもない。他との比較をぬきにして，おおざっぱながら，共有・特有が言えもする。このような感想判断も，わるくはない。これを，用心ぶかく利用していけば，本格的な副詞語彙比較を，一段と推進させることができもする。

4.2　並みの諸語，変わった諸語という副詞語彙分別ができもする。

共有か特有かは，分布を調査してみればよくわかることである。――今回の六島調査結果の表覧は，共有・特有を，直下に見せてくれている。

さて，共有のものには，並みの副詞，変わりばえのしない副詞が多い。特有のものには，変わった（ふうがわりな）副詞が多い。いずれも当然のことであろう。（念のため，例をあげておくと，共有度の高い「ナンニモ」など，べつに変わりばえはない。大島一地のものとされている，「老」の61「ムテンソクサイ」《全く》，「少」の62「ムテンソクニ」《全く》は，いかにも特有語然としている。）

上の事実ゆえに，共有・特有を考えることは，いっそうもって有意義とされる。

ばあいによっては，瀬戸内海域で共有的であるものが，他地域に対しては特有的であるものもある。たとえば，「たくさん」の意の「エット」など。これは，変わりばえのする副詞でもある。変わった（ふうがわりな）副詞諸語では，変わりばえの段階差と，分布の広狭差とが見られる。

じっさいには，その変わりぶりの度あいの認定が困難である。45「ナーニモ」（何にも）は並みの副詞で，46「ナニコソ」は変わった副詞，としてよいかどうか。やはり，分布に注意しなくてはならない。「ナニコソ」は，神島「老」・能美島「老」・長島「老」に見える。六地点だけの調査の結果では，瀬戸内海域をすぐに云々することができないけれども，ここに，「老」にだけ「ナニコソ」が見られるのは注意される。こういう点で，「ナニコソ」は，多少とも変わった副詞，とされるものに，なりつつあるかと，見られないこともない。私の郷里方言＜大三島北部＞では，「ナニクソ」が慣用形である。しかもこれは，私どもの少年時代でも，男性の長上のよくつかうものであった。「ナニクソ」は，もう，ふうがわりな副詞としておいてよいかと思う。おそらく，分布も小であろう。

副詞語彙中，並みの副詞を起点に，漸次，度あいを高めつつ，ふうがわりな副詞の継起・成立しているのは，注目にあたいする。私の郷里方言でも，「メッタニ」があって，「メッタコッタ」「メッタコータ」がある。（本冊の資料の87，88参照）しぜんのいきおいのもとでか，しだいに，ふうがわりな副詞が産みだされていく。これが，方言を異にしても，つまり二つ以上の諸方言のうえにも見わたされるのは，興味

す，その生活の現場での意味作用発揮のさま（意味のさま）を，深く描くことを必然としたものではないか。——語彙は生活語彙であり，「語彙」がすでに生活を考えしめているからである。

語彙は，本来，用法記述・用例記述を要求しているものである。

一語の副詞に，そのじっさいのはたらきようをたずね，くまどりあざやかに，また，到り深く，それを描叙しつくす時，語記述が，よく語彙記述に高まる。こうして得られる語彙記述（今は副詞語彙記述）は，じつに，当該方言の有力な生活誌のひとこまになりうるものであろう。

2.6 語彙記述（——→方言副詞語彙記述）は，しぜんに立体化される。

以上のような記述態度がつらぬかれれば，記述はしぜんに，もりあがりのよいものになろう。

語の排列でも，「おや項目」「子項目」といったようなはからいがなされるであろう。表記の体裁も，そこで，種々につけられるはずである。単純に一列に，諸語が陳列されるはずはない。語の排列が，早くも，語彙記述の立体性——動的な展開相——をものがたることになる。

3. 理想的な「方言副詞語彙」記述がしてみたい。

以上に，私は，「方言副詞語彙」記述（——→語彙記述）の理想の追求を試みた。なるべく地道に，なすべきことを求めてきたつもりである。

これだけの要求を，今は自身に課して，瀬戸内海域内の一方言についての副詞語彙記述がしてみたい。

今回の研究グループの諸氏にも，そういう欲望が湧いているのではないか。六地点調査で，総「異なり語」数5100余をとりあげ得た人々である。この大数への接近を経験した諸氏は，今，副詞語彙の群生の事態に，研究眼を見はっているにちがいない。——その眼・心境からは，すぐにも，理想を求めての方言副詞語彙記述におもむくことができるのではないか。各自，自己の担当した調査地の方言に関してである。

理想的な副詞語彙記述と，“副詞語彙の実態についての分析的考察”とは，あい表裏するものであろう。

私は，今回の調査の計画されたころ，私的な立案をしてみた。

一地点を選び，そこの方言に，研究グループの全員がかかる。まず，協同で，徹底的に副詞をとりあげる。（これにいくらか近いことは，かつて，広島大学方言研究会でも試みたことがある。）——そのさい，

○　タテニャーヨコニャテー　カワイー。　“とてもとても”かわいい。

<河田礼子氏調査　広島県山県郡豊平町都谷の方言の中のもの>

というようなばあいも，また，こういう長形のものも，積極的に注意していく。調査を徹底させて，みんなで，副詞語彙と言うべきものの，全生活語彙中での特定の存在のしかたを体験しあう。（実感を分かちあうというのでもよい。）そこで，共同執筆の記述にかかる。——理想的な記述体系を追求しつつ。

こうしたら，相当時間ののちに，一方言に関する，好ましい方言副詞語彙記述が得られるのではないかと考えた。

事情がゆるせば，こういうしごとを，たとえば二地点，三地点について，グループ活動でやってみたい。

語彙調査（すなわち一方言に密着して）のいとなみは，研究者が自身の育った方言について気長くおこなうばあいか，研究グループが協同作業を一小方言に徹底させるばあいかに，よくその美果をあげることができよう。

4. この段階で，方言副詞語彙の比較討究ができる。

理想的な方言副詞語彙記述が二地点以上にわたってしあげられた時，私どもは，語彙比較の確乎とした作業に進むことができる。

方言副詞語彙が，今回，見られるとおり，六地点にわたって，それぞれの所で，そうとうにとらえられたとするか。当事者は，（——また，他の研究者も），結果の，方言副詞語彙の表覧をとって，語彙比較の研究を，どのようにか進めることができよう。それは，表覧の背後に，しかるべき語彙記述を想定して

項目を，次元観よろしく，前後関係よろしく排列する必要がある。

つぎに，小項目一項内での語の排列が問題になる。この排列が，当該方言での副詞利用の生活の動態に即応した，生き生きとしたものでなくてはならないことは，言うまでもない。ここでは，本冊に言う“各地点の特有語彙”“共有語彙”の処置・接配が，重要な課題になる。

論を発展させて考えれば，こういうことも言える。なににしても，副詞だけの排列では，生活叙述としての副詞記述を，まっとうしていくことができない，と。生活の実相をふまえつつ，語（今は副詞）の排列を，しぜんで生きのよいものにしていこうとすると，私どもは，いきおい，関連する諸他の品詞をも，随所に登場させたくなる。——こういう点では，限って副詞語彙だけを記述していこうとすることが，そもそもむりとも言える。語彙（生活語彙）の記述は，本来，総合的見地に立つべきものとも言える。

それにしても，最初から言うように，副詞は，私どもの表現生活での特定の要具である。これの群生するさまは，個々の言語集団ごとに，それとして観察して，意義のあることである。群生している副詞語彙を，生活の原理に立脚して記述していくことも，また，つとめてみるべき，重要な一記述方途とされる。

2.3　副詞一語々々の記述では，語アクセントの記述が重要である。

排列された各単語の副詞については，おのおのの語アクセントを記述することが，一つのだいじなしごとになる。

本冊，340の「イマダニ」は，筆者郷里の大三島北部集落だと，「イマダニ」の語アクセント成態になっている。同集落で，「イマダ」をかりに発言するとしたら，「イマダ」のアクセントで発言するが，副詞「イマダニ」は「イマダニ」である。この語アクセントであることによって，（——「イマダ」などとはおもむきを異にした調子のものになっていることによって），「イマダニ」の語は，よく，副詞形としての定着ぶりを見せている。副詞「イマダニ」については，記述上，語アクセントを明示することが，必須と思われる。

355 の「チカニ」（近日のうちに）も，語アクセントはおそらく「チカニ」ではないか。こういうアクセントをとって，副詞「チカニ」は，安定していることかと思われる。

356 の「チコーニ」(近いうちに）も，私の郷里の方言では，「チコーニ」である。「近う　なった」は「チコー　ナッタ」と言うが，副詞「チコーニ」は，上の語アクセントである。

副詞には限らないことであるけれども，今は副詞について言うと，副詞の一語々々は，語アクセントにしめくくられて形成されるもである。

語の，——一語々々の副詞の，現実の方言生活の中でのつかわれざまを見ようとすれば，私どもは，語の副詞の，その副詞であることを証するアクセント成態を，ていねいにとりあげなくてはならない。

2.4　個々の副詞の内実の記述は，意味の，ではなく，意義の記述であろう。

私は，文の表現について「意味」を考えたい。現場について意味作用を認め，語の次元，すなわち非現場（表現前）では，語義（語の意義）を考定することにする。

パロール論の段階で，「意味」を考えることにし，とくにラングに即してものを言おうとする時は，「意義」を言うことにしたい。

「意味」と「意義」とは，副詞語彙研究の場席でも，区別してつかいたい。そうすることによって，この領域からしても，私どもは，意味論を（——広義にも狭義にも），鮮明なものにしていくべきではないか。

2.5　副詞語彙記述の中での副詞の語のあつかいでは，用法の記述につくして，適切な文例をかかげることが，最上のこととされる。

語彙なるものの記述には，当為として，語に関する用例の設定が考えられる。

そもそも，語彙を見，語彙をとらえるということは，その語彙に属する語々の，生活に生きているよう

一方言の副詞語彙の記述の上で考えられることである。）

どこまでしごとをしたら，語彙記述はできたことになるのか。

はじめに，方言副詞語彙と言う，その語彙を問題にしておく。「語彙」と，言われるもの，観察されるもの，考えられとりあつかわれるもの，これは，本来，体系をなしたものだ，と考えられる。「語彙」の「彙」は，「分類し集める」などとされる<長沢規矩也氏編著『明解漢和辞典』新版>ものである。「語彙」という語を意識してつかううえは，人，だれしも，語彙そのものに，その体系的なまとまりを予定してかかる必要がある。私は，「語集」とは言われていない語彙そのものに，内面的なまとまりを認定する。「語彙」の語を，内面的なひきしまりを意味するものとも見ている。

ここに一体の語彙（という語のむらがり，群落，今は副詞語彙の群落）があるとするか。これは，その方言での方言人たちの生活の特性のうえに成立している，副詞単語の群落である。語彙がいちおう語集と見られたとしても，その語集は，ひとえに当方言社会の方言生活の特性のうえに存立するものである。そのような，一定条件下の，言いかえると特定状況下での語集は，その「集」の必然性ゆえに，語彙と見られる。

語彙には，はじめから，複数の諸語のむらがりの緊張がある。むらがり状態に，諸語間の，もっともしぜんな緊張関係が認められる。ここでは，品詞別・語形別なども，二次的でしかない。

語彙が生活の特性に密着するから， そのように， 品詞別などの操作は， 下位次元の作業とされる。さて，この，生活特性に即応する語彙は，生活語彙と言いあらわされるのが至当である。

語彙の概念は生活の概念をも内包すると言える。副詞の諸語がアツマッテ<彙>，語彙であるところには，生活が認められる。「彙」は生活事態を予想させる。この意味では，語彙について「生活語彙」を言うのは，修飾過剰でもある。語彙はおのずからにして生活語彙である。

2.1　語彙研究（──→副詞語彙研究）は，分類からはじまる。

「彙」がすでに分類概念を含んでいる。精確な腑分けにも似た分類，これを，語彙はすでに待っている。

方言副詞語彙の分類・分別は，どのように実践されるべきか。本冊には，室山敏昭氏を主宰者とする研究グループの，分類労作が掲出されている。（私自身は，『昭和日本語の方言』のシリーズの中で，私案の修成につとめてきている。かれこれに，多少の関連がある。）

語彙記述は分類にきわまる，分類が生命線であるとも言えよう。その分類は，「生活」を見る目によってなされるべきものである。──「生活」の原理とでも言いうるものが，ここにあるはずである。

土地の生活に直結した分類網を張ることが必要とされる。その点では，一小方言ごとに，分類項目（→細目まで）が考えられなくてはならない。が，また，諸方言のばあいを通じて，一般的にも，分類基準は立てることが可能である。と同時に，それは必要なことでもある。生活は地域的なものであるけれども，同時に，超地域的要素もまたそこにあるので，私どもは，分類項目に関しても，おのずから，その基本的体系を把握することができる。

分類上，いわゆる陳述副詞を立てることには，私は拘泥していない。叙述決定と言われることは，じつに広汎に見うるのではないか。「モーモー」という副詞は，牛の啼き声に関与し，馬の啼き声には関与しない。また「モーモー」は，ほとんど「啼く」ことを修飾して，「啼かない」ことを修飾することがまれである。つまり使用に傾向がある。「モーモー」は，早くも，先の叙述・叙述内容を指向する。

擬声語や擬態語の副詞については，どのような分類が可能であるか。生活分野に配属させるとなって，私どもは，分別にほねをおる。

2.2　分類のつぎは排例である。

まず，分類された諸項目の排列がある。これは，大項目だけのばあいだと，さして造作もないことかもしれない。が，このばあいでは，それだけ，分類での生活表現ということが淡くなる。生活をくっきりと浮きたたせるようにするためには，分類を，大項目から小項目へと順次に細分化していって，それらの諸

方言副詞語彙の研究

（――今回の「瀬戸内海域島嶼の副詞語彙の調査」に寄せて――）

1. 副詞語彙研究は重要である。

人間の言語表現に，修飾の活動がある。

この活動をぬきにしては，私どもは，個々の言語表現をまっとうすることができまい。――と言いたいぐらいに，私どもは，表現上，多く，修飾の行動に出る。まことに，表現上の修飾限定は，人間の，その時々の精神活動による，本然のいとなみであろう。

修飾は，表現者の深層の心理をあらわす。（それゆえ，私どもは，文学の研究においても，つねに，修飾一般を問題としなくてはならないのではないか。）

修飾法の要具として，特別に製作され用意されているのが副詞である。その複数の存立が，副詞語彙と見られる。

一小言語体系に，それでの副詞語彙が見られ，すなわち，その言語体系に必然の，修飾法特定要素の共生共存が見られる。この副詞語彙が，その言語体系の人々の言語生活の，深層心理の表現を，大いに可能にしている。

言語研究上，――人間の言語活動即精神活動の研究のうえで，副詞語彙の研究が，特定の重要性を持つことは明らかである。

1.1 方言副詞語彙の研究は重要である。

方言は，たがいに他を予定する対立的存在の一者々々である。その，個々の方言が，体系的存在の中に，方言副詞語彙を具有している。これが，当該方言下の人々の方言生活での，深層心理の表現に，大いに役だっている。方言副詞の精視をぬきにして，方言人たちの日々の表現活動――方言表現の生活――を見とることはできないであろう。

方言研究にとっても，方言副詞語彙の研究は，別して重要である。

方言は他に対立対応する存在であることから当然にくることであろう。A方言とB方言とでは，副詞語彙を，たがいに共通的にも所有しつつ，また，たがいに異なりを示しあっても，これを所有している。地域ごとに，方言圏がちがい，――方言社会がちがい，環境と生活状態とがちがい，ひいては，人々の心の状況がちがえば，その心的生活の営みのちがいに相応して，修飾特定用具の副詞とその語彙とにも，ちがいができているのが当然であろう。となって，方言――方の言――ごとに，その，表現の深層にかかわることのつよい副詞語彙の状況・相貌が，他方言のとの対比のもとで，注目されることになる。

方言と方言とのへだたりが大であれば，また，方言の存立する地域社会の，地域と地域とが隔絶していれば，双方での，実生活のへだたりの大きいのに比例して，おのおのでの心情のはたらかせかたも，たがいに大きく相違するはずである。結果として，方言副詞語彙上にも，双方での大差が見られることになる。

奥羽地方内の一方言について副詞語彙を見，つぎに，九州地方内の一方言について副詞語彙を見たとする。その差異のなんと大きいことか。（中国山陰の出雲の一小方言と，四国南部の土佐の一小方言とについて，双方の副詞語彙を対照してみても，私どもは，たちまち，一方にだけしかない諸副詞に遭遇する。）

そのはずであろう。風俗・習慣というようなものにも，すでに大小の差異が認められることである。

方言副詞語彙に関しては，かれこれを比較する研究の方向が，一つ，興味ぶかいものとされる。

2. 語彙記述（――今は方言副詞語彙の記述）のしごとは広い。

一方言の副詞語彙の記述のことを考えてみる。（――諸方言にわたる，副詞語彙の比較記述のことは，

◇ 著者紹介
藤原与一（ふじわら・よいち）
1909年愛媛県生まれ。
広島大学名誉教授。日本方言学の基礎を築いた東条操に師事。
昭和初年に方言学者として出発、以後六十余年間、方言研究の第一線で活躍。近年、個人の手になる一大辞書、『日本語方言辞書』（全3巻・東京堂出版）を九年がかりで完成させた。
主要著作：
『瀬戸内海言語図巻』（全2巻・1974）
『瀬戸内海方言辞典』（1988）
『方言の山野を行く』（1992）など多数。

藤原与一方言学論集　下巻　方言相分析

1999年9月24日　第1刷発行

著　者：藤原与一
発行者：荒井秀夫
発行所：株式会社　ゆまに書房
〒101-0047　東京都千代田区内神田2-7-6　安和ビル3F
電話（03)5296-0491（代表）振替　00140-6-63160
印刷　第二整版印刷有限会社
製本　松栄堂製本有限会社

ISBN4-89714-801-4 C3381